土地增值税清算全流程操作实务与案例

第三版

董宏 ◎ 主编
成秀美 施玉明 何红梅 ◎ 副主编

中国市场出版社
China Market Press

·北京·

图书在版编目（CIP）数据

土地增值税清算全流程操作实务与案例 / 董宏主编；成秀美, 施玉明, 何红梅副主编. -- 3版. -- 北京 : 中国市场出版社有限公司, 2024. 10. -- ISBN 978-7-5092-2620-9

Ⅰ.F812.423

中国国家版本馆CIP数据核字第2024NQ4430号

土地增值税清算全流程操作实务与案例（第三版）
TUDI ZENGZHISHUI QINGSUAN QUANLIUCHENG CAOZUO SHIWU YU ANLI

主　　编：	董　宏
副 主 编：	成秀美　施玉明　何红梅
责任编辑：	张　瑶（zhangyao9903@126.com）
出版发行：	中国市场出版社 China Market Press
社　　址：	北京月坛北小街2号院3号楼（100837）
电　　话：	（010）68020337
印　　刷：	河北鑫兆源印刷有限公司
规　　格：	185毫米×260毫米　16开
版　　次：	2024年10月第3版
印　　次：	2024年10月第1次印刷
印　　张：	36
字　　数：	746千字
定　　价：	108.00元
书　　号：	ISBN 978-7-5092-2620-9

版权所有　侵权必究　印装差错　负责调换

编委会

主　　编：董　宏
副 主 编：成秀美　施玉明　何红梅
参编人员：丁　君　南京市税务局玄武分局
　　　　　黄娅玲　南京市税务局
　　　　　周　荃　南京市税务局稽查二局
　　　　　张骏超　南京中鸿汇则税务师事务所（普通合伙）
　　　　　　　　　副所长
　　　　　邱国防　亚太鹏盛苏税迅通税务师事务所（南京）
　　　　　　　　　有限公司副所长
政策审核：王　亮　南京市税务局稽查局
　　　　　樊　城　江苏省税务局财行处

PREFACE TO THE SERIES
"房地产企业涉税业务实战丛书"总序

一、丛书的缘起

房地产开发项目的运行周期长，涉及融资、施工、预（销）售等环节，特别是有大量成本费用的分摊计算等业务，因此会计核算相比其他行业更复杂。同时，每个环节和业务都涉及多种税收政策，整个项目运行过程几乎涉及我国已经开征的所有税种，因此在涉税处理上相比其他行业更加烦琐，这也是房地产企业涉税风险比较大的根本原因。

本丛书的几位作者长期从事房地产行业税务稽查、审计工作，大家感触最深的是，房地产行业一直存在比较高的税收风险。从税务机关角度看，虽然一直致力于加强房地产行业的税收征管，但从税务稽查情况看，涉税大要案每年都会查出多起，且很多涉税问题性质相同，无法消除，税收流失风险较大。根据对近几年多个省、市披露的涉税大案的分析，房地产企业所占比例通常在25%以上。对于企业而言，实际上除少数企业故意偷逃税外，绝大多数房地产企业很看重税法遵从度，但是很多企业在运行中始终无法避免较大的税收风险，往往自我感觉运行正常却被查出涉税问题而遭遇处罚风险，有的甚至被查出了较大的问题。对部分地区数据进行分析后可以发现，房地产企业自查后，在税务机关跟进检查中又被查出较大问题的比例一般不低于30%。而随着营改增及国税、地税合并，房地产企业涉税征管、业务处理等又有了新的变化。

■ **营改增后涉税业务更加复杂**

营改增前，房地产企业所有业务的处理数据都建立在"含税"价格的基础上；营改增后，以往所有的"含税"价格要全部变为"不含税"价格，这就需要进行价税分离处理。不仅销售开发项目、支出的各项成本费用等需要价税分离，而且企业所得税、个人所得税、房产税、契税等计税依据都要进行"不含税"计算处理，所以营改增后涉税业务处理的复杂程度有较大增加。

■ **国地税合并后对房地产行业税收征管更加严密、核算更加严格**

在原国税、地税分设的税收征管模式中，由于税种管理有分工，不仅在日常管理中存在企业各项涉税业务分割管理问题，在税务稽查中也存在时间和空间上的脱节，造成国税、地税稽查内容有关联但检查、处理尺度不统一的现象。营改增及国税、地税合并后，所有税收征管包括稽查全部统一，这就要求税务人员全面掌握各个税种的政策，熟悉各项业务的综合税收处理。因此，营改增后大量税收业务有所改变，同时因原国税、地税分工造成的人员业务知识分割部分需要弥补，因此从税务机关角度看，在短时间内，大量业务知识需要更新，实操能力亟待提升。

从企业角度看，营改增后同样面临税收业务知识更新的问题。营改增后，涉税业务比以往更复杂，特别是国税、地税合并后，由于业务统一管理，税收征管及监控体系将更加完善，使企业因会计、涉税处理失误而面临的涉税风险也大大增加，因此企业财会人员急需更新税收业务知识，其中最急需的就是实操能力的提升，以解决综合处理涉税业务、自查能力不足的问题。

为提升税企双方对房地产企业涉税业务的实操能力，降低房地产企业涉税风险，本丛书的几位作者联手从税务稽查、审计角度（或眼光），将在实战中如何处理房地产企业各项涉税业务及如何发现存在问题的经验汇总起来，形成"房地产企业涉税业务实战丛书"与大家分享。丛书共有三册，具体为：《房地产开发企业税务检查实用攻略》《房地产企业全流程全税种实务操作与案例分析》《土地增值税清算全流程操作实务与案例》。

二、丛书特色

本丛书的几位作者均长期从事房地产企业税务稽查、审计工作，深谙房地产企业存在问题的原因，掌握许多发现问题的技巧。丛书的编写始终坚持以实战为基础的原则，因此这套丛书具有较大的参考价值。

■ **税务机关、财税中介、房地产企业一线精英三方联手合作**

本丛书的第一大特点是作者均来自财税工作一线，实战经验丰富。

董宏，曾从事税政、稽查一线工作三十多年，业务上擅长房地产企业、建筑企业税务稽查。主编出版了《房地产开发企业税务检查实用攻略》（第二版）、《房地产企业全流程全税种实务操作与案例分析》（第三版）、《土地增值税清算全流程操作实务与案例》（第二版）及《建筑企业日常涉税业务实操大全》等财税实务图书。

成秀美，南京中鸿汇则税务师事务所合伙人，长期从事一线财税审计工作，在各类财税审计及涉税项目运作方面具有丰富经验与专业见解。近几年已经完成近百个房地产企业的土地增值税清算项目，同时为众多央企及世界500强企业提供财税服务。

施玉明，曾长期从事税务稽查一线工作，擅长房地产企业涉税业务及检查。后曾任职于大型集团，并主持集团层面的财税、投资管理等工作，具有税企两方面的实践经验。

王亮，国家税务总局南京市税务局稽查局干部、税务系统兼职教师，长期从事税政解释、案件审理和具体税收稽查工作，近十年来，参与数十起重大税务稽查案件的审理工作，参与多项基层税务重大征管工作的推进，在营改增业务转换中，参与营改增业务的教学辅导，具有非常全面和丰富的税政解释经验。

何红梅，长期在税务一线从事土地增值税清算税务审核工作，近几年多次参与所属省税务局、市税务局主导的各类土地增值税清算专项税务审核工作，对土地增值税清算税务审核具有较深的理论积淀和丰富的实践经验。

■ **实战再实战，案例和问题全部来自一线实际**

本丛书的第二大特点是贴近实务。《房地产开发企业税务检查实用攻略》所选案例均是来自一线实际操作的案例，税务稽查案例来自税务稽查、审计一线，其中的小案例改编自各类稽查、审计案件的实际内容，大案例则来自实战中税务稽查大案查处及大型企业审计业务的总结和运用。而《房地产企业全流程全税种实务操作与案例分析》的案例，则全部来自企业实际处理及财会中介机构对企业实际辅导的内容。同时，作者还广泛收集企业财会人员的提问，特别是对于企业在实务中遇到的棘手和疑难问题，均通过与税务机关相关法规部门沟通，力求做到准确并贴近实务、贴近需求。

■ **全流程、全业务、全税种，解决各个环节的税务和账务处理问题**

本丛书的第三大特点是各类涉税、会计处理业务全面。很多业务涉及多个税种，由于房地产企业业务繁杂，因此税务机关、企业财会人员在处理某项业务时，容易因疏忽造成漏掉某个税种处理的情况，例如处理预收账款预缴增值税时，同时涉及印花税、预缴土地增值税的计算、会计处理，还涉及企业所得税预计毛利计算等。为此，《房地产企业全流程全税种实务操作与案例分析》一书在解答问题时，注意围绕问题涉及的全部税种以及会计处理，细致到合同印花税的计算和会计处理，力求做到不遗漏。对于税务检查和土地增值税清算业务，为使全面检查、自查不遗漏任何检查点（疑点），《房地产开发企业税务检查实用攻略》《土地增值税清算全流程操作实务与案例》对每个环节涉及的各个点，采取全覆盖形式进行梳理，力求做到全面、不留空白。

■ **政策解读与应用：准确、详尽、及时**

本丛书的第四大特点是政策解读直观和依据政策原文。为提高《房地产企业全流程全税种实务操作与案例分析》的实操性，特别是解答问题的直观性，在解答问题时，对敏感的、有争议的及有不同处理方式的问题，不做过多的分析，直接依据政策规定做出解释，每个问题的解释依据全部用文件原文内容，不仅标注文件的文号，还全部落实到文件的条、款、项、点等，这样不仅直观清晰，而且方便税企双方根据给出的文件原文对有争议的问题直接进行协商处理。

除了针对房地产企业，这套丛书还适用于其他各行业，其中《房地产企业全流程全税种实务操作与案例分析》有大量章节涉及的是所有企业都适用的日常涉税处理，特别是营改增后业务的变化，各类企业会面临同样的问题和同样的会计、涉税处理，例如企业购买的购物卡对应相关的业务招待费、福利费及办公费的处理等。因此，问题解答也同样适合其他企业财会人员参考使用。

《房地产开发企业税务检查实用攻略》一书，虽然针对的是房地产开发企业，但检查思路及涉及的日常检查内容，包括房产税、城镇土地使用税、印花税及个人所得税等，同样适用于其他企业，特别是大要案检查思路，更是适用于其他各类大型企业。

三、丛书读者对象

本丛书作者来自一线、内容来自实战，因此最适合的读者对象是财税一线工作人员。一是税务管理人员，可以通过丛书直接查阅问题涉及的政策和解决方法。二是税务稽查人员，不仅可以通过丛书直接查阅问题涉及的政策，而且可以直接根据书中提示对企业相关问题进行检查，在检查大要案时可以根据提示编制检查方案并推进检查过程。三是税务审理人员，可以在审理案件时，根据相关问题直接从书中查阅文件原文及逻辑解释。四是财税中介机构人员，可以根据书中的涉税检查点、问题解答内容，辅导企业正确处理各项业务。五是企业财会人员，可以通过丛书满足不同层次的需求：企业高层财会人员，可以通过阅读掌握重要涉税处理的思路逻辑，便于与税务机关讨论相关业务；企业一线财会人员，可以直接比照进行操作，对有疑问的业务也可以依据书中列举的政策、案例与税务人员进行咨询、沟通，以便掌握正确安心的处理方式。

在本丛书的写作过程中，我们得到了许多同行和朋友的帮助，以及中国市场出版社的大力支持，在此一并致以诚挚的谢意！

在涉税业务的实际操作中，新的业务不断发生，税收政策又在不断变化，因此希望大家在阅读参考过程中，积极反馈，将自己的意见和想法等告诉我们，以使后续的版本不断完善。书中难免有错漏和不足之处，恳请广大读者批评指正。

PREFACE
关于本书的应用说明
（再版前言）

很多从事土地增值税项目清算工作的朋友都有一个共同的感觉，那就是土地增值税属于简单而又凌乱、复杂的税种。简单，是因为基本政策清晰明了；凌乱，是因为项目清算时要把企业日常核算打乱，重新以土地增值税政策口径归集扣除项目；复杂，则是实操中具体情况多样且各地处理方式（或清算审核政策）口径有较多差异。

从目前土地增值税政策体系看，国家税务总局层面有明确的征免政策规定，但是从项目清算审核角度看，对收入确认、扣除项目确认等政策的把握，因各地房地产市场管理不同而无法具体细化或全部涵盖。各地基层税务机关是在税务总局政策原则下再根据具体情况出台详细规定（审核政策），导致各地对一些业务的处理有一定的差异。本书编写的初衷就是基于基层税务机关进行土地增值税项目清算，为税企双方在处理相关业务时，提供一个完整的参考流程，更重要的是多提供一个参考的处理角度。

一、本书修订的主要原因

本书这次修订的主要原因有二。一是各地政策更新变化，需要根据变化的政策修订并完善内容。二是本书结构调整。根据读者意见，本书涉及土地增值税项目清算的主要内容部分（即第2、3、4、5章），按照实际工作逻辑顺序重新调整，即清算税收政策、清算鉴证审核、清算税务审核三个环节叙述相关内容，以期更加贴近业务实操。

二、本书的三个脉络

本次修订，如前所述突出了三个脉络。一是清算税收政策。主要是梳理税务总局及各地税务机关土地增值税项目清算税收政策，即在税务总局政策规定下，列举各地具体处理政策。他山之石，可以攻玉。由于土地增值税清算业务的复杂性，在实操中，参考各地对相同事项的不同理解或处理方式，不仅能多一个处理方式的参考，而且有助于提高土地增值税项目清算的准确性。二是清算鉴证审计。主要是梳理财税中介机构（或企业）如何依据清算税收政策进行清算鉴证审计工作，包括必要的流程、政策依据以及特殊情况的说明及资料准备。三是清算税务审核。主要是叙述税务机关如何根据项目清算税收政策对纳税人提交的清算申报进行审核并下达清算结论。

除上述内容外，第1章为基本政策，包括征免政策、核定征收政策以及预缴政策。第6章为特殊业务政策。第7章为税务检查内容。

三、本书的具体使用

基于上述对本书三个业务脉络编写的说明，关于本书的具体应用有如下建议：

一是企业及财税中介机构（或企业）的朋友如何参考使用。土地增值税项目清算的时点虽然有明确的规定，但是从整个项目的税收风险控制角度出发，可以从项目拿地（立项）开始就介入。因此，企业人员可以根据政策部分的内容比对实际发生的业务，以提前思考并正确履行纳税义务（行为）。而财税中介机构开始介入项目清算时，不仅可以参考书中提供的审计业务流程和审计方式，最重要的是可以参考书中提供的各地政策对比，针对相关问题提前准备资料以采用更加合理的处理方式，进而更好地与税务机关进行沟通。

二是税务管理机关的朋友如何使用。土地增值税项目清算审核是税务机关一项繁杂又重要的工作。在实际工作中，税务审核人员不仅可以参考本书的审核内容进行审核工作，还可以从（业务）工作的完整性出发，通过对财税中介机构（或企业）审计流程的了解，更好地对应把握审核流程（业务），即税务审核的内容是企业通过什么样的审计流程产生出来的。同时针对一些特殊情况，税务审核人员可以参考各地不同的处理方式，审核时也就多了一个政策经验或处理角度。

三是税务稽查机关的朋友如何使用。税务检查（稽查）是税收征管的最后一道业务环节，虽然本书最后一章简述了检查方式，但实际上，从税务检查角度考虑，前期审计方式、审核方式等均是税务检查可以采取的方式，同时，检查处理的依据就是税务总局及各地税务机关发布的各项政策，因此，书中所有业务对税务检查都具有参考价值。

四、内容编排及政策列举说明

本书在安排内容时，着重考虑了以下五个方面：

一是整体叙述顺序。为完整梳理土地增值税项目清算的全部业务，本书分别从清算的前期工作（第2章）、清算收入的确定（第3章）、清算扣除项目的确定（第4章）以及清算成果（第5章）四个环节进行叙述。第1章为基础部分内容，第6章为特殊业务内容，第7章为税务检查内容。

二是在重要章节（项目清算内容）中按照清算税收政策、清算鉴证审核、清算税务审核三个部分进行讲述。这三个部分的逻辑关系为：清算操作的政策依据是税务总局及各地发布的清算（审核）政策，财税中介机构在业务开展过程中按照鉴证政策的规范要求进行清算鉴证，税务机关再对清算的成果进行审核。

三是各地政策对比。在土地增值税的政策执行中，各地政策掌握依具体情况有一定差异，本书认为主要原因是各地房地产市场的具体情况不同、处理角度不同等，为此对各地政策仅做原文列举，不做评述。同时，由于各地政策规定都在不断发展，为保持政策的成新度（时效性），在选择时，尽量选取各地近几年出台的尚在使用当中（没有作废）的政策规定。同时，政策列举的顺序以文件发布的时间（最新时间）为主要标准。

四是一般政策规定与审核政策规定的混合。在土地增值税的政策中，一般政策规定与审核政策规定经常混合在一起，税务总局及各地的政策规定中，很多政策规定是通过审核政策体现出来的，因此本书在编写时以政策规定为主，并分类叙述，在介绍（列举）税务审核政策时，尽量使用完整的政策原文。

五是政策变化特别说明。2018年国税、地税机构合并，因此，本书中涉及的各地"国家税务局""地方税务局"均已改名，但政策实质不变。《国家税务总局关于修改部分税务部门规章的决定》（国家税务总局令第44号）、《国家税务总局关于修改部分税收规范性文件的公告》（国家税务总局公告2018年第31号）等均有详细规定，敬请读者留意。

此外，由于增值税改革，相关税率变化较大，但多数情况下土地增值税项目清算涉及的都是以往的政策（口径），一般影响不大。为了方便读者，现将增值税税率变化情况再次重复介绍如下：

《财政部 税务总局关于调整增值税税率的通知》（财税〔2018〕32号）第一条规定，自2018年5月1日起，"纳税人发生增值税应税销售行为或者进口货物，原适用17%和11%税率的，税率分别调整为16%、10%"。

《财政部 税务总局 海关总署关于深化增值税改革有关政策的公告》（财政部 税务总局 海关总署公告2019年第39号）第一条规定，自2019年4月1日起，"增值税一般纳税人（以下称纳税人）发生增值税应税销售行为或者进口货物，原适用16%税率的，税率调整为13%；原适用10%税率的，税率调整为9%"。

五、编写情况

为使书中的问题解答方便读者使用，贴近实际操作，在本次修订过程中，我们延续以往的方式，继续向基层税务机关人员、税务师事务所及房地产企业财务人员征求意见，收到了很多反馈，在此表示衷心的感谢！

国家税务总局江苏省税务局财行处樊成先生对清算政策的适用解释提供了多方面的意见和建议，江苏立信税务师事务所江苏分公司曹丰先生从鉴证实操中的政策把握角度提供了很多有益经验和建议。在此向各位专家表示诚挚的谢意！

近几年笔者在工作中经常阅读参考财税界大咖撰写的业务书籍，在实际工作中及编写书籍时不可避免地受到这些书的影响和启发，同时，一些问题的处理思路还参考了税屋网及相关网站部分专家的意见，在此一并致以衷心的感谢！

值此修订再版之际，再次感谢中国市场出版社原副总编胡超平老师、编辑钱伟老师对本书编写的关心、指导，感谢张瑶等编辑老师对本书修订的热心指导、审阅以及精心编辑，在此致以衷心的感谢！

由于笔者理论水平有限，书中难免有疏漏之处，诚望读者朋友继续将意见和建议告诉我们，以便今后的版本不断完善，让这本书更好地发挥指导实践的作用。

特别提醒：本书中的政策解释属于个人（本书）观点，正式解释以当地税务机关解释为准。

CONTENTS

目　录

第1章　土地增值税基本政策规定　1

 1.1　土地增值税基本要素政策　3

  问题1-1-1　土地增值税的纳税义务人、征税对象及纳税义务如何确定？　3

  问题1-1-2　纳税人转让集体土地是否缴纳土地增值税？　4

  问题1-1-3　未办理土地使用权证而转让土地的行为如何确定纳税义务？　4

  问题1-1-4　土地增值税政策中的"赠与"行为包括哪些具体情形？　5

  问题1-1-5　确定土地增值税收入的基本原则有哪些？　5

  问题1-1-6　计算增值额的扣除项目有哪些？　6

  问题1-1-7　土地增值税的税率如何确定？　6

  问题1-1-8　房地产开发企业如何填写土地增值税纳税申报表？　7

 1.2　土地增值税征免政策　9

  问题1-2-1　哪些情形下可以免征土地增值税？　9

  问题1-2-2　普通标准住宅的标准如何划分？　11

  问题1-2-3　企业的哪些行为要视同销售缴纳土地增值税？　12

  问题1-2-4　企业将开发产品转为自用或用于出租等商业用途时是否征收土地增值税？　13

  问题1-2-5　在棚户区改造中转让旧房作为改造安置住房的如何免征

土地增值税？ 13
  问题1-2-6 企事业单位、社会团体以及其他组织转让旧房作为公租房房源的如何免征土地增值税？ 14
  问题1-2-7 合作建房转让土地使用权的是否征收土地增值税？ 14
  问题1-2-8 对整体改制前的企业将房地产转移、变更到改制后的企业是否征收土地增值税？ 15
  问题1-2-9 企业合并时转移、变更房地产是否缴纳土地增值税？ 16
  问题1-2-10 企业分设时转移、变更房地产是否缴纳土地增值税？ 17
  问题1-2-11 单位、个人在改制重组时以房地产进行投资是否缴纳土地增值税？ 18
  问题1-2-12 改制重组后再转让房地产并申报缴纳土地增值税时，"取得土地使用权所支付的金额"如何扣除？ 18
  问题1-2-13 纳税人以转让股权名义转让房地产的行为是否缴纳土地增值税？ 19
  问题1-2-14 纳税人与关联方之间的交易如何处理？ 20
1.3 土地增值税预征政策 22
  问题1-3-1 在什么情况下可以预征土地增值税？ 22
  问题1-3-2 预征土地增值税的收入如何确定？ 22
  问题1-3-3 预征土地增值税是否包括视同销售收入？ 25
  问题1-3-4 如何确定土地增值税预征率？ 26
  问题1-3-5 不预征土地增值税的情形有哪些？ 29
  问题1-3-6 未按预征规定期限预缴税款的是否加收滞纳金？ 30
  问题1-3-7 如何填写土地增值税预征纳税申报表？ 31
1.4 土地增值税核定征收政策 32
  问题1-4-1 在什么情形下可以核定征收土地增值税？ 32
  问题1-4-2 核定征收土地增值税的流程是如何确定的？ 32
  问题1-4-3 如何确定核定征收的收入？ 33
  问题1-4-4 如何确定核定征收的扣除项目金额？ 34
  问题1-4-5 如何确定核定征收率？ 37
1.5 土地增值税税收征管及税务审核政策 40
  问题1-5-1 如何进行项目的日常管理（管理跟踪过程中获取的资料）？ 40
  问题1-5-2 企业通过出让、转让、接受投资作价入股及其他方式取得土地使用权后，应当向主管税务机关报送哪些资料？ 46

　　　　问题1-5-3　税务机关是否可以购买清算审核服务？　47
　　　　问题1-5-4　如何处理税务机关清算审核与税务稽查的协调问题？　47
　1.6　土地增值税清算鉴证业务基本规定　50
　　　　问题1-6-1　纳税人是否可以委托税务师事务所进行清算？　50
　　　　问题1-6-2　对于纳税人委托中介机构审核鉴证的清算项目应如何处理？　52
　　　　问题1-6-3　鉴证人承接土地增值税清算鉴证业务应当具备哪些条件？　53
　　　　问题1-6-4　清算中的法律责任如何确定？　54
　　　　问题1-6-5　鉴证人在审核鉴证过程中可以终止鉴证的情形有哪些？　56
　　　　问题1-6-6　承办土地增值税清算鉴证业务有哪些不相容业务？　57
　　　　问题1-6-7　土地增值税清算鉴证业务有哪些审核方式？　57
　　　　问题1-6-8　土地增值税清算鉴证的证据处理原则是什么？证据包括哪些资料？　58
　　　　问题1-6-9　土地增值税清算鉴证的证据如何取得？　60
　　　　问题1-6-10　土地增值税清算鉴证业务中如何进行证据的审查？　60
　　　　问题1-6-11　在土地增值税清算鉴证业务中哪些证据材料不得作为鉴证证据？　61

　附录　62
　　　　附录1-1　土地增值税纳税申报表（二）　62
　　　　附录1-2　土地增值税纳税申报表（一）　66
　　　　附录1-3　土地增值税纳税申报表（五）　68
　　　　附录1-4　土地增值税纳税申报表（七）　71
　　　　附录1-5　土地增值税项目登记表　74
　　　　附录1-6　财产和行为税纳税申报表　75
　　　　附录1-7　财产和行为税税源明细表　80

第2章　土地增值税清算之前期准备业务　115
　2.1　清算前期业务涉税政策　117
　　　　问题2-1-1　什么是土地增值税清算？　117
　　　　问题2-1-2　具备哪些条件的纳税人应进行土地增值税清算？　118
　　　　问题2-1-3　税务机关可要求进行清算的条件有哪几项？　119
　　　　问题2-1-4　土地增值税清算项目中的"竣工"和"竣工验收"是指哪些情形？　121

问题2-1-5　企业应在什么时间办理应进行清算的手续？　121
问题2-1-6　企业应在什么时间办理可要求进行清算的手续？　122
问题2-1-7　税务机关在日常管理中发现可要求企业进行清算的如何处理？　123
问题2-1-8　税务机关如何确定土地增值税的清算单位？　124
问题2-1-9　企业清算申报时应提供哪些清算资料？　128
问题2-1-10　土地增值税清算项目可售建筑面积如何确定？　133

2.2　清算前期鉴证审计业务　135

问题2-2-1　鉴证人承接土地增值税清算鉴证业务时应当了解被鉴证人的哪些情况？　135
问题2-2-2　鉴证人在承接土地增值税清算鉴证业务后应办理什么手续？　136
问题2-2-3　鉴证人对清算项目前期管理情况开展鉴证时需要关注哪些内容？　136
问题2-2-4　税务师事务所在接受土地增值税清算鉴证业务委托前期需要做哪些准备工作？　137
问题2-2-5　鉴证人在调查项目前期管理情况时应获取哪些资料？　139
问题2-2-6　鉴证人如何判断项目是否达到土地增值税清算条件？　139
问题2-2-7　鉴证人如何判断项目符合"可要求进行土地增值税清算"的条件？　140
问题2-2-8　鉴证人如何协助纳税人确定清算单位？　141
问题2-2-9　鉴证人如何协助配合纳税人取得清算通知书？　142
问题2-2-10　鉴证人完成清算鉴证（申报）业务需要哪些资料？　143
问题2-2-11　税务师事务所在开展清算鉴证业务时如何确定各类建筑面积？　145

2.3　清算前期税务审核业务　150

问题2-3-1　税务机关在审核清算资料时要注意哪些问题？　150
问题2-3-2　税务机关收到企业清算资料时如何处理？　150
问题2-3-3　企业未按规定提供相关资料的如何处理？　153
问题2-3-4　税务机关如何对企业报送的清算申报资料进行审核？　155
问题2-3-5　税务机关如何对清算单位的确定进行审核？　157
问题2-3-6　税务机关如何对不同类型房地产增值额、增值率的计算进行审核？　158

附录 *159*
    附录2-1   涉税鉴证业务约定书 *159*
    附录2-2   涉税专业服务协议要素信息采集表 *162*

第3章　土地增值税清算之确定清算收入业务 *165*

3.1　清算收入税收政策 *167*

问题3-1-1　纳税人转让房地产如何确定土地增值税清算收入（收入的范围）？ *167*

问题3-1-2　房地产开发企业土地价款抵减增值税销售额是否减少土地增值税扣除成本？ *169*

问题3-1-3　确认清算收入时开具发票与未开具发票的如何处理？ *170*

问题3-1-4　销售合同所载商品房面积与实际测量面积不一致的如何处理？ *171*

问题3-1-5　企业将开发产品用于职工福利等各项非直接销售的如何确定收入？ *172*

问题3-1-6　企业将房地产转为企业自用或用于出租，产权未发生转移的如何处理？ *173*

问题3-1-7　企业转让房地产的成交价格明显偏低包括哪些情形？ *174*

问题3-1-8　企业转让房地产成交价格明显偏低的，视为有正当理由的情形有哪些？ *175*

问题3-1-9　企业转让房地产的成交价格明显偏低又无正当理由的如何处理？ *177*

问题3-1-10　项目跨越营改增节点的土地增值税应税收入如何计算？ *179*

问题3-1-11　关于收取的外币收入如何折合人民币？ *179*

问题3-1-12　售后返租涉及的利益让渡如何确认计税收入？ *180*

问题3-1-13　企业用建造的本项目房地产安置回迁户的如何处理？ *180*

问题3-1-14　对企业按县级以上人民政府的规定在售房时代收的各项费用如何处理？ *181*

问题3-1-15　支付的代销费、包销费等费用是否可以抵减清算收入？ *182*

问题3-1-16　向购买方附赠同一房地产开发项目中的车库（位）或其他开发产品的如何处理？ *183*

问题3-1-17　让渡使用权的车库（车位）、储藏室等如何确认清算收入？ *184*

3.2 清算收入确认鉴证审核业务 *187*

问题 3-2-1　如何对清算收入进行鉴证审核？ *187*
问题 3-2-2　清算收入鉴证审核应获取哪些证据材料？ *189*
问题 3-2-3　如何运用截止性测试确认收入真实性和准确性？ *189*
问题 3-2-4　清算收入应按照哪些类型填写？ *190*
问题 3-2-5　如何对销售（收入）合同进行鉴证审核？ *191*
问题 3-2-6　如何对房屋售价偏低进行鉴证审核？ *195*
问题 3-2-7　如何对视同销售（非直接销售）收入进行鉴证审核？ *196*
问题 3-2-8　如何对企业促销价格折扣进行鉴证审核？ *196*
问题 3-2-9　如何对精装修房屋收入进行鉴证审核？ *197*
问题 3-2-10　如何对"代收费用"收入进行鉴证审核？ *197*
问题 3-2-11　如何对土地增值税计税收入进行鉴证审核？ *198*
问题 3-2-12　如何对营改增前、后应税收入进行鉴证审核？ *199*
问题 3-2-13　如何以收款口径辅助核对计税收入？ *199*

3.3 清算收入税务审核业务 *201*

问题 3-3-1　清算收入审核对清算资料有哪些要求？ *201*
问题 3-3-2　清算收入审核的重点包括哪些内容？ *202*
问题 3-3-3　对清算收入有哪些基本的审核方法和审核资料？ *203*
问题 3-3-4　如何审核确认剩余的可售建筑面积已经出租或自用？ *206*
问题 3-3-5　对非直接销售房地产的收入有哪些基本的审核方法和原则？ *207*
问题 3-3-6　对企业用建造的本项目房地产安置回迁户的业务如何审核？ *207*
问题 3-3-7　对企业用建造的本项目房地产以房抵债（施工方）的收入如何审核确认收入？ *208*
问题 3-3-8　个人股东取得清算项目房地产的如何审核确认收入？ *209*

附录 *210*

附录 3-1　房地产转让收入明细表 *210*
附录 3-2　与收入相关的面积明细申报表 *210*

第 4 章　土地增值税清算之确定扣除项目金额业务 *211*

4.1 清算扣除项目税收政策 *213*

4.1.1 扣除项目基本规定 *213*

问题 4-1-1　清算扣除项目包括哪些扣除内容？ *213*

　　　　问题4-1-2　　土地增值税清算扣除项目的确定有哪些基本要求？　214
　　　　问题4-1-3　　计算土地增值税增值额的扣除凭证有哪些？　217
　　　　问题4-1-4　　属于多个清算项目的共同成本费用有哪些基本分摊原则
　　　　　　　　　　和方法？　220
　　　　问题4-1-5　　同一项目中建造不同类型房地产的共同成本费用有哪些
　　　　　　　　　　基本分摊原则和方法？　221
　4.1.2　取得土地使用权支付成本　223
　　　　问题4-1-6　　纳税人为取得土地使用权所支付的地价款和按国家统一
　　　　　　　　　　规定交纳的有关费用包括哪些范围？　223
　　　　问题4-1-7　　纳税人支付土地使用权价款和相关税款有哪些凭证？　227
　　　　问题4-1-8　　企业取得土地使用权支付的其他各项费用如何扣除？　227
　　　　问题4-1-9　　企业在项目建设用地边界外（红线外）支付的成本如何
　　　　　　　　　　扣除？　229
　　　　问题4-1-10　取得土地使用权后再设立项目公司的如何处理？　232
　　　　问题4-1-11　取得政府返还的土地出让金及各种经济利益如何处理？　233
　　　　问题4-1-12　地下建筑如何分摊取得土地使用权所支付的成本？　235
　　　　问题4-1-13　不同清算项目如何分摊土地使用权成本？　237
　　　　问题4-1-14　同一清算项目中不同类型房地产如何分摊土地使用权
　　　　　　　　　　成本？　240
　　　　问题4-1-15　独立占地房地产如何归集分摊土地使用权成本？　245
　　　　问题4-1-16　转让部分国有土地使用权或在建工程的如何分摊土地
　　　　　　　　　　使用权成本？　246
　　　　问题4-1-17　如何使用"收入权重法"分摊土地成本？　246
　4.1.3　房地产开发成本　247
　　　　问题4-1-18　房地产开发成本包括哪些项目（范围）？　247
　　　　问题4-1-19　土地征用及拆迁补偿费如何扣除？　249
　　　　问题4-1-20　企业将购入的房地产拆除后再次开发的，原有成本如何
　　　　　　　　　　扣除？　251
　　　　问题4-1-21　多个清算项目或分期开发项目土地征用及拆迁补偿费如何
　　　　　　　　　　分摊扣除？　252
　　　　问题4-1-22　企业用清算项目的房地产安置回迁户的如何处理？　253
　　　　问题4-1-23　企业异地安置回迁户的如何处理？　255
　　　　问题4-1-24　前期工程费包括哪些支出？　256
　　　　问题4-1-25　建筑安装工程费包括哪些支出？　258

问题 4-1-26　房屋装修费用如何扣除？　*260*
问题 4-1-27　企业未支付的质量保证金是否可以扣除？　*264*
问题 4-1-28　营改增后建筑安装工程费支出的发票如何确认？　*265*
问题 4-1-29　公共配套设施费的范围包括哪些物业类型？　*265*
问题 4-1-30　公共配套设施可以扣除的具体条件有哪些？　*266*
问题 4-1-31　公共配套设施未移交而有偿转让或用于经营的如何处理？　*271*
问题 4-1-32　预提的公共配套设施费等各类费用如何处理？　*274*
问题 4-1-33　市政公用基础设施配套费、人防工程易地建设费等如何扣除？　*276*
问题 4-1-34　小区配建的机械车位成本是否给予扣除？　*278*
问题 4-1-35　非人防车库（车位、储藏室等）单独转让的如何处理？　*278*
问题 4-1-36　人防设施改建成车位（车库、储藏室）的如何处理？　*282*
问题 4-1-37　开发项目连接地铁等公共设施的费用是否可以扣除？　*284*
问题 4-1-38　经济开发区"人才房"成本如何扣除？　*285*
问题 4-1-39　清算项目"竣工备案"后发生的成本（费用）支出是否可以扣除？　*286*
问题 4-1-40　开发间接费用如何扣除？　*286*
问题 4-1-41　对不同清算单位的房地产开发成本如何分摊？　*288*
问题 4-1-42　对同一清算单位不同类型房屋之间共同的成本费用如何分摊？　*290*
问题 4-1-43　对共同发生的开发成本费用如何使用层高系数法分摊？　*292*
问题 4-1-44　对共同发生的开发成本费用如何使用平均售价系数分摊法计算分摊？　*295*

4.1.4　房地产开发费用　*297*

问题 4-1-45　房地产开发费用如何扣除？　*297*
问题 4-1-46　房地产开发项目日常涉及的哪些特殊管理费用视同开发费用？　*298*
问题 4-1-47　房地产开发利息支出需要哪些金融机构证明？　*298*
问题 4-1-48　房地产开发利息支出如何扣除？　*299*
问题 4-1-49　超过上浮幅度及超过贷款期限的利息部分、加罚的利息等是否可以扣除？　*301*
问题 4-1-50　企业既向金融机构借款，又有其他借款的，利息如何扣除？　*302*

问题 4-1-51　如何对清算项目利息支出进行分配计算？　*303*

问题 4-1-52　在房地产开发项目以外单独建造的样板房、售楼部的费用如何处理？　*304*

4.1.5　与转让房地产有关的税金　*306*

问题 4-1-53　与转让房地产有关的税金是否包括增值税？　*306*

问题 4-1-54　扣除项目中允许扣除的印花税包括哪些范围？　*306*

问题 4-1-55　不允许在销项税额中计算抵扣的进项税额是否可以扣除？　*307*

问题 4-1-56　营改增后，与转让房地产有关的税金如何扣除？　*308*

问题 4-1-57　企业缴纳的环境保护税是否可以扣除？　*309*

4.1.6　其他扣除项目　*310*

问题 4-1-58　取得土地使用权所支付的金额与房地产开发成本之和加计扣除如何计算？　*310*

问题 4-1-59　政府要求房地产开发企业代收的费用（政府性基金和行政事业性收费）如何扣除？　*310*

问题 4-1-60　企业逾期开发缴纳的土地闲置费等各类罚款、滞纳金等是否可以扣除？　*313*

4.2　清算成本费用扣除鉴证业务　*315*

问题 4-2-1　清算扣除项目如何分类鉴证审核？　*315*

问题 4-2-2　如何对扣除项目金额进行鉴证审核？　*317*

问题 4-2-3　扣除项目金额审核中应当取得哪些鉴证材料？　*319*

问题 4-2-4　如何以核查发票的方式审核扣除项目金额？　*319*

问题 4-2-5　如何对取得土地使用权所支付的金额进行鉴证审核？　*321*

问题 4-2-6　如何对政府返还的土地出让金进行审核？　*322*

问题 4-2-7　如何对土地使用权成本的归集分配进行鉴证审核？　*323*

问题 4-2-8　如何对不同清算项目土地成本分配进行鉴证审核？　*326*

问题 4-2-9　如何对地下建筑分摊土地成本进行鉴证审核？　*327*

问题 4-2-10　如何对开发成本进行鉴证审核？　*328*

问题 4-2-11　如何对土地征用及拆迁补偿费进行鉴证审核？　*329*

问题 4-2-12　如何对前期工程费进行鉴证审核？　*330*

问题 4-2-13　如何对建筑安装工程费进行鉴证审核？　*331*

问题 4-2-14　如何对合同与决算金额的差异进行审核确认？　*332*

问题 4-2-15　建筑安装工程采取分包或自营方式的，鉴证重点分别是什么？　*332*

问题 4-2-16　如何对甲供材成本进行审计确认？　334
问题 4-2-17　如何对规划红线外发生成本的扣除进行审核确认？　335
问题 4-2-18　如何对房屋精装修成本进行鉴证审核？　336
问题 4-2-19　如何对基础设施费进行鉴证审核？　336
问题 4-2-20　如何对公共配套设施费进行鉴证审核？　337
问题 4-2-21　如何对开发间接费用进行鉴证审核？　339
问题 4-2-22　如何对费用与成本混记的情形进行审核？　340
问题 4-2-23　如何对开发费用（利息支出）进行鉴证审核？　340
问题 4-2-24　如何采用平均售价比率法进行成本分配计算？　342
问题 4-2-25　如何采用层高系数法进行成本分配计算？　345
问题 4-2-26　确定成本、费用的其他方法包括哪些？　347
问题 4-2-27　如何对开发成本（项目）的归集分配进行鉴证审核？　347
问题 4-2-28　如何对开发成本在不同性质物业之间的分配进行鉴证审核？　348
问题 4-2-29　如何对开发成本在不同类型业态房屋之间的分配进行鉴证审核？　349
问题 4-2-30　如何对开发成本在已售与未售物业之间的分配进行鉴证审核？　350
问题 4-2-31　如何对分期分批开发、转让房地产的扣除项目进行鉴证审核？　351
问题 4-2-32　如何对不同清算项目利息支出的分配进行鉴证审核？　351
问题 4-2-33　如何对与转让房地产有关的税金进行鉴证审核？　352
问题 4-2-34　如何对财政部规定的其他扣除项目进行鉴证审核？　353
问题 4-2-35　如何对国家规定的加计扣除项目进行鉴证审核？　355
问题 4-2-36　如何对代收费用进行鉴证审核？　355
问题 4-2-37　"不得扣除项目"如何审核归集？　356
问题 4-2-38　如何制作《项目开发成本调整及分配表》？　357

4.3　清算扣除项目税务审核　359

问题 4-3-1　审核土地增值税扣除项目有哪些总体政策要求？　359
问题 4-3-2　如何审核相关土地成本？　361
问题 4-3-3　审核地下建筑土地成本分摊需要注意哪些问题？　366
问题 4-3-4　如何审核建筑安装工程费？　367
问题 4-3-5　如何审核前期工程费、基础设施费？　371
问题 4-3-6　如何审核公共配套设施费？　374

问题 4-3-7　如何核查建筑安装工程费中的精装修费用？　*377*

问题 4-3-8　如何对纳税人申报的房地产开发成本明显偏高进行审核？　*378*

问题 4-3-9　如何审核开发间接费用？　*380*

问题 4-3-10　如何审核利息支出？　*383*

问题 4-3-11　已经计入开发成本的利息支出在清算时如何处理？　*385*

问题 4-3-12　如何审核代收费用？　*386*

问题 4-3-13　税务机关如何审核关联方交易行为？　*386*

问题 4-3-14　如何对"与转让房地产有关的税金"进行审核？　*387*

问题 4-3-15　企业报审的工程造价成本资料不符合清算要求或不实的如何处理？　*389*

附录　*393*

附录 4-1　取得土地使用权所支付的金额审核表　*393*

附录 4-2　土地征用及拆迁补偿费审核表　*394*

附录 4-3　前期工程费审核表　*395*

附录 4-4　建筑安装工程费审核表　*396*

附录 4-5　工程量清单工程费明细审核表　*397*

附录 4-6　基础设施费审核表　*398*

附录 4-7　公共配套设施费审核表　*399*

附录 4-8　开发间接费用审核表　*400*

附录 4-9　金融机构利息支出审核表（据实扣除的项目填报）　*401*

附录 4-10　代收费用审核表　*402*

附录 4-11　与转让房地产有关的税金缴纳情况审核表　*403*

第5章　土地增值税清算之税款计算及后续处理业务　*405*

5.1　清算税款计算与申报流程　*407*

问题 5-1-1　清算项目应纳税额的鉴证审核包括哪些内容？　*407*

问题 5-1-2　如何进行清算税款的计算？　*407*

问题 5-1-3　如何进行应补（退）土地增值税税额的计算？　*408*

问题 5-1-4　清算申报需要提交哪些资料？　*411*

问题 5-1-5　清算鉴证底稿、鉴证报告等有哪些业务记录要求？　*412*

问题 5-1-6　鉴证人如何撰写及出具无保留意见的清算（鉴证）报告？　*412*

问题 5-1-7　鉴证人如何出具保留意见的鉴证报告？　*414*

问题 5-1-8　鉴证人在何种条件下出具无法表明意见的鉴证报告？　416
问题 5-1-9　鉴证人在何种条件下出具否定意见的鉴证报告？　416

5.2 清算税款计算等税务审核业务　417

问题 5-2-1　清算中需要分别计算增值额的类型有哪些？　417
问题 5-2-2　清算项目中享受免税政策的普通标准住宅如何计算增值额？　418
问题 5-2-3　纳税人放弃免征普通标准住宅土地增值税权利的如何处理？　418
问题 5-2-4　纳税人在清算期间应如何申报缴纳土地增值税？　419
问题 5-2-5　对延迟缴纳的清算补缴税款是否加收滞纳金？　421
问题 5-2-6　清算时未扣除的成本费用清算后达到扣除条件的如何处理？　421
问题 5-2-7　如何对清算方式的一致性进行审核？　423
问题 5-2-8　如何对清算项目中不同房地产的分类进行审核？　424

5.3 土地增值税清算后税收政策　425

问题 5-3-1　项目清算后再转让房地产（尾盘）的如何处理？　425
问题 5-3-2　土地增值税清算后，当年企业所得税汇算清缴出现亏损的如何处理？　428
问题 5-3-3　因土地增值税清算导致多缴的企业所得税退税，是否受三年期限限制？　431
问题 5-3-4　企业在申请退税时报送的资料包括哪些？　431
问题 5-3-5　纳税人自收到清算审核结果之日起三年内发现多缴税款的如何处理？　431

5.4 土地增值税清算综合案例　433

土地增值税清算鉴证报告　433
关于天翔置业有限公司"翔瑞山畔花园"项目土地增值税清算审核的报告　462

附录　469

附录 5-1　无保留意见鉴证报告　469
附录 5-2　保留意见鉴证报告　470
附录 5-3　无法表明意见鉴证报告　472
附录 5-4　否定意见鉴证报告　474
附录 5-5　企业基本情况和土地增值税清算税款申报审核事项说明及有关附表　475

附录5-6　土地增值税纳税申报表（四）　479
　　　附录5-7　清算后尾盘销售土地增值税扣除项目明细表　482

第6章　转让土地使用权、在建工程、旧房土地增值税业务　483

6.1　转让土地使用权业务　485

　　问题6-1-1　企业转让未经开发的土地使用权如何扣除相关成本费用？　485

　　问题6-1-2　企业转让已开发的土地使用权如何计算土地增值税？　487

　　问题6-1-3　企业直接转让土地使用权是否可以核定征收土地增值税？　488

6.2　转让在建工程业务　490

　　问题6-2-1　企业整体转让在建工程的如何把握实质性投资程度？　490

　　问题6-2-2　企业购买未竣工房地产开发项目，投入资金继续建设后再转让的如何处理？　491

　　问题6-2-3　企业转让未进行任何形式开发的房地产产权（未竣工）如何扣除相关成本费用？　493

6.3　转让旧房业务　494

　　问题6-3-1　企业新建房与旧房如何界定？　494

　　问题6-3-2　非房地产开发企业自建房"新旧"如何确定？　495

　　问题6-3-3　企业转让旧房的收入如何确定？　496

　　问题6-3-4　企业转让旧房价格明显偏低又无正当理由的包括哪些情形？　497

　　问题6-3-5　企业转让旧房价格明显偏低又无正当理由的如何处理？　497

　　问题6-3-6　企业转让旧房时哪些情形可视为有正当理由的价格偏低？　498

　　问题6-3-7　企业转让旧房的如何计算土地增值税扣除项目金额？　498

　　问题6-3-8　转让旧房及建筑物发生的评估费用及契税等可否在计算增值额时扣除？　500

　　问题6-3-9　转让旧房时未支付地价款或不能提供已支付的地价款凭据的如何计算扣除项目金额？　501

　　问题6-3-10　纳税人转让旧房只能提供购房发票的，如何计算扣除项目金额？　501

　　问题6-3-11　营改增后，旧房转让时提供的购房凭据为营改增前取得的营业税发票的如何计算扣除项目金额？　503

问题6-3-12　营改增后，旧房转让时提供的购房凭据为营改增后取得的增值税普通发票的如何计算扣除项目金额？　*504*

问题6-3-13　营改增后，转让旧房提供的购房发票为营改增后取得的增值税专用发票的如何计算扣除项目金额？　*504*

问题6-3-14　企业转让旧房，哪些情形要核定征收？　*505*

问题6-3-15　如何填写转让旧房（房地产或非房地产企业）土地增值税申报表？　*507*

附录　*509*

附录6-1　土地增值税纳税申报表（六）　*509*

附录6-2　土地增值税纳税申报表（三）　*513*

第7章　土地增值税清算检查（稽查）业务　*517*

7.1　预征、核定征收检查及相关延伸检查　*519*

问题7-1-1　如何对土地增值税预征税款进行检查？　*519*

问题7-1-2　如何对土地增值税核定征收进行检查？　*520*

问题7-1-3　如何确定房地产项目是否应进行土地增值税清算？　*521*

问题7-1-4　如何对土地增值税清算单位的确定进行检查？　*522*

问题7-1-5　如何依据清算资料检查印花税？　*522*

问题7-1-6　如何依据清算资料检查城镇土地使用税？　*523*

7.2　涉及收入确定的检查　*524*

问题7-2-1　如何对销售数据进行延伸检查？　*524*

问题7-2-2　如何使用预售收入备查簿进行检查？　*524*

问题7-2-3　如何对价格偏低、视同销售情形进行延伸检查？　*525*

问题7-2-4　如何对企业特殊方式的销售进行检查？　*526*

问题7-2-5　如何对开发产品出租收入进行检查？　*527*

7.3　涉及成本费用的检查　*528*

问题7-3-1　如何进行现场实地检查？　*528*

问题7-3-2　如何对不得税前列支票据涉及问题进行检查？　*528*

问题7-3-3　如何检查清算中不得税前列支成本对企业所得税的影响？　*529*

问题7-3-4　如何对取得土地使用权支付的金额进行检查？　*530*

问题7-3-5　建筑安装工程费检查需要关注哪些事项？　*530*

问题7-3-6　如何利用精装修业务资料进行检查？　*533*

问题7-3-7　绿化工程如何检查？　*534*

问题 7-3-8　如何对地下建筑物成本的处理进行检查？　535

问题 7-3-9　如何对配套设施成本的处理进行检查？　535

问题 7-3-10　如何对基础设施费用（红线外）进行检查？　536

问题 7-3-11　如何对企业未支付的质量保证金进行检查？　537

问题 7-3-12　如何对预提费用进行检查？　537

问题 7-3-13　如何对开发企业为施工方代付的费用进行检查？　538

问题 7-3-14　如何对开发间接费用进行检查？　538

问题 7-3-15　如何检查企业融资费用？　539

问题 7-3-16　清算中涉及成本分摊的企业所得税如何检查？　540

问题 7-3-17　如何对已售完工产品与未售完工产品之间成本的分摊进行检查？　540

问题 7-3-18　如何对价外费用进行检查？　541

问题 7-3-19　如何对政府性基金和行政事业性收费（代收费）进行检查？　541

问题 7-3-20　如何对政府返还的土地出让金进行检查？　542

CONTENTS
案例目录

案例 2-1　以立项为清算单位　142

案例 4-1　房地产开发成本的分配计算（一般方法）　221

案例 4-2　土地成本的分配计算（一般方法）　243

案例 4-3　土地成本在不同性质物业之间的分配计算（一般方式）　324

案例 4-4　土地成本在不同类型业态房屋之间的分配计算（一般方式）　325

案例 4-5　土地成本在已售与未售物业之间的分配计算（一般方式）　326

案例 4-6　不同清算项目之间"取得土地使用权所支付的金额"的分配计算（一般方式）　327

案例 4-7　共同成本在不同清算项目之间的分配计算（一般方式）　327

案例 4-8　采用平均售价比率法进行成本分配计算　343

案例 4-9　层高系数法在不同类型房屋之间分配成本的应用　346

案例 4-10　房地产开发成本在不同性质物业之间的分配计算（一般方式）　348

案例 4-11　房地产开发成本在不同类型业态房屋之间的分配计算（一般方式）　350

案例 4-12　开发成本在已售与未售面积之间的分配计算（一般方式）　350

案例 4-13　开发费用混入前期工程费的处理　374

案例 4-14　代建性质成本计入公共配套设施成本的处理　376

案例 4-15　基础设施成本、公共配套设施成本偏高的处理　380

案例 4-16　不能按项目合理分摊的利息支出不能据实扣除　385

案例5-1　土地增值税清算后企业所得税应退税款计算　430
案例6-1　企业转让未开发的土地使用权的土地增值税计算　486
案例6-2　企业转让已开发的土地使用权的土地增值税计算　488
案例6-3　企业转让旧房的土地增值税计算　500
案例6-4　营改增后旧房转让时提供的购房凭据为营改增前营业税发票的扣除项目金额计算　503
案例6-5　营改增后旧房转让时提供的购房凭据为营改增后取得的增值税普通发票的扣除项目金额计算　504
案例6-6　营改增后旧房转让时提供的购房凭据为营改增后取得的增值税专用发票的扣除项目金额计算　505
案例7-1　增值税、土地增值税预征税款的核查　519
案例7-2　土地增值税核定征收的核查计算　520
案例7-3　对清算单位的检查　522
案例7-4　对销售收入的检查　527
案例7-5　对建筑安装工程费的检查　532
案例7-6　对绿化成本的检查　535
案例7-7　对基础设施费用的检查　536
案例7-8　对开发间接费用的检查　539

第1章

土地增值税基本政策规定

土地增值税是以纳税人转让国有土地使用权、地上的建筑物及其附着物所取得的增值额为征税对象，依照规定税率征收的一种税。本章主要分析解答土地增值税的基本政策以及预征、核定征收政策，也包括基本的清算政策和清算鉴证政策。

特别说明：本书各层级标题中的"企业"均指房地产开发企业。

1.1 土地增值税基本要素政策

本节税收政策主要包括土地增值税的纳税人、征税对象、税率及扣除项目等基本政策。

问题1-1-1

土地增值税的纳税义务人、征税对象及纳税义务如何确定？

答：《中华人民共和国土地增值税暂行条例》（以下简称《土地增值税暂行条例》）第二条规定："转让国有土地使用权、地上的建筑物及其附着物（以下简称转让房地产）并取得收入的单位和个人，为土地增值税的纳税义务人（以下简称纳税人），应当依照本条例缴纳土地增值税。"

《中华人民共和国土地增值税暂行条例实施细则》（以下简称《土地增值税暂行条例实施细则》）第二条规定："条例第二条所称的转让国有土地使用权、地上的建筑物及其附着物并取得收入，是指以出售或者其他方式有偿转让房地产的行为。不包括以继承、赠与方式无偿转让房地产的行为。"

该细则第三条规定："条例第二条所称的国有土地，是指按国家法律规定属于国家所有的土地。"

该细则第四条规定："条例第二条所称的地上的建筑物，是指建于土地上的一切建筑物，包括地上地下的各种附属设施。条例第二条所称的附着物，是指附着于土地上的不能移动，一经移动即遭损坏的物品。"

《土地增值税宣传提纲》（国税函发〔1995〕110号文件印发）第四条规定："根据《条例》的规定，凡转让国有土地使用权、地上的建筑物及其附着物并取得收入的行为都应缴纳土地增值税。这样界定有三层含义：一是土地增值税仅对转让国有土地使用权的征收，对转让集体土地使用权的不征税。这是因为，根据《中华人民共和国土地管理法》的规定，国家为了公共利益，可以依照法律规定对集体土地实行征用，依法被征用后的土地属于国家所有。未经国家征用的集体土地不得转让。如要自行转让是一种违法行为。对这种违法行为应由有关部门依照相关法律来处理，而不应纳入土地增值税的征税范围。二是只对转让的房地产征收土地增值税，不转让的不征税。如房地产的出租，虽然取得了收入，但没有发生房地产的产权转让，不应属于土地增值税的征收范围。三是对转让房地产并取得收入的征税，对发生转让行为，而未取得收入的不征税。如通过继承、赠与方式转让房地产的，虽然发生了转让行为，但未取得收入，就不能征收土地增值税。"

根据上述政策规定，转让国有土地使用权、地上的建筑物及其附着物并取得收入的单位和个人，为土地增值税的纳税义务人。土地增值税的征税对象为"转让国有土地使用权、地上的建筑物及其附着物"。除有专门明确的针对性政策外，在征收土地增值税中，确定土地增值税的纳税义务有三个要件：一是有转让行为；二是转让的对象必须是国有土地使用权、地上的建筑物及其附着物；三是取得收入（有偿转让）。

问题1-1-2

纳税人转让集体土地是否缴纳土地增值税？

答：《土地增值税暂行条例》第二条规定："转让国有土地使用权、地上的建筑物及其附着物（以下简称转让房地产）并取得收入的单位和个人，为土地增值税的纳税义务人（以下简称纳税人），应当依照本条例缴纳土地增值税。"

根据《土地增值税宣传提纲》（国税函发〔1995〕110号文件印发）第四条的规定，土地增值税仅对转让国有土地使用权的征收，对转让集体土地使用权的不征税。这是因为，根据《中华人民共和国土地管理法》的规定，国家为了公共利益，可以依照法律规定对集体土地实行征用，依法被征用后的土地属于国家所有。未经国家征用的集体土地不得转让。如要自行转让是一种违法行为。

根据上述政策及宣传解释，征收土地增值税的一个前提要件是"转让国有土地使用权、地上的建筑物及其附着物"，因此，未经国家征用的集体土地不得转让，集体土地不涉及土地增值税的征收。

问题1-1-3

未办理土地使用权证而转让土地的行为如何确定纳税义务？

答：《土地增值税暂行条例》规定，确定土地增值税的纳税义务有三个要件：一是有转让行为；二是转让的对象必须是国有土地使用权、地上的建筑物及其附着物；三是取得收入。

对于土地使用者转让、抵押或置换土地的，《国家税务总局关于未办理土地使用权证转让土地有关税收问题的批复》（国税函〔2007〕645号）规定，土地使用者转让、抵押或置换土地，无论其是否取得了该土地的使用权属证书，无论其在转让、抵押或置换土地过程中是否与对方当事人办理了土地使用权属证书变更登记手续，只要土地使用者享有占有、使用、收益或处分该土地的权利，且有合同等证据表明其实质转让、抵押或置换了土地并取得了相应的经济利益，土地使用者及其对方当事人应当依照税法规定缴纳土地增值税等相关税收。

根据上述政策规定，在各类未办理土地使用权证转让土地的业务中，凡是符合土地增值税确定纳税义务三个要件的，"只要土地使用者享有占有、使用、收益或处分该土地的权利，且有合同等证据表明其实质转让、抵押或置换了土地并取得了相应的经济利益"，即使未取得土地使用权证，卖方仍然为土地增值税纳税义务人。

问题 1-1-4

土地增值税政策中的"赠与"行为包括哪些具体情形？

答：《土地增值税暂行条例实施细则》第二条规定："条例第二条所称的转让国有土地使用权、地上的建筑物及其附着物并取得收入，是指以出售或者其他方式有偿转让房地产的行为。不包括以继承、赠与方式无偿转让房地产的行为。"

《财政部 国家税务总局关于土地增值税一些具体问题规定的通知》（财税字〔1995〕48号）第四条规定："关于细则中'赠与'所包括的范围问题，细则所称的'赠与'是指如下情况：

（一）房产所有人、土地使用权所有人将房屋产权、土地使用权赠与直系亲属或承担直接赡养义务人的。

（二）房产所有人、土地使用权所有人通过中国境内非营利的社会团体、国家机关将房屋产权、土地使用权赠与教育、民政和其他社会福利、公益事业的。

上述社会团体是指中国青少年发展基金会、希望工程基金会、宋庆龄基金会、减灾委员会、中国红十字会、中国残疾人联合会、全国老年基金会、老区促进会以及经民政部门批准成立的其他非营利的公益性组织。"

根据上述政策规定，只有符合条件的"赠与"行为才不征收土地增值税。

问题 1-1-5

确定土地增值税收入的基本原则有哪些？

答：《土地增值税暂行条例》第五条规定："纳税人转让房地产所取得的收入，包括货币收入、实物收入和其他收入。"

《土地增值税暂行条例实施细则》第五条规定："条例第二条所称的收入，包括转让房地产的全部价款及有关的经济收益。"

根据上述政策规定，土地增值税收入确定的基本原则就是纳税人转让房地产获取的全部价款及有关的经济收益，包括货币收入、实物收入和其他收入。在实操中，各地均是按照上述原则处理相关问题的，确定土地增值税收入的具体政策内容参见"问题3-1-1　纳税人转让房地产如何确定土地增值税清算收入（收入的范围）？"等。

问题1-1-6

计算增值额的扣除项目有哪些？

答：《土地增值税暂行条例》第六条规定："计算增值额的扣除项目：

（一）取得土地使用权所支付的金额；

（二）开发土地的成本、费用；

（三）新建房及配套设施的成本、费用，或者旧房及建筑物的评估价格；

（四）与转让房地产有关的税金；

（五）财政部规定的其他扣除项目。"

在填写纳税申报表时，上述扣除项目还要继续划分为明细项目，以便准确计算增值额。

各地规定也是如此，确定土地增值税扣除项目的具体政策内容参见"问题4-1-1　清算扣除项目包括哪些扣除内容？""问题4-1-2　土地增值税清算扣除项目的确定有哪些基本要求？"等。

问题1-1-7

土地增值税的税率如何确定？

答：《土地增值税暂行条例》第七条规定，土地增值税实行四级超率累计税率，具体如下：

增值额未超过扣除项目金额50%的部分，税率为30%。

增值额超过扣除项目金额50%、未超过扣除项目金额100%的部分，税率为40%。

增值额超过扣除项目金额100%、未超过扣除项目金额200%的部分，税率为50%。

增值额超过扣除项目金额200%的部分，税率为60%。

为简化计算，《土地增值税暂行条例实施细则》第十条规定："条例第七条所列四级超率累进税率,每级'增值额未超过扣除项目金额'的比例,均包括本比例数。计算土地增值税税额,可按增值额乘以适用的税率减去扣除项目金额乘以速算扣除系数的简便方法计算,具体公式如下:

(一)增值税未超过扣除项目金额50%

土地增值税税额=增值额×30%

(二)增值额超过扣除项目金额50%,未超过100%的

土地增值税税额=增值额×40%-扣除项目金额×5%

(三)增值额超过扣除项目金额100%,未超过200%的

土地增值税税额=增值额×50%-扣除项目金额×15%

(四)增值额超过扣除项目金额200%

土地增值税税额=增值额×60%-扣除项目金额×35%

公式中的5%、15%、35%为速算扣除系数。"

问题1-1-8

房地产开发企业如何填写土地增值税纳税申报表?

答:房地产开发企业在项目清算前,一般是预征土地增值税,待该项目全部竣工、办理结算后再进行清算,多退少补。此时,根据项目开发的具体情况,依据规定的政策,对项目取得的收入与支出(发生)的成本进行清算,计算出开发项目应缴纳的土地增值税。具体清算内容(数据)填写《国家税务总局关于修订土地增值税纳税申报表的通知》(税总函〔2016〕309号)的相关表格及所附《土地增值税纳税申报表(二)》(从事房地产开发的纳税人清算适用)(见本章末的附录1-1)。

对于土地增值税项目清算涉及的纳税申报表填写及附列资料,各地在总局规定的基础上均有详细规定,在具体填写申报表等资料时以当地税务机关征管规定为准。

此外,从事房地产开发的纳税人,还需要向主管税务机关报送《土地增值税项目登记表》。根据《国家税务总局关于修订土地增值税纳税申报表的通知》(税总函〔2016〕309号)第二条的规定,"根据《国家税务总局关于印发〈土地增值税纳税申报表〉的通知》(国税发〔1995〕090号)规定,从事房地产开发的纳税人,应在取得土地使用权并获得房地产开发项目开工许可后,根据税务机关确定的时间,向主管税

务机关报送《土地增值税项目登记表》，并在每次转让（预售）房地产时，依次填报表中规定栏目的内容"。

自2021年6月1日起，根据《国家税务总局关于简并税费申报有关事项的公告》（国家税务总局公告2021年第9号）第一条的相关规定，纳税人申报缴纳土地增值税或同时申报其他多个财产和行为税时，使用《财产和行为税纳税申报表》（见本章末的附录1-6），纳税人新增税源或税源变化时，需先填报《财产和行为税税源明细表》（见本章末的附录1-7）。原土地增值税项目清算申报表内容等，均在《财产和行为税税源明细表》中录入。具体以当地税务机关规定为准。

1.2 土地增值税征免政策

本节内容包括各类行为是否征收土地增值税及土地增值税免征政策。

问题 1-2-1

哪些情形下可以免征土地增值税？

答：根据土地增值税政策规定，除个人涉及的业务、临时性特殊规定外，免征土地增值税的基本政策主要有如下两项。

一是普通标准住宅。根据《土地增值税暂行条例》第八条第（一）项的规定，"纳税人建造普通标准住宅出售，增值额未超过扣除项目金额20%的"，免征土地增值税。

《土地增值税暂行条例实施细则》第十一条第二款规定："纳税人建造普通标准住宅出售，增值额未超过本细则第七条（一）、（二）、（三）、（五）、（六）项扣除项目金额之和百分之二十的，免征土地增值税；增值额超过扣除项目金额之和百分之二十的，应就其全部增值额按规定计税。"

上述普通标准住宅的判断依据是当地政府公布的住宅标准，国家征用土地需要相应的文件资料证明。

关于对符合条件的标准住宅免征土地增值税的原因，《土地增值税宣传提纲》（国税函发〔1995〕110号文件印发）第九条第（一）项规定，"纳税人建造普通标准住宅出售，增值额未超过扣除项目金额20%的（含20%），免征土地增值税。但增值额超过扣除项目金额20%的，应对其全部增值额计税（包括未超过扣除项目金额20%的部分）。这是考虑到我国人民居住条件仍然较差，对建造普通标准住宅而增值较低的予以免税，而对增值较高的就全部增值额征税，有利于控制普通标准住宅售价，促进和保证其健康发展"。

二是国家依法征用、收回的房地产。根据《土地增值税暂行条例》第八条第（二）项的规定，"因国家建设需要依法征用、收回的房地产"免征土地增值税。

《土地增值税暂行条例实施细则》第十一条第四款规定："因城市实施规划、国家建设的需要而搬迁，由纳税人自行转让原房地产的，比照本规定免征土地增值税。"

关于对"因国家建设需要依法征用、收回的房地产"的解释，《土地增值税宣传提纲》第九条第（二）项规定，"因国家建设需要依法征用、收回的房地产，免征土地增值税。这是因为，政府在进行城市建设和改造时需要收回一些土地使用权或征用一些房产，国家要给予纳税人适当的经济补偿，免予征收土地增值税是应该的"。

关于对"城市市政规划、国家建设的需要"的解释，《土地增值税宣传提纲》第九条第（三）项规定，"因城市市政规划、国家建设的需要而搬迁，由纳税人自行转让原房地产而取得的收入，免征土地增值税。根据城市规划，污染、扰民企业（主要是指企业产生的过量废气、废水、废渣和噪音，使城市居民生活受到一定的危害）需要陆续搬迁到城外，有些企业因国家建设需要也要进行搬迁。这些企业要搬迁不是以盈利为目的，而是为城市规划需要，存在许多困难，如人员安置、搬迁资金不足等；而且大都是一些老企业，这个问题就更突出。为了使这些企业能够易地重建或重购房地产，对其自行转让原有房地产的增值收益，给予免征土地增值税是必要的"。

2006年，国家税务总局再次发文明确上述"因城市实施规划、国家建设的需要而搬迁"的范围，根据《财政部 国家税务总局关于土地增值税若干问题的通知》（财税〔2006〕21号）第四条的规定，"《中华人民共和国土地增值税暂行条例实施细则》第十一条第四款所称：因'城市实施规划'而搬迁，是指因旧城改造或因企业污染、扰民（指产生过量废气、废水、废渣和噪音，使城市居民生活受到一定危害），而由政府或政府有关主管部门根据已审批通过的城市规划确定进行搬迁的情况；因'国家建设的需要'而搬迁，是指因实施国务院、省级人民政府、国务院有关部委批准的建设项目而进行搬迁的情况"。

在上述免税政策中，"因城市实施规划、国家建设的需要而被政府批准征用的房产或收回的土地使用权"需要以征用公告（公示）、文件等作为证明依据。在实操中，证明依据一般包括（不限于）土地征用公告或征收令（根据具体情况）、政府网站公示（根据具体情况）、城市规划、征收补偿协议等，各地税务机关会根据当地征收土地的具体情况，在税务审核时要求提供相应的审核资料（证明依据）。

对于上述两项免税政策的落实，《土地增值税暂行条例实施细则》第十一条第五款规定，"符合上述免税规定的单位和个人，须向房地产所在地税务机关提出免税申请，经税务机关审核后，免予征收土地增值税"。

【提示】根据《国务院决定修改的行政法规》（国务院令第588号附件2）第二条第（二）项第15点的规定，《土地增值税暂行条例》第八条中的"征用"修改为"征收"。

根据《土地增值税暂行条例》第八条第（二）项的规定，"因国家建设需要依法征用、收回的房地产"免征土地增值税。

《土地增值税暂行条例实施细则》第十一条第四款规定："因城市实施规划、国家建设的需要而搬迁，由纳税人自行转让原房地产的，比照本规定免征土地增值税。"

问题1-2-2

普通标准住宅的标准如何划分？

答：《土地增值税暂行条例实施细则》第十一条第一款规定："条例第八条（一）项所称的普通标准住宅，是指按所在地一般民用住宅标准建造的居住用住宅。高级公寓、别墅、度假村等不属于普通标准住宅。普通标准住宅与其他住宅的具体划分界限由各省、自治区、直辖市人民政府规定。"

《国务院办公厅转发建设部等部门关于做好稳定住房价格工作意见的通知》（国办发〔2005〕26号）第五条规定："为了合理引导住房建设与消费，大力发展省地型住房，在规划审批、土地供应以及信贷、税收等方面，对中小套型、中低价位普通住房给予优惠政策支持。享受优惠政策的住房原则上应同时满足以下条件：住宅小区建筑容积率在1.0以上、单套建筑面积在120平方米以下、实际成交价格低于同级别土地上住房平均交易价格1.2倍以下。各省、自治区、直辖市要根据实际情况，制定本地区享受优惠政策普通住房的具体标准。允许单套建筑面积和价格标准适当浮动，但向上浮动的比例不得超过上述标准的20%。各直辖市和省会城市的具体标准要报建设部、财政部、税务总局备案后，在2005年5月31日前公布。"

根据《财政部 国家税务总局关于土地增值税若干问题的通知》（财税〔2006〕21号）第一条的规定，《土地增值税暂行条例》第八条中"普通标准住宅"的认定，一律按各省、自治区、直辖市人民政府根据《国务院办公厅转发建设部等部门关于做好稳定住房价格工作意见的通知》（国办发〔2005〕26号）制定并对社会公布的"中小套型、中低价位普通住房"的标准执行。纳税人既建造普通住宅，又建造其他商品房的，应分别核算土地增值额。

对于"普通住宅"的标准及认定，各地基本上是以当地政府公布的标准为主，涉税具体规定举例如下：

1.宁波市规定

《国家税务总局宁波市税务局关于土地增值税清算若干政策问题的公告》（国家税务总局宁波市税务局公告2023年第3号）第一条第三款规定："'普通住宅'的认定：市区按照宁波市人民政府办公厅《关于确定市区普通住房标准的通知》（甬政办发〔2005〕104号）公布的标准执行，其他各地按照当地政府公布的标准实施。对有独立产权且能够单独转让的车位、车库等，按照其他类型房地产核算。"

2.北京市规定

《北京市地方税务局土地增值税清算管理规程》（北京市地方税务局公告2016年第7号发布）第四十八条规定："土地增值税政策中普通住宅依照北京市公布的标准确认。

纳税人进行土地增值税清算时，税务机关应按单套房屋销售时同级别土地上适用的普通住房标准进行审核确认。

纳税人须在《清算报告》或《鉴证报告》中提供普通住宅的判定情况由税务机关审核确认。清算单位中建造的普通住宅，应单独计算增值额、增值率。"

3. 黑龙江省规定

《黑龙江省地方税务局关于土地增值税若干政策问题的公告》（黑龙江省地方税务局公告2016年第1号）第二条规定："自2014年11月28日起，我省普通标准住宅的认定标准为：住宅小区建筑容积率在1.0以上、单套建筑面积在144平方米及以下、实际成交价格低于同级别土地上住房平均交易价格1.2倍及以下的住房。判定时间以商品房销售合同签订日期为准。"

4. 重庆市规定

《重庆市地方税务局转发财政部、国家税务总局关于土地增值税若干问题的通知》（渝地税发〔2006〕143号）第一条规定："我市土地增值税普通标准住宅按《重庆市地方税务局 重庆市财政局 重庆市国土资源和房屋管理局转发国家税务总局、财政部、建设部关于加强房地产税收管理的通知》（渝地税发〔2005〕172号）制定并对社会公布的普通住房标准执行。即'住宅小区建筑容积率1.0以上，单套最大建筑面积在144平方米或套内建筑面积120平方米以下，实际成交价格低于同级别土地上住房平均交易价格的1.4倍以下的住房。同时符合上述三个条件的为享受优惠政策的普通住房，有一条不符合即为不能享受优惠政策的非普通住房'。"

问题 1-2-3

企业的哪些行为要视同销售缴纳土地增值税？

答：确定土地增值税纳税义务的要件之一是取得收入，根据文件规定，在企业日常业务中，有些情形虽然没有直接取得收入，但视同销售取得收入。根据《国家税务总局关于房地产开发企业土地增值税清算管理有关问题的通知》（国税发〔2006〕187号）第三条第（一）项及《土地增值税清算管理规程》（国税发〔2009〕91号文件印发）第十九条第（一）项的规定，房地产开发企业将开发产品用于职工福利、奖励、对外投资、分配给股东或投资人、抵偿债务、换取其他单位和个人的非货币性资产等，发生所有权转移时应视同销售房地产，其收入按下列方法和顺序确认：

（1）按本企业在同一地区、同一年度销售的同类房地产的平均价格确定；

（2）由主管税务机关参照当地当年、同类房地产的市场价格或评估价值确定。

各地也是按照上述原则确定相关政策的，视同销售缴纳土地增值税的具体政策内容参见"问题3-1-5　企业将开发产品用于职工福利等各项非直接销售的如何确定收入？"等。

问题1-2-4

企业将开发产品转为自用或用于出租等商业用途时是否征收土地增值税？

答：确定土地增值税纳税义务的要件之一是有转让行为，房地产开发企业将开发产品转为自用，产权未发生转移。根据《国家税务总局关于房地产开发企业土地增值税清算管理有关问题的通知》（国税发〔2006〕187号）第三条第（二）项及《土地增值税清算管理规程》（国税发〔2009〕91号文件印发）第十九条第（二）项的规定，房地产开发企业将开发的部分房地产转为企业自用或用于出租等商业用途时，如果产权未发生转移，不征收土地增值税，在税款清算时不列收入，不扣除相应的成本和费用。

各地在执行时，也是依据上述政策原则确定具体规定的。企业将开发产品转为自用或用于出租等商业用途时的土地增值税处理详细政策内容参见"问题3-1-6　企业将房地产转为企业自用或用于出租，产权未发生转移的如何处理？"。

问题1-2-5

在棚户区改造中转让旧房作为改造安置住房的如何免征土地增值税？

答：《财政部　国家税务总局关于棚户区改造有关税收政策的通知》（财税〔2013〕101号）第二条规定："企事业单位、社会团体以及其他组织转让旧房作为改造安置住房房源且增值额未超过扣除项目金额20%的，免征土地增值税。"

该通知第六条规定："棚户区是指简易结构房屋较多、建筑密度较大、房屋使用年限较长、使用功能不全、基础设施简陋的区域，具体包括城市棚户区、国有工矿（含煤矿）棚户区、国有林区棚户区和国有林场危旧房、国有垦区危房。棚户区改造是指列入省级人民政府批准的棚户区改造规划或年度改造计划的改造项目；改造安置住房是指相关部门和单位与棚户区被征收人签订的房屋征收（拆迁）补偿协议或棚户区改造合同（协议）中明确用于安置被征收人的住房或通过改建、扩建、翻建等方式实施改造的住房。"

上述属于棚户区改造的范围及相关内容见《国务院关于加快棚户区改造工作的意

见》（国发〔2013〕25号）的规定。

问题1-2-6

企事业单位、社会团体以及其他组织转让旧房作为公租房房源的如何免征土地增值税？

答：《财政部 税务总局关于公共租赁住房税收优惠政策的公告》（财政部 税务总局公告2019年第61号）第四条规定："对企事业单位、社会团体以及其他组织转让旧房作为公租房房源，且增值额未超过扣除项目金额20%的，免征土地增值税。"

根据《财政部 税务总局关于延长部分税收优惠政策执行期限的公告》（财政部 税务总局公告2021年第6号）第一条的相关规定，财政部、税务总局公告2019年第61号规定的税收优惠政策执行期限延长至2023年12月31日。

问题1-2-7

合作建房转让土地使用权的是否征收土地增值税？

答：《财政部 国家税务总局关于土地增值税一些具体问题规定的通知》（财税字〔1995〕48号）第二条规定："对于一方出地，一方出资金，双方合作建房，建成后按比例分房自用的，暂免征收土地增值税；建成后转让的，应征收土地增值税。"

对于合作建房的认定，四川省有明确的解释。《国家税务总局四川省税务局关于土地增值税清算单位等有关问题的公告》（国家税务总局四川省税务局公告2020年第13号）第五条规定，"合作建房是指一方出资金，一方出土地，共同修建房屋，双方共同投资，共担风险，共享利润的行为。如一方只收取固定利益，不承担责任和风险，不能视为合作建房"。

此外，如果在上述业务中出地方从出资方获取一定补偿，重庆市对此有明确的解释。《重庆市地方税务局关于土地增值税若干政策执行问题的公告》（重庆市地方税务局公告2014年第9号）第四条第（三）项规定，"一方出部分土地，一方出资金，双方合作建房，出土地方取得货币性收入的，应对其取得收入部分按规定征收土地增值税"。

在实操中，一般合作建房成立合营企业的，土地增值税按照规定处理；对于合作建房不成立合营企业的，即房屋建成后，合作双方按约定比例分房自用的，暂免征收土地增值税。对于双方分回房产后再转让的，出地方一般适用旧房转让的规定计算征收土地增值税，而出资方一般适用新建房转让的规定计算征收土地增值税。

合作建房土地增值税政策把握比较复杂，各地针对不同情况制定有具体征管政策，具体以当地税务机关解释为准。

问题1-2-8

对整体改制前的企业将房地产转移、变更到改制后的企业是否征收土地增值税？

答：自2024年1月1日至2027年12月31日，《财政部 税务总局关于继续实施企业改制重组有关土地增值税政策的公告》（财政部 税务总局公告2023年第51号）第一条规定，"企业按照《中华人民共和国公司法》有关规定整体改制，包括非公司制企业改制为有限责任公司或股份有限公司，有限责任公司变更为股份有限公司，股份有限公司变更为有限责任公司，对改制前的企业将国有土地使用权、地上的建筑物及其附着物（以下称房地产）转移、变更到改制后的企业，暂不征收土地增值税。

本公告所称整体改制是指不改变原企业的投资主体，并承继原企业权利、义务的行为。"

该公告第八条规定："本公告所称不改变原企业投资主体、投资主体相同，是指企业改制重组前后出资人不发生变动，出资人的出资比例可以发生变动；投资主体存续，是指原企业出资人必须存在于改制重组后的企业，出资人的出资比例可以发生变动。"

根据上述政策及《中华人民共和国公司法》相关规定，不同性质的企业有不同的组织形式、债务承担责任等，对于整体改制的企业，且符合公司法相关性质变更规定，如果仅仅是原投资人改变了企业的组织形式，企业相关的权利、义务也是依法由变更后的企业承继，那么对改制前的企业将房地产转移、变更到改制后的企业，可以暂不征收土地增值税。

根据该公告第五条的规定，"上述改制重组有关土地增值税政策不适用于房地产转移任意一方为房地产开发企业的情形"。因此，对于房地产开发企业涉及的上述业务，只要转移任意一方为房地产开发企业，则应按照规定缴纳土地增值税。

> 【提示】1.关于"改制重组"的相关概念。《财政部 国家税务总局关于企业重组业务企业所得税处理若干问题的通知》（财税〔2009〕59号）第一条规定，"本通知所称企业重组，是指企业在日常经营活动以外发生的法律结构或经济结构重

大改变的交易，包括企业法律形式改变、债务重组、股权收购、资产收购、合并、分立等"。

该条第（一）项规定，"企业法律形式改变，是指企业注册名称、住所以及企业组织形式等的简单改变，但符合本通知规定其他重组的类型除外"。

2.《中华人民共和国公司法》第九条规定："有限责任公司变更为股份有限公司，应当符合本法规定的股份有限公司的条件。股份有限公司变更为有限责任公司，应当符合本法规定的有限责任公司的条件。

有限责任公司变更为股份有限公司的，或者股份有限公司变更为有限责任公司的，公司变更前的债权、债务由变更后的公司承继。"

问题1-2-9

企业合并时转移、变更房地产是否缴纳土地增值税？

答：自2024年1月1日至2027年12月31日，《财政部 税务总局关于继续实施企业改制重组有关土地增值税政策的公告》（财政部 税务总局公告2023年第51号）第二条规定，"按照法律规定或者合同约定，两个或两个以上企业合并为一个企业，且原企业投资主体存续的，对原企业将房地产转移、变更到合并后的企业，暂不征收土地增值税。"

该公告第八条规定："本公告所称不改变原企业投资主体、投资主体相同，是指企业改制重组前后出资人不发生变动，出资人的出资比例可以发生变动；投资主体存续，是指原企业出资人必须存在于改制重组后的企业，出资人的出资比例可以发生变动。"

《中华人民共和国公司法》第一百七十二条规定，公司合并可以采取吸收合并或者新设合并。一个公司吸收其他公司为吸收合并，被吸收的公司解散。两个以上公司合并设立一个新的公司为新设合并，合并各方解散。

根据上述政策规定，两个或两个以上企业合并为一个企业的，如果原企业投资主体存续，即不论是吸收合并还是新设合并，如果投资人没有发生变化，那么对原企业将房地产转移、变更到合并后的企业，暂不征收土地增值税。

根据该公告第五条的规定，"上述改制重组有关土地增值税政策不适用于房地产转移任意一方为房地产开发企业的情形"。因此，对于房地产开发企业涉及的上述业务，只要转移任意一方为房地产开发企业，则应按照规定缴纳土地增值税。

【提示】根据《财政部 国家税务总局关于企业重组业务企业所得税处理若干问题的通知》（财税〔2009〕59号）第一条第（五）项的规定，"合并，是指一家或多家企业（以下称为被合并企业）将其全部资产和负债转让给另一家现存或新设企业（以下称为合并企业），被合并企业股东换取合并企业的股权或非股权支付，实现两个或两个以上企业的依法合并"。

《营业税改征增值税试点有关事项的规定》（财税〔2016〕36号文件附件2）第一条第（二）项关于"不征收增值税项目"第5点规定，"在资产重组过程中，通过合并、分立、出售、置换等方式，将全部或者部分实物资产以及与其相关联的债权、负债和劳动力一并转让给其他单位和个人，其中涉及的不动产、土地使用权转让行为"，不征收增值税。

问题1-2-10

企业分设时转移、变更房地产是否缴纳土地增值税？

答：自2024年1月1日至2027年12月31日，《财政部 税务总局关于继续实施企业改制重组有关土地增值税政策的公告》（财政部 税务总局公告2023年第51号）第三条规定，"按照法律规定或者合同约定，企业分设为两个或两个以上与原企业投资主体相同的企业，对原企业将房地产转移、变更到分立后的企业，暂不征收土地增值税。"

该公告第八条规定："本公告所称不改变原企业投资主体、投资主体相同，是指企业改制重组前后出资人不发生变动，出资人的出资比例可以发生变动；投资主体存续，是指原企业出资人必须存在于改制重组后的企业，出资人的出资比例可以发生变动。"

根据《中华人民共和国公司法》第一百七十五条、第一百七十六条的相关规定，公司分立，其财产作相应的分割。公司分立前的债务由分立后的公司承担连带责任。

根据上述政策规定，企业分设为两个或两个以上企业的，对于与原企业投资主体相同的企业，且依据法律规定承担相应的债务的，那么对原企业将房地产转移、变更到分立后的企业，可暂不征收土地增值税。

根据该公告第五条的规定，"上述改制重组有关土地增值税政策不适用于房地产转移任意一方为房地产开发企业的情形"。因此，对于房地产开发企业涉及的上述业务，只要转移任意一方为房地产开发企业，则应按照规定缴纳土地增值税。

【提示】根据《财政部 国家税务总局关于企业重组业务企业所得税处理若干问题的通知》（财税〔2009〕59号）第一条第（六）项的规定，"分立，是指一家企业（以下称为被分立企业）将部分或全部资产分离转让给现存或新设的企业（以下称为分立企业），被分立企业股东换取分立企业的股权或非股权支付，实现企业的依法分立"。

问题1-2-11

单位、个人在改制重组时以房地产进行投资是否缴纳土地增值税？

答：自2024年1月1日至2027年12月31日，《财政部 税务总局关于继续实施企业改制重组有关土地增值税政策的公告》（财政部 税务总局公告2023年第51号）第四条规定，"单位、个人在改制重组时以房地产作价入股进行投资，对其将房地产转移、变更到被投资的企业，暂不征收土地增值税。"

根据上述政策条款及该公告关于"整体改制"的规定，除符合"整体改制"不征税政策情形外，对于单位、个人在改制重组时以房地产作价入股进行投资的，对其将房地产转移、变更到被投资的企业，可暂不征收土地增值税。从反避税角度，这种情形限于非房地产开发企业涉及的业务，根据该公告第五条的规定，"上述改制重组有关土地增值税政策不适用于房地产转移任意一方为房地产开发企业的情形"。因此，对于房地产开发企业涉及的上述业务，只要转移任意一方为房地产开发企业，则应按照规定缴纳土地增值税。

问题1-2-12

改制重组后再转让房地产并申报缴纳土地增值税时，"取得土地使用权所支付的金额"如何扣除？

答：《财政部 税务总局关于继续实施企业改制重组有关土地增值税政策的公告》（财政部 税务总局公告2023年第51号）第六条规定："改制重组后再转让房地产并申报缴纳土地增值税时，对'取得土地使用权所支付的金额'，按照改制重组前取得该宗国有土地使用权所支付的地价款和按国家统一规定缴纳的有关费用确定；经批准以国有土地使用权作价出资入股的，为作价入股时县级及以上自然资源部门批准的评估价格。按购房发票确定扣除项目金额的，按照改制重组前购房发票所载金额并从购买年度起至本次转让年度止每年加计5%计算扣除项目金额，购买年度是指购房发票所载日期的当年。"

根据《土地增值税暂行条例实施细则》第七条第（一）项的规定，"取得土地使用权所支付的金额，是指纳税人为取得土地使用权所支付的地价款和按国家统一规定交纳的有关费用"。由于在改制重组业务中，符合不征收土地增值税政策的上述承继房地产的企业，不涉及土地的直接获取或交易业务，因此，从政策上明确，其"取得土地使用权所支付的金额"及对应的相关票据按照改制重组前（原企业）的金额、票据以及取得时间处理后续业务。

问题 1-2-13

纳税人以转让股权名义转让房地产的行为是否缴纳土地增值税？

答：《土地增值税暂行条例》第二条规定："转让国有土地使用权、地上的建筑物及其附着物（以下简称转让房地产）并取得收入的单位和个人，为土地增值税的纳税义务人（以下简称纳税人），应当依照本条例缴纳土地增值税。"

根据土地增值税视同销售的相关政策规定，对房地产开发企业将开发产品用于对外投资的，发生所有权转移时应视同销售房地产，征收土地增值税。

根据上述政策规定，征收土地增值税的一个重要前提是"转让国有土地使用权"，如果没有发生国有土地使用权转让行为，则不征收土地增值税。对于"纳税人以转让股权名义转让房地产的行为"如何处理，目前还没有直接明确的政策规定，国家税务总局在以往针对个案处理时，从反避税角度考虑，强调转让的实质如果属于"转让房地产"，则应按土地增值税的规定征税。举例如下：

（1）国家税务总局对广西壮族自治区地方税务局《关于以转让股权名义转让房地产行为征收土地增值税问题的请示》（桂地税报〔2000〕32号）的答复。《国家税务总局关于以转让股权名义转让房地产行为征收土地增值税问题的批复》（国税函〔2000〕687号）规定："鉴于深圳市能源集团有限公司和深圳能源投资股份有限公司一次性共同转让深圳能源（钦州）实业有限公司100%的股权，且这些以股权形式表现的资产主要是土地使用权、地上建筑物及附着物，经研究，对此应按土地增值税的规定征税。"

（2）国家税务总局对天津市地方税务局《关于天津泰达恒生转让土地使用权土地增值税征缴问题的请示》（津地税办〔2011〕6号）的答复。《国家税务总局关于天津泰达恒生转让土地使用权土地增值税征缴问题的批复》（国税函〔2011〕415号）规定："经研究，同意你局关于'北京国泰恒生投资有限公司利用股权转让方式让渡土地使用权,实质是房地产交易行为'的认定,应依照《土地增值税暂行条例》的规定,征收土地增值税。"

根据国家税务总局针对广西等地个案处理情况的答复,在股权转让行为中,对于实质是房地产交易行为的,应依照《土地增值税暂行条例》的规定,征收土地增值税。

但上述国家税务总局的答复是针对各地请示个案的处理意见,其他地区不一定适用。例如,安徽省原地方税务局官网2013年12月24日公布的该局劳务财产处对"国税函〔2000〕687号文件是否继续有效?在安徽省是否适用?"的相关解答指出,"该文件专发广西,仅针对特定案例"。

根据上述情况,在股权转让业务中涉及土地增值税的,符合《财政部 税务总局关于继续实施企业改制重组有关土地增值税政策的公告》(财政部 税务总局公告2023年第51号)等文件规定的情形的,按文件规定执行。对于"纳税人以转让股权名义转让房地产的行为"的认定,按照各地的具体规定执行。需要注意的是,凡是被认定为"纳税人以转让股权名义转让房地产"行为的,纳税人为转让方。

【提示】《全国税务机关公文处理办法》(国税发〔2012〕92号文件印发)第二十一条规定:"批复,适用于答复下级机关请示事项。批复一般分为政策性批复、问题性批复和事务性批复。批复属下行文。上级机关批复下级机关的请示时,必须明确表态,若予否定,应写明理由。批复一般只送请示单位,若批复的事项需有关单位执行或者周知,可抄送有关单位。若请示的问题具有普遍性,可使用'通知'或其他文种行文,不再单独批复请示单位。

上级税务机关针对下级税务机关有关特定税务行政相对人的特定事项如何适用税收法律、法规、规章或税收规范性文件的答复或者解释,需要普遍执行的,应当按照《税收规范性文件制定管理办法》的规定制定税收规范性文件。"

问题1-2-14

纳税人与关联方之间的交易如何处理?

答:《中华人民共和国税收征收管理法》(以下简称《税收征收管理法》)第三十六条规定:"企业或者外国企业在中国境内设立的从事生产、经营的机构、场所与其关联企业之间的业务往来,应当按照独立企业之间的业务往来收取或者支付价款、费用;不按照独立企业之间的业务往来收取或者支付价款、费用,而减少其应纳税的收入或者所得额的,税务机关有权进行合理调整。"

在土地增值税政策执行及清算审核中,各地在政策掌握上与税收征管法一致。例如,《国家税务总局广东省税务局土地增值税清算管理规程》(国家税务总局广东省税务局公告2019年第5号发布)第三十六条规定:"关联方交易行为的审核。

在审核收入和扣除项目时,应重点关注关联企业交易是否按照公允价值和营业常规进行业务往来。

应当关注企业大额往来款余额,审核交易行为是否真实。"

又如,《安徽省土地增值税清算管理办法》(国家税务总局安徽省税务局公告2018年第21号修改)第四十六条规定:"纳税人与关联方之间发生的转让房地产、购入有形产品、无形资产和有偿服务等事项,应按照公允价值和营业常规进行业务往来。"

1.3 土地增值税预征政策

本节内容主要包括土地增值税预征政策及各地预征率规定等。

问题 1-3-1

在什么情况下可以预征土地增值税？

答：《土地增值税暂行条例实施细则》第十六条规定："纳税人在项目全部竣工结算前转让房地产取得的收入，由于涉及成本确定或其他原因，而无法据以计算土地增值税的，可以预征土地增值税，待该项目全部竣工、办理结算后再进行清算，多退少补。具体办法由各省、自治区、直辖市地方税务局根据当地情况制定。"

《财政部 国家税务总局关于土地增值税一些具体问题规定的通知》（财税字〔1995〕48号）第十四条规定："根据细则的规定，对纳税人在项目全部竣工结算前转让房地产取得的收入可以预征土地增值税。具体办法由各省、自治区、直辖市地方税务局根据当地情况制定。"

根据上述政策规定，在开发项目全部竣工、办理结算前，因为涉及成本确定等原因，而无法计算土地增值税的，对纳税人预售房地产所取得的收入，可以先预征土地增值税，待该项目全部竣工、办理结算后再进行清算，多退少补。各地的具体政策也是按照这一原则确定的。例如，《国家税务总局海南省税务局土地增值税清算工作规程》（国家税务总局海南省税务局公告2021年第8号发布）第十条规定，"房地产开发项目土地增值税征收采取'先预征、后清算、多退少补'的方式。纳税人在土地增值税清算申报前转让房地产取得销售收入先按预征率申报缴纳税款，办理清算后再多退少补"。

又如，《国家税务总局深圳市税务局土地增值税征管工作规程》（国家税务总局深圳市税务局公告2019年第8号发布）第九条规定："房地产项目土地增值税征收采取'先预征、后清算、多退少补'的方式。即在项目全部竣工结算前开发销售和转让房地产取得的收入先按预征率征收税款，待工程全部竣工，办理结算后再进行清算，多退少补。"

问题 1-3-2

预征土地增值税的收入如何确定？

答：《财政部 国家税务总局关于营改增后契税、房产税、土地增值税、个人所得税计税依据问题的通知》(财税〔2016〕43号)第三条第一款规定:"土地增值税纳税人转让房地产取得的收入为不含增值税收入。"

《国家税务总局关于营改增后土地增值税若干征管规定的公告》(国家税务总局公告2016年第70号)第一条第一款规定:"营改增后,纳税人转让房地产的土地增值税应税收入不含增值税。适用增值税一般计税方法的纳税人,其转让房地产的土地增值税应税收入不含增值税销项税额;适用简易计税方法的纳税人,其转让房地产的土地增值税应税收入不含增值税应纳税额。

为方便纳税人,简化土地增值税预征税款计算,房地产开发企业采取预收款方式销售自行开发的房地产项目的,可按照以下方法计算土地增值税预征计征依据:

土地增值税预征的计征依据＝预收款－应预缴增值税税款"

根据上述政策规定,在实操中有两种方法确定预征土地增值税的计税依据:第一种方法是先将含税价格(预收款)换算为不含税价格,以确定预征土地增值税的计税依据;第二种方法是从"为方便纳税人,简化土地增值税预征税款计算"角度,以预收款减去应预缴增值税税款后的余额为预征土地增值税的计税依据。

在各地的具体规定中,预征土地增值税的政策也是按照不含税金额确定计税依据的,但在具体征管处理上有一些差异,举例如下。

1. 四川省规定

《国家税务总局四川省税务局关于土地增值税预征及核定征收有关事项的公告》(国家税务总局四川省税务局公告2023年第3号)第一条第(二)项规定,"纳税人采取预收款方式销售自行开发的房地产,在申报预缴土地增值税时,可自行选择以下方式之一确定计征依据:

方式一:

土地增值税预征计征依据＝预收款－应预缴增值税税款

应预缴增值税税款＝预收款÷(1+增值税适用税率或征收率)×增值税预征率

方式二:

土地增值税预征计征依据＝预收款÷(1+增值税适用税率或征收率)"

2. 海南省规定

《国家税务总局海南省税务局土地增值税清算审核管理办法》(国家税务总局海南省税务局公告2023年第2号发布)第四条第二款、第三款规定,"适用增值税一般计税方法的纳税人,转让房地产取得的不含增值税收入＝转让收入－应缴纳增值税销项税额。

适用简易计税方法的纳税人，转让房地产取得的不含增值税收入＝转让收入－增值税应纳税额。"

3. 内蒙古自治区规定

《内蒙古自治区土地增值税清算管理办法》（国家税务总局内蒙古自治区税务局公告2023年第7号发布）第十二条规定："纳税人采取预收款方式销售房地产的，可按照以下方法计算预征土地增值税的计税依据，该方法一经确定不得变更：

预征土地增值税计税依据＝预收款－应预缴增值税税款

预征土地增值税计税依据＝预收款÷（1+增值税适用税率或征收率）"

4. 山东省规定

《国家税务总局山东省税务局土地增值税清算管理办法》（国家税务总局山东省税务局公告2022年第10号发布）第十一条规定："房地产开发企业采取预收款方式预售自行开发的房地产项目的，按照以下方法确定土地增值税预征计征依据：

土地增值税预征计征依据＝预收款－应预缴增值税税款"

5. 深圳市规定

《国家税务总局深圳市税务局土地增值税征管工作规程》（国家税务总局深圳市税务局公告2019年第8号发布）第十条规定，纳税人转让房地产的土地增值税应税收入不含增值税。房地产开发企业采取预收款方式销售自行开发的房地产项目的，可按照以下方法计算土地增值税预征计征依据：土地增值税的计征依据＝预收款－应预缴增值税税款。

6. 广州市规定

《广州市地方税务局关于印发2016年土地增值税清算工作有关问题处理指引的通知》（穗地税函〔2016〕188号）第一条第（一）项规定，土地增值税纳税人销售自行开发的房地产项目取得的收入为不含增值税收入，其中：

（1）纳税人选用增值税简易计税方法计税的，土地增值税预征、清算收入均按"含税销售收入/（1+5%）"确认。

（2）纳税人选用增值税一般计税方法计税的，土地增值税预征收入按"含税销售收入/（1+9%）"确认；土地增值税清算收入按"（含税销售收入本项目土地价款×9%）/（1+9%）"确认，即：纳税人按规定允许以本项目土地价款扣减销售额而减少的销项税金，应调增土地增值税清算收入。

"含税销售收入"是指纳税人销售房地产时取得的全部价款及有关的经济利益。"本项目土地价款"是指按照财税〔2016〕36号文件规定，纳税人受让土地时向政府部门支付的土地价款（如果一次受让土地使用权，分期开发、清算，则土地价款需要按照合法合理的方法进行分摊确认）。

【提示】 在实操中,由于计算方式不同,"不含增值税应纳税额"与"预收款－应预缴增值税税款"是有一定的差异的。

对于"应预缴增值税税款",《房地产开发企业销售自行开发的房地产项目增值税征收管理暂行办法》(国家税务总局公告2016年第18号发布)第十一条规定:"应预缴税款按照以下公式计算:

应预缴税款=预收款÷(1+适用税率或征收率)×3%

适用一般计税方法计税的,按照9%的适用税率计算;适用简易计税方法计税的,按照5%的征收率计算。"(说明:上述公式中的税率,自2018年5月1日起至2019年4月1日,11%调整为10%;自2019年4月1日起,10%调整为9%。本书以下同。)

假如某房地产开发企业某项目(一般纳税人、适用一般计税方法)预收账款1 000万元(含税),预征率为2%。

1. 按照"不含增值税"的方式处理:

不含增值税的土地增值税应税收入=预收款÷(1+适用税率或征收率)
=1 000÷(1+9%)=917.43(万元)

应预缴土地增值税税款=917.43×2%=18.35(万元)

2. 按照简化方法处理:

应预缴增值税税款=预收款÷(1+适用税率或征收率)×3%
=1 000÷(1+9%)×3%
=27.52(万元)
土地增值税应税收入=预收款－应预缴增值税税款
=1 000－27.52=972.48(万元)
应预缴土地增值税税款=972.48×2%=19.45(万元)

问题1-3-3

预征土地增值税是否包括视同销售收入?

答:根据《土地增值税暂行条例实施细则》第十六条的规定,纳税人在项目全部竣工结算前转让房地产取得的收入，可以预征土地增值税，待该项目全部竣工、办理结算后再进行清算，多退少补。对于视同销售房地产，根据《国家税务总局关于房地产开发企业土地增值税清算管理有关问题的通知》（国税发〔2006〕187号）第三条的相关规定，"房地产开发企业将开发产品用于职工福利、奖励、对外投资、分配给股东或投资人、抵偿债务、换取其他单位和个人的非货币性资产等，发生所有权转移时应视同销售房地产"。

视同销售的转让行为，其确定的销售收入在性质上属于转让房地产取得的收入，所以也属于预征的范围。《国家税务总局关于修订土地增值税纳税申报表的通知》（税总函〔2016〕309号）第二条第（二）项规定，"根据《国家税务总局关于房地产开发企业土地增值税清算管理有关问题的通知》（国税发〔2006〕187号）和《国家税务总局关于印发〈土地增值税清算管理规程〉的通知》（国税发〔2009〕91号）规定，调整收入项目名称，在《土地增值税纳税申报表（一）》中增加'视同销售收入'数据列，在《土地增值税纳税申报表（二）》、《土地增值税纳税申报表（四）》、《土地增值税纳税申报表（五）》和《土地增值税纳税申报表（六）》中调整转让收入栏次，增加'视同销售收入'指标"。

根据《土地增值税纳税申报表（一）》填报说明之"9.表第5栏'视同销售收入'"，"纳税人将开发产品用于职工福利、奖励、对外投资、分配给股东或投资人、抵偿债务、换取其他单位和个人的非货币性资产等，发生所有权转移时应视同销售房地产，其收入不含增值税"。

各地在制定具体政策时，一般也是将视同销售收入归入预征的范围，例如，《国家税务总局海南省税务局土地增值税清算工作规程》（国家税务总局海南省税务局公告2023年第3号发布）第十二条规定："纳税人将开发产品用于职工福利、奖励、对外投资、分配给股东或投资人、抵偿债务、换取其他单位和个人的非货币性资产等，发生所有权转移时应视同转让房地产预缴土地增值税。"

再如，《内蒙古自治区土地增值税清算管理办法》（国家税务总局内蒙古自治区税务局公告2023年第7号发布）第十一条规定："纳税人将开发的房地产用于职工福利、奖励、对外投资、分配给股东或投资人、抵偿债务、换取其他单位和个人的非货币性资产等，发生所有权转移时，应视同销售房地产预缴土地增值税。"

问题1-3-4

如何确定土地增值税预征率？

答：《财政部 国家税务总局关于土地增值税若干问题的通知》（财税〔2006〕21

号)第三条第一款规定:"各地要进一步完善土地增值税预征办法,根据本地区房地产业增值水平和市场发展情况,区别普通住房、非普通住房和商用房等不同类型,科学合理地确定预征率,并适时调整。工程项目竣工结算后,应及时进行清算,多退少补。"

各地在执行预征政策时,根据不同情况进行了区分,举例如下:

1. 重庆市规定

自2023年10月1日起,《国家税务总局重庆市税务局 重庆市财政局关于土地增值税预征有关事项的公告》(国家税务总局重庆市税务局 重庆市财政局公告2023年第5号)第一条规定:"房地产开发经营中,在清算基准日上季度末前发生的土地增值税应税行为,均应以土地增值税应税收入为计税依据预征土地增值税,土地增值税预征率如下:

(一)普通住宅预征率为1%;

(二)非普通住宅预征率为2%;

(三)其他类型房地产(不含标准厂房和楼宇产业园)预征率为2.5%;

(四)其他类型房地产中的标准厂房和楼宇产业园预征率为2%。"

2. 山东省规定

《国家税务总局山东省税务局土地增值税清算管理办法》(国家税务总局山东省税务局公告2022年第10号发布)第十二条规定:"房地产开发项目中同时包含普通住宅、非普通住宅和其他类型房地产的,应当按房地产的类型分别核算收入,适用相应的预征率计征土地增值税。土地增值税预征率:普通住宅预征率2%~3%、非普通住宅预征率2%~3%、其他类型房地产预征率2%~4%。

各市税务局在上述规定的幅度内确定适当的预征率,并报省税务局备案。"

3. 黑龙江省规定

《国家税务总局黑龙江省税务局 黑龙江省财政厅 黑龙江省住房和城乡建设厅关于调整土地增值税预征率的公告》(国家税务总局黑龙江省税务局 黑龙江省财政厅 黑龙江省住房和城乡建设厅公告2021年第3号)第一条规定:"自2021年10月1日起,全省普通标准住房、非普通标准住房、其他类型房地产土地增值税预征率分别按1.5%、2%、2.5%执行。"

4. 福建省规定

福建省设置有基本预征率和单项预征率。根据《国家税务总局福建省税务局关于土地增值税若干政策问题的公告》(国家税务总局福建省税务局公告2018年第21号)第二条的规定,土地增值税预征率的确定分为两种情形:

一是基本预征率。"除保障性住房实行零预征率外,各地不同类型房地产预征率如下:

（1）普通住房2%；

（2）非普通住房，福州市4%，其他设区市3%；

（3）非住房，福州市6%，其他设区市5%。其中非住房中的工业厂房2%。

房地产开发企业应当对适用不同预征率的不同类型房地产销售收入分别核算并申报预缴；对未分别核算预缴的，从高适用预征率预征土地增值税"。

二是单项预征率。"对测算的土地增值税税负率明显偏高的房地产开发项目，可以实行单项预征率，即：在房地产预售环节，依据房地产开发项目取得成本、销售价格、预计的开发成本及开发费用等情况，测算应纳土地增值税税额（考虑普通住房免税因素后），以测算的应纳税额除以预计的转让收入，计算出该项目土地增值税税负率水平；若测算的税负率水平，明显高于以预征率测算的预征税额计算出的项目整体预征率水平的，可以实行单项预征率预征。单项预征率按照对该项目测算的土地增值税税负率水平合理确定，并依据税负变化情况适时调整"。

5. 武汉市规定

《国家税务总局武汉市税务局关于我市土地增值税预征率和核定征收率有关事项的公告》（国家税务总局武汉市税务局公告2018年第3号）第一条规定："土地增值税预征率，按普通住房、非普通住房及其他类型房地产三种划分，分别为1.5%、4%、6%。"

对于工业园区内的工业厂房车间等，该公告第四条规定："建造工业园区内的工业厂房车间预征土地增值税的，按照普通住房预征率标准执行"。

6. 广州市规定

根据《广州市地方税务局关于我市土地增值税预征率的公告》（广州市地方税务局公告2017年第7号）第一条的规定，房地产开发项目分类及预征率如下：

"（一）住宅类

普通住宅2%，别墅4%，其他非普通住宅3%。

（二）生产经营类

写字楼（办公用房）3%，商业营业用房4%。

（三）车位4%"。

7. 江苏省规定

江苏省按照区域和一定增值率区间设置预征率。《江苏省地方税务局关于调整土地增值税预征率的公告》（苏地税规〔2016〕2号）规定：

"一、除本公告第二条、第三条规定的情形外，南京市、苏州市市区（含工业园区）普通住宅、非普通住宅、其他类型房产的预征率分别为：2%、3%、4%；其他地区普通住宅、非普通住宅、其他类型房产的预征率均为2%。

二、预计增值率大于100%且小于或等于200%的房地产开发项目，预征率为5%；预计增值率大于200%的房地产开发项目，预征率为8%。

三、公共租赁住房、廉租住房、经济适用房、城市和国有工矿棚区改造安置住房等保障性住房，仍暂不预征。"

问题 1-3-5

不预征土地增值税的情形有哪些?

答：根据《国家税务总局关于加强土地增值税征管工作的通知》（国税发〔2010〕53号）第二条的相关规定，除保障性住房外，均要进行土地增值税预征。

基于征管角度，对于不预征土地增值税的，《财政部 国家税务总局关于土地增值税一些具体问题规定的通知》（财税字〔1995〕48号）第十四条规定："当地税务机关规定不预征土地增值税的，也应在取得收入时先到税务机关登记或备案"。

根据上述政策规定，各地税务机关依据当地具体情况，对保障性质的住房制定不予预征土地增值税（或预征率为零）的政策规定。各地政策举例如下：

1. 重庆市规定

自2023年10月1日起，《国家税务总局重庆市税务局 重庆市财政局关于土地增值税预征有关事项的公告》（国家税务总局重庆市税务局 重庆市财政局公告2023年第5号）第二条规定，"以下范围暂不对住宅转让预征土地增值税：棚户区或危旧房改造安置房项目、经济适用房项目、征地（拆迁）安置房项目、批量销售给政府或政府指定单位用于拆迁安置的住房、符合国家规定的其他保障性住房项目。"

2. 宁波市规定

《国家税务总局宁波市税务局关于土地增值税清算若干政策问题的公告》（国家税务总局宁波市税务局公告2023年第3号）第一条第二款规定："普通住宅、非普通住宅和其他类型房地产土地增值税预征率均为2%，保障性住房暂不预征土地增值税。"

3. 山东省规定

《国家税务总局山东省税务局土地增值税清算管理办法》（国家税务总局山东省税务局公告2022年第10号发布）第十三条第二款规定："房地产开发企业转让经政府批准建设的廉租住房、公共租赁住房、经济适用房等保障性住房，棚户区改造安置住房、危旧房改造安置住房等取得的收入，暂不预征土地增值税。"

4. 广西壮族自治区规定

《广西壮族自治区房地产开发项目土地增值税管理办法（试行）》（广西壮族自治区地方税务局公告2018年第1号发布）第十五条规定："保障性住房暂不预征土地增值税。"

5. 武汉市规定

《国家税务总局武汉市税务局关于我市土地增值税预征率和核定征收率有关事项的公告》(国家税务总局武汉市税务局公告2018年第3号)第五条规定,房地产开发项目中,对建造的政府廉租房、公共租赁住房等保障性住房以及建造的限套型、限房价、限销售对象等"双限""三限"房屋,暂停预征土地增值税。

6. 广州市规定

《广州市地方税务局关于我市土地增值税预征率的公告》(广州市地方税务局公告2017年第7号)第一条第(四)项规定,对符合广州市人民政府"廉租住房""公共租赁住房""经济适用住房(含解困房)"规定的房地产开发项目,暂不预征土地增值税,待其项目符合清算条件时按规定进行清算。

7. 江苏省规定

《江苏省地方税务局关于调整土地增值税预征率的公告》(苏地税规〔2016〕2号)第三条规定:"公共租赁住房、廉租住房、经济适用房、城市和国有工矿棚区改造安置住房等保障性住房,仍暂不预征。"

8. 青海省规定

《青海省地方税务局关于调整土地增值税预征率和核定征收率的公告》(青海省地方税务局公告2016年第5号)规定,保障性住房预征率为0%。

9. 陕西省规定

《陕西省地方税务局关于调整土地增值税预征率的公告》(陕西省地方税务局公告2012年第3号)第二条规定:"对符合《陕西省保障性住房管理办法(试行)》规定的房地产开发项目暂不预征土地增值税,待其项目符合清算条件时按规定进行清算。"

问题1-3-6

未按预征规定期限预缴税款的是否加收滞纳金?

答:《财政部 国家税务总局关于土地增值税若干问题的通知》(财税〔2006〕21号)第三条第二款规定:"对未按预征规定期限预缴税款的,应根据《税收征管法》及其实施细则的有关规定,从限定的缴纳税款期限届满的次日起,加收滞纳金。"

在实操中,对于有政策明确纳税期限的,从限定缴纳税款期限届满次日起,按日加收滞纳金。例如,根据《国家税务总局海南省税务局土地增值税清算工作规程》(国家税务总局海南省税务局公告2023年第3号发布)第三十条、《国家税务总局深圳市税务局土地增值税征管工作规程》(国家税务总局深圳市税务局公告2019年第8号发布)第十条、《广西壮族自治区房地产开发项目土地增值税管理办法(试行)》(广西壮自治区地方税务局公告2018年第1号发布）第六十四条、《宁夏回族自治区土地增值税征收管理实施暂行办法》（宁政发〔2015〕43号文件印发）第十六条等的规定，对纳税人未按预征规定期限预缴税款的，根据《税收征收管理法》第三十二条规定，从限定缴纳税款期限届满次日起，按日加收滞纳金。

问题1-3-7

如何填写土地增值税预征纳税申报表？

答：根据《国家税务总局关于修订土地增值税纳税申报表的通知》（税总函〔2016〕309号）及所附《土地增值税纳税申报表（一）》（从事房地产开发的纳税人预征适用）（见本章末的附录1-2）的规定，纳税人在填写申报表预缴土地增值税时要重点注意以下三个问题：

一是需要同时提交《土地增值税项目登记表》。《土地增值税项目登记表》是重要的项目管理基础资料，涉及清算单位、成本费用归集等的日常管理。纳税人在填报土地增值税预征申报表时，应同时向主管税务机关提交《土地增值税项目登记表》等有关资料。

二是视同销售收入的处理。对于纳税人将开发产品用于职工福利、奖励、对外投资、分配给股东或投资人、抵偿债务、换取其他单位和个人的非货币性资产等，发生所有权转移时应视同销售房地产并按照政策规定确定销售收入，这部分收入也要计入预缴税款的计税依据。

三是房产类型与预征率的对应。按照申报表的填写要求，房产类型子目是主管税务机关规定的预征率类型，每一个子目对应唯一的房产类型。纳税人应该严格按照税务机关规定的不同类型房屋的预征率填写计算。

除上述内容外，其他具体内容见《土地增值税纳税申报表（一）》（从事房地产开发的纳税人预征适用）。

1.4 土地增值税核定征收政策

本节内容主要包括土地增值税核定征收政策及各地核定征收率等。

问题 1-4-1

在什么情形下可以核定征收土地增值税？

答：关于土地增值税的核定征收，《国家税务总局关于房地产开发企业土地增值税清算管理有关问题的通知》（国税发〔2006〕187号）第七条及《土地增值税清算管理规程》（国税发〔2009〕91号文件印发）第三十四条规定："在土地增值税清算中符合以下条件之一的，可实行核定征收。

（一）依照法律、行政法规的规定应当设置但未设置账簿的；

（二）擅自销毁账簿或者拒不提供纳税资料的；

（三）虽设置账簿，但账目混乱或者成本资料、收入凭证、费用凭证残缺不全，难以确定转让收入或扣除项目金额的；

（四）符合土地增值税清算条件，企业未按照规定的期限办理清算手续，经税务机关责令限期清算，逾期仍不清算的；

（五）申报的计税依据明显偏低，又无正当理由的。"

被确定为核定征收土地增值税的纳税人，在清算申报时，要根据《国家税务总局关于修订土地增值税纳税申报表的通知》（税总函〔2016〕309号）的规定，填写所附的《土地增值税纳税申报表（五）》（从事房地产开发的纳税人清算方式为核定征收适用）（见本章末的附录1-3）计算申报税款。

非从事房地产开发的纳税人核定征收的，填写《土地增值税纳税申报表（七）》（非从事房地产开发的纳税人核定征收适用）（见本章末的附录1-4）。

各地对土地增值税核定征收的具体规定与税务总局政策基本一致。

问题 1-4-2

核定征收土地增值税的流程是如何确定的？

答：《土地增值税清算管理规程》（国税发〔2009〕91号文件印发）第三十三条规

定:"在土地增值税清算过程中,发现纳税人符合核定征收条件的,应按核定征收方式对房地产项目进行清算。"该规程第三十五条规定,房地产开发企业符合核定征收条件的,由主管税务机关发出核定征收的税务事项告知书后,税务人员对房地产项目开展土地增值税核定征收核查,经主管税务机关审核合议,通知纳税人申报缴纳应补缴税款或办理退税。

在实操中,各地税务机关核定征收土地增值税的基本流程如下:一是确定是否符合核定征收土地增值税的条件;二是确定核定征收的销售收入;三是确定核定征收率或核定开发成本、开发费用。

正常情况下,主管税务机关在启动核定清算程序后,应当在90日内完成核定清算,并将核定结果书面通知纳税人,纳税人应在收到通知书之日起30日内办理补、退税。

问题 1-4-3

如何确定核定征收的收入?

答:核定征收最重要的是收入的确定。房地产企业销售开发项目,需要经过相关的流程,包括取得销(预)售许可证、到税务管理机关领购发票等,一般情况下其收入的确认不存在问题。对于一些特殊情况,如果纳税人不能准确计算销售收入或者收入明显低于当地同类房地产价格水平且无正当理由的,根据税收征管法的规定,税务机关可以核定收入。

各地在实操中,以税收征管法的规定为基础制定相关具体征管政策。一些地区规定,纳税人扣除项目能够准确核算的,主管税务机关仅对其计税依据进行核定。具体举例如下:

1. 海南省规定

《国家税务总局海南省税务局土地增值税清算工作规程》(国家税务总局海南省税务局公告2023年第3号发布)第二十五条规定:"对符合核定征收的房地产开发项目,主管税务机关逐项核定销售收入和扣除项目金额,确定应缴纳的土地增值税。"该条第(一)项规定:"根据纳税人日常申报的收入资料、数据和从政府主管部门取得该房地产开发项目全部转让合同金额,确定转让房地产取得的销售收入。对房地产销售价格明显偏低且无正当理由的,按规定进行调整。"

2. 湖北省规定

《土地增值税征管工作指引(试行)》(鄂税财行便函〔2021〕9号文件印发)第四十五条规定:"在清算审核过程中,主管税务机关认定纳税人申报计税依据明显偏低且无正当理由时,若纳税人扣除项目能够准确核算的,主管税务机关仅对其计税依据进行核定。转让房屋销售收入，可参照经房管部门备案的房屋转让合同金额核定。"

3. 深圳市规定

根据《国家税务总局深圳市税务局土地增值税征管工作规程》（国家税务总局深圳市税务局公告2019年第8号发布）第二十六条的规定，对于核定清算确定销售收入，"主管税务机关从国土产权管理部门取得该房地产项目全部转让合同金额，确定转让房地产实际取得的销售收入"。

4. 广西壮族自治区规定

《广西壮族自治区房地产开发项目土地增值税管理办法（试行）》（广西壮族自治区地方税务局公告2018年第1号发布）第五十二条规定："纳税人申报的计税依据明显偏低且无正当理由的按照本办法第三十二条、第三十三条执行。"

该管理办法第三十二条规定的收入确认方法和顺序为：

（1）按本企业在同一地区、同一年度销售的同类房地产的平均价格确定。

（2）由主管税务机关参照当地当年、同类房地产的市场价格或评估价值确定。

主管税务机关可以委托县级以上（含县级）价格认证中心参照同类房地产的市场交易价格进行评估，税务机关根据价格认证中心的评估价格确定转让房地产的收入。

该管理办法第三十三条规定："纳税人转让房地产的成交价格明显偏低的，主管税务机关应要求纳税人提供书面说明，纳税人拒不提供或无正当理由的，税务机关参照本办法第三十二条确定计税价格。"

问题1-4-4

如何确定核定征收的扣除项目金额？

答：核定征收中另一个极其重要的工作是成本核定。在土地增值税清算工作中，对于纳税人扣除项目无法准确核算的，各地一般是采取逐项核定的方式，确定扣除项目金额。

在核定征收工作中，对涉及"开发成本中前期工程费、建筑安装工程费、基础设施费、开发间接费用"四项成本内容无法准确核算的，一般是参照当地建设工程造价管理部门公布的建安造价信息数据，同时结合具体情况处理。

实操中，对扣除项目金额能够准确计算的，应当据实确认。不能准确计算的，各地采取的政策倾向基本是依据相关部门数据、公开信息、现有测绘资料等进行核定，主要有以下几点（不限于）：

（1）取得土地使用权所支付的金额，依次参照土地档案信息、土地涉税信息和取得土地时的基准地价信息等核定。

（2）土地征用及拆迁补偿费，按照实际取得的政府拆迁部门相关文件或其他证明材料确定。

（3）前期工程费、建筑安装工程费、基础设施费、公共配套设施费、开发间接费用，优先参照当地建设工程造价管理部门公布的相同或相近时期单位造价标准等指标核定。当地建设工程造价管理部门未公布相关指标的，可参照造价咨询金额或同期同类已清算项目平均造价等核定。

（4）房地产开发费用，按照确认或核定的取得土地使用权所支付的金额和房地产开发成本之和的10%核定。

（5）与转让房地产有关的税金，根据纳税人申报入库信息确认。

（6）财政部规定的其他扣除项目，按照从事房地产开发的纳税人取得土地使用权所支付的金额和房地产开发成本之和的20%核定。

（7）总建筑面积、可售面积等相关数据无法准确确定的，依次按照项目测绘面积、验收面积和规划建设面积核定。

很多地区从总体制定了相关核定扣除项目金额的具体方式，成文的举例如下：

1. 海南省规定

《国家税务总局海南省税务局土地增值税清算工作规程》（国家税务总局海南省税务局公告2023年第3号发布）第二十五条规定，对符合核定征收的房地产开发项目，主管税务机关要逐项核定销售收入和扣除项目金额，确定应缴纳的土地增值税。扣除项目金额具体如下：

（1）土地价款。根据纳税人报送的资料、政府土地管理部门提供的土地价款或同期同类基准地价，确定土地价款。

（2）房地产开发成本。按照当地工程造价参考指标核定。

（3）房地产开发费用。开发费用=（土地价款+已核定开发成本）×10%。

（4）与转让房地产有关的税金和财政部规定的其他扣除项目的金额。按照规定计算确认。

2. 内蒙古自治区规定

《内蒙古自治区土地增值税清算管理办法》（国家税务总局内蒙古自治区税务局公告2023年第7号发布）第四十五条规定："纳税人办理土地增值税清算所附送的前期工程费、建筑安装工程费、基础设施费、开发间接费用的凭证或资料不符合清算要求或不实的，主管税务机关可参照当地建设工程造价管理部门公布的建安造价定额资料，结合房屋结构、用途、区位等因素，核定上述四项开发成本的单位面积金额标准，并据以计算扣除。"

3. 厦门市规定

《厦门市房地产开发项目土地增值税清算管理办法》（国家税务总局厦门市税

务局公告2023年第1号发布）第二十九条规定："纳税人在办理清算时房地产开发成本中前期工程费、建筑安装工程费、基础设施费、开发间接费用的凭证或资料不符合清算要求或不实的，税务机关可以参照各级建设工程造价管理部门各项房地产开发成本平方米造价指标以及政府有关部门公布的建设规费收取标准等，结合房屋结构、用途、区位等因素，核定上述四项开发成本的单位面积金额标准，并据以计算扣除。"

4. 湖北省规定

《土地增值税征管工作指引（试行）》（鄂税财行便函〔2021〕9号文件印发）第四十六条规定："在清算审核过程中，主管税务机关认定纳税人计税依据准确，但存在开发成本、开发费用的凭证或资料不符合清算要求或不实的情形，可按照以下方法核定开发成本、开发费用：

（一）确定土地价款。以自然资源部门提供的土地价款或同期该地块基准地价为准。

（二）核定开发成本。成本核定可选择以下方式确定：

1.房地产开发企业上报政府相关部门审定或备案的房地产投资总规模、土地成本、工程造价成本等相关数据，或者房地产开发企业在自然资源部门办理产权初始登记中有关开发成本等相关数据；

2.参照住建部门公布的建筑工程造价成本或竣工验收报告确定的建筑成本；

3.同一地区、同一类型、同一年度、销售档次相近的房地产开发成本。

（三）核定开发费用。可按照'取得土地使用权所支付的金额'与'房地产开发成本'金额之和的10%计算扣除。

当开发成本按照核定方式确定时，开发费用=（土地价款+已核定开发成本）×10%。"

5. 深圳市规定

《国家税务总局深圳市税务局土地增值税征管工作规程》（国家税务总局深圳市税务局公告2019年第8号发布）第二十七条第（二）项规定，在核定征收中，主管税务机关可按照以下方法核定开发成本、开发费用：

（1）确定土地价款。以国土产权管理部门提供的土地价款或同期该地块基准地价为准。

（2）核定开发成本。成本核定可选择以下方式确定：

①房地产开发企业上报政府相关部门审定或备案的房地产投资总规模、土地成本、工程造价成本等相关数据或者房地产开发企业在国土产权管理部门办理产权初始登记中有关土地成本以及开发成本等相关数据。

②参照住房建设部门公布的建筑工程造价成本。

③同一地区、同一类型、同一年度、销售档次相近的房地产开发成本。

（3）核定开发费用。开发费用=（土地价款+已核定开发成本）×10%。

6.广西壮族自治区规定

《广西壮族自治区房地产开发项目土地增值税管理办法（试行）》（广西壮族自治区地方税务局公告2018年第1号发布）第五十二条规定："纳税人申报的计税依据明显偏低且无正当理由的按照本办法第三十二条、第三十三条执行。

单位建筑安装工程费明显偏高且无正当理由的按照本办法第四十二条执行。"

该管理办法第四十二条规定："单位建筑安装工程费明显偏高的，主管税务机关应要求纳税人提供书面说明，纳税人拒不提供或无正当理由的，按照以下方法处理：

（一）主管税务机关可参照当地建设工程造价管理部门公布的建安造价定额资料，结合房屋结构、用途、区位等因素，核定建筑安装工程费，并据以计算扣除。

（二）主管税务机关可委托当地建设工程造价管理部门进行评估，根据建设工程造价管理部门出具的建安造价报告确认建筑安装工程费的单位面积金额标准，并据以计算扣除。"

7.浙江省规定

《浙江省地方税务局关于房地产开发企业土地增值税清算管理有关问题的公告》（浙江省地方税务局公告2015年第8号）第四条第（一）项规定："对按核定征收方式进行清算的项目，主管地税机关应采取通过国土部门查询项目土地价格、参照当地扣除项目金额标准、同期同类型房地产销售价格等因素，按不同类型房产分别进行评估，并经主管地税机关审核合议，区分不同类型房产核定应征税额。清算项目核定征收率原则上不得低于5%。"

问题1-4-5

如何确定核定征收率？

答：《国家税务总局关于房地产开发企业土地增值税清算管理有关问题的通知》（国税发〔2006〕187号）第七条第一款规定，房地产开发企业有符合核定征收条件之一的，税务机关可以参照与其开发规模和收入水平相近的当地企业的土地增值税税负情况，按不低于预征率的征收率核定征收土地增值税。

《国家税务总局关于加强土地增值税征管工作的通知》（国税发〔2010〕53号）第四条规定："对确需核定征收的，要严格按照税收法律法规的要求，从严、从高确定核定征收率。为了规范核定工作，核定征收率原则上不得低于5%，各省级税务机关要结合本地实际，区分不同房地产类型制定核定征收率。"

根据上述政策规定，各地根据不同情况制定了相应的核定征收率，具体规定举例如下：

1. 海南省规定

根据《国家税务总局海南省税务局土地增值税清算工作规程》（国家税务总局海南省税务局公告2023年第3号发布）第二十五条第（三）项的规定，对符合核定征收的房地产开发项目，主管税务机关根据该条第（一）项、第（二）项规定的方法确认销售收入和扣除项目金额后，区分普通住宅、非普通住宅和其他类型房地产，分别计算增值额和增值率，确定应缴纳的土地增值税。

核定征收的各类型房地产应缴纳的土地增值税，税负率原则上不得低于5%。

2. 内蒙古自治区规定

《内蒙古自治区土地增值税清算管理办法》（国家税务总局内蒙古自治区税务局公告2023年第7号发布）第四十四条规定："按照本办法第四十三条规定采取核定征收的，核定征收率为：普通住宅5%；非普通住宅6%；其他类型房地产7%。"

3. 深圳市规定

根据《国家税务总局深圳市税务局土地增值税征管工作规程》（国家税务总局深圳市税务局公告2019年第8号发布）第二十七条第（一）项的规定，在核定征收中，"主管税务机关可以参照房地产开发行业中经营规模、开发模式相近的纳税人在同一地区、同一年度开发的房地产项目的税负水平核定征收率"。

4. 福建省规定

《国家税务总局福建省税务局关于土地增值税若干政策问题的公告》（国家税务总局福建省税务局公告2018年第21号）第八条第（一）项规定："在土地增值税清算过程中，对房地产开发企业符合核定征收条件的，可以实行核定征收。其中：普通住房核定征收率不得低5%，非普通住宅核定征收率不得低于5.5%，非住房核定征收率不得低于6%。"

5. 武汉市规定

《国家税务总局武汉市税务局关于我市土地增值税预征率和核定征收率有关事项的公告》（国家税务总局武汉市税务局公告2018年第3号）第二条规定："土地增值税核定征收率，按普通住房、非普通住房及其他类型房地产三种划分。

（一）江岸、江汉、硚口、汉阳、武昌、青山、洪山区及东湖新技术开发区、武汉经济技术开发区、东湖生态旅游风景区按普通住房、非普通住房及其他类型房地产三种划分，分别为5%、7%、9%。

（二）东西湖、汉南、蔡甸、新洲、黄陂、江夏区按普通住房、非普通住房及其他类型房地产三种划分，分别为5%、6%、8%。

（三）单纯土地转让为10%。"

6. 河南省规定

《河南省地方税务局关于调整土地增值税预征率、核定征收率的公告》（河南省地方税务局公告2017年第3号）第二条"土地增值税核定征收率"规定：

"（一）房地产开发企业转让房地产项目的，对同一清算项目的同类房地产平均价格在20 000元/平方米（含）至30 000元/平方米的，核定征收率为12%。

（二）房地产开发企业转让房地产项目的，对同一清算项目的同类房地产平均价格在30 000元/平方米（含）以上的，核定征收率为15%。

（三）有下列行为之一的，核定征收率调整为15%。

1.擅自销毁账簿或账目混乱，造成收入、扣除项目无法准确计算的。

2.拒不提供纳税资料或不按税务机关要求提供纳税资料的。

3.申报的计税价格明显偏低，又无正当理由的。

4.符合土地增值税清算条件，未按规定的期限清算，经税务机关责令清算，逾期仍不清算的。"

7. 天津市规定

《天津市地方税务局关于土地增值税清算有关问题的公告》（天津市地方税务局公告2016年第25号）第八条"关于确定房地产开发项目核定征收率的问题"规定：

"（一）普通标准住宅的核定征收率为6%；

（二）非普通标准住宅和其他类型房地产的核定征收率为8%；

（三）无法准确区分不同房地产类型的，核定征收率为8%。"

1.5 土地增值税税收征管及税务审核政策

本节内容主要是税务机关与清算相关的日常管理业务及审核业务，包括项目登记、委托审核、审核方式等方面的基本政策。

问题 1-5-1

如何进行项目的日常管理（管理跟踪过程中获取的资料）？

答：税务管理机关对房地产开发项目土地增值税清算管理工作的主要内容是项目跟踪管理，纳税人在取得土地使用权并获得房地产开发项目开工许可等证照后，根据税务机关确定的时间，向主管税务机关报送《土地增值税项目登记表》。

《土地增值税清算管理规程》（国税发〔2009〕91号文件印发）第六条规定："主管税务机关应加强房地产开发项目的日常税收管理，实施项目管理。主管税务机关应从纳税人取得土地使用权开始，按项目分别建立档案、设置台账，对纳税人项目立项、规划设计、施工、预售、竣工验收、工程结算、项目清盘等房地产开发全过程情况实行跟踪监控，做到税务管理与纳税人项目开发同步。"

该规程第七条规定："主管税务机关对纳税人项目开发期间的会计核算工作应当积极关注，对纳税人分期开发项目或者同时开发多个项目的，应督促纳税人根据清算要求按不同期间和不同项目合理归集有关收入、成本、费用。"

该规程第八条规定："对纳税人分期开发项目或者同时开发多个项目的，有条件的地区，主管税务机关可结合发票管理规定，对纳税人实施项目专用票据管理措施。"

《国家税务总局关于修订土地增值税纳税申报表的通知》（税总函〔2016〕309号）第一条规定："根据《国家税务总局关于印发〈土地增值税纳税申报表〉的通知》（国税发〔1995〕90号）规定，从事房地产开发的纳税人，应在取得土地使用权并获得房地产开发项目开工许可后，根据税务机关确定的时间，向主管税务机关报送《土地增值税项目登记表》，并在每次转让（预售）房地产时，依次填报表中规定栏目的内容。"[《土地增值税项目登记表》（从事房地产开发的纳税人适用）见本章末的附录1-5。]

根据上述政策规定，税务机关要对企业的开发项目实施跟踪管理，通过跟踪管理可以掌握开发项目的基本情况，不仅利于清算单位、清算时间的确定，而且对监控税负及清算收入、扣除项目金额的确定都有重要作用，很多省份规定确定清算单位的重要参考依据就是税务机关的项目登记管理信息。

在实务中，各地除按照税务总局政策要求明确项目管理外，对于日常资料备案、项目信息跟踪等制定有详细规定，举例如下：

1. 内蒙古自治区规定

《内蒙古自治区土地增值税清算管理办法》（国家税务总局内蒙古自治区税务局公告2023年第7号发布）相关规定如下：

（1）报送土地增值税项目登记信息。

该办法第六条规定："纳税人应当在取得土地使用权，并获得《建设工程施工许可证》后30日内，向主管税务机关报送土地增值税项目登记信息，并在首次转让（预售）房地产次月起，按月报送项目的进度和变化情况。"

（2）日常跟踪管理。

该办法第七条规定："主管税务机关应当加强房地产开发项目的日常税收管理，与同级发展改革、自然资源、住房建设等部门建立协作机制，充分利用第三方信息进行比对，按项目分别建立档案、设置台账，对项目立项、规划设计、施工、预售、竣工验收、工程结算、项目清盘等房地产开发全过程情况实行跟踪监控，做到税务管理与项目开发同步。"

（3）清算单位确认管理。

该办法第八条规定："土地增值税以国家有关部门审批的房地产开发项目为单位进行清算，原则上以《建设工程规划许可证》确认的项目为清算单位。对于取得《建设工程规划许可证》后分期开发的，以分期开发的项目为清算单位。

经国家有关部门审批或备案的同一项目，在24个月内规划、施工且纳税人按同一成本对象进行会计核算的，可将相关《建设工程规划许可证》确认的项目或分期开发的项目合并为一个清算单位。

上述情况和其他确有特殊原因需合并、拆分的，由纳税人提出申请，经主管税务机关同意后，确认清算单位；主管税务机关认为确需合并、拆分的，确认清算单位后，以书面形式通知纳税人。"

（4）同时开发多个项目的管理。

该办法第九条规定："纳税人应按照登记的项目申报缴纳土地增值税。纳税人同时开发多个项目的，应合理归集收入、成本、费用；开发项目中同时包含普通住宅、非普通住宅和其他类型房地产的，应分别计算增值额。"

2. 贵州省规定

（1）项目起始阶段管理。《贵州省土地增值税清算管理办法》（国家税务总局贵州省税务局公告2022年第12号发布）第十三条规定："房地产开发企业应当在办理立项、规划、施工手续后及时向主管税务机关报送下列资料：

（一）房地产开发项目立项批文及总平面图。

（二）建设用地规划许可证及其附件。

（三）建设工程规划许可证及其附件。

（四）建设工程施工许可证。

（五）其他相关资料。"

（2）项目施工阶段管理。该管理办法第十四条规定："房地产开发企业在房地产开发项目设计或施工过程中，应当向主管税务机关报送下列资料：

（一）建筑工程预算书。

（二）建筑工程设计合同。

（三）建筑工程施工合同。

（四）工程造价情况备案表。

（五）工程量清单。

（六）其他相关资料。"

（3）项目销售阶段管理。该管理办法第十五条规定："房地产开发企业应当自开发的房地产项目取得销（预）售许可证之后及时向主管税务机关报备；自房地产开发项目竣工验收手续办理完毕之后及时向主管税务机关报送建筑工程竣工验收备案表。"

该管理办法第十六条规定："房地产开发企业应当自取得商品房权属证明之后及时向主管税务机关报送下列资料：

（一）商品房权属证明。

（二）建筑工程竣工结算资料。

（三）房屋测量成果报告书。

（四）建设单位、施工单位、监理单位三方签字盖章的项目竣工图。

（五）公共配套设施验收表及相关移交资料。

（六）其他相关资料。"

（4）项目销售持续管理。该管理办法第十七条规定："房地产开发企业应当自房地产开发项目取得第一张销（预）售许可证起，于每季度终了及时向主管税务机关报送上季度房地产开发项目销售和使用情况说明。"

3. 湖北省规定

《土地增值税征管工作指引（试行）》（鄂税财行便函〔2021〕9号文件印发）第四条规定："纳税人应在获得房地产开发项目施工许可之日起30日内办理土地增值税项目信息报告。主管税务机关负责主动提醒、及时受理项目信息报告，并获取、存档以下资料：

（一）土地出让（转让或划拨）合同文件、土地使用权证等权属资料。

（二）房地产项目建设用地规划许可证、建设工程规划许可证、建筑工程施工许可证等项目立项、规划、施工资料。

（三）项目开发计划，包含开发时间、竣工时间、分期开发计划、项目分期的方法及理由等。

（四）房地产项目税收管理需要提供的其他资料。"

在后续管理中，对于项目事项发生变化的，该工作指引第五条规定："纳税人办理项目信息报告后，因有关事项发生变化，需要更新项目信息的，应于有关事项发生变化之日起30日内向主管税务机关报送有关资料，由主管税务机关判断是否更新项目信息"。

对于在管理中所获外界信息的处理，该工作指引第六条规定："各级税务机关应建立与辖区发展改革、自然资源和规划、住建等部门的协作机制。定期获取房地产项目立项批复，将已办理项目信息报告名单与政府立项审批部门审批立项名单进行比对，对应进行项目信息报告而未报告的纳税人，及时通知纳税人办理项目信息报告；定期获取预售销售明细信息，掌握房地产项目开发情况。"

此外，根据项目管理情况，在纳税人清算申报前需对相关事项予以确定，该工作指引第八条规定："纳税人清算申报前，应与主管税务机关确定下列事项，一经确定，不得随意改变，可在填报土地增值税项目报告表时，一并申报。

（一）确定清算单位的情况。

（二）确定项目共同成本费用计算和分摊方法的情况。

（三）保障性住房暂不预征土地增值税的适用情况。

（四）普通标准住宅土地增值税免征政策选择适用情况。"

4.广东省规定

《国家税务总局广东省税务局土地增值税清算管理规程》（国家税务总局广东省税务局公告2019年第5号发布）第十六条规定："主管税务机关应加强房地产开发项目的日常税收管理，建立台账，通过土地增值税管理系统实施项目管理，对房地产开发全过程实行跟踪监控，做到税务管理、纳税服务与项目开发同步。项目管理信息主要包括：

（一）取得土地、立项与规划环节

1.土地权属证书、出让（转让）合同或其他相关资料；

2.立项批准或备案文件、建设用地规划许可证、建设工程规划许可证等。

（二）项目工程施工环节

1.预算书、施工合同及补充协议等；

2.工程施工许可证；

3.招标的项目需提供中标通知书。

如项目的建筑工程、安装工程、室外配套工程、其他工程出现特殊情况可能导致工程造价高于当地扣除项目金额标准的，提供说明其合理性的相关佐证资料，例如工程施工图、竣工图、工程量清单、材料苗木清单（总平面乔灌木配置图）等。

（三）销售（预售）商品房环节

1. 销售（预售）许可证；

2. 月度销售明细表。

（四）项目竣工验收备案环节

1. 政府主管部门出具的规划、人防、竣工综合验收等备案资料；

2. 工程竣工图、工程结算书电子文档；

3. 工程造价数据采集信息。

（五）取得房地产权属证明环节

1. 房屋测量成果资料；

2. 初始产权登记资料。

（六）其他资料

如工程规划、设计、勘察、监理合同，拆迁（回迁）合同，签收花名册等资料。

税务机关已通过政府部门信息共享获取上述项目资料的，无须纳税人报送；暂未实现政府部门信息共享的，由纳税人在取得相关资料30日内通过土地增值税管理系统报送。"

5. 安徽省规定

《安徽省土地增值税清算管理办法》（国家税务总局安徽省税务局公告2018年第21号修改）第七条规定："纳税人应自取得下列批复、备案、证照或签订相关合同之日起30日内向主管税务机关报送复印件或税务机关认可的其他形式资料：

（一）取得土地使用权所签订的合同、协议；

（二）国有土地使用权证；

（三）建设用地规划许可证；

（四）建设工程规划许可证；

（五）建筑工程施工许可证；

（六）建设施工合同；

（七）预（销）售许可证；

（八）竣工验收备案表。"

在项目后续管理中，根据该办法第八条的规定，"纳税人应在取得土地使用权并获得建筑工程施工许可证后，根据税务机关确定的时间和要求办理土地增值税项目申报，向主管税务机关报送《土地增值税项目报告表（从事房地产开发的纳税人适用）》，并在每月转让（预售）房地产时，依次填报表中规定栏目的内容。"

对于不同项目的收入、成本归集，该办法第九条规定，"纳税人应按照财务会计制度的规定进行财务会计核算，准确核算房地产开发项目的收入、成本、费用。纳税人同时开发多个项目的，应按项目合理归集有关收入、成本、费用；分期开发项目的，应按照分期开发项目合理归集有关收入、成本、费用"。

6.广西壮族自治区规定

《广西壮族自治区房地产开发项目土地增值税管理办法（试行）》（广西壮族自治区地方税务局公告2018年第1号发布）第六条规定："纳税人应在取得土地使用权并获得房地产开发项目第一份《建设工程施工许可证》后30日内，向主管税务机关填报《土地增值税项目清算单位确认表》（附件1），同时提供以下书面资料：

（一）房地产项目立项批文。

（二）国有土地使用权出让（转让）合同、土地使用权证或不动产权证书。

（三）建设用地规划许可证。

（四）建设工程规划许可证。

（五）建设工程施工许可证。

房地产开发项目涉及保障性住房项目的，纳税人还需提供政府主管部门制发的相关文件。"

对于项目开发中的管理，该管理办法第十条规定："纳税人在项目开发过程中，应将预售、竣工等资料按取得时间顺序向主管税务机关报送。

（一）销（预）售商品房环节：纳税人在取得商品房销（预）售许可证时，应在30日内将销（预）售许可、备案价格和销售合同样本等资料向主管税务机关报备。

（二）竣工验收备案环节：纳税人应在完成项目竣工验收（备案）手续后30日内，向主管税务机关报送由当地建设主管部门出具的建设工程项目竣工综合验收备案证明。

（三）取得房地产权属证明环节：纳税人在取得商品房权属证明后30日内，向主管税务机关报送以下资料：

1.建设工程竣工结算资料。

2.测绘成果报告及附件。"

对于登记内容发生变化或项目建设过程中出现特殊情况导致工程造价偏高的，规定要及时报告。该管理办法第十一条规定："房地产开发项目登记内容发生变化或项目建设过程中出现特殊情况导致工程造价偏高，自变化之日或特殊情况发生之日起30日内应向主管税务机关报告并提交相应资料。主管税务机关应及时进行实地核查记录，纳税人应予以配合。

工程造价偏高的特殊情况包括以下情形：

（一）地质勘察不充分造成实际地基承载力与设计的结构物不符、施工过程中发现地下溶洞造成结构物基础类型改变，或者造成安全事故。

（二）设计原因、工程变更、材料价格上涨造成工程造价大幅增加。

（三）因风、火、水、地震等严重自然灾害或其他不可抗力因素造成已建工程及工程材料、设备的毁损。

（四）主管税务机关认可的其他情形。"

在预缴土地增值税管理中，应紧密跟踪项目信息，掌控销售进度。该管理办法第十七条规定："纳税人应按月预缴土地增值税，填制《土地增值税纳税申报表》，于次月15日内向主管税务机关申报缴纳税款，并报送销（预）售的销控明细，内容应包括各类商品房的销售收入、已售商品房建筑面积、可售商品房建筑面积、销售比例等。"

7. 吉林省规定

《房地产开发企业土地增值税清算管理办法（试行）》（吉林省地方税务局公告2014年第1号发布）第五条规定："主管税务机关应加强房地产开发项目的日常税收管理，设置项目管理台账，归集项目立项、规划设计、施工、预售、竣工验收、工程结算、项目清盘等资料，实施从纳税人取得土地使用权开始的房地产开发项目全过程跟踪监控，做到税务管理与纳税人项目开发同步。"

该办法第六条规定："主管税务机关要按土地增值税基本清算单位填写《项目基本信息登记表》。"

该办法第七条规定："纳税人应于取得基本清算单位第一张预售许可证开始，每季终了后15日内向主管税务机关报送《销售明细申报表》。"

该办法第八条规定："主管税务机关根据纳税人报送的项目销售情况，按季填写《项目日常管理台账》，进行清算条件的评估。"

问题1-5-2

企业通过出让、转让、接受投资作价入股及其他方式取得土地使用权后，应当向主管税务机关报送哪些资料？

答：在土地增值税清算业务中，企业通过出让、转让、接受投资作价入股及其他方式取得土地使用权的，根据各地规定，要提供相应的申报资料，有的地方规定在清算申报（审核）环节提供，有的地方则规定在日常管理环节提供。例如，《贵州省土地增值税清算管理办法》（国家税务总局贵州省税务局公告2022年第12号发布）第十一条规定："房地产开发企业通过出让、转让、接受投资作价入股及其他方式取得土地使用权后，应当及时向主管税务机关报送下列资料：

（一）土地使用权出让或转让合同（协议），接受投资土地作价入股评估报告，董事会决议。

（二）支付地价款所取得的土地出让金票据或发票等合法有效凭证。

（三）国有土地使用权证。

（四）其他相关资料。"

问题 1-5-3

税务机关是否可以购买清算审核服务？

答：土地增值税清算审核是专业性比较强的业务，在执行清算审核业务时，税务机关还可以通过购买涉税专业服务机构服务的方式开展审核。目前全国很多地方税务机关采取购买涉税专业服务机构服务的方式开展土地增值税清算审核。

例如，《安徽省土地增值税清算管理办法》（国家税务总局安徽省税务局公告2018年第21号修改）第三十三条规定："主管税务机关开展清算审核，可以自行组织清算审核，也可以通过购买涉税专业服务机构服务的方式开展审核。

主管税务机关自行组织清算审核的，可以向上级税务机关请求提供政策、技术、人员支持，组建清算审核小组，开展清算审核。

通过购买涉税专业服务机构服务的方式开展审核的，应当按照《国家税务总局关于发布〈涉税专业服务监管办法（试行）〉的公告》（国家税务总局公告2017年第13号）等有关规定执行。主管税务机关清算审核小组应派员全过程参与涉税专业服务机构的案头审核和实地审核，参与审核表单的填制、审核报告的撰写，并在审核表单与审核报告上签章。主管税务机关应对相关审核表单、审核报告组织集体审议、验收；需经市、县税务机关集体审议的，由组织验收的主管税务机关向市、县税务机关汇报有关验收情况。

提供服务的涉税专业服务机构，应当遵守税收法律、法规及相关税收规定，遵循涉税专业服务业务规范，严格履行合同义务，保质、保量、按时完成任务。未按规定完成合同约定服务内容或服务出现严重差错的，税务机关依规扣减部分或全部服务费，直至终止合同。涉税专业服务机构弄虚作假、出具失实报告的，或服务过程中有其他违法违规行为的，税务机关可不认可其服务报告，并将其列入购买服务黑名单，同时将有关情况通报相关部门、行业协会。"

问题 1-5-4

如何处理税务机关清算审核与税务稽查的协调问题？

答：根据《税收征收管理法》的规定，税务机关在税收征管及各项检查中发现纳税人涉嫌偷税的，由税务稽查部门按照征管法的规定给予检查和处理。在土地增值税日常管理、清算以及清算结束后，关于如何协调清算与税务稽查之间的工作，各地都有具体规定，举例如下：

1. 海南省规定

《国家税务总局海南省税务局土地增值税清算工作规程》(国家税务总局海南省税务局公告2023年第3号发布)第三十条规定："主管税务机关基于纳税人提供的资料出具土地增值税清算审核结论后，如税务稽查、审计、财政等部门检查发现纳税人存在少缴税款的，按照《征管法》及其实施细则有关规定处理。"

2. 贵州省规定

贵州省规定，在主管税务机关受理清算申请后，采取稽查优先政策。《贵州省土地增值税清算管理办法》(国家税务总局贵州省税务局公告2022年第12号)第五十九条规定："根据本地区清算工作的实际情况，稽查部门可对已清算项目进行抽查、检查。"

该办法第六十条规定："主管税务机关受理清算申请后，稽查部门又对该房地产开发企业立案检查的，主管税务机关应终止清算审核，并告知该房地产开发企业，待稽查部门检查完毕后重新办理清算事宜。"

3. 湖北省规定

《土地增值税征管工作指引(试行)》(鄂税财行便函〔2021〕9号文件印发)第五十条规定："市、州级税务局应当对房地产开发项目土地增值税清算审核和税务稽查实行协同管理，统筹确定土地增值税清算计划和稽查选案工作。"

对于可以移交税务稽查部门案源的情形，该工作指引第五十一条规定："对本地区符合清算条件或已经清算完毕的房地产开发项目，主管税务机关发现明显线索或确凿证据可能导致税收违法行为的，报经市、州级税务局筛选后，可作为案源移交税务稽查部门，相关部门应配合完成相关资料的移送工作。

对于纳税人土地增值税自行清算后申报退税的项目，主管税务机关审核时应当重点关注，对发现重大疑点的，要及时移交税务稽查部门进行稽查。"

对于税务稽查部门已经立案检查的情形，该工作指引第五十二条规定："在主管税务机关受理纳税人自行清算申报后尚未完成清算审核前，税务稽查部门对纳税人立案检查的，市、州级税务局应对清算审核和税务稽查工作协同推进。但土地增值税清算审核和税务稽查的工作程序及征管文书均应按照各自规定执行。"

对于税务稽查部门在日常稽查工作中的处理，该工作指引第五十三条规定："税务稽查部门在稽查工作中对未达到土地增值税清算条件的房地产开发项目，仅对预征的土地增值税进行检查；对符合本指引第十四条情形的房地产开发项目，应及时通知主管税务机关要求纳税人进行土地增值税清算申报，并可对预征的土地增值税税额进行税务稽查；对符合本指引第十三条情形的房地产开发项目，不论是否进行了土地增值税清算，均可按规定进行税务稽查。"

4. 安徽省规定

《安徽省土地增值税清算管理办法》(国家税务总局安徽省税务局公告2018年第21

号修改）第四十八条规定："主管税务机关在清算审核中发现纳税人涉嫌偷税、逃避追缴欠税、抗税或者其他需要立案查处的税收违法行为的，应当终止清算审核，并按规定程序移交稽查部门处理。主管税务机关在对纳税人房地产开发项目进行土地增值税清算审核时，稽查部门又对纳税人立案检查的，主管税务机关应终止清算审核，并将清算审核事项移交稽查部门一并处理。主管税务机关终止清算审核的，应当于移交稽查部门处理的当日书面告知纳税人。"

5.广西壮族自治区规定

《广西壮族自治区房地产开发项目土地增值税管理办法（试行）》（广西壮族自治区地方税务局公告2018年第1号发布）第六十条规定："主管税务机关在土地增值税清算审核过程中发现有以下情形之一的，应责成纳税人改正或者说明理由，纳税人拒绝改正、说明理由或作出承诺的，主管税务机关按程序出具审核意见后，再移交稽查部门处理。

（一）有初步证据证明涉嫌偷税行为的。

（二）不配合清算审核，拒绝提供合法、有效举证资料或提供举证资料不真实、不完整，涉及税额较大的。

（三）涉及发票的违法行为，达到刑事立案标准的。

（四）法律、法规规定其他需要移送的情形。"

该管理办法第六十一条规定："稽查部门在稽查工作中发现房地产开发项目符合清算条件的，应及时告知主管税务机关。"

该管理办法第六十二条规定："主管税务机关受理清算申请后，稽查部门对纳税人立案检查的，主管税务机关应中止清算审核。中止清算审核后，待稽查完毕后重新进入清算事宜。"

该管理办法第六十三条规定："稽查部门对已清算项目土地增值税进行检查时，不应改变主管税务机关确定的清算单位、清算方式、分摊方法。"

6.北京市规定

《北京市地方税务局土地增值税清算管理规程》（北京市地方税务局公告2016年第7号发布）第五十二条规定："按照本地区工作的实际情况，稽查部门可对已清算项目进行抽查、检查。在清算中有下列情况之一的，可作为重点检查案源：

（一）纳税人涉嫌偷税、逃避追缴欠税、抗税或者其他需要立案查处的税收违法行为的；

（二）纳税人办理清算时，发生《鉴证报告》《清算报告》内容不规范，退回重报仍不规范且拒不重报的；

（三）纳税人办理清算后，根据《鉴证报告》《清算报告》发生退税的；

（四）纳税人清算后，再转让房地产情况异常的。"

1.6 土地增值税清算鉴证业务基本规定

土地增值税清算鉴证业务主要是指税务师事务所接受委托对纳税人土地增值税清算税款申报的信息实施必要审核程序，提出鉴证结论或鉴证意见，并出具鉴证报告，增强税务机关对该项信息信任程度的一种鉴证业务。本节内容主要涉及基本的鉴证业务，包括接受委托、法律责任等。

在土地增值税清算鉴证业务中，鉴证人一般是指进行业务鉴证的税务师事务所（或具有资格的会计师事务所）等中介机构。

问题1-6-1

纳税人是否可以委托税务师事务所进行清算？

答：税务师事务所属于依法接受委托进行土地增值税清算鉴证业务。《土地增值税清算鉴证业务指引（试行）》（中税协发〔2023〕29号文件印发）第八条规定："本指引所称土地增值税清算鉴证业务，是指税务师事务所依法接受委托，委派具备资质的涉税服务人员，依据税法、会计准则和会计制度及其他相关法律、法规规定，对被鉴证人土地增值税清算情况的真实性、合法性和完整性进行审核、判断，并出具鉴证报告的活动。"

国家税务总局明确，对符合要求的税务师事务所出具的鉴证报告，税务机关可以采信。《国家税务总局关于房地产开发企业土地增值税清算管理有关问题的通知》（国税发〔2006〕187号）第六条规定："税务中介机构受托对清算项目审核鉴证时，应按税务机关规定的格式对审核鉴证情况出具鉴证报告。对符合要求的鉴证报告，税务机关可以采信。

税务机关要对从事土地增值税清算鉴证工作的税务中介机构在准入条件、工作程序、鉴证内容、法律责任等方面提出明确要求，并做好必要的指导和管理工作。"

此外，税务中介机构受托对清算项目审核鉴证时，不仅要在上述政策规定的范围内接受税务机关的指导和管理，还要向税务机关提供服务机构、人员信息数据，以接受税务机关的监督，如《土地增值税清算鉴证业务指引（试行）》（中税协发〔2023〕29号文件印发）第三条规定："税务师事务所及涉税服务人员提供土地增值税清算鉴证业务，应当按照《国家税务总局关于采集涉税专业服务基本信息和业务信息有关事项的公告》（国家税务总局公告2017年第49号，以下简称49号公告），向税务机关报送《涉税专业服务机构（人员）基本信息采集表》和其他相关信息。"

根据上述政策规定，由专业的服务机构对纳税人土地增值税清算税款申报的信息实施必要审核程序，提出鉴证结论或鉴证意见，并出具鉴证报告，是土地增值税清算业务的重要组成部分。一些基层税务机关在组织清算审核中，还通过购买（政府财政部门购买）涉税专业服务机构服务的方式开展审核。各地税务机关就税务机关的清算审核与税务服务机构的清算审核之间的关系进行了详细的规范，举例如下：

1. 厦门市规定

《厦门市房地产开发项目土地增值税清算管理办法》（国家税务总局厦门市税务局公告2023年第1号发布）第十四条规定："纳税人可以委托涉税专业服务机构对房地产开发项目清算进行涉税鉴证。

纳税人委托涉税专业服务机构进行涉税鉴证的，涉税专业服务机构应当按规定开展鉴证并出具鉴证意见，涉及重大调整的事项，应当在鉴证报告予以披露。

税务机关在清算审核或税务检查中，需要核查受托开展涉税鉴证的涉税专业服务机构工作底稿或认为需要就涉税鉴证事项开展约谈的事项，受托涉税专业服务机构应当积极配合。"

2. 安徽省规定

《安徽省土地增值税清算管理办法》（国家税务总局安徽省税务局公告2018年第21号修改）第三十三条规定："主管税务机关开展清算审核，可以自行组织清算审核，也可以通过购买涉税专业服务机构服务的方式开展审核。"

"通过购买涉税专业服务机构服务的方式开展审核的，应当按照《国家税务总局关于发布〈涉税专业服务监管办法（试行）〉的公告》（国家税务总局公告2017年第13号）等有关规定执行。主管税务机关清算审核小组应派员全过程参与涉税专业服务机构的案头审核和实地审核，参与审核表单的填制、审核报告的撰写，并在审核表单与审核报告上签章。主管税务机关应对相关审核表单、审核报告组织集体审议、验收；需经市、县税务机关集体审议的，由组织验收的主管税务机关向市、县税务机关汇报有关验收情况。

提供服务的涉税专业服务机构，应当遵守税收法律、法规及相关税收规定，遵循涉税专业服务业务规范，严格履行合同义务，保质、保量、按时完成任务。未按规定完成合同约定服务内容或服务出现严重差错的，税务机关依规扣减部分或全部服务费，直至终止合同。涉税专业服务机构弄虚作假、出具失实报告的，或服务过程中有其他违法违规行为的，税务机关可不认可其服务报告，并将其列入购买服务黑名单，同时将有关情况通报相关部门、行业协会。"

3. 北京市规定

《北京市地方税务局土地增值税清算管理规程》（北京市地方税务局公告2016年第

7号发布）第五十五条规定，税务机关认为需要就清算鉴证事项开展调查了解情况的，受托的税务中介机构及相关专业人员应当积极配合。

该规程第五十七条规定，税务中介机构的相关专业人员开展清算鉴证时，应当对纳税人取得票据的真实性进行披露。税务机关对土地增值税清算鉴证报告中涉及的全部票据有检查、抽查、复查的权利。

问题1-6-2

对于纳税人委托中介机构审核鉴证的清算项目应如何处理？

答：《土地增值税清算管理规程》（国税发〔2009〕91号文件印发）第三十条规定，"纳税人委托中介机构审核鉴证的清算项目，主管税务机关应当采取适当方法对有关鉴证报告的合法性、真实性进行审核"；第三十一条规定，"对纳税人委托中介机构审核鉴证的清算项目，主管税务机关未采信或部分未采信鉴证报告的，应当告知其理由"。

各地也是按照上述政策规定执行的。在实务中，一些企业（或税务师事务所）在提交清算报告之前会就项目涉及的问题与税务管理机关进行沟通处理。提交清算报告后，税务机关在核查中，如果发现问题，例如相关项目审核证据不充分、分配计算方式选择不当、相关数据调整不准确等，可以要求企业（税务师事务所）继续补充相关内容。

例如，北京市进行了详细规定。《北京市地方税务局土地增值税清算管理规程》（北京市地方税务局公告2016年第7号发布）第五十五至五十九条规定："税务中介机构从事土地增值税清算鉴证业务，应当以法律、法规为依据，按照独立、客观、公正原则，在获取充分、适当、真实证据基础上，根据审核鉴证的具体情况，出具真实、合法的《鉴证报告》，并按照税务机关要求提供鉴证工作底稿。

税务机关认为需要就清算鉴证事项开展调查了解情况的，受托的税务中介机构及相关专业人员应当积极配合。

税务中介机构及相关专业人员应当对其出具的《鉴证报告》承担相应的法律责任。

纳税人委托税务中介机构进行清算鉴证的，税务中介机构应当按照财政部、国家税务总局、中国注册税务师协会相关文件规定开展鉴证、出具鉴证意见，涉及调整事项以及重大事项的，应当在鉴证报告中披露调整过程、调整结论及其他应当说明的重大事项。

税务中介机构的相关专业人员开展清算鉴证时，应当对纳税人取得票据的真实性进行披露。税务机关对土地增值税清算鉴证报告中涉及的全部票据有检查、抽查、复查的权利。

税务中介机构受托对清算项目审核鉴证时，应按税务机关规定的格式对鉴证情况出具《鉴证报告》。

对税务中介机构出具的《鉴证报告》，经税务机关审核退回后，再报送仍未达到税务机关要求且拒不修改的，税务机关可向上级机关反映相关情况。"

又如，《国家税务总局广东省税务局土地增值税清算管理规程》（国家税务总局广东省税务局公告2019年第5号发布）第二十一条第（四）项规定："纳税人可自愿委托涉税专业服务机构代理申报、审核鉴证；已委托涉税专业服务机构代理申报、审核鉴证的纳税人，应报送涉税专业服务机构出具的报告。"

对于涉嫌出具虚假报告或涉税文书的，该管理规程第四十六条规定："对涉税专业服务机构和从事涉税服务人员出具虚假报告或涉税文书的，按照国家税务总局关于涉税专业服务监管的相关规定处理。"

问题1-6-3

鉴证人承接土地增值税清算鉴证业务应当具备哪些条件？

答：鉴证人在接受企业委托对企业开发项目进行土地增值税清算鉴证时，不仅接受委托的项目要符合规定，并且要有相应的专业能力，以保证土地增值税清算业务符合政策规定的质量。

《土地增值税清算鉴证业务准则》（国税发〔2007〕132号文件印发）第五条规定："承接土地增值税清算鉴证业务，应当具备下列条件：

（一）接受委托的清算项目符合土地增值税的清算条件。

（二）税务师事务所符合独立性和专业胜任能力等相关专业知识和职业道德规范的要求。

（三）税务师事务所能够获取充分、适当、真实的证据以支持其结论并出具书面鉴证报告。

（四）与委托人协商签订涉税鉴证业务约定书。"（业务约定书样式见第2章末的附录。）

中国注册税务师协会从执业鉴证角度做了进一步规范。《土地增值税清算鉴证业务指引（试行）》（中税协发〔2023〕29号文件印发）第十一条、第十六条的相关规定如下：

一是对于委托人（纳税人）。

（1）委托事项是否属于土地增值税清算鉴证业务；

（2）被鉴证人的诚信评价和风险级别。

二是对于税务师事务所。

（1）是否具有承办土地增值税清算鉴证业务的专业胜任能力；

（2）承办人员是否为被鉴证人提供了其他不相容涉税服务；

（3）鉴证人应当指派能够胜任受托土地增值税清算鉴证业务的，且具有资质的涉税服务人员作为项目负责人，具体实施涉税鉴证业务。

根据上述规定，具备承接清算鉴证业务的税务师事务所要有一定的清算人才储备、完善的保证业务质量的管理体系，以及出具鉴证报告的能力，同时还要具备承担执业风险的能力。

问题 1-6-4

清算中的法律责任如何确定？

答：对于土地增值税清算鉴证业务中税务师事务所承担的责任，《土地增值税清算鉴证业务准则》（国税发〔2007〕132号文件印发）第九条规定："税务师事务所从事土地增值税清算鉴证业务，应当以法律、法规为依据，按照独立、客观、公正原则，在获取充分、适当、真实证据基础上，根据审核鉴证的具体情况，出具真实、合法的鉴证报告并承担相应的法律责任。"

《土地增值税清算鉴证业务指引（试行）》（中税协发〔2023〕29号文件印发）第三十一条规定："鉴证人应当取得支持鉴证结果所需的事实证据和法律依据。

鉴证人对鉴证事项合法性的证明责任，不能替代或减轻委托人或被鉴证人应当承担的会计责任、纳税申报责任以及其他法律责任。"

根据该指引第四条、第十二条、第十五条、第六十三条的相关规定，对于税务师事务所，在实操中需要按照明确的规范处理，以降低执业风险。具体关注点如下（不限于）：

一是相关业务因理解产生分歧的处理。

鉴证人在承接土地增值税清算鉴证业务时，"应当与被鉴证人进行沟通，并对税务专业术语、鉴证业务范围等有关事项进行解释，避免双方对土地增值税清算鉴证项目的业务性质、责任划分和风险承担的理解产生分歧"。

二是对于清算资料真实性的风险控制。

"鉴证人可以要求被鉴证人出具书面声明文件，承诺对其所提供的与土地增值税清算鉴证事项相关的会计资料、纳税资料及其他相关资料的真实性、合法性、完整性负责。"

三是对终止业务中已完成部分约定业务的风险控制。

对于税务师事务所及涉税服务人员以政策规定终止业务的情形，"如已完成部分约定业务，应当按照协议约定收取费用，并就已完成事项进行免责性声明，由委托人承担相应责任，税务师事务所及涉税服务人员不承担该部分责任"。

四是鉴证报告中的披露内容。

（1）需要明确委托人与受托人的责任。鉴证人出具的土地增值税清算鉴证报告，应在鉴证报告的引言中表明委托人与受托人的责任，对委托事项是否进行鉴证审核以及审核标准、审核原则等进行说明。

（2）鉴证人在鉴证中如发现有对被鉴证人土地增值税清算税款纳税申报有重要影响的事项，应在鉴证报告中予以披露。鉴证中发现被鉴证人土地增值税清算处理有与税收法律法规不符行为，经提醒被鉴证人仍未按其建议进行调整或者改正的，鉴证人应在出具的鉴证报告或报告说明中披露（如第三方委托，应当直接在报告披露）。

（3）实施涉税鉴证业务过程中，项目负责人认为被鉴证人提供的会计、税收等基础资料缺乏完整性和真实性的，应当在报告中做出适当说明。

（4）项目负责人在土地增值税清算鉴证报告正式出具后，如发现新的事项影响已出具的鉴证报告结论，应当及时做出相应的处理。

（5）鉴证人出具的土地增值税清算鉴证报告，应当由委托协议双方留存备查。其中，税收法律、行政法规及国家税务总局规定报送的，应当向税务机关报送，并遵循行业自律管理报备规定。

根据上述政策规定，对于纳税人、税务服务机构在清算业务中如何承担各自的责任，各地税务机关制定了具体规定。举例如下：

1. 湖北省规定

《土地增值税征管工作指引（试行）》（鄂税财行便函〔2021〕9号文件印发）第十二条第二款规定，"纳税人是清算的主体，应如实自行清算、申报缴纳土地增值税，并对清算申报的真实性、准确性和完整性负法律责任。主管税务机关负责清算申报受理和审核"。

2. 深圳市规定

《国家税务总局深圳市税务局土地增值税征管工作规程》（国家税务总局深圳市税务局公告2019年第8号发布）第十二条第二款规定，"纳税人应如实申报缴纳土地增值税，并对清算申报的真实性、准确性和完整性负法律责任"。

3. 北京市规定

《北京市地方税务局土地增值税清算管理规程》（北京市地方税务局公告2016年第7号发布）第四条规定，"纳税人是清算的主体，对清算申报的真实性、合法性、准确性、完整性负责"；第五条规定，"税务机关负责清算的受理和审核"；第五十五条第三款规定，"税务中介机构及相关专业人员应当对其出具的《鉴证报告》承担相应的法律责任"。

4. 湖南省规定

《湖南省地方税务局关于加强土地增值税管理的公告》（湖南省地方税务局公告2015年第4号）第五条规定，"纳税人可以委托税务师事务所等中介机构实施土地增值税清算鉴证，但税务机关不得要求纳税人进行清算鉴证或指定中介机构实施清算鉴证。中介机构出具的《土地增值税清算税款鉴证报告》不能代替税务机关的清算审核，仅作为税务机关清算审核的参考"。

5. 河南省规定

《河南省地方税务局关于税务中介机构进行土地增值税清算鉴证有关问题的通知》（豫地税函〔2007〕113号）第四条第一款规定："税务师事务所在受托办理土地增值税清算业务时，应以有关法律、行政法规、规章为依据，按照独立、客观、公正原则，在充分调查研究、论证和计算基础上，出具《鉴证报告》，并为其承担法律责任。对税务师事务所出具的《鉴证报告》，税务机关应当受理，并承认其鉴证作用。"

问题 1-6-5

鉴证人在审核鉴证过程中可以终止鉴证的情形有哪些？

答：实务中，税务师事务所在进行土地增值税清算鉴证业务时，有可能遇到无法完成业务过程和出具清算鉴证报告的情形，从风险控制角度，对于符合文件规定的情形，可以终止鉴证业务。具体如下：

（1）国家税务总局规定。《土地增值税清算鉴证业务准则》（国税发〔2007〕132号文件印发）第十六条规定："税务师事务所在审核鉴证过程中，有下列情形之一的，除符合本准则第十七条规定外，可以终止鉴证：

（一）依照法律、行政法规的规定应当设置但未设置账簿的。

（二）擅自销毁账簿或者拒不提供纳税资料的。

（三）虽设置账簿，但账目混乱或者成本资料、收入凭证、费用凭证残缺不全，难以确定转让收入或扣除项目金额的。

（四）符合土地增值税清算条件，未按照规定的期限办理清算手续，经税务机关责令限期清算，逾期仍不清算的。

（五）申报的计税依据明显偏低且无正当理由的。

（六）纳税人隐瞒房地产成交价格，其转让房地产成交价格低于房地产评估价格且无正当理由，经税务师事务所与委托人沟通，沟通无效的。"

（2）中国注册税务师协会从执业风险控制角度做了进一步规定。《土地增值税清算鉴证业务指引（试行）》（中税协发〔2023〕29号文件印发）第四条规定："税务师事务所及涉税服务人员提供涉税鉴证业务，实行信任保护原则。存在以下情形之一的，税务师事务所及涉税服务人员有权终止业务：

（一）委托人违反法律、法规及相关规定的；

（二）委托人提供不真实、不完整资料信息的；

（三）委托人要求违反执业原则的；

（四）其他因委托人原因限制业务实施的情形。

如已完成部分约定业务，应当按照协议约定收取费用，并就已完成事项进行免责性声明，由委托人承担相应责任，税务师事务所及涉税服务人员不承担该部分责任。"

对于鉴证人在鉴证过程中发现被鉴证人有税法规定的应核定征收情形的，《土地增值税清算鉴证业务指引（试行）》第三十六条规定："鉴证人在鉴证过程中，发现被鉴证人有税法规定应核定征收的情形，且税务机关决定核定征收的，除符合本指引第三十六条规定外，可以终止鉴证。"

问题1-6-6

承办土地增值税清算鉴证业务有哪些不相容业务？

答：不相容原则是财税中介服务机构为保证鉴证独立性而必须遵守的执业原则。《土地增值税清算鉴证业务指引（试行）》（中税协发〔2023〕29号文件印发）第六条规定："税务师事务所及涉税服务人员提供土地增值税清算鉴证业务，应当遵循涉税鉴证业务与代理服务不相容原则。根据《涉税鉴证业务指引——税务师行业涉税专业服务规范（试行）》第五条规定，承办被鉴证单位的土地增值税鉴证业务的涉税服务人员，不得同时承办被鉴证单位土地增值税申报代理及其他存在影响鉴证独立性原则的业务。"

问题1-6-7

土地增值税清算鉴证业务有哪些审核方式？

答：《土地增值税清算鉴证业务指引（试行）》（中税协发〔2023〕29号文件印发）第三十二条规定："土地增值税清算鉴证应当采取包括案头审核、实地审核在内的审核方式来形成鉴证意见。

案头审核是指对被鉴证人报送的清算资料进行数据、逻辑审核，重点审核项目归集的一致性、数据计算准确性等。

实地审核是指在案头审核的基础上，通过对房地产开发项目实地查验等方式，对被鉴证人申报情况的客观性、真实性、合理性进行审核。"

实务中，税务师事务所一般是在案头审核的基础上，再到项目现场实地查验，对于有疑问或与案头审核有差异情形，再进一步与委托人（纳税人）沟通核对。

问题1-6-8

土地增值税清算鉴证的证据处理原则是什么？证据包括哪些资料？

答：对于土地增值税清算鉴证的证据处理原则，《土地增值税清算鉴证业务准则》（国税发〔2007〕132号文件印发）第八条规定："税务师事务所从事土地增值税清算鉴证业务，应当以职业怀疑态度、有计划地实施必要的审核程序，获取与鉴证对象相关的充分、适当、真实的证据；并及时对制定的计划、实施的程序、获取的相关证据以及得出的结论作出记录。

在确定证据收集的性质、时间和范围时，应当体现重要性原则，评估鉴证业务风险以及可获取证据的数量和质量。"

根据上述政策规定，审计人员从事鉴证业务获取证据时，要充分考虑证据的逻辑性，并尽可能获取最原始的证据资料。例如，对于清算项目中某个单项工程单位价值超过当地标准（或税务机关预警值）的，需要提供价格构成因素以及合同、发票、进货单据、出库单据等各种原始资料。

中国注册税务师协会从执业鉴证角度做了相应规定。《土地增值税清算鉴证业务指引（试行）》（中税协发〔2023〕29号文件印发）第二十条第一款规定："鉴证人应当根据受托土地增值税清算鉴证事项的实际情况，对通过不同途径或方法取得的鉴证材料，按照执业规范的要求，从证据资格和证明能力两方面进行证据确认，取得与鉴证事项相关的、能够支持清算鉴证报告的鉴证证据。"

由于税务师事务所从事的是增强税务机关对该项信息信任程度的一种鉴证业务，因此必须按照政策规定开展土地增值税清算鉴证业务，否则将产生执业风险。

对于土地增值税清算鉴证的证据范围，《土地增值税清算鉴证业务准则》（国税发〔2007〕132号文件印发）第六条规定："土地增值税清算鉴证的鉴证对象，是指与土地增值税纳税申报相关的会计资料和纳税资料等可以收集、识别和评价的证据及信息。具体包括：企业会计资料及会计处理、财务状况及财务报表、纳税资料及税务处理、有关文件及证明材料等。"根据该项政策规定，税务服务机构进行土地增值税清算鉴证的鉴证对象，就是项目开发过程中产生的各类与项目有关的开发资料（文件、批文、证照等）、会计资料及各类涉税资料。关于具体资料内容，根据该鉴证业务准则第十二条的规定，"税务师事务所应当要求委托人如实提供如下资料：

（一）土地增值税纳税（预缴）申报表及完税凭证。

（二）项目竣工决算报表和有关账簿。

（三）取得土地使用权所支付的地价款凭证、国有土地使用权出让或转让合同。

（四）银行贷款合同及贷款利息结算通知单。

（五）项目工程建设合同及其价款结算单。

（六）商品房购销合同统计表等与转让房地产的收入、成本和费用有关的其他证明资料。

（七）无偿移交给政府、公共事业单位用于非营利性社会公共事业的凭证。

（八）转让房地产项目成本费用、分期开发分摊依据。

（九）转让房地产有关税金的合法有效凭证。

（十）与土地增值税清算有关的其他证明资料。"

根据上述政策规定，税务服务机构必须要求委托人提供规定的基础资料，这些资料既是审核清算收入、项目扣除等的基础依据，同时还需要作为申报资料报送税务机关审核。

中国注册税务师协会从执业鉴证角度做了进一步规定。根据《土地增值税清算鉴证业务指引（试行）》第二十条第二款、第二十三条、第二十四条、第二十五条、第二十六条的相关规定，"鉴证证据的范围包括：从开发项目立项、拆迁补偿及安置、土地取得、开发建设、项目（预）销售、竣工备案到土地增值税清算完毕全过程的财务资料、税务资料和业务资料等"。具体分为鉴证人在调查项目前期管理情况时取得的有关鉴证材料、鉴证人对被鉴证人清算申报收入总额确认时应当取得的鉴证材料、鉴证人对被鉴证人扣除项目金额确认时应当取得的鉴证材料、与土地增值税清算鉴证有关的其他资料。

此外，根据该指引第二十二条的规定，"鉴证人在调查被鉴证人的下列情况时，应当按照执业规范的要求取得有关鉴证材料：

（一）基本情况；

（二）财务会计制度情况；

（三）内部控制制度自我评价情况"。

从资料内容上，上述税务服务机构要求委托人提供的清算资料与税务机关审核要求纳税人提供的资料基本上是一致的，相关清算资料及涉及的政策内容，还可以参见"问题2-1-9 企业清算申报时应提供哪些清算资料？"等。

问题 1-6-9

土地增值税清算鉴证的证据如何取得？

答：土地增值税清算鉴证资料是清算业务的重要证据资料，中国注册税务师协会从执业角度规范了获取涉税鉴证证据的途径。《土地增值税清算鉴证业务指引（试行）》（中税协发〔2023〕29号文件印发）第二十一条规定："鉴证人可以通过下列途径，获取涉税鉴证证据：

（一）委托人配合提供的鉴证材料；

（二）被鉴证人协助提供的鉴证材料；

（三）鉴证人采取审阅、查阅、检查、监盘、询问或函证、计算及其他方法取得的鉴证材料。"

问题 1-6-10

土地增值税清算鉴证业务中如何进行证据的审查？

答：土地增值税清算鉴证业务中的证据是证明清算结果（成果）正确的各类资料，同样具有合法性、真实性、相关性。

根据《土地增值税清算鉴证业务指引（试行）》（中税协发〔2023〕29号文件印发）第二十七条、第二十八条、第二十九条、第三十条的相关规定，土地增值税清算鉴证业务中的证据审核如下（不限于）：

1. 合法性审查

鉴证人应当根据鉴证事项的具体情况，从以下方面审查证据的合法性：

（1）证据是否符合法定形式；

（2）证据的取得是否符合法律、法规、规章和司法解释的规定；

（3）是否有影响证据效力的其他违法情形。

2. 真实性审查

鉴证人应当根据鉴证事项的具体情况，从以下方面审查证据的真实性：

（1）证据形成的原因；

（2）发现证据时的环境；

（3）证据是否为原件、原物，复制件、复制品与原件、原物是否相符；

（4）提供证据的人或者证人与被鉴证人是否具有利害关系；

（5）影响证据真实性的其他因素。

3.相关性审查

鉴证人应当根据鉴证事项的具体情况，从以下方面审查证据的相关性：

（1）证据与待证事实是否具有证明关系；

（2）证据与待证事实的关联程度；

（3）影响证据关联性的其他因素。

问题1-6-11

在土地增值税清算鉴证业务中哪些证据材料不得作为鉴证证据？

答：一般情况下，非法取得的证据材料、超出期限取得的证据材料等不得作为鉴证依据。根据《土地增值税清算鉴证业务指引（试行）》（中税协发〔2023〕29号文件印发）第三十条的相关规定，下列证据材料不得作为鉴证依据：

（1）违反法定程序收集的证据材料；

（2）以偷拍、偷录和窃听等手段获取侵害他人合法权益的证据材料；

（3）以利诱、欺诈、胁迫和暴力等不正当手段获取的证据材料；

（4）无正当事由超出举证期限提供的证据材料；

（5）无正当理由拒不提供原件、原物，又无其他证据印证，且对方不予认可的证据复制件、复制品；

（6）无法辨明真伪的证据材料；

（7）不能正确表达意志的证人提供的证言；

（8）不具备合法性、真实性的其他证据材料。

附 录

附表1-1

土地增值税纳税申报表（一）
（从事房地产开发的纳税人清算适用）

税款所属时间：　年　月　日至　年　月　日　　填表日期：　年　月　日

金额单位：元至角分　　面积单位：平方米

纳税人识别号							
纳税人名称		项目名称		项目编号		项目地址	
所属行业		登记注册类型		纳税人地址		邮政编码	
开户银行		银行账号		主管部门		电　话	
总可售面积		其中：普通住宅可售面积		自用和出租面积			
已售面积		其中：普通住宅已售面积		其中：非普通住宅已售面积		其中：其他类型房地产已售面积	

项　　目	行次	金　　额		
		普通住宅	非普通住宅	其他类型房地产	合计
一、转让房地产收入总额 1=2+3+4	1				
其中	货币收入	2				
	实物收入及其他收入	3				
	视同销售收入	4				
二、扣除项目金额合计 5=6+7+14+17+21+22	5				
1.取得土地使用权所支付的金额	6				
2.房地产开发成本 7=8+9+10+11+12+13	7				

	其中	土地征用及拆迁补偿费	8
		前期工程费	9
		建筑安装工程费	10
		基础设施费	11
		公共配套设施费	12
		开发间接费用	13
3.房地产开发费用 14=15+16			14
	其中	利息支出	15
		其他房地产开发费用	16
4.与转让房地产有关的税金等 17=18+19+20			17
	其中	营业税	18
		城市维护建设税	19
		教育费附加	20
5.财政部规定的其他扣除项目			21
6.代收费用			22
三、增值额 23=1-5			23
四、增值额与扣除项目金额之比（%） 24=23÷5			24
五、适用税率（%）			25
六、速算扣除系数（%）			26
七、应缴土地增值税税额 27=23×25-5×26			27
八、减免税额 28=30+32+34			28
	其中	减免税（1）	减免性质代码（1）	29
			减免税额（1）	30

		减免税性质代码（2）		31	
其中	减免税（2）	减免税额（2）		32	
	减免税（3）	减免税性质代码（3）		33	
		减免税额（3）		34	
九、已缴土地增值税税额				35	
十、应补（退）土地增值税税额 36=27-28-35				36	

以下由纳税人填写：

纳税人声明	此纳税申报表是根据《中华人民共和国土地增值税暂行条例》及其实施细则和国家有关税收规定填报的，是真实的、可靠的、完整的。	
纳税人签章	代理人签章	代理人身份证号

以下由税务机关填写：

受理	受理日期	年 月 日	受理税务机关签章
受理人			

本表一式两份，一份纳税人留存，一份税务机关留存。

填表说明：

一、适用范围

本表适用于从事房地产开发并转让的土地增值税纳税人。

二、土地增值税纳税申报表

（一）表头项目

1. 税款所属期是项目预征开始的时间，截止日期是纳税人确认的时间（应清算项目达到清算条件起90天的最后一日/可清算项目税务机关通知书送达起90天的最后一日）。
2. 纳税人识别号：填写税务机关所赋予纳税人的识别号。
3. 项目名称：填写纳税人所开发的房地产项目登记时，税务机关按照一定的规则赋予的编号，此编号会跟随纳税人识别号自动带出。
4. 项目编号：是在进行房地产项目登记时，税务机关按照一定的规则赋予的编号，此编号会跟随纳税人识别号自动带出。
5. 所属行业：根据《国民经济行业分类》（GB/T 4754—2011）填写。该项可由系统根据纳税人登记的注册类型填写，纳税人是企业的，根据国家统计局《关于划分企业登记注册类型的规定》（国统字〔2011〕86号）《关于印发〈关于划分企业登记注册类型的规定〉的通知》（国统字〔2011〕86号）填写。
6. 登记注册类型：单位，根据税务登记证或组织机构代码证中登记的注册类型填写，纳税人是企业的，根据国家统计局《关于划分企业登记注册类

第1章 土地增值税基本政策规定 | 65

型的规定》填写。该项可由系统根据纳税人识别号自动带出，无须纳税人填写。

7.主管部门：按纳税人隶属的管理部门或总局机构填写。外商投资企业不填。

8.开户银行：填写纳税人开设银行账户的银行名称；如果纳税人在多个银行开户，填写其主要经营账户的银行名称。

9.银行账号：填写纳税人开设的银行账户的号码；如果纳税人拥有多个银行账户，填写其主要经营账户的号码。

（二）表中项目

1.表第1栏"转让房地产收入总额"，按纳税人在转让房地产开发项目所得的全部收入（不含增值税）填写。

2.表第2栏"货币收入"，按纳税人转让房地产开发项目所取得的货币形态的收入额（不含增值税）填写。

3.表第3栏"实物收入及其他收入"，按纳税人转让房地产开发项目所取得的货币和无形资产等其他形式的收入额（不含增值税）填写。

4.表第4栏"视同销售收入"，纳税人将开发产品用于职工福利、奖励、对外投资、分配给股东或投资人、抵偿债务、换取其他单位和个人的非货币性资产等，发生所有权转移时应视同销售房地产，其收入不含增值税。

5.表第6栏"取得土地使用权所支付的金额（地价款）及按国家统一规定交纳的有关费用"，应根据《中华人民共和国土地增值税暂行条例实施细则》（财法字［1995］6号，以下简称《细则》）规定的从事房地产开发所实际发生的各项开发成本的具体数额填写。

6.表第8栏至表第13栏，应根据《中华人民共和国土地增值税暂行条例实施细则》（财法字［1995］6号，以下简称《细则》）第七条（三）规定的数额填写。

7.表第15栏"利息支出"，按纳税人进行房地产开发实际发生的利息支出中符合《细则》第七条（三）规定填写。如果不单独计算利息支出，则本栏数额填写为"0"。

8.表第16栏"其他房地产开发费用"，应根据《细则》第七条（三）的规定填写。

9.表第18栏至第20栏，按纳税人转让房地产时所实际缴纳的税金数额（不包括增值税）填写。

10.表第21栏"财政部规定的其他扣除项目"，是指根据《中华人民共和国土地增值税暂行条例》（国务院令第138号，以下简称《条例》）和《细则》等有关规定所确定的扣除项目的合计数。

11.表第22栏"代收费用"，应根据《财政部 国家税务总局关于土地增值税一些具体问题规定的通知》（财税字［1995］48号）"对于县级及县级以上人民政府要求房地产开发企业在售房时代收的各项费用，如果代收费用是计入房价中向购买方一并收取的，可作为转让房地产所取得的收入计税；对于代收费用未作为转让房地产的收入计税的，在计算扣除项目金额时，不允许将代收费用单独减除。对于代收费用作为转让收入计税的，在计算扣除项目金额时不允许扣除代收费用"的规定填写。如果代收费用作为转让房地产所取得的收入计税的，而是在房价款之外单独收取的，可以代收费用在计算增值额时不允许扣除，但不允许作为加计20%扣除的基数；对于代收费用未作为转让房地产的收入计税的，按照扣除项目不予扣除。

12.表第25栏"适用税率"，应根据《条例》规定四级超率累进税率，按所适用的最高一级税率填写。

13.表第26栏"速算扣除系数"，应根据《细则》第十条规定的有关速算扣除系数填写。

14.表第29、31、33栏"减免性质代码"：按照税务机关最新制发的减免税政策代码表中最细项减免税性质代码填报。纳税人同时享受多个减免税政策的应分别填写，不享受减免税的，不填写此项。

15.表第35栏"已缴土地增值税税额"，对应的减免税政策代码，按纳税人已经缴纳的土地增值税税额的数额填写。

16.表中每栏按照"普通住宅、非普通住宅、其他类型房地产"分别填写。

附表1-2

土地增值税纳税申报表（一）
（从事房地产开发的纳税人预征适用）

税款所属时间：　年　月　日至　年　月　日　　填表日期：　年　月　日

项目名称：　　　　　　　　项目编号：　　　　　金额单位：元至角分　面积单位：平方米

纳税人名称：

纳税人识别号：

房产类型\项目	收入				预征率（%）	应纳税额	税款缴纳	
	应税收入	货币收入	实物收入及其他收入	视同销售收入			本期已缴税额	本期应缴税额计算
	1 2=3+4+5	3	4	5	6	7=2×6	8	9=7-8
普通住宅								
非普通住宅								
其他类型房地产								
合计	—				—			

以下由纳税人填写：

纳税人声明	此纳税申报表是根据《中华人民共和国土地增值税暂行条例》及其实施细则和国家有关税收规定填报的，是真实的、可靠的、完整的。	
纳税人签章	代理人签章	代理人身份证号

以下由税务机关填写：		
受理人	受理日期	受理税务机关签章
	年 月 日	

本表一式两份，一份纳税人留存，一份税务机关留存。

填表说明：

1. 本表适用于从事房地产开发并转让的土地增值税纳税人，在每次转让时填写，也可按月或按主管税务机关规定的期限汇总填报。

2. 凡从事新建房及配套设施开发的纳税人，均应在规定的期限内，据实向主管税务机关填报本表所列内容。

3. 本表栏目内容如果没有，可以空置不填。

4. 纳税人在填报土地增值税预征申报表时，应同时向主管税务机关提交《土地增值税项目登记表》等有关资料。

5. 项目编号是在进行房地产项目登记时，税务机关按照一定的规则赋予的编号，此编号会跟随项目的预征清算全过程。

6. 表第1列"房产类型子目"是主管税务机关规定的预征率类型，每一个子目唯一对应一个房产类型。

7. 表第3栏"货币收入"，按纳税人转让房地产开发项目所取得的货币形态的收入额（不含增值税）填写。

8. 表第4栏"实物收入及其他收入"，按纳税人转让房地产开发项目所取得的实物形态的收入和无形资产等其他形式的收入额（不含增值税）填写。

9. 表第5栏"视同销售收入"，纳税人将开发产品用于职工福利、奖励、对外投资、分配给股东或投资人、抵偿债务、换取其他单位和个人的非货币性资产等，发生所有权转移时视同销售房地产，其收入不含增值税。

10. 本表一式两份，送主管税务机关审核盖章后，一份由地方税务机关留存，一份退纳税人。

附录1-3

土地增值税纳税申报表（五）

（从事房地产开发的纳税人清算方式为核定征收适用）

税款所属时间：　年　月　日至　年　月　日

填表日期：　年　月　日

金额单位：元至角分　面积单位：平方米

纳税人识别号：□□□□□□□□□□□□□□□

纳税人名称		项目名称	
所属行业	登记注册类型	项目编号	纳税人地址
开户银行	银行账号	项目地址	邮政编码
		主管部门	电话

项　目	行次	金　额		
		普通住宅	非普通住宅	其他类型房地产	合计
一、转让房地产收入总额	1				
其中	货币收入	2				
	实物收入及其他收入	3				
	视同销售收入	4				
二、扣除项目金额合计	5				
1.取得土地使用权所支付的金额	6				
2.房地产开发成本	7				
其中	土地征用及拆迁补偿费	8				
	前期工程费	9				
	建筑安装工程费	10				
	基础设施费	11				
	公共配套设施费	12				
	开发间接费用	13				

3.房地产开发费用			
其中	利息支出		14
	其他房地产开发费用		15
4.与转让房地产有关的税金等			16
其中	营业税		17
	城市维护建设税		18
	教育费附加		19
5.财政部规定的其他扣除项目			20
6.代收费用			21
三、增值额			22
四、增值额与扣除项目金额之比（%）			23
五、适用税率（核定征收率）（%）			24
六、速算扣除系数（%）			25
七、应缴土地增值税税额			26
八、减免税额 28=30+32+34			27
其中	减免税额（1）	减免性质代码（1）	28
		减免税额（1）	29
	减免税额（2）	减免性质代码（2）	30
		减免税额（2）	31
	减免税额（3）	减免性质代码（3）	32
		减免税额（3）	33
九、已缴土地增值税税额			34
			35

十、应补（退）土地增值税税额	36=27-28-35		36	
以下由纳税人填写：				
纳税人声明	此纳税申报表是根据《中华人民共和国土地增值税暂行条例》及其实施细则和国家有关税收规定填报的，是真实的、可靠的、完整的。			
纳税人签章		代理人签章		代理人身份证号
以下由税务机关填写：				
受理人		受理日期	年 月 日	受理税务机关签章

本表一式两份，一份纳税人留存，一份税务机关留存。

填表说明：

一、适用范围

本表适用于从事房地产开发与建设的纳税人，清算方式为核定征收时填报，税务机关出具的核定文书。

二、土地增值税纳税申报表

（一）表头项目

1. 纳税人识别号：填写税务机关为纳税人确定的识别号。

2. 项目名称：填写纳税人所开发与转让的房地产开发项目全称。

3. 项目编号：是在进行房地产项目登记时，税务机关按照一定的规则赋予的编号，此编号会跟随项目的预征清算全过程。

4. 所属行业：根据《国民经济行业分类》（GB/T 4754—2011）填写。该项可由系统根据纳税人识别号自动带出，无须纳税人填写。

5. 登记注册类型：单位，根据税务登记证或组织机构代码证中登记的注册类型填写；纳税人是企业的，根据国家统计局《关于划分企业登记注册类型的规定》填写。该项可由系统根据纳税人识别号自动带出，无须纳税人填写。

6. 主管部门：按纳税人隶属的管理部门填写，外商投资企业不填。

7. 开户银行：填写纳税人开设银行账户的银行名称；如果纳税人在多个银行开户，填写其主要经营账户的银行名称。

8. 银行账号：填写纳税人开设的银行账户的银行的账号；如果纳税人拥有多个银行账户，填写其主要经营账户的银行的账号。

（二）表中项目按税务机关出具的核定文书要求填写。

附录1-4

土地增值税纳税申报表（七）
（非从事房地产开发的纳税人核定征收适用）

税款所属时间：　年　月　日 至　年　月　日　　　　　填表日期：　年　月　日
金额单位：元至角分　面积单位：平方米

纳税人识别号						
纳税人名称		项目名称		项目地址		
所属行业		登记注册类型		纳税人地址		
开户银行		银行账号		主管部门		邮政编码
						电话

项　目				行次	金额
一、转让房地产收入总额				1	
其中	货币收入			2	
	实物收入			3	
	其他收入			4	
二、扣除项目金额合计				5	
（1）提供评估价格	1. 取得土地使用权所支付的金额			6	
	2. 旧房及建筑物的评估价格			7	
	其中	旧房及建筑物的重置成本价		8	
		成新度折扣率		9	
	3. 评估费用			10	
（2）提供购房发票	1. 购房发票金额			11	
	2. 发票加计扣除金额			12	
	其中：房产实际持有年数			13	
	3. 购房契税			14	

其中	4.与转让房地产有关的税金等		15
		营业税	16
		城市维护建设税	17
		印花税	18
		教育费附加	19
三、增值额			20
四、增值额与扣除项目金额之比（%）			21
五、适用税率（核定征收率）（%）			22
六、速算扣除系数（%）			23
七、应缴土地增值税税额			24
八、减免税额（减免性质代码：　　）			25
九、已缴土地增值税税额			26
十、应补（退）土地增值税税额 27=24-25-26			27

以下由纳税人填写：	
纳税人声明	此纳税申报表是根据《中华人民共和国土地增值税暂行条例》及其实施细则和国家有关税收规定填报的，是真实的、可靠的、完整的。
纳税人签章	代理人签章	代理人身份证号
以下由税务机关填写：	
受理人	受理日期　　年　月　日	受理税务机关签章

填表说明：

一、适用范围

本表适用于非从事房地产开发的纳税人，清算方式为核定征收时填报。该纳税人应在签订房地产转让合同后的七日内，向房地产所在地主管税务机

本表一式两份，一份纳税人留存，一份税务机关留存。

关填报本表。

本表还适用于以下从事房地产开发的纳税人核定征收时填报：将开发产品转为自用、出租等用途且已达到主管税务机关旧房界定标准后，又将该旧房对外出售的。

纳税人在填报本表时，应同时提交税务机关出具的核定文书。

二、主要项目填表说明

（一）表头项目

1. 纳税人识别号：填写税务机关为纳税人确定的识别号。

2. 项目名称：填写纳税人转让的房地产项目全称。

3. 登记注册类型：单位，根据税务登记证或组织机构代码证中登记的注册类型填写；纳税人是企业的，根据国家统计局《关于划分企业登记注册类型的规定》填写。该项可由系统根据纳税人识别号自动带出，无须纳税人填写。

4. 所属行业：根据《国民经济行业分类》（GB/T 4754—2011）填写。该项可由系统根据纳税人识别号自动带出，无须纳税人填写。

5. 主管部门：按纳税人隶属的管理部门或总机构填写。外商投资企业不填。

（二）表中项目按税务机关出具的核定文书要求填写。

附录1-5　　　　　土地增值税项目登记表
（从事房地产开发的纳税人适用）

纳税人识别号：　　　　　　纳税人名称：　　　　　　　　填表日期：　年　月　日

金额单位：元至角分　　　　面积单位：平方米

项目名称		项目地址		业　别	
经济性质		主管部门			
开户银行		银行账号			
地　址		邮政编码		电　话	
土地使用权受让（行政划拨）合同号			受让（行政划拨）时间		
建设项目起讫时间		总预算成本		单位预算成本	
项目详细坐落地点					
开发土地总面积		开发建筑总面积		房地产转让合同名称	
转让次序	转让土地面积（按次填写）		转让建筑面积（按次填写）	转让合同签订日期（按次填写）	
第1次					
第2次					
……					
备注					
以下由纳税人填写：					
纳税人声明	此纳税申报表是根据《中华人民共和国土地增值税暂行条例》及其实施细则和国家有关税收规定填报的，是真实的、可靠的、完整的。				
纳税人签章		代理人签章		代理人身份证号	
以下由税务机关填写：					
受理人		受理日期	年　月　日	受理税务机关签章	

填表说明：
1. 本表适用于从事房地产开发与建设的纳税人，在立项后及每次转让时填报。
2. 凡从事新建房及配套设施开发的纳税人，均应在规定的期限内，据实向主管税务机关填报本表所列内容。
3. 本表栏目的内容如果没有，可以空置不填。
4. 纳税人在填报土地增值税项目登记表时，应同时向主管税务机关提交土地使用权受让合同、房地产转让合同等有关资料。
5. 本表一式三份，送主管税务机关审核盖章后，两份由地方税务机关留存，一份退纳税人。

附录1-6　　　　　财产和行为税纳税申报表

纳税人识别号（统一社会信用代码）：☐☐☐☐☐☐☐☐☐☐☐☐☐☐☐☐☐☐

纳税人名称：　　　　　　　　　　　　　　　　金额单位：人民币元（列至角分）

序号	税种	税目	税款所属期起	税款所属期止	计税依据	税率	应纳税额	减免税额	已缴税额	应补（退）税额
1										
2										
3										
4										
5										
6										
7										
8										
9										
10										
11	合计	—	—	—	—	—				

声明：此表是根据国家税收法律法规及相关规定填写的，本人（单位）对填报内容（及附带资料）的真实性、可靠性、完整性负责。

　　　　　　　　　　　　　　　　　　　　　　　纳税人（签章）：　年　月　日

经办人： 经办人身份证号： 代理机构签章： 代理机构统一社会信用代码：	受理人： 受理税务机关（章）： 受理日期：　　年　　月　　日

填表说明：

1.本表适用于申报城镇土地使用税、房产税、契税、耕地占用税、土地增值税、印花税、车船税、烟叶税、环境保护税、资源税。

2.本表根据各税种税源明细表自动生成，申报前需填写税源明细表。

3.本表包含一张附表《财产和行为税减免税明细申报附表》。

4.纳税人识别号（统一社会信用代码）：填写税务机关核发的纳税人识别号或有关部门核发的统一社会信用代码。纳税人名称：填写营业执照、税务登记证等证件载明的纳税人名称。

5.税种：税种名称，多个税种的，可增加行次。

6.税目：税目名称，多个税目的，可增加行次。

7.税款所属期起：纳税人申报相应税种所属期的起始时间，填写具体的年、月、日。

8.税款所属期止：纳税人申报相应税种所属期的终止时间，填写具体的年、月、日。

9.计税依据：计算税款的依据。

10.税率：适用的税率。

11.应纳税额：纳税人本期应当缴纳的税额。

12.减免税额：纳税人本期享受的减免税金额，等于减免税附表中该税种的减免税额小计。

13.已缴税额：纳税人本期应纳税额中已经缴纳的部分。

14.应补（退）税额：纳税人本期实际需要缴纳的税额。应补（退）税额=应纳税额－减免税额－已缴税额。

附表

财产和行为税减免税明细申报附表

纳税人识别号（统一社会信用代码）：□□□□□□□□□□□□□□□□□□

纳税人名称：　　　　　　　　　　　　金额单位：人民币元（列至角分）

本期是否适用增值税小规模纳税人减征政策	□是 □否	本期适用增值税小规模纳税人减征政策起始时间	年 月
		本期适用增值税小规模纳税人减征政策终止时间	年 月
合计减免税额			

城镇土地使用税

序号	土地编号	税款所属期起	税款所属期止	减免性质代码和项目名称	减免税额
1					
2					
小计	—			—	

房产税

序号	房产编号	税款所属期起	税款所属期止	减免性质代码和项目名称	减免税额
1					
2					
小计	—			—	

车船税

序号	车辆识别代码/船舶识别码	税款所属期起	税款所属期止	减免性质代码和项目名称	减免税额
1					
2					
小计	—			—	

第1章 土地增值税基本政策规定

印花税

序号	税目	税款所属期起	税款所属期止	减免性质代码和项目名称	减免税额
1					
2					
小计	—				

资源税

序号	税目	子目	税款所属期起	税款所属期止	减免性质代码和项目名称	减免税额
1						
2						
小计	—	—				

耕地占用税

序号	税源编号	税款所属期起	税款所属期止	减免性质代码和项目名称	减免税额
1					
2					
小计	—				

契税

序号	税源编号	税款所属期起	税款所属期止	减免性质代码和项目名称	减免税额
1					
2					
小计	—				

土地增值税

序号	项目编号	税款所属期起	税款所属期止	减免性质代码和项目名称	减免税额
1					

序号	税源编号	污染物类别	污染物名称	税款所属期起	税款所属期止	减免性质代码和项目名称	减免税额
				环境保护税			
1		—					
2		—					
小计	—					—	

声明：此表是根据国家税收法律法规及相关规定填写的，本人（单位）对填报内容（及附带资料）的真实性、可靠性、完整性负责。

纳税人（签章）：   年   月   日

经办人：
经办人身份证号：
代理机构签章：
代理机构统一社会信用代码：

受理人：
受理税务机关（章）：
受理日期：   年   月   日

填表说明：

1. 本表为《财产和行为税纳税申报表》的附表，适用于申报城镇土地使用税、房产税、契税、耕地占用税、印花税、车船税、环境保护税、资源税的减免税。

2. 纳税人识别号（统一社会信用代码）：填写税务机关核发的纳税人识别号或有关部门核发的统一社会信用代码。纳税人名称：填写营业执照、税务登记证等证件载明的纳税人名称。

3. 适用增值税小规模纳税人减征政策的，需填写"本期适用增值税小规模纳税人减征政策"。其余项目根据各税种纳税人按规定转登记为小规模纳税人的，自成为小规模纳税人的当月起适用增值税小规模纳税人减征政策"本期是否适用增值税小规模纳税人减征政策"，勾选"是"；否则，勾选"否"。纳税人自增值税一般纳税人按规定转登记为小规模纳税人的，自一般纳税人生效之日起不再适用减征优惠。

4. 本期是否适用增值税小规模纳税人减征政策：适用增值税小规模纳税人减征政策的，自成为小规模纳税人的当月内需填写明细表。增值税小规模纳税人按规定登记为一般纳税人的，自一般纳税人生效之日起不再适用减征优惠。增值税年应税销售额超过小规模纳税人标准应当登记为一般纳税人而未登记，经税务机关通知，逾期仍不办理登记，自逾期次月起不再适用减征优惠。

5. 本期适用增值税小规模纳税人减征政策起始时间：适用增值税小规模纳税人减征政策的，填写本项。如果税款所属期内纳税人一直为增值税小规模纳税人，填写税款所属期起始月份；如果税款所属期内纳税人由增值税一般纳税人转登记为增值税小规模纳税人，填写成为增值税小规模纳税人的月份。

6. 本期适用增值税小规模纳税人减征政策终止时间：适用增值税小规模纳税人减征政策的，填写本项。如果税款所属期内纳税人一直为增值税小规模纳税人，填写税款所属期终止月份；如果税款所属期内纳税人由增值税小规模纳税人登记为增值税一般纳税人，填写增值税一般纳税人生效之日上月；经税务机关通知，逾期仍不办理增值税一般纳税人登记的，自逾期次月起不再适用减征优惠，填写逾期当月所在的月份。

7. 税款所属期起：指纳税人申报相应税种所属期的起始时间，具体到年、月、日。

8. 税款所属期止：指纳税人申报相应税种所属期的终止时间，具体到年、月、日。

9. 减免性质代码和项目名称：按照税务机关最新发布的减免税政策代码表中最细项减免项目名称填写。

10. 减免税额：减免项目对应的减免税金额。

附录1-7

财产和行为税税源明细表
城镇土地使用税 房产税税源明细表

纳税人识别号（统一社会信用代码）：□□□□□□□□□□□□□□□□□□

纳税人名称：　　　　　　　　　　　　　　　金额单位：人民币元（列至角分）　面积单位：平方米

一、城镇土地使用税税源明细

项目	内容	项目	内容
*纳税人类型	土地使用权人□ 集体土地使用人□ 无偿使用人□ 代管人□ 实际使用人□ 其他□（必选）	土地使用权人纳税人识别号（统一社会信用代码）	土地使用权人名称
*土地编号		土地名称	
不动产单元代码		宗地号	不动产权证号
*土地取得方式	划拨□ 出让□ 转让□ 租赁□ 其他□（必选）	*土地用途	工业□ 商业□ 居住□ 用地□ 其他□（必选） 综合□ 房地产开发企业的开发（必选）	*土地性质	国有□ 集体□（必选）
*土地坐落地址（详细地址）	省（自治区、直辖市）　市（区）　县（区）　乡镇（街道）（必填）
*土地所属主管税务所（科、分局）	
*土地取得时间	年　月	变更类型	纳税义务终止（权属转移□ 其他□）信息项变更（土地面积变更□ 土地等级变更□减免税变更□ 其他□）	变更时间	年　月
*占用土地面积		地价		*土地等级		*税额标准	

第1章 土地增值税基本政策规定

序号	减免性质代码和项目名称	减免起止时间		减免税土地面积	月减免税金额
		减免起始月份	减免终止月份		
		年 月	年 月		
减免税部分	1				
	2				
	3				

二、房产税税源明细

(一)从价计征房产税明细

*纳税人类型	产权所有人□ 经营管理人□ 所有权人纳税人识别号(统一社会信用代码)		所有权人名称	
	房屋代管人□ 承典人□ 房屋使用人□ 融资租赁承租人□(必选)			
*房产编号			房产名称	
不动产权证号			不动产单元代码	
*房屋坐落地址(详细地址)	省(自治区、直辖市) 市(区)县(区)乡镇(街道) (必填)			
*房产所属主管税务所(科、分局)				
房屋所在土地编号				
*房产取得时间	年 月	变更类型	*房产用途	工业□ 商业及办公□ 住房□ 其他□(必选)
			纳税义务终止(权属转移)□ 其他□	
			信息项变更(房产原值变更□ 出租房产原值变更□ 变更时间	年 月
			减免税变更□ 申报租金收入变更□ 其他□)	
*建筑面积			其中:出租房产面积	
*房产原值			其中:出租房产原值	计税比例

（二）从租计征房产税明细

减免税部分

序号	减免性质代码和项目名称	减免起止时间		减免税房产原值	月减免税金额
		减免起始月份 年 月	减免终止月份 年 月		
1					
2					
3					

*房产编号		房产名称	
*房产所属主管税务所（科、分局）			
承租方纳税人识别号（统一社会信用代码）		承租方名称	
*出租面积		*申报租金收入	
*申报租金所属租赁期起		*申报租金所属租赁期止	

减免税部分

序号	减免性质代码和项目名称	减免起止时间		减免税租金收入	月减免税金额
		减免起始月份 年 月	减免终止月份 年 月		
1					
2					
3					

填表说明：

城镇土地使用税税源明细：

1. 首次进行纳税申报的纳税人，需要填写全部土地的相关信息。此后办理纳税申报时，纳税人的土地及相关信息未发生变化的，可仅对已填报的信息进行确认；发生变化的，仅就变化的内容进行填写。

2. 城镇土地使用税税源明细填表遵循"谁纳税谁申报"的原则，只要存在城镇土地使用税纳税义务，就应当如实填报土地信息。无不动产权证（土地使用权证）的，按照土地落地地址分别填报。

3. 每一宗土地填写一张表。同一宗土地跨两个土地等级的，按照不同土地等级分别填表。

表。纳税人不得将多宗土地合并成一条记录填表。

4. 对于本表中的数据项目，有不动产权证（土地使用权证）的，依据证件记载内容填写，没有不动产权证（土地使用权证）的，依据实际情况填写。
5. 纳税人类型（必填）：分为土地使用权人、集体土地使用人、无偿使用人、代管人、实际使用人。必选一项，且只能选一项。
6. 土地使用权人识别号（统一社会信用代码）：填写土地使用权人纳税人识别号或统一社会信用代码。
7. 土地使用权人名称：填写土地使用权人的名称。
8. 土地编号：纳税人不必填写。由系统赋予编号。
9. 土地名称：纳税人自行填写，以便于识别。如：1号土地、第一车间土地等。
10. 不动产权证号：纳税人有不动产权证（土地使用权证）的，必填。填写不动产权证（土地使用权证）载明的证件编号。
11. 不动产单元代码：纳税人有不动产权证（土地使用权证）的，必填。填写不动产单元代码载明的不动产单元代码。
12. 宗地号：填写土地属证书记载的宗地号。有不动产单元代码的不必填写。
13. 土地性质（必选）：根据实际土地性质选择。选项为国有、集体。
14. 土地取得方式（必选）：分为划拨、出让、转让、租赁和其他。
15. 土地取得用途（必选）：分为工业、商业、居住、综合，房地产开发企业的开发用地和其他，必选一项，且只能选一项。
16. 土地坐落地址（必填）：应当填写详细地址，具体为：××省（自治区、直辖市）××市（区）××县（区）××乡镇（街道）+详细地址。
17. 土地所属主管税务所（科、分局）：填写纳税人取得该土地的时间。
18. 土地取得时间（必填）：系统自动带出，纳税人不必填写。
19. 变更类型：有变更情况的必选。
20. 变更时间：有变更情况的必填，填至月。变更类型选择纳税义务终止的，税款计算至当月末；变更类型选择信息项变更的，自变更次月起按新状态计算税款。
21. 占用土地面积（必填）：根据纳税人本表所填列土地实际占用的土地面积填写，此面积为全部面积，保留两位小数。
22. 地价：地价为取得土地使用权为支付的价款和成本费用之和，包括减税面积和免税面积。若未支付价款和成本费用，则填0。
23. 土地等级（必填）：根据本地区土地等级的有关规定，填写纳税人占用土地所属的土地等级。不同土地等级的土地应当分别填表。
24. 税额标准：系统自动带出，纳税人不必填写。
25. 减免性质代码和项目名称：有减免税情况的必填，按照税务机关最新制发的减免政策代码代填写。适用不同减免性质代码的土地应当分行填表。纳税人减免税情况发生变化时，应当进行变更。
26. 减免起始月份：有减免税情况的必填。纳税人如有困难减免的情况，填写经税务机关核准的困难减免的起始月份。
27. 减免终止月份：有减免税情况的必填。纳税人如有困难减免的情况，填写经税务机关核准的困难减免的终止月份。
28. 减免土地的面积：填写享受减免税政策的土地的全部面积。
29. 月减免税金额：本表所列土地本项减免税项目享受的土地的月减免税金额。

从价计征房产税税源明细：

1. 首次进行纳税申报的纳税人，需要填写全部房产的相关信息，此后办理纳税申报时，纳税人的房产及相关信息未发生变化的，可仅对已填报的信息进行确认；发生变化的，仅就变化的内容进行填写。

2. 房产税税源明细填报遵循"谁申报谁申报"的原则，只要存在房产纳税义务，就应当如实填报房产明细信息。

3. 每一独立房产应当填写一张表。即：同一不动产权证（房屋所有权证）的房产，每幢（个）房产填写一张表。无不动产权证（房屋所有权证）的，每幢（个）有多幢房产不得将多幢房产合并成一条记录填写。

4. 对于本表中数据项目，有不动产权证（房屋所有权证）的，依据证件记载的内容填写；没有不动产权证（房屋所有权证）的，依据实际情况填写。

5. 纳税人有出租房产的，应当先填写从价计征房产税税源明细，再填写从租计征房产税税源明细。

6. 纳税人类型（必选）：分为产权所有人、经营管理人、承典人、房屋代管人、融资租赁承租人。必选一项，且只能选一项。

7. 所有权人纳税人识别号（统一社会信用代码）：填写房屋所有权人的纳税人识别号或统一社会信用代码。

8. 所有权人名称：填写房屋所有权人的名称。

9. 房产编号：由系统赋予编号。

10. 房产名称：纳税人自行编写，以便于识别。如：1号办公楼、第一车间厂房等。

11. 不动产证号（必选）：分为产权所有不动产权证（房屋所有权证）的，必填。填写不动产权证（房屋所有权证）载明的证件编号。

12. 不动产单元号代码：纳税人有不动产权证的，必填。填写不动产权证载明的不动产单元代码。

13. 房屋坐落地址：应当填写详细地址，具体为：××省（自治区、直辖市）××市（区）××县（区）××乡镇（街道）+详细地址。系统自动带出已填报的土地税源明细数据关联带出。系统自动带出已填报的土地税源明细数据关联带出。一栋房产仅可选择对应一条土地信息。

14. 房产所属主管税务所（科、分局）：系统自动带出。

15. 房产所在土地编号：系统自动带出。

16. 房产用途（必选）：房产用途依据不动产权证（房屋所有权证）登记的用途填写，无证的，依据实际用途填写。分为工业、商业及办公、住房、其他。必选一项，且只能选一项。不同用途房产应当分别填表。

17. 房产取得时间（必填）：填写纳税人取得该房产的时间。

18. 变更类型：有变更情况的必选。

19. 变更时间：有变更情况的必填，填至月。变更类型选择纳税义务终止的，税款计算至当月末；变更类型选择信息项变更的，自变更次月起按新状态计算税款。

20. 建筑面积（必填）：保留两位小数。

21. 出租面积（必填）：有出租情况的必填。

22. 房产原值（必填）：填写房产的全部房产原值。应包括：分摊的不可分割的设备设施设施的原值，与房产不可分割的设备设施的原值，房产中已出租部分租金收入。

的原值,以及房产中减免税部分的原值。

23. 出租房产原值:有出租情况的必填。系统自动带出,纳税人不必填。
24. 计税比例:各地房产原值减除的比例。
25. 减免性质代码及名称:纳税人如有减免税情况的必填,按照税务机关最新制发的减免税政策代码表中最细项减免性质代码填写。不同减免性质代码的房产应当分行填写。
26. 减免起始月份:有减免税情况的必填,纳税人如有减免税情况发生变化时,应当进行变更。
27. 减免终止月份:有减免税情况的必填,纳税人如有困难减免税政策核准的困难减免的起始月份。
28. 减免税房产原值:依据政策确定的可以享受政策减免的房产原值。
例如:供热企业用于居民供热的免税房产原值=房产原值×实际从居民取得的采暖费收入/采暖费总收入。
29. 月减免税金额:本表所列房产本项减免税项目享受的月减免税金额。

从租计征房产税税源明细:
1. 每一独立出租房产应当填写一张表。即:同一不动产权证(房屋所有权证)有多幢(个)房产的,每幢(个)房产填写一张表。无不动产权证(房屋所有权证)的房产,纳税人不得将多幢房产合并成一条记录填写。
2. 纳税人有出租房产,应先填写从价计征房产税税源明细,再填写从租计征房产税税源明细。
3. 房产编号:由系统赋予编号,纳税人不必填写。
4. 房产名称:纳税人自行填写,以便于识别,与从价计征房产税明细信息表联并一致。
5. 房产所属税务所(科、分局):系统自动带出,纳税人不必填写。
6. 房产所属主管纳税人识别号(统一社会信用代码):社会信用代码。
7. 承租方名称:填写承租方的单位名称或个人姓名。
8. 出租面积(必填):填写出租房产的面积。
9. 申报租金收入(必填):填写本次申报的应租金收入。
10. 申报租金所属租赁期起(必填):填写申报租金收入的所属租赁期起。
11. 申报租金所属租赁期止(必填):填写申报租金收入的所属租赁期止。
12. 减免性质代码及名称:有减免税情况的必填,纳税人如有困难减免的情况,按照税务机关制发的减免税政策代码表中最细项减免性质代码填写,对于出租房产不适用12%法定税率的,应填写本次出租房产相关的减免税内容。
13. 减免起始月份:有减免税情况的必填,纳税人如有困难减免的情况,填写经税务机关(人民政府)核准的困难减免的起始月份。
14. 减免终止月份:有减免税情况的必填,纳税人如有困难减免的情况,填写经税务机关(人民政府)核准的困难减免的终止月份。
15. 减免税租金收入:填写本出租房产可以享受减免税政策减免的租金收入。
16. 月减免税金额:本表所列房产出租部分本项减免税项目享受的月减免税金额。

车船税税源明细表

纳税人识别号（统一社会信用代码）：□□□□□□□□□□□□□□□□□□

纳税人名称：

体积单位：升；质量单位：吨；功率单位：千瓦；长度单位：米

车辆税源明细

序号	车牌号码	*车辆识别代码（车架号）	*车辆类型	车辆品牌	车辆型号	*车辆发票日期或注册登记日期	排（气）量	核定载客	整备质量	*单位税额	减免性质代码和项目名称	纳税义务终止时间
1												
2												
3												

船舶税源明细

序号	船舶登记号	*船舶识别号	*船舶种类	*中文船名	初次登记号码	船籍港	发证日期	取得所有权日期	建成日期	净吨位	主机功率	艇身长度（总长）	*单位税额	减免性质代码和项目名称	纳税义务终止时间
1															
2															
3															

填表说明：

车辆税源明细：

1. 车牌号码：在车辆登记管理部门登记的车辆，必填。根据车辆悬挂号牌填写。
2. 车辆识别代码（车架号）：必填。根据整车合格证、机动车登记证书和机动车行驶证等材料填写。
3. 车辆类型：必填。根据整车合格证、机动车登记证书和机动车行驶证等材料所载信息，按照《中华人民共和国车船税法》所附《车船税税目税额表》填写。

4. 车辆品牌：节约能源、使用新能源车辆，必填。根据机动车行驶证同名目栏所载信息、或整车合格证、机动车登记证书所载车辆品牌填写。
5. 车辆型号：节约能源、使用新能源车辆，必填。根据机动车行驶证同名目栏所载信息、或整车合格证、机动车登记证书所载车辆型号填写。
6. 车辆发票日期或注册登记日期：必填。有机动车销售发票的，填写机动车销售发票日期；确无销售发票的，填写机动车登记证书的注册登记日期。
7. 排（气）量：乘用车，必填。根据整车合格证、机动车登记证书和机动车行驶证等材料填写。
8. 核定载客：客车，必填。根据整车合格证、机动车登记证书和机动车行驶证等材料填写。
9. 整备质量：货车、挂车、专用作业车、轮式专用机械车，必填。根据整车合格证、机动车登记证书和机动车行驶证等材料填写。
10. 单位税额：按照《中华人民共和国车船税法》所附《车船税税目税额表》填写。
11. 减免性质代码：有减免税情况的，必填。按照税务机关最新制发的减免税政策代码表中最细项减免性质代码填写。
12. 纳税义务终止时间：发生盗抢、报废、灭失等情况的，必填。填写盗抢、报废、灭失的当月。

船舶税源明细：
1. 船舶登记号：在船舶登记管理部门登记的船舶，必填。根据船舶所有权登记证书、船舶国籍证书和船舶最低安全配员证书等材料填写。
2. 船舶识别号：必填。根据船舶检验证书、船舶所有权登记证书、船舶国籍证书和船舶最低安全配员证书等材料填写。
3. 船舶种类：必填。根据船舶检验证书、船舶所有权登记证书、船舶国籍证书和船舶最低安全配员证书等材料，按照《中华人民共和国车船税法》所附《车船税税目税额表》填写。
4. 中文船名：必填。根据船舶检验证书、船舶所有权登记证书、船舶国籍证书等材料填写。
5. 初次登记号码：必填。根据船舶登记管理部门登记的船舶，船舶所有权登记证书、船舶国籍证书和船舶最低安全配员证书等材料填写。
6. 船籍港：在船舶登记管理部门登记的船舶，必填。根据船舶所有权登记证书等材料填写。
7. 发证日期：必填。根据船舶检验证书、船舶所有权登记证书填写。
8. 取得所有权日期：必填。填写船舶取得所有权的日期。
9. 建成日期：选填。填写船舶建成的日期。
10. 船舶类型：选填。机动驳船、非机动驳船，必填。根据船舶检验证书、船舶所有权登记证书填报。
11. 主机功率：拖船，必填。拖船按照发动机功率每1千瓦折合净吨位0.67吨计算征收车船税。
12. 艇身长度：游艇，必填。根据船舶检验证书、船舶所有权登记证书填写。
13. 单位税额：按照《中华人民共和国车船税法》所附《车船税税目税额表》填写。
14. 减免性质代码：有减免税情况的必填。按照税务机关最新制发的减免税政策代码表中最细项减免性质代码填写。
15. 纳税义务终止时间：发生盗抢、报废、灭失等情况的，必填。填写盗抢、报废、灭失的当月。

契税税源明细表

纳税人识别号（统一社会信用代码）：□□□□□□□□□□□□□□□□□□
纳税人名称：

金额单位：人民币元（列至角分）；面积单位：平方米

*税源编号		
合同编号	*土地房屋坐落地址	
	*合同签订日期	
*权属转移对象	*权属转移方式	不动产单元代码
	*权属转移面积	*共有方式 □单独所有/按份共有 □共同共有 （共有人： ）
成交价格	*用途	
评估价格	*成交单价	
*适用税率	*计税价格	
	减免性质代码和项目名称	

权属转移对象、方式、用途逻辑关系对照表

权属转移对象			权属转移方式		用 途
一级 （大类）	二级 （小类）	三级 （细目）			
土地	无	无	国有土地使用权出让		1.居住用地；2.商业用地；3.工业用地；4.综合用地；5.其他用地
			土地使用权转让	土地使用权出售	1.居住用地；2.商业用地；3.工业用地；4.综合用地；5.其他用地
				土地使用权赠与	1.居住用地；2.商业用地；3.工业用地；4.综合用地；5.其他用地
				土地使用权交换	1.居住用地；2.商业用地；3.工业用地；4.综合用地；5.其他用地
			其他		1.居住用地；2.商业用地；3.工业用地；4.综合用地；5.其他用地

注：设立下拉列框说明。

续表

权属转移对象一级（大类）	二级（小类）	三级（细目）	权属转移方式	用途
房屋	增量房	商品住房	1.房屋买卖；2.房屋赠与；3.房屋交换；4.其他	1.居住
		保障性住房	1.房屋买卖；2.房屋赠与；3.房屋交换；4.其他	1.居住
		其他住房	1.房屋买卖；2.房屋赠与；3.房屋交换；4.其他	1.居住
		非住房	1.房屋买卖；2.房屋赠与；3.房屋交换；4.其他	2.商业；3.办公；4.商住；5.附属建筑；6.工业；7.其他
	存量房	商品住房	1.房屋买卖；2.房屋赠与；3.房屋交换；4.其他	1.居住
		保障性住房	1.房屋买卖；2.房屋赠与；3.房屋交换；4.其他	1.居住
		其他住房	1.房屋买卖；2.房屋赠与；3.房屋交换；4.其他	1.居住
		非住房	1.房屋买卖；2.房屋赠与；3.房屋交换；4.其他	2.商业；3.办公；4.商住；5.附属建筑；6.工业；7.其他

填表说明：

1. 本表适用于在中国境内承受土地、房屋权属的单位和个人。
2. 税源编号：系统自动生成，纳税人不必填写。
3. 土地、房屋坐落地址：必填。土地使用权转移，应填写土地坐落地址；房屋权属转移，应填写房屋坐落地址。
4. 不动产单元代码：有不动产权证并载明不动产单元代码的，必填。
5. 合同编号：有合同编号的，必填。填写房屋应税应税土地、房屋权属转移合同的编号。
6. 合同签订日期：必填。指承受方与转让方签订土地、房屋转移合同的当日，或者承受方取得其他具有土地、房屋转移合同性质凭证的当日。
7. 共有方式：必填。根据实际情况，勾选单独所有、共同所有（按份共有、共同共有）。如勾选共同共有，其他共有人的纳税人名称和纳税人识别号。
8. 权属转移对象：必选。分土地、房屋两类一级指标；房屋下的二级指标设增量房和存量房；增量房和存量房下的三级指标均设商品住房、保障性住房、其他住房和非住房。
9. 权属转移方式：必选。房产按"1.房屋买卖、2.房屋赠与、3.房屋交换、4.其他"填写；土地按"1.国有土地使用权出让、2.土地使用权出售、3.土地使用权赠与、4.土地使用权交换、5.其他"填写。

10. 用途：必选。土地按"1.居住用地、2.商业用地、3.工业用地、4.综合用地、5.其他用地"填写；房屋建筑按"1.居住、2.商业、3.办公、4.商住、5.附属建筑、6.工业、7.其他"填写。

11. 成交价格：必填。根据土地、房屋权属转移合同确定的不含税价格（包括承受方应支付的货币、实物、无形资产或者其他经济利益，折算成人民币金额）填写。计征契税的成交价格不含增值税，免征增值税的，成交价格不扣减增值税税额，以购房价格超过征收补偿部分的金额填写。申报享受居民因个人房屋被征收而重新购置房屋或选择房屋产权调换等减免税政策的，房屋交换为交换房屋所支付的差价，不支付差价则填"0"。

12. 权属转移面积：必填。根据土地、房屋权属转移的实际转移面积填写。

13. 成交单价：单位面积的成交价格。系统自动计算。

14. 评估价格：必填。可由系统自动带出，也应按照税务机关按照税法有关规定确定的制度和技术对应税土地、房屋所做的评估价格。

15. 计税价格：指由税务机关确定的成交价格或者核定价格。纳税人无须填写。

16. 适用税率：必填。申报享受的适用的税率填写。是指税务机关按照有关规定确定的成交价格或者核定价格。申报享受家庭唯一住房或第二套住房等减免税政策的，也应按适用税率填写。如，某省住房买卖适用税率为3%，申报享受个人购买90平方米以下家庭唯一住房或第二套住房减免税政策时，税率应按3%而非优惠税率1%填写。

17. 减免性质代码和项目名称：有减免税情况的，必填。按照税务机关发布的最新制发减免税政策代码表中最细项减免性质代码填写。

印花税税源明细表

纳税人识别号（统一社会信用代码）：□□□□□□□□□□□□□□□□□□

纳税人名称：

金额单位：人民币元（列至角分）

按期申报

序号	*税目	*税款所属期起	*税款所属期止	应纳税凭证编号	应纳税凭证书立（领受）日期	*计税金额或件数	核定比例	*税率	减免性质代码和项目名称
1									
2									
3									

按次申报

1									
2									
3									

资源税税源明细表

税款所属期限：自　年　月　日至　年　月　日
纳税人识别号（统一社会信用代码）：□□□□□□□□□□□□□□□□□□
纳税人名称：

金额单位：人民币元（列至角分）

序号	税目	子目	计量单位	销售数量	准予扣减的外购应税产品购进数量	计税销售数量	销售额	准予扣除的运杂费	准予扣减的外购应税产品购进金额	计税销售额
	1	2	3	4	5	6=4-5	7	8	9	10=7-8-9
1										

申报计算明细

填表说明：

1. 税目：必填。可填项：购销合同，加工承揽合同，建设工程勘察设计合同，建筑安装工程承包合同，财产租赁合同，货物运输合同，仓储保管合同，借款合同，财产保险合同，技术合同，产权转移书据，营业账簿（记载资金的账簿），营业账簿（其他账簿），以及权利、许可证照。

2. 税款所属期起：按期申报的，填写所属期的起始时间，月、日。按次申报的，如填写了应纳税凭证书立（领受）日期，则为应纳税凭证书立（领受）日期；否则为填表当日。

3. 税款所属期止：按期申报的，填写所属期的终止时间，月、日。按次申报的，如填写了应纳税凭证书立（领受）日期，则为应纳税凭证书立（领受）日期；否则为填表当日。

4. 应纳税凭证编号：申报购销合同，加工承揽合同，建设工程勘察设计合同，建筑安装工程承包合同，财产租赁合同，货物运输合同，仓储保管合同，借款合同，财产保险合同，技术合同，产权转移书据等税目的，填写合同或者凭证编号。各省、区、市根据税源管理需要，设置该项是否为必填项，默认为选填。

5. 应纳税凭证书立（领受）日期：申报购销合同，加工承揽合同，建设工程勘察设计合同，建筑安装工程承包合同，财产租赁合同，货物运输合同，仓储保管合同，借款合同，财产保险合同，技术合同，产权转移书据，许可证照等税目的，填写合同或者凭证书立（领受）日期。各省、区、市根据税源管理需要，设置该项是否为必填项，默认为选填。

6. 计税金额或件数：必填。营业账簿（其他账簿）和权利、许可证照填写件数，其他税目填写金额。

7. 核定比例：实行核定征收的，填写核定比例。

8. 税率：按照印花税相关规定，填写税目对应的适用税率。

9. 减免性质代码和项目名称：有减免税情况的，必填。按照税务机关最新制发的减免税政策代码表中最细项减免税性质代码填写。

序号	税目	子目	减免性质代码和项目名称	计量单位	减免税计算明细			适用税率	减征比例	本期减免税额
					减免税销售数量	减免税销售额				
	1	2	3	4	5	6		7	8	9
1										9①=5×7×8
2										9②=6×7×8
合计										

填表说明：

税款所属期限：纳税人申报资源税所属期的起止时间，应填写具体的年、月、日。

申报计算明细：

1. 申报从量计征税目的资源税纳税人需填写 1~6 栏。申报从价计征税目的资源税纳税人需填写 1~4、7~10 栏。无发生数额的，应填写 0。不涉及外购应税产品购进数量扣减的，第 5 栏填 0；不涉及运杂费扣除的，第 8 栏填 0；不涉及外购应税产品购进金额扣减的，第 9 栏填 0。
2. 第 1 栏 "税目"：按照《中华人民共和国资源税法》后附《资源税税目税率表》规定的税目填写。多个税目的，可增加行次。
3. 第 2 栏 "子目"：填写同一税目下不同的征税对象或明细项目，如 "原矿" "选矿" 等。
4. 第 3 栏 "计量单位"：填写计税销售数量的计量单位，如 "吨" "立方米" 等。
5. 第 4 栏 "销售数量"：填写纳税人当期应税产品的销售数量，包括实际销售和自用两部分。实际销售对应的销售数量按其增值税发票等票据注明的数量填写；票据上未注明数量的，填写应纳税数量。
6. 第 5 栏 "准予扣除的外购应税产品购进数量"：填写按规定准予扣减的外购应税产品购进数量。扣减限额以第 6 栏 "计税销售数量" 为限。当期不足扣减或未扣减的，可结转下期扣减。
7. 第 7 栏 "销售额"：填写纳税人当期应税产品的销售额，包括实际销售和自用两部分。自用填写或以计算方式填写。
8. 第 8 栏 "准予扣除的运杂费"：填写按规定准予扣除的运杂费。
9. 第 9 栏 "准予扣减的外购应税产品购进金额"：填写按规定准予扣减的外购应税产品购进金额。
10. 第 8 栏 "准予扣减的外购应税产品的运杂费"，第 9 栏 "准予扣减的外购应税产品购进金额" 扣减限额之和以第 10 栏 "计税销售额" 为限。当期不足扣减或未扣减的，可结转下期扣减。

第1章 土地增值税基本政策规定

减免税计算明细：

1. 适用于有减免资源税项目（增值税小规模纳税人减征政策除外）的纳税人填写。如不涉及减免税事项，纳税人不需填写，系统会将"本期减免税额"默认为0。

2. 第1栏"税目"：按照《中华人民共和国资源税法》后附《资源税目税率表》规定的税目填写。多个税目的，纳税人填写。

3. 第2栏"子目"：同一税目适用的减免性质代码，税率不同的，视为不同的子目，按照税务机关最新制发的减免税政策代码表中最细销售额和销售数量分行填写。

4. 第3栏"减免性质代码"：有减免税情况的必填，按照减免性质代码和项目名称填写。

5. 第4栏"计量单位"：填写计税销售数量的计量单位，如"吨""立方米"等。

6. 第5栏"减免税销售数量"：填写减免资源税项目对应的应税产品销售数量，申报从量计征税目和从价计征税目的纳税人均应填写。

7. 第6栏"减免税销售额"：填写减免资源税项目对应的应税产品销售收入，由申报从价计征税目的纳税人填写。

8. 第7栏"适用税率"：填写《中华人民共和国资源税法》后附《资源税目税率表》规定的应税产品具体适用税率或各省、自治区、直辖市公布的应税产品具体适用税率。从价计征税目的适用税率为比例税率，如原油资源税目税率为6%，即填6%；从量计征税目的适用税率为定额税率，如某税目每立方米3元，即填3。

9. 第8栏"减征比例"：免税项目的减征比例按100%填写。

10. 第9栏"本期减免税额"：填写本期应纳税额中按规定应予减免的部分。申报从量计征税目的纳税人适用的计算公式为：9①=5×7×8。申报从价计征税目的纳税人适用的计算公式为：9②=6×7×8。

耕地占用税税源明细表

纳税人识别号（统一社会信用代码）：□□□□□□□□□□□□□□□□□□

纳税人名称：

面积单位：平方米；金额单位：人民币元（列至角分）

占地方式		项目（批次）名称	批准占地部门	批准占地文号
1. 经批准按批次转用 □		收到书面通知日期（或收到经批准改变原占地用途日期）	年 月 日	批准时间
2. 经批准单独选址转用 □				年 月 日
3. 经批准临时占用 □				经批准占地面积
4. 未批先占 □		认定的实际占地日期（或认定的未经批准改变原占地用途日期）	年 月 日	认定的实际占地面积

税源编号	损毁耕地 采矿□ 挖损□ 压占□ 污染□	占地位置	占地用途	认定的损毁耕地日期 年 月 日	认定的征收品目	适用税额	计税面积	认定的损毁耕地项目代码和项目名称	减免性质	减免税面积

填表说明：

1. 本申报表适用于在中华人民共和国境内占用耕地建设建筑物、构筑物或者从事非农业建设的单位和个人。耕地占用税纳税义务发生之日起30日内填报本表，向耕地所在地税务机关申报纳税。

2. 占地方式：必选。根据实际情况选择"经批准按批次转用""经批准单独选址转用""经批准临时占用""未批先占"四项之一，限选一项。当选择"经批准按批次转用""经批准单独选址转用"（或收到经批准改变原占地用途书面通知日期），批准时间为必填项；选择"未批先占"时，认定的实际占地日期、认定的未经批准改变原占地用途日期、认定的实际占地面积为必填项。

3. 项目（批次）名称：经批准按批次转用、经批准单独选址转用、经批准临时占用等占地方式，必填。填写批准占用耕地的农用地转用审批文件中标明的项目或批次名称填写。

4. 批准占地文号：经批准按批次转用、经批准单独选址转用、经批准临时占用等占地方式，必填。填写批准占地的农用地转用审批文件的文号。

5. 批准占地部门：经批准按批次转用、经批准单独选址转用、经批准临时占用等占地方式，必填。填写批准占用耕地的农用地转用审批文件中批准用地的政府部门名称。

6. 经批准占地面积：经批准按批次转用、经批准单独选址转用、经批准临时占用等占地方式，必填。按照农用地转用审批文件中批准用地的农用地面积填写。

7. 收到书面通知日期：经批准按批次转用（或收到经批准改变原占地用途）；经批准单独选址转用、经批准改变原占地用途主管部门办理占用耕地手续的，经批准改变原占地用途日期是指纳税人收到经批准改变原占地用途的书面通知手续的当日；收到书面通知日期是指纳税人收到经批准改变原占地用途文件的批准日期。

8. 批准时间：经批准按批次转用、经批准单独选址转用、经批准临时占用等占地方式，必填。按照《中华人民共和国耕地占用税法实施办法》（以下简称《实施办法》）第二十七条规定的自然资源主管部门认定的当日填写；认定的未经批准改变原占地用途日期是指未经批准改变原占地用途，经自然资源等相关部门认定的纳税人改变原占地用途的当日。

9. 认定的实际占地日期（或认定的未经批准改变原占地用途日期）：未批先占的，必填。按照《实施办法》第二十七条规定的自然资源主管部门认定的纳税人实际占用耕地的当日或经自然资源主管部门认定的纳税人改变原占地用途的当日。

10. 认定的实际占地面积：未批先占的，必填。按照《实施办法》第三十一条规定的自然资源等相关部门认定的纳税人实际占用的面积填写。

第1章 土地增值税基本政策规定 | 95

11. 损毁耕地：选填。按照《实施办法》第十九条确定的挖损、采矿塌陷、压占、污染四项损毁耕地行为进行选择，可多选。
12. 认定的损毁耕地日期：损毁耕地的，必填。按照《实施办法》第二十七条规定的自然资源、农业农村等相关部门认定损毁耕地的日期填写。
13. 认定的损毁耕地面积：损毁耕地的，必填。按照《实施办法》第三十一条规定的自然资源、农业农村等相关部门认定的纳税人损毁耕地的面积填写。
14. 税源编号：系统自动生成，纳税人无须填写。
15. 占地位置：必填。占用应税土地所在的市、县、乡（镇）、村、组、路详细地址位置。
16. 占地用途：必填。土地储备、交通基础设施建设、水利工程、工业建设、商业建设、住宅建设、农村居民建房、军事设施、学校、幼儿园、社会福利机构、医疗机构、其他。经批准占用：（1）经批准占用：土地储备、交通基础设施建设、水利工程、工业建设、商业建设、住宅建设、农村居民建房、军事设施、学校、幼儿园、社会福利机构、医疗机构、其他。（2）未经批准占用：耕地_基本农田、耕地_非基本农田、园地、林地、草地、农田水利用地、养殖水面、渔业水域滩涂、苇田、其他。
17. 征收品目：必填。按被占用土地的占地类型选择：耕地_基本农田、耕地_非基本农田、园地、林地、草地、农田水利用地、养殖水面、渔业水域滩涂、苇田、其他。
18. 适用税额：指该地类在当地适用的单位税额。
19. 计税面积：必填。按被占用土地的占地位置、占地用途、征收品目划分，征收品目对应的应税土地面积，单位为平方米，由各省税务机关自行配置。
20. 减免性质代码和项目名称：有减免税情况的，必填。按照税务机关最新制发的减免税政策代码表中最细项代码填写，填写本条税源对应的符合减免税政策的占地面积。
21. 减免税面积：有减免税情况的，必填。填写本条税源对应的符合减免税政策的占地面积。

土地增值税税源明细表

税款所属期限：自 年 月 日 至 年 月 日

纳税人识别号（统一社会信用代码）：□□□□□□□□□□□□□□□□□□

纳税人名称：

金额单位：人民币元（列至角分）；面积单位：平方米

项目名称		土地增值税项目登记表（从事房地产开发的纳税人适用）	
		项目地址	
土地使用权受让（行政划拨）合同号		受让（行政划拨）时间	
建设项目起记时间		总建算成本	单位预算成本
项目详细坐落地点			

开发土地总面积		开发建筑总面积		房地产转让合同名称	
转让次序	转让土地面积（按次填写）		转让建筑面积（按次填写）		转让合同签订日期（按次填写）
第1次					
第2次					
……					
备注					

土地增值税申报计算及减免信息

申报类型：

1. 从事房地产开发的纳税人预缴适用 □
2. 从事房地产开发的纳税人清算适用 □
3. 从事房地产开发的纳税人按核定征收方式清算适用 □
4. 纳税人整体转让在建工程适用 □
5. 从事房地产开发的纳税人清算后尾盘销售适用 □
6. 转让旧房及建筑物的纳税人适用 □
7. 转让旧房及建筑物的纳税人核定征收适用 □

项目名称			项目编码		
项目地址					
项目总可售面积			自用和出租面积		
已售面积	其中：普通住宅已售面积		其中：非普通住宅已售面积		其中：其他类型房地产已售面积
清算时已售面积			清算后剩余可售面积		

申报类型		项目	序号	金额			
				普通住宅	非普通住宅	其他类型房地产	总额
1.从事房地产开发的纳税人预缴纳适用		一、房产类型子目	1				—
		二、应税收入	2=3+4+5				
		1.货币收入	3				
		2.实物收入及其他收入	4				
		3.视同销售收入	5				
		三、预征率（%）	6				—
2.从事房地产开发的纳税人清算适用 3.从事房地产开发的纳税人按核定征收方式转让房地产适用 4.纳税人整体转让在建工程适用		一、转让房地产收入总额	1=2+3+4				
		1.货币收入	2				
		2.实物收入及其他收入	3				
		3.视同销售收入	4				
		二、扣除项目金额合计	5=6+7+14+17+21+22				
		1.取得土地使用权所支付的金额	6				
		2.房地产开发成本	7=8+9+10+11+12+13				
		其中：土地征用及拆迁补偿费	8				
		前期工程费	9				
		建筑安装工程费	10				
		基础设施费	11				
		公共配套设施费	12				
		开发间接费用	13				
		3.房地产开发费用	14=15+16				

		其中：利息支出	15		
		其他房地产开发费用	16		
		4.与转让房地产有关的税金等	17=18+19+20		
		其中：营业税	18		
		城市维护建设税	19		
		教育费附加	20		
		5.财政部规定的其他扣除项目	21		
		6.代收费用（纳税人整体转让在建工程不填此项）	22		
2.从事房地产开发的纳税人清算适用		三、增值额	23=1-5		
3.从事房地产开发的纳税人按核定征收方式清算适用		四、增值额与扣除项目金额之比（%）	24=23÷5		
		五、适用税率（核定征收率）（%）	25		
		六、速算扣除系数（%）	26		
4.纳税人整体转让在建工程适用		七、减免税额	27=29+31+33		
	其中：减免税（1）	减免性质代码和项目名称（1）	28		
		减免税额（1）	29		
	减免税（2）	减免性质代码和项目名称（2）	30		
		减免税额（2）	31		
	减免税（3）	减免性质代码和项目名称（3）	32		
		减免税额（3）	33		

项目		行次	金额
一、转让房地产收入总额		1=2+3+4	
1.货币收入		2	
2.实物收入及其他收入		3	
3.视同销售收入		4	
二、扣除项目金额合计		5=6×7+8	
1.本次清算后尾盘销售的销售面积		6	
2.单位成本费用		7	
3.本次与转让房地产有关的税金		8=9+10+11	
其中：营业税		9	
城市维护建设税		10	
教育费附加		11	
三、增值额		12=1−5	
四、增值额与扣除项目金额之比（%）		13=12÷5	
五、适用税率（核定征收率）		14	
六、速算扣除系数（%）		15	
七、减免税额		16=18+20+22	
其中：减税（1）	减免性质代码和项目名称（1）	17	
	减免税额（1）	18	
减免税（2）	减免性质代码和项目名称（2）	19	
	减免税额（2）	20	
减免税（3）	减免性质代码和项目名称（3）	21	
	减免税额（3）	22	

5.从事房地产开发的纳税人清算后尾盘销售适用

一、转让房地产收入总额		1=2+3+4
1.货币收入		2
2.实物收入		3
3.其他收入		4
二、扣除项目金额合计		（1）5=6+7+10+15 （2）5=11+12+14+15
6.转让旧房及建筑物的纳税人适用	（1）提供评估价格	
	1.取得土地使用权所支付的金额	6
	2.旧房及建筑物的评估价格	7=8×9
	其中：旧房及建筑物的重置成本价	8
	成新度折扣率	9
	3.评估费用	10
7.转让旧房及建筑物的纳税人核定征收适用	（2）提供购房发票	
	1.购房发票金额	11
	2.发票加计扣除金额	12=11×5%×13
	其中：房产实际持有年数	13
	3.购房契税	14
	4.与转让房地产有关的税金等	15=16+17+18+19
	其中：营业税	16
	城市维护建设税	17
	印花税	18
	教育费附加	19

	三、增值额	20=1-5
	四、增值额与扣除项目金额之比（%）	21=20÷5
	五、适用税率（核定征收率）（%）	22
	六、速算扣除系数（%）	23
	七、减免税额	24=26+28+30
6.转让旧房及建筑物的纳税人适用	其中：减免税（1）	减免性质代码和项目名称（1）	25
		减免税额（1）	26
7.转让旧房及建筑物的纳税人核定征收适用	减免税（2）	减免性质代码和项目名称（2）	27
		减免税额（2）	28
	减免税（3）	减免性质代码和项目名称（3）	29
		减免税额（3）	30

填表说明：

土地增值税项目登记表：

1.本表适用于从事房地产开发的纳税人，在立项后及每次转让时填报。

2.凡从事新建房及配套设施开发的纳税人，均应在规定的期限内，据实向主管税务机关填报本表所列内容。

3.本表栏目的内容如果没有，可以空置不填。

4.纳税人填报本表时，应同时向主管税务机关提交土地使用权受让合同、房地产转让合同等有关资料。

土地增值税申报计算及减免信息：

申报类型：必填。由纳税人根据申报业务种类以及适用的征收方式进行选择。

一、从事房地产开发并转让的土地增值税纳税人

（一）表头项目

1.本表适用于从事房地产开发并首次取得预收收入起至办理项目清算申报止的期间内，在每次转让时填报。

2.纳税人应在首次取得预收收入的纳税申报止的期限内，也可按月或按各省、自治区、直辖市和计划单列市税务局规定的期限汇总填报。

3. 本表栏目的内容如果没有，可以空置不填。

4. 纳税人填报预缴信息表时，应同时向主管税务机关提交《土地增值税项目登记表》等有关资料。

5. 项目名称填写纳税人所开发并转让的目经国家有关部门审批的房地产开发项目全称；项目编码为纳税人进行房地产开发项目登记时，税务机关按照一定的规则赋予的编码，此编码跟随项目的预缴清算尾盘销售全过程。

（二）表中项目

1. 第1栏"房产类型子目"：主管税务机关规定的预征率类型，每一个子目唯一对应一个房产类型。
2. 第3栏"货币收入"：按纳税人转让房地产开发项目所取得的货币形态的收入额（不含增值税）填写。
3. 第4栏"实物收入及其他"：按纳税人转让房地产开发项目所取得的实物形态的收入额（不含增值税）填写。
4. 第5栏"视同销售收入"：纳税人将开发产品用于职工福利、奖励、对外投资、分配给股东或投资人、抵偿债务、换取其他单位和个人的非货币性资产等，发生所有权转移时应视同销售房地产，其确认收入不含增值税。

二、从事房地产开发的纳税人清算适用

（一）表头项目

1. 本表适用于从事房地产开发并转让的土地增值税纳税人。
2. 税款所属期是项目预缴开始的时间，截止日期是税务机关规定（通知）申报期限的最后一日（应清算项目达到清算条件起90天的最后一日/可清算项目税务机关下送达起90天的最后一日）。
3. 项目名称填写纳税人所开发并转让的目经国家有关部门审批的房地产开发项目全称；项目编码为纳税人进行房地产开发项目登记时，税务机关按照一定的规则赋予的编码，此编码跟随项目的预缴清算尾盘销售全过程。

（二）表中项目

1. 第1栏"转让房地产收入总额"，按纳税人转让房地产开发项目所取得的全部收入额（不含增值税）填写。
2. 第2栏"货币收入"，按纳税人转让房地产开发项目所取得的货币形态的收入额（不含增值税）填写。
3. 第3栏"实物收入及其他"，按纳税人转让房地产开发项目所取得的实物形态的收入额（不含增值税）填写。
4. 第4栏"视同销售收入"，纳税人将开发产品用于职工福利、奖励、对外投资、分配给股东或投资人、抵偿债务、换取其他单位和个人的非货币性资产等，发生所有权转移时应视同销售房地产，其确认收入不含增值税。
5. 第6栏"取得土地使用权所支付的金额"，按纳税人为取得该房地产开发项目所需要的土地使用权而实际支付（补交）的土地出让金（地价款）及按国家统一规定交纳的有关费用数额填写。
6. 第8至13栏，应根据《中华人民共和国土地增值税暂行条例实施细则》（财法字〔1995〕6号，以下简称《细则》）第七条第（三）项规定的数额填写。
7. 第15栏"利息支出"，按纳税人进行房地产开发实际发生的利息支出中符合《细则》第七条第（三）项规定的数额填写。如果不单独计算利息支出的，则本栏数额填写为"0"。

第1章 土地增值税基本政策规定

8. 第16栏"其他房地产开发费用",应根据《细则》第七条第(三)项的规定填写。
9. 第18至20栏"代纳税人转让房地产时所实际缴纳的税金数额(不包括增值税)"填写。
10. 第21栏"财政部规定的其他扣除项目",是指根据《中华人民共和国土地增值税暂行条例》(国务院令第138号,以下简称《条例》)和《细则》等有关规定所确定的财政部规定的扣除项目的合计数。
11. 第22栏"代收费用",应根据《财政部 国家税务总局关于土地增值税一些具体问题规定的通知》(财税字〔1995〕48号)第六条"关于地方政府要求房地产开发企业代收的费用如何计征土地增值税的问题"规定填写。
12. 第25栏"适用税率(核定征收率)",适用查账征收《条例》规定的四级超率累进税率,按所适用的最高一级税率填写;适用核定征收方式的纳税人根据税务主管机关确定的核定征收率填写。
13. 第26栏"速算扣除系数",应根据《细则》第十条的规定找出相关速算扣除系数填写。
14. 第28、30、32栏"减免性质代码和项目名称",按照税务机关最新制发的减免税政策代码表中最细项减免性质代码填报。表第29、31、33栏"减免税额"填写相应"减免性质代码和项目名称"对应的减免税金额,纳税人同时享受多个减免税政策的分别填写。表中每栏按照"普通住宅、非普通住宅、其他类型房地产"分别填写。
15. 表中项目按照"普通住宅、非普通住宅、其他类型房地产"分别填写。

三、从事房地产开发的纳税人按核定征收方式为核定征收时填报,各行次应按不同房产类型分别填报。

1. 本表适用于从事房地产开发并转让的纳税人,及非从事房地产开发的纳税人,在整体转让在建工程时填报,数据应填列至其他类型房地产中。
2. 税款所属期:从事房地产开发并转让的纳税人是项目预缴开始的时间,截止日期是开发项目整体转让在建工程合同(协议)签订时间;非房地产开发纳税人是整体转让在建工程合同(协议)签订时间。
3. 项目名称:从事房地产开发并转让的纳税人填写纳税人所开发并转让的且经国家有关部门审批的房地产开发项目全称;项目编码为纳税人在进行房地产项目登记时,税务机关按照一定的规则赋予的编码,此编码跟随项目的预缴清算尾盘销售全过程。
4. 表中项目名称填写纳税人所开发并转让的且经国家有关部门审批的房地产开发项目全称;项目编码为纳税人在进行房地产项目登记时,税务机关按照一定的规则赋予的编码,此编码跟随项目的预缴清算尾盘销售全过程。

四、纳税人整体转让在建工程

(一)表头项目

1. 本表适用于从事房地产开发并转让的纳税人,及非从事房地产开发的纳税人,在整体转让在建工程时填报,数据应填列至其他类型房地产中。
2. 税款所属期:从事房地产开发并转让的纳税人是项目预缴开始的时间,截止日期是开发项目整体转让在建工程合同(协议)签订时间;非房地产开发纳税人是整体转让在建工程合同(协议)签订时间。
3. 项目名称:从事房地产开发并转让的纳税人填写纳税人所开发并转让的且经国家有关部门审批的房地产开发项目全称;项目编码为纳税人在进行房地产项目登记时,税务机关按照一定的规则赋予的编码,此编码跟随项目的预缴清算尾盘销售全过程。
4. 表中项目按税务机关出具的核定文书要求填写。

(二)表中项目

1. 第1栏"转让房地产收入总额",按纳税人在转让房地产开发项目所取得的全部收入(不含增值税)填写。
2. 第2栏"货币收入",按纳税人转让房地产开发项目所取得的货币形态的收入(不含增值税)填写。

3. 第3栏"实物收入及其他收入",按纳税人转让房地产开发项目所取得的实物形态的收入和无形资产等其他形式的收入额填写。

4. 第4栏"视同销售收入",纳税人将开发产品用于职工福利、奖励、对外投资、分配给股东或投资人、抵偿债务、换取其他单位和个人的非货币性资产等,发生所有权转移时应视同销售房地产,其确认收入不含增值税。

5. 第6栏"取得土地使用权所支付的金额",按纳税人为取得该房地产开发项目所需要的土地使用权而实际支付(补交)的土地出让金(地价款)及按国家统一规定交纳的有关费用的数额填写。

6. 第8至13栏,应根据《细则》规定的从事房地产开发所实际发生的各项开发成本的具体数额填写。

7. 第15栏"利息支出",按纳税人进行房地产开发实际发生的利息支出中符合《细则》第七条第(三)项规定的数额填写。如果不单独计算利息支出的,则本栏数额填写"0"。

8. 第16栏"其他房地产开发费用",应根据《细则》第七条第(三)项规定填写。

9. 第18至20栏,按纳税人转让房地产时所实际缴纳的税金数额(不包括增值税)填写。

10. 第21栏"财政部规定的其他扣除项目",是指根据《条例》《细则》等有关规定所确定的财政部规定的扣除项目的合计数。

11. 第22栏"代收费用",纳税人整体转让在建工程时,不填写本项。

12. 第25栏"适用税率(核定征收率)",适用查账征收方式的纳税人应根据《条例》规定的四级超率累进税率,按所适用的最高一级税率填写;适用核定征收方式的纳税人应根据主管税务机关确定的核定征收率填写。

13. 第26栏"速算扣除系数",应根据《细则》第十条的规定找出相关速算扣除系数填写。

14. 第28、30、32栏"减免性质代码和项目名称",按照税务机关最新制发的减免税政策代码表中最细减免性质代码填报,各行次应按不同减免税政策分别填写。表第29、31、33栏"减免税额"填写相应"减免性质代码和项目名称"对应减免税金额。纳税人同时享受多个减免税政策的,不受减免税,不填写此项。

五、从事房地产开发的纳税人清算后尾盘销售适用

(一)表头项目
1. 本表适用于从事房地产开发并转让的纳税人,在清算后尾盘销售时填报。
2. 税款所属期是房地产开发项目尾盘销售纳税义务发生时间。
3. 项目名称填写纳税人所开发并转让的日经国家有关部门审批的房地产开发项目全称;项目编码为纳税人进行房地产项目登记时,税务机关按照一定的规则赋予项目的编码,此编码会跟随项目的预缴清算尾盘销售全过程。
4. 项目总可售面积应与纳税人清算时填报的总可售面积一致。
5. 清算后已售面积应与纳税人清算时填报的已售面积一致。
6. 清算后剩余可售面积=项目总可售面积-清算时已售面积。

(二)表中项目
1. 第1栏"转让房地产收入总额",按纳税人在转让房地产开发项目所取得的全部收入额(不含增值税)填写。
2. 第2栏"货币收入",按纳税人转让房地产开发项目所取得的货币形态的收入额(不含增值税)填写。

3. 第3栏"实物收入及其他收入",按纳税人转让房地产开发项目所取得的实物形态的收入和无形资产等其他形式的收入额（不含增值税）填写。

4. 第4栏"视同销售收入",纳税人将开发产品用于职工福利、奖励、对外投资、分配给股东或投资人、抵偿债务、换取其他单位和个人的非货币性资产等,发生所有权转移时应视同销售房地产,按视同销售收入不含增值税。

5. 第6栏"本次清算尾盘销售款项同期销售面积",其确认收入不含增值税。

6. 第7栏"单位成本费用",单位成本费用=清算申报时或清算审核确认的扣除项目金额÷清算的总售面积。公式中的"扣除项目金额"不包括清算时扣除的"与转让房地产有关的税金"。

7. 第14栏"适用税率（核定征收率）",适用查账征收方式的纳税人应根据《条例》规定的四级超率累进税率,按所适用的最高一级税率填写;适用核定征收方式的纳税人应根据主管税务机关确定的核定征收率填写。

8. 第15栏"速算扣除系数",应根据《细则》第十条的规定查找出相关速算扣除系数填写。

9. 第17、19、21栏"减免性质代码和项目名称",按照税务机关最新制发代码表中最细项减免税政策代码填写,纳税人同时享受多个减免税政策应分别填写。表第18、20、22栏"减免税额"填写相应"减免性质代码和项目名称"对应的减免税金额,不享受减免税的,不填写此项。

10. 表中每栏按照"普通住宅、非普通住宅、其他类型房地产"分别填写。

六、转让旧房及建筑物的纳税人适用

（一）表头项目

1. 本表适用于转让旧房及建筑物的纳税人。本表还适用于从事房地产开发的纳税人将开发产品转为自用、出租等用途已达到主管税务机关房产定标准后,又将该旧房产对外出售的。

2. 项目名称：从事房地产开发并转让的纳税人所转让纳税人新开发并转让的房地产开发项目经国家有关部门审批的房地产开发项目全称,项目编码为纳税人进行房地产项目登记时,税务机关按照一定的规则赋予的编码,此编码会跟随项目的预缴清算尾盘销售全过程。

（二）表中项目

本表的各主要项目内容,应根据纳税人转让的房地产项目作为填报对象。纳税人如果同时转让两个或两个以上房地产的,应分别填报。

1. 第1栏"转让房地产收入总",按纳税人转让房地产所取得的全部收入额（不含增值税）填写。

2. 第2栏"货币收入",按纳税人转让房地产所取得的货币形态的收入额（不含增值税）填写。

3. 第3、4栏"实物收入"、"其他收入",按纳税人转让房地产所取得的实物形态的收入和无形资产等其他形式的收入额（不含增值税）填写。

4. 第6栏"取得土地使用权所支付的金额",按纳税人为取得该房地产开发项目所需要的土地出让金（地价款）及按国家统一规定交纳的有关费用的数额填写。

5. 第7栏"旧房及建筑物的评估价格",是指根据《条例》《细则》等有关规定,评估旧房及建筑物并经当地税务机关确认的评估价格的数额。本栏由第8栏与第9栏乘积得出。如果本栏数额能够直接根据评估报告填报,则本表第8、9栏可以不必再填报。

6. 第8栏"旧房及建筑物的重置成本价",是指按照《条例》和《细则》规定,由政府批准设立的房地产评估机构评定的房及建筑物的重置成本价。

7. 第9栏"成新度折扣率",是指按照《条例》和《细则》规定,由政府批准设立的房地产评估机构评定的旧房及建筑物的新旧程度折扣率。

8. 第10栏"评估费用",是指纳税人转让旧房及建筑物因计算纳税时需要而对房地产进行评估,其支付的评估费用允许在计算增值额时予以扣除。

9. 第11栏"购房发票金额",区分以下情形填写:提供营业税普通发票的,按发票所载金额填写;提供增值税专用发票的,按发票所载金额与不允许抵扣进项税额合计金额数填写。

10. 第12栏"发票加计扣除金额",是指购房发票金额乘以房产实际持有年数乘以5%的积数。

11. 第13栏"房产实际持有年数",是指按购房发票开具日期起至售房发票开具之日止,每满12个月计一年,未满12个月但超过6个月的,可以视同为一年。

12. 第14栏"购房契税",是指购房时支付的契税。

13. 第15栏"与转让房地产有关的税金",为第16至19栏的合计数。

14. 第16至19栏,按纳税人转让房地产时实际缴纳的有关税金的数额填写。开具营业税发票的,按转让房地产时缴纳的营业税数额填写;开具增值税发票的,第16栏营业税为0。

15. 第22栏"适用税率(核定征收率)",适用查账征收方式的纳税人应根据《条例》规定的四级超率累进税率,按所适用的最高一级税率填写;适用核定征收方式的纳税人应根据主管税务机关确定的核定征收率填写。

16. 第23栏"速算扣除系数",应根据《细则》第十条的规定找出相关速算扣除系数填写。

17. 第25、27、29栏"减免性质代码"和"减免税额"填写相应减免税政策代码及减免税金额,按照税务机关最新制发的减免税政策代码表中的最细项减免税政策应分别填写,纳税人同时享受多个减免税政策、不享受减免税的,不填写此项。表第26、28、30栏"减免税额"对应用核定征收方式的纳税人核定征收适用。

七、转让旧房及建筑物的纳税人核定征收适用

1. 本表适用于转让旧房及建筑物的纳税人采用核定征收方式申报本表。本表还适用于从事房地产开发的纳税人将开发产品转为自用,出租等用途且已达到主管税务机关规定的旧房界定标准后,又将该旧房对外出售时,纳税人在填报本表时,应同时提交税务机关出具的核定征收文书。纳税人应在签订房地产转让合同后的七日内,向房地产所在地主管税务机关申报本表。

2. 项目名称:从事房地产开发并转让纳税人所开发转让的房地产开发项目全称,项目编码为国家有关部门审批的房地产开发项目经国家有关部门审批的房地产项目登记时,税务机关按照一定的规则赋予的编码,此编码会跟随项目的预缴清算尾盘销售全过程;非从事房地产开发纳税人填写纳税人进行房地产项目登记时税务机关赋予的项目编码。

3. 表中项目按税务机关出具的核定征收文书要求填写。

环境保护税税源明细表

纳税人识别号（统一社会信用代码）：□□□□□□□□□□□□□□□□□□

纳税人名称： 金额单位：人民币元（列至角分）

1.按次申报□		2.从事海洋工程□		
3.城乡污水集中处理场所□		4.生活垃圾集中处理场所□		
*5.污染物类别		大气污染物□ 水污染物□ 固体废物□ 噪声□		
6.排污许可证编号				
*7.生产经营所在区划				
*8.生态环境主管部门				
税源基础采集信息				
			新增□ 变更□ 删除□		
*税源编号		（1）			
排放口编号		（2）			
*排放口名称或噪声源名称		（3）			
*生产经营所在街乡		（4）			
排放口地理坐标	*经度	（5）			
	*纬度	（6）			
*有效期起止		（7）			
*污染物类别		（8）			
水污染物种类		（9）			
*污染物名称		（10）			
危险废物污染物子类		（11）			
*污染物排放量计算方法		（12）			
大气、水污染物标准排放限值	*执行标准	（13）			
	*标准浓度值（毫克/升或毫克/标立方米）	（14）			
产（排）污系数	*计税基数单位	（15）			
	*污染物单位	（16）			
	*产污系数	（17）			
	*排污系数	（18）			
固体废物信息	贮存情况	（19）			
	处置情况	（20）			
	综合利用情况	（21）			
噪声信息	*是否昼夜产生	（22）			
	*标准值——昼间（6时至22时）	（23）			
	*标准值——夜间（22时至次日6时）	（24）			

申报计算及减免信息		
*税源编号	（1）	
*税款所属月份	（2）	
*排放口名称或噪声源名称	（3）	
*污染物类别	（4）	
*水污染物种类	（5）	
*污染物名称	（6）	
危险废物污染物子类	（7）	
*污染物排放量计算方法	（8）	
大气、水污染物监测计算	*废气（废水）排放量（万标立方米、吨）	（9）
	*实测浓度值（毫克/标立方米、毫克/升）	（10）
	*月均浓度（毫克/标立方米、毫克/升）	（11）
	*最高浓度（毫克/标立方米、毫克/升）	（12）
产（排）污系数计算	*计算基数	（13）
	*产污系数	（14）
	*排污系数	（15）
固体废物计算	*本月固体废物的产生量（吨）	（16）
	*本月固体废物的贮存量（吨）	（17）
	*本月固体废物的处置量（吨）	（18）
	*本月固体废物的综合利用量（吨）	（19）
噪声计算	*噪声时段	（20）
	*监测分贝数	（21）
	*超标不足15天	（22）
	*两处以上噪声超标	（23）
抽样测算计算	特征指标	（24）
	特征单位	（25）
	特征指标数量	（26）
	特征系数	（27）

污染物排放量 （千克或吨）	大气、水污染物监测计算： （28）=（9）×（10）÷100（1 000） 大气、水污染物产（排）污系数计算： （28）=（13）×（14）×M （28）=（13）×（15）×M pH值、大肠菌群数、余氯量等水污染物计算： （28）=（9） 色度污染物计算： （28）=（9）×色度超标倍数 固体废物排放量（含综合利用量）： （28）=（16）-（17）-（18）				
*污染当量值（特征值）（千克或吨）	（29）				
*污染当量数	大气、水污染物污染当量数计算：（30）=（28）÷（29）				
减免性质代码和项目名称	（31）				
*单位税额	（32）				
*本期应纳税额	大气、水污染物应纳税额计算： （33）=（30）×（32） 固体废物应纳税额计算： （33）=（28）×（32） 噪声应纳税额计算： （33）=0.5或1〔（22）为是的用0.5，为否的用1〕×2或1〔（23）为是的用2，为否的用1〕×（32） 按照税法所附表二中畜禽养殖业等水污染物当量值表计算： （33）=（26）÷（29）×（32） 采用特征系数计算： （33）=（26）×（27）÷（29）×（32） 采用特征值计算： （33）=（26）×（29）×（32）				
本期减免税额	大气、水污染物减免税额计算： （34）=（30）×（32）×N 固体废物减免税额计算： （34）=（19）×（32）				
本期已缴税额	（35）				
*本期应补（退）税额	（36）=（33）-（34）-（35）				

填表说明：

1. 表内带*的为必填项。本表包括两部分，分别为税源基础信息和申报计算及减免信息。
2. "按次申报"：勾选后无须填写税源基础信息，直接进行申报计算。
3. "污染物类别"：包括大气污染物、水污染物、固体废物、噪声，可多选。
4. "排污许可证编号"：已纳入国务院生态环境主管部门发布的《固定污染源排污许可分类管理名录》且取得排污许可证的纳税人必填。具有多张排污许可证的纳税人应全部填写。
5. "生产经营所在区划"：填写纳税人实际生产经营所在行政区，应具体到县（旗、区）。

一、税源基础信息

1. "新增"：首次填报本表或新增排放口（噪声源）、固体废物的纳税人须勾选"新增"。新增排放口（噪声源）和固体废物的，应填写新增排放口（噪声源）和固体废物及其对应的全部应税污染物信息。

"变更"：变更已填报排放口（噪声源）、固体废物信息的纳税人，须勾选"变更"。变更排放口（噪声源）和固体废物的，应填写变更排放口（噪声源）和固体废物及其对应的全部应税污染物信息。

"删除"：因排放口拆除、噪声源灭失、无固体废物产生等情形，导致排放口、噪声源、固体废物不存在的，应删除排放口（噪声源）和固体废物的相关信息。

2. 第1栏"税源编号"：该项由税务机关通过征管系统根据纳税人的排放口信息或者贮存、处置或综合利用固体废物情况赋予编号。纳税人首次申报或新增排放口（噪声源）、固体废物来源的无须填写。当纳税人发生税源变更情形时须填写该项。

3. 第2栏"排放口编号"：取得排污许可证的须按排污许可证载明的大气、水污染物排放口编号填写。

4. 第3栏"排放口名称或噪声源名称"：纳税人可结合排放口位置、噪声源位置或施工项目名称等自行命名每一个排放口名称或噪声源等的名称。

5. 第4栏"生产经营所在街乡"：填写纳税人实际生产经营所在街道乡镇。

6. 第5栏"经度"：取得排污许可证的纳税人，须按照排污许可证载明的经度填写。

7. 第6栏"纬度"：取得排污许可证的纳税人，须按照排污许可证载明的纬度填写。

8. 第7栏"有效期起止"：取得排污许可证的纳税人，填写排污许可证载明的有效期起止日期，未取得排污许可证的纳税人，填写污染物排放口启用时间、噪声源所在厂区的投入生产日期或施工项目实际起止日期等。

9. 第8栏"污染物类别"：填写大气污染物、水污染物、固体废物、噪声。

10. 第9栏"水污染物种类"：填写"第一类水污染物"或"其他类水污染物"；"其他类水污染物"包括第二类水污染物、pH值、色度、大肠菌群数、余氯量。

11. 第10栏"污染物名称"：大气污染物和水污染物根据《中华人民共和国环境保护税法》附表二的污染物名称填写。从事海洋工程的纳税人排放应税大气污染物的，填写大气污染物具体名称，如"二氧化硫—海洋工程（气）""氮氧化物—海洋工程（气）""一氧化碳—海洋工程（气）"等；从事海洋工程的纳税人排放应税水污染物的，填写水污染物具体名称："石油类—海洋工程（生产污水和机舱污水）""石油类—海洋工程（钻井泥浆和钻屑）""总汞—海洋工程（钻井泥浆和钻屑）""总镉—海洋工程（钻井泥浆和钻屑）""化学需氧量（COD_{cr}）—海洋工程（生活污水）"。固体废物和噪声根据《中华人民共和国环境保护税法》附表一填写，其中污染物名称为"固体废物（其他固体废物）"的，按照其他应税固体废物具体名称填写。产排污系数的污染物名称按照国务院生态环境主管部门发布的纳税人适用的产排污系数表中对应的"污染物指标"填写。采用《中华人民共和国环境保护税法》第十条第（四）项方法计算应税污染物排放量的，按照省、自治区、直辖市人民政府生态环境主管部门规定的抽样测算污染物名称填写。适用《中华人民共和国环境保护税法》所附《禽畜养殖业、小型企业和第三产业水污染物当量值》表的，按照表中"类型"填写，如"禽畜养殖场（牛）""禽畜养殖场（猪）""小型企业"等。

12. 第11栏"危险废物污染物子类"：按照国务院生态环境主管部门发布的国家危险废物名录填写。
13. 第12栏"污染物排放量计算方法"：填写"自动监测""监测机构监测""排污系数""物料衡算""抽样测算"。
14. 第13栏"执行标准"：按照孰严原则选择填写国家或地方污染物排放标准名称及编号。海洋工程纳税人排放应税大气或水污染物，无对应国家和地方标准的，本栏可不填写。
15. 第14栏"标准浓度值"：填写执行标准对应的浓度值。海洋工程纳税人排放应税大气或水污染物，无对应国家和地方标准的，本栏可不填写。
16. 第15栏"计税基数单位"：按照国务院生态环境主管部门发布的纳税人适用的产排污系数表中"单位"栏的分母项填写，即填写前述适用产排污系数表中的产品产量或原材料耗用量单位。
17. 第16栏"污染物单位"：按照国务院生态环境主管部门发布的纳税人适用的产排污系数表中"单位"栏的分子项填写，包括"吨""千克""克""毫克"。
18. 第17栏"产污系数"：使用产污系数法计算污染物排放量的，填写国务院生态环境主管部门发布的纳税人适用的产污系数。
19. 第18栏"排污系数"：使用排污系数法计算污染物排放量的，填写国务院生态环境主管部门发布的纳税人适用的排污系数。
20. 第19栏"贮存情况"：填写贮存场所（设施）名称。
21. 第20栏"处置情况"：填写处置单位。
22. 第21栏"综合利用情况"：填写综合利用方式。综合利用方式填写"金属材料回收"、"非金属材料回收"、"能量回收"或"其他方式"。
23. 第22栏"是否昼夜产生"：填写"是"或"否"。
24. 第23栏"标准值——昼间（6时至22时）"：按照所属声功能区的执行标准中对应的"标准限值"填写。其中功能区类型可以分为0类、1类、2类、3类、4a类或4b类。0类声环境功能区指康复疗养区等特别需要安静的区域；1类声环境功能区指以居民住宅、医疗卫生、文化教育、科研设计、行政办公为主要功能，需要保持安静的区域；2类声环境功能区指以商业金融、集市贸易为主要功能，或者居住、商业、工业混杂，需要维护住宅安静的区域；3类声环境功能区指以工业生产、仓储物流为主要功能，需要防止工业噪声对周围环境产生严重影响的区域；4类声环境功能区指交通干线两侧一定距离之内，需要防止交通噪声对周围环境产生严重影响的区域，包括4a类和4b类，4a类为高速公路、一级公路、二级公路、城市快速路、城市主干路、城市次干路、城市轨道交通（地面段）、内河航道两侧区域，4b类为铁路干线两侧区域。
25. 第24栏"标准值——夜间（22时至次日6时）"：按照所属声功能区的执行标准中对应的"标准限值"填写。其中功能区类型可以参照第23栏"标准值——昼间（6时至22时）"中的分类。

二、申报计算及减免信息

1. 第1栏"税源编号"：税源基础信息采集后，填写征管系统赋予的税源编号。
2. 第2栏"税款所属月份"：按税款所属期分月填写，如"1月""2月""3月"。
3. 第3栏"排放口名称或噪声源名称"：填写税源基础信息采集的排放口名称或噪声源名称。
4. 第4栏"污染物类别"：填写税源基础信息采集的污染物类别。
5. 第5栏"水污染物种类"：填写税源基础信息采集的水污染物种类。
6. 第6栏"污染物名称"：大气污染物和水污染物根据《中华人民共和国环境保护税法》附表二的污染物名称填写。固体废物根据《中华人民共和国环境保护税法》附表一填写，其中污染物名称为"固体废物（其他固体废物）"的，按照其他应税固体废物具体名称填写。噪声填写"工业噪声超标1—3分贝""工业噪声超标4—6分贝""工业噪声超标7—9分贝""工业噪声超标10—12分贝""工业噪声超标13—15分贝""工业噪声超标16分贝以上"。从事海洋工程的纳税人排放应税大气污染物的，填写大气污染物具体名称，如"二氧化硫—海洋工程（气）""氮氧化物—海洋工程（气）""一氧化碳—海洋工程（气）"等；从事海洋工程的纳税人排放应税水污染物的，填写海洋工程相应水污染物名称："石油类—海洋工程（生产污水和机舱污水）""石油类—海洋工程（钻井泥浆和钻屑）""总汞—海洋工程（钻井泥浆和钻屑）""总镉—海洋工程（钻井泥浆和钻屑）""化学需氧量（CODcr）—海洋工程（生活污水）"；从事海洋工程的纳税人排放生活垃圾的，填写"生活垃圾—海洋工程"。水污染物是"pH值"时，根据实测pH值对应填写"pH值（0—1，13—14）""pH值（1—2，12—13）""pH值（2—3，11—12）""pH值（3—4，10—11）""pH值（4—5，9—10）""pH值（5—6）"；适用《中华人民共和国环境保护税法》所附《禽畜养殖业、小型企业和第三产业水污染物当量值》表的，按照表中"类型"填写，如"禽畜养殖场（牛）""禽畜养殖场（猪）""小型企业"等。采用《中华人民共和国环境保护税法》第十条第（四）项方法计算应税污染物排放量的，按照省、自治区、直辖市人民政府生态环境主管部门规定的抽样测算污染物名称填写。

7. 第7栏"危险废物污染物子类"：填写税源基础信息采集的危险废物污染物子类。
8. 第8栏"污染物排放量计算方法"：填写税源基础信息采集的污染物排放量计算方法。
9. 第9栏"废气（废水）排放量"：污染物排放量计算方法为"自动监测"或"监测机构监测"的填写该项。
10. 第10栏"实测浓度值"：采用自动监测的，按自动监测仪器当月读数填写；当自动监测设备发生故障、设备维护、启停炉、甩运等状态时，应当按照相关法律法规等规定，填写标记、处理后的自动监测数据。采用监测机构监测（含符合规定的自行监测）的，按监测机构出具的报告填写。
11. 第11栏"月均浓度"：按照《中华人民共和国环境保护税法实施条例》第十条规定填写。有折算浓度值的，填写折算浓度值；没有折算浓度值的，填写实测浓度值。
12. 第12栏"最高浓度"：采用自动监测的，按照应税大气污染物浓度值的最高小时平均值，或者应税水污染物浓度值的最高日平均值填写；采用监测机构监测（含符合规定的自行监测）的，按照当月监测的应税大气污染物、水污染物的最高浓度值填写。有折算浓度值的，填写折算浓度值；没有折算浓度值的，填写实测浓度值。
13. 第13栏"计算基数"：填写产品产量值或原材料耗用值。
14. 第14栏"产污系数"：填写税源基础信息采集的产污系数。
15. 第15栏"排污系数"：填写税源基础信息采集的排污系数。
16. 第16栏"本月固体废物的产生量"：填写当月产生的应税固体废物数量。
17. 第17栏"本月固体废物的贮存量"：填写当月在符合国家和地方环境保护标准的设施、场所贮存的固体废物数量。
18. 第18栏"本月固体废物的处置量"：填写当月在符合国家和地方环境保护标准的设施、场所处置的固体废物数量。
19. 第19栏"本月固体废物的综合利用量"：填写当月享受固体废物综合利用税收优惠的固体废物数量。
20. 第20栏"噪声时段"：填写"昼间"或"夜间"，同一噪声源昼、夜均超标的，应分别填写。
21. 第21栏"监测分贝数"：填写实际监测的最高分贝数，不足一分贝的按"四舍五入"原则填写。
22. 第22栏"超标不足15天"：超标天数区分昼、夜，分别计算。噪声源超标不足15昼（夜）的，填写"是"；达到或超过15昼（夜）的，填写"否"。
23. 第23栏"两处以上噪声超标"：沿边界长度超过100米有两处以上噪声超标的填写"是"；其他情况填写"否"。
24. 第24栏"特征指标"：按照《中华人民共和国环境保护税法》所附《禽畜养殖业、小型企业和第三产业水污染物当量值》表和省、自治区、直辖市人民政府生态环境主管部门公布的抽样测算方法填写，如"牛""猪""鸡""床"等。
25. 第25栏"特征单位"：填写"特征指标"的具体单位，如"头""羽""张""吨"等。

26. 第26栏"特征指标数量":填写"特征指标"的数量,若"特征指标"是"牛",填写具体头数,如"500"。

27. 第27栏"特征系数":填写参与污染当量数计算的系数项。

28. 第28栏"污染物排放量":采用自动监测方法计算污染物排放量的,按照自动监测仪器当月读数填写,此时,该栏可不等于第9栏×第10栏。采用监测机构监测方法计算污染物排放量的,污染物排放量=废气(废水)排放量×实测浓度值÷100(1 000)(注:将污染物排放量换算成千克)。采用排污系数方法计算污染物排放量的,污染物排放量=计算基数×排污系数(或产污系数)×换算值M(注:将污染物排放量换算成千克)。"污染物单位"为吨时,M为1 000;"污染物单位"为千克时,M为1;"污染物单位"为克时,M为0.001;"污染物单位"为毫克时,M为0.000001。采用物料衡算方法计算污染物排放量的,按纳税人适用的物料衡算方法计算填写污染物排放量(注:将污染物排放量换算成千克)。当污染物是"pH值""大肠菌群数(超标)""余氯量(用氯消毒的医院废水)"时,污染物排放量=废水排放量(污染物排放量换算成吨)。当污染物是"色度"时,污染物排放量=废水排放量(污染物排放量换算成吨)×色度超标倍数。本月应税固体废物的排放量(含综合利用量)=本月固体废物的产生量–本月固体废物的贮存量–本月固体废物的处置量。

29. 第29栏"污染当量值(特征值)":根据《中华人民共和国环境保护税法》附表二中污染当量值和省、自治区、直辖市人民政府生态环境主管部门公布的特征值填写。

30. 第31栏"减免性质代码和项目名称":按照税务机关最新制发的减免税政策代码表中最细项减免性质代码填写。

31. 第32栏"单位税额":根据《中华人民共和国环境保护税法》附表一和各省、自治区、直辖市公布的应税大气污染物、水污染物具体适用税额填写。

32. 第34栏"本期减免税额":享受大气污染物、水污染物减免税优惠的,本期减免税额="污染当量数"ד单位税额"×N(N为减免幅度,包括25%、50%、100%);享受固体废物综合利用税收优惠的,本期减免税额="本月固体废物的综合利用量"ד单位税额"。

烟叶税税源明细表

税款所属期限:自　　年　　月　　日至　　年　　月　　日
纳税人识别号(统一社会信用代码):□□□□□□□□□□□□□□□□□□
纳税人名称:　　　　　　　　　　　　　　　　金额单位:人民币元(列至角分)

序号	烟叶收购价款总额	税率
1		
2		
3		
4		
5		
6		

填表说明:

1. 税款所属期限:纳税人申报烟叶税所属期的起止时间,应填写具体的年、月、日。
2. 烟叶收购价款总额:必填。填写纳税人收购烟叶实际支付的价款总额。
3. 税率:填写烟叶税适用税率。烟叶税的税率为20%。

第 2 章

土地增值税清算之前期准备业务

本章涉及的土地增值税清算业务主要是项目清算的前期准备工作，包括清算条件、清算单位及清算资料的归集等各项工作。本章具体内容包括三个方面：一是清算前期准备工作中涉及的政策规定（解释）；二是税务师事务所接受企业委托针对清算所做的前期准备工作（鉴证业务）；三是税务机关对项目清算的审核业务。

2.1 清算前期业务涉税政策

项目清算前期的税收政策主要是指企业在清算中，确定清算条件、清算单位及清算资料涉及的政策，这是清算工作的基础工作。项目登记、清算资料的提供和初审等涉及很多基础工作，因此也在本节介绍。为便于借鉴，在分析政策时，列举了一些省市的规定，供使用时参考。由于土地增值税的一些具体政策规定是通过税务机关审核政策体现的，为保持政策归集的完整性，相关审核政策也一并列入本节内容。

需要注意的是，由于各地房地产市场管理存在差异，一些涉税规定有所不同，因此在实务中，应当以各地政策规定为主。

问题 2-1-1

什么是土地增值税清算？

答：根据《土地增值税清算管理规程》（国税发〔2009〕91号文件印发）第三条的规定，土地增值税清算，是指纳税人在符合土地增值税清算条件后，依照税收法律、法规及土地增值税有关政策规定，计算房地产开发项目应缴纳的土地增值税税额，并填写《土地增值税清算申报表》，向主管税务机关提供有关资料，办理土地增值税清算手续，结清该房地产项目应缴纳土地增值税税款的行为。

各地的具体规定也是围绕这一原则确定的，例如，《国家税务总局山东省税务局土地增值税清算管理办法》（国家税务总局山东省税务局公告2022年第10号发布）第三条规定："本办法所称土地增值税清算是指从事房地产开发的企业（以下简称房地产开发企业）在符合土地增值税清算条件后，依照税收法律、法规及土地增值税有关政策规定，计算房地产开发项目应当缴纳的土地增值税税额，向房地产项目所在地主管税务机关（以下简称主管税务机关）提供有关资料，办理土地增值税清算手续，结清该房地产开发项目应当缴纳土地增值税税款的行为。"

又如，《土地增值税征管工作指引（试行）》（鄂税财行便函〔2021〕9号文件印发）第十二条规定，"土地增值税清算申报，是指符合清算条件的纳税人依照税收法律、法规及土地增值税有关政策规定，自行计算房地产开发项目应当缴纳的土地增值税税额，根据已预缴土地增值税税额，确定补缴或退税额，填报土地增值税清算申报表，向主管税务机关提供有关资料，办理土地增值税清算申报，结清该房地产开发项目应当缴纳土地增值税税款的行为。"

问题 2-1-2

具备哪些条件的纳税人应进行土地增值税清算？

答：根据《国家税务总局关于房地产开发企业土地增值税清算管理有关问题的通知》（国税发〔2006〕187号）第二条第（一）项及《土地增值税清算管理规程》（国税发〔2009〕91号文件印发）第九条的规定，纳税人符合下列条件之一的，应进行土地增值税的清算：

（1）房地产开发项目全部竣工、完成销售的；

（2）整体转让未竣工决算房地产开发项目的；

（3）直接转让土地使用权的。

根据上述政策规定，凡是完成项目全部转让行为的，即凡是符合文件规定的情形，均应进行土地增值税的清算，即企业要根据政策申请土地增值税清算。实操中，对于纳税人申请注销税务登记但未办理土地增值税清算手续的，要求纳税人在办理注销登记前进行土地增值税清算，例如，《贵州省土地增值税清算管理办法》（国家税务总局贵州省税务局公告2022年第12号发布）第十八条、《国家税务总局广东省税务局土地增值税清算管理规程》（国家税务总局广东省税务局公告2019年第5号发布）第六条、《广西壮族自治区房地产开发项目土地增值税管理办法（试行）》（广西壮族自治区地方税务局公告2018年第1号发布）第二十条等均规定，纳税人符合下列条件之一的，应进行土地增值税清算：

（1）房地产开发项目全部竣工、完成销售的；

（2）整体转让未竣工决算房地产开发项目的；

（3）直接转让土地使用权的；

（4）申请注销税务登记但未办理土地增值税清算手续的。

此外，《国家税务总局青岛市税务局房地产开发项目土地增值税清算管理办法》（国家税务总局青岛市税务局公告2022年第6号发布）第六条规定，"土地增值税清算单位原则上以政府规划部门颁发的《建设用地规划许可证》确认的项目来确定；对于多个《建设用地规划许可证》合并编制《建设工程规划许可证》的，开发企业可按《建设工程规划许可证》确认的建设项目确定清算单位。

按照上述原则确定的清算单位自取得的第一个《建筑工程施工许可证》之日起超过5年未全部竣工的，原则上应按照已竣工验收建筑工程确定清算单位进行清算。"

问题 2-1-3

税务机关可要求进行清算的条件有哪几项？

答：根据《国家税务总局关于房地产开发企业土地增值税清算管理有关问题的通知》（国税发〔2006〕187号）第二条第（二）项及《土地增值税清算管理规程》（国税发〔2009〕91号文件印发）第十条的规定，对符合下列情形之一的，当地主管税务机关可要求纳税人进行土地增值税清算：

（1）已竣工验收的房地产开发项目，已转让的房地产建筑面积占整个项目可售建筑面积的比例在85%以上，或该比例虽未超过85%，但剩余的可售建筑面积已经出租或自用的；

（2）取得销售（预售）许可证满三年仍未销售完毕的；

（3）纳税人申请注销税务登记但未办理土地增值税清算手续的，应要求纳税人在办理注销登记前进行土地增值税清算；

（4）省（自治区、直辖市、计划单列市）税务机关规定的其他情况。

根据上述规定，除税务机关有根据认为纳税人有逃避纳税义务行为，可能造成税款流失的，在正常情况下，对于应进行土地增值税清算和税务机关可要求纳税人进行土地增值税清算的项目，均是已竣工验收的房地产开发项目，包括按政策规定视同销售的房地产面积。在实务中，对于上述第（3）种情形，因涉及注销税务登记，必须进行土地增值税清算，很多地区将其直接归属于"应进行清算"情形。对于上述第（1）、（2）种情形，在一般情况下，税务机关与企业进行沟通，根据征管安排进行清算。

对于符合主管税务机关可要求纳税人进行土地增值税清算的条件，各地具体规定举例如下：

根据《国家税务总局海南省税务局土地增值税清算工作规程》（国家税务总局海南省税务局公告2023年第3号发布）第十四条、《土地增值税征管工作指引（试行）》（鄂税财行便函〔2021〕9号文件印发）第十四条、《安徽省土地增值税清算管理办法》（国家税务总局安徽省税务局公告2018年第21号修改）第十八条、《国家税务总局广东省税务局土地增值税清算管理规程》（国家税务总局广东省税务局公告2019年第5号发布）第七条、《广西壮族自治区房地产开发项目土地增值税管理办法（试行）》（广西壮族自治区地方税务局公告2018年第1号发布）第二十一条、《国家税务总局福建省税务局关于土地增值税若干政策问题的公告》（国家税务总局福建省税务局公告2018年第21号）第四条、《天津市土地增值税清算管理办法》（天津市地方税务局公告2016年第24号发布）第八条等的相关规定，符合以下条件之一的，主管税务机关可要求纳税人进行土地增值税清算：

（1）已竣工验收的房地产开发项目，已销售（包括视同销售）的房地产建筑面积占清算项目总可售建筑面积的比例在85%以上，或该比例虽未超过85%，但剩余的可售建筑面积已经出租或自用的；

（2）取得销售（预售）许可证满三年仍未销售完毕的；

（3）申请注销税务登记但未办理土地增值税清算手续的。

纳税人符合上述第（3）项情形的，应当在办理注销税务登记前办理土地增值税清算申报。

此外，对于一些政策细节，《土地增值税征管工作指引（试行）》（鄂税财行便函〔2021〕9号文件印发）第十四条第（四）项、《广西壮族自治区房地产开发项目土地增值税管理办法（试行）》（广西壮族自治区地方税务局公告2018年第1号发布）第二十一条第（三）项等规定，主管税务机关日常征管工作中发现问题，认为需要进行土地增值税清算，且经县以上税务机关批准的，可要求纳税人进行土地增值税清算。《国家税务总局广东省税务局土地增值税清算管理规程》（国家税务总局广东省税务局公告2019年第5号发布）第七条第（三）项规定，"主管税务机关有根据认为纳税人有逃避纳税义务行为，可能造成税款流失的"，可要求纳税人进行土地增值税清算。

一些地区还细化了视同销售规定，例如，《厦门市房地产开发项目土地增值税清算管理办法》（国家税务总局厦门市税务局公告2023年第1号）第十条规定，在确定已转让的房地产建筑面积占整个项目可售建筑面积的比例时，"纳税人开发的房地产开发项目存在本办法第十九条所列视同销售情形的，视同销售的房地产面积应当计入已转让房地产建筑面积以计算销售比例"。即"纳税人将开发产品用于职工福利、奖励、对外投资、分配给股东或投资人、抵偿债务、换取其他单位和个人的非货币性资产等，以及纳税人用建造的本项目房地产安置回迁户的，发生权属转移时应视同销售房地产"。又如，《国家税务总局福建省税务局关于土地增值税若干政策问题的公告》（国家税务总局福建省税务局公告2018年第21号）第四条"关于'已转让的房地产建筑面积'计算问题"规定，"根据《国家税务总局关于房地产开发企业土地增值税清算管理有关问题的通知》（国税发〔2006〕187号）第二条规定，已竣工验收的房地产开发项目，已转让的房地产建筑面积占整个项目可售建筑面积的比例在85%以上的，主管税务机关可要求纳税人进行土地增值税清算。其中'已转让的房地产建筑面积'包括房地产开发企业将开发产品用于职工福利、奖励、对外投资、分配给股东或投资人、抵偿债务、换取其他单位和个人的非货币性资产等，发生所有权转移时应视同销售的房地产面积"。

问题 2-1-4

土地增值税清算项目中的"竣工"和"竣工验收"是指哪些情形？

答：土地增值税清算项目中的"竣工"和"竣工验收"节点，是判断或确定清算的重要节点。在实务中，各地对应进行清算的"竣工"条件等进行了一定的细化规范，例如，根据《国家税务总局海南省税务局土地增值税清算工作规程》（国家税务总局海南省税务局公告2023年第3号发布）第十五条、《安徽省土地增值税清算管理办法》（国家税务总局安徽省税务局公告2018年第21号修改）第十七条、《北京市地方税务局土地增值税清算管理规程》（北京市地方税务局公告2016年第7号发布）第十四条的相关规定，所称"竣工"和"竣工验收"，是指除土地开发外，其开发产品符合下列条件之一的情形：

（1）开发产品竣工证明材料已报房地产管理部门备案；
（2）开发产品已开始交付购买方；
（3）开发产品已取得了初始产权证明。

还有一些地区对个别情况进行了更加细致的规定，例如，《北京市地方税务局土地增值税清算管理规程》（北京市地方税务局公告2016年第7号发布）第十四条关于"竣工"的相关规定中第（2）点明确，"房地产开发项目已开始投入使用。开发项目无论工程质量是否通过验收合格，或是否办理竣工（完工）备案手续以及会计决算手续，当纳税人开始办理开发项目交付手续（包括入住手续）或已开始实际投入使用时，为开发项目开始投入使用"。

又如，西安市对于房地产开发项目全部竣工、完成销售的把握。根据《西安市地方税务局关于明确土地增值税若干政策问题的通知》（西地税发〔2010〕235号）第九条的规定，"《规程》第九条（一）款中'房地产开发项目全部竣工、完成销售的'是指所有开发产品经有关部门竣工验收、全部销售并收讫营业收入款项或者已开具索取营业收入款项凭据的项目。对开发产品虽未销售但已发生自用、出租、出借等情形，在统计口径上视同已完成销售，但对未发生产权转移的不征收土地增值税"。

问题 2-1-5

企业应在什么时间办理应进行清算的手续？

答：土地增值税清算一般情况下是待该项目全部竣工、办理结算后再进行清算。《土地增值税暂行条例实施细则》第十六条规定："纳税人在项目全部竣工结算前转让房地产取得的收入，由于涉及成本确定或其他原因，而无法据以计算土地增值税的，可以预征土地增值税，待该项目全部竣工、办理结算后再进行清算，多退少补。"

在土地增值税清算业务中，分为应进行土地增值税清算和可要求纳税人进行土地增值税清算两种，根据上述政策规定，原则上均应在项目全部竣工、办理结算后再进行。

对于应进行土地增值税清算的，根据《国家税务总局关于房地产开发企业土地增值税清算管理有关问题的通知》（国税发〔2006〕187号）第五条第一款及《土地增值税清算管理规程》（国税发〔2009〕91号文件印发）第十一条的相关规定，对于符合应进行土地增值税项目清算条件的项目，纳税人应当在满足条件之日起90日内到主管税务机关办理清算手续。

应进行土地增值税清算的纳税人在上述规定的期限内拒不清算或不提供清算资料的，主管税务机关可依据《税收征收管理法》有关规定处理。

实务中，企业的开发项目要纳入税收征管监控。正常情况下，项目到尾声（尾盘）时，税务管理机关会从征管渠道提醒企业注意清算事项。对于应进行土地增值税清算的纳税人，一般由企业提出申请或者由税务机关直接发出清算通知书。各地规定基本上一致。例如，《国家税务总局海南省税务局土地增值税清算工作规程》（国家税务总局海南省税务局公告2023年第3号发布）第十六条、《土地增值税征管工作指引（试行）》（鄂税财行便函〔2021〕9号文件印发）第十五条、《国家税务总局广东省税务局土地增值税清算管理规程》（国家税务总局广东省税务局公告2019年第5号发布）第二十条第二款、《国家税务总局深圳市税务局土地增值税征管工作规程》（国家税务总局深圳市税务局公告2019年第8号发布）第十六条、《安徽省土地增值税清算管理办法》（国家税务总局安徽省税务局公告2018年第21号修改）第二十一条、《广西壮族自治区房地产开发项目土地增值税管理办法（试行）》（广西壮族自治区地方税务局公告2018年第1号发布）第二十三条、江苏省《土地增值税清算管理规程》（苏地税发〔2009〕72号文件印发）第十一条等均规定，对于符合条件的应清算项目，纳税人应当在满足条件之日起90日内到主管税务机关办理清算申报。

问题 2-1-6

企业应在什么时间办理可要求进行清算的手续？

答：对于可要求纳税人进行土地增值税清算的项目，也是在项目全部竣工、办理结算后再进行清算。根据《国家税务总局关于房地产开发企业土地增值税清算管理有关问题的通知》（国税发〔2006〕187号）第五条第一款及《土地增值税清算管理规程》（国税发〔2009〕91号文件印发）第十一条的相关规定，对于符合税务机关可要求纳税人进行土地增值税清算的项目，由主管税务机关确定是否进行清算；对于确定需要进行清算的项目，由主管税务机关下达清算通知，纳税人应当在收到清算通知之日起90日内办理清算手续。

经主管税务机关确定需要进行清算的纳税人，在上述规定的期限内拒不清算或不提供清算资料的，主管税务机关可依据《税收征收管理法》有关规定处理。

实务中，对于可要求纳税人进行土地增值税清算的项目，一般会根据项目的具体情况处理。对于项目后期各项准备工作已经比较完善且涉及税款较大的，可以要求进行项目清算并发出清算通知书，企业应当在收到清算通知之日起90日内办理清算手续。各地的规定也是围绕这一原则处理的。例如，《国家税务总局海南省税务局土地增值税清算工作规程》（国家税务总局海南省税务局公告2023年第3号发布）第十六条、《厦门市房地产开发项目土地增值税清算管理办法》（国家税务总局厦门市税务局公告2023年第1号发布）第十二条、《土地增值税征管工作指引（试行）》（鄂税财行便函〔2021〕9号文件印发）第十五条、《国家税务总局深圳市税务局土地增值税征管工作规程》（国家税务总局深圳市税务局公告2019年第8号发布）第十七条、《安徽省土地增值税清算管理办法》（国家税务总局安徽省税务局公告2018年第21号修改）第二十一条、《广西壮族自治区房地产开发项目土地增值税管理办法（试行）》（广西壮族自治区地方税务局公告2018年第1号发布）第二十三条、江苏省《土地增值税清算管理规程》（苏地税发〔2009〕72号文件印发）第十一条等均规定，对主管税务机关确定需要进行清算的，由主管税务机关发送《税务事项告知书》，通知纳税人清算申报，纳税人应当在收到《税务事项告知书》之日起90日内办理清算申报。

基于征管角度，有的地方制定了更加详细的规定。例如，《国家税务总局广东省税务局土地增值税清算管理规程》（国家税务总局广东省税务局公告2019年第5号发布）第二十条第三款规定，"对符合本规程第七条规定的项目，主管税务机关应加强跟踪管理，定期评估，对确定需要进行清算的项目，及时下达清算通知。对销售比例达到85%且满三年或者虽未满三年但销售比例达到95%的项目，主管税务机关原则上应在符合条件之日起60日内下达清算通知，纳税人应在收到清算通知之日起90日内办理清算申报手续"。

问题2-1-7

税务机关在日常管理中发现可要求企业进行清算的如何处理？

答：《土地增值税清算管理规程》（国税发〔2009〕91号文件印发）第十四条规定，主管税务机关按照规定对纳税人开发项目进行日常管理时，发现符合税务机关可要求纳税人进行清算情形的，应当做出评估，并经分管领导批准，确定何时要求纳税人进行清算的时间。对确定暂不通知清算的，应继续做好项目管理，每年做出评估，及时确定清算时间并通知纳税人办理清算。

根据上述政策规定，税务机关在日常对企业开发项目进行监管时，如果发现纳税人的开发项目达到或符合"税务机关可要求纳税人进行土地增值税清算"的情形，会通过征管渠道提醒企业注意清算事项。税务机关与企业（或税务师事务所）充分沟通后，根据具体情况确定是否进行清算，对确定暂不通知清算的，要做好后续跟踪管理。

各地税务机关也是按照上述原则处理的。例如，江苏省《土地增值税清算管理规程》（苏地税发〔2009〕72号文件印发）第十四条规定："主管税务机关按照本规程第六条进行项目管理时，对符合税务机关可要求纳税人进行清算情形的，应在对清算项目评估基础上经分管领导批准，确定清算的方式和清算的时间。对确定暂不通知清算的，应继续做好项目管理，每年作出评估，及时确定清算时间并通知纳税人办理清算。"

又如，《安徽省土地增值税清算管理办法》（国家税务总局安徽省税务局公告2018年第21号修改）第二十二条规定："对于符合本办法第十八条规定的房地产开发项目，主管税务机关应集体审议，根据项目实际情况确定是否需要进行清算，集体审议的结果应当形成记录存档。对于确定需要进行清算的房地产开发项目，主管税务机关应及时下达《税务事项通知书》，通知纳税人清算。

纳税人对主管税务机关清算通知有异议的，可请求主管税务机关复核。"

问题 2-1-8

税务机关如何确定土地增值税的清算单位？

答：土地增值税清算单位的确定直接关系到清算税款的计算。《土地增值税暂行条例实施细则》第八条规定："土地增值税以纳税人房地产成本核算的最基本的核算项目或核算对象为单位计算。"

《国家税务总局关于房地产开发企业土地增值税清算管理有关问题的通知》（国税发〔2006〕187号）第一条规定："土地增值税以国家有关部门审批的房地产开发项目为单位进行清算，对于分期开发的项目，以分期项目为单位清算。"

根据上述政策规定，各地对于清算单位的确定，基本上以项目审批为基础，文件中的"国家有关部门"一般是指发改委（发改局、经发局）。实务中，如果发改委（发改局、经发局）项目批文中未明确分期，一般是以整体项目为单位进行土地增值税清算。如果发改委（发改局、经发局）项目批文中明确了分期，则应当以分期项目为单位进行土地增值税清算。对按发改委（发改局、经发局）核准或备案的项目仍难以确定清算单位的，税务机关可根据《建设工程规划许可证》确定。

在以国家有关部门审批的房地产开发项目为单位进行清算的基本政策下，对于不同情况，采取不同辅助方式。各地具体规定举例如下：

1. 海南省规定

《国家税务总局海南省税务局土地增值税清算工作规程》（国家税务总局海南省税务局公告2023年第3号发布）第五条规定："土地增值税以《建设工程规划许可证》确认的房地产开发项目为单位进行清算。"此外，在征管上，该工作规程第六条规定："纳税人办理土地增值税项目报告手续时，应填报《土地增值税项目信息报告表》，报告项目应与清算单位保持一致。"

2. 宁波市规定

《国家税务总局宁波市税务局关于土地增值税清算若干政策问题的公告》（国家税务总局宁波市税务局公告2023年第3号）第一条第一款规定："土地增值税以规划部门核发的《建设工程规划许可证》所列建设项目为单位进行清算。清算单位中按普通住宅、非普通住宅和其他类型房地产分别核算增值额和增值率。"

3. 厦门市规定

《厦门市房地产开发项目土地增值税清算管理办法》（国家税务总局厦门市税务局公告2023年第1号发布）第七条第一款、第二款规定："土地增值税以国家有关部门审批、备案的房地产开发项目为单位进行清算；对于分期开发的房地产开发项目（以下统称'分期项目'），以分期项目为单位清算。

上述分期开发的项目，是指政府建设主管部门核发的《建筑工程施工许可证》或政府规划部门核发的《建设工程规划许可证》（含规划变更批复文件）中确认的项目。"

4. 贵州省规定

《贵州省土地增值税清算管理办法》（国家税务总局贵州省税务局公告2022年第12号发布）第四条规定："土地增值税以发改部门立项批复确定的房地产开发项目为清算单位。对于分期开发的房地产项目，以房地产开发企业取得的《建设工程规划许可证》确定的分期项目为单位进行清算。"

5. 青岛市规定

《国家税务总局青岛市税务局房地产开发项目土地增值税清算管理办法》（国家税务总局青岛市税务局公告2022年第6号）第六条第一款规定："土地增值税清算单位原则上以政府规划部门颁发的《建设用地规划许可证》确认的项目来确定；对于多个《建设用地规划许可证》合并编制《建设工程规划许可证》的，开发企业可按《建设工程规划许可证》确认的建设项目确定清算单位。"

6. 湖北省规定

《土地增值税征管工作指引（试行）》（鄂税财行便函〔2021〕9号文件印发）第七条第二款规定："纳税人在自行清算时，按照规划行政主管部门批准的建设工程规划许可证确定开发项目，作为土地增值税的最小清算单位。对连续开发、滚动开发的房地产项目，经向主管税务机关申报后，允许纳税人在同一房地产开发项目内选择相关的建设工程规划许可证，作为一个清算单位合并清算。"

7. 广东省规定

《国家税务总局广东省税务局土地增值税清算管理规程》（国家税务总局广东省税务局公告2019年第5号发布）第十九条规定："土地增值税以房地产主管部门审批、备案的房地产开发项目为单位进行清算。对于分期开发的项目，以分期项目为单位清算。具体结合项目立项、用地规划、方案设计审查（修建性详细规划）、工程规划、销售（预售）、竣工验收等确定。

同一个项目既建造普通住宅，又建造其他类型房地产的，应分别计算增值额、增值率，分别清算土地增值税。"

8. 安徽省规定

《安徽省土地增值税清算管理办法》（国家税务总局安徽省税务局公告2018年第21号修改）第十条规定："本办法所称房地产开发项目是指经国家有关部门审批、备案的项目。对于分期开发的项目，以分期项目为单位清算。

上述国家有关部门是指发展改革部门，或者履行项目备案职能的经信委、计经委等部门。

上述分期开发的项目，是指规划部门下发的《建设工程规划许可证》中确认的项目。依据《建设工程规划许可证》难以确认分期开发项目的，纳税人应于取得《建设工程规划许可证》之日起30日内向主管税务机关报告，主管税务机关应依据《建设用地规划许可证》《建设工程规划许可证》以及相关《建筑工程施工许可证》《预售许可证》及预售资金回笼等情况，经调查核实、集体审议，综合认定分期开发项目。主管税务机关认定分期开发项目，应当于纳税人报送分期项目最后一个《预售许可证》之日起15日内书面告知纳税人。"

对于取得多个《建设工程规划许可证》的，该办法第十一条规定："房地产开发项目中，符合下列情形的，应当认定为同一分期开发项目：

（一）取得多个《建设工程规划许可证》，只取得一个《建筑工程施工许可证》的；

（二）取得多个《建设工程规划许可证》，且由若干个《建筑工程施工许可证》确定组织施工，经主管税务机关调查核实该多个《建设工程规划许可证》所确定的项目未利用本分期项目回笼资金开工建造的。"

由上述文件规定可知，安徽省采取的是以"审批、备案+《建设工程规划许可证》，

《建设用地规划许可证》《建设工程规划许可证》《建筑工程施工许可证》《预售许可证》及预售资金回笼"等情况综合判断认定的模式。

9. 福建省规定

《国家税务总局福建省税务局关于土地增值税若干政策问题的公告》(国家税务总局福建省税务局公告2018年第21号）第三条规定："房地产开发企业应当自取得《建设工程规划许可证》的次月15日前，向主管税务机关申报备案《建设工程规划许可证》所载的建设项目名称等基础信息，并以申报备案的建设项目为单位进行土地增值税清算。"

由上述政策规定可知，福建省采取的是以《建设工程规划许可证》所载建设项目名称等基础信息为依据的判断认定模式。

10. 广西壮族自治区规定

《广西壮族自治区房地产开发项目土地增值税管理办法（试行）》(广西壮族自治区地方税务局公告2018年第1号发布）第七条规定："主管税务机关应在收到纳税人提交的《土地增值税项目清算单位确认表》之日起30日内确认清算单位并告知纳税人。纳税人在收到《土地增值税项目清算单位确认表》30日内，根据主管税务机关确认的清算单位填报《土地增值税项目登记表》（附件1-1），办理土地增值税项目信息登记。

清算单位应以县（市、区）级（含）以上发展改革部门下达项目立项（核准、备案）文件或建设规划主管部门下达的《建设用地规划许可证》为依据。

纳税人分期分批开发的项目，根据实际情况确定清算单位。"

由上述政策规定可知，广西壮族自治区采取的是以项目立项（核准、备案）文件或《建设工程规划许可证》为依据，并由税务机关确认的模式。

11. 北京市规定

《北京市地方税务局土地增值税清算管理规程》（北京市地方税务局公告2016年第7号发布）第六条规定："房地产开发项目应以国家有关部门审批、备案的项目为单位进行日常管理和清算（以下简称清算单位）。

对于分期开发的项目，可以结合项目实际情况及相关材料进行判定，以确定的分期建设项目作为清算单位。"

《北京市地方税务局关于土地增值税清算管理若干问题的通知》（京地税地〔2007〕325号）第四条规定："对于一个房地产开发项目，在开发过程中分期建设、分期取得施工许可证和销售许可证的，主管地方税务机关可以根据实际情况要求纳税人分期进行清算。"

由上述文件规定可知，北京市采取的是"审批、备案+以分期取得施工许可证和销售许可证"的判断认定模式。

12. 新疆维吾尔自治区规定

《新疆维吾尔自治区地方税务局关于明确土地增值税相关问题的公告》（新疆维吾

尔自治区地方税务局公告2016年第6号）第一条规定："土地增值税以国家有关部门（以规划部门为主，结合发改委、建设部门的相关项目资料）审批、备案的房地产开发项目（分期项目）为单位进行清算。对开发周期较长，纳税人自行分期的开发项目，可将自行分期项目确定为清算单位，并报主管税务机关备案。"

由上述政策规定可知，新疆维吾尔自治区采取的是"各部门审批、备案+纳税人自行分期备案"的认定模式。

13.江苏省规定

《江苏省地方税务局关于土地增值税若干问题的公告》（苏地税规〔2015〕8号）第一条规定，"土地增值税以国家有关部门审批、备案的项目为单位进行清算。对于国家有关部门批准分期开发的项目，以分期项目为单位进行清算。对开发周期较长，纳税人自行分期的开发项目，可将自行分期项目确定为清算单位，并报主管税务机关备案。"

对于上述项目分期备案，实务中，纳税人首次取得《建设工程规划许可证》相关文书后、预征申报前，应将自行分期的项目信息，按清算单位分别填写《房地产开发项目登记（变更）表》，报主管税务机关备案。

14.浙江省规定

《浙江省地方税务局关于土地增值税若干政策问题的公告》（浙江省地方税务局公告2014年第16号）第一条规定："土地增值税以国家有关部门审批的房地产开发项目为单位进行清算，对于分期开发的项目，一般以城市建设规划部门颁发的《建设工程规划许可证》所审批确认的分期项目为清算单位。"

由上述政策规定可知，浙江省采取的是"审批+《建设工程规划许可证》"的认定模式。

15.西安市规定

《西安市地方税务局关于明确土地增值税若干政策问题的通知》（西地税发〔2010〕235号）第二条规定："清算项目以规划部门审批的《建设工程规划许可证》或房屋管理部门颁发的《商品房预售许可证》中所列建设项目为准。"

由上述文件规定可知，西安市采取的是"《建设工程规划许可证》或《商品房预售许可证》中所列建设项目"的判断认定模式。

问题2-1-9

企业清算申报时应提供哪些清算资料？

答：在土地增值税清算业务中，清算资料不仅是清算鉴证业务所需要的资料，也是清算申报的资料，还是税务机关审核所必需的资料。根据《国家税务总局关于房地产开发企业土地增值税清算管理有关问题的通知》（国税发〔2006〕187号）及《土地增值税清算管理规程》（国税发〔2009〕91号文件印发）第十二条的规定，纳税人清算土地增值税时应提供的清算资料包括以下几类：

（1）土地增值税清算表及其附表。

（2）房地产开发项目清算说明，主要内容应包括房地产开发项目立项、用地、开发、销售、关联方交易、融资、税款缴纳等基本情况及主管税务机关需要了解的其他情况。

（3）项目竣工决算报表、取得土地使用权所支付的地价款凭证、国有土地使用权出让合同、银行贷款利息结算通知单、项目工程合同结算单、商品房购销合同统计表、销售明细表、预售许可证等与转让房地产的收入、成本和费用有关的证明资料。主管税务机关需要相应项目记账凭证的，纳税人还应提供记账凭证复印件。

（4）纳税人委托税务中介机构审核鉴证的清算项目，还应报送中介机构出具的《土地增值税清算税款鉴证报告》。

根据上述政策规定，各地在执行时，根据不同情况对需要提供的资料进行了细化，具体规定举例如下：

1.厦门市规定

《厦门市房地产开发项目土地增值税清算管理办法》（国家税务总局厦门市税务局公告2023年第1号发布）第十五条规定："纳税人办理清算申报时，应当提交以下清算资料：

（一）土地增值税清算申报表及其附表；

（二）房地产开发项目清算说明，主要内容应包括房地产开发项目立项、用地、开发、销售、关联方交易、融资、税款缴纳等基本情况及主管税务机关需要了解的其他情况；

（三）项目竣工决算报表、取得土地使用权所支付的地价款凭证、国有土地使用权出让合同、银行贷款利息结算通知单、项目工程合同结算单、商品房购销合同统计表、销售明细表、预售许可证等与转让房地产的收入、成本和费用有关的证明资料。主管税务机关需要相应项目记账凭证的，纳税人还应提供记账凭证复印件；

（四）纳税人委托涉税专业服务机构审核鉴证的清算项目，还应报送涉税专业服务机构出具的《土地增值税清算税款鉴证报告》。"

2.贵州省规定

《贵州省土地增值税清算管理办法》（国家税务总局贵州省税务局公告2022年第12号发布）第二十四条规定："房地产开发企业在办理土地增值税清算申报手续时，应当提供下列清算资料。同一资料在清算申报之前已经提供的，主管税务机关不得要求纳税人重复报送。

（一）《财产和行为税合并申报表》及附表和《土地增值税项目登记表》。

（二）国有土地使用权出让合同（或转让合同）、建设用地规划许可证、拆迁安置协议、建设工程规划许可证、建筑工程施工许可证、商品房销（预）售许可证、建设工程竣工验收备案证明书、测绘成果等复印件。

（三）房地产开发项目清算情况书面说明。主要内容包括房地产开发项目立项、土地来源、占地面积、总建筑面积、可售建筑面积、不可售建筑面积、容积率、分期开发情况、成本费用等扣除项目金额的计算和分摊方法、销售、关联方交易、融资、以开发产品对外投资、分红、奖励、抵偿债务等视同销售情况、不同类型房地产的销售均价、房地产开发项目税费缴纳等基本情况及主管税务机关需要了解的其他情况。

（四）金融机构贷款合同、勘察设计合同、建筑安装工程合同、材料和设备采购合同、项目竣工决算报表、银行贷款利息结算通知单、项目工程合同结算单、商品房购销合同统计表、销售明细表等与转让房地产的收入、成本和费用有关的证明资料。主管税务机关需要相应项目记账凭证的，房地产开发企业还应提供与记账凭证原件一致的复印件。

（五）房地产开发企业委托涉税中介机构审核鉴证的清算项目，还应报送涉税中介机构按照《国家税务总局关于印发〈土地增值税清算鉴证业务准则〉的通知》（国税发〔2007〕132号）的规定出具的《土地增值税清算税款鉴证报告》。"

3.湖北省规定

《土地增值税征管工作指引（试行）》（鄂税财行便函〔2021〕9号文件印发）第十六条规定："纳税人在办理土地增值税清算申报时，应提供下列资料：

（一）土地增值税纳税申报表及其附表。

（二）房地产开发项目清算说明，主要内容应包括房地产开发项目立项、用地、开发、销售、关联方交易、融资、税款缴纳等基本情况及主管税务机关需要了解的其他情况。

（三）项目竣工决算报表、取得土地使用权所支付的地价款凭证、国有土地使用权出让（转让或划拨）合同、银行贷款利息结算通知单、项目工程合同结算单、商品房购销合同统计表、销售明细表、预售许可证等与转让房地产的收入、成本和费用有关的证明资料。主管税务机关需要相应项目记账凭证的，纳税人还应提供记账凭证复印件。

（四）纳税人委托税务中介机构审核鉴证的清算项目，还应报送中介机构出具的《土地增值税清算税款鉴证报告》。"

4.广东省规定

《国家税务总局广东省税务局土地增值税清算管理规程》（国家税务总局广东省税务局公告2019年第5号发布）第二十一条规定："纳税人在办理土地增值税清算申报手

续时，应提供下列资料：

（一）土地增值税纳税申报表及其附表。

（二）与清算项目有关的书面说明及相关佐证资料，主要内容应包括房地产开发项目立项、用地、容积率、分期开发情况、成本费用的计算和分摊方法、销售、关联方交易、融资、不同类型房产的销售均价、房地产清算项目税款缴纳等基本情况及主管税务机关需要了解的其他情况。具体内容应包括：

1. 项目总建筑面积、可售建筑面积及其具体构成情况、非可售建筑面积及其具体构成情况等说明。

2. 对纳税人分期开发项目或者同时开发多个项目的，应说明共同成本费用总额及其分摊情况。

3. 对纳税人开发项目中的公共配套设施，应按照建成后产权属于全体业主所有、无偿移交给政府或公用事业单位、自用或有偿转让进行分项分类说明，并附上相关凭证。

4. 将开发产品用于职工福利、奖励、对外投资、分配给股东或投资人、抵偿债务、换取其他单位和个人的非货币性资产的情况说明。

5. 涉及减免税的，应对项目涉及的减免税情况进行说明。

6. 关联交易情况说明。

7. 融资情况说明。

8. 企业财务核算体系和内部控制制度。

9. 工程造价高于当地扣除项目金额标准的，应向主管税务机关报送造价书面说明等资料。

（三）主管税务机关要求报送项目会计资料的，还应提供会计凭证资料。

（四）纳税人可自愿委托涉税专业服务机构代理申报、审核鉴证；已委托涉税专业服务机构代理申报、审核鉴证的纳税人，应报送涉税专业服务机构出具的报告。

（五）纳税人如未按本规程第十六条规定报送相关资料的，应一并补正。"

5. 安徽省规定

《安徽省土地增值税清算管理办法》（国家税务总局安徽省税务局公告2018年第21号修改）第二十八条规定："纳税人办理清算申报时，应当提交以下清算资料：

（一）《土地增值税纳税申报表（二）（从事房地产开发的纳税人清算适用）》；

（二）房地产开发项目清算说明，包括房地产开发项目立项、用地、开发、销售、关联方交易、融资、税款缴纳等基本情况及主管税务机关需要了解的其他情况；

（三）项目竣工决算报表、取得土地使用权所支付的地价款凭证、国有土地使用权出让合同、银行贷款利息结算通知单、项目工程合同结算单、商品房购销合同统计表、销售明细表、预售许可证等与转让房地产的收入、成本和费用有关的证明资料；

（四）需要清算项目记账凭证的，应提供记账凭证复印件；

（五）委托涉税专业服务机构鉴证的清算项目，报送涉税专业服务机构出具的鉴定和证明；

（六）享受土地增值税优惠的项目，应报送减免税申请并提供减免土地增值税证明材料原件及复印件。

房地产开发项目中，有视同销售情形的，应予详细说明。

上述资料中，主管税务机关已经取得的，不得再要求纳税人报送。"

6.广西壮族自治区规定

《广西壮族自治区房地产开发项目土地增值税管理办法（试行）》（广西壮族自治区地方税务局公告2018年第1号发布）第二十四条规定："纳税人进行清算申报时，应向主管税务机关提交清算资料清单及下列纸质资料，制定目录，装订成册：

（一）《土地增值税纳税申报表》及其相关附表（附件3）。

（二）企业基本情况和土地增值税清算税款申报事项说明（附件4）。主要内容包括房地产开发项目立项、用地、开发、销售、关联方交易、融资、税款缴纳及成本分摊方式等基本情况和主管税务机关需要了解的其他情况。

（三）纳税人委托中介机构代理的，还应报送中介机构出具的报告。

（四）取得土地使用权所支付的地价款凭证、国有土地使用权出让或转让合同、协议、《国有土地使用权证》、不动产权属证书或者登记证明。涉及拆迁安置的，提供拆迁公告、拆迁（回迁）合同、支付凭证、个人签收花名册或签收凭证。

（五）合同成本清单。项目工程建设合同及其价款结算（书）单。项目竣工决算报表和有关账簿、竣工验收证明。工程结算审核报告。

（六）房屋测绘成果报告及附件。《房产权属准予登记通知（证明）》、商品房购销合同统计表等与转让房地产的收入、成本和费用以及分期开发分摊有关的证明资料。

（七）开发项目中的公共配套设施，建成后产权属于全体业主所有和建成后无偿移交给政府、公用事业单位用于非营利性社会公共事业的相关证明资料。

（八）其他资料，如立项批准文件、规划设计、土地取得和开发、建筑工程许可文件、预（销）售许可文件、商品房权属证明等与房地产开发相关的资料，纳税人在项目管理过程中已向税务机关报备的，不需重复报送，但企业需留置备查。

（九）与清算项目相关的会计账簿（电子版）。

税务机关审核中发现疑点、未采信或部分未采信的，可要求纳税人限期进行说明或补充其他与清算有关的证明资料。

纳税人报送税务机关的上述资料，须加盖公章。报送资料为复印件的，应加盖'复印件与原件一致'印章。"

7.北京市规定

《北京市地方税务局土地增值税清算管理规程》（北京市地方税务局公告2016年第

7号发布）第十八条规定："纳税人在办理清算申请手续时，应按要求报送有关资料，并填写《土地增值税清算材料要求及清单》：

（一）项目竣工清算报表，当期财务会计报表［包括：损益表、主要开发产品（工程）销售明细表、已完工开发项目成本表］等。

（二）国有土地使用权证书。

（三）取得土地使用权时所支付的地价款有关证明凭证及国有土地使用权出让或转让合同。

（四）房地产项目的预算、概算书、项目工程合同结算单。

（五）能够按房地产项目支付贷款利息的有关证明及借款合同。

（六）销售商品房有关证明资料，以商品房购销合同统计表并加盖公章的形式，包含：销售项目栋号、房间号、销售面积、销售收入、用途等。

（七）清算项目的工程竣工验收报告。

（八）清算项目的销售许可证。

（九）与转让房地产有关的完税凭证，包括：已缴纳的营业税、城市维护建设税、教育费附加、地方教育附加等。

（十）《鉴证报告》或《清算报告》。

（十一）《土地增值税纳税申报表（二）》。

（十二）税务机关要求报送的其他与清算有关的证明资料等。"

以上是税务机关文件列举的报审资料，在实务中，由于清算业务繁杂，企业（税务师事务所）需要根据各地税务机关审核时的具体要求，提供更加详细的资料清单（见本章后文的表2-1）。

问题 2-1-10

土地增值税清算项目可售建筑面积如何确定？

答：在土地增值税清算业务中，开发产品总可售建筑面积是最重要的数据之一，不仅是判断应清算、可清算的条件数据，更是分摊已售和未售房屋成本费用的依据。在项目实施前期，一般以规划设计完成后的数据为准，项目完成后，则以房屋实测报告上载明的所有建筑物（开发产品）的实测建筑面积来确定。实务中，纳税人（或财税中介机构）会提供核对数据的具体资料，包括项目批文、规划设计、房屋实测报告、验收报告等各类资料，审核时主要关注差异的原因及处理，同时区分好可售与不可售面积，为后续审核计算打好基础。

例如，《广西壮族自治区房地产开发项目土地增值税管理办法（试行）》（广西壮族自治区地方税务局公告2018年第1号发布）第三十六条规定："开发产品总可售建筑面积按以下方法确定：

$$总可售建筑面积=总建筑面积-不可售建筑面积$$

房地产开发项目根据房屋实测报告上载明的所有建筑物（开发产品）的实测建筑面积来确定总建筑面积。不可售建筑面积包括产权属于全体业主所有的建筑面积、无偿移交给政府、公用事业单位用于非营利性社会公共事业的建筑面积。"

又如，青岛市规定，根据《关于〈国家税务总局青岛市税务局关于发布《国家税务总局青岛市税务局房地产开发项目土地增值税清算管理办法》的公告〉的解读》第四条第二款解释，该管理办法第九条、第二十三条、第二十九所称的可售建筑面积是指纳入清算范围的建筑面积。

可售建筑面积=总建筑面积-产权属于全体业主的公共配套设施建筑面积-已移交的公共配套设施建筑面积-地下人防工程建筑面积。

2.2　清算前期鉴证审计业务

清算前期准备工作主要是指税务师事务所接受纳税人土地增值税清算委托业务后，确定清算条件、清算单位等相关业务。企业清算申报需要报审的资料因涉及大量基础工作，也在本节介绍。

特别提示：本书所称"税务师事务所"均指符合条件可以接受纳税人委托进行土地增值税清算鉴证业务的税务师事务所等各类涉税专业服务机构。

问题 2-2-1

鉴证人承接土地增值税清算鉴证业务时应当了解被鉴证人的哪些情况？

答：《土地增值税清算鉴证业务准则》（国税发〔2007〕132号文件印发）第四条规定："在接受委托前，税务师事务所应当初步了解业务环境。业务环境包括：业务约定事项、鉴证对象特征、使用的标准、预期使用者的需求、责任方及其环境的相关特征，以及可能对鉴证业务产生重大影响的事项、交易、条件和惯例及其他事项。"

实务中，鉴证人承接土地增值税清算鉴证业务，首先要判断被鉴证人拟清算项目是否符合税法规定的清算条件，其次还要了解被鉴证人业务环境，评估可能存在的风险等。相关业务执业规范，根据《土地增值税清算鉴证业务指引（试行）》（中税协发〔2023〕29号文件印发）第十一条、第十三条相关规定，具体如下：

一是对税务师事务所自身及委托人（纳税人）相关业务情况进行初步调查和了解。

鉴证人承接土地增值税清算鉴证业务，应当对委托事项进行初步调查和了解，并从下列方面进行分析评估，决定是否接受业务委托：

（1）委托事项是否属于土地增值税清算鉴证业务；

（2）被鉴证人的诚信评价和风险级别；

（3）是否具有承办土地增值税清算鉴证业务的专业胜任能力；

（4）承办人员是否为被鉴证人提供了其他不相容涉税服务；

（5）其他相关因素。

二是初步了解业务环境，以识别和控制鉴证风险。

鉴证人承接土地增值税清算鉴证业务，应当初步了解业务环境，以识别和控制鉴证风险。

业务环境包括：约定事项，委托目的，报告使用人的需求，被鉴证人遵从税法的意识、税务稽查处理、纳税争议救济的情况，企业所得税汇算清缴对土地增值税清算业务的影响，被鉴证人的基本情况、房地产资质情况、财务会计制度及其执行情况、内部控制及其执行情况、关联企业、重大经济交易事项、清算项目减免税审批等情况。

问题 2-2-2

鉴证人在承接土地增值税清算鉴证业务后应办理什么手续？

答：委托办理土地增值税清算鉴证业务，委托双方要签订鉴证业务约定书、向税务机关备案以及制订工作计划。《土地增值税清算鉴证业务准则》（国税发〔2007〕132号文件印发）第五条第（四）项规定，承接土地增值税清算鉴证业务，应当与委托人协商签订涉税鉴证业务约定书（参考文本见本章末的附录2-1）。

根据《土地增值税清算鉴证业务指引（试行）》（中税协发〔2023〕29号文件印发）第十四条、第十七条的相关规定，具体业务内容如下（不限于）：

（1）鉴证人决定接受土地增值税清算鉴证业务委托的，应当遵循《税务师行业涉税专业服务程序指引（试行）》相关规定，与委托人或被鉴证人签订土地增值税清算鉴证业务委托协议。

（2）鉴证人与委托人或被鉴证人签订土地增值税清算鉴证业务委托协议后，要按照《国家税务总局关于采集涉税专业服务基本信息和业务信息有关事项的公告》（国家税务总局公告2017年第49号）要求向税务机关报送《涉税专业服务协议要素信息采集表》（见本章末的附录2-2）。

（3）鉴证人应当根据土地增值税清算鉴证事项的复杂程度、风险状况和鉴证期限等情况，遵循《税务师行业涉税专业服务程序指引（试行）》的相关规定，制订总体业务计划和具体业务计划。总体业务计划应当落实工作目标，确定工作策略，安排服务时间，界定业务范围，明确人员组织分工，明确必要的沟通环节和程序。

具体业务计划应当确定拟执行的鉴证方案、鉴证程序和具体方法等。

问题 2-2-3

鉴证人对清算项目前期管理情况开展鉴证时需要关注哪些内容？

答：为保证鉴证的质量，鉴证人承接清算鉴证业务后，在案头审核及实地审核等各项前期管理鉴证业务中，需要重点关注清算项目中对税款计算有重大影响的内容。根据《土地增值税清算鉴证业务准则》（国税发〔2007〕132号文件印发）第十三条的规定，税务师事务所开展土地增值税清算鉴证业务时，应当对下列事项充分关注：

（1）明确清算项目及其范围。

（2）正确划分清算项目与非清算项目的收入和支出。

（3）正确划分清算项目中普通住宅与非普通住宅的收入和支出。

（4）正确划分不同时期的开发项目，对于分期开发的项目，以分期项目为单位清算。

（5）正确划分征税项目与免税项目，防止混淆两者的界限。

（6）明确清算项目的起止日期。

中国注册税务师协会从鉴证执业角度做了进一步规范。《土地增值税清算鉴证业务指引（试行）》（中税协发〔2023〕29号文件印发）第三十三条规定，"对清算项目前期管理情况鉴证，根据需要和可能实施案头审核、实地审核，应当重点关注以下事项：

（一）清算项目及其范围；

（二）清算单位的确认；

（三）不同期间、不同项目收入、成本、费用归集；

（四）普通住宅、非普通住宅、其他类型房地产的收入、支出划分；

（五）清算起始时间、清算截止时间；

（六）分期开发项目各期清算方式的一致性；

（七）征税项目与免税项目的划分。"

这些内容既是鉴证人开展鉴证业务时应重点关注的内容，也是税务机关审核时重点关注的内容，因此审计人员在鉴证业务的过程中要取得并保存好所有涉及的证据资料。

问题2-2-4

税务师事务所在接受土地增值税清算鉴证业务委托前期需要做哪些准备工作？

答：税务师事务所在接受企业委托对企业开发项目进行土地增值税清算鉴证时，要依据《土地增值税清算鉴证业务准则》（国税发〔2007〕132号文件印发）第四条规定，在接受委托前，初步了解业务环境。业务环境包括：业务约定事项、鉴证对象特征、使用的标准、预期使用者的需求、责任方及其环境的相关特征，以及可能对鉴证业务产生重大影响的事项、交易、条件和惯例及其他事项。

中国注册税务师协会从鉴证执业角度做了进一步细化。《土地增值税清算鉴证业务指引（试行）》（中税协发〔2023〕29号文件印发）第十一条、第十二条、第十三条的相关规定如下：

第一，在正式接受委托前期需要进行的各项工作具体如下（不限于）：

（1）对相关情况进行评估决定是否接受业务委托。

鉴证人承接土地增值税清算鉴证业务，应当遵循《税务师行业涉税专业服务程序指引（试行）》和相关规定，对委托事项进行初步调查和了解，并从下列方面进行分析评估，决定是否接受业务委托：

①委托事项是否属于土地增值税清算鉴证业务；

②被鉴证人的诚信评价和风险级别；

③是否具有承办土地增值税清算鉴证业务的专业胜任能力；

④承办人员是否为被鉴证人提供了其他不相容涉税服务；

⑤其他相关因素。

（2）统一对相关业务的理解避免产生分歧。

鉴证人承接土地增值税清算鉴证业务时，应当与被鉴证人进行沟通，并对税务专业术语、鉴证业务范围等有关事项进行解释，避免双方对土地增值税清算鉴证项目的业务性质、责任划分和风险承担的理解产生分歧。

（3）初步了解业务环境，以识别和控制鉴证风险。

业务环境包括：约定事项，委托目的，报告使用人的需求，被鉴证人遵从税法的意识，税务稽查处理、纳税争议救济的情况，企业所得税汇算清缴对土地增值税清算业务的影响，被鉴证人的基本情况、房地产资质情况、财务会计制度及其执行情况、内部控制及其执行情况、关联企业、重大经济交易事项、清算项目减免税审批等情况。

第二，需要进行的各项上报、规避风险及选派项目负责人等工作具体如下（不限于）：

（1）鉴证人决定接受土地增值税清算鉴证业务委托的，应当遵循《税务师行业涉税专业服务程序指引（试行）》相关规定，与委托人或被鉴证人签订土地增值税清算鉴证业务委托协议，并按照《国家税务总局关于采集涉税专业服务基本信息和业务信息有关事项的公告》（国家税务总局公告2017年第49号）要求报送《涉税专业服务协议要素信息采集表》。

（2）鉴证人可以要求被鉴证人出具书面声明文件，承诺对其所提供的与土地增值税清算鉴证事项相关的会计资料、纳税资料及其他相关资料的真实性、合法性、完整性负责。

（3）鉴证人应当指派能够胜任受托土地增值税清算鉴证业务的，且具有资质的涉税服务人员作为项目负责人，具体实施涉税鉴证业务。

第三，在接受委托后需要制订详细的工作计划，具体如下（不限于）：

（1）鉴证人应当根据土地增值税清算鉴证事项的复杂程度、风险状况和鉴证期限等情况，遵循《税务师行业涉税专业服务程序指引（试行）》的相关规定，制订总体业务计划和具体业务计划。总体业务计划应当落实工作目标，确定工作策略，安排服务时间，界定业务范围，明确人员组织分工，明确必要的沟通环节和程序。

具体业务计划应当确定拟执行的鉴证方案、鉴证程序和具体方法等。

（2）土地增值税清算鉴证业务计划确定后，鉴证人可以视情况变化对业务计划做相应的调整。

（3）项目负责人可以根据业务需要，考虑寻求相关领域的专家协助工作。项目负责人应当合理评估并运用专家工作成果。

问题 2-2-5

鉴证人在调查项目前期管理情况时应获取哪些资料？

答：在土地增值税清算业务中，涉及的清算资料包括从项目可行性研究到清算日截止产生的各类相关资料，中国注册税务师协会从鉴证执业角度对鉴证人在调查项目前期管理情况时应获取的资料进行了基本规范。根据《土地增值税清算鉴证业务指引（试行）》（中税协发〔2023〕29号文件印发）第二十三条的相关规定，鉴证人在调查项目前期管理情况时，应当按照执业规范的要求，取得有关鉴证材料，具体如下（不限于）：

（1）被鉴证人房地产开发项目清算说明的调查，包括对房地产开发项目立项、用地、规划设计、开发、施工、销售、关联方交易、融资、竣工验收、工程结算、房屋交付、税款缴纳等；

（2）鉴证人取得清算项目的土地面积、建筑面积和可售面积所获取的各项鉴证材料发生冲突、不能相互印证时，应当追加鉴证程序，并按照外部证据比内部证据可靠的原则以及外部证据形成时间孰晚原则，确认适当的面积。

问题 2-2-6

鉴证人如何判断项目是否达到土地增值税清算条件？

答：在税务师事务所正式接受企业土地增值税清算鉴证委托之前，审计人员要结合企业清算项目的财务资料对项目是否达到清算条件进行判断。判断需要的资料包括销售或预售许可证、竣工验收表（报告）、面积测绘报告、销售清单表（销售窗口表）等。

审计人员根据企业提供的上述资料计算项目的销售情况，对于销售率达到100%的，可以立即进行清算；对于已全部竣工验收后销售率超过85%的，要确定剩余房屋的状态和使用方向等具体事项，然后比照当地税务机关的具体规定进行处理，即符合具体条件的可以申请清算，不符合条件或暂时不清算的，可以先做好基础准备工作。

问题 2-2-7

鉴证人如何判断项目符合"可要求进行土地增值税清算"的条件？

答：根据政策规定，对于已全部竣工验收后销售率超过85%的项目，可以根据当地税务机关的具体规定确定是否清算。在实务中，对于"主管税务机关可要求纳税人进行土地增值税清算"的工作，主要是纳税人（税务师事务所）根据项目具体情况判断是否申请进行土地增值税清算。

由于实务中具体情况比较复杂，税务师事务所判断开发项目是否可进行土地增值税清算时，应关注具体政策口径的把握，可以从以下三个方面考虑：

（1）是否符合85%的基本条件。销售率超过85%为必要的基本条件，如果不符合规定的基本条件，则可以选择暂时不进行土地增值税清算。

> 【提示】销售率超过85%的前提是项目已全部竣工验收。实际业务中，有些项目由于特殊原因，虽然销售比例达到85%以上，但有部分工程尚未能办理竣工验收，此种情况也不符合可清算的条件。

（2）结合未销售房屋的使用情况判断。对于销售率超过85%的项目，如果剩余房屋不再销售，例如用于出租或预计转自用等，则可以进行清算。

（3）结合企业实际情况判断。对于销售率超过85%项目，在项目资料及各项业务处理不完整的情况下进行清算，不仅会增加审计工作量，加大审计难度，而且未及时记入"开发成本"科目的支出会虚增清算税款，影响清算后的后续管理。所以实操中，如果项目同时符合以下10个条件（包括但不限于），可以进行清算（申请）：

①销售（预售）许可证已全部取得。
②销售发票基本已开具、应收房款已较少、面积退补差已经完成。
③收入与扣除成本倒挂的房产已基本完成销售。
④房产项目的产权归属无异议，应移交的公共配套房产已移交，未移交的部分已明确自持自用。
⑤没有大额未缴税款，特别是房屋销售相关的流转税。
⑥竣工验收已全部完成，工程决（结）算已基本完成。
⑦开发成本发票基本已取得。
⑧除少量质保金以外的应付工程款已基本支付。
⑨取得土地所支付的成本扣除没有异议、争议或历史遗留问题。
⑩退补税具体金额测算。对于补税的情况，考虑当年是否已做缴税资金的预算及

预留；对于退税的情况，所退税款需要纳入应纳税所得额缴纳企业所得税，考虑当年企业所得税缴纳税款的资金是否充裕。

对于暂缓申请清算的情况，税务师事务所可在此期间对企业进行相应的土地增值税业务指导服务。

问题 2-2-8

鉴证人如何协助纳税人确定清算单位？

答：确定土地增值税的清算单位是清算业务的前提和基础，从政策上讲，应以国家有关部门审批的房地产开发项目为单位进行清算，对于分期开发的项目，以分期项目为单位进行清算。

在实务中，因项目开发的具体情况比较复杂，各地税务机关根据当地不同的开发项目审批政策以及房地产市场管理政策，对清算单位的确定进行了详细的规范。从各地实施情况看，确定清算单位的标准（依据）包括：立项审批、工程施工许可证、销售许可证、规划设计（分期）、会计核算单位、竣工备案证以及税务机关征管政策确定等。虽然具体方式有多种，但基本遵循以下三个原则：

一是以审批、备案立项为基本原则。即一般以立项对象为清算单位。

二是各环节统一制约原则。即立项、规划、施工及销售相关证照内容基本相统一的原则，主要是针对分期开发，以分期立项或以分期取得施工许可证和销售许可证标明的项目为清算单位。

三是相对独立原则。即分期开发的，其立项、规划、施工及销售等与其他期间或项目能够相对独立。

清算单位的确定既是纳税人土地增值税清算前期的重要工作，也是税务机关土地增值税项目管理以及清算审核的重点内容之一。企业（税务师事务所）在确定清算单位时，首先应根据当地税务机关房地产开发项目管理情况确定清算单位，对于在税务机关项目管理中已经明确的清算单位，且各项成本费用的归集核算均清晰合规，则可以直接确定；由于种种原因（例如项目规划改变等）无法准确确定清算项目的，则需要根据当地政策规定及开发项目的具体情况，从合理的角度进行详细分析，在初步确定清算单位后，再与主管税务机关进行充分沟通，最后确定合理的清算单位。

根据土地增值税征管规定，税务机关从开发项目的立项就开始进行税收跟踪管理，因此清算单位的确定应该从项目备案时就预先确定，后期可以根据情况的变化，依据征管规定进行合理调整。税务师事务所在确定清算单位时，要关注税务机关相关管理的具体情况，即企业填报的各类相关管理表格信息。

案例 2-1

以立项为清算单位

1. 取得一个立项的清算单位确定。

房地产开发公司A拍得一块地，取得发展改革委的一个立项——甲项目，该项目不分期开发，在项目开发之初，A公司将甲项目向主管税务机关备案，那么清算单位就可以确定为甲。

对于国家有关部门批准分期开发的项目，以分期项目为单位进行清算。对于开发周期较长、纳税人自行分期的开发项目，可将自行分期项目确定为清算单位，并报主管税务机关备案。

2. 一个立项分期开发的清算单位确定。

房地产开发企业B拿了一块地，取得发展改革委的一个立项——乙项目。由于建筑面积近200万平方米，因此该企业自行分成三个片区（乙1、乙2、乙3）单独开发，并且在项目开发之初，将乙1、乙2、乙3向主管税务部门进行项目登记备案，那么清算单位应确定为乙1、乙2、乙3。

3. 一个立项分期开发中途发生变化的清算单位确定。

房地产开发公司C拿了一块地，取得发展改革委的一个立项——丙项目。该企业自行分成四个片区（丙1、丙2、丙3、丙4）单独开发，并且在项目开发之初，将丙1、丙2、丙3、丙4向主管税务部门进行项目登记备案。但实际实施时情况发生变化，企业将丙1、丙2作为甲1，丙3、丙4作为甲2进行开发。那么C公司应先与主管税务部门沟通，进行项目备案修改，将甲1、甲2做新备案。此时，清算单位可确定为甲1、甲2。

问题 2-2-9

鉴证人如何协助配合纳税人取得清算通知书？

答：房地产开发企业的开发项目达到清算条件后，要取得税务机关的《土地增值税清算通知书》，取得方式有如下两种：

（1）税务机关根据房地产开发企业的实际情况并结合当地税源征管情况，主动或强制给房地产开发企业下发《土地增值税清算通知书》。

（2）房地产开发企业符合应清算或可清算条件后，主动向主管税务机关申请清算，取得《土地增值税清算通知书》。

根据政策规定，对于应清算项目，纳税人应当在满足条件之日起90日内到主管税务机关办理清算申报。对于可清算项目，主管税务机关确定需要进行清算的，由主管税务机关下达《税务事项通知书》，纳税人应当在收到《税务事项通知书》之日起90日内办理清算申报，并按规定提供清算资料。

由于在实务中，各地税务机关在"取得清算通知书"征管环节的政策略有差异，税务师事务所要跟踪掌握当地税务机关的具体规定细节，以配合企业完成取得通知书的工作。

问题 2-2-10

鉴证人完成清算鉴证（申报）业务需要哪些资料？

答：企业取得清算通知书后，税务师事务所要与委托人（纳税人）联系，除已经在前期委托业务阶段取得的部分资料外，还要进一步取得清算需要的其他全部资料，资料的完整性和准确性将直接影响清算是否能顺利完成，同时也是税务机关审核时参考的审核资料目录。

审计人员在确定清算资料清单时，要以当地税务机关规定的清单目录以及《土地增值税清算鉴证业务准则》（国税发〔2007〕132号文件印发）第十二条、《土地增值税清算鉴证业务指引（试行）》（中税协发〔2023〕29号文件印发）相关证据收集的规定为依据，再根据项目的具体情况确定细化清单。

清算需要的资料主要包括各年度会计报表、会计审计报告、土地合同、项目批文、规划设计、建设工程施工许可证、销售台账、各类明细账、竣工验收表、房屋测绘表等涉及项目开发期间的所有资料，清算资料清单举例如表2-1所示（不限于）。

表2-1　　　　　　　　　土地增值税清算资料清单

纳税人名称			纳税人识别号		
项目名称			项目所在地（地址）		
材料序号		材料名称	材料说明	能否提供	备注
1.财务资料	1-1	资产负债表、利润表及科目余额表	项目期间至清算年度历年报表		
	1-2	开发成本明细账	项目期间至清算年度历年数据		
	1-3	应交税金明细账及各税种申报表	项目期间至清算年度历年数据，包括营业税、城市维护建设税、教育费附加、增值税、土地增值税		
	1-4	预收账款明细账	项目期间至清算年度历年数据		

分类	编号	资料名称	说明		
1.财务资料	1-5	销售台账（包括窗口表、销控表等各类销售统计资料）	相关指标包括：栋号、房号、姓名（身份证）、面积、实测面积、付款、增值税等各种情况		
	1-6	往来科目余额表（明细账）	清算期末的所有往来科目余额表，注明往来款项的性质		
	1-7	增值税按月开票明细及抄税清单			
	1-8	支付土地的价款	国土（自然资源）管理部门单据、银行单据		
	1-9	利息支付凭证	银行单据、发票、合同等，包括金融及非金融机构		
	1-10	土地增值税清算申请表	企业主动申请		
	1-11	土地增值税清算通知	税务机关通知		
2.工程资料	2-1	开发项目登记表	税务机关前期管理登记		
	2-2	土地出让或转让合同、土地使用权证	国土（自然资源）管理部门等		
	2-3	开发立项批复	发展改革委、建委等项目审批部门		
	2-4	规划申请、规划设计要点、图纸及报告	企业报送规划局		
	2-5	建设用地规划许可证	规划局核发		
	2-6	建工工程规划许可证	规划局核发		
	2-7	建工工程施工规划许可证	建设委员会核发		
	2-8	建设工程施工图设计文件审查批准书	建设委员会核发		
	2-9	人防建设规划及验收证明	人防办核发		
	2-10	商品房销售（预售）许可证	房管局核发		
	2-11	工程概况及备案意见	房屋工程竣工验收备案表		
	2-12	房屋分户（室）面积对照表	房屋测绘面积表		
	2-13	××万元以上工程总、分包合同资料	指标包括合同（名称、编号、金额）、付款金额、发票金额、决算金额、未付款金额等		
	2-14	银行借款利息资料	银行借款合同，利息分银行、分项、分时间统计分配表		
	2-15	拆迁资料	拆迁安置计划、协议、安置明细表等资料		
	2-16	项目工程决算审计报告和报表	造价工程事务所决算数据（或甲乙双方自行认定的决算资料）		
	2-17	公共配套设施清算资料	对应规划设计要点并提供移交、接收清单及移交证明		

	3-1	历年会计审计报告	经会计师事务所审计		
	3-2	历年企业所得税汇算清缴审计报告	经税务师事务所审计		
	3-3	营业执照、公司章程			
	3-4	股东会、董事会重大决议等文件	内部文件、会议纪要等		
3.其他资料	3-5	单位组织结构框架图			
	3-6	涉及收入、成本重要合同	合同、协议等资料		
	3-7	与开发间接费相关的固定资产清单和折旧明细表			
	3-8	与开发间接费相关的员工花名册、工作岗位和劳动合同			
	3-9	样板房、售楼处、会所、学校、菜场、托儿所等特殊房产的销售合同及建造合同	合同、协议及相关文件等资料		
	3-10	低价销售房产的销售合同	合同、协议等资料		

表2-1所示的清单是税务师事务所接受委托后归集清算资料的清单样本，可以根据当地税务机关的要求及项目清算情况选择或增加内容。

需要注意的是，根据政策规定，应进行土地增值税清算的纳税人或经主管税务机关确定需要进行清算的纳税人，在规定的期限内拒不清算或不提供清算资料的，主管税务机关可依据《税收征收管理法》有关规定处理。

问题 2-2-11

税务师事务所在开展清算鉴证业务时如何确定各类建筑面积？

答：核准清算项目的各类面积数据是土地增值税清算初期重要工作之一，也是计算清算鉴证业务时工作量的重要参考数据，清算项目的建筑面积还需要在《土地增值税纳税申报表（二）》（从事房地产开发的纳税人清算适用）中填列。审计人员要根据土地出让合同、立项书、规划设计要点、销售许可证、销售窗口表、销控表及面积测绘表等确定以下面积及数据审核要点：

1. 总建筑面积

需要确定地上实测建筑面积、地下实测建筑面积、地上有产权建筑面积、地下有产权建筑面积。

"地上实测建筑面积"与"地下实测建筑面积"根据面积测绘表中的楼层数分析确定，一般来说楼层为正数的是地上，楼层为负数的是地下。同时还应配合建设工程规划许可证等材料，对地上和地下面积进行核对。确定"地上有产权建筑面积"与"地下有产权建筑面积"时，应通过查阅相关项目资料，判断房产项目是否有产权，可以根据房屋分户（室）面积对照表（俗称窗口表或面积测绘报告）进行核对。具体核对方式为：在测绘报告后附分户明细，对各项明细面积进行分业态（类）统计汇总，明细汇总结果要与报告封面显示的汇总数据比对。一般来说，数据相差1平方米以下属于合理尾差。若差距过大，则需要核实测绘报告后附明细是否齐全和准确。

对房屋分户（室）面积对照表的审核需要注意如下事项：

（1）该表一般分为预测表和实测表，有的项目会经过多轮测绘。核对面积时，需要使用最终稿的实测面积报告表。

（2）项目的可售面积一般会在该表中完整体现出来，但公共面积有时会缺失。因此需要与其他资料比对核实，找出缺失的面积。

2. 可售面积、已售面积、未售面积

对于可售面积。审计人员可以根据各类许可证、销控表等标注的可售面积核对可售面积总额，根据面积测绘表中归类情况判断是否为"可售"房产类型及面积，另外，还可根据销售情况分析，房产如果签订了销售合同取得应税收入，则应归类为"已售面积"。一般情况下，清算项目中的"普通住宅""非普通住宅""其他类型房产"应归类为"可售面积"部分。在一些清算项目中，也可能有少量"公共配套""自持自用"属于"可售面积"部分。

对于已售面积。主要通过查阅销售合同、收款单据及销售窗口表（销控表）等，来判断是否属于已售房产。

对于未售面积。未售面积即可售面积与已售面积的差额。

3. 各类数据审核要点

（1）项目立项批复报告、土地出让合同、规划设计要点。

立项批复报告中会列示项目建设业态、总建筑面积以及地上面积和地下面积。该报告中的建筑面积是预期（预计）面积，会与土地出让合同、规划设计要点中的面积有些差距，较小的差距属于正常，但如果发现差距过大，则需要核实具体情况。

（2）建设工程规划许可证、建筑工程施工许可证。

建设工程规划许可证上的面积比较详细，分为详细的业态（分类）面积，地上、地下面积，可售面积、公共面积等；建筑工程施工许可证上有时会列示项目细项的建设规模，但并不是所有工程项目都会被列示。该类面积数据可以与前期各类表证数据及实测报告中的面积相互比对印证，对于差距过大的，则需要核实具体情况。

（3）竣工备案表。

竣工备案表上的面积是实际验收时的面积，一般来说比较准确，可以与前期各类数据比对，特别是与实测面积数据比对，对于差距过大的，则需要核实具体情况。

4. 总结

经过上述整理核对可以完成下列表格：

（1）××项目普通住宅（或非普通住宅、其他类型房产）——销售窗口表面积数据核对表。我们以某公司《××项目普通住宅——销售窗口表面积数据核对表》（见表2-2）为例加以说明。

表2-2　　　　某公司××项目普通住宅——销售窗口表面积数据核对表

单位：元、平方米

幢号	房号	客户	身份证号	实测面积	已售面积	成交总价	不含税成交总价	签约时间
4#	101	甲	2233445566778899 11	97.55	97.55	940 000.00	940 000.00	2016-07-17
4#	102	乙	2233445566778899 12	77.70	77.70	811 865.00	811 865.00	2016-04-25
4#	103	丙	2233445566778899 13	77.70	77.70	809 121.00	809 121.00	2016-04-23
4#	104	丁	2233445566778899 14	77.70	77.70	831 868.00	831 868.00	2016-05-05
4#	105	戊	2233445566778899 15	77.70	77.70	843 594.00	843 594.00	2016-05-07
4#	106	己	2233445566778899 16	77.70	77.70	803 356.00	803 356.00	2016-04-23
4#	107	庚	2233445566778899 17	77.70	77.70	826 222.00	826 222.00	2016-05-04
4#	108	辛	2233445566778899 18	97.17	97.17	932 000.00	932 000.00	2017-07-18
4#	201	壬	2233445566778899 19	97.62	97.62	990 000.00	990 000.00	2017-05-30

（2）××项目普通住宅（或非普通住宅、其他类型房产）销售汇总表面积数据核对表。我们以某公司《××项目普通住宅销售汇总表》（见表2-3）为例加以说明。

表2-3　　　　某公司××项目普通住宅销售汇总表

单位：元、平方米

幢号	物业类型	层数	住宅 可售 套数	住宅 可售 面积	住宅 已售 套数	住宅 已售 已售面积	住宅 已售 总金额	住宅 已售 已售金额
1#	住宅	6/0	60	5 176.86	60	5 176.86	48 235 120.00	48 235 120.00
2#	住宅	6/1	60	5 211.50	60	5 211.50	49 114 934.00	49 114 934.00
3#	住宅	6/0	60	5 178.64	60	5 178.64	48 115 797.00	48 115 797.00
4#	住宅	5/1	30	2 701.76	30	2 701.76	26 061 373.00	26 061 373.00
5#	住宅	5/0	40	3 518.67	40	3 518.67	33 145 859.00	33 145 859.00

续表

幢号	物业类型	层数	住宅 可售 套数	住宅 可售 面积	住宅 已售 套数	住宅 已售 已售面积	住宅 已售 总金额	住宅 已售 已售金额
6#	住宅	6/0	60	5 183.8	60	5 183.84	50 253 493.00	50 253 493.00
7#	住宅	6/0	60	5 182.56	60	5 182.56	50 418 362.00	50 418 362.00
8#	住宅	6/1	48	4 207.20	48	4 207.20	41 899 728.00	41 899 728.00
9#	住宅	6/1	48	4 180.22	48	4 180.22	41 031 179.00	41 031 179.00
10#	住宅	6/1	48	4 203.20	48	4 203.20	42 529 373.00	42 529 373.00

（3）根据房产管理部门的面积测绘表制作面积实测表（见表2-4）。

表2-4　　　　　　　　某公司××项目面积实测表

单位：平方米

分期	幢号	物业类型	层数	地上 住宅	地上 商业	地上 其他	地下 住宅	地下 商业	地下 车位	地下 其他	建筑面积合计
一期	1#	住宅	36/1	15 201.94						570.47	15 772.41
一期	2#	住宅	36/1	15 082.14		105.43					15 187.57
一期	3#	住宅	36/1	15 197.96							15 197.96
一期	4#	住宅	36/1	15 061.12		105.23					15 166.35
一期	5#	住宅	36/1	15 200.54							15 200.54
一期	6#	住宅/商业	35/1	14 615.71	505.11		686.5			556.39	16 363.74
一期	地下车库			0.00					1 398.69	26 685.03	28 083.72
一期	小计			90 359.4	0.00	715.77	0.00	686.53	1 398.69	27 811.89	120 972.29
二期	1#	住宅	6/1	2 200.14						521.87	2 722.01
二期	2#	住宅	6/1	3 518.74							3 518.74
二期	3#	住宅	6/1	3 546.02						683.29	4 229.31
二期	4#	住宅	6/1	2 680.40							2 680.40
二期	5#	住宅	6/1	2 701.76						519.93	3 221.69
二期	6#	住宅	6/1	3 518.67							3 518.67
二期	13#	商业	2/1		2 415.12						2 415.12
二期	14#	商业	2/1		1 190.83	254.61					1 445.44
二期	地下车库								1 694.08	1 667.90	3 361.98
二期	小计			18 165.73	3 605.95	254.61	0.00	0.00	1 694.08	3 392.99	27 113.36

（4）根据不同类型房产面积数据制作汇总表（见表2-5）。

表 2-5　　　　　　　　某公司 ×× 项目土地增值税清算面积汇总表

单位：平方米

项目			普通住宅	其他住宅	非住宅	公共不可售	自持自用	合计
建筑面积	面积合计		71 282.23	10 554.62	12 250.80	131 607.82	1 216.92	226 912.39
	其中：	地上	71 282.23	10 385.08	6 981.57	118 798.00	—	207 446.88
		地下	—	169.54	5 269.23	12 809.82	1 216.92	19 465.51
总可售面积	面积合计		70 272.23	10 452.56	11 260.80	—	—	91 985.59
	其中：	地上	70 272.23	10 285.02	5 981.57	—	—	86 538.82
		地下	—	167.54	5 279.23	—	—	5 446.77
已售面积	面积合计		70 372.23	9 139.24	3 107.68	—	—	82 619.15
	其中：	地上	70 372.23	9 054.47	—	—	—	79 426.70
		地下	—	84.77	3 107.68	—	—	3 192.45
未售面积	面积合计		—	1 318.66	7 280.12	—	—	8 598.78
	其中：	地上	—	1 234.55	5 098.57	—	—	6 333.12
		地下	—	84.11	2 181.55	—	—	2 265.66
销售比例	面积合计		100.14%	87.44%	27.60%	—	—	89.82%
	其中：	地上	100.14%	88.04%	0.00%	—	—	91.78%
		地下	0.00%	50.60%	58.87%	—	—	58.61%

上述各类涉及面积的表格是整理核查清算项目面积的基础资料，审计人员通过核对整理形成完整准确的数据，并根据《土地增值税清算管理规程》（国税发〔2009〕91号文件印发）第三条规定及该规程附件2提供的基本表样，填写《与收入相关的面积明细申报表》（见第3章末的附录3-2），分别按不同类型统计各类建筑面积。

2.3 清算前期税务审核业务

就清算前期业务来说，税务机关审核的主要工作是判断清算单位的确定是否正确。此外，对于企业送审的资料是否齐全也要进行初步审核。

问题 2-3-1

税务机关在审核清算资料时要注意哪些问题？

答：根据《国家税务总局关于房地产开发企业土地增值税清算管理有关问题的通知》（国税发〔2006〕187号）第五条及《土地增值税清算管理规程》（国税发〔2009〕91号文件印发）第十二条的规定，纳税人清算土地增值税时应提供规定的各项清算资料。对于纳税人提供的清算资料，税务机关在具体审核时，要注意以下几点：

（1）清算资料的完整性。清算资料是填写申报表的依据，申报表上各种收入数据、扣除项目数据，均来自清算报告，因此清算报告要完整体现对各项数据的审核确认，各项经审核确认的数据需要全面完整的清算资料支撑。

（2）清算资料的深刻性。清算资料是申报表填写数据的依据，因此企业提供的清算资料除了文字说明资料，还需要会计处理资料、原始凭证资料等。

（3）清算资料的计算分析。计算资料是清算资料中的重要资料，涉及分配计算等逻辑审核，企业要提供详细的分析过程和计算方法及计算公式，其中各项基础计算数据均要有明确的数据来源。

（4）清算资料不清晰或不完整的处理。对清算中提供的资料不全或资料存在瑕疵的，应要求企业重新提供，否则不予扣除。

（5）清算方式明显不合理的处理。在清算中会涉及大量的分配计算及政策处理，由于各地房地产开发情况差异较大，税务总局在一些政策规定上留有一定的空间，各地在执行时主要根据税务总局文件精神与具体情况处理，因此在清算涉及相关问题时，如果发现清算处理明显不合理，可要求企业重新调整处理方式。

问题 2-3-2

税务机关收到企业清算资料时如何处理？

答：根据《土地增值税清算管理规程》（国税发〔2009〕91号文件印发）第十三

条的规定，主管税务机关收到纳税人土地增值税清算资料后，根据不同情况分别做如下处理：

（1）对符合清算条件的项目，且报送的清算资料完备的，予以受理；

（2）对符合清算条件但报送的清算资料不全的，应要求纳税人在规定限期内补报，纳税人在规定的期限内补齐清算资料后，予以受理；

（3）对不符合清算条件的项目，不予受理。

对上述主管税务机关已受理的清算申请，纳税人无正当理由不得撤销。根据《土地增值税清算管理规程》第十五条的规定，"主管税务机关受理纳税人清算资料后，应在一定期限内及时组织清算审核。具体期限由各省、自治区、直辖市、计划单列市税务机关确定"。

对于上述政策，各地具体规定举例如下：

1. 宁波市规定

《国家税务总局宁波市税务局关于土地增值税清算若干政策问题的公告》（国家税务总局宁波市税务局公告2023年第3号）第八条第（二）项规定："主管税务机关收到纳税人提交的清算资料后，应在10个工作日内作出是否受理的决定。

对符合清算条件且报送资料完备的，予以受理，出具《土地增值税清算受理通知书》。

对符合清算条件但报送的资料不全的，应出具《土地增值税清算资料补正通知书》，并要求纳税人在30日内补报，纳税人在规定的期限内补齐清算资料后，予以受理，出具《土地增值税清算受理通知书》。纳税人补报清算资料的时间不计入清算受理决定时间。

对不符合清算条件的，不予受理，并出具《土地增值税清算不予受理通知书》。"

2. 海南省规定

《国家税务总局海南省税务局土地增值税清算工作规程》（国家税务总局海南省税务局公告2023年第3号发布）第十九条规定："主管税务机关收到纳税人清算申报资料后，应在10日内进行审查。对符合清算条件且报送的清算资料完备的，予以受理；对符合清算条件但报送的清算资料不全的，应当要求纳税人在15日内补齐，纳税人在规定的期限内补齐清算资料后，予以受理；对不符合清算条件的项目，不予受理。主管税务机关已受理的清算申请，纳税人无正当理由不得撤回。主管税务机关在做出予以受理、补正资料告知、不予受理决定时，应当对纳税人予以书面告知。"

3. 贵州省规定

《贵州省土地增值税清算管理办法》（国家税务总局贵州省税务局公告2022年第12号发布）第二十三条规定："主管税务机关收到房地产开发企业清算申报资料后，对符合清算条件且报送资料齐全的房地产开发项目，应予受理。

房地产开发项目符合清算条件，但报送的清算申报资料不齐全的，主管税务机关应当通知房地产开发企业补充资料。房地产开发企业自收到主管税务机关要求补充清算资料的通知之日起30日内补齐清算申报资料的，主管税务机关应当予以受理。逾期未能补齐清算申报资料，由房地产开发企业书面确认，经主管税务机关调查取证，确因客观原因造成资料难以补齐的，可以受理。

对不符合清算条件的房地产开发项目，主管税务机关不予受理。主管税务机关已受理的清算申报，房地产开发企业无正当理由的不得撤销。"

4. 广东省规定

《国家税务总局广东省税务局土地增值税清算管理规程》（国家税务总局广东省税务局公告2019年第5号发布）第二十二条规定："主管税务机关收到纳税人清算资料后，对符合清算条件的项目，且报送的清算资料完备的，予以受理并出具受理通知书。

纳税人符合清算条件，但报送的清算资料不全的，主管税务机关应发出限期提供资料通知书，通知纳税人在收到通知书之日起15日内补齐清算资料。

纳税人在限期内补齐全部资料的，予以受理。

在限期内补齐确定收入、扣除项目金额的关键资料，经主管税务机关认可的，予以受理。

逾期未能补齐关键资料，由纳税人书面确认，经主管税务机关调查取证，确因客观原因造成资料难以补齐的，予以受理。"

5. 广西壮族自治区规定

《广西壮族自治区房地产开发项目土地增值税管理办法（试行）》（广西壮族自治区地方税务局公告2018年第1号发布）第二十五条规定："主管税务机关收到纳税人清算申报资料后，对符合清算条件且资料齐全的，予以受理。对符合清算条件但资料不全的，应要求纳税人在15日内补报，纳税人在规定的期限内补齐清算资料后，予以受理。对不符合清算条件的项目，不予受理。

主管税务机关已受理清算申报的，纳税人无正当理由不得撤销。主管税务机关在做出予以受理、补正资料告知、不予受理决定时，应向纳税人下达《税务事项通知书》予以书面一次告知。"

6. 安徽省规定

《安徽省土地增值税清算管理办法》（国家税务总局安徽省税务局公告2018年第21号修改）第二十九条规定："主管税务机关应认真核对纳税人报送的清算资料，对纳税人提交的清算资料齐全的，主管税务机关予以受理；不齐全的，应一次性告知纳税人在规定期限内补正资料。

纳税人补正资料的，予以受理；未能补正的，经纳税人提供确因不可抗力等客观原因造成资料难以补正的书面说明及相关证明材料，可以受理。"

7.北京市规定

《北京市地方税务局土地增值税清算管理规程》(北京市地方税务局公告2016年第7号发布)第十九条规定,主管税务机关应认真核对纳税人提供的资料,严格按照《鉴证报告》《清算报告》的标准格式进行审核。

纳税人提交的申请材料齐全的,主管税务机关予以受理,并向纳税人开具《土地增值税清算受理通知书》转入审核程序。纳税人提交的《鉴证报告》或《清算报告》内容不规范、相关涉税事项情况不清楚的,应退回修改;资料不完整的,应开具《土地增值税清算补充材料及情况通知书》,通知纳税人补全清算资料。

纳税人在限期内补全资料的,予以受理;逾期未能补齐资料,经纳税人提供确因不可抗力客观原因造成资料难以补齐的书面说明及相关证明材料,可以受理;不能补齐资料且无正当理由的,税务机关可进行核定征收或移交税务稽查部门处理。

纳税人清算申请不符合受理条件的,主管税务机关应将不予受理的理由在《土地增值税清算申请表》中注明并退回纳税人。

8.浙江省规定

《浙江省地方税务局关于房地产开发企业土地增值税清算管理有关问题的公告》(浙江省地方税务局公告2015年第8号)第二条第(二)项规定:"主管税务机关收到纳税人清算资料后,应及时对清算项目是否符合清算条件、报送资料是否齐全等情况进行初审,并在10个工作日内(纳税人补正材料时间不计算在内)做出是否受理的决定。

1.对符合清算条件的项目,且报送的清算资料完备的,予以受理;

2.对清算项目符合清算条件、但报送的清算资料不全的,应制作《补正材料告知书》,要求纳税人在主管税务机关规定期限内补报相关资料,纳税人在规定期限内补齐清算资料后,予以受理;

3.对不符合清算条件的项目,不予受理。"

9.江苏省规定

《土地增值税清算管理规程》(苏地税发〔2009〕72号文件印发)第十三条规定:"主管税务机关收到纳税人清算资料后,对符合清算条件的项目,且报送的清算资料完备的,予以受理;对纳税人符合清算条件、但报送的清算资料不全的,应通知纳税人在30日内按规定补证;对不符合清算条件的项目,不予受理。主管税务机关已受理的清算申请,纳税人无正当理由不得撤销。"

问题2-3-3

企业未按规定提供相关资料的如何处理?

答:根据《土地增值税暂行条例实施细则》第十九条的规定,纳税人未按规定提供房屋及建筑物产权、土地使用权证书，土地转让、房产买卖合同，房地产评估报告及其他与转让房地产有关资料的，按照《税收征收管理法》相关规定进行处理。

《土地增值税清算管理规程》（国税发〔2009〕91号文件印发）第十一条第二款规定："应进行土地增值税清算的纳税人或经主管税务机关确定需要进行清算的纳税人，在上述规定的期限内拒不清算或不提供清算资料的，主管税务机关可依据《中华人民共和国税收征收管理法》有关规定处理。"

在实务中，各地从征管角度规定，对应当进行土地增值税清算的纳税人或经主管税务机关确定进行清算的纳税人，未按照规定期限办理清算申报和报送清算资料的，可依据《税收征收管理法》的有关规定处理。同时规定，对符合土地增值税清算条件，未按照规定的期限办理清算手续，经税务机关责令限期清算，逾期仍不清算的，采取核定征收方式征收土地增值税。

例如，《安徽省土地增值税清算管理办法》（国家税务总局安徽省税务局公告2018年第21号修改）第二十五条、《黑龙江省土地增值税清算管理操作规程》（黑龙江省地方税务局公告2016年第2号发布）第十条第二款、《房地产开发企业土地增值税清算管理办法（试行）》（吉林省地方税务局公告2014年第1号发布）第三十条第一款等均规定，应当进行土地增值税清算的纳税人或经主管税务机关确定进行清算的纳税人，在规定的期限内拒不清算或不提供清算资料的，主管税务机关可依据《税收征收管理法》及其实施细则有关规定处理。《国家税务总局山东省税务局土地增值税清算管理办法》（国家税务总局山东省税务局公告2022年第10号）第四十三条详细规定，应进行土地增值税清算的或经主管税务机关确定可进行清算的房地产开发企业，未按照规定报送涉税资料或者办理清算手续的，经主管税务机关责令限期改正，逾期仍不改正的，以及提供虚假清算资料、擅自销毁账簿或者拒不提供纳税资料的，由主管税务机关按照《税收征收管理法》及其实施细则等有关规定处理。

对于上述按照税收征管法确定的具体征收税款方式，一般是采取核定征收方式。例如，《厦门市房地产开发项目土地增值税清算管理办法》（国家税务总局厦门市税务局公告2023年第1号发布）第三十条第（四）项、《国家税务总局海南省税务局土地增值税清算工作规程》（国家税务总局海南省税务局公告2023年第3号发布）第二十四条第（四）项、《土地增值税征管工作指引（试行）》（鄂税财行便函〔2021〕9号文件印发）第四十四条第（四）项、《安徽省土地增值税清算管理办法》（国家税务总局安徽省税务局公告2018年第21号修改）第四十七条第（四）项、《广西壮族自治区房地产开发项目土地增值税管理办法（试行）》（广西壮族自治区地方税务局公告2018年第1号发布）第五十一条第（四）项、《北京市地方税务局土地增值税清算管理规程》（北京市地方税务局公告2016年第7号发布）第四十一条第（四）项、《黑龙江省土地增值税清算管理操作规程》（黑龙江省地方税务局公告2016年第2号发布）第三十五条第（四）项等均规定，纳税人符合土地增值税清算条件，未按照规定的期限办理清算手续，经税务机关责令限期清算，逾期仍不清算的，按核定征收方式对房地产开发项目进行清算。

其中，《厦门市房地产开发项目土地增值税清算管理办法》（国家税务总局厦门市税务局公告2023年第1号发布）第三十条明确规定，对该不清算情形按不低于5%的征收率核定征收土地增值税。

> 【提示】《税收征收管理法》第六十二条规定："纳税人未按照规定的期限办理纳税申报和报送纳税资料的，或者扣缴义务人未按照规定的期限向税务机关报送代扣代缴、代收代缴税款报告表和有关资料的，由税务机关责令限期改正，可以处二千元以下的罚款；情节严重的，可以处二千元以上一万元以下的罚款。"

问题2-3-4

税务机关如何对企业报送的清算申报资料进行审核？

答：第一，关于基本审核方式。纳税人按政策规定报送土地增值税清算资料后，税务机关要进行审核，对于审核的基本方式，根据《土地增值税清算管理规程》（国税发〔2009〕91号文件印发）第十六条的规定，"清算审核包括案头审核、实地审核。

案头审核是指对纳税人报送的清算资料进行数据、逻辑审核，重点审核项目归集的一致性、数据计算准确性等。

实地审核是指在案头审核的基础上，通过对房地产开发项目实地查验等方式，对纳税人申报情况的客观性、真实性、合理性进行审核"。

由于清算资料的内容包括了项目开发的全部过程，因此税务机关在案头审核时，主要审核以下要点：

一是各明细资料的复核。在复核中重点审核各项证据是否充分、是否为原始资料，数据是否有科目来源。对于资料不全或原始资料缺乏的，应要求纳税人按照规定补充。

二是各类分配计算的复核。核对分配取数是否有来源，即分子、分母数据的取得是否符合要求。对于计算数据有疑问的，应要求纳税人重新补充说明。

三是审核资料的补充。税务机关在审核时，如果发现某个审核项目资料不全或数据来源不清晰等，可以要求纳税人重新补充资料。

对于原始证据资料不足、扣除成本数据异常等问题，在比对规划设计、施工许可证等资料的前提下，应进行实地审核，通过实地审核查看是否存在异常建筑等问题。

各地的具体规定也以案头审核、实地审核为基本方法。例如，《国家税务总局山东省税务局土地增值税清算管理办法》（国家税务总局山东省税务局公告2022年第10号发布）第二十三条、《土地增值税征管工作指引（试行）》（鄂税财行便函〔2021〕9号文件印发）第二十条、《安徽省土地增值税清算管理办法》（国家税务总局安徽省税务局公告2018年第21号修改）第三十一条、《北京市地方税务局土地增值税清算管理规程》（北京市地方税务局公告2016年第7号发布）第二十条等均规定，清算审核包括案头审核、实地审核。

广东省列举了详细的实地审核内容。《国家税务总局广东省税务局土地增值税清算管理规程》（国家税务总局广东省税务局公告2019年第5号发布）第二十三条第三款规定："实地审核是指在案头审核的基础上，通过对房地产开发项目实地查验等方式，对纳税人申报情况的客观性、真实性、合理性、相关性进行审核。应结合项目立项、规划、施工资料，重点实地查核项目的楼栋、道路、挡土墙、绿化、学校、幼儿园、会所、体育场馆、酒店、车位等的工程量，确定学校、幼儿园、会所、体育场馆、酒店、车位等的产权归属。"

第二，关于审核的时间。纳税人报送土地增值税清算资料后，税务机关要在一定时间内进行审核。例如，《国家税务总局江苏省税务局关于调整土地增值税清算审核期限的公告》（国家税务总局江苏省税务局公告2020年第3号）第一条、《国家税务总局深圳市税务局土地增值税征管工作规程》（国家税务总局深圳市税务局公告2019年第8号发布）第二十三条、《安徽省土地增值税清算管理办法》第三十条、《北京市地方税务局土地增值税清算管理规程》第二十条等均规定，主管税务机关应当自纳税人办理清算申报之次日起90日内完成清算审核出具意见，审核时限不含纳税人应税务机关要求说明情况、补充资料的时间，确需延长审核时间的，应当经主管税务机关批准。

此外，根据国家税务总局江苏省税务局公告2020年第3号第二条的规定，"出现下列情形之一，主管税务机关无法在九十日内完成审核的，经设区市税务局局长同意，可以适当延长，并书面告知纳税人，但是延长期限最多不得超过六十日。

（一）纳税人清算申报的收入或成本按规定需要经第三方评估的；

（二）现行政策规定不明确需要向上级请示的。"

第三，关于清算申报资料的基本审核流程。对于审核的基本流程，应以《土地增值税暂行条例》规定的税款计算逻辑为准，有的地方明确了详细的审核流程。例如，根据《广西壮族自治区房地产开发项目土地增值税管理办法（试行）》（广西壮族自治区地方税务局公告2018年第1号发布）第二十八条的规定，主管税务机关在受理纳税人报送的土地增值税清算申报资料后，按以下程序进行审核：

（1）核实清算单位。

（2）核实项目各类型房产面积。采用实地核查结合房产实测报告的审核方式，核实项目各类型房产面积与纳税人申报的面积是否一致，确定项目房产总建筑面积、总可售建筑面积，各类型房产建筑面积，可售、已售、未售及出租自用建筑面积，确定成本费用分摊比例。

（3）核实房地产收入。对各类型房产收入进行审核，对有差异的按相关政策进行调整。

（4）核实扣除项目金额。对成本费用及与转让房地产有关的税金进行审核，对不符合规定的扣除项目金额进行调整，确定允许扣除的成本费用总扣除项目金额。

（5）计算土地增值税税款：

①计算已售各类型房产的扣除项目金额。根据审定的允许扣除的总扣除项目金额、总可售建筑面积及成本费用分摊比例等数据在各项目、各期、各类型房产间对共同成本费用进行分摊计算，审定各项目、各期、已售各类型房产成本费用扣除项目金额。

②计算土地增值税应纳税额。根据审定的各项目、各期、已售各类型房产收入、成本、面积等数据，分项目分期分房产类型计算应纳土地增值税。

③与纳税人申报资料、预缴税款数据进行比对，计算应补（退）土地增值税。

（6）将初审情况书面告知纳税人，充分听取纳税人提出的意见，经主管税务机关集体合议，并做好记录。

（7）撰写土地增值税清算审核报告。

（8）形成土地增值税清算审核结果。

问题 2-3-5

税务机关如何对清算单位的确定进行审核？

答：根据《土地增值税清算管理规程》（国税发〔2009〕91号文件印发）第十七条的规定，"清算审核时，应审核房地产开发项目是否以国家有关部门审批、备案的项目为单位进行清算；对于分期开发的项目，是否以分期项目为单位清算"。

由于各地的清算单位特别是分期分批开发项目的清算单位确定原则有一定差异，税务机关在对清算单位的确定进行审核时，应从以下几个方面（包括但不限于）着手：

一是查阅项目登记内容，比对实际清算对象是否有差异；

二是根据当地具体规定，以相关批文、证照等比对实际清算对象是否有差异；

三是判断纳税人确定的清算对象是否能成为一个相对独立的项目。

在实务中，对清算单位确定的审核是土地增值税清算最先遇到的复杂问题，因为在很多情况下，清算单位的确定与最终土地增值税税负有直接关系，因此在审核中，要结合项目登记管理内容与当地税收征管规定。对申报的清算单位与项目登记的清算单位有差异的，不仅要查清差异的原因，还要预估计算差异税款，以正确确定清算单位。

问题 2-3-6

税务机关如何对不同类型房地产增值额、增值率的计算进行审核？

答：根据《土地增值税清算管理规程》（国税发〔2009〕91号文件印发）第十七条的规定，清算审核时，应审核对不同类型房地产是否分别计算增值额、增值率，缴纳土地增值税。

根据土地增值税预征政策，不同类型房地产预征率不同，同时在清算申报时，对不同类型房地产还要分别计算增值额、增值率，缴纳土地增值税。因此，税务机关在审核时，要重点审核不同类型房地产区分是否正确。一般来说，应从项目登记、不同类型房地产标准的规定、房产收入、成本费用、面积、预征税款等方面分步核查，具体如下。

第一步，房产类型判断核查。即在核查清算单位确定业务的同时核查以下两项内容：一是结合清算单位的核查情况查阅项目登记内容，比对项目登记中不同类型房地产信息；二是归集整理当地不同类型房地产的标准，其中主要是普通住宅的标准。

第二步，具体收入、成本的核查。即清算收入或成本费用归集审核。一是审核不同类型房地产收入归集；二是核查不同类型房地产成本、费用的归集。

第三步，分摊方法和金额的核查。首先，确定不同房产类型的建筑面积、公共配套面积、可售面积、已售面积。其次，核查不同类型的房产是否分开独立核算各自成本，如果有不能直接计入成本对象的共同成本，则需要按一定分配方法进行分摊。一般情况下，按建筑面积或可售面积进行成本分摊。

第四步，同一类型房产可扣除成本的核查。某个类型房产清算可扣除成本＝可售面积部分总可扣除成本×（已售面积÷可售面积）。

第五步，预征税款的核查。即核实不同类型房产已预征税款的具体金额。

附 录

附录 2-1　　　　　　　　涉税鉴证业务约定书

涉税鉴证业务约定书

（参考文本）

甲方（委托方）：
乙方（受托方）：
乙方税务师事务所执业证编号：

兹有甲方委托乙方提供土地增值税清算涉税鉴证业务，依据《中华人民共和国民法典》及有关规定，经双方协商，达成以下约定：

一、委托事项

（一）项目名称：

（二）具体内容及要求：

（三）完成时间：

二、甲方的责任与义务

（一）甲方的责任

1.根据《中华人民共和国税收征收管理法》及有关规定，甲方有责任保证会计资料及纳税资料的真实性和完整性。

2.按照现行税收法律、法规和政策规定依法履行纳税义务是甲方的责任。这种责任还应当包括：（1）建立、完善并有效实施与会计核算、纳税申报相关的内部控制。（2）符合会计准则及有关规定。（3）严格按照税收规定进行纳税调整。

3.甲方不得授意乙方人员实施违反国家法律、法规的行为。

4.基于重要性原则、截止性测试的性质和审核过程中的其他固有限制，以及甲方内部控制的固有局限性，经乙方审核后仍然可能存在未被发现的风险，乙方出具的鉴证报告不能因此减轻甲方应当承担的法律责任。

（二）甲方的义务

1.按照乙方要求，及时提供完成委托事项所需的会计资料、纳税资料和其他有关资料，并保证所提供资料的真实性和完整性。

2.确保乙方不受限制地接触任何与委托事项有关的记录、文件和所需的其他信息，并答复乙方工作人员对有关事项的询问。

3.委托人为乙方工作人员提供必要的工作条件和协助，主要事项将由乙方于外勤工作开始前提供清单。

4.委托人按本约定书的约定及时足额支付委托业务费用以及其他相关费用。未按规定时间支付委托费用的,应按约定金额　　%的比例支付违约金。

三、乙方的责任和义务

(一)乙方的责任

1.乙方应严格按照现行税收相关法律、法规和政策规定以及《注册税务师管理暂行办法》及有关规定,本着独立、客观、公正的原则,对甲方提供的有关资料进行审核鉴证。

2.乙方应当制订合理计划和实施能够获取充分、适当、真实证据的审核程序,为甲方的委托事项提供合理保证。

3.乙方有责任在鉴证报告中指明发现的甲方违反国家法律法规且未按乙方的建议进行调整的事项。

(二)乙方的义务

1.乙方应当按照约定时间完成委托事项,并出具真实、合法的鉴证报告。

2.除下列情况外,乙方应当对执行业务过程中知悉的甲方信息予以保密:(1)取得甲方的授权;(2)根据法律法规的规定,为法律诉讼准备文件或提供证据;(3)监管机构对乙方进行行政处罚所实施的调查、听证、复议等程序。

3.由于乙方过错导致甲方未按规定履行纳税义务的,乙方应当按照有关法律、法规及相关规定承担相应的法律责任。

4.属于乙方原因未按约定时限完成委托事项并给甲方造成损失的,应当承担相应的赔偿责任。

四、约定事项的收费

(一)按照注册税务师行业收费的有关规定,完成本委托事项费用为人民币(大写)　　　元整(¥　　　)。

(二)上述费用自本约定书生效之日起　　日内预付业务费用总额的　　%;其余费用按　　方式支付。

(三)由于无法预见的原因,导致从事本委托事项完成的实际时间较本约定书签订时预计的时间有明显的增加或减少时,甲乙双方应通过协商,相应调整本约定书第四款第(一)项所述业务费用总额。

(四)由于无法预见的原因,导致乙方人员抵达甲方工作现场后,本约定书项目不再进行,甲方不得要求退还预付的业务费用;如上述情况发生于乙方人员完成现场审核工作之后,甲方应另行向乙方支付人民币　　　元的补偿费,该补偿费应于甲方收到乙方的收款通知之日起　　日内支付。

(五)由于无法预见的原因,发生的与本次委托事项有关的其他费用(包括交通、食宿费等），由双方协商解决。

五、鉴证报告的出具和使用

（一）乙方应当按照国家发布的相关业务准则所规定的格式和类型，出具真实、合法的鉴证报告。

（二）乙方向甲方出具鉴证报告一式　　份。

（三）甲方不得修改或删减乙方出具的鉴证报告；不得修改或删除重要的数据、重要的附件和所作的重要说明。

六、约定事项的变更

如果出现不可预见的情形，影响审核鉴证工作如期完成，或需要提前出具审核报告时，甲乙双方均可要求变更约定事项，但应提前通知对方，并由双方协商解决。

七、约定事项的终止

（一）本约定书签订后，双方应当按约履行，不得无故终止。如遇法定情形或特殊原因提出终止的一方应提前通知另一方，并由双方协商解决。

（二）在终止业务约定的情况下，乙方有权就本约定书终止之日前对约定事项所付出的劳动收取合理的费用。

八、适用法律和争议解决

本约定书的所有方面均应适用中华人民共和国的法律进行解释并受其约束。与本约定书有关的任何纠纷或争议，双方均可选择如下一种解决方式：

（一）提交　　　　进行仲裁；

（二）向有管辖权的人民法院提起诉讼。

九、本约定书的法律效力

（一）本约定书经双方法定代表人签字或盖章并加盖单位公章之日起生效，并在双方履行完成约定事项后终止。

（二）本约定书一式二份，甲乙方各执一份，具有同等法律效力。

十、其他事项的约定

本约定书未尽事宜，经双方协商另行签订的补充协议，与本约定书具有同等法律效力。

甲方（委托人）：　　　　　　　　　乙方：

（盖章）　　　　　　　　　　　　　（盖章）

法人代表：（签名或盖章）　　　　　所长：（签名或盖章）

地址：　　　　　　　　　　　　　　地址：

电话：　　　　　　　　　　　　　　电话：

联系人：　　　　　　　　　　　　　联系人：

签约日期：

签约地点：

附录2-2　　　　涉税专业服务协议要素信息采集表

统一社会信用代码		机构名称	
委托人统一社会信用代码		委托人名称	
委托协议采集编号		协议金额	
服务时间起	年　月　日	服务时间止	年　月　日
服务协议摘要			
是否在同一纳税年度内为委托人提供审计服务			是□　否□
服务项目		服务人员	
纳税申报代理□			
一般税务咨询□			
专业税务顾问□			
税收策划□			
涉税鉴证□			
纳税情况审查□			
其他税务事项代理□			
其他涉税服务□			
变更涉税专业服务协议要素信息□			
序号	变更项目	变更前内容	变更后内容	变更说明
1				
2				
3				
4				
5				
…				

终止涉税专业服务协议信息 □		
终止日期		年 月 日
终止原因		
承诺声明： 　　本表所提供的信息真实、准确、完整，我单位承担因提供虚假资料产生的法律责任和后果。 授权签署人（签章）：　　　　　　　　　　授权签署人（签章）： 委托人（章）：　　　　　　　　　　　　　涉税专业服务机构（章）： 　　年　月　日　　　　　　　　　　　　　　年　月　日		

经办人员：　　　　　　　接收人：　　　　　　税务机关（章）
　年　月　日　　　　　　　　　　　　　　国家税务总局监制

填表说明

一、本表适用于涉税专业服务机构在首次为委托人提供业务委托协议约定的涉税服务前或增加委托项目时填写；涉税专业服务协议要素信息发生变更或者涉税专业服务协议终止时也使用本表。

二、本表仅采集业务委托协议的要素信息，业务委托协议原件由涉税专业服务机构和委托人双方留存备查。

三、本表"委托协议采集编号"由系统自动生成，首次采集时不需要填写；涉税专业服务协议要素信息发生变更或者涉税专业服务协议终止时必须填写。

四、本表"是否在同一纳税年度内为委托人提供审计服务"栏次，当受托人为会计师事务所时据实勾选。

五、本表"服务项目"栏次，勾选委托人与受托人协议约定的服务项目。"服务人员"栏次填写与"服务项目"对应的委派服务人员。如本机构内有重名人员，则需要填写姓名和身份证件号码。

六、本表"变更涉税专业服务协议要素信息"，一是指涉税专业服务机构与委托方签订的涉税专业服务协议中，服务时间起、服务时间止、协议金额、协议摘要、服务人员等内容发生变动；二是指原委托项目减少。

七、涉税专业服务协议信息发生变更的，应当自变更之日起30日内向主管税务机关报送本表。

八、表中金额单位为"元"。

九、本表原则上应当通过网上办税系统报送，因客观原因无法通过网上办税系统报送的，应当在非征期内通过实体办税服务厅报送。

十、本表一式三份，税务机关和委托人、涉税专业服务机构各留存一份。

第3章

土地增值税清算之确定清算收入业务

本章涉及的土地增值税清算业务主要是清算收入的确定及审核，内容仅限于新开发项目（新建房），不包括转让旧房、单独转让土地等涉及的土地增值税清算业务。本章具体内容包括三个方面：一是税务师事务所对清算收入确定所做的鉴证审核业务；二是清算收入确认业务中涉及的政策解释；三是税务机关对清算收入的审核检查。

3.1 清算收入税收政策

清算收入政策是税务机关清算审核依据的政策，也是企业（税务师事务所）进行土地增值税清算申报时依据的政策。各地在执行政策时，一般以国家税务总局发布的文件为主，但在一些具体问题处理上，依据各自具体情况在掌握尺度上有一定差异。为便于借鉴，在分析政策时，我们列举了部分省市的规定，供使用时参考。由于土地增值税的一些具体政策规定是通过税务机关审核政策体现的，为保持政策归集的完整性，审核政策也一并列入本节内容。需要注意的是，由于各地房地产市场管理存在差异，因此一些涉税规定有所不同，在实务中，需要以各地政策规定为主。

问题 3-1-1

纳税人转让房地产如何确定土地增值税清算收入（收入的范围）？

答：关于营改增后土地增值税应税收入确认问题，《财政部 国家税务总局关于营改增后契税 房产税 土地增值税 个人所得税计税依据问题的通知》（财税〔2016〕43号）第三条第一款规定："土地增值税纳税人转让房地产取得的收入为不含增值税收入"。

《国家税务总局关于营改增后土地增值税若干征管规定的公告》（国家税务总局公告2016年第70号）第一条规定，"营改增后，纳税人转让房地产的土地增值税应税收入不含增值税。适用增值税一般计税方法的纳税人，其转让房地产的土地增值税应税收入不含增值税销项税额；适用简易计税方法的纳税人，其转让房地产的土地增值税应税收入不含增值税应纳税额"。

对于收入包括的范围，《土地增值税暂行条例》第五条规定，"纳税人转让房地产所取得的收入，包括货币收入、实物收入和其他收入"。《土地增值税暂行条例实施细则》第五条规定："条例第二条所称的收入，包括转让房地产的全部价款及有关的经济收益。"

实务中，对于纳税人在销售开发产品的过程中，随同房价收取的各项费用，均要纳入收入总额，具体包括（不限于）：装修费、手续费、管理费、咨询费、会员费、更名费、设备安装费、违约金、滞纳金、赔偿金等价外收费，无论会计如何核算，均应确认为转让房地产所取得的收入。

各地的具体规定也是围绕上述原则确定的。例如，《国家税务总局海南省税务局土地增值税清算审核管理办法》（国家税务总局海南省税务局公告2023年第2号发布）第四条、《国家税务总局山东省税务局土地增值税清算管理办法》（国家税务总局山东省税务局公告2022年第10号发布）第十条第二款、《广西壮族自治区房地产开发项目土地增值税管理办法（试行）》（广西壮族自治区地方税务局公告2018年第1号发布）第三十条、《北京市地方税务局土地增值税清算管理规程》（北京市地方税务局公告2016年第7号发布）第二十九条等均规定，纳税人转让房地产的收入包括转让房地产的全部价款及有关的经济收益。适用增值税一般计税方法的纳税人，转让房地产取得的不含增值税收入＝转让收入－应缴纳增值税销项税额。适用简易计税方法的纳税人，转让房地产取得的不含增值税收入＝转让收入－增值税应纳税额。

一些地方还对收入的内容进行了进一步的明确，各地具体规定举例如下：

1. 海南省规定

《国家税务总局海南省税务局土地增值税清算审核管理办法》第五条规定："纳税人按政府指导价、限价等非市场定价方式销售的开发产品，以各种名目向购房人另外收取的价款，应计入房地产转让收入征收土地增值税。"

2. 贵州省规定

《贵州省土地增值税清算管理办法》（国家税务总局贵州省税务局公告2022年第12号发布）第三十六条规定："房地产开发企业因销售房地产向购买方收取的违约金、赔偿金、滞纳金、分期（延期）付款利息、更名费以及其他各种性质的经济利益，应当确认为土地增值税的计税收入。"

3. 山东省规定

《国家税务总局山东省税务局土地增值税清算管理办法》第十条第一款规定："转让房地产取得的收入是指房地产开发企业转让房地产实际取得的全部价款和其他经济利益，包括货币收入、实物收入和其他收入。"

4. 广西壮族自治区规定

《广西壮族自治区房地产开发项目土地增值税管理办法（试行）》第三十一条第（二）项规定，"纳税人在销售开发产品的过程中，随同房价向购房人收取的装修费、设备安装费、管理费、手续费、咨询费等价外收费，应并入房地产转让收入"；第三十一条第（三）项规定，"因转让房地产而收取的定（订）金、违约金、赔偿金、分期付款（延期付款）利息以及其他各种性质的经济收益，应并入房地产转让收入"；第三十一条第（四）项规定，"因房地产购买方违约，导致房地产未能转让，转让方收取的定（订）金、违约金不作为与转让房地产有关的经济利益，不确认为房地产转让收入"。

5. 天津市规定

《天津市地方税务局关于土地增值税清算有关问题的公告》（天津市地方税务局公

告2016年第25号）第一条规定："房地产开发项目商品房销售过程中收取的违约金、赔偿金以及其他各种性质的经济利益，应确认为与转让房地产有关的收入。"

6. 广州市规定

广州市《土地增值税清算工作若干问题处理指引（2012年修订版）》（穗地税函〔2012〕198号文件印发）第四条第（一）项规定："房地产开发企业与购买方未签订房地产销售合同，房地产开发企业收取的订金、定金、违约金和赔偿金，不得确认收入；房地产开发企业与购买方签订房地产销售合同后，房地产开发企业收取的订金、定金以及由于购买方违约而产生的违约金和赔偿金，确认为收入。"

7. 江苏省规定

《江苏省地方税务局关于土地增值税有关业务问题的公告》（苏地税规〔2012〕1号）第三条第（一）项"转让房地产的有关经济利益的确认"规定：

"纳税人因转让房地产收取的违约金、滞纳金、赔偿金、分期付款（延期付款）利息以及其他各种性质的经济收益，应当确认为房地产转让收入。

因房地产购买方违约，导致房地产未能转让，转让方收取的该项违约金不作为与转让房地产有关的经济利益，不确认为房地产转让收入。"

问题3-1-2

房地产开发企业土地价款抵减增值税销售额是否减少土地增值税扣除成本？

答：房地产企业销售开发产品在计算增值税时，根据《营业税改征增值税试点有关事项的规定》（财税〔2016〕36号文件附件2）第一条第（三）项第10点第二款的规定，"房地产开发企业中的一般纳税人销售其开发的房地产项目（选择简易计税方法的房地产老项目除外），以取得的全部价款和价外费用，扣除受让土地时向政府部门支付的土地价款后的余额为销售额"。

营改增后，《增值税会计处理规定》（财会〔2016〕22号文件印发）对相关差额扣除规定了具体的财务核算规则，房地产开发企业（销售开发产品）在申报增值税时，允许按扣除土地成本后的差额计算增值税申报。

上述政策及会计处理的规定对土地增值税清算中土地成本的扣除影响比较大，即如果抵减金额直接冲减成本，则在土地增值税清算时，会减少该部分的成本扣除金额，同时减少了加计扣除的金额。实操中，一般以不增加纳税人负担为前提，即不减少土地增值税清算的扣除金额，原因如下：

一是由于取得的土地成本发票是全额的，原则上按发票金额记入"开发成本——

土地成本"科目,待抵减增值税时,无论会计处理上是把该部分增值税还原计入主营业务收入,还是冲减主营业务成本,在进行土地增值税清算时,土地成本的价值都计入开发成本的原始价值(未抵减增值税的价值)。

二是这部分抵减的增值税不是进项税,如果是进项税,则需要抵减成本。实际上是一种优惠,即对收入销项征税的一种优惠,所以应该还原计入收入,确保土地的完整成本金额是合理的。

三是根据《国家税务总局关于营改增后土地增值税若干征管规定的公告》(国家税务总局公告2016年第70号)第三条的规定,营改增后,纳税人转让房地产的土地增值税应税收入不含增值税。适用增值税一般计税方法的纳税人转让房地产的土地增值税应税收入不含增值税销项税额。也就是说,扣除土地价款只是在计算增值税时的一个步骤,实际的收入依然是实际取得的合同收入(不含税)。

根据上述分析,在增值税计算上,土地价款抵减了销售收入额,但是在土地增值税清算时,其收入不抵减土地价款,土地价款要以取得票据的全部金额作为"取得土地使用权所支付的金额"进行成本扣除并加计扣除。一些地区发文明确"不调减纳税人在土地增值税清算时确认的土地成本",例如,《广州市地方税务局关于印发2016年土地增值税清算工作有关问题处理指引的通知》(穗地税函〔2016〕188号)第一条第(二)项规定:"纳税人销售自行开发的房地产项目,且选用增值税一般计税方法计税的,按规定允许以本项目土地价款扣减销售额而减少的销项税金,不调减纳税人在土地增值税清算时确认的土地成本。"

问题 3-1-3

确认清算收入时开具发票与未开具发票的如何处理?

答:根据《国家税务总局关于土地增值税清算有关问题的通知》(国税函〔2010〕220号)第一条的规定,土地增值税清算时,已全额开具商品房销售发票的,按照发票所载金额确认收入;未开具发票或未全额开具发票的,以交易双方签订的销售合同所载的售房金额及其他收益确认收入。

实务中,各地也是按照上述规定确定政策的。例如,《贵州省土地增值税清算管理办法》(国家税务总局贵州省税务局公告2022年第12号发布)第二十九条、《安徽省土地增值税清算管理办法》(国家税务总局安徽省税务局公告2018年第21号修改)第三十四条第(一)项、《广西壮族自治区房地产开发项目土地增值税管理办法(试行)》(广西壮族自治区地方税务局公告2018年第1号发布)第三十一条第(一)项、《北京市地方税务局土地增值税清算管理规程》(北京市地方税务局公告2016年第7号发布)

第二十九条第一款、《房地产开发企业土地增值税清算管理办法》（山西省地方税务局公告2014年第3号发布）第十五条第（一）项第2点等均规定，土地增值税清算时，已全额开具商品房销售发票的，按照发票所载金额确认收入；未开具发票或未全额开具发票的，以交易双方签订的销售合同所载的售房金额及其他收益确认收入。

有的地方对一些特殊情况给予了明确，例如，《厦门市房地产开发项目土地增值税清算管理办法》（国家税务总局厦门市税务局公告2023年第1号发布）第十七条第二款、第三款规定："土地增值税清算时，已全额开具商品房销售发票的，按照发票所载金额确认收入；未开具发票或未全额开具发票的，以交易双方签订的销售合同所载的售房金额及其他收益确认收入。销售合同所载商品房面积与有关部门实际测量面积不一致，在清算前已发生补、退房款的，应在计算土地增值税时予以调整。纳税人在清算后发生退房行为的，应当办理更正申报。

纳税人因实际销售房地产向购买方收取的违约金、赔偿金、滞纳金、分期（延期）付款利息、更名费以及其他各种性质的经济收益，应当计入转让房地产的收入。"

又如，广州市《土地增值税清算工作若干问题处理指引（2012年修订版）》（穗地税函〔2012〕198号文件印发）第四条第（二）项规定："房地产开发企业折扣转让房地产的，按以下情形确认土地增值税计税收入：

1.房地产销售合同和转让房地产发票所载折扣后的价款一致的，以此价款确认收入。

2.房地产销售合同和转让房地产发票所载折扣后的价款不一致，已全额开具转让房地产发票的，按发票所载金额确认收入；未开具发票或未全额开具发票的，以房地产销售合同所载的转让房地产价款及其他收益确认收入。"

问题 3-1-4

销售合同所载商品房面积与实际测量面积不一致的如何处理？

答：根据《国家税务总局关于土地增值税清算有关问题的通知》（国税函〔2010〕220号）第一条的规定，土地增值税清算时，销售合同所载商品房面积与有关部门实际测量面积不一致，在清算前已发生补、退房款的，应在计算土地增值税时予以调整。

各地在具体处理上也是按照上述政策原则执行的。例如，《贵州省土地增值税清算管理办法》（国家税务总局贵州省税务局公告2022年第12号发布）第二十九条、《国家税务总局山东省税务局土地增值税清算管理办法》（国家税务总局山东省税务局公告2022年第10号发布）第二十五条、《广西壮族自治区房地产开发项目土地增值税管理办法（试行）》（广西壮族自治区地方税务局公告2018年第1号发布）第三十一条第（一）

项、《北京市地方税务局土地增值税清算管理规程》（北京市地方税务局公告2016年第7号发布）第二十九条第（一）项、《房地产开发企业土地增值税清算管理办法》（山西省地方税务局公告2014年第3号发布）第十五条第（一）项第3点等均规定，销售合同所载商品房面积与有关部门实际测量面积不一致，在清算前已发生补、退房款的，应在计算土地增值税时予以调整。

问题3-1-5

企业将开发产品用于职工福利等各项非直接销售的如何确定收入？

答：根据《国家税务总局关于房地产开发企业土地增值税清算管理有关问题的通知》（国税发〔2006〕187号）第三条第（一）项及《土地增值税清算管理规程》（国税发〔2009〕91号文件印发）第十九条第（一）项的相关规定，房地产开发企业将开发产品用于职工福利、奖励、对外投资、分配给股东或投资人、抵偿债务、换取其他单位和个人的非货币性资产等，发生所有权转移时应视同销售房地产，其收入按下列方法和顺序确认：

（1）按本企业在同一地区、同一年度销售的同类房地产的平均价格确定；

（2）由主管税务机关参照当地当年、同类房地产的市场价格或评估价值确定。

《国家税务总局关于营改增后土地增值税若干征管规定的公告》（国家税务总局公告2016年第70号）第二条规定："纳税人将开发产品用于职工福利、奖励、对外投资、分配给股东或投资人、抵偿债务、换取其他单位和个人的非货币性资产等，发生所有权转移时应视同销售房地产，其收入应按照《国家税务总局关于房地产开发企业土地增值税清算管理有关问题的通知》（国税发〔2006〕187号）第三条规定执行。"

在各地具体实操中，对于视同销售的范围，有的地区进一步明确包括纳税人用建造的本项目房地产安置回迁户的情形。例如，《厦门市房地产开发项目土地增值税清算管理办法》（国家税务总局厦门市税务局公告2023年第1号发布）第十九条、《国家税务总局山东省税务局土地增值税清算管理办法》（国家税务总局山东省税务局公告2022年第10号发布）第二十六条、《贵州省土地增值税清算管理办法》（国家税务总局贵州省税务局公告2022年第12号发布）第三十一条等规定，纳税人将开发产品用于职工福利、奖励、对外投资、分配给股东或投资人、抵偿债务、换取其他单位和个人的非货币性资产等，以及纳税人用建造的本项目房地产安置回迁户的，发生权属转移时应视同销售房地产。

关于收入的确认。《厦门市房地产开发项目土地增值税清算管理办法》第十九条、《国家税务总局山东省税务局土地增值税清算管理办法》第二十六条、《土地增值税征管工作指引（试行）》（鄂税财行便函〔2021〕9号文件印发）第二十二条第（一）项第2点规定，视同销售房地产的，其收入按下列方法和顺序确认：

（1）按本企业在同一地区、同一年度销售的同类房地产的平均价格确定；

（2）由主管税务机关参照当地当年、同类房地产的市场价格或评估价值确定。

对于上述评估价格，有的地区明确，主管税务机关委托县级以上（含县级）价格认证中心参照同类房地产的市场交易价格进行评估，税务机关根据价格认证中心的评估价格确定转让房地产的收入。

除上述收入确认方式外，《贵州省土地增值税清算管理办法》第三十二条第（一）项、《安徽省土地增值税清算管理办法》（国家税务总局安徽省税务局公告2018年第21号修改）第三十四条第（二）项等还规定，"按房地产开发企业当月或最近月份销售同一房地产项目同类房地产的平均价格确定"。

问题3-1-6

企业将房地产转为企业自用或用于出租，产权未发生转移的如何处理？

答：《国家税务总局关于房地产开发企业土地增值税清算管理有关问题的通知》（国税发〔2006〕187号）第三条第（二）项及《土地增值税清算管理规程》（国税发〔2009〕91号文件印发）第十九条第（二）项规定："房地产开发企业将开发的部分房地产转为企业自用或用于出租等商业用途时，如果产权未发生转移，不征收土地增值税，在税款清算时不列收入，不扣除相应的成本和费用。"

根据政策规定，对于已竣工验收的房地产开发项目，已销售（包括视同销售）的房地产建筑面积占清算项目总可售建筑面积的比例在85%以上，或该比例虽未超过85%，但剩余的可售建筑面积已经出租或自用的，主管税务机关可要求纳税人进行土地增值税清算。对于剩余的可售建筑面积已经出租或自用的，只要产权不发生转移，就不产生土地增值税纳税义务。

> 【提示】实务中往往采取提前计算保留成本方式，税务总局系统中的计算表格不能选为"自用"而应选为不可售，因为税务总局审核表"自用"包含在可售中，与提前保留成本计算差异很大。

各地也是按照上述政策掌握的。例如，《国家税务总局海南省税务局土地增值税清算审核管理办法》（国家税务总局海南省税务局公告2023年第2号发布）第九条、《国家税务总局山东省税务局土地增值税清算管理办法》（国家税务总局山东省税务局公告2022年第10号发布）第三十一条、《国家税务总局广东省税务局土地增值税清算管理规程》（国家税务总局广东省税务局公告2019年第5号发布）第二十五条第（二）项、《广西壮族自治区房地产开发项目土地增值税管理办法（试行）》（广西壮族自治区地方税务局公告2018年第1号发布）第三十四条、《黑龙江省土地增值税清算管理操作规程》（黑龙江省地方税务局公告2016年第2号发布）第十八条第（二）项、《北京市地方税务局土地增值税清算管理规程》（北京市地方税务局公告2016年第7号发布）第二十九条第（四）项等均规定，纳税人将房地产转为企业自用或用于出租时，如果产权未发生转移，不征收土地增值税，在税款清算时不列收入，不扣除相应的成本和费用。

问题3-1-7

企业转让房地产的成交价格明显偏低包括哪些情形？

答：根据《土地增值税暂行条例》第九条、《土地增值税暂行条例实施细则》第十四条的相关规定，纳税人转让房地产的成交价格明显偏低主要是指转让价格低于房地产评估价格，又无正当理由的各种情形。对于转让房地产的成交价格明显偏低的掌握尺度，一些地区制定了详细的标准（幅度），各地具体规定举例如下：

1. 海南省规定

《国家税务总局海南省税务局土地增值税清算审核管理办法》（国家税务总局海南省税务局公告2023年第2号发布）第六条规定："纳税人申报的房地产销售价格低于同期同类房地产平均销售价格30%且无正当理由的，可认定为房地产销售价格明显偏低。"

2. 贵州省规定

根据《贵州省土地增值税清算管理办法》（国家税务总局贵州省税务局公告2022年第12号发布）第三十一条的规定，房地产开发企业销售开发产品的价格低于同类开发产品平均销售价格30%以上或者低于成本价而又无正当理由的，主管税务机关有权核定其销售价格。

3. 安徽省规定

《安徽省土地增值税清算管理办法》（国家税务总局安徽省税务局公告2018年第21号修改）第三十四条第（三）项规定，纳税人申报的转让房地产的成交价低于以下［该条第（二）项］规定的方法和顺序所确认的价格，又无正当理由的，属于价格偏低的情形：

（1）按本企业当月销售的同类房地产的平均价格核定。

（2）按本企业在同一地区、同一年度销售的同类房地产的平均价格确认。

（3）参照当地当年、同类房地产的市场价格或评估价值确认。

4. 广西壮族自治区规定

根据《关于〈广西壮族自治区房地产开发项目土地增值税管理办法〉解读稿》第

十一条、第三十三条"纳税人转让房地产的成交价格明显偏低的"和第四十二条"单位建筑安装工程费明显偏高的"的规定,参照《最高人民法院关于适用〈中华人民共和国合同法〉若干问题的解释(二)》(法释〔2009〕5号)[1]第十九条"转让价格达不到交易时交易地的指导价或者市场交易价百分之七十的,一般可以视为明显不合理的低价;对转让价格高于当地指导价或者市场交易价百分之三十的,一般可以视为明显不合理的高价"的规定,对交易双方的成交价格在市场价基础上设置了30%的浮动比例,超出此浮动比例即可认定交易价格不合理。因此,比照上述规定以30%作为认定纳税人转让房地产的成交价格"明显偏低"和建筑安装工程费"明显偏高"的比例。

5.宁波市规定

《宁波市房地产项目土地增值税清算审核工作指引》(2013年第3号)第二条第3点规定,对低于平均价格一定幅度(如20%)以上的销售行为进行重点核查,要求纳税人提供合理证据和说明。

6.江苏省规定

《江苏省地方税务局关于土地增值税有关业务问题的公告》(苏地税规〔2012〕1号)第三条第(三)项规定:"对纳税人申报的房地产转让价格低于同期同类房地产平均销售价格10%的,税务机关可委托房地产评估机构对其评估。"

实务中,上述"同期"的确定,"优先采集同一企业销售日当月销售价格,不存在当月价格的,可采集同一企业销售日前后三个月内的销售价格","同类"应在"普通住宅、非普通住宅、车位车库、商业用房、办公用房、其他"基础上,结合房型、楼层等因素综合判断。

问题3-1-8

企业转让房地产成交价格明显偏低的,视为有正当理由的情形有哪些?

答:根据《土地增值税暂行条例》第九条第(三)项的规定,"转让房地产的成交

---

[1] 依据《最高人民法院关于废止部分司法解释及相关规范性文件的决定》(法释〔2020〕16号)的规定,《最高人民法院关于适用〈中华人民共和国合同法〉若干问题的解释(二)》(法释〔2009〕5号)全文废止。
可参考《最高人民法院关于适用〈中华人民共和国民法典〉合同编通则若干问题的解释》(2023年5月23日最高人民法院审判委员会第1889次会议通过,自2023年12月5日起施行)第四十二条规定:"对于民法典第五百三十九条规定的'明显不合理的高价'的低价或者高价,人民法院应当按照交易当地一般经营者的判断,并参考交易时交易地的市场交易价或者物价部门指导价予以认定。
转让价格未达到交易时交易地的市场交易价或者指导价百分之七十的,一般可以认定为'明显不合理的高价';受让价格高于交易时交易地的市场交易价或者指导价百分之三十的,一般可以认定为'明显不合理的高价'。
债务人与相对人存在亲属关系、关联关系的,不受前款规定的百分之七十、百分之三十的限制。"

价格低于房地产评估价格，又无正当理由的"，按照房地产评估价格计算征收。

根据上述政策规定，纳税人转让房地产的成交价格即使明显偏低，但如果有正当理由且可以提供凭据，也可以视为正常价格，例如法院判定或裁定、公开拍卖、政府有关部门确定等情形。此外，实践中房屋的瑕疵、经过开发商会议（会议纪要）对个别户给予促销优惠或广告促销优惠等因素也是审核中会考虑的点，例如个案中因房屋漏水起诉后给予折扣，其他考虑因素主要是商铺位置差异、楼层差异等，均属于经主管税务机关认定的其他情形。

各地视为有正当理由的具体情形列举如下：

1. 海南省规定

《国家税务总局海南省税务局土地增值税清算审核管理办法》（国家税务总局海南省税务局公告2023年第2号发布）第七条规定："符合下列条件之一的房地产销售价格明显偏低，视为有正当理由：

（一）人民法院判决或裁定的转让价格；

（二）政府有关部门确定的转让价格；

（三）经主管税务机关认定的其他情形。"

2. 贵州省规定

根据《贵州省土地增值税清算管理办法》（国家税务总局贵州省税务局公告2022年第12号发布）第三十一条的规定，房地产销售价格低于政策规定的界限，而又无正当理由的，主管税务机关有权核定其销售价格，但下列情形除外：

（1）采取政府指导价、限价等非市场定价方式销售的开发产品。

（2）由法院判决或裁定价格的开发产品。

（3）采取公开拍卖方式确定价格的开发产品。

（4）经主管税务机关认定的其他合理情形。

3. 安徽省规定

《安徽省土地增值税清算管理办法》（国家税务总局安徽省税务局公告2018年第21号修改）第三十四条第（三）项规定，转让房地产的成交价格明显偏低但有正当理由的，其正当理由包括但不限于以下情形：

（1）采取政府指导价、限价等非市场定价方式销售的开发产品；

（2）法院判决或裁定价格的开发产品；

（3）以公开拍卖方式转让的开发产品。

4. 广西壮族自治区规定

《广西壮族自治区房地产开发项目土地增值税管理办法（试行）》（广西壮族自治区地方税务局公告2018年第1号发布）第三十三条规定，纳税人转让房地产的成交价格明显偏低的，主管税务机关应要求纳税人提供书面说明，对房地产转让价格明显偏低的以下情形，可视为有正当理由：

（1）法院判定或裁定的转让价格。

（2）以公开拍卖方式转让房地产的价格。

（3）政府物价部门确定的转让价格。

（4）有相关资料证明转让价格符合独立交易原则，买卖双方不存在关联关系。

（5）主管税务机关认可的其他合理情形。

5. 重庆市规定

《重庆市地方税务局关于土地增值税若干政策执行问题的公告》（重庆市地方税务局公告2014年第9号）第四条第（一）项规定，符合以下情形的房地产转让，收入即使偏低，视为有正当理由：

（1）法院判决或裁定转让；

（2）公开竞价拍卖转让；

（3）按物价部门确定的价格转让；

（4）拆迁安置售房；

（5）个人转让给直系亲属或承担直接赡养义务人；

（6）经税务机关认定的其他合理情形。

6. 江苏省规定

《江苏省地方税务局关于土地增值税有关业务问题的公告》（苏地税规〔2012〕1号）第三条第（三）项规定，对以下情形的房地产转让价格，即使明显偏低，可视为有正当理由：

（1）法院判定或裁定的转让价格；

（2）以公开拍卖方式转让房地产的价格；

（3）政府物价部门确定的转让价格；

（4）经主管税务机关认定的其他合理情形。

问题 3-1-9

企业转让房地产的成交价格明显偏低又无正当理由的如何处理？

答：实务中，纳税人转让房地产的成交价格明显偏低又无正当理由的，其价格要由政府批准设立的房地产评估机构根据相同地段、同类房地产进行综合评定。

（1）关于需要按照房地产评估价格计算征收的情形。《土地增值税暂行条例》第九条规定："纳税人有下列情形之一的，按照房地产评估价格计算征收：

（一）隐瞒、虚报房地产成交价格的；

（二）提供扣除项目金额不实的；

（三）转让房地产的成交价格低于房地产评估价格，又无正当理由的。"

《土地增值税暂行条例实施细则》第十四条规定："条例第九条（一）项所称的隐瞒、虚报房地产成交价格，是指纳税人不报或有意低报转让土地使用权、地上建筑物及其附着物价款的行为。

条例第九条（三）项所称的转让房地产的成交价格低于房地产评估价格，又无正当理由的，是指纳税人申报的转让房地产的实际成交价低于房地产评估机构评定的交易价，纳税人又不能提供凭据或无正当理由的行为。

隐瞒、虚报房地产成交价格，应由评估机构参照同类房地产的市场交易价格进行评估。税务机关根据评估价格确定转让房地产的收入。

转让房地产的成交价格低于房地产评估价格，又无正当理由的，由税务机关参照房地产评估价格确定转让房地产的收入。"

《土地增值税宣传提纲》（国税函发〔1995〕110号文件印发）第十一条规定："在征税中，对发生下列情况的，需要进行房地产评估：

（一）出售旧房及建筑物的；

（二）隐瞒、虚报房地产成交价格的；

（三）提供扣除项目金额不实的；

（四）转让房地产的成交价格低于房地产评估价格，又无正当理由的。

房地产评估价格，是指由政府批准设立的房地产评估机构根据相同地段、同类房地产进行综合评定的价格，税务机关根据评估价格，确定其转让房地产的收入、扣除项目金额等及计算房地产转让时所要缴纳的土地增值税。对评估价与市场交易价差距较大的转让项目，税务机关有权不予确认，要求其重新评估。纳税人交纳的评估费用，允许作为扣除项目金额予以扣除。采用评估办法，符合市场经济的原则，有利于维护税收法纪，加强征管。"

（2）关于确定评估计税价格的流程。根据《土地增值税暂行条例实施细则》第十三条的规定，《土地增值税暂行条例》第九条所称的房地产评估价格，是指由政府批准设立的房地产评估机构根据相同地段、同类房地产进行综合评定的价格。评估价格须经当地税务机关确认。

《财政部 国家税务总局 国家国有资产管理局关于转让国有房地产征收土地增值税中有关房地产价格评估问题的通知》（财税字〔1995〕61号）第一条规定："凡转让国有土地使用权、地上建筑物及其附属物（以下简称房地产）的纳税人，按照土地增值税的有关规定，需要根据房地产的评估价格计税的，可委托经政府批准设立，并按照《国有资产评估管理办法》规定的由省以上国有资产管理部门授予评估资格的资产评估事务所、会计师事务所等种类资产评估机构受理有关转让房地产的评估业务。"

企业转让房地产的成交价格明显偏低又无正当理由的，其价格确定相关处理方法与视同销售价格确定基本一致。

问题 3-1-10

项目跨越营改增节点的土地增值税应税收入如何计算？

答：根据《国家税务总局关于营改增后土地增值税若干征管规定的公告》（国家税务总局公告2016年第70号）第四条第（一）项的规定，房地产开发企业在营改增后进行房地产开发项目土地增值税清算时，"土地增值税应税收入＝营改增前转让房地产取得的收入＋营改增后转让房地产取得的不含增值税收入"。

上述情形主要是指项目销售跨越营改增节点，营改增时点前转让房地产取得的收入要缴纳的营业税，属于价内税，而营改增后转让房地产取得的收入要缴纳的增值税，属于价外税。

问题 3-1-11

关于收取的外币收入如何折合人民币？

答：根据《财政部 国家税务总局关于土地增值税一些具体问题规定的通知》（财税字〔1995〕48号）第十五条相关规定，"对于取得的收入为外国货币的，依照细则规定，以取得收入当天或当月一日国家公布的市场汇价折合人民币，据以计算土地增值税税额。对于以分期收款形式取得的外币收入，也应按实际收款日或收款当月一日国家公布的市场汇价折合人民币"。

在开展鉴证业务时，根据《土地增值税清算鉴证业务准则》（国税发〔2007〕132号文件印发）第二十一条的规定，"土地增值税以人民币为计算单位。转让房地产所取得的收入为外国货币的，以取得收入当天或当月1日国家公布的市场汇价折合成人民币，据以计算应纳土地增值税税额。

对于以分期收款形式取得的外币收入，应当按实际收款日或收款当月1日国家公布的市场汇价折合人民币"。

问题 3-1-12

售后返租涉及的利益让渡如何确认计税收入？

答：在土地增值税政策中，关于售后返租业务如何处理，没有针对性的专门政策。《土地增值税暂行条例》第二条规定："转让国有土地使用权、地上的建筑物及其附着物（以下简称转让房地产）并取得收入的单位和个人，为土地增值税的纳税义务人（以下简称纳税人），应当依照本条例缴纳土地增值税。"根据政策规定，"转让"行为是判断是否存在纳税义务的一个前提。

该暂行条例第五条规定："纳税人转让房地产所取得的收入，包括货币收入、实物收入和其他收入。"

根据上述政策规定，在售后返租销售方式中，因已构成房地产的转让行为，所以需要确认销售收入。该种销售方式下，转让方一般是以低价销售来换取未来无偿或低价回租一定期间的使用权。转让方未来可无偿或低价使用购房者的房产，该相应被豁免或优惠的经济利益的实质是对当初低价售房的一种经济补偿，因此应作为转让方获取的与转让房地产有关的其他经济利益，一并计入售房的计税收入。

例如，《江苏省地方税务局关于土地增值税有关业务问题的公告》（苏地税规〔2012〕1号）第三条第（二）项规定："单位和个人转让房地产，同时要求购房者将所购房地产无偿或低价给转让方或者转让方的关联方使用一段时间，其实质是转让方获取与转让房地产有关的经济利益。对以此方式转让房地产的行为，应将转让房地产的全部价款及有关的经济收益确认为转让收入，依法计征土地增值税。如转让房地产价款以外的有关经济收益无法确认的，应判断其转让价格是否明显偏低。对转让价格明显偏低且无正当理由的，应采用评估或其他合理的方法确定其转让收入，依法计征土地增值税。"

问题 3-1-13

企业用建造的本项目房地产安置回迁户的如何处理？

答：《国家税务总局关于土地增值税清算有关问题的通知》（国税函〔2010〕220号）第六条第（一）项规定："房地产企业用建造的本项目房地产安置回迁户的，安置用房视同销售处理，按《国家税务总局关于房地产开发企业土地增值税清算管理有关问题的通知》（国税发〔2006〕187号）第三条第（一）款规定确认收入，同时将此确认为房地产开发项目的拆迁补偿费。房地产开发企业支付给回迁户的补差价款，计入拆迁补偿费；回迁户支付给房地产开发企业的补差价款，应抵减本项目拆迁补偿费。"

《国家税务总局关于营改增后土地增值税若干征管规定的公告》（国家税务总局公告2016年第70号）第二条规定，"纳税人安置回迁户，其拆迁安置用房应税收入和扣除项目的确认，应按照《国家税务总局关于土地增值税清算有关问题的通知》（国税函〔2010〕220号）第六条规定执行"。

各地具体规定与上述政策基本一致。例如，《厦门市房地产开发项目土地增值税清算管理办法》（国家税务总局厦门市税务局公告2023年第1号发布）第十九条、《广西壮族自治区房地产开发项目土地增值税管理办法（试行）》（广西壮族自治区地方税务局公告2018年第1号发布）第三十二条等规定，纳税人将本项目房地产用于安置回迁户，发生权属转移时应视同销售房地产，其收入按下列方法和顺序确认：

（1）按本企业在同一地区、同一年度销售的同类房地产的平均价格确定。

（2）由主管税务机关参照当地当年、同类房地产的市场价格或评估价值确定。

主管税务机关可以委托县级以上（含县级）价格认证中心参照同类房地产的市场交易价格进行评估，税务机关根据价格认证中心的评估价格确定转让房地产的收入。

又如，《北京市地方税务局土地增值税清算管理规程》（北京市地方税务局公告2016年第7号发布）第三十三条第（二）项第1点规定："纳税人用建造的本项目房地产安置回迁户的，安置用房按视同销售处理，并按照《国家税务总局关于纳税人土地增值税清算管理有关问题的通知》（国税发〔2006〕187号）第三条第（一）款规定确认收入，同时将此确认为房地产开发项目的拆迁补偿费。纳税人支付给回迁户的补差价款，计入拆迁补偿费；回迁户支付给纳税人的补差价款，应抵减本项目拆迁补偿费。"

此外，还有很多地区将纳税人用建造的本项目房地产安置回迁户的情形直接归为视同销售的范围。

问题3-1-14

对企业按县级以上人民政府的规定在售房时代收的各项费用如何处理？

答：《土地增值税清算管理规程》（国税发〔2009〕91号文件印发）第二十八条规定："对于县级以上人民政府要求房地产开发企业在售房时代收的各项费用，审核其代收费用是否计入房价并向购买方一并收取；当代收费用计入房价时，审核有无将代收费用计入加计扣除以及房地产开发费用计算基数的情形。"土地增值税清算鉴证业务也有相应鉴证规定，具体见"问题3-2-10 如何对'代收费用'收入进行鉴证审核？"。

对于代收费用的处理，各地在执行及审核时的具体处理政策举例如下：

1. 贵州省规定

《贵州省土地增值税清算管理办法》（国家税务总局贵州省税务局公告2022年第12号发布）第三十五条规定："对于县级及县级以上人民政府要求房地产开发企业在售房时代收的各项费用，代收费用已计入房价中向购买方一并收取的，视同销售房地产所取得的收入计税；代收费用未计入房价中，而在房价之外单独收取的，不确认为销售房地产所取得的收入。

房地产开发企业除前款规定之外的因销售房地产向购买方单独收取的水、电、煤气、天然气、有线电视初装费、呼叫系统购置安装费以及其他价外费用，应当确认为土地增值税的计税收入。"

2. 湖北省规定

《土地增值税征管工作指引（试行）》（鄂税财行便函〔2021〕9号文件印发）第三十二条规定："代收费用的审核应当重点关注：

（一）对于县级以上人民政府要求房地产开发企业在售房时代收的各项费用，审核其代收费用是否计入房价并向购买方一并收取。

（二）当代收费用计入房价时，审核有无将代收费用计入加计扣除以及房地产开发费用计算基数的情形。"

3. 北京市规定

《北京市地方税务局土地增值税清算管理规程》（北京市地方税务局公告2016年第7号发布）第三十八条规定："对于县级及县级以上人民政府要求纳税人在售房时代收的各项费用，如果计入房价中向购买方一并收取的，可作为转让房地产所取得的收入计税；如果代收费用是在房价之外单独收取的，可以不作为转让房地产的收入。对于代收费用作为转让收入计税的，在计算扣除项目金额时，可予以扣除，但不允许作为加计20%扣除的基数；对于代收费用未作为转让房地产的收入计税的，在计算扣除项目金额时不允许扣除代收费用。"

4. 山西省规定

《房地产开发企业土地增值税清算管理办法》（山西省地方税务局公告2014年第3号发布）第十五条第（一）项第3点规定，售房时向购买方一并收取的代收费用，应当作为计税收入（但不作为加计扣除的基数）。

问题3-1-15

支付的代销费、包销费等费用是否可以抵减清算收入？

答：根据《房地产开发经营业务企业所得税处理办法》（国税发〔2009〕31号文

件印发）第六条的相关规定，采取支付手续费、包销费等方式委托销售开发产品的，应按销售合同或协议中约定的价款确认收入的实现。

在委托销售业务中支付的手续费、包销费等性质上属于销售费用，因此不得抵减销售收入。以广州市政策规定为例，《土地增值税清算工作若干问题处理指引（2012年修订版）》（穗地税函〔2012〕198号文件印发）第四条第（三）项规定："房地产开发企业作为委托方以支付代销费、包销费等费用方式委托其他单位或个人作为受托方代销、包销房地产，委托方与受托方之间没有发生房地产产权转移的，房地产开发企业在确认收入时不得扣除相应的代销费、包销费等费用。"

问题3-1-16

向购买方附赠同一房地产开发项目中的车库（位）或其他开发产品的如何处理？

答：向购买方附赠同一房地产开发项目中的车库（位）或其他开发产品在企业的促销活动中比较常见。从企业所得税角度，《国家税务总局关于确认企业所得税收入若干问题的通知》（国税函〔2008〕875号）第三条规定："企业以买一赠一等方式组合销售本企业商品的，不属于捐赠，应将总的销售金额按各项商品的公允价值的比例来分摊确认各项的销售收入。"

对于土地增值税的具体处理方式，国家税务总局尚未有进一步的明细解释。实务中，对于向购买方附赠同一房地产开发项目中的车库（位）的，主商品和附赠的商品均属于房地产销售，应按照合同金额确认清算收入。以贵州省为例，根据《贵州省土地增值税清算管理办法》（国家税务总局贵州省税务局公告2022年第12号发布）第三十四条第一款的规定，"房地产开发企业销售房地产时向购买方附赠的同一房地产开发项目车库（位）或其他开发产品并在售房合同（协议）中注明的，以售房合同记载的总金额确认销售收入"。

对于合同中未分别列明价格的，按各自的公允价值占比分别确认收入。例如，《内蒙古自治区土地增值税清算管理办法》（国家税务总局内蒙古自治区税务局公告2023年第7号发布）第二十八条规定："纳税人在销售房地产的同时向购买方赠送同一开发项目车位（车库、储藏室），合同分别列明房地产销售价格和车位（车库、储藏室）赠送价格的，按合同列明的价格分别确认收入；未分别列明的，或虽列明但不公允的，按各自的公允价值占比分别确认收入。"内蒙古自治区税务局发布的《关于〈内蒙古自治区土地增值税清算管理办法〉的政策解读》第四条"理解难点"第（十九）项解读为："买一赠一的阁楼在土地增值税清算中如何处理？

以买一赠一形式销售无产权阁楼的，不征收土地增值税，在清算时不确认收入，不扣除相应的成本费用。

以买一赠一形式销售有产权阁楼的，阁楼与房屋为同一不动产权属的，应与房屋合并清算；阁楼与房屋为不同不动产权属的，应分别清算。"

从各地在实操中的掌握口径来看，房地产开发企业销售房地产时向购买方附赠的同一房地产开发项目车库（位）或其他开发产品并在售房合同（协议）中注明的，以售房合同记载的总金额确认销售收入。如果没有在售房合同中确认相关事项，则需要调整收入，一般情况下是比对同类没有附赠行为的房产的价格以及附赠物业的价格。如果其附赠行为的价格中已经包含了所附赠物业的价格因素，则不需要调整收入；如果价格中没有包含所附赠的物业价格因素，则需要按照规定的价格参考标准调整收入。实操中还需要根据当地税务机关的要求提供相应资料。

问题 3-1-17

让渡使用权的车库（车位）、储藏室等如何确认清算收入？

答：关于让渡无产权的车库（车位）、储藏室等使用权如何确认清算收入，目前国家税务总局没有具体的文件进行针对性规定，只是在日常政策指导中明确："转让无产权地下车位永久使用权，应纳入土地增值税清算范围，计算收入，并扣除相应成本费用，无产权地下车位原则上应分摊土地成本。"有的地方规定，在暂不具备实际办理地下非人防车位权属登记条件的地区，转让经依法批准建设的非人防地下车库（车位）的永久使用权（使用权年限与所处建筑物的国有土地使用权年限一致），应纳入土地增值税征税范围，计算收入，并扣除土地成本和其他成本费用。

对上述情形，各地在实操中的掌握尺度有一定差异，但原则是：凡确认收入的，准予扣除成本；不确认收入的，不扣除成本。各地具体规定举例如下：

1. 内蒙古自治区规定

《内蒙古自治区土地增值税清算管理办法》（国家税务总局内蒙古自治区税务局公告 2023 年第 7 号发布）第二十七条规定："纳税人转让有产权车位（车库、储藏室）的，按取得权属登记证上列明的房地产类型清算，未列明的按其他类型房地产清算，在清算时确认收入，扣除相应的成本费用，分摊土地成本。

纳税人转让车位（车库、储藏室）使用权的，不征收土地增值税，在清算时不确认收入，不扣除相应的成本费用，不分摊土地成本。"

2. 宁波市规定

《国家税务总局宁波市税务局关于土地增值税清算若干政策问题的公告》（国家税务

总局宁波市税务局公告2023年第3号）第二条"土地增值税收入的确认"第（二）项规定："转让无产权或不能单独转让的车位、车库等收入，应计入相应主体房产转让收入。"

3. 贵州省规定

《贵州省土地增值税清算管理办法》（国家税务总局贵州省税务局公告2022年第12号发布）第三十四条第二款规定："房地产开发企业单独销售无产权的车库（位）等不能办理产权的其他房地产的，不确认土地增值税计税收入，不扣除相应的成本和费用。"

4. 湖南省规定

《国家税务总局湖南省税务局关于土地增值税若干政策问题的公告》（国家税务总局湖南省税务局公告2018年第7号）第一条规定，"地下车库（位）根据不同情况按以下方式进行税务处理：地下车库（位）所有权未发生转移的，不征收土地增值税；所有权发生转移的，按照有关规定征收土地增值税"。

5. 广西壮族自治区规定

根据《广西壮族自治区房地产开发项目土地增值税管理办法（试行）》（广西壮族自治区地方税务局公告2018年第1号发布）第四十条第（七）项第3点的规定，对属于共配套设施的停车场（库）等，"建成后有偿转让并取得产权的，应计算土地增值税收入，并准予扣除成本、费用。建成后有偿转让但未取得产权的，不计算土地增值税收入，不扣除相应的成本、费用，其相应的面积计入其他类型房地产可售面积"。

6. 新疆维吾尔自治区规定

《新疆维吾尔自治区地方税务局关于明确土地增值税相关问题的公告》（新疆维吾尔自治区地方税务局公告2016年第6号）第四条第（二）项规定："不能办理权属登记手续的车库（车位、储藏室等），按照《国家税务总局关于房地产开发企业土地增值税清算管理有关问题的通知》（国税发〔2006〕187号）第四条第（三）项的规定执行。"即"建成后有偿转让的，应计算收入，并准予扣除成本、费用"。

7. 浙江省规定

《浙江省地方税务局关于土地增值税若干政策问题的公告》（浙江省地方税务局公告2014年第16号）第五条规定："对房地产开发企业以转让使用权或提供长期使用权的形式，有偿让渡无产权车库（车位）、储藏室（以下简称无产权房产）等使用权的，其取得的让渡收入应按以下规定计算征收土地增值税。

（一）对清算前取得的让渡收入应并入清算单位收入一并计算征收土地增值税。对不同类型房地产开发产品，应分别计算增值额的，让渡收入应按照建筑面积法在不同类型可售房产之间进行分摊，分别并计不同类型可售房产的收入。

（二）对清算后取得的让渡收入，根据该清算单位土地增值税清算时确定的税负率计算征收土地增值税，即：计算缴纳的应缴土地增值税＝无产权房产让渡收入×该清算单位的清算税负率。"

8. 大连市规定

《大连市地方税务局关于土地增值税征收管理若干问题的公告》（大连市地方税务局公告2014年第1号）第四条规定："房地产开发企业转让其利用地下基础设施形成的不可售的地下车库（位），取得的转让收入不预征税款，也不计入清算收入。同时，该不可售库（位）应分担的开发土地和新建房及配套设施成本、开发土地和新建房及配套设施费用等不得计入扣除。其他未列入可售范围的建筑物等比照执行。"

9. 山西省规定

根据《房地产开发企业土地增值税清算管理办法》（山西省地方税务局公告2014年第3号发布）第十九条第（四）项的相关规定，无产权的车库、车位、地下储藏间在一定期限内让渡使用权的，收入不作为土地增值税清算收入，其相应的成本费用不可以扣除。

3.2 清算收入确认鉴证审核业务

该阶段涉及的主要项目与财务资料有：开发项目立项批复、规划设计要点、工程规划许可证、商品房销售（预售）许可证、房屋分户（室）面积对照表、土地增值税项目登记表等。

问题 3-2-1

如何对清算收入进行鉴证审核？

答：对清算收入的审核，在实操中，一般是按照申报表规定的项目分类审核。根据《土地增值税纳税申报表（二）》（从事房地产开发的纳税人清算适用）（见第1章章末的附录1-1）的相关申报规定，转让房地产收入申报的分类主要有三类：货币收入、实物收入及其他收入、视同销售收入。根据该申报表填表说明的规定，上述每个分类项目的数据还要按照"普通住宅、非普通住宅、其他类型房地产"分别填写。有的地区规定，采取两分法，即按照住宅、其他类型房地产划分，具体以当地税务机关规定为准。

在清算实际操作中，为正确审核及准确计算转让房地产收入总额，还需要进行大量的明细分类项目（数据）审核，但最终要归集到上述政策规定的土地增值税清算申报表附表《收入统计表》中。根据《土地增值税清算鉴证业务准则》（国税发〔2007〕132号文件印发）第十八条及《土地增值税清算鉴证业务指引（试行）》（中税协发〔2023〕29号文件印发）第三十八条、第三十九条、第四十条的相关规定，具体方式、重点如下：

1. 总体把控注意事项

审核人员在审核收入时，从总体把控角度，首先可以根据销售窗口表等各类销售台账，制作销售收入核对表（例如表3-1、表3-2和表3-3），并与销售总账、明细账及合同核对，通过销售收入核对表的整理，再把实物收入、视同销售及房屋类型等区分出来进一步细化。对于已经采取网签（备案）的地区，还可以查阅（整理）网签信息数据，比对清算截止日，看销售合同是否已经网签备案，对于有差异的要理清相应情况。

上述销售收入明细核对表是审核人员审核清算收入的基础数据资料，后续清算收入的所有审核内容均可以围绕这个总体资料展开。

2. 具体鉴证程序和方法

审核人员在对收入项目进行鉴证时，应当采取下列程序和方法：

（1）评价有关收入的内部控制是否存在、有效且一贯遵守；

（2）获取或编制房地产转让收入明细表，并与销售明细表（销售台账）、会计资料、税务资料核对；

（3）了解清算项目有关的销售合同执行、商品房销售发票开具、有关部门实际测绘等情况；

（4）审核销售明细表、房地产销售面积与项目可售面积的数据关联性，以核实应计入销售额的收入；

（5）查明收入的确认原则、方法，注意会计规定与税法规定以及不同税种在收入确认上的差异；

（6）正确划分预售收入与现销售收入，防止影响清算数据的准确性；

（7）必要时，利用专家的工作对销售价格进行评估，判断有无价格明显偏低情况；

（8）审核清算项目的收入总额，可通过实地查验，确认有无少计、漏计收入事项；

（9）销售合同所载商品房面积与有关部门实际测量面积不一致，在清算前已发生补、退房款的，应在计算土地增值税时予以调整。

3. 收入项目鉴证时重点关注事项

审核人员在对收入项目进行鉴证时，应当重点关注以下事项：

（1）被鉴证人清算收入确认是否符合税法规定。

（2）被鉴证人按照清算项目设立的"预售收入备查簿"记载的项目合同签订日期、交付使用日期、预售款确认收入日期、收入金额等相关内容是否准确。

（3）销售退回、销售折扣与折让业务是否真实发生、内容完整、手续合法，金额计算与会计处理是否正确。重点关注关联方销售折扣与折让是否合理。

（4）被鉴证人对于以土地使用权投资开发的项目，是否按规定进行税务处理。

（5）按揭款收入是否申报纳税，有无挂在往来账不作销售收入申报纳税的情形。

（6）被鉴证人以房地产换取土地使用权，在房地产移交使用时是否视同销售不动产申报缴纳税款。

（7）被鉴证人采用"还本"方式销售商品房和以房产补偿给拆迁户时，是否按规定申报纳税。

（8）被鉴证人经有关部门实际测量的销售面积与合同约定的销售面积不符，除了在销（预）售合同约定的误差范围内不做退补款以外，其他发生退补款情形而导致收入变化的，是否按照税法规定处理；被鉴证人应退款而不退款、抵顶物业管理费的，税务处理是否符合税法规定。

（9）被鉴证人是否准确划分征税收入与符合免税规定的房地产开发项目收入，确认土地增值税的应税收入。

问题 3-2-2

清算收入鉴证审核应获取哪些证据材料？

答：在清算收入审核中，鉴证人要取得相应的证据资料，对于取证的原则、逻辑、方式、类型等具体要求可以参见第1章1.6节内容。

证据材料主要是依据两方的规范，一是当地税务机关制定的要求，对此在实操中要摸清具体取证明细；二是根据中税协制定的规范要求取证。一般情况下，两方面的要求基本一致。

根据《土地增值税清算鉴证业务指引（试行）》（中税协发〔2023〕29号文件印发）第二十四条的相关规定，鉴证人对被鉴证人清算申报收入总额的确认，应当取得下列鉴证材料：

1. 收入总额事实方面的信息和资料

收入总额事实方面，包括：商品房购销合同统计表、销售发票、销售合同（含房管部门网上备案登记资料）、商品房销售（预售）许可证、房产销售分户明细表、捐赠、投资合同、企业管理当局批件或者决议、外部批文及其他有关信息和资料。

2. 收入总额会计方面的信息和资料

收入总额会计方面，包括：总分类账、明细分类账会计分录以及对财务报表予以调整但未在账簿中反映的其他分录、银行进账单等信息和资料。

3. 收入总额税收方面的信息和资料

收入总额税收方面，包括：销售明细表、房地产销售面积与项目可售面积的数据证据及三者关联性分析的自制资料，销售合同所载商品房面积与有关部门实际测量面积数据资料，发生补、退房款的收入调整情况资料；对销售价格进行评估，并判断有无价格明显偏低情况形成的资料以及其他与收入有关的信息和资料。

在具体操作时，还可以结合第2章相关内容，例如表2-2、表2-3的整理等，取得鉴证过程中的各类资料。

问题 3-2-3

如何运用截止性测试确认收入真实性和准确性？

答：截止性测试是指在鉴证审核业务中对审查的业务有无按照政策规定处理或会计

处理是否合理而实施的审核程序，以判断测试业务的真实性和准确性。根据《土地增值税清算鉴证业务准则》（国税发〔2007〕132号文件印发）第二十六条的规定，在必要时，鉴证审核人员应当运用截止性测试确认收入的真实性和准确性。审核的主要内容包括：

（1）审核企业按照项目设立的"预售收入备查簿"的相关内容，关注项目合同签订日期、交付使用日期、预售款确认收入日期、收入金额和成本费用的处理情况。

（2）确认销售退回、销售折扣与折让业务是否真实，内容是否完整，相关手续是否符合规定，折扣与折让的计算和会计处理是否正确。重点审查给予关联方的销售折扣与折让是否合理，是否有利用销售折扣和折让转利于关联方等情况。

（3）审核企业对于以土地使用权投资开发的项目，是否按规定进行税务处理。

（4）审核按揭款收入有无申报纳税，有无挂在往来账（如"其他应付款"）不作销售收入申报纳税的情形。

（5）审核纳税人以房换地，在房产移交使用时是否视同销售不动产申报缴纳税款。

（6）审核纳税人采用"还本"方式销售商品房和以房产补偿给拆迁户时，是否按规定申报纳税。

（7）审核纳税人在销售不动产过程中收取的价外费用，如天然气初装费、有线电视初装费等，是否按规定申报纳税。

（8）审核将房地产抵债转让给其他单位和个人或被法院拍卖的房产，是否按规定申报纳税。

（9）审核纳税人转让在建项目是否按规定申报纳税。

（10）审核以房地产或土地作价入股投资或联营从事房地产开发，或者房地产开发企业以其建造的商品房进行投资或联营，是否按规定申报纳税。

在土地增值税清算鉴证业务中，鉴证人在鉴证上述业务时，发现疑点无法准确判断收入的真实性和准确性时，可以选取合适的起点或截止点，采取截止性测试进行判断。

问题 3-2-4

清算收入应按照哪些类型填写？

答：在土地增值税清算时，根据申报政策规定，清算收入要为三个类型，因此，鉴证审核人员要根据不同的类型审核归集各类数据、证据资料。

根据《土地增值税纳税申报表（二）》（从事房地产开发的纳税人清算适用）相关规定，纳税人在申报时，收入项目的数据均要按照"普通住宅、非普通住宅、其他类型房地产"分别填写。

在审核"转让房地产收入总额"时，审核人员要根据土地出让合同、立项书、规划设计要点、销售许可证、面积测绘表等证明文件，结合房地产清算项目现场，首先将房产分为"住宅类""其他类型房产""公共配套""自持自用房产"，再将"住宅类"房产分为"普通住宅""非普通住宅"等。

（1）"普通住宅"的判断标准。国家统一标准为：住宅小区建筑容积率在1.0以上、单套建筑面积在120平方米以下、实际成交价格低于同级别土地上住房平均交易价格1.2倍以下。各省、自治区、直辖市根据实际情况，制定本地区享受优惠政策普通住房的具体标准。允许单套建筑面积和价格标准适当浮动，但向上浮动的比例不得超过上述标准的20%。

（2）"非普通住宅"的判断标准。凡是不符合"普通住宅"判断标准的住宅，均为"非普通住宅"。

（3）"其他类型房产"为非住宅类房产，包括但不限于产权车位、车库、储藏室、商铺、写字楼、办公用房、托老所、会所、售楼处、文化活动站、体育馆、幼儿园、学校、菜市场等。

由于各地房地产市场情况不同，具体的"普通住宅""非普通住宅""其他类型房地产"标准有一定差异，因此审核人员在划分时，要严格按照各地公布的标准进行，对于特殊情况造成划分模糊的，要及时与税务管理机关沟通。

审核人员对项目房产类型的划分主要依据《销售收入明细核对表》，根据该表标注的类型进行统计，并根据《土地增值税清算管理规程》（国税发〔2009〕91号文件印发）第三条规定及该规程附件2提供的基本表样，填写《房地产转让收入明细表》（见本章末的附录3-1），分别按收入类型、房屋类型及年度统计各类销售收入。

> 【提示】《土地增值税清算管理规程》附件2中所有附表均为参考样表，各地税务机关可以根据需要增加内容，税务师事务所接受委托进行清算时，也可以根据情况适当增加内容。

问题3-2-5

如何对销售（收入）合同进行鉴证审核？

答：销售合同的审核是清算收入审核的重要内容。依据土地增值税清算政策及中税协鉴证业务规范，销售合同的审核包括合同的真实性、价格的合理性等审核判断，具体包括（不限于）以下几个方面：

一是从真实性角度对各项指标进行审核。审核的项目主要包括将销售合同列示的购房人名称、合同签订日期、签订合同编号与票据（发票）信息等核对，如果发现票据（发票）上的购房人与销售合同中的信息不相符，则要关注是否有更名或重新销售情况，是否有补充协议。

二是审核价格是否合理。包括房款合同总额、合同单价等，"房款合同总额"是指销售合同中列示的总房款，此处的"房款合同总额"在营改增后是包含增值税税款的金额，在确定收入时，要换算为不含增值税的金额；"合同单价"根据预售合同（或销售合同）中列示的单价填列或根据预售合同中的"房款合同总额"除以预售合同中的"预测建筑面积"计算得出，此处的"合同单价"也是包含增值税税款的合同单价，在确定收入时，则不含增值税。

三是关注特殊销售的处理情况。包括关联方销售、非货币性收款方式销售及价格明显偏低等业务，以确定合理的收入。

具体包括（不限于）以下情况（业务）：

（1）关联方销售业务；
（2）非货币性收款方式销售业务；
（3）销售单价明显偏低或销售总价金额偏大的，是否涉及特殊销售业务；
（4）销售特殊房产业务（菜场、幼儿园、会所等）；
（5）组合性销售业务（赠送家电汽车的，附赠储藏室、车位等的）；
（6）销售样板房、售楼处等业务；
（7）地下车库涉及不同性质及不同销售方式业务；
（8）企业提供面积、收入等信息与销售合同记载不一致的，是否涉及特殊销售业务；
（9）各类促销业务的处理。

四是关注非直接销售的处理情况。根据土地增值税政策及鉴证规范，非直接销售具体情形包括房地产开发企业将开发产品用于职工福利、奖励、对外投资、分配给股东或投资人、抵偿债务、换取其他单位和个人的非货币性资产等各类非直接销售业务的发生情况。在鉴证时，对相关业务要归集涉及的全部合同、协议及会计处理业务，以确定合理的收入。

在确定上述各种非直接销售业务价格时，要严格按照土地增值税政策相关文件的规定，特别是对于价格偏低等销售行为的处理，要根据当地税务机关确定的具体方式确定收入。

鉴证审核人员在审核上述业务时，主要是依据销售窗口表制作销售合同审核清单，同时将非常规业务涉及的合同、会计处理分录及相关文件等收集齐全，作为清算收入审核的基本资料和证据。资料证据归集参考《土地增值税清算鉴证业务指引（试行）》（中税协发〔2023〕29号文件印发）第二十四条的相关规定。

具体见表3–1、表3–2和表3–3。

上述基本资料整理完毕后，即可分类对各种形式的销售进行审核确认。

表3-1　某公司××项目销售收入（货币收入）核对表

单位：元、平方米

幢号	房号	客户	身份证号	实测面积	已售面积	成交总价	成交单价	不含税成交总价	付款方式	已付款金额	签约时间	类型	备注
05	101	甲	22334455667788991	97.40	97.40	970 000.00	9 959				2017-05-19	普通住宅	
05	102	乙	22334455667788992	77.63	77.63	830 857.00	10 703				2016-06-14	普通住宅	
05	103	丙	22334455667788993	77.63	77.63	846 075.00	10 899				2016-05-22	普通住宅	
05	104	丁	22334455667788994	77.63	77.63	835 983.00	10 769				2016-05-25	普通住宅	
05	105	戊	22334455667788995	77.63	77.63	827 827.00	10 664				2016-06-30	普通住宅	
05	106	己	22334455667788996	77.63	77.63	834 122.00	10 745				2016-05-26	普通住宅	
05	107	庚	22334455667788997	77.63	77.63	723 238.00	9 316				2016-07-31	普通住宅	
05	108	辛	22334455667788998	97.40	97.40	840 075.00	8 625				2016-08-27	普通住宅	
05	201	壬	22334455667788999	97.47	97.47	897 796.00	9 211				2016-08-06	普通住宅	

表3-2　某公司××项目销售收入（实物收入及其他收入）核对表

单位：元、平方米

幢号	房号	客户姓名	实测面积	已售面积	本项目同类房价格（含税）	单价	实物	原价（含税）	评估价（含税）	签约时间	类型	备注
02	101	A某公司	97.40	97.40	970 000.00	9 959	建材	1 100 000.00	980 000.00	2017-05-19	普通住宅	
03	302	B某公司	77.63	77.63	830 857.00	10 703	建材	810 000.00	845 000.00	2016-06-01	普通住宅	
06	603	C某公司	77.63	77.63	846 075.00	10 899	异地房屋	420 000.00	850 000.00	2016-05-22	普通住宅	
10	301	D某公司	77.63	77.63	835 983.00	10 769	异地房屋	350 000.00	840 000.00	2016-05-25	普通住宅	

表 3-3　某公司××项目销售收入（视同销售）核对表

单位：元、平方米

幢号	房号	客户姓名	身份证号	业务性质	实测面积	已售面积	本项目同类房屋价格	成交单价	不含税成交总价	签约时间	类型	备注
02	101	甲	22334455667788 9911	分配给股东	97.40	97.40	970 000.00	9 959		2017-05-19	普通住宅	
03	302	乙	22334455667788 9912	高层员工	77.63	77.63	830 857.00	10 703		2016-06-14	普通住宅	
06	603	丙	22334455667788 9913	高层员工	77.63	77.63	846 075.00	10 899		2016-05-22	普通住宅	
10	301	丁	22334455667788 9914	高层员工	77.63	77.63	835 983.00	10 769		2016-05-25	普通住宅	
12	105	戊	22334455667788 9915	抵偿债务	77.63	77.63	827 827.00	10 664		2016-06-30	普通住宅	

问题 3-2-6

如何对房屋售价偏低进行鉴证审核？

答：价格偏低的情况比较多，但从涉税角度考虑，主要分为合理与不合理两种。销售房地产项目价格偏低的情况，是土地增值税清算政策及中税协鉴证规范业务重点关注点，鉴证审核人员在审核时可以分为以下三个步骤（不限于）进行：

1.核对有正当理由的价格偏低

通过销售窗口表筛选出价格偏低的房屋交易，然后逐个与政策规定的正当理由核对，在取得充分证据的情况下，就可以确定为正常价格。一般有以下情形的房地产转让价格，即使明显偏低，税务机关也认为有正当理由（具体见"问题3-1-9 企业转让房地产的成交价格明显偏低又无正当理由的如何处理？"）：

（1）法院判定或裁定的转让价格；

（2）以公开拍卖方式转让房地产的价格；

（3）政府物价部门确定的转让价格；

（4）经主管税务机关认定的其他合理情形。

2.核对无正当理由的价格偏低及其处理

对于价格偏低的衡量，各地标准不一。有的地方设置了标准幅度，例如申报的房地产转让价格低于同期同类房地产平均销售价格10%的，即属于价格偏低；对于价格偏低的处理方式，各地具体政策也不一致。大部分地区按照同期同类房地产正常价格确定收入或者按照房地产评估机构评定的价格确认转让收入。因此，审核人员在审核时要掌握当地税务机关的具体规定与尺度，在收入确定环节依据具体政策进行判断与处理。

对于纳税人隐瞒房地产实际成交价格的，《土地增值税清算鉴证业务准则》（国税发〔2007〕132号文件印发）第二十二条规定，纳税人隐瞒房地产成交价格，其转让房地产成交价格低于房地产评估价格且无正当理由的，鉴证人可以终止鉴证。如果鉴证人接受司法机关、税务机关或者其他国家机关等委托人委托执行鉴证业务，应当获取具有法定资质的专业评估机构确认的同类房地产评估价格，以确认转让房地产的收入。

3.对于涉及关联企业交易的处理

对于涉及关联方销售业务的鉴证，根据《土地增值税清算鉴证业务指引（试行）》（中税协发〔2023〕29号文件印发）第三十五条的规定，"对关联方交易行为的审核。在审核收入和扣除项目时，应重点关注关联企业交易是否按照公允价值和营业常规进行业务往来，并应当关注企业大额往来款发生额及余额，判断有关经济事项的真实性及其对收入和扣除项目的影响"。

对于上述鉴证业务的资料证据归集，可以参考《土地增值税清算鉴证业务指引（试行）》第二十四条的相关规定。

问题3-2-7

如何对视同销售（非直接销售）收入进行鉴证审核？

答：根据政策规定，纳税人将开发的房地产用于职工福利、奖励、对外投资、分配给股东或投资人、抵偿债务、换取其他单位和个人的非货币性资产等，发生所有权转移时应视同销售房地产。根据《土地增值税清算鉴证业务准则》（国税发〔2007〕132号文件印发）第二十三条、《土地增值税清算鉴证业务指引（试行）》（中税协发〔2023〕29号文件印发）第四十二条的相关规定，鉴证审核人员在审核时，具体分为以下两个步骤（不限于）：

一是确定视同销售（非直接销售）业务。通过"开发产品"、"开发成本"（非正常结转）等科目将各类视同销售业务筛选出来，然后归集相关合同、会议纪要等各类证据资料。

二是确定销售收入。确认的方法和顺序如下：

（1）按本企业当月销售的同类房地产的平均价格核定。

（2）按本企业在同一地区、同一年度销售的同类房地产的平均价格确认。

（3）参照当地当年、同类房地产的市场价格或评估价值确认。

除上述审核时需要的资料，其他资料证据归集参考《土地增值税清算鉴证业务指引（试行）》第二十四条的相关规定。

问题3-2-8

如何对企业促销价格折扣进行鉴证审核？

答：在商品房销售中，企业会采取多种销售方式，不论采取何种方式，鉴证审核人员最重要的就是对发票的审核。

根据相关税收政策，在对给予价格折扣的业务进行审核时，纳税人发生的应税行为，凡是将价款和折扣额在同一张发票上分别注明的，以折扣后的价款为销售额；未在同一张发票上分别注明的，以价款为销售额，不得扣减折扣额。审核人员在审核时，以票面确定的价格确认收入，对于未在同一张发票上分别注明的支出，不得抵减销售额。

问题 3-2-9

如何对精装修房屋收入进行鉴证审核？

答：精装修房屋收入的审核与精装修支出的审核是联系在一起的，审核人员首先要详细掌握当地税务机关的具体政策规定，然后再根据具体政策规定判断是否确认为清算收入。

一般情况下，精装修房屋分为"硬装"（不可移动）和"软装"（可移动）两类，如果当地政策规定"硬装"计入清算收入，则支出可以计入扣除项目；如果当地政策规定"软装"不计入清算收入，则相应支出也不计入扣除项目。对于这种情况，在审核时，可以根据签订销售合同中列示的装修金额，分析属于"硬装"收入还是"软装"收入，具体如下：

（1）如果属于"硬装"收入而未计入土地增值税应税收入，应调增补计（以正数填写）；

（2）如果属于"软装"收入并且计入了土地增值税应税收入，应调减剔除（以负数填写）；

（3）如果销售合同中未载明"硬装"或"软装"，审核人员也无法明确区分"硬装"或"软装"的，则不做调整，一律计入土地增值税应税收入。

上述仅是一般情况下的处理，实务中销售合同一般为标准格式，很少会划分"硬装"收入和"软装"收入。具体处理时，有些地区规定"软装"的支出不予列支，同时按不予列支的支出金额核减计税收入金额；有些地区则规定一些情形可以计入基数。因此在审核精装修房屋时，要将收入与支出一起审核，并遵守当地税务机关的处理要求。

问题 3-2-10

如何对"代收费用"收入进行鉴证审核？

答：在房地产项目开发中，地方政府会要求房地产开发企业代收费用。根据政策规定，如果代收费用是计入房价中向购买方一并收取的，可作为转让房地产所取得的收入计税；如果代收费用未计入房价，而是在房价之外单独收取的，可以不作为转让房地产的收入。

对"代收费用"的收入鉴证审核，根据《土地增值税清算鉴证业务准则》（国税发〔2007〕132号文件印发）第二十五条、《土地增值税清算鉴证业务指引（试行）》（中税协发〔2023〕29号文件印发）第四十三条的相关规定，审核人员可以结合"代收费用"的支出一并审核，鉴证业务可以分为以下三个步骤进行（不限于）：

一是归集各类代收费用判断是否计入房价。根据当地税务机关的政策规定，将各类代收费用归集整理，列明收费主体、金额以及政策规定的归集方向等，审核判断其代收费用是否计入房价并向购买方一并收取。

二是代收费用在房价之外单独收取且未计入房地产价格的，不作为转让房地产的收入，在计算增值额时不允许扣除代收费用。

三是核对收入与支出判断"加计扣除"是否正确。根据政策规定，确定哪些项目需要确认为清算收入、支出，哪些项目不需要确认为清算收入、支出。在实务中，各地的具体处理政策有一定的差异，因此，审核人员还要比对当地政策规定，确定支出的处理，即当代收费用计入房价时，审核有无将代收费用计入加计扣除以及房地产开发费用计算基数的情形，其处理是否符合当地清算政策要求。

问题 3-2-11

如何对土地增值税计税收入进行鉴证审核？

答："土地增值税计税收入"是指经审核后根据土地增值税的相关规定调整后的土地增值税计税收入。计算公式如下：

审定土地增值税计税收入
=销售合同单价（不含税）× 实测面积
=营改增前应税收入+营改增后应税收入+"硬装""软装"调整收入+售价偏低调增应税收入+其他原因调整收入

在清算中，如果上述实测面积与预测面积的差异超过3%，则不可以直接乘以实测面积。按《商品房销售管理办法》的规定，商品房销售可以按套（单元）计价，也可以按套内建筑面积或者建筑面积计价。按套（单元）计价的房屋，误差在合同约定范围之内的一般不会产生补、退房款。按套内建筑面积或者建筑面积计价的，当事人应当在合同中载明合同约定面积与产权登记面积发生误差的处理方式。合同未做约定的，按以下原则处理：

一是面积误差比绝对值在3%以内（含3%）的，据实结算房价款。

二是面积误差比绝对值超出3%时，买受人有权退房。买受人退房的，房地产开发企业应当在买受人提出退房之日起30日内将买受人已付房价款退还给买受人，同时支付已付房价款利息。买受人不退房的，产权登记面积大于合同约定面积时，面积误差比在3%以内（含3%）部分的房价款由买受人补足；超出3%部分的房价款由房地产开发企业承担，产权归买受人。产权登记面积小于合同约定面积时，面积误差比绝对值在3%以内（含3%）部分的房价款由房地产开发企业返还买受人；绝对值超出3%部分的房价款由房地产开发企业双倍返还买受人。面积误差比计算公式如下：

$$面积误差比 = （产权登记面积 - 合同约定面积）/ 合同约定面积 \times 100\%$$

对于支付给客户的退房款以及双倍返还客户绝对值超出3%部分的房价款，房地产企业可以冲减其销售收入。

问题 3-2-12

如何对营改增前、后应税收入进行鉴证审核？

答："营改增前应税收入"是指截至2016年4月30日，根据营业税相关规定，应缴营业税的清算项目确定的应税销售收入。"营改增后应税收入"是指从2016年5月1日起，根据《财政部 国家税务总局关于全面推开营业税改征增值税试点的通知》（财税〔2016〕36号）、《财政部 国家税务总局关于营改增后契税 房产税 土地增值税 个人所得税计税依据问题的通知》（财税〔2016〕43号）、《国家税务总局关于营改增后土地增值税若干征管规定的公告》（国家税务总局公告2016年第70号）等文件规定，计算出来的应交增值税的清算项目应税收入。

如果取得销售收入是在营改增前，缴纳营业税，则直接按照销售价格。

如果取得销售收入是在营改增后，缴纳增值税，对于价税合并定价的，则应计算为不含税销售额。其中适用一般计税方法的，应税收入 = 含税销售额 ÷（1+税率9%）；适用简易计税方法的，应税收入 = 含税销售额 ÷（1+征收率5%）。

> 【提示】上述公式中的税率，根据相关政策，自2018年5月1日起至2019年3月31日，由11%调整为10%；自2019年4月1日起，由10%调整为9%。

问题 3-2-13

如何以收款口径辅助核对计税收入？

答：以收款口径辅助核对计税收入主要是以下列公式为主进行核对：

计税收入房款＝已收房款＋补收、应退房款

"已收房款"：根据企业至清算截止日期前的销售台账中列示的已收房款填列。如果没有收到购房款，填写0。

"补收、应退房款"：金额为正数，则表示企业应向购房人补收房款；金额为负数，则表示企业应向购房人退还多收的房款。如果购房款已结清，则为0。

以收款口径核对计税收入，需注意如下事项：

（1）需要明确所收款项是否为可售房屋的销售款。有些收款为不需要纳入清算范围的业态的收入，则不作为清算的计税收入。如自持自用或出租的房屋，其成本不予扣除，其收入亦不作为计税收入。

（2）核实每套房屋应收总收入。根据合同单价和实测面积，得出每套房屋应收总房款。将实际收款与之比对，如有差异，需要分析原因，是否为分期付款或按揭，且尚未达到付清的期限，或者存在需要补退面积差的情况。

（3）收款口径只是辅助核对计税收入，最终并不以实际收款为计税收入，而是以合同单价（不含税合同单价）乘以实测面积得出的金额为计税收入。此金额也是购房者最终应付的金额，应与最终的销售发票金额一致。

（4）对可售房屋未收到任何款项的处理。对未收到任何款项的可售房屋，首先判断其是否确实是未售，同时关注其是否存在发生抵债、股东分配、员工福利等零收款的视同销售行为。如果存在视同销售情况，则计税收入不能按实际收款确认，应按照税务机关认可的合理价格核定。

3.3 清算收入税务审核业务

清算收入业务的相关税收政策已经在前面介绍,本节主要介绍清算收入业务的税务审核方式等。涉及土地增值税清算的很多政策,有的是直接规定,有的通过审核政策体现,在土地增值税清算审核中,3.1 节阐述的各项政策是审核的政策依据,本节从审核角度,阐述涉及的方式及重点。

问题 3-3-1

清算收入审核对清算资料有哪些要求?

答:实务中,在确定完整的土地增值税清算资料后,就可以进行清算收入确认的审核了。税务机关在审核清算收入时,首先要对纳税人报审的各类资料及入库税款(预缴税款)进行审核,即根据各地政策规定的具体报审资料要求及《土地增值税清算材料清单》(见第 2 章内容),审核各项资料的归集以及数据的整理是否符合清算审核要求。具体有以下几点(相关业务还可参见第 2 章相关清算资料内容):

(1)资料是否完整。包括商品房销售(预售)许可证、销售窗口表、面积测绘表、日常销售的合同(协议)与发票清单、视同销售等各类特殊业务的合同(协议)及企业内部文件等。在审核时,要根据当地具体规定审核资料是否齐全,对原始凭证有缺失的应要求纳税人补充。

(2)基础数据信息是否完整。主要是指窗口表、销售收入明细表以及面积表等各项指标是否齐全,原始凭证是否齐全。在审核时,对于各类归集数据的表格,如果指标偏少,影响业务的审核判断,应要求纳税人进行补充。对已实现网签备案项目,还要关注网签备案情况,要求企业提供相应资料。

(3)数据整理是否清晰。根据政策规定,不同性质的收入有不同的处理方式,同时清算收入要按照不同类型的房地产进行分类。在审核时,要看各种情况是否分别整理数据,例如,视同销售行为是否单独列表,《销售收入(视同销售)核对表》(见前面的表 3-3)、关联企业交易是否单独整理列表,等等。如果发现企业销售类型多样,而清算收入没有分别整理,则应要求纳税人重新补充。

(4)整理税款入库数据(资料)。根据政策规定,正常情况下,在土地增值税清算截止日前,房地产开发企业销售开发产品均要按照规定预缴土地增值税。在审核时,要理清不同预缴率预缴税款的具体数据,对存在不同清算项目有重叠期的,还要分清每个项目预缴税款的具体数据。

（5）查看（深入获取资料）纳税人的股东名册和管理层名单，可以通过国家企业信用信息公示系统或相关系统，查询企业关联方有关信息，核对销售台账，重点核查是否存在关联交易（特别是股东和管理层人员）申报收入偏低的情况。

问题 3-3-2

清算收入审核的重点包括哪些内容？

答：根据国家税务总局发布的政策，综合《内蒙古自治区土地增值税清算管理办法》（国家税务总局内蒙古自治区税务局公告2023年第7号发布）第五章、《国家税务总局海南省税务局土地增值税清算审核管理办法》（国家税务总局海南省税务局公告2023年第2号发布）第二章、《贵州省土地增值税清算管理办法》（国家税务总局贵州省税务局公告2022年第12号发布）第五章、《国家税务总局山东省税务局土地增值税清算管理办法》（国家税务总局山东省税务局公告2022年第10号发布）第五章等各地的相关规定，税务机关在清算审核时重点关注的问题如下：

（1）确认清算收入的完整性。审核实物收入、视同销售收入和其他经济利益是否符合政策规定。具体可以通过核实"应付账款""预收账款"等科目账面余额的情况，按合同规定时间应收取而未收到的销售款是否申报纳税，核实分期付款是否申报纳税；分析是否存在项目竣工后未及时结转收入，长期挂在往来科目的情况。

核实"营业外收入"和"其他业务收入"科目，是否存在将随同销售款收取的费用计入价外收入的情况。同时结合企业银行日记账、银行对账单等资料核实企业是否将收取的款项全部入账，特别是价外收入，确认收入完整性。

（2）不同情形销售发票开具及商品房面积差异的处理是否符合政策规定。

（3）企业销售开发产品的价格低于同类开发产品平均销售价格的处理是否符合政策规定。

（4）企业将开发的部分房地产转为企业自用或用于出租的业务真实性。

（5）企业销售房地产时向购买方附赠、销售使用权情形等的处理是否符合政策规定。

（6）各类在项目内建设配建房并无偿移交政府（或指定单位）的处理是否符合政策规定。

（7）各类代收费用的处理是否符合政策规定。

（8）各类价外收费的处理是否符合政策规定。

（9）对于委托代销、包销的，是否由购房者在购房款之外另行向第三方机构支付中介手续费、服务费等，如存在明显不合理的商业目的；支付的手续费金额是否超过购房款总额的5%（注意：还涉及企业所得税处理）。

（10）纳税人销售房产再回租（返租），销售收入是否包括租赁价款抵减（让渡）销售收入的金额。

问题3-3-3

对清算收入有哪些基本的审核方法和审核资料？

答：《土地增值税清算管理规程》（国税发〔2009〕91号文件印发）第十八条规定："审核收入情况时，应结合销售发票、销售合同（含房管部门网上备案登记资料）、商品房销售（预售）许可证、房产销售分户明细表及其他有关资料，重点审核销售明细表、房地产销售面积与项目可售面积的数据关联性，以核实计税收入；对销售合同所载商品房面积与有关部门实际测量面积不一致，而发生补、退房款的收入调整情况进行审核；对销售价格进行评估，审核有无价格明显偏低情况。

必要时，主管税务机关可通过实地查验，确认有无少计、漏计事项，确认有无将开发产品用于职工福利、奖励、对外投资、分配给股东或投资人、抵偿债务、换取其他单位和个人的非货币性资产等情况。"

根据上述政策规定，税务机关在审核收入时，要依据纳税人提供的清算资料，审核收入与面积之间的逻辑关系、不同类型房地产是否分别核算以及价格偏低问题的处理等，对于发票、合同、入账金额以及面积差异等按照收入确定的原则审核处理。例如，一些地方在实操中掌握的基本口径为：一是结合销售台账和测绘数据开展实地核查，以确认销售、公配使用、自用等各类情况；二是结合合同、预收款、申报增值税收入数据，以及补退面积差凭证、抽检发票等审核收入数据的完整性；三是在样板房销售审核中关注销售合同附则对装修内容的约定条款，核对装修价款是否单独收取；四是对价格偏低的合理性资料进行审核，看其提供的资料是否完整并能说明问题；五是对各类非直接销售（视同销售）房产进行审核，其中要特别关注"工抵房"有无双方盖章确认同意抵债的凭证。

财税中介机构在土地增值税清算鉴证业务中，要遵循国家税务总局、中税协的相关土地增值税清算收入鉴证规范，税务机关在审核收入时，也可以参考其相关鉴证规定。

关于对清算收入的审核，各地具体规定举例如下：

1. 湖北省规定

《土地增值税征管工作指引（试行）》（鄂税财行便函〔2021〕9号文件印发）第

二十一条规定:"审核收入情况时,应当重点关注:

(一)审核纳税人预售款和相关的经济收益是否全部结转收入以及销售价格是否明显偏低。

(二)结合销售发票、销售合同(含主管部门网上备案登记资料)、销售(预售)许可证、房产销售分户明细表及其他有关资料,重点审核销售明细表、房地产销售面积与项目可售面积的数据关联性,以核实计税收入。

(三)对销售合同所载商品房面积与有关部门实际测量面积不一致,而发生补、退房款的收入调整情况进行审核。

(四)对营改增后应税收入是否不含增值税进行审核。"

2. 广东省规定

《国家税务总局广东省税务局土地增值税清算管理规程》(国家税务总局广东省税务局公告2019年第5号发布)第二十四条规定:"审核收入情况时,应重点审核纳税人预售款和相关的经济收益是否全部结转收入以及销售价格是否明显偏低。应结合销售发票、销售合同(含主管部门网上备案登记资料)、销售(预售)许可证、房产销售分户明细表及其他有关资料,重点审核销售明细表、房地产销售面积与项目可售面积的数据关联性,以核实计税收入;对销售合同所载商品房面积与有关部门实际测量面积不一致,而发生补、退房款的收入调整情况进行审核;对营改增后应税收入是否不含增值税进行审核。

税务机关可通过实地查验,确认是否少计、漏计事项,确认是否将开发产品用于职工福利、奖励、对外投资、分配给股东或投资人、抵偿债务、换取其他单位和个人的非货币性资产等情况。

对纳税人转让房地产成交价格明显偏低且无正当理由的,按该项目同期同类房地产的平均价格或评估价值确定其收入。"

3. 黑龙江省规定

《黑龙江省土地增值税清算管理操作规程》(黑龙江省地方税务局公告2016年第2号发布)第十七条规定:"审核收入情况时,应评价其收入内部控制是否存在、有效并一贯遵守。要结合销售发票、销售合同(含房管部门网上备案登记资料)、商品房销售(预售)许可证、房产销售分户明细表及其他有关资料,重点审核房产销售分户明细表、房地产销售面积与项目可售面积的数据相关性、普通标准住宅确认是否准确等。已全额开具发票的,是否已按发票所载金额确认收入;未开具发票或未全额开具发票的,是否以交易双方签订的销售合同所载的售房金额及其他收益确认收入;销售合同所载商品房面积与有关部门实际测量面积不一致,在清算前已发生补退房款,能提供合法有效凭证的,是否在计算土地增值税时予以调整。要对销售价格进行评估,审核有无价格明显偏低情况。

必要时主管地税机关可通过实地查验，确认有无少计、漏计事项，确认有无将开发产品用于职工福利、奖励、对外投资、分配给股东或投资人、抵偿债务、换取其他单位和个人的非货币性资产等情况。"

4. 山西省规定

《房地产开发企业土地增值税清算管理办法》（山西省地方税务局公告2014年第3号发布）第十五条第（二）项规定："收入审核小组应当根据纳税人提供的《与收入相关的面积明细申报表》和《转让房地产收入明细申报表》，结合立项报告、测绘报告、规划许可证、销（预）售许可证等相关资料，核实与收入相关的面积之间的逻辑关系是否合理，有无应视同销售行为未作销售处理的情况。同一清算单位中不同类型的房地产开发项目是否分别核算收入。若发现纳税人提供的收入资料不实，成交价格明显低于正常销售价格又无正当理由的，收入审核小组可以参照当地当年、同类房地产市场价格核定收入。"

5. 宁波市规定

根据《宁波市房地产项目土地增值税清算审核工作指引》（2013年第3号）第二条的规定，对于清算收入的审核，重点是以下两个方面：

（1）应税面积及收入审核。核对项目面积及收入，查看项目销售统计表，是否与测绘报告及网上签约备案情况相符合，并核实项目销售套数、面积及收入情况。

（2）收入确认真实性审核。一是关注是否存在隐匿收入情况，包括视同销售未计收入、预收款未转收入、挂靠往来账款隐匿收入、未开具发票或未全额开具发票的售房款未计收入以及关联方交易行为。二是核查是否存在销售价格偏低情况。重点审核关联交易和批量购房情况，可采取价格排序方法，比较关联交易和批量购房单价与清算项目同类型房屋或单栋楼层均价。对低于平均价格一定幅度（如20%）以上的销售行为进行重点核查，要求纳税人提供合理证据和说明。三是抽查售房合同，尤其是售房合同的补充协议或与关联方签订的经营合同，审核是否存在售后返租业务直接以租金冲减售房收入的情况，是否存在代收费用已计入成本但未计入收入的情况。

6. 江苏省规定

根据江苏省地方税务局以苏地税财行便函〔2010〕26号文件转发的《土地增值税清算要素鉴别法》（苏州地税发〔2010〕87号文件印发）第一条的规定，确认收入的鉴别方法如下：

（1）开发企业将预收购房款或当期售房款长期挂在往来账上，或以房款抵偿工程成本、债务，不及时结转收入。

鉴别方法：结合房产管理部门的网上签约备案资料确认是否有预收款未转收入情况存在；检查项目承包方、材料供应方与开发企业之间的往来账目，有无"虚挂"的大额余额存在，防止开发企业"以房偿债、以房换物"。

（2）开发企业对需要视同销售的开发产品漏计销售收入。

鉴别方法：检查"开发产品"账户明细，结合实地勘察调查，对将开发产品用于职工福利、奖励、对外投资、分配给股东或投资人等的行为，在开发产品发生所有权转移时，视同销售一并计算销售收入。

（3）开发企业以"一房一价"为名，调节房价，少计销售收入。

鉴别方法：①从销售统计表中检查是否存在不合理销售价格的情况，与房地产企业相关项目销售表和物价部门批复进行核对，对售价明显偏低且无正当理由的，按照同类同期平均销售价格予以调整销售收入。②对疑似售价明显偏低的，委托价格认证中心鉴定，以价格认证中心认定的价格调整销售收入。

（4）房地产销售时，开发企业收到购房人违约支付的违约金、滞纳金，直接计入营业外收入。

鉴别方法：检查"营业外收入"明细账户，对购房人发生购房行为而支付的违约金、滞纳金计入销售收入予以调整；对购房人未发生购房行为支付的违约金、滞纳金，因未发生房地产转让行为，不计入房地产销售收入。

问题 3-3-4

如何审核确认剩余的可售建筑面积已经出租或自用？

答：根据《国家税务总局关于房地产开发企业土地增值税清算管理有关问题的通知》（国税发〔2006〕187号）第二条第（二）项及《土地增值税清算管理规程》（国税发〔2009〕91号文件印发）第十条的相关规定，"已竣工验收的房地产开发项目，已转让的房地产建筑面积占整个项目可售建筑面积的比例在85%以上，或该比例虽未超过85%，但剩余的可售建筑面积已经出租或自用的"，当地主管税务机关可要求纳税人进行土地增值税清算。

在实务中，对于已经出租的房屋根据政策及业务形态能够很明晰地确定，但是如何判断审核"剩余的可售建筑面积自用的"情形，目前尚没有明确的规范。

实务中，对于"房地产转为企业自用"的把控，一般采取两种方式：一是税务审核人员现场查看剩余的可售建筑面积是否自用，即是否实际使用，一般情况下，在项目开发过程中的临时性使用，例如售楼部、样品房、项目开发部人员临时办公房等不属于剩余的可售建筑面积自用，对于围绕项目开发临时性使用以外的使用，即凡是有证据表明已经正常使用的，均应归属为自用；二是查阅相关明细账，对于已经从"开发产品"科目转为"固定资产"科目或其他科目，特别是已经提取折旧的未销售房地产（剩余的可售建筑面积），应确定为自用。

问题 3-3-5

对非直接销售房地产的收入有哪些基本的审核方法和原则？

答：非直接销售房地产主要是指房地产开发企业将开发产品用于职工福利、奖励、对外投资、分配给股东或投资人、抵偿债务、换取其他单位和个人的非货币性资产等业务的情形。根据《国家税务总局关于房地产开发企业土地增值税清算管理有关问题的通知》（国税发〔2006〕187号）第三条第（一）项、《土地增值税清算管理规程》（国税发〔2009〕91号文件印发）第十九条第（一）项及《国家税务总局关于营改增后土地增值税若干征管规定的公告》（国家税务总局公告2016年第70号）第二条的相关规定，这些情形均要视同销售并按照政策规定的方式确认收入。

在具体审核中，主要是根据政策的规定，查核是否存在（包括各地）政策列举的各类非直接销售房地产事项，同时核对是否按照政策规定的方式和顺序确定收入。具体审核时，需要取得审核相关业务的合同、资金往来、会计处理以及增值税、企业所得税处理，还需要企业提供详细的土地增值税清算处理情况说明。

根据各地实操情况，对于上述非直接销售房地产收入的审核，一些地方还规定在审核时，税务机关审核人员要通过实地查验，确认业务的实际情况，再进一步确认是否存在少计、漏计事项，确认是否将开发产品用于职工福利、奖励、对外投资、分配给股东或投资人、抵偿债务、换取其他单位和个人的非货币性资产等。

此外，财税中介机构在土地增值税清算鉴证业务中，遵循国家税务总局、中税协的相关鉴证规范；税务机关在审核收入时，也可以参考其相关鉴证方式。

问题 3-3-6

对企业用建造的本项目房地产安置回迁户的业务如何审核？

答：根据土地增值税清算相关政策，房地产企业用建造的本项目房地产安置回迁户的，安置用房视同销售处理。政策要点为：一是按照非直接销售的收入确认收入，同时将此确认为房地产开发项目的拆迁补偿费；二是房地产开发企业支付给回迁户的补差价款，计入拆迁补偿费；三是回迁户支付给房地产开发企业的补差价款，应抵减该项目拆迁补偿费。

税务机关审核人员在审核该类业务时，主要把握以下四点（不限于）：

首先，获取清算项目拆迁安置名单。通过名单核对，查看获取拆迁安置房的人员是否在名单中，如果不在名单中，则不属于安置回迁户业务。

其次，获取拆迁安置政策。通过安置政策与实际情况比对，核对获取拆迁安置房的人员是否符合政策，特别是获取安置的面积是否符合政策。

再次，计算每户差价。通过符合政策的安置面积与实际面积的比对，计算房地产开发企业支付给回迁户的补差价款，以及回迁户支付给房地产开发企业的补差价款，再核对差价款的处理是否符合政策要求。

最后，核对相关回迁户安置人员的签字手续等是否完备。

问题 3-3-7

对企业用建造的本项目房地产以房抵债（施工方）的收入如何审核确认收入？

答：房地产企业用建造的本项目房地产抵欠施工方的建筑工程款，一般情况下是房地产企业因资金问题无法按照工程合同约定支付施工企业工程款，双方签订抵偿合同（或协议），通过协商用开发产品折价抵偿所欠（或应支付）的工程。从税收角度，实际上是发生了两种业务，一是销售房地产业务；二是支付施工方的建筑工程款（购进建筑劳务）。根据土地增值税清算相关政策，房地产企业用建造的本项目房地产抵施工方的建筑工程款，属于按照非直接销售的收入确认收入。

税务机关审核人员在审核该类业务时，主要是从收入确认、成本确认方面把控，具体业务关注点如下：

一是获取房地产企业、施工企业双方签订的合同（或协议）。理清合同中明确的各项业务性质及数据。

二是获取房地产企业会计数据。即通过房地产企业的往来账、预收账款等明细账，核对抵偿的工程款（施工企业）全部业务数据。

三是获取房地产企业业务处理的明细账、凭证数据。即通过相关科目理清该类业务的处理结果。

四是比对相关政策。即在理清上述业务的同时，比对收入确认是否符合政策规定，成本确认是否符合政策规定。

需要注意的是，如果在该类业务中，相关合同（协议）约定，将抵顶的开发产品登记在第三方名下，需要继续核对相关业务，检查是否存在相关税款没有及时缴纳问题。

问题 3-3-8

个人股东取得清算项目房地产的如何审核确认收入？

答：房地产企业用建造的本项目房地产进行股东分红，从税收角度，实际上是发生了两种业务：一是销售房地产；二是股东（个人）分红。根据土地增值税清算相关政策，房地产企业用建造的本项目房地产进行股东分红，属于按照非直接销售的收入确认收入。

税务机关审核人员在审核该类业务时，主要是从收入确认方面把控，具体业务关注点如下：

一是获取房地产企业股东分红文件。理清合同中明确的用清算项目房地产分红的业务政策、性质。

二是获取房地产企业会计数据。即通过房地产企业的权益类账户（明细账）、凭证等，理清分红涉及的数据。

三是比对分红落实涉税政策。通过相关明细科目，核对用本清算项目开发产品分红的处理是否符合政策要求，包括收入确认方式、差价处理方式等。

需要注意的是，对于股东需要补差价而没有补的部分，还要延伸核对个人所得税的处理。

四是股东无偿取得开发产品。对于股东无偿取得清算项目的开发产品，通过"开发产品"科目、销售窗口表（台账）、房产登记等核对是否存在股东无偿取得清算项目开发产品，如果有此情形，除按照非直接销售收入政策确认收入外，还要延伸关注个人所得税的处理。

附 录

附录 3-1

房地产转让收入明细表

单位：元

清算类别	其中	申报合计数	×××1年	×××2年	×××3年	×××4年	×××5年	×××6年	×××7年	调整金额	调整说明
普通住宅	货币收入										
	实物收入和其他收入										
	视同销售收入										
非普通住宅	货币收入										
	实物收入和其他收入										
	视同销售收入										
其他类型房产	货币收入										
	实物收入和其他收入										
	视同销售收入										
合计											

附录 3-2

与收入相关的面积明细申报表

单位：平方米

项目	行次	普通住宅	非普通住宅	商铺	车库	办公楼	会所	学校等公共配套设施	其他	合计
		1	2	3	4	5	6	7	8	9=1+2+3+4+5+6+7+8
使用土地面积	1									
总建筑面积	2									
可售建筑面积	3									
已售建筑面积	4									
未售建筑面积	5									
自用建筑面积	6									

第4章

土地增值税清算之确定扣除项目金额业务

本章涉及的土地增值税清算业务主要是扣除项目金额的确定及审核。在土地增值税清算中，对扣除项目金额的审核是最重要的审计工作。其主要流程是：首先，依据申报表中扣除项目的分类来确定更加具体的细分项目，以保证政策规定的扣除金额准确；其次，依据政策规定对扣除项目的金额按照一定的流程进行审核确定；最后，根据确定的金额计算最终可以从销售收入中扣除的金额。本章清算扣除项目审核仅限于新开发项目（新建房），不包括转让旧房、单独转让土地等涉及的土地增值税清算业务。本章具体内容包括三个方面：一是清算扣除项目工作中涉及的政策解释；二是财税中介机构（税务师事务所）对清算扣除项目所做的鉴证审计业务；三是税务机关对清算扣除项目的审核。

4.1 清算扣除项目税收政策

成本扣除项目的确认是土地增值税清算中最重要的环节，直接影响增值额的计算确认。

4.1.1 扣除项目基本规定

问题 4-1-1

清算扣除项目包括哪些扣除内容？

答：根据《土地增值税暂行条例》第六条规定及2016年国家税务总局发布的《土地增值税纳税申报表（二）》（从事房地产开发的纳税人清算适用）的相关项目，计算土地增值税增值额的扣除项目包括以下支出内容：

（1）取得土地使用权所支付的金额；
（2）开发土地的成本、费用；
（3）新建房及配套设施的成本、费用；
（4）与转让房地产有关的税金；
（5）财政部规定的其他扣除项目；
（6）代收费用。

上述分类是从土地增值税清算角度进行划分的，与企业在项目开发中的日常核算（会计处理）不同。在土地增值税项目清算时，企业要从相关会计科目（包括二级、三级会计科目）中进行分析归类，形成土地增值税增值额扣除项目的六个分类。

各地规定也是如此，例如，根据《国家税务总局广东省税务局土地增值税清算管理规程》（国家税务总局广东省税务局公告2019年第5号发布）第二十六条、《安徽省土地增值税清算管理办法》（国家税务总局安徽省税务局公告2018年第21号修改）第三十五条、《北京市地方税务局土地增值税清算管理规程》（北京市地方税务局公告2016年第7号发布）第三十条等的规定，土地增值税扣除项目审核的内容包括：

（1）取得土地使用权所支付的金额。
（2）房地产开发成本，包括：土地征用及拆迁补偿费、前期工程费、建筑安装工程费、基础设施费、公共配套设施费、开发间接费用。
（3）房地产开发费用。

（4）与转让房地产有关的税金。
（5）国家规定的其他扣除项目。

问题 4-1-2

土地增值税清算扣除项目的确定有哪些基本要求？

答：《国家税务总局关于房地产开发企业土地增值税清算管理有关问题的通知》（国税发〔2006〕187号）第四条第（一）项规定："房地产开发企业办理土地增值税清算时计算与清算项目有关的扣除项目金额，应根据土地增值税暂行条例第六条及其实施细则第七条的规定执行。除另有规定外，扣除取得土地使用权所支付的金额、房地产开发成本、费用及与转让房地产有关税金，须提供合法有效凭证；不能提供合法有效凭证的，不予扣除。"

《土地增值税清算管理规程》（国税发〔2009〕91号文件印发）第二十一条规定，土地增值税扣除项目要符合下列要求：

（1）在土地增值税清算中，计算扣除项目金额时，其实际发生的支出应当取得但未取得合法凭据的不得扣除。

（2）扣除项目金额中所归集的各项成本和费用，必须是实际发生的。

（3）扣除项目金额应当准确地在各扣除项目中分别归集，不得混淆。

（4）扣除项目金额中所归集的各项成本和费用必须是在清算项目开发中直接发生的或应当分摊的。

（5）纳税人分期开发项目或者同时开发多个项目的，或者同一项目中建造不同类型房地产的，应按照受益对象，采用合理的分配方法，分摊共同的成本费用。

（6）对同一类事项，应当采取相同的会计政策或处理方法。会计核算与税务处理规定不一致的，以税务处理规定为准。

上述政策规定是在土地增值税清算业务中遵循的一般政策处理原则，也是审核扣除项目的基本依据，各地在实操中也是按照上述政策规定执行，并对重点内容进行强调的。各地具体规定举例如下：

1. 内蒙古自治区规定

根据《内蒙古自治区土地增值税清算管理办法》（国家税务总局内蒙古自治区税务局公告2023年第7号发布）第三十八条的相关，房地产开发扣除项目应当符合下列要求：

（1）扣除项目金额中所归集的各项成本和费用，必须实际发生并取得合法有效凭证。

（2）扣除项目金额应当准确地在各扣除项目中分别归集，不得混淆。

（3）扣除项目金额中所归集的各项成本和费用必须是在清算项目开发中直接发生的或应当分摊的。

（4）罚金、罚款、税收滞纳金不予扣除。

（5）扣除项目涉及的增值税进项税额，允许在销项税额中计算抵扣的，不计入扣除项目；不允许在销项税额中计算抵扣的，可以计入扣除项目。

（6）对同一类事项，应当采取相同的会计政策或处理方法。会计核算与税务处理规定不一致的，以税务处理规定为准。

2. 厦门市规定

根据《厦门市房地产开发项目土地增值税清算管理办法》（国家税务总局厦门市税务局公告2023年第1号发布）第二十二条的相关规定，扣除项目应当符合下列要求：

（1）经济业务应当是真实发生的。

（2）扣除项目金额中所归集的各项成本和费用，必须是实际发生的。

（3）计算扣除项目金额时，其实际发生的支出未取得合法有效凭证的，不得扣除。纳税人在清算截止日前实际发生的支出而在税务机关清算审核期间取得合法有效凭证的，可以扣除。

（4）扣除项目金额应当按照《土地增值税暂行条例实施细则》第七条的规定，准确地在各扣除项目中分别归集，不得混淆。

（5）扣除项目金额中所归集的各项成本和费用必须是在清算项目开发中直接发生的或应当分摊的。

（6）扣除项目涉及的增值税进项税额，允许在销项税额中计算抵扣的，不计入扣除项目；不允许在销项税额中计算抵扣的，可以计入扣除项目。

3. 湖北省规定

《土地增值税征管工作指引（试行）》（鄂税财行便函〔2021〕9号文件印发）第二十五条第（五）项规定："房地产开发项目中发生的成本、费用，能够直接归集到具体受益对象的，直接计入相应的房地产类型扣除。

纳税人分期开发项目或者同时开发多个项目的，或者同一项目中建造不同类型房地产的，对于发生的无法直接归集到具体受益对象的共同成本、费用，应按照受益对象的可售建筑面积比例或按税务部门确定的其他合理方法计算分摊。"

4. 安徽省规定

根据《安徽省土地增值税清算管理办法》（国家税务总局安徽省税务局公告2018年第21号修改）第三十六条的相关规定，除与税务总局政策规定相一致的部分外，安徽省还进一步明确强调了以下两项要求：

（1）符合国家法律、法规、规章以及有关规范性文件的规定。

（2）取得土地使用权所支付的金额、土地征用及拆迁补偿费、前期工程费、建筑安装工程费、基础设施费、公共配套设施费以及据实计算扣除的利息支出，应当已经实际支付。

5. 北京市规定

根据《北京市地方税务局土地增值税清算管理规程》（北京市地方税务局公告2016年第7号发布）第三十二条的规定，除与税务总局政策规定相一致的部分外，北京市还进一步明确强调了以下三项要求：

（1）纳税人的预提费用，除另有规定外，不得扣除。

（2）纳税人分期开发房地产项目的，各分期项目清算方式与扣除项目金额计算分摊方法应当保持一致。

（3）纳税人支付的罚款、滞纳金、资金占用费、罚息以及与该类款项相关的税金和因逾期开发支付的土地闲置费等罚没性质款项，不允许扣除。

6. 广西壮族自治区规定

《广西壮族自治区房地产开发项目土地增值税管理办法（试行）》（广西壮族自治区地方税务局公告2018年第1号发布）第三十九条规定："在土地增值税清算中，扣除项目应当符合下列原则：

（一）经济业务应当是真实发生，且合法、相关的。

（二）扣除项目金额中所归集的各项成本和费用，必须实际发生并取得合法有效凭证。纳税人办理土地增值税清算时计算与清算项目有关的扣除项目金额，应根据《中华人民共和国土地增值税暂行条例》第六条及《中华人民共和国土地增值税暂行条例实施细则》第七条的规定执行。本办法所称合法有效凭证，一般是指：

1. 支付给境内单位或者个人的款项，且该单位或者个人发生的行为属于营业税或者增值税征收范围的，以开具的发票为合法有效凭证。纳税人接受建筑安装服务取得的增值税发票应在发票的备注栏注明建筑服务发生地县（市、区）名称及项目名称，否则不得计入土地增值税扣除项目金额。

2. 支付的行政事业性收费或者政府性基金，以开具的财政票据为合法有效凭证。

3. 支付给境外单位或者个人的款项，以该单位或者个人的签收单据为合法有效凭证，税务机关对签收单据有疑义的，可以要求纳税人提供境外公证机构的确认证明。属于境内代扣代缴税款的，按税务机关相关规定执行。

4. 符合法律、行政法规和国家税务总局规定的合法有效凭证，包括法院判决书、裁定书、调解书，以及仲裁裁决书、公证债权文书。

5. 财政部、国家税务总局规定的其他合法有效凭证。

（三）纳税人的预提费用，除另有规定外，不得扣除。

（四）扣除项目金额应当准确地在各扣除项目中分别归集，不得混淆。

（五）纳税人支付的罚款、滞纳金和因逾期开发支付的土地闲置费等罚没性质款项，不允许扣除。"

问题 4-1-3

计算土地增值税增值额的扣除凭证有哪些？

答：《土地增值税清算管理规程》（国税发〔2009〕91号文件印发）第二十一条第（一）项规定，"在土地增值税清算中，计算扣除项目金额时，其实际发生的支出应当取得但未取得合法凭据的不得扣除"；第（二）项规定，"扣除项目金额中所归集的各项成本和费用，必须是实际发生的"。

根据上述政策规定，扣除的项目（金额）必须是实际发生且取得合法凭据的支出。对于合法凭据的定义，各地具体规定举例如下：

1. 海南省规定

《国家税务总局海南省税务局土地增值税清算审核管理办法》（国家税务总局海南省税务局公告2023年第2号发布）第十一条规定："扣除项目金额中所归集的各项成本和费用，必须实际发生且取得合法有效凭证。本办法所称合法有效凭证是指：

（一）支付给境内单位或者个人的款项，且该单位或者个人发生的涉税行为应当开具发票的，以发票为合法有效凭证；

（二）通过购买或接受投资方式取得土地使用权的，转让方足额缴纳土地增值税，受让方取得契税完税凭证的，契税完税凭证可视同合法有效凭证；

（三）支付的行政事业性收费或者政府性基金，以财政票据为合法有效凭证；

（四）支付给境外单位或者个人的款项，以该单位或者个人的签收单据为合法有效凭证；

（五）发生在我国境内，不属于发票或行政事业性收据开具范围，以合同（协议）、收据、收款证明等相关材料作为合法有效凭证；

（六）其他合法有效凭证。"

2. 内蒙古自治区规定

《内蒙古自治区土地增值税清算管理办法》（国家税务总局内蒙古自治区税务局公告2023年第7号发布）第三十八条第（一）项规定："合法有效凭证是指：

1. 支付给境内单位或者个人的款项，且该单位或者个人发生应税行为的，以开具的发票为合法有效凭证；

2. 支付的行政事业性收费或者政府性基金，以财政票据为合法有效凭证；

3. 纳税人从中国境外单位取得的与纳税有关的发票或者凭证，主管税务机关在纳税审查时有疑义的，可以要求其提供境外公证机构或者注册会计师的确认证明，经主

管税务机关审核认可后,方可作为扣除项目凭证;

4.拆迁补偿费以拆迁(回迁)合同和签收花名册或签收凭证作为合法有效凭证;

5.其他合法有效凭证。"

3.厦门市规定

《厦门市房地产开发项目土地增值税清算管理办法》(国家税务总局厦门市税务局公告2023年第1号发布)第二十二条第(三)项规定,该办法所称合法有效凭证,是指:

(1)支付给境内单位或者个人的款项,且该单位或者个人发生的行为属于营业税或者增值税征收范围的,以该单位或者个人开具的发票为合法有效凭证。

(2)支付的行政事业性收费或者政府性基金,以开具的财政票据为合法有效凭证。

(3)支付给境外单位或者个人的款项,以该单位或者个人开具的发票或者具有发票性质的收款凭证、相关税费缴纳凭证等为合法有效凭证;税务机关有疑义的,可以要求其提供境外公证机构或者注册会计师的确认证明,经税务机关审核认可后,方可作为合法有效凭证。

(4)发生在我国境内,不属于发票或行政事业性收据开具范围,以书面合同(协议)、收(付)款证明、对账单等相关材料作为合法有效凭证。

(5)财政部、国家税务总局规定的其他合法有效凭证。

4.山东省规定

《国家税务总局山东省税务局土地增值税清算管理办法》(国家税务总局山东省税务局公告2022年第10号发布)第三十条第(一)项规定:"扣除项目所归集的各项成本和费用,必须实际发生且取得合法有效凭证,未取得合法有效凭证的不得扣除。本办法所称合法有效凭证是指:

1.支付给境内单位或者个人的款项,且该单位或者个人发生的行为属于营业税或者增值税征收范围的,以单位或者个人开具的发票为合法有效凭证;

2.支付给境外单位或者个人的款项,以该单位或者个人的签收单据为合法有效凭证,税务部门对签收单据有疑义的,可以要求其提供境外公证机构的确认证明;

3.支付的行政事业性收费或者政府性基金,以取得的财政票据为合法有效凭证;

4.其他合法有效凭证。"

5.广西壮族自治区规定

《广西壮族自治区房地产开发项目土地增值税管理办法(试行)》(广西壮族自治区地方税务局公告2018年第1号发布)第三十九条第(二)项规定:"本办法所称合法有效凭证,一般是指:

1.支付给境内单位或者个人的款项,且该单位或者个人发生的行为属于营业税或者增值税征收范围的,以开具的发票为合法有效凭证。纳税人接受建筑安装服务取得的增值税发票应在发票的备注栏注明建筑服务发生地县（市、区）名称及项目名称，否则不得计入土地增值税扣除项目金额。

2.支付的行政事业性收费或者政府性基金，以开具的财政票据为合法有效凭证。

3.支付给境外单位或者个人的款项，以该单位或者个人的签收单据为合法有效凭证，税务机关对签收单据有疑义的，可以要求纳税人提供境外公证机构的确认证明。属于境内代扣代缴税款的，按税务机关相关规定执行。

4.符合法律、行政法规和国家税务总局规定的合法有效凭证，包括法院判决书、裁定书、调解书，以及仲裁裁决书、公证债权文书。

5.财政部、国家税务总局规定的其他合法有效凭证。"

6.安徽省规定

《安徽省土地增值税清算管理办法》（国家税务总局安徽省税务局公告2018年第21号修改）第三十六条规定，扣除项目金额中所归集的各项成本和费用，应取得合法有效凭证。包括但不限于：

（1）支付给境内单位或者个人的款项，且属于《中华人民共和国发票管理办法》第十九条规定的开具发票范围的，以取得的发票或者按照规定视同发票管理的凭证为合法有效凭证。

（2）支付的行政事业性收费或者政府性基金，以取得的财政票据为合法有效凭证。

（3）支付给境外单位或者个人的款项，以该单位或者个人的签收单据及境外公证机构的确认证明为合法有效凭证；属于境内代扣代缴税款的，按国家税务总局有关规定执行。

（4）法院判决书、裁定书、调解书，以及仲裁裁决书、公证债权文书。

（5）财政部、国家税务总局规定的其他合法有效凭证。

7.北京市规定

《北京市地方税务局土地增值税清算管理规程》（北京市地方税务局公告2016年第7号发布）第三十二条第（二）项规定，"扣除项目金额中所归集的各项成本和费用，必须实际发生并取得合法有效凭证。纳税人办理土地增值税清算时计算与清算项目有关的扣除项目金额，应根据土地增值税暂行条例第六条及其实施细则第七条的规定执行"。该规程所称"合法有效凭证"，一般是指：

（1）支付给境内单位或者个人的款项，且该单位或者个人发生的行为属于营业税或者增值税征收范围的，以开具的发票为合法有效凭证。

（2）支付的行政事业性收费或者政府性基金，以开具的财政票据为合法有效凭证。

（3）支付给境外单位或者个人的款项，以该单位或者个人的签收单据为合法有效凭证，税务机关对签收单据有疑义的，可以要求纳税人提供境外公证机构的确认证明。属于境内代扣代缴税款的，按税务机关相关规定执行。

（4）财政部、国家税务总局规定的其他合法有效凭证。

问题 4-1-4

属于多个清算项目的共同成本费用有哪些基本分摊原则和方法？

答：《土地增值税暂行条例实施细则》第九条规定："纳税人成片受让土地使用权后，分期分批开发、转让房地产的，其扣除项目金额的确定，可按转让土地使用权的面积占总面积的比例计算分摊，或按建筑面积计算分摊，也可按税务机关确认的其他方式计算分摊。"

《国家税务总局关于房地产开发企业土地增值税清算管理有关问题的通知》（国税发〔2006〕187号）第四条第（五）项规定："属于多个房地产项目共同的成本费用，应按清算项目可售建筑面积占多个项目可售总建筑面积的比例或其他合理的方法，计算确定清算项目的扣除金额。"

《土地增值税清算管理规程》（国税发〔2009〕91号文件印发）第二十一条规定："纳税人分期开发项目或者同时开发多个项目的，或者同一项目中建造不同类型房地产的，应按照受益对象，采用合理的分配方法，分摊共同的成本费用。"

根据上述政策规定，国家税务总局对不同项目共同成本费用的分摊原则是"应按照受益对象，采用合理的分配方法，分摊共同的成本费用"。

在实务中，各地税务机关对房地产开发成本的归集和分配的掌握尺度如下（包括但不限于）：

一是对于能明确成本对象可以直接归集的房地产开发成本，应直接归集到相应的项目（成本对象）中，即采取直接成本法。

二是对于分期、分批或多个清算项目之间的共同成本费用的分摊，一般采取的是建筑面积法，对于无法采取建筑面积法的按照占地面积法或税务机关确认的其他合理方法分摊。

三是分期开发房地产项目的，各分期清算项目的扣除项目金额计算分摊方法应当保持一致。

对于上述"其他合理方法"的应用，由于各地房地产开发情况差异较大，根据合理性原则，一些地方税务机关规定可以采取其他方法分配，但是具体方法的确定，需要企业（鉴证人）就使用方法的合理性、逻辑性向税务机关报送充分的资料数据。

问题 4-1-5

同一项目中建造不同类型房地产的共同成本费用有哪些基本分摊原则和方法？

答：《土地增值税清算管理规程》（国税发〔2009〕91号文件印发）第二十一条规定，"同一项目中建造不同类型房地产的，应按照受益对象，采用合理的分配方法，分摊共同的成本费用"。

根据上述政策规定，同一项目中建造不同类型房地产的，其共同的成本费用分摊原则是"应按照受益对象，采用合理的分配方法，分摊共同的成本费用"。

按照受益对象区分，是成本分摊计算的重要依据。很多地方税务机关在实务中解释（规定），同一个清算项目中，对于仅在某一类型物业中进行的精装修工程，按照受益对象，其发生的精装修费用只能在该类型物业中进行分摊；对于同一个清算项目中含有住宅、非住宅物业的，若发生的燃气工程成本受益对象为住宅，则只能由住宅物业分摊；对于项目中发生的地上景观、绿化、门窗等成本费用支出，因其受益对象为地上建筑物，则应在地上建筑物中根据具体情况分摊。

在实务中，各地税务机关对房地产开发成本的归集和分配的掌握尺度如下（包括但不限于）：

一是对于能明确成本对象可以直接归集的开发成本，应直接归集到相应的成本对象中，即采取直接成本法。

二是对于同一清算项目中的开发成本的分摊计算，一般采取的是建筑面积法或税务机关确认的其他合理方法。

对于上述"其他合理方法"的应用，由于各地房地产开发情况差异较大，根据合理性原则，一些地方税务机关规定可以采取其他方法分配，例如预算分配法、售价系数法，有的地方根据住宅、商业综合项目的不同层高对应的成本差异，采用层高系数法等。但是具体方法的确定，需要企业（鉴证人）向税务机关报送详细的资料，由税务机关根据具体情况判定适用方法。

案例 4-1

房地产开发成本的分配计算（一般方法）

A房地产开发公司在同一宗地块上有甲、乙两个开发项目，公司于20××年8月对甲项目进行土地增值税清算。

1.共同成本在不同清算项目之间的分配计算。

A房地产开发公司甲、乙两个开发项目发生共同基础设施费1 800万元。其中甲项目建筑面积12 000平方米、乙项目建筑面积18 000平方米，则基础设施费分配（按建筑面积法）计算如下：

甲项目分配费用：1 800×（12 000÷30 000）=720（万元）；

乙项目分配费用：1 800×（18 000÷30 000）=1 080（万元）。

2.共同成本在不同性质物业之间的分配计算。

根据A房地产开发公司20××年8月1日的数据，甲项目确定已售商品房面积21 000平方米，未售商品房面积1 680平方米，公共配套设施面积1 400平方米，自持自用房屋面积1 800平方米。假定发生共同成本8 280万元，分配共同成本720万元，总计9 000万元，则分配（按建筑面积法）计算如下：

（1）确定公共配套设施应分摊成本（在不同性质物业之间的分配）。

商品房总面积=21 000+1 680=22 680（平方米）；

开发总面积=21 000+1 680+1 400+1 800=25 880（平方米）。

可售物业应分摊成本：9 000×（22 680÷25 880）=7 887.17（万元）；

公共配套设施应分摊成本：9 000×（1 400÷25 880）=486.86（万元）；

自持自用房屋应分摊成本：9 000×（1 800÷25 880）=625.97（万元）。

（2）公共配套设施成本在可售与自持自用物业之间分配。

公共配套设施分摊的成本为486.86万元，假定直接成本230万元，共计716.86万元，需要在可售面积与自持面积之间进行分配计算。

可售物业应分摊的成本：716.86×（22 680÷24 480）=664.15（万元）；

自持自用物业应分摊的成本：716.86×（1 800÷24 480）=52.71（万元）。

3.开发成本在不同类型物业之间的分配计算。

由前面的分配计算可知，可售面积需要分配成本为8 551.32万元（7 887.17+664.15），可售面积22 680平方米，其中普通住宅面积18 680平方米、其他住宅面积3 000平方米、非住宅面积1 000平方米，假定可售面积原直接成本530万元，则各个类型物业应分配成本（按建筑面积法）计算如下：

可售面积需要分配成本：7 887.17+664.15=8 551.32（万元）；

可售面积部分总成本：530+8 551.32=9 081.32（万元）；

普通住宅应分摊成本：9 081.32×（18 680÷22 680）=7 479.68（万元）；

其他住宅应分摊成本：9 081.32×（3 000÷22 680）=1 201.23（万元）；

非住宅应分摊成本：9 081.32×（1 000÷22 680）=400.41（万元）。

4.开发成本在已售与未售面积之间的分配计算。

假定A房地产开发公司甲项目其他住宅、非住宅已经全部销售完毕，普通住宅已售面积为17 000平方米，未售面积为1 680平方米，普通住宅面积应分摊成本7 479.68

万元，则普通住宅已售面积应分摊成本（按建筑面积法）计算如下：

普通住宅已售面积应分摊成本：7 479.68×（17 000÷18 680）=6 806.99（万元）。

4.1.2 取得土地使用权支付成本

问题4-1-6

纳税人为取得土地使用权所支付的地价款和按国家统一规定交纳的有关费用包括哪些范围？

答：在房地产开发项目中，土地使用权支付成本是最重要的成本项目之一。根据《土地增值税暂行条例实施细则》第七条第（一）项的规定，《土地增值税暂行条例》第六条所列的计算增值额的扣除项目中，"取得土地使用权所支付的金额，是指纳税人为取得土地使用权所支付的地价款和按国家统一规定交纳的有关费用"。

根据《土地增值税宣传提纲》（国税函发〔1995〕110号文件印发）第五条第（一）项的解释，取得土地使用权所支付的金额，包括纳税人为取得土地使用权所支付的地价款和按国家统一规定交纳的有关费用。具体为：

（1）以出让方式取得土地使用权的，为支付的土地出让金。

（2）以行政划拨方式取得土地使用权的，为转让土地使用权时按规定补交的出让金。

（3）以转让方式取得土地使用权的，为支付的地价款。

《国家税务总局关于土地增值税清算有关问题的通知》（国税函〔2010〕220号）第五条规定，房地产开发企业为取得土地使用权所支付的契税，应视同"按国家统一规定交纳的有关费用"，计入"取得土地使用权所支付的金额"中扣除。

上述纳税人取得土地使用权所支付的金额为支付的地价款和按国家统一规定交纳的有关费用，其取得的支付凭证为财政部门监（印）制的财政票据与缴税入库单。

对于企业改制重组后再转让国有土地使用权的，《财政部 税务总局关于继续实施企业改制重组有关土地增值税政策的公告》（财政部 税务总局公告2023年第51号）第六条规定："改制重组后再转让房地产并申报缴纳土地增值税时，对'取得土地使用权所支付的金额'，按照改制重组前取得该宗国有土地使用权所支付的地价款和按国家统一规定缴纳的有关费用确定；经批准以国有土地使用权作价出资入股的，为作价入股时县级及以上自然资源部门批准的评估价格。按购房发票确定扣除项目金额的，按照改制重组前购房发票所载金额并从购买年度起至本次转让年度止每年加计5%计算扣除项目金额，购买年度是指购房发票所载日期的当年"。

各地具体规定举例如下：

1. 海南省规定

根据《国家税务总局海南省税务局土地增值税清算审核管理办法》（国家税务总局海南省税务局公告2023年第2号发布）第十三条第（五）项的相关规定，为取得土地使用权所支付的契税，视同"按国家统一规定交纳的有关费用"，允许扣除。

对于容积率调整，根据该清算审核管理办法第十三条第（一）项的规定，"因容积率调整等原因补缴的土地出让金及契税，允许扣除"。

对于置换取得土地使用权的，根据该清算审核管理办法第十三条第（四）项的规定，"因政府规划等原因置换取得土地使用权的，置换土地的土地出让金额或者评估价格，以及按国家统一规定交纳的有关费用，允许扣除"。

2. 内蒙古自治区规定

《内蒙古自治区土地增值税清算管理办法》（国家税务总局内蒙古自治区税务局公告2023年第7号发布）第二十九条第（一）项规定："为取得土地使用权所支付的地价款。以出让方式取得土地使用权的，为支付的土地出让金；以转让方式取得土地使用权的，为支付的地价款；以行政划拨方式取得土地使用权的，为转让土地使用权时按规定补交的土地出让金。"

该清算管理办法第二十九条第（二）项规定："按国家统一规定交纳的有关费用。包括按国家统一规定交纳的登记费、过户手续费、城市基础设施配套费、为取得土地使用权所实际缴纳的契税及其他有关费用。"

对于容积率调整的，该清算管理办法第三十条第（一）项规定，"纳税人因容积率调整等原因补缴的土地出让金及契税"，计入取得土地使用权所支付的金额。

3. 厦门市规定

根据《厦门市房地产开发项目土地增值税清算管理办法》（国家税务总局厦门市税务局公告2023年第1号发布）第二十三条第（一）项的规定，"以出让方式取得土地使用权的，地价款为支付的土地出让金；以行政划拨方式取得土地使用权后经批准改为出让的，地价款为按照国家有关规定补交的土地出让金；以转让方式取得土地使用权的，地价款为向原土地使用人实际支付的地价款。

纳税人因接受投资而取得的土地使用权，按照投资方投资入股的土地使用权作价金额以及按国家统一规定交纳的有关费用作为取得土地使用权所支付的金额"。

对于容积率调整的，该条第（二）项规定："对纳税人因容积率调整等原因补缴的土地出让金，计入取得土地使用权所支付的金额。"

对于契税的扣除，该条第（三）项规定："纳税人为取得土地使用权按国家统一规定交纳的有关费用，包括为取得土地使用权所支付的契税。"

4. 宁波市规定

根据《国家税务总局宁波市税务局关于土地增值税清算若干政策问题的公告》

（国家税务总局宁波市税务局公告2023年第3号）第三条第（一）项的规定，"政府有关部门直接向房地产开发企业收取的城市基础设施配套费，房地产开发企业取得相应财政票据的，按国家统一规定交纳的有关费用列入取得土地使用权所支付的金额扣除"。

5. 山东省规定

《国家税务总局山东省税务局土地增值税清算管理办法》（国家税务总局山东省税务局公告2022年第10号发布）第二十九条第（一）项第1点明确，"以出让方式取得土地使用权的，为支付的土地出让金；以行政划拨方式取得土地使用权的，为转让土地使用权时按规定补交的出让金；以转让方式取得土地使用权的，为支付的地价款"；第二十九条第（一）项第2点明确，"房地产开发企业在取得土地使用权时按国家统一规定交纳的有关费用，包括为取得土地使用权所支付的契税"。

6. 安徽省规定

根据《安徽省土地增值税清算管理办法》（国家税务总局安徽省税务局公告2018年第21号修改）第三十八条的相关规定，"取得土地使用权所支付的金额，是指纳税人为取得土地使用权所支付的地价款和按国家统一规定交纳的有关费用。其中，取得土地使用权所支付的地价款是指纳税人依据有关土地转让、出让合同、协议及其补充协议以货币或者其他形式支付的款项"。

7. 广西壮族自治区规定

《广西壮族自治区房地产开发项目土地增值税管理办法（试行）》（广西壮族自治区地方税务局公告2018年第1号发布）第四十条第（一）项第1点明确，"以出让方式取得土地使用权的，地价款为纳税人所支付的土地出让金。以行政划拨方式取得土地使用权的，地价款为按照国家有关规定补交的土地出让金。以转让方式取得土地使用权的，地价款为向原土地使用人实际支付的地价款"；第四十条第（一）项第2点明确，"纳税人为取得土地使用权所支付的契税计入'取得土地使用权所支付的金额'准予扣除。对纳税人因容积率调整等原因补缴的土地出让金及契税，准予扣除"。

8. 重庆市规定

重庆市财政局、重庆市地方税务局《土地增值税等财产行为税政策执行问题处理意见》（渝财税〔2015〕93号文件印发）第一条第（三）项第4点规定："房地产企业转让房产缴纳的产权转移书据印花税，纳入营业税金及附加核算的，作为'与转让房地产有关的税金'予以扣除。"

该处理意见第一条第（三）项第5点规定："纳税人转让房产缴纳的地方教育费附加，可计入'与转让房地产有关的税金'予以扣除。"

【提示】对于企业取得土地使用权的契税计税依据的确定，《中华人民共和国契税法》第四条规定，契税的计税依据如下：

（1）土地使用权出让、出售，房屋买卖，为土地、房屋权属转移合同确定的成交价格，包括应交付的货币以及实物、其他经济利益对应的价款；

（2）土地使用权互换、房屋互换，为所互换的土地使用权、房屋价格的差额；

（3）土地使用权赠与、房屋赠与以及其他没有价格的转移土地、房屋权属行为，为税务机关参照土地使用权出售、房屋买卖的市场价格依法核定的价格。

纳税人申报的成交价格、互换价格差额明显偏低且无正当理由的，由税务机关依照《税收征收管理法》的规定核定。

对于不同方式取得土地使用权的契税计税依据的计算，《财政部 税务总局关于贯彻实施契税法若干事项执行口径的公告》（财政部 税务总局公告2021年第23号）第二条规定，若干计税依据的具体情形如下：

（1）以划拨方式取得的土地使用权，经批准改为出让方式重新取得该土地使用权的，应由该土地使用权人以补缴的土地出让价款为计税依据缴纳契税。

（2）先以划拨方式取得土地使用权，后经批准转让房地产，划拨土地性质改为出让的，承受方应分别以补缴的土地出让价款和房地产权属转移合同确定的成交价格为计税依据缴纳契税。

（3）先以划拨方式取得土地使用权，后经批准转让房地产，划拨土地性质未发生改变的，承受方应以房地产权属转移合同确定的成交价格为计税依据缴纳契税。

（4）土地使用权及所附建筑物、构筑物等（包括在建的房屋、其他建筑物、构筑物和其他附着物）转让的，计税依据为承受方应交付的总价款。

（5）土地使用权出让的，计税依据包括土地出让金、土地补偿费、安置补助费、地上附着物和青苗补偿费、征收补偿费、城市基础设施配套费、实物配建房屋等应交付的货币以及实物、其他经济利益对应的价款。

（6）房屋附属设施（包括停车位、机动车库、非机动车库、顶层阁楼、储藏室及其他房屋附属设施）与房屋为同一不动产单元的，计税依据为承受方应交付的总价款，并适用与房屋相同的税率；房屋附属设施与房屋为不同不动产单元的，计税依据为转移合同确定的成交价格，并按当地确定的适用税率计税。

（7）承受已装修房屋的，应将包括装修费用在内的费用计入承受方应交付的总价款。

（8）土地使用权互换、房屋互换，互换价格相等的，互换双方计税依据为零；互换价格不相等的，以其差额为计税依据，由支付差额的一方缴纳契税。

（9）契税的计税依据不包括增值税。

问题 4-1-7

纳税人支付土地使用权价款和相关税款有哪些凭证？

答：营改增后增值税关于支付的土地价款票据的规定。《房地产开发企业销售自行开发的房地产项目增值税征收管理暂行办法》（国家税务总局公告 2016 年第 18 号发布）第四条规定，"房地产开发企业中的一般纳税人销售自行开发的房地产项目，适用一般计税方法计税，按照取得的全部价款和价外费用，扣除当期销售房地产项目对应的土地价款后的余额计算销售额"；第五条规定，"支付的土地价款，是指向政府、土地管理部门或受政府委托收取土地价款的单位直接支付的土地价款"；第六条规定，"在计算销售额时从全部价款和价外费用中扣除土地价款，应当取得省级以上（含省级）财政部门监（印）制的财政票据"。

例如，《国家税务总局海南省税务局土地增值税清算审核管理办法》（国家税务总局海南省税务局公告 2023 年第 2 号发布）第十三条第（三）项规定，"通过出让方式取得土地使用权，未能提供所支付金额的原始凭证，其允许扣除的金额可根据政府相关部门的文件、合同或者其他证明材料上记载的金额予以确认"。

又如，《贵州省土地增值税清算管理办法》（国家税务总局贵州省税务局公告 2022 年第 12 号发布）第四十八条规定："国有土地使用权统一实行'招、拍、挂'出让之前，房地产开发企业取得的土地已实际支付土地出让金但没有合法有效凭证的，经向主管税务机关递交报告并同时提供经政府有关部门批准出让国有土地使用权证明资料的，可准予扣除。

国有土地使用权统一实行'招、拍、挂'出让之后，房地产开发企业取得的土地已实际支付土地出让金但不能提供支付土地出让金合法有效凭证的，不予扣除。"

问题 4-1-8

企业取得土地使用权支付的其他各项费用如何扣除？

答：根据《土地增值税暂行条例实施细则》第七条第（一）项的规定，《土地增值税暂行条例》第六条所列的计算增值额的扣除项目中，"取得土地使用权所支付的金额，是指纳税人为取得土地使用权所支付的地价款和按国家统一规定交纳的有关费用"。除取得土地使用权所支付的出让金及相关税费外，其他一些随相关业务支付的费用（例如"招拍挂"佣金、分期缴纳土地出让金利息等）是否扣除，各地具体规定有一定差异，举例如下：

1."招拍挂"佣金

对于"招拍挂"佣金的处理，各地规定有一定差异，有的视同"按国家统一规定交纳的有关费用"，允许扣除；有的规定拍卖佣金不得扣除。

（1）海南省规定。

《国家税务总局海南省税务局土地增值税清算审核管理办法》（国家税务总局海南省税务局公告2023年第2号发布）第十三条第（五）项规定，"为取得土地使用权所支付的契税、'招拍挂'佣金，视同'按国家统一规定交纳的有关费用'，允许扣除"。

（2）内蒙古自治区规定。

《内蒙古自治区土地增值税清算管理办法》（国家税务总局内蒙古自治区税务局公告2023年第7号发布）第三十二条规定："纳税人逾期开发缴纳的土地闲置费、取得土地使用权支付的拍卖佣金不予扣除。"

（3）广西壮族自治区规定。

《广西壮族自治区房地产开发项目土地增值税管理办法（试行）》（广西壮族自治区地方税务局公告2018年第1号发布）第四十条第（一）项第4点规定，取得土地使用权所支付的金额，是指为取得土地使用权所支付的地价款和按国家统一规定交纳的有关费用。"纳税人取得土地使用权支付的拍卖佣金不得扣除"。

2.分期缴纳土地出让金的利息

根据各地具体规定，凡是土地出让合同约定分期缴纳土地出让金的，其利息支出，以及未按照合同约定缴纳土地出让金而产生的利息等，不得计入取得土地使用权所支付的金额和房地产开发成本。

（1）海南省规定。

《国家税务总局海南省税务局土地增值税清算审核管理办法》第十三条第（六）项规定，"按照土地出让合同约定分期缴纳土地出让金而支付的利息，允许扣除"。

（2）内蒙古自治区规定。

《内蒙古自治区土地增值税清算管理办法》第二十九条第（二）项规定，"土地出让合同中约定分期缴纳的土地出让金利息"，允许扣除。

（3）厦门市规定。

《厦门市房地产开发项目土地增值税清算管理办法》（国家税务总局厦门市税务局公告2023年第1号发布）第二十三条第（四）项规定，"纳税人按照土地出让合同约定分期缴纳土地出让金的利息，计入取得土地使用权所支付的金额。纳税人未按土地出让合同约定缴纳土地出让金等原因交纳的违约金、罚款、滞纳金、利息和因逾期开发支付的土地闲置费等款项，不得计入取得土地使用权所支付的金额和房地产开发成本"。

（4）山东省规定。

《国家税务总局山东省税务局土地增值税清算管理办法》（国家税务总局山东省税务局公告2022年第10号发布）第二十九条第（一）项第3点规定，"土地出让合同中约定分期缴纳土地出让金的利息，计入取得土地使用权所支付的金额，准予扣除。房地产开发企业逾期开发缴纳的土地闲置费不得扣除"。

3. 其他各项支付费用

《国家税务总局海南省税务局土地增值税清算审核管理办法》第十三条第（四）项规定，"因政府规划等原因置换取得土地使用权的，置换土地的土地出让金额或者评估价格，以及按国家统一规定交纳的有关费用，允许扣除"。

问题 4-1-9

企业在项目建设用地边界外（红线外）支付的成本如何扣除？

答："红线外支出"是指在企业开发项目建设用地边界外发生的建设成本支出。实务中，红线外支出大致有两种情况：一种是在"招拍挂"拿地时附带的条件，例如在红线外建造公园、广场、道路等，这实际上属于取得土地使用权发生的必要成本；二是开发商为了提升红线内楼盘的品质，在红线外自行建造的各类景观建筑物、基础设施等。

"红线外支出"在性质上类似于公共配套设施，根据《土地增值税暂行条例实施细则》第七条第（二）项第六款及《国家税务总局关于房地产开发企业土地增值税清算管理有关问题的通知》（国税发〔2006〕187号）第四条第（三）项的规定，公共配套设施成本费用可以扣除。但是这个扣除的前提是与项目紧密相关，即不仅要在"红线内"，还要在规划设计中列明等。

实务中，各地在执行时掌握的原则是：开发商自行建造各类景观建筑物、基础设施等发生的"红线外支出"，不得扣除。对于政府及主管部门规定的红线外公共配套设施支出，可以扣除，其成本费用分摊方式应与红线内的公共配套设施分摊方式一致或采用其他合理的方式（具体以当地税务机关解释为准），但有的地方规定一律不得扣除。各地具体规定举例如下：

1. 海南省规定

根据《国家税务总局海南省税务局土地增值税清算审核管理办法》（国家税务总局海南省税务局公告2023年第2号发布）第十三条第（二）项的规定，"在项目建设用地边界外，为政府建设公共设施或其他工程所发生的支出，凡能提供政府有关部门出具的文件证明该项支出与建造本清算项目有直接关联的（含项目的土地使用权取得相关联的），允许扣除"。

国家税务总局海南省税务局发布的解读中有这样的内容：

上述第十三条第（二）项"在项目建设用地边界外为政府建设公共设施或其他工程所发生的支出，凡能提供政府有关部门出具的文件证明该项支出与建造本清算项目有直接关联的"应如何掌握？

一般情况下，房地产开发时在项目建设用地边界外发生的成本费用不能扣除，但符合本项规定的允许扣除。本项的"项目建设用地边界外"是指国家有关部门审批的项目规划外，即"红线"外；"政府有关部门"是指市、县（区）级政府主管部门；"文件"包括通知、批复、会议纪要等。

2. 内蒙古自治区规定

《内蒙古自治区土地增值税清算管理办法》（国家税务总局内蒙古自治区税务局公告2023年第7号发布）第三十条第（三）项规定，"国有土地使用权出让合同中明确约定，在项目用地边界外为政府建设并无偿移交的公共服务设施或其他工程发生的支出"，计入取得土地使用权所支付的金额予以扣除。

3. 厦门市规定

《厦门市房地产开发项目土地增值税清算管理办法》（国家税务总局厦门市税务局公告2023年第1号发布）第二十三条规定："取得土地使用权所支付的金额，是指纳税人为取得土地使用权所支付的地价款和按国家统一规定交纳的有关费用。"

对于红线外成本，该条第（五）项规定："纳税人为取得国有土地使用权，根据出让合同或协议约定在项目建设用地红线外建设基础设施、公共服务设施等发生的拆迁补偿和工程支出，计入取得土地使用权所支付的金额。"

对于按照土地出让合同、协议建设的设施，该条第（七）项规定："纳税人按照土地出让合同、协议约定建设并向政府及有关部门或政府指定第三方无偿移交除公共配套设施以外的住房、商场、车位等实物配建房屋，其面积不计入清算项目可售建筑面积，其建设成本作为取得土地使用权所支付的金额，不计入清算项目房地产开发成本。其中，实物配建房屋建设成本按其实际应当分摊的房地产开发成本计算确定。"

4. 湖北省规定

《土地增值税征管工作指引（试行）》（鄂税财行便函〔2021〕9号文件印发）第二十六条第（五）项规定，纳税人为取得土地使用权，在项目规划用地外建设的公共设施或其他工程发生的支出，符合出让合同约定或政府文件要求的，可以扣除。

5. 重庆市规定

《土地增值税等财产行为税政策执行问题处理意见》（渝财税〔2015〕93号文件印发）第一条第（三）项第1点规定，房地产项目开发中，因统一规划、整体开发需要，在相邻地域建造公共设施，经土地出让合同约定的，发生的建造支出可作为"取得土地使用权所支付的金额"予以扣除。房地产企业应提供县级以上人民政府相关文件、决议以及规划证明材料。

6. 宁波市规定

《国家税务总局宁波市税务局关于土地增值税清算若干政策问题的公告》（国家税务总局宁波市税务局公告2023年第3号）第三条第（二）项规定，"房地产开发项目内实物配建房，在土地出让合同（含合同附件、补充合同，下同）中写明与土地使用权取得相关联且由房地产开发企业无偿建设的，相应成本费用归入取得土地使用权所支付的金额"。

7. 广西壮族自治区规定

《广西壮族自治区房地产开发项目土地增值税管理办法（试行）》（广西壮族自治区地方税务局公告2018年第1号发布）第四十条第（一）项第3点规定，"纳税人在取得土地使用权时，应政府要求承担的红线外道路、桥梁等市政建设支出，提供与本项目有关的证明材料，凭合法有效的凭证据实扣除，取得的收益抵减相应的扣除项目金额"。

8. 青岛市规定

《国家税务总局青岛市税务局房地产开发项目土地增值税清算管理办法》（国家税务总局青岛市税务局公告2022年第6号发布）第二十二条规定："开发企业为取得国有土地使用权，按照县（市、区）级以上政府部门要求，在项目建设用地边界线外建设安置房项目、公共服务设施发生的拆迁补偿和工程支出，凡在土地招拍挂公告或者国有土地使用权出让合同（协议）中明确约定的，计入取得土地使用权所支付的金额，准予扣除。"

9. 广东省规定

《国家税务总局广东省税务局土地增值税清算管理规程》（国家税务总局广东省税务局公告2019年第5号发布）第二十九条第（五）项规定，纳税人为取得土地使用权，按照出让合同约定或政府文件要求，在项目规划用地外建设的公共设施或其他工程发生的支出可以扣除。

10. 广州市规定

《广州市地方税务局关于印发2014年土地增值税清算工作有关问题的处理指引的通知》（穗地税函〔2014〕175号）第三条规定："纳税人为取得土地使用权，在项目建设用地红线外为政府建设公共设施或其他工程发生的支出，根据《国家税务总局关于房地产开发企业土地增值税清算管理有关问题的通知》（国税发〔2006〕187号）第四条第（一）项确定的相关性原则，纳税人如果能提供国土房管部门的协议、补充协议，或者相关政府主管部门出具的证明文件的，允许作为取得土地使用权所支付的金额予以扣除。"

11. 山西省规定

《房地产开发企业土地增值税清算管理办法》（山西省地方税务局公告2014年第3号公布）第十九条第（三）项第4点规定："土地红线外的绿化、修路、配套等支出，不得扣除。"

12. 江苏省规定

《江苏省地方税务局关于土地增值税有关业务问题的公告》（苏地税规〔2012〕1号）第五条第（二）项规定，公共配套设施在项目规划范围之外的，其开发成本、费用一律不予扣除。〔注：依据《国家税务总局江苏省税务局关于公布继续执行的税收规范性文件目录的公告》（国家税务总局江苏省税务局公告2018年第4号），苏地税规〔2012〕1号文件第五条第（二）项失效废止，目前没有新的文件。〕

问题 4-1-10

取得土地使用权后再设立项目公司的如何处理？

答：该类业务主要是指房地产开发企业（或联合体）受让土地使用权后，设立项目公司进行开发的情形，各地在处理时，一般是要求三方签订变更协议或补充合同。

例如，《国家税务总局宁波市税务局关于土地增值税清算若干政策问题的公告》（国家税务总局宁波市税务局公告2023年第3号）第三条第（四）项规定，"房地产开发企业受让土地使用权后，设立项目公司进行开发，同时符合下列条件的，可凭房地产开发企业取得的土地出让金票据作为项目公司取得土地使用权所支付的金额的扣除凭证，按规定计算扣除：

1. 房地产开发企业、项目公司、政府部门三方签订变更协议或补充合同，将土地受让人变更为项目公司，或者项目公司与政府部门签订出让合同或变更协议，确认土地受让人为项目公司；

2. 政府部门出让土地的用途、规划等条件不变的情况下，签署变更协议或补充合同时，土地价款总额不变"。

又如，《厦门市房地产开发项目土地增值税清算管理办法》（国家税务总局厦门市税务局公告2023年第1号发布）第二十三条第（八）项规定，"纳税人（包括多个房地产开发企业组成的联合体）受让土地向政府部门支付土地价款后，设立项目公司对该受让土地进行开发，同时符合下列条件的，可凭纳税人取得的土地出让金票据作为项目公司取得土地使用权所支付的金额的扣除凭证，按规定计算扣除：

1. 房地产开发企业、项目公司、政府部门三方签订变更协议或补充合同，将土受让人变更为项目公司；

2.政府部门出让土地的用途、规划等条件不变的情况下，签署变更协议或补充合同时，土地价款总额不变"。

对于以出让方式取得土地使用权，未能取得相应支付金额的原始凭证的处理，各地一般不予扣除，但也有部分地区在征管尺度掌握上，要求提供一定的政策文件给予扣除。例如，根据《国家税务总局海南省税务局土地增值税清算审核管理办法》（国家税务总局海南省税务局公告2023年第2号发布）第十三条第（三）项的规定，"通过出让方式取得土地使用权，未能提供所支付金额的原始凭证，其允许扣除的金额可根据政府相关部门的文件、合同或者其他证明材料上记载的金额予以确认"。

问题 4-1-11

取得政府返还的土地出让金及各种经济利益如何处理？

答：《土地增值税暂行条例实施细则》第七条第（一）项规定："取得土地使用权所支付的金额，是指纳税人为取得土地使用权所支付的地价款和按国家统一规定交纳的有关费用。"

各地在执行中，一般以企业实际支付的地价款和按国家统一规定交纳的有关费用作为取得土地使用权所支付的金额，对于预提未实际支付及返还的土地出让金与各种经济利益，不允许计入扣除项目。各地具体规定举例如下：

1. 内蒙古自治区规定

《内蒙古自治区土地增值税清算管理办法》（国家税务总局内蒙古自治区税务局公告2023年第7号发布）第三十一条规定，"纳税人取得的土地出让金、城市基础设施配套费等政府返还款，在确认扣除项目金额时应当抵减相应的扣除项目金额；纳税人取得政府返还款不能区分扣除项目的，应抵减取得土地使用权所支付的金额"。

2. 厦门市规定

《厦门市房地产开发项目土地增值税清算管理办法》（国家税务总局厦门市税务局公告2023年第1号发布）第二十三条第（六）项规定："纳税人依据有关土地出让、转让合同、协议及其补充协议，从政府或有关单位、部门以扶持、奖励、补助等形式取得的土地出让金返还款，应从取得土地使用权所支付的金额中剔除。"

3. 贵州省规定

《贵州省土地增值税清算管理办法》（国家税务总局贵州省税务局公告2022年第12号发布）第四十七条规定："房地产开发企业以各种名义取得的政府返还款（包括土地出让金、市政建设配套费、税金等），在确认扣除项目金额时应当抵减相应的扣除项目金额。

房地产开发企业取得不能区分扣除项目的政府返还款应抵减'取得土地使用权所支付的金额'。"

4. 青岛市规定

《国家税务总局青岛市税务局房地产开发项目土地增值税清算管理办法》（国家税务总局青岛市税务局公告2022年第6号发布）第二十六条规定："开发企业以各种名义取得的政府返还款（包括土地出让金、市政建设配套费、税金等），在确认扣除项目金额时应当抵减相应的扣除项目金额；开发企业取得不能区分扣除项目的政府返还款应首先抵减取得土地使用权所支付的金额。"

5. 安徽省规定

《安徽省土地增值税清算管理办法》（国家税务总局安徽省税务局公告2018年第21号修改）第三十八条规定："取得土地使用权所支付的金额，是指纳税人为取得土地使用权所支付的地价款和按国家统一规定交纳的有关费用。其中，取得土地使用权所支付的地价款是指纳税人依据有关土地转让、出让合同、协议及其补充协议以货币或者其他形式支付的款项。依据有关土地转让、出让合同、协议及其补充协议，政府或有关单位、部门以扶持、奖励、补助、改制或其他形式返还、支付、拨付给纳税人或其控股方、关联方的金额应从取得土地使用权所支付的金额中剔除。"

6. 黑龙江省规定

《黑龙江省地方税务局关于土地增值税若干政策问题的公告》（黑龙江省地方税务局公告2016年第1号）第十一条规定："对于房地产开发企业从政府、财政等部门取得的财政补贴、奖励、土地出让金返还、税收返还等财政补贴性收入，在计征土地增值税时，凡是明确相关款项用途的，直接冲减相关扣除项目金额，如土地出让金返还冲减取得土地使用权支付的金额等；凡是没有明确相关款项用途的，依次冲减取得土地使用权支付的金额和房地产开发成本。房地产开发企业同时开发两个及以上项目涉及分摊计算的，比照本公告第五条的相关规定执行。"

7. 山西省规定

根据《房地产开发企业土地增值税清算管理办法》（山西省地方税务局公告2014年第3号发布）第十八条第（一）项第1点的相关规定，对取得土地使用权支付金额和土地征用及拆迁补偿费，其政府返还和以地补路等不得扣除。

8. 江苏省规定

《江苏省地方税务局关于土地增值税有关业务问题的公告》（苏地税规〔2012〕1号）第五条第（四）项规定："纳税人为取得土地使用权所支付的地价款，在计算土地增值税时，应以纳税人实际支付土地出让金（包括后期补缴的土地出让金），减去因受让该宗土地政府以各种形式支付给纳税人的经济利益后予以确认。"

【提示】营改增后,《房地产开发企业销售自行开发的房地产项目增值税征收管理暂行办法》(国家税务总局公告2016年第18号发布)第六条规定:"在计算销售额时从全部价款和价外费用中扣除土地价款,应当取得省级以上(含省级)财政部门监(印)制的财政票据",因此,地方政府返还的土地价款抵减项目的选择直接影响增值税的计算。

土地出让金的缴纳凭证是省级以上(含省级)财政部门监(印)制的财政票据,缴纳的土地出让金同时也是计算印花税、契税的依据。如果政府返还的土地出让金属于退还性质,则应该重新开具票据并退还相应的税款。但实务中,从地方政府返还款的目的或性质看,基本上属于招商引资奖励、补贴公共配套设施、补贴安置房、补贴基础设施等。因此,对于"因受让该宗土地政府以各种形式支付给纳税人的经济利益"的处理,要根据政府返还款文件确定的目的及款项使用方向判断,可以依据《企业会计准则第16号——政府补助》(财会〔2017〕15号文件修订)、《财政部 国家税务总局关于专项用途财政性资金所得税处理问题的通知》(财税〔2011〕70号)及土地增值税扣除政策的相关规定处理,除性质上属于减免的土地出让金外,其他各类返还款应抵减相应的项目金额或作为营业外收入处理。

问题4-1-12

地下建筑如何分摊取得土地使用权所支付的成本?

答:土地成本是指取得土地使用权所支付的金额。地下建筑主要是指车库、储藏室、商铺等。对于地下建筑土地使用权成本的扣除,国家税务总局没有直接的明细解释,建议从公共配套设施角度,依据《国家税务总局关于房地产开发企业土地增值税清算管理有关问题的通知》(国税发〔2006〕187号)第四条第(三)项规定的原则处理,即:建成后产权属于全体业主所有的,其成本、费用可以扣除;建成后无偿移交给政府、公用事业单位用于非营利性社会公共事业的,其成本、费用可以扣除;建成后有偿转让的,应计算收入,并准予扣除成本、费用。

对于地下建筑土地使用权成本的扣除,各地在实操中的掌握尺度有一定差异,有的以约定为主,未约定的以计容为依据,有的则以确权为准。各地具体规定举例如下:

一是以土地出让金合同约定承担对象为主。一些地区规定,土地出让金以合同约定承担,即按照土地出让金约定承担对象处理。例如,湖北省《土地增值税征管工作指引(试行)》(鄂税财行便函〔2021〕9号文件印发)第二十六条第(二)项规定,"国有土地使用权出让合同或其补充协议注明，地下部分不缴纳土地出让金或者地上部分与地下部分分别缴纳土地出让金的，土地出让金应直接归集到对应的受益对象（地上部分或地下部分）"。

又如，《广州市地方税务局关于印发2016年土地增值税清算工作有关问题处理指引的通知》（穗地税函〔2016〕188号）第二条第（一）项规定："对国有土地使用权出让合同明确约定地下部分不缴纳土地出让金，或地上部分与地下部分分别缴纳土地出让金的，在计算土地增值税扣除项目金额时，应根据《国家税务总局关于印发〈土地增值税清算管理规程〉的通知》（国税发〔2009〕91号）第二十一条规定，土地出让金直接归集到对应的受益对象（地上部分或地下部分），不作为项目的共同土地成本进行分摊。"

根据上述规定，对国有土地使用权出让合同明确约定地下部分不缴纳土地出让金，或地上部分与地下部分分别缴纳土地出让金的，根据受益对象归集分摊。

二是以约定及计容判定是否分摊土地成本。开发项目的容积率指一宗地块地上部分的开发强度（即地上建筑面积除以用地面积），我国已经有部分地区开始尝试出让地下空间的使用权，且定有地下容积率，实际上"容积率"与"土地出让金以合同约定承担"在性质上一致。一些地区规定以是否计容来确定分摊土地成本。例如，《厦门市房地产开发项目土地增值税清算管理办法》（国家税务总局厦门市税务局公告2023年第1号发布）第二十三条第（九）项第二款规定，"纳税人签订的土地出让合同、协议对土地价款未作具体约定的，对于同一房地产开发项目有多个分期项目，以及同一分期项目、单一房地产开发项目内有不同房产类型，纳税人可选择按转让土地使用权的面积占总面积的比例计算分摊，或按可售建筑面积计算分摊土地成本。对于不计入容积率的车位等房屋，可不参与土地成本计算分摊"。如果地下面积没有参与容积率计算，可不参与土地成本计算分摊。

又如，重庆市《土地增值税等财产行为税政策执行问题处理意见》（渝财税〔2015〕93号文件印发）第一条第（五）项第1点第三款规定："不计算房地产项目容积率的地下车库不分摊'土地成本'。"

根据重庆市、厦门市的规定，凡是计容积率的部分要分摊土地成本，不计容积率的部分不需要分摊土地成本。

三是以确权判定是否分摊土地成本。纳税人转让有产权车位（车库、储藏室）的，确认收入并扣除相应的成本费用，分摊土地成本；对于纳税人转让车位（车库、储藏室）使用权的，在清算时不确认收入，不扣除相应的成本费用，不分摊土地成本。各地具体规定举例如下：

1. 内蒙古自治区规定

《内蒙古自治区土地增值税清算管理办法》（国家税务总局内蒙古自治区税务局公

告2023年第7号发布）第二十七条规定："纳税人转让有产权车位（车库、储藏室）的，按取得权属登记证上列明的房地产类型清算，未列明的按其他类型房地产清算，在清算时确认收入，扣除相应的成本费用，分摊土地成本。

纳税人转让车位（车库、储藏室）使用权的，不征收土地增值税，在清算时不确认收入，不扣除相应的成本费用，不分摊土地成本。"

2. 青岛市规定

《国家税务总局青岛市税务局房地产开发项目土地增值税清算管理办法》（国家税务总局青岛市税务局公告2022年第6号发布）第二十八条规定："无产权的地下室（储藏室）、地下车库（位）等地下设施，在土地增值税清算时不分摊土地成本，为办理产权缴纳的土地出让金可直接计入受益对象。"

3. 新疆维吾尔自治区规定

《新疆维吾尔自治区地方税务局关于明确土地增值税相关问题的公告》（新疆维吾尔自治区地方税务局公告2016年第6号）第四条第（三）项规定："关于无产权车位分摊土地成本问题，土地成本仅在可售面积中分摊，无产权的地下车位不分摊土地成本。"

4. 江苏省规定

《江苏省地方税务局关于土地增值税若干问题的公告》（苏地税规〔2015〕8号）第二条规定："土地成本是指取得土地使用权所支付的金额。土地成本仅在能够办理权属登记手续的建筑物及其附着物之间进行分摊。在不同清算单位或同一清算单位不同类型房产之间分摊土地成本时，可直接归集的，应直接计入该清算单位或该类型房产的土地成本；不能直接归集的，可按建筑面积法计算分摊，也可按税务机关认可的其他合理方法计算分摊。"

根据江苏省的上述规定，地下建筑如果能够办理权属登记手续，就应该分摊土地成本。办理确权的依据是《江苏省不动产登记条例》相关规定。

问题 4-1-13

不同清算项目如何分摊土地使用权成本？

答：对于土地成本分摊的基本原则，《土地增值税暂行条例实施细则》第九条规定："纳税人成片受让土地使用权后，分期分批开发、转让房地产的，其扣除项目金额的确定，可按转让土地使用权的面积占总面积的比例计算分摊，或按建筑面积计算分摊，也可按税务机关确认的其他方式计算分摊。"

《国家税务总局关于房地产开发企业土地增值税清算管理有关问题的通知》（国税

发〔2006〕187号）第四条第（五）项规定："属于多个房地产项目共同的成本费用，应按清算项目可售建筑面积占多个项目可售总建筑面积的比例或其他合理的方法，计算确定清算项目的扣除金额。"

《土地增值税清算管理规程》（国税发〔2009〕91号文件印发）第二十一条规定："纳税人分期开发项目或者同时开发多个项目的，或者同一项目中建造不同类型房地产的，应按照受益对象，采用合理的分配方法，分摊共同的成本费用。"

土地成本分摊的基本原则与其他开发成本分摊处理方式一致，也是"按照受益对象，采用合理的分配方法"，能够明确受益对象的成本费用，直接计入该清算项目或该类型房地产，需要分摊的，基本方式为占地面积法与建筑面积法，也可按照税务机关确认的其他方式计算分摊。在实操中，由于受到规划设计不同步的影响，一些地方采取对开发项目未完成全部设计（按照开发顺序设计）的以占地面积法为先，对同一项目中建造不同类型房地产的，采用建筑面积法。各地具体规定举例如下：

1. 海南省规定

《国家税务总局海南省税务局土地增值税清算审核管理办法》（国家税务总局海南省税务局公告2023年第2号发布）第十条第（二）项规定，"属于多个清算项目共同发生的取得土地使用权所支付的金额、土地征用及拆迁补偿费，按清算项目占地面积占总占地面积的比例分摊；对于无法取得项目占地面积的，按计容面积分摊"。

2. 厦门市规定

《厦门市房地产开发项目土地增值税清算管理办法》（国家税务总局厦门市税务局公告2023年第1号发布）第二十三条第（九）项规定，"纳税人签订的土地出让合同、协议中明确规定多个房地产开发项目、不同分期项目、不同房产类型等对应土地价款的，按土地出让合同、协议约定确定对应房地产开发项目、分期项目、房产类型的土地成本。

纳税人签订的土地出让合同、协议对土地价款未作具体约定的，对于同一房地产开发项目有多个分期项目，以及同一分期项目、单一房地产开发项目内有不同房产类型，纳税人可选择按转让土地使用权的面积占总面积的比例计算分摊，或按可售建筑面积计算分摊土地成本。对于不计入容积率的车位等房屋，可不参与土地成本计算分摊"。

3. 青岛市规定

《国家税务总局青岛市税务局房地产开发项目土地增值税清算管理办法》（国家税务总局青岛市税务局公告2022年第6号发布）第二十七条规定，"属于多个房地产开发项目（包括分期项目）共同的土地成本，按清算单位的占地面积占多个房地产开发项目总占地面积的比例计算分摊，对分期项目无法划分占地面积的，按照分期项目地上建筑面积占地上总建筑面积的比例计算分摊；属于多个房地产开发项目共同的其他成本费用，按清算单位的建筑面积占多个房地产开发项目总建筑面积的比例计算分摊"。

4. 广西壮族自治区规定

《广西壮族自治区房地产开发项目土地增值税管理办法（试行）》（广西壮族自治区地方税务局公告2018年第1号发布）第三十八条第（二）项规定，"纳税人成片受让同一宗土地的使用权后，分期分批开发、转让房地产的，取得土地的成本按占地面积法分摊，其他共同成本按建筑面积法计算分摊。

纳税人分期开发房地产项目，各清算单位扣除项目金额的计算分摊方法应保持一致"。

5. 四川省规定

《四川省地方税务局关于土地增值税清算单位等有关问题的公告》（四川省地方税务局公告2015年第5号）第三条第一款规定："纳税人分期分批开发房地产项目或同时开发多个房地产项目，各清算项目取得土地使用权所支付的金额，按照占地面积法（即转让土地使用权的面积占可转让土地使用权总面积的比例）进行分摊。"

6. 江苏省规定

《江苏省地方税务局关于土地增值税若干问题的公告》（苏地税规〔2015〕8号）第二条规定，"在不同清算单位或同一清算单位不同类型房产之间分摊土地成本时，可直接归集的，应直接计入该清算单位或该类型房产的土地成本；不能直接归集的，可按建筑面积法计算分摊，也可按税务机关认可的其他合理方法计算分摊"。

7. 山西省规定

根据《房地产开发企业土地增值税清算管理办法》（山西省地方税务局公告2014年第3号发布）第十八条第（二）项的规定，审核取得土地使用权和土地征用及拆迁补偿费支付金额分摊比例如下：

（1）同一宗土地有多个开发项目，能准确划分不同项目占地面积的，应当先按占地面积分摊土地成本；不能准确划分不同项目占地面积的，应当按楼面地价（楼面地价=土地总价格/总建筑面积）和各项目实际建筑面积占总建筑面积的比例计算分摊不同项目的土地成本。

（2）房地产开发企业成片受让土地使用权后，分期分批开发、转让房地产的，以及建有公共配套设施的，应当结合房地产开发企业提供的土地使用权证、经规划部门审核同意的规划图、房屋分户（室）测绘面积对照表等资料，按照上述原则分摊土地成本，以判定其土地成本的分摊是否合理、完整。

8. 浙江省规定

《浙江省地方税务局关于土地增值税若干政策问题的公告》（浙江省地方税务局公告2014年第16号）第二条第（一）项规定："对属于多个清算单位共同发生的扣除项目，

其中：取得土地使用权所支付的金额按照占地面积法（即其转让土地使用权的面积占可转让土地使用权总面积的比例，下同）在多个清算单位之间进行分摊；其他共同发生的扣除项目，按照建筑面积法（即其可售建筑面积占多个项目可售总建筑面积的比例，下同）在多个清算单位之间进行分摊。"

9. 重庆市规定

《重庆市地方税务局转发财政部、国家税务总局关于土地增值税若干问题的通知》（渝地税发〔2006〕143号）第六条规定，关于土地成本和综合费用分摊的问题：

"根据《中华人民共和国土地增值税暂行条例实施细则》第九条规定，纳税人成片受让土地使用权后，分期分批开发、转让房地产的，其扣除项目金额按下列情况进行分摊：

（一）在我市范围内开发、转让土地，其土地成本的确定，按转让土地使用权的面积占总面积的比例计算分摊。

（二）对一个小区或一个项目的土地成本费用以及为小区或项目建设发生的综合性费用，则按小区内（或项目）各单项工程或幢号的建筑面积占小区（或项目）建筑面积的比例计算分摊到各单项工程或幢号。

（三）对一栋既有住宅又有写字间、公寓、车库等建设内容的单体综合楼，其土地成本费用及综合费用分摊则应该按各建设内容的建筑面积占综合楼建筑面积的比例进行分摊"。

问题4-1-14

同一清算项目中不同类型房地产如何分摊土地使用权成本？

答：根据政策规定，同一项目中建造不同类型房地产的，应按照受益对象，采用合理的分配方法，分摊共同的成本费用。在实操中，能够明确受益对象的成本费用，直接计入该清算项目或该类型房地产，对同一项目中建造不同类型房地产的土地使用权成本分摊，一般采用建筑面积法，也有采取其他方式辅助的。各地具体规定举例如下：

1. 海南省规定

《国家税务总局海南省税务局土地增值税清算审核管理办法》（国家税务总局海南省税务局公告2023年第2号发布）第十条第（二）项规定，"同一个清算项目，取得土地使用权所支付的金额按计容面积分摊。属于多个清算项目共同发生的取得土地使用权所支付的金额、土地征用及拆迁补偿费，按清算项目占地面积占总占地面积的比例分摊；对于无法取得项目占地面积的，按计容面积分摊"。

2. 厦门市规定

根据《厦门市房地产开发项目土地增值税清算管理办法》（国家税务总局厦门市税务局公告2023年第1号发布）第二十三条第（九）项第二款的相关规定，纳税人签订的土地出让合同、协议对土地价款未做具体约定的，同一分期项目、单一房地产开发项目内有不同房产类型，纳税人可选择按转让土地使用权的面积占总面积的比例计算分摊，或按可售建筑面积计算分摊土地成本。

3. 青岛市规定

《国家税务总局青岛市税务局房地产开发项目土地增值税清算管理办法》（国家税务总局青岛市税务局公告2022年第6号发布）第二十九条规定："同一清算单位的土地成本按普通住宅、非普通住宅、其他类型房地产地上建筑面积比例计算分摊。属于同一清算单位的其他共同成本费用，按不同类型房地产可售建筑面积比例计算分摊。

以下扣除项目可直接计入受益对象：能够提供独立的土地出让合同、划拨协议；同一土地出让合同明确不同类型房地产的土地出让金；单独签订装修合同、单独结算、有明确受益对象的室内装修费用。"

4. 广西壮族自治区规定

《广西壮族自治区房地产开发项目土地增值税管理办法（试行）》（广西壮族自治区地方税务局公告2018年第1号发布）第三十八条第（三）项规定："同一清算单位中纳税人可以提供土地使用权证或规划资料及其他材料证明该类型房地产属于独立占地的，取得土地使用权所支付的金额和土地征用及拆迁补偿费可按占地面积法计算分摊。"

5. 江苏省规定

根据《江苏省地方税务局关于土地增值税若干问题的公告》（苏地税规〔2015〕8号）第二条的相关规定，在同一清算单位不同类型房产之间分摊土地成本时，可直接归集的，应直接计入该清算单位或该类型房产的土地成本；不能直接归集的，可按建筑面积法计算分摊，也可按税务机关认可的其他合理方法计算分摊。

6. 四川省规定

《四川省地方税务局关于土地增值税清算单位等有关问题的公告》（四川省地方税务局公告2015年第5号）第三条第二款规定："同一清算单位内包含不同类型房地产的，其共同发生的成本费用按照建筑面积法进行分摊。"

7. 北京市规定

《北京市地方税务局土地增值税清算管理规程》（北京市地方税务局公告2016年第7号发布）第三十一条第（三）项、第（四）项规定，同一清算单位发生的扣除项目金额，原则上应按建筑面积法分摊。对于同一清算单位中纳税人可以提供土地使用权证或规划资料及其他材料证明该类型房地产属于独立占地的，取得土地使用权所支付的金额和土地征用及拆迁补偿费可按占地面积法计算分摊。

8. 河北省规定

根据《河北省地方税务局关于对土地增值税土地成本分摊方法进行明确的通知》（冀地税征便函2014年第3号）的规定，对土地成本分摊采用占地面积计算方法明确如下：

占地面积，是指地上建筑物所占有或使用的土地水平投影面积。为便于计算，统一按照《建筑工程规划许可证》所附的一层施工平面图标注的地上面积计算。

占地总面积为可转让地上建筑物占地面积之和，不包括道路、绿化等公共设施用地面积。

对于独立占地的不同类型房地产，土地成本首先按可转让建筑物占地面积占可转让建筑物占地总面积的比例计算分摊；同一建筑物中包含不同类型房地产的，再按照各类型房地产建筑面积计算分摊。

对于裙楼土地成本的分摊，裙楼与主楼为同一基础（即基础对裙楼和主楼均有承重作用）的，则裙楼和主楼应作为同一建筑物计算分摊；裙楼与主楼各有独立基础的，应作为独立占地的建筑物计算分摊。

具体计算方法如下：

第一步：按独立占地的每栋建筑物占地面积占该项目占地总面积的比例计算分摊土地成本，每栋可转让建筑物分摊的土地成本＝每栋可转让建筑物占地面积÷可转让建筑物占地总面积×土地总成本。

第二步：对于同一建筑物中包含不同类型房地产的，应当首先确定该建筑物占地的总土地成本，然后根据该建筑物中某一类型房地产建筑面积占该建筑物总建筑面积的比例分摊土地成本。

（1）普通住宅应分摊的土地成本＝∑（每栋可转让建筑物普通住宅建筑面积÷每栋建筑物可售建筑面积×每栋建筑物应分摊的土地成本）；

（2）非普通住宅应分摊的土地成本＝∑（每栋房地产非普通住宅建筑面积÷每栋房地产可售建筑面积×每栋房地产应分摊的土地成本）；

（3）其他类型项目应分摊的土地成本＝∑（每栋房地产其他类型项目建筑面积÷每栋房地产可售建筑面积×每栋房地产应分摊的土地成本）。

9. 广州市规定

根据《广州市地方税务局关于印发2014年土地增值税清算工作有关问题的处理指引的通知》（穗地税函〔2014〕175号）第五条第（一）项的相关规定，土地及房地产开发成本不能按清算单位或房地产类型核算并准确归集的，同一清算单位内的共同成本、费用按照如下方式分摊：

（1）对于出租或自用的房地产，清算时按出租或自用房地产建筑面积计算不予扣除的扣除项目金额。

（2）按已售房地产建筑面积和可售房地产建筑面积比例，计算允许扣除的扣除项目。对于房地产开发企业清算单位内部分可售房地产用于出租或自用的，则上述可售房地产建筑面积为已减去出租或自用的可售房地产建筑面积。

> 【提示】同一清算项目中可销售与自持物业存在不同土地出让金计算分配金额的处理。在一些地区，在出让的一些非住宅国有土地使用权的项目中，对可以销售的部分和必须自持的部分，其土地出让金的计算标准不一致。
>
> 根据现有土地增值税分摊计算政策，一般是按照建筑面积（同一清算项目）分摊计算土地成本。对土地出让金的计算标准不一致的情形如何处理，一些地区在尺度掌握上，从配比、关联等角度出发，根据国土（自然资源）部门的文件规定处理。例如，对于《国有土地使用权出让合同》（包括合同附件、补充合同等国土管理部门文件）中有明确规定的，按照规定的计算数据先在可销售与必须自持物业之间分配，然后再按照政策规定分配。

案例4-2

土地成本的分配计算（一般方法）

A公司20××年3月拍得一块土地，面积48 000平方米，假定"取得土地使用权所支付的金额"为1.95亿元，该块地分四期进行开发。

1.不同清算项目之间共同土地成本的分摊。

A公司该块地分四期进行开发，20×2年5月开始清算第一期（甲项目）。假定第一期项目占地面积为12 000平方米，第二期项目占地10 000平方米，第三期项目占地8 000平方米，第四期项目占地18 000平方米。则各期清算项目分摊土地成本（按占地面积法）计算如下：

第一期项目分摊：195 000 000×（12 000÷48 000）=4 875（万元）；

第二期项目分摊：195 000 000×（10 000÷48 000）=4 062.50（万元）；

第三期项目分摊：195 000 000×（8 000÷48 000）=3 250（万元）；

第四期项目分摊：195 000 000×（18 000÷48 000）=7 312.50（万元）。

2.同一清算项目不同性质物业之间土地成本的分摊。

A公司20×2年5月开始清算甲项目，其占地面积为12 000平方米，假定土地成本为5 000万元。

（1）按照建筑面积法分配。假定其中可售物业建筑面积31 000平方米、公共配套设施建筑面积3 800平方米、企业自持自用建筑面积5 200平方米，总建筑面积为40 000平方米。则不同性质物业之间应分配成本如下：

①在三种不同性质物业之间的分配。

可售物业分配成本：5 000×（31 000÷40 000）=3 875（万元）；

公共配套设施分配成本：5 000×（3 800÷40 000）=475（万元）；

自持自用分配成本：5 000×（5 200÷40 000）=650（万元）。

②公共配套设施成本的分配。即公共配套设施成本要在可售物业面积与企业自持自用面积之间分配，假定公共配套设施直接成本125万元，与分摊的成本（475万元）合计为600万元。则公共配套设施成本分配如下：

可售物业应分配的成本：600×（31 000÷36 200）=513.81（万元）；

自持自用应分配的成本：600×（5 200÷36 200）=86.19（万元）。

（2）按照占地面积法分配。假定其中可售物业占地面积9 000平方米、公共配套设施占地面积1 200平方米、企业自持自用占地面积1 800平方米，总占地面积为12 000平方米。则不同性质物业应分配成本如下：

①在三种不同性质物业之间的分配。

可售物业分配成本：5 000×（9 000÷12 000）=3 750（万元）；

公共配套设施分配成本：5 000×（1 200÷12 000）=500（万元）；

自持自用分配成本：5 000×（1 800÷12 000）=750（万元）。

②公共配套设施成本的分配。即公共配套设施成本要在可售物业面积与企业自持自用面积之间分配，假定公共配套设施直接成本125万元，与分摊的成本（500万元）合计为625万元。则公共配套设施成本分配如下：

可售物业应分配的成本：625×（9 000÷10 800）=520.83（万元）；

自持自用应分配的成本：625×（1 800÷10 800）=104.17（万元）。

3.同一清算项目不同类型之间土地成本的分摊。

A公司20×2年5月开始清算甲项目，假定甲项目可售面积土地成本为4 270.83万元（3 750+520.83）。

（1）按照建筑面积法分配。假定甲项目可售面积31 000平方米，其中普通住宅建筑面积20 000平方米，非普通住宅建筑面积3 000平方米，其他类型房地产面积8 000平方米。则不同性质物业之间应分配成本如下：

普通住宅分配成本：4 270.83×（20 000÷31 000）=2 755.37（万元）；

非普通住宅分配成本：4 270.83×（3 000÷31 000）=413.31（万元）；

其他类型房地产分配成本：4 270.83×（8 000÷31 000）=1 102.15（万元）。

（2）按照占地面积法分配。假定甲项目可售物业占地面积9 000平方米，其中普通住宅占地6 000平方米，非普通住宅占地面积2 000平方米，非住宅占地面积1 000平方米。则不同性质物业之间应分配成本如下：

普通住宅分配成本：4 270.83×（6 000÷9 000）=2 847.22（万元）；

非普通住宅分配成本：4 270.83×（2 000÷9 000）=949.07（万元）；

其他类型房地产分配成本：4 270.83×（1 000÷9 000）=474.54（万元）。

4. 同一清算项目已售与未售物业之间土地成本的分摊。

A公司20×2年5月开始清算甲项目，如果甲项目已经全部销售完毕，则土地成本不存在已售与未售之间的分配计算，如果还有未销售的物业，则需要计算已销售物业应承担的土地成本。因土地成本在已售与未售物业之间的分配计算仅限定在同类型物业，因此只能按照建筑面积法计算。假定甲项目中普通住宅已销面积为19 000平方米。则应分配土地成本如下：

已销普通住宅应分配成本：2 847.22×（19 000÷20 000）=2 704.86（万元）。

问题 4-1-15

独立占地房地产如何归集分摊土地使用权成本？

答：根据国家税务总局"应按照受益对象，采用合理的分配方法，分摊共同的成本费用"的原则，对同一清算单位中独立占地房地产的土地成本一般是按照直接成本法归集，即以相关批文、图纸、决算报告等资料为依据直接分摊。对同一清算单位中独立占地房地产的项目，如何分摊取得土地使用权所支付的金额，各地具体规定举例如下：

1. 广西壮族自治区规定

《广西壮族自治区房地产开发项目土地增值税管理办法（试行）》（广西壮族自治区地方税务局公告2018年第1号发布）第三十八条第（三）项规定："同一清算单位中纳税人可以提供土地使用权证或规划资料及其他材料证明该类型房地产属于独立占地的，取得土地使用权所支付的金额和土地征用及拆迁补偿费可按占地面积法计算分摊。"

2. 北京市规定

《北京市地方税务局土地增值税清算管理规程》（北京市地方税务局公告2016年第7号发布）第三十一条第（四）项规定："同一清算单位中纳税人可以提供土地使用权证或规划资料及其他材料证明该类型房地产属于独立占地的，取得土地使用权所支付的金额和土地征用及拆迁补偿费可按占地面积法计算分摊。"

3. 河北省规定

根据《河北省地方税务局关于对土地增值税土地成本分摊方法进行明确的通知》（冀地税征便函2014年第3号）的相关规定，对于独立占地的不同类型房地产，土地成本首先按可转让建筑物占地面积占可转让建筑物占地总面积的比例计算分摊；同一建筑物中包含不同类型房地产的,再按照各类型房地产建筑面积计算分摊。(具体见"问题4-1-14　同一清算项目中不同类型房地产如何分摊土地使用权成本?"中相关内容。)

4. 西安市规定

根据《西安市地方税务局关于明确土地增值税若干政策问题的通知》(西地税发〔2010〕235号)第十三条第3点的规定,关于同一清算项目不同房地产类型共同的成本、费用分摊问题,"对不同房地产类型所属的土地使用权成本,如能提供确切证明材料(如决算报告、图纸等)且能明确区分的,可单独按其实际占地计算土地使用权成本"。

问题4-1-16

转让部分国有土地使用权或在建工程的如何分摊土地使用权成本?

答:对同一清算单位中部分转让国有土地使用权或在建工程的,需要单独清算,根据国家税务总局"应按照受益对象,采用合理的分配方法,分摊共同的成本费用"的原则,基本方法为建筑面积法。各地也是按照这一原则处理的。例如,根据《广西壮族自治区房地产开发项目土地增值税管理办法(试行)》(广西壮族自治区地方税务局公告2018年第1号发布)第三十八条第(五)项、《北京市地方税务局土地增值税清算管理规程》(北京市地方税务局公告2016年第7号发布)第三十一条第(五)项的规定,同一清算单位中部分转让国有土地使用权或在建工程,其共同受益的项目成本,无法按照建筑面积法分摊计算的,可按照占地面积法或税务机关确认的其他合理方法进行分摊。

问题4-1-17

如何使用"收入权重法"分摊土地成本?

答:收入权重法,即按照各类型转让收入占该清算项目房地产收入的权重分摊土地成本。

在土地增值税清算业务中,同一清算单位一般是按照建筑面积法分摊,但是清算项目在按照建筑面积法分摊相关成本费用后,有时会发生某类型房地产的成本费用高于其转让收入的情况。对于这种情况的处理,有的地方税务机关采取按照收入权重法重新分摊土地成本,即按照各类型转让收入占该清算项目房地产收入的权重重新分摊土地成本。该方法的政策依据为《土地增值税清算管理规程》(国税发〔2009〕91号文件印发）第二十一条第（五）项的规定，即"纳税人分期开发项目或者同时开发多个项目的，或者同一项目中建造不同类型房地产的，应按照受益对象，采用合理的分配方法，分摊共同的成本费用"。由于收入权重法对此类情形的处理符合实际情况，因为属于该规程规定的合理分配方法。

对收入权重法的使用要把握以下三个要点：

1. 使用"收入权重法"的前提条件

根据合理性和相关性原则，当清算项目满足下列条件时，纳税人可以采取收入权重法分摊土地成本：

（1）某类型房地产分摊后的成本费用高于其转让收入的；

（2）各类型房地产销售比例均达到或超过85%。

上述85%的销售比例是参照国税发〔2006〕187号文件规定的土地增值税清算条件"已转让的房地产建筑面积占整个项目可售建筑面积的比例在85%以上"确定的。

2. "收入权重法"的具体计算公式

某类型房地产转让收入＝某类型房地产已转让收入/该类型房地产销售比例

该项目房地产总收入＝各类型房地产转让收入

某类型房地产收入权重＝某类型房地产转让收入/该项目房地产总收入

某类型房地产分摊土地成本＝该项目土地成本×某类型房地产收入权重

3. 未销售部分的换算

收入权重法中的权重，是指各类型房地产转让收入占该项目房地产总收入的比例，在项目未全部完成销售的情况下，各类型房地产转让收入需要按销售比例换算，销售比例越高，换算的收入越接近实际收入，计算的权重与实际权重越接近，据此权重分摊的土地成本越合理。

实务中，收入权重法主要用于土地成本的分摊计算，其具体应用以当地税务机关解释为准。

4.1.3 房地产开发成本

问题4-1-18

房地产开发成本包括哪些项目（范围）？

答：房地产开发成本是土地增值税项目清算中最重要的内容，一般分为六大类，每个大类再分成若干明细项目（具体见后续内容）。

《土地增值税暂行条例实施细则》第七条第（二）项第一款规定："开发土地和新建房及配套设施（以下简称房地产开发）的成本，是指纳税人房地产开发项目实际发生的成本（以下简称房地产开发成本），包括土地征用及拆迁补偿费、前期工程费、建筑安装工程费、基础设施费、公共配套设施费、开发间接费用。"

根据《土地增值税宣传提纲》（国税函发〔1995〕110号文件印发）第五条第（二）项的规定，开发土地和新建房及配套设施的成本允许按实际发生额扣除。

根据《土地增值税清算管理规程》（国税发〔2009〕91号文件印发）第二十条第（二）项的规定，"房地产开发成本，包括：土地征用及拆迁补偿费、前期工程费、建筑安装工程费、基础设施费、公共配套设施费、开发间接费用"。

各地规定与税务总局规定一致，例如《内蒙古自治区土地增值税清算管理办法》（国家税务总局内蒙古自治区税务局公告2023年第7号发布）第三十三条、《厦门市房地产开发项目土地增值税清算管理办法》（国家税务总局厦门市税务局公告2023年第1号发布）第二十一条第（二）项、《国家税务总局山东省税务局土地增值税清算管理办法》（国家税务总局山东省税务局公告2022年第10号发布）第二十九条第（二）项等。

对于房地产开发成本扣除的基本要求，《国家税务总局关于房地产开发企业土地增值税清算管理有关问题的通知》（国税发〔2006〕187号）第四条第（一）项规定："房地产开发企业办理土地增值税清算时计算与清算项目有关的扣除项目金额，应根据土地增值税暂行条例第六条及其实施细则第七条的规定执行。除另有规定外，扣除取得土地使用权所支付的金额、房地产开发成本、费用及与转让房地产有关税金，须提供合法有效凭证；不能提供合法有效凭证的，不予扣除。"

根据上述政策规定，在清算中，房地产开发成本需要在计算增值额时扣除，但由于企业在会计核算时，科目设置与扣除项目明细设置有一定差异，因此在实务中，要将日常会计核算的具体内容按政策要求归集到扣除明细项目中。

对于各项成本、费用的列支凭证，须提供合法有效凭证。所称"合法有效凭证"，是指应该取得税务发票的，必须取得税务发票；应该取得相关部门开具的财政收据的，必须取得相应的财政收据；涉及个人（居民）的，要取得当事人签字等政策规定的手续资料。

实务中还需要注意，开发土地和新建房及配套设施的成本，是指其实际发生的成本，对于因延迟支付工程款而产生的滞纳金、罚息等不属于建筑安装工程实际发生的成本，不能作为土地增值税扣除项目扣除。

问题 4-1-19

土地征用及拆迁补偿费如何扣除？

答：对于土地征用及拆迁补偿费的支付范围，《土地增值税暂行条例实施细则》第七条第（二）项第二款规定："土地征用及拆迁补偿费，包括土地征用费、耕地占用税、劳动力安置费及有关地上、地下附着物拆迁补偿的净支出、安置动迁用房支出等。"

根据上述规定，实际发生的拆迁补偿费可以扣除，但由于此类费用的支付有很多无法采用票据控管，因此，《土地增值税清算管理规程》（国税发〔2009〕91号文件印发）第二十二条关于"审核取得土地使用权支付金额和土地征用及拆迁补偿费时应当重点关注"问题的第（三）项规定："拆迁补偿费是否实际发生，尤其是支付给个人的拆迁补偿款、拆迁（回迁）合同和签收花名册或签收凭证是否一一对应。"

基于上述规定，在实务中，除取得按照发票管理办法等政策规定的票据外，土地征用及拆迁补偿费支出凭证主要是相关合同、签收花名册或签收单据，特别是涉及个人（居民或村民）补偿的，要取得当事人的签字手续，并与花名册及相关合同、协议对应。

各地在具体规定中，从报送资料、审核等角度分别提出了相关凭证要求，举例如下：

1. 海南省规定

《国家税务总局海南省税务局土地增值税清算审核管理办法》（国家税务总局海南省税务局公告2023年第2号发布）第十四条规定："土地征用及拆迁补偿费的扣除，应按以下规定处理：

（一）拆迁补偿费、青苗补偿费、迁坟补偿费、安置补偿费等允许据实扣除，其扣除金额根据补偿协议、清册、收付款凭证等相关资料确定；

（二）购入不动产，后续将不动产拆除再次开发房地产的，原有不动产的购入成本及缴纳的契税、拆除原有房产发生的拆迁费用，允许扣除。"

2. 内蒙古自治区规定

《内蒙古自治区土地增值税清算管理办法》（国家税务总局内蒙古自治区税务局公告2023年第7号发布）第三十三条第（一）项规定："土地征用及拆迁补偿费，包括土地征用费、耕地占用税、劳动力安置费及有关地上、地下附着物拆迁补偿的净支出、安置动迁用房支出等。

1. 纳税人将开发的房地产安置回迁户的，安置用房视同销售处理，同时将视同销售价款计入房地产开发项目的拆迁补偿费。纳税人支付给回迁户的补差价款，计入拆迁补偿费；回迁户支付给纳税人的补差价款，应当抵减本项目拆迁补偿费。

2. 纳税人异地安置回迁户的房屋，属于自行开发建造的，房屋价款按本办法第二十四条的规定计算，计入本项目的拆迁补偿费；属于购入的，以实际支付的购房支出计入拆迁补偿费。

3.纳税人将购入的房地产拆除后再次开发的，原有房地产的购入成本、缴纳的契税、拆迁费用，允许扣除。"

3. 贵州省规定

从项目跟踪角度获取相应资料，《贵州省土地增值税清算管理办法》（国家税务总局贵州省税务局公告2022年第12号发布）第十二条规定："房地产开发企业开发房地产项目涉及拆迁补偿的，应当在签订拆迁补偿合同（协议）后及时向主管税务机关报送下列资料：

（一）拆迁补偿合同（协议）。

（二）国家收回土地使用权的，出具县级及县级以上人民政府或县级及县级以上人民政府自然资源部门收回土地使用权的证明文件。

（三）其他相关资料。"

从具体内容扣除内容角度，该管理办法第三十八条规定，"土地征用及拆迁补偿费包括土地征用费、耕地占用税、劳动力安置费及有关地上、地下附着物拆迁补偿的净支出、安置动迁用房支出等。

房地产开发企业用建造的本项目房地产安置回迁户，安置用房视同销售处理，按本办法第三十二条确认收入，同时将此计入本项目拆迁补偿费；房地产开发企业支付给回迁户的补差价款，计入拆迁补偿费；回迁户支付给房地产开发企业的补差价款，应抵减本项目拆迁补偿费。

房地产开发企业因拆迁从政府部门取得的各种形式的补偿或补贴，应当抵减本项目拆迁补偿费。"

4. 山东省规定

《国家税务总局山东省税务局土地增值税清算管理办法》（国家税务总局山东省税务局公告2022年第10号发布）第二十九条第（二）项规定："土地征用及拆迁补偿费，包括土地征用费、耕地占用税、劳动力安置费及有关地上、地下附着物拆迁补偿的净支出、安置动迁用房支出等，其扣除金额根据补偿协议、签收清册、收付款凭据等相关资料确定。

（1）拆迁补偿费应当是真实发生和实际支付的，支付给被拆迁人的拆迁补偿、拆迁（回迁）合同和签收花名册或签收凭据应当一一对应。

（2）房地产开发企业用建造的本项目房地产安置回迁户的，安置用房视同销售处理，参照本办法第二十六条规定确认收入，同时计入房地产开发项目的拆迁补偿费。房地产开发企业支付给回迁户的补差价款，计入拆迁补偿费；回迁户支付给房地产开发企业的补差价款，应当抵减本项目拆迁补偿费。

（3）房地产开发企业采取异地安置，异地安置的房屋属于自行开发建造的，房屋价值参照本办法第二十六条规定计算，计入本项目的拆迁补偿费；异地安置的房屋属于购入的，以实际支付的购房支出计入拆迁补偿费。

（4）货币安置拆迁的支出，房地产开发企业凭合法有效凭据计入拆迁补偿费。"

5. 湖北省规定

根据《土地增值税征管工作指引（试行）》（鄂税财行便函〔2021〕9号文件印发）第二十六条第（四）项的规定，审核时应当关注"拆迁补偿费是否实际发生，尤其是支付给个人的拆迁补偿款、拆迁（回迁）合同和签收花名册或签收凭证是否一一对应"。

6. 广东省规定

根据《国家税务总局广东省税务局土地增值税清算管理规程》（国家税务总局广东省税务局公告2019年第5号发布）第十六条第（六）项的相关规定，在土地增值税项目管理中，需要报送的资料包括"拆迁（回迁）合同，签收花名册"等。

根据该管理规程第二十九条第（四）项的规定，审核时应当关注拆迁补偿费是否实际发生，尤其是支付给个人的拆迁补偿款、拆迁（回迁）合同和签收花名册或签收凭证是否一一对应。

7. 广西壮族自治区规定

根据《广西壮族自治区房地产开发项目土地增值税管理办法（试行）》（广西壮族自治区地方税务局公告2018年第1号发布）第二十四条第（四）项的规定，纳税人进行清算申报时，对拆迁安置的，提供拆迁公告、拆迁（回迁）合同、支付凭证、个人签收花名册或签收凭证。

根据该管理办法第四十条第（二）项的规定，土地征用及拆迁补偿费，包括土地征用费、耕地占用税、劳动力安置费及有关地上、地下附着物拆迁补偿的净支出、安置动迁用房支出等。根据该条第（二）项第1点的规定，"拆迁补偿费必须是真实发生并实际支出的。支付给被拆迁人的拆迁补偿费应与拆迁（回迁）合同、支付凭证和个人签收花名册或签收凭据一一对应"。

问题 4-1-20

企业将购入的房地产拆除后再次开发的，原有成本如何扣除？

答：从政策上，土地征用及拆迁补偿费，包括土地征用费、耕地占用税、劳动力安置费及有关地上、地下附着物拆迁补偿的净支出、安置动迁用房支出等。纳税人将购入的房地产拆除后再次开发的，原有房地产的各项购入成本费用，在性质上属于"土地征用及拆迁补偿费"，其实际支出应允许扣除。例如，《国家税务总局海南省税务局土地增值税清算审核管理办法》（国家税务总局海南省税务局公告2023年第2号发布）第十四条第（二）项规定："购入不动产，后续将不动产拆除再次开发房地产的，原有不动产的购入成本及缴纳的契税、拆除原有房产发生的拆迁费用，允许扣除。"

再如，《内蒙古自治区土地增值税清算管理办法》（国家税务总局内蒙古自治区税务局公告2023年第7号发布）第三十三条第（一）项第3点规定："纳税人将购入的房地产拆除后再次开发的，原有房地产的购入成本、缴纳的契税、拆迁费用，允许扣除。"

问题 4-1-21

多个清算项目或分期开发项目土地征用及拆迁补偿费如何分摊扣除？

答：土地征用及拆迁补偿费属于开发成本的第一个项目，但在性质上与取得土地使用权所支付的成本相类似，与土地（面积）密切相关。对于多个清算项目或分期开发项目，其分摊计算与取得土地使用权所支付的金额类似，按照占地面积、计容面积、建筑面积等。各地具体规定举例如下：

1. 海南省规定

根据《国家税务总局海南省税务局土地增值税清算审核管理办法》（国家税务总局海南省税务局公告2023年第2号发布）第十条第（二）项的相关规定，"属于多个清算项目共同发生的取得土地使用权所支付的金额、土地征用及拆迁补偿费，按清算项目占地面积占总占地面积的比例分摊；对于无法取得项目占地面积的，按计容面积分摊"。

2. 广西壮族自治区规定

《广西壮族自治区房地产开发项目土地增值税管理办法（试行）》（广西壮族自治区地方税务局公告2018年第1号发布）第三十八条第（三）项规定："同一清算单位中纳税人可以提供土地使用权证或规划资料及其他材料证明该类型房地产属于独立占地的，取得土地使用权所支付的金额和土地征用及拆迁补偿费可按占地面积法计算分摊。"

3. 山西省规定

根据《房地产开发企业土地增值税清算管理办法》（山西省地方税务局公告2014年第3号发布）第十八条第（二）项的规定，审核取得土地使用权和土地征用及拆迁补偿费支付金额分摊比例如下：

（1）同一宗土地有多个开发项目，能准确划分不同项目占地面积的，应当先按占地面积分摊土地成本；不能准确划分不同项目占地面积的，应当按楼面地价（楼面地价=土地总价格/总建筑面积）和各项目实际建筑面积占总建筑面积的比例计算分摊不同项目的土地成本。

（2）房地产开发企业成片受让土地使用权后，分期分批开发、转让房地产的，以及建有公共配套设施的，应当结合房地产开发企业提供的土地使用权证、经规划部门审核同意的规划图、房屋分户（室）测绘面积对照表等资料，按照上述原则分摊土地成本，以判定其土地成本的分摊是否合理、完整。

问题4-1-22

企业用清算项目的房地产安置回迁户的如何处理？

答：企业用清算项目的房地产安置回迁户的，相关支出为房地产开发项目的拆迁补偿费。《国家税务总局关于土地增值税清算有关问题的通知》（国税函〔2010〕220号）第六条第（一）项规定："房地产企业用建造的本项目房地产安置回迁户的，安置用房视同销售处理，按《国家税务总局关于房地产开发企业土地增值税清算管理有关问题的通知》（国税发〔2006〕187号）第三条第（一）款规定确认收入，同时将此确认为房地产开发项目的拆迁补偿费。房地产开发企业支付给回迁户的补差价款，计入拆迁补偿费；回迁户支付给房地产开发企业的补差价款，应抵减本项目拆迁补偿费。"

各地具体政策规定举例如下：

1. 内蒙古自治区规定

《内蒙古自治区土地增值税清算管理办法》（国家税务总局内蒙古自治区税务局公告2023年第7号发布）第三十三条第（一）项第1点规定："纳税人将开发的房地产安置回迁户的，安置用房视同销售处理，同时将视同销售价款计入房地产开发项目的拆迁补偿费。纳税人支付给回迁户的补差价款，计入拆迁补偿费；回迁户支付给纳税人的补差价款，应当抵减本项目拆迁补偿费。"

2. 贵州省规定

根据《贵州省土地增值税清算管理办法》（国家税务总局贵州省税务局公告2022年第12号发布）第三十八条第二款、第三款的规定，"房地产开发企业用建造的本项目房地产安置回迁户，安置用房视同销售处理，按本办法第三十二条确认收入，同时将此计入本项目拆迁补偿费；房地产开发企业支付给回迁户的补差价款，计入拆迁补偿费；回迁户支付给房地产开发企业的补差价款，应抵减本项目拆迁补偿费。

房地产开发企业因拆迁从政府部门取得的各种形式的补偿或补贴，应当抵减本项目拆迁补偿费"。

3. 山东省规定

《国家税务总局山东省税务局土地增值税清算管理办法》（国家税务总局山东省税

务局公告2022年第10号发布）第二十九条第（二）项第1点第（2）小项规定："房地产开发企业用建造的本项目房地产安置回迁户的，安置用房视同销售处理，参照本办法第二十六条规定确认收入，同时计入房地产开发项目的拆迁补偿费。房地产开发企业支付给回迁户的补差价款，计入拆迁补偿费；回迁户支付给房地产开发企业的补差价款，应当抵减本项目拆迁补偿费。"

4. 安徽省规定

《安徽省土地增值税清算管理办法》（国家税务总局安徽省税务局公告2018年第21号修改）第三十九条第（一）项规定："纳税人用建造的本项目房地产安置回迁户的，安置用房按视同销售处理，并按照《国家税务总局关于纳税人土地增值税清算管理有关问题的通知》（国税发〔2006〕187号）第三条第（一）款规定确认收入，同时将此确认为房地产开发项目的拆迁补偿费。纳税人支付给回迁户的补差价款，计入拆迁补偿费；回迁户支付给纳税人的补差价款，应抵减本项目拆迁补偿费。"

5. 广西壮族自治区规定

《广西壮族自治区房地产开发项目土地增值税管理办法（试行）》（广西壮族自治区地方税务局公告2018年第1号发布）第四十条第（二）项第2点规定："纳税人用建造的本项目房地产安置回迁户的，安置用房按视同销售处理，并按照本办法第三十二条的规定确认收入，同时将此确认为房地产开发项目的拆迁补偿费。纳税人支付给回迁户的补差价款，计入拆迁补偿费。回迁户支付给纳税人的补差价款，应抵减本项目拆迁补偿费。"

6. 北京市规定

《北京市地方税务局土地增值税清算管理规程》（北京市地方税务局公告2016年第7号发布）第三十三条第（二）项第1点规定："纳税人用建造的本项目房地产安置回迁户的，安置用房按视同销售处理，并按照《国家税务总局关于纳税人土地增值税清算管理有关问题的通知》（国税发〔2006〕187号）第三条第（一）款规定确认收入，同时将此确认为房地产开发项目的拆迁补偿费。纳税人支付给回迁户的补差价款，计入拆迁补偿费；回迁户支付给纳税人的补差价款，应抵减本项目拆迁补偿费。"

7. 湖北省规定

《湖北省地方税务局关于财产行为税若干政策问题的通知》（鄂地税发〔2014〕63号）第八条第（一）项规定："房地产开发企业用建造的本项目房地产进行拆迁安置的，其安置用房按交付时的本项目同类房屋的平均销售价格确认销售收入，同时将此确认为拆迁补偿费。"

该条第（四）项规定："前述规定中确定计入拆迁补偿费的金额，应作为契税计税依据申报纳税。"

根据上述政策规定，房地产企业用建造的本项目房地产安置回迁户的，安置用房视同销售处理，其相应支出可以计入扣除项目金额。对于房地产开发企业支付给回迁户的补差价款，要取得拆迁范围的文件及回迁户当事人的签字、花名册等资料。

问题 4-1-23

企业异地安置回迁户的如何处理？

答：企业异地安置回迁户的支出属于拆迁补偿费。《国家税务总局关于土地增值税清算有关问题的通知》（国税函〔2010〕220号）第六条第（二）项规定："开发企业采取异地安置，异地安置的房屋属于自行开发建造的，房屋价值按国税发〔2006〕187号第三条第（一）款的规定计算，计入本项目的拆迁补偿费；异地安置的房屋属于购入的，以实际支付的购房支出计入拆迁补偿费。"

各地具体政策与税务总局政策规定基本相同，包括视同销售、拆迁补偿费的处理，具体规定举例如下：

1. 内蒙古自治区规定

《内蒙古自治区土地增值税清算管理办法》（国家税务总局内蒙古自治区税务局公告2023年第7号发布）第三十三条第（一）项第2点规定："纳税人异地安置回迁户的房屋，属于自行开发建造的，房屋价款按本办法第二十四条的规定计算，计入本项目的拆迁补偿费；属于购入的，以实际支付的购房支出计入拆迁补偿费。"

2. 山东省规定

《国家税务总局山东省税务局土地增值税清算管理办法》（国家税务总局山东省税务局公告2022年第10号发布）第二十九条第（二）项第1点第（3）小项规定："房地产开发企业采取异地安置，异地安置的房屋属于自行开发建造的，房屋价值参照本办法第二十六条规定计算，计入本项目的拆迁补偿费；异地安置的房屋属于购入的，以实际支付的购房支出计入拆迁补偿费。"

3. 安徽省规定

《安徽省土地增值税清算管理办法》（国家税务总局安徽省税务局公告2018年第21号修改）第三十九条第（二）项规定："纳税人采取异地安置，异地安置的房屋属于自行开发建造的，房屋价值按《国家税务总局关于纳税人土地增值税清算管理有关问题的通知》（国税发〔2006〕187号）第三条第（一）款的规定计算，计入本项目的拆迁补偿费；异地安置的房屋属于购入的，以实际支付的购房支出计入拆迁补偿费。"

4. 广西壮族自治区规定

《广西壮族自治区房地产开发项目土地增值税管理办法（试行）》（广西壮族自治

区地方税务局公告2018年第1号发布）第四十条第（二）项第3点规定："纳税人采取异地安置，异地安置的房屋属于自行开发建造的，房屋价值按本办法第三十二条的规定计算，计入本项目的拆迁补偿费。异地安置的房屋属于购入的，以实际支付的购房支出计入拆迁补偿费。"

5. 北京市规定

《北京市地方税务局土地增值税清算管理规程》（北京市地方税务局公告2016年第7号发布）第三十三条第（二）项第2点规定："纳税人采取异地安置，异地安置的房屋属于自行开发建造的，房屋价值按《国家税务总局关于纳税人土地增值税清算管理有关问题的通知》（国税发〔2006〕187号）第三条第（一）款的规定计算，计入本项目的拆迁补偿费；异地安置的房屋属于购入的，以实际支付的购房支出计入拆迁补偿费。"

6. 湖北省规定

《湖北省地方税务局关于财产行为税若干政策问题的通知》（鄂地税发〔2014〕63号）第八条第（二）项规定："房地产开发企业采取异地安置，如异地安置房屋属于开发企业自行开发建造的，按照实际开发成本及相关费用确认收入，同时将此确认为本项目拆迁补偿费；如异地安置房屋属于购入的，则按开发企业实际支付的购房支出确认销售收入，同时将此确认为本项目拆迁补偿费。"

该条第（三）项规定："房地产开发企业通过异地自建或外购房屋进行拆迁安置，如获取了高于实际开发成本或购入价格的收益，在土地增值税清算时，应计入本项目销售收入但不得抵减本项目拆迁补偿费。"

该条第（四）项规定："前述规定中确定计入拆迁补偿费的金额，应作为契税计税依据申报纳税。"

问题 4-1-24

前期工程费包括哪些支出？

答：根据《土地增值税暂行条例实施细则》第七条第（二）项第三款的规定，"前期工程费，包括规划、设计、项目可行性研究和水文、地质、勘察、测绘、'三通一平'等支出"。

对于前期工程费包括的范围，各地与税务总局政策一致。对于前期工程费的扣除，由于前期工程费涉及合同、协议较多，对企业来讲要完整保留，并作为以后清算的重要资料。在清算（或日常核算）时，为准确核算（或审核）前期工程费，可以增加明细分类。从凭证（证据）角度考虑，对前期工程费的列支须提供合法有效凭证。由于前期工程费支出均属于涉税业务，因此必须取得相应的税务发票，其中涉及建筑业增值税发票的，填写栏目不得空缺或错填，否则不予扣除。各地具体规定举例如下：

1. 海南省规定

《国家税务总局海南省税务局土地增值税清算审核管理办法》（国家税务总局海南省税务局公告2023年第2号发布）第十五条规定："前期工程费和基础设施费的扣除应按以下规定处理：

（一）在项目规划报建时，按政府规定缴纳的相关费用允许扣除；

（二）未形成最终成果的设计费、与项目可行性研究无关的咨询费不允许扣除；

（三）重复建设所发生的基础设施费不允许扣除。"

2. 内蒙古自治区规定

《内蒙古自治区土地增值税清算管理办法》（国家税务总局内蒙古自治区税务局公告2023年第7号发布）第三十三条第（二）项相关规定如下：

（1）纳税人在开发前期按照规定缴纳的、由国务院或财政部批准设立的政府性基金以及由国务院和自治区人民政府及其财政、价格主管部门批准设立的行政事业性收费，允许计入前期工程费。

（2）未形成最终成果的设计费、与项目可行性研究无关的咨询费不予扣除。

3. 山东省规定

《国家税务总局山东省税务局土地增值税清算管理办法》（国家税务总局山东省税务局公告2022年第10号发布）第二十九条第（二）项第2点规定：

（1）房地产开发企业委托其他单位进行规划、设计、项目可行性研究和水文、地质、勘察、测绘的，提供服务的单位应当符合相关法律法规关于资质和收费标准的要求。

（2）在项目规划报建时，按政府规定缴纳的相关费用允许扣除。

4. 贵州省规定

根据《贵州省土地增值税清算管理办法》（国家税务总局贵州省税务局公告2022年第12号发布）第三十九条的规定，房地产开发企业在房地产开发项目开发前期实际缴纳的各种政府规费，能够提供国务院、国务院部委或省人民政府相关收费文件和财政部门统一印制或监制的非税收入类财政票据的，允许计入前期工程费。

5. 北京市规定

《北京市地方税务局土地增值税清算管理规程》（北京市地方税务局公告2016年第7号发布）第三十三条第（三）项规定："纳税人委托其他单位进行规划、设计、项目可行性研究和水文、地质、勘察、测绘的，提供服务的单位应当符合相关法律、法规的要求。"

问题 4-1-25

建筑安装工程费包括哪些支出？

答：《土地增值税暂行条例实施细则》第七条第（二）项第四款规定："建筑安装工程费，是指以出包方式支付给承包单位的建筑安装工程费，以自营方式发生的建筑安装工程费。"各地规定与税务总局规定一致。

建筑安装工程费是项目开发最重要的成本支出。对企业来讲，在清算（或日常核算）时为准确核算（确定）建筑安装工程费支出，可以增加明细分类。在日常核算时，其相关合同、补充合同均要完整保留，作为以后清算的重要资料。

对于取得发票问题，《国家税务总局关于营改增后土地增值税若干征管规定的公告》（国家税务总局公告2016年第70号）第五条规定："营改增后，土地增值税纳税人接受建筑安装服务取得的增值税发票，应按照《国家税务总局关于全面推开营业税改征增值税试点有关税收征收管理事项的公告》（国家税务总局公告2016年第23号）规定，在发票的备注栏注明建筑服务发生地县（市、区）名称及项目名称，否则不得计入土地增值税扣除项目金额。"因此，营改增后，其取得发票的备注栏要注明建筑服务发生地县（市、区）名称及项目名称，否则不得计入土地增值税扣除项目金额。

对于建筑安装工程费，除主要内容外，一些地方对特殊情况进行了明细规定，举例如下：

1. 海南省规定

《国家税务总局海南省税务局土地增值税清算审核管理办法》（国家税务总局海南省税务局公告2023年第2号发布）第十六条关于"建筑安装工程费的扣除"的相关规定如下：

（1）符合条件的装修费允许扣除（具体见"问题4-1-26 房屋装修费用如何扣除？"相关内容）。

（2）清算项目以外单独建造的样板房、售楼部，其建造费、装修费等不得计入房地产开发成本。在清算项目内装修样板房并转让，且房地产转让合同明确约定装修费包含在房价中的，样板房装修费允许扣除。

（3）因设计变更发生的建筑安装工程费，已依法办理变更手续的，允许扣除。自行改变设计方案、违章建设、重复建设发生的建筑安装工程费不允许扣除。

（4）实际发生的工程监理费允许扣除。

2. 内蒙古自治区规定

根据《内蒙古自治区土地增值税清算管理办法》（国家税务总局内蒙古自治区税务局公告2023年第7号发布）第三十三条第（三）项的相关规定，建筑安装工程费，包括以出包方式支付给承包单位的建筑安装工程费、以自营方式发生的建筑安装工程费。

对于纳税人销售已装修的房屋（包括不可随意移动的附属设备和配套设施），符合规定的可以扣除（具体见"问题4-1-26 房屋装修费用如何扣除？"相关内容）。

对纳税人建造售楼部、样板房等营销设施发生的设计、建造、装修等费用，在规划面积外建造的，不得计入房地产开发成本。

3.贵州省规定

根据《贵州省土地增值税清算管理办法》（国家税务总局贵州省税务局公告2022年第12号发布）第五十条的相关规定，房地产开发企业实际发生的营销设施建造费，按下列原则进行处理：

（1）房地产开发企业在清算单位内单独修建临时性建筑物作为售楼部、样板房等营销设施且不能转让的，其发生的设计、建造、装修等费用计入销售费用，按房地产开发费用的有关规定进行扣除。

（2）房地产开发企业在清算单位内单独修建并可以转让的售楼部等营销设施，其发生的设计、建造、装修等费用，计入建筑安装工程费进行扣除。

（3）房地产开发企业采取经营租赁方式租入房地产开发项目以外的其他建筑物装修后作为清算项目的售楼部、样板房、展厅等营销设施的，土地增值税清算时，已实际支付的租金和装修费用计入销售费用，按房地产开发费用的有关规定进行扣除。

（4）房地产开发企业将房地产开发项目中的公共配套设施装修后作为售楼部、样板房等营销设施的，其装修费用应当计入销售费用，按房地产开发费用的有关规定进行扣除。

4.广西壮族自治区规定

《广西壮族自治区房地产开发项目土地增值税管理办法（试行）》（广西壮族自治区地方税务局公告2018年第1号发布）第四十条第（四）项规定："建筑安装工程费，是指以出包方式支付给承包单位的建筑安装工程费，以自营方式发生的建筑安装工程费。

1.纳税人采用自营方式自行施工建设的，应准确核算施工人工费、材料费、机械台班使用费等。

2.纳税人在工程竣工验收后，根据合同约定扣留的质量保证金，在清算截止日已取得建筑安装施工企业发票的，按发票所载金额予以扣除。未取得发票的，扣留的质保金不得计算扣除。

3.纳税人应确保所取得发票的真实性和所载金额的准确性，以及所提供建筑安装工程费与其施工方登记的建安项目开票信息保持一致。

4.纳税人自购建筑材料时，自购建材成本不得重复计算扣除。"

5.北京市规定

《北京市地方税务局土地增值税清算管理规程》(北京市地方税务局公告2016年第7号发布)第三十三条第(四)项规定:"建筑安装工程费:

1.纳税人采用自营方式自行施工建设的,应准确核算施工人工费、材料费、机械台班使用费等。

2.纳税人在工程竣工验收后,根据合同约定扣留的质量保证金,在清算截止日已取得建筑安装施工企业发票的,按发票所载金额予以扣除;未取得发票的,扣留的质保金不得计算扣除。

3.纳税人应确保所取得相关发票的真实性和所载金额的准确性,以及所提供建筑安装工程费与其施工方登记的建安项目开票信息保持一致。"

6.厦门市规定

根据《厦门市房地产开发项目土地增值税清算管理办法》(国家税务总局厦门市税务局公告2023年第1号发布)第二十四条的相关规定,纳税人于所开发房地产以外单独建造样板房或售楼处的,其建造成本和装修费用,不计入房地产开发成本;纳税人支付的工程监理费计入开发间接费用。

问题4-1-26

房屋装修费用如何扣除?

答:《国家税务总局关于房地产开发企业土地增值税清算管理有关问题的通知》(国税发〔2006〕187号)第四条第(四)项第一款规定:"房地产开发企业销售已装修的房屋,其装修费用可以计入房地产开发成本。"

根据《商品住宅装修一次到位实施导则》(建住房〔2002〕190号文件印发)的相关规定,建造全装修住宅,要实施土建设计和装修设计一体化,装修工程一次到位,这样家具、电器等相关设施物品就构成不动产附属设施和附着物。但是受目前各地房地产及建筑市场制约,税务机关无法统一确定装修费用的标准,实务中,各地具体掌握的尺度有一定差异,但总体把握尺度是:装修费用需要在房屋销售合同中明确,对于可移动的家具、家电物品等装修费用一般不予扣除。各地具体规定举例如下:

1.海南省规定

根据《国家税务总局海南省税务局土地增值税清算审核管理办法》(国家税务总局海南省税务局公告2023年第2号发布)第十六条第(一)项的相关规定,销售已装修的房屋,装修费符合以下情形之一的,允许扣除(计入建筑安装工程费):

（1）在销售合同或补充协议中明确了房价中包含装修费的；

（2）销售发票中包含装修费的；

（3）签订销售合同时捆绑签订装修合同的。

随房屋一同出售的以房屋为载体，不可随意移动的附属设备和配套设施，如整体中央空调、户式小型中央空调、固定式衣柜橱柜等，其外购成本允许扣除。

根据该办法第十六条第（二）项的相关规定，"在清算项目内装修样板房并转让，且房地产转让合同明确约定装修费包含在房价中的，样板房装修费允许扣除"。

根据国家税务总局海南省税务局发布的《关于〈国家税务总局海南省税务局土地增值税清算审核管理办法〉的解读》，装修是指为使建筑物、构筑物内、外空间达到一定的环境要求，使用建筑装饰材料，对建筑物、构筑物的外表和内部进行修饰处理的工程建筑活动。可移动家电、家具，日用品，可移动装饰品等不属于装修范围，也不属于土地增值税征收范围，因此在清算时其采购成本不允许扣除。本着收入成本配比原则，在清算时按采购原价在收入中同时剔除。

2. 内蒙古自治区规定

根据《内蒙古自治区土地增值税清算管理办法》（国家税务总局内蒙古自治区税务局公告2023年第7号发布）第三十三条第（三）项第1点的规定，纳税人销售已装修的房屋，按照以下规定处理：

（1）纳税人销售已装修的房屋，在商品房买卖合同或补充协议中明确约定房价包含装修费用的，实际发生的装修费用可计入房地产开发成本。

（2）纳税人随房屋一同出售的以房屋为载体，不可随意移动的附属设备和配套设施，如整体中央空调、户式小型中央空调、固定式衣柜橱柜等，其外购成本计入房地产开发成本，予以扣除；可移动的家具、电器、装饰用品等，或与房屋连接但拆除后无实质性损害的物品，其外购成本不予扣除。

（3）纳税人建造售楼部、样板房等营销设施发生的设计、建造、装修等费用，在规划面积外建造的，不得计入房地产开发成本。

3. 厦门市规定

《厦门市房地产开发项目土地增值税清算管理办法》（国家税务总局厦门市税务局公告2023年第1号发布）第二十四条第（一）项第3点规定："纳税人以房屋销售为目的而实际发生的合理装修费用，应当根据《房地产买卖合同》或其补充合同中的明确约定，按照受益原则，计入对应房产类型的房地产开发成本。"

4. 贵州省规定

《贵州省土地增值税清算管理办法》（国家税务总局贵州省税务局公告2022年第12号发布）第五十一条规定："房地产开发企业销售已装修的开发产品，并且在《商品房买卖合同》或补充合同中明确约定的，其发生的装修费用计入房地产开发成本；未明确约定的,其装修费用不得计入房地产开发成本。

上述装修费用不包括房地产开发企业自行采购或委托装修公司购买的家用电器、可移动家具、日用品、可移动装饰用品(如窗帘、装饰画)等所发生的支出。"

此外,根据该清算管理办法第五十条第(二)项的规定,"房地产开发企业在清算单位内单独修建并可以转让的售楼部等营销设施,其发生的设计、建造、装修等费用,计入建筑安装工程费进行扣除"。

5. 青岛市规定

《国家税务总局青岛市税务局房地产开发项目土地增值税清算管理办法》(国家税务总局青岛市税务局公告2022年第6号发布)第二十三条第(一)项规定:"开发企业销售已装修的房屋,其装修费用可以计入房地产开发成本。

装修费用不包括开发企业自行采购或委托装修公司购买的可移动家电、可移动家具、日用品、可移动装饰用品(如窗帘、装饰画等)的支出,也不包括与房屋连接在一起、但可以拆除且拆除后无实质性损害的物品所发生的支出。清算时,在收入中同时剔除购置成本。"

6. 安徽省规定

《安徽省土地增值税清算管理办法》(国家税务总局安徽省税务局公告2018年第21号修改)第四十一条规定:"纳税人销售已装修的房屋,其装修费用可以计入房地产开发成本。

纳税人销售已装修的房屋,其装修费用不包括房地产开发企业自行采购或委托装修公司购买的家用电器、家具所发生的支出,也不包括与房地产连接在一起、但可以拆除且拆除后无实质性损害的物品所发生的支出。

房地产开发企业销售精装修房时,如其销售收入包括销售家用电器、家具等取得的收入,应以总销售收入减去销售家用电器、家具等取得的收入作为房地产销售收入计算土地增值税。"

7. 广西壮族自治区规定

《广西壮族自治区房地产开发项目土地增值税管理办法(试行)》(广西壮族自治区地方税务局公告2018年第1号发布)第四十条第(五)项规定:"纳税人销售已装修的房屋,发生的合理装修费用可计入房地产开发成本。

1.纳税人销售已装修房屋,应当在《房地产买卖合同》或补充合同(协议)中明确约定。没有明确约定的,其装修费用不得计入房地产开发成本。上述装修费用不包括纳税人自行采购或委托装修公司购买的家用电器、可移动家具、日用品、可移动装饰用品(如窗帘、装饰画等)所发生的支出。

2.纳税人销售已装修的房屋时,随房屋一同出售的家具、家电,如果安装后不可移动,成为房屋的组成部分,并且拆除后影响或丧失其使用功能的,如整体中央空调、户式小型中央空调、固定式衣柜橱柜等,其外购成本计入开发成本予以扣除。"

8. 北京市规定

《北京市地方税务局土地增值税清算管理规程》(北京市地方税务局公告2016年第7号发布)第三十三条第(五)项规定:"纳税人销售已装修的房屋,其发生的合理的装修费用可以计入房地产开发成本。

1.纳税人销售已装修房屋,应当在《房地产买卖合同》或补充合同中明确约定。没有明确约定的,其装修费用不得计入房地产开发成本。

上述装修费用不包括纳税人自行采购或委托装修公司购买的家用电器、可移动家具、日用品、可移动装饰用品(如窗帘、装饰画等)所发生的支出。

2.纳税人销售已装修的房屋时,随房屋一同出售的家具、家电,如果安装后不可移动,成为房屋的组成部分,并且拆除后影响或丧失其使用功能的,如整体中央空调、户式小型中央空调、固定式衣柜橱柜等,其外购成本计入开发成本予以扣除。

3.纳税人在清算单位以外单独建造样板房的,其建造费用、装修费用不得计入房地产开发成本。纳税人在清算单位内装修的样板房并作为开发产品对外转让的,且《房地产买卖合同》明确约定装修价值体现在转让价款中的,其发生的合理的样板房装修费用可以计入房地产开发成本。"

9. 新疆维吾尔自治区规定

《新疆维吾尔自治区地方税务局关于明确土地增值税相关问题的公告》(新疆维吾尔自治区地方税务局公告2016年第6号)第五条规定:"房地产开发企业销售已装修的房屋,对以建筑物或构筑物为载体,移动后会引起性质、形状改变或者功能受损的装修支出,可作为开发成本予以扣除。对可移动的物品(如可移动的家用电器、家具、日用品、装饰用品等),不计收入也不允许扣除相关成本费用。"

10. 重庆市规定

《土地增值税等财产行为税政策执行问题处理意见》(渝财税〔2015〕93号文件印发)第一条第(四)项第2点规定:"房地产企业销售已装修的房屋,其装修费用(包括固定设备)可以计入房地产开发成本。上述装修费用不包括房地产企业自行采购或委托装修企业购买的家用电器、家具、日用品、装饰用品等物品所发生的支出。"

11. 广州市规定

《广州市地方税务局关于印发2014年土地增值税清算工作有关问题的处理指引的通知》(穗地税函〔2014〕175号)第一条规定:"随房屋一同出售的家具、家电,如果安装后不可移动,成为房屋的组成部分,并且拆除后影响或丧失其使用功能的,如整体中央空调、户式小型中央空调、固定式衣柜橱柜等,其外购成本计入开发成本予以扣除。其他家具、家电(如分体式空调、电视、电冰箱等)的外购成本予以据实扣除,但不得作为加计20%扣除的基数。"

问题 4-1-27

企业未支付的质量保证金是否可以扣除？

答：建筑工程质量保证金，是建设单位与施工方在建安工程合同中约定的、从总工程款中预留的一笔用以维修建筑工程在保修期内出现的质量缺陷的资金。

《国家税务总局关于土地增值税清算有关问题的通知》（国税函〔2010〕220号）第二条规定："房地产开发企业在工程竣工验收后，根据合同约定，扣留建筑安装施工企业一定比例的工程款，作为开发项目的质量保证金，在计算土地增值税时，建筑安装施工企业就质量保证金对房地产开发企业开具发票的，按发票所载金额予以扣除；未开具发票的，扣留的质保金不得计算扣除。"

根据上述政策规定，由于质量保证金的特殊性质，企业扣留的质量保证金清算扣除的条件是取得发票，未开具发票的，扣留的质保金不得计算扣除。

各地规定及掌握与税务总局一致，例如，《国家税务总局青岛市税务局房地产开发项目土地增值税清算管理办法》（国家税务总局青岛市税务局公告2022年第6号发布）第十九条第（二）项、《北京市地方税务局土地增值税清算管理规程》（北京市地方税务局公告2016年第7号发布）第三十三条第（四）项第2点、《房地产开发企业土地增值税清算管理办法》（山西省地方税务局公告2015年第6号修订）第十九条第（三）项第1点等规定，开发企业在工程竣工验收后，根据合同约定，扣留建筑安装施工企业一定比例的工程款，作为开发项目的质量保证金，在计算土地增值税时，建筑安装施工企业就质量保证金对开发企业开具发票的，按发票所载金额予以扣除；未开具发票的，扣留的质量保证金不得计算扣除。

此外，内蒙古自治区在关于《国家税务总局内蒙古自治区税务局关于发布〈内蒙古自治区土地增值税清算管理办法〉的公告》的政策解读中进一步明确："如何理解工程质量保证金扣除的相关规定？

房地产开发企业在工程竣工验收后，根据合同约定，扣留建筑安装施工企业规定比例的工程款，作为开发项目的质量保证金，在清算时施工企业已就质量保证金对房地产开发企业开具发票的，按发票所载金额在规定比例内予以扣除；未开具发票的，扣留的质量保证金不得扣除。

根据《住房和城乡建设部 财政部关于印发建设工程质量保证金管理办法的通知》（建质〔2017〕138号）第七条规定，发包人应按照合同约定方式预留保证金，保证金总预留比例不得高于工程价款结算总额的3%，工程质量保证金的比例以此为准。"

【提示】《国家税务总局关于在境外提供建筑服务等有关问题的公告》（国家税务总局公告2016年第69号）第四条规定："纳税人提供建筑服务，被工程发包方从应支付的工程款中扣押的质押金、保证金，未开具发票的，以纳税人实际收到质押金、保证金的当天为纳税义务发生时间。"

问题 4-1-28

营改增后建筑安装工程费支出的发票如何确认？

答：《国家税务总局关于营改增后土地增值税若干征管规定的公告》（国家税务总局公告2016年第70号）第五条规定："营改增后，土地增值税纳税人接受建筑安装服务取得的增值税发票，应按照《国家税务总局关于全面推开营业税改征增值税试点有关税收征收管理事项的公告》（国家税务总局公告2016年第23号）规定，在发票的备注栏注明建筑服务发生地县（市、区）名称及项目名称，否则不得计入土地增值税扣除项目金额。"

土地增值税纳税人接受建筑安装服务取得的增值税发票，如果备注栏没有注明建筑服务发生地县（市、区）名称及项目名称，属于未按规定开具的发票，在清算中属于不合规票据，其支出不得计入土地增值税扣除项目金额。

各地一般掌握的口径也是"不合规票据，其支出不得计入土地增值税扣除项目金额"。例如，内蒙古自治区在关于《国家税务总局内蒙古自治区税务局关于发布〈内蒙古自治区土地增值税清算管理办法〉的公告》的政策解读中进一步明确："建筑安装服务增值税发票备注栏填写有哪些要求？

纳税人取得建筑安装服务增值税发票应在备注栏注明建筑服务发生地所在县（市、区）及项目名称，否则不得计入土地增值税扣除项目金额；纳税人取得的建筑安装服务增值税发票为全面数字化电子发票时，需正确填写特定信息'建筑服务发生地'、'建筑项目名称'等内容，无须在备注栏重复填写该信息。"

问题 4-1-29

公共配套设施费的范围包括哪些物业类型？

答：公共配套设施费主要是指不能有偿转让的供本（项目）小区业主使用的各项

建筑、设施。《土地增值税暂行条例实施细则》第七条第（二）项第六款规定："公共配套设施费，包括不能有偿转让的开发小区内公共配套设施发生的支出。"

根据《国家税务总局关于房地产开发企业土地增值税清算管理有关问题的通知》（国税发〔2006〕187号）第四条第（三）项的相关规定，房地产开发企业开发建造的与清算项目配套的公共设施包括"居委会和派出所用房、会所、停车场（库）、物业管理场所、变电站、热力站、水厂、文体场馆、学校、幼儿园、托儿所、医院、邮电通讯等公共设施"。

此外，正常情况下，人防工程是国家规定的配建项目，在性质上也属于不能有偿转让的公共设施，因此相关成本费用可以扣除。例如，《江苏省地方税务局关于土地增值税若干问题的公告》（苏地税规〔2015〕8号）第三条规定："依法配建并经验收合格的人防工程，允许扣除相关成本、费用。"再如，《湖北省地方税务局关于财产行为税若干政策问题的通知》（鄂地税发〔2014〕63号）第十条第（一）项规定："地下人防设施实际建安成本按公共配套设施处理，列入项目公摊成本进行扣除。"

根据上述政策规定，土地增值税政策中的公共配套设施，主要是指不能有偿转让并为本小区服务的公共配套设施发生的支出。从公共配套设施的范围规范上，各地规定与税务总局基本一致，均包括纳税人开发建造的与清算项目配套的各类公共设施，除上述列举的项目外，还包括一些其他公共设施，例如独立的公共卫生设施等。

问题 4-1-30

公共配套设施可以扣除的具体条件有哪些？

答：根据《土地增值税暂行条例实施细则》第七条第（二）项第六款及《国家税务总局关于房地产开发企业土地增值税清算管理有关问题的通知》（国税发〔2006〕187号）第四条第（三）项的相关规定，对于房地产开发企业开发建造的与清算项目配套的相关公共配套设施，"按以下原则处理：

1. 建成后产权属于全体业主所有的，其成本、费用可以扣除。

2. 建成后无偿移交给政府、公用事业单位用于非营利性社会公共事业的，其成本、费用可以扣除。

3. 建成后有偿转让的，应计算收入，并准予扣除成本、费用"。

从支付成本角度，公共配套设施费与建筑成本的规范要求一致。在移交环节，各地税务机关有一些具体规定，企业要按照规定提供完整的公共配套设施处理情况，包括相关会计核算及成本分配资料，以及各项设施的移交手续、未移交情况说明等。各地规定举例如下：

1. 海南省规定

根据《国家税务总局海南省税务局土地增值税清算审核管理办法》（国家税务总局海南省税务局公告2023年第2号发布）第十七条第（一）项的规定，"有下列情形之一的，认定公共配套设施建成后产权归全体业主所有的，其成本费用允许扣除：

1.法律法规规定属于全体业主所有；

2.经人民法院裁判属于全体业主共有；

3.商品房销售合同、协议或合同性质凭证中注明有关公共配套设施归业主共有"。

对于在商品房销售合同中未明确的，根据该清算审核管理办法第十七条第（二）项的规定，"商品房销售合同中未明确有关公共配套设施归属，但相关公共配套设施移交给业主委员会，或业主委员会尚未成立，无法办理移交手续，纳税人能提供书面说明及代管情况的，其成本、费用允许扣除"。

对于在商品房销售合同中注明的，根据该清算审核管理办法第十七条第（三）项的规定，"商品房销售合同中注明有关公共配套设施归出卖人所有，纳税人在向主管税务机关反馈清算初审意见前与不少于已售房产户数三分之二的业主签订确认有关公共配套设施归全体业主共有的补充协议的，其成本、费用允许扣除"。

对于建成后无偿移交给相关部门的，根据该清算审核管理办法第十七条第（四）项的规定，"建成后无偿移交给政府、公用事业单位用于非营利性社会公共事业的，其成本、费用允许扣除"。

2. 内蒙古自治区规定

根据《内蒙古自治区土地增值税清算管理办法》（国家税务总局内蒙古自治区税务局公告2023年第7号发布）第三十三条第（五）项第1点的规定，"有下列情形之一的，可以认定公共配套设施建成后产权归全体业主所有，其成本费用予以扣除：

（1）政府相关文件中明确规定或法院裁定属于全体业主所有的；

（2）商品房买卖合同中注明有关公共配套设施归业主共有的；

（3）商品房买卖合同中未明确有关公共配套设施归属，在向主管税务机关反馈意见前，纳税人已与三分之二以上的业主签订补充协议，约定公共配套设施归全体业主共有的；

（4）商品房买卖合同中未明确有关公共配套设施归属，但相关公共配套设施已移交给业主委员会，或业主委员会尚未成立无法办理移交手续，但纳税人提供政府相关部门书面证明的；

（5）依法配建的人防设施等公共配套设施转为其他用途，但全体业主或业主委员会实际享有其全部使用权、收益权的"。

对于建成后无偿移交给相关部门的，根据该管理办法第三十三条第（五）项第2点的规定，"公共配套设施建成后无偿移交给政府、公用事业单位用于非营利性社会公共事业的，其成本、费用予以扣除"。

3. 厦门市规定

根据《厦门市房地产开发项目土地增值税清算管理办法》（国家税务总局厦门市税务局公告2023年第1号发布）第二十四条第（三）项的相关规定，"纳税人按照土地出让合同、协议约定建设，产权属于全体业主所有，或向政府有关部门或政府指定第三方无偿移交的与清算项目配套的居委会和派出所用房、会所、停车场（库）、物业管理场所、变电站、热力站、水厂、文体场馆、学校、幼儿园、托儿所、医院、邮电通讯等公共设施，按照《国家税务总局关于房地产开发企业土地增值税清算管理有关问题的通知》（国税发〔2006〕187号，国家税务总局公告2018年第31号修改）第四条第三项规定处理，土地增值税清算时不认定为视同销售，公共配套设施面积不计入清算项目可售建筑面积，公共配套设施建设成本在清算项目可售建筑面积中分摊。

公共配套设施产权确实属于全体业主所有或无偿移交给政府及有关部门、公用事业单位或政府指定的第三方的，应当提供相关书面接收文件。纳税人未能及时移交公共配套设施的，政府及有关部门、公用事业单位或政府指定的第三方出具书面说明，其成本、费用予以扣除。因业主委员会尚未成立、无法办理移交手续的，纳税人应当提交书面说明、纳税人董事会决议以及在厦门市主流媒体刊登公告的报样"。

4. 贵州省规定

《贵州省土地增值税清算管理办法》（国家税务总局贵州省税务局公告2022年第12号发布）第四十二条第（一）项规定，"建成后产权属于全体业主所有的，房地产开发企业能够提供向全体业主或业主委员会移交公共配套设施的相关证明材料的，允许扣除"；该条第（二）项规定，"建成后无偿移交给政府、公用事业单位用于非营利性社会公共事业的，房地产开发企业能够提供向政府有关部门或者公用事业单位移交公共配套设施的相关证明材料的，允许扣除"。

对于能获取经济补偿或补贴的，该清算管理办法第四十二条第（三）项规定，"建成后移交给政府、公用事业单位用于非营利性社会公共事业的，房地产开发企业因移交公共配套设施而取得的经济补偿或补贴，应当抵减公共配套设施费，抵减后仍有余额的，允许扣除"。

5. 山东省规定

《国家税务总局山东省税务局土地增值税清算管理办法》（国家税务总局山东省税务局公告2022年第10号发布）第二十九条第（二）项第5点规定：

（1）建成后产权属于全体业主所有的，其成本、费用可以扣除；

（2）建成后无偿移交给政府、公用事业单位用于非营利性社会公共事业的，其成本、费用可以扣除；

（3）建成后有偿转让的，应当计算收入，并准予扣除成本、费用。

6. 安徽省规定

关于建成后产权属于全体业主所有的确认条件,《安徽省土地增值税清算管理办法》(国家税务总局安徽省税务局公告2018年第21号修改)第四十条规定,"符合下列情况之一的,可以确认为建成后产权属于全体业主所有:

(一)商品房销售合同、协议或合同性质凭证中注明有关公共配套设施归业主共有,且房屋登记机构在房屋登记簿中对属业主共有的物业服务用房等配套建筑予以记载的。

(二)商品房销售合同、协议或合同性质凭证中未注明有关公共配套设施归业主共有,但通过其他方式向物业买受人提供书面公示材料注明有关公共配套设施归业主共有,且房屋登记机构在房屋登记簿中对属业主共有的物业服务用房等配套建筑予以记载的。

(三)商品房销售合同、协议或合同性质凭证中注明有关公共配套设施归业主共有,或通过其他方式向物业买受人提供书面公示材料注明有关公共配套设施归业主共有,但因客观原因房屋登记机构未在房屋登记簿中对属业主共有的物业服务用房等配套建筑予以记载,主管税务机关应当调查取证予以确认。

(四)法院判决书、裁定书、调解书以及仲裁裁决书确定属于全体业主共有的。"

7. 广西壮族自治区规定

根据《广西壮族自治区房地产开发项目土地增值税管理办法(试行)》(广西壮族自治区地方税务局公告2018年第1号发布)第四十条第(七)项的规定,公共配套设施费,"按以下原则处理:

1.建成后产权属于全体业主所有,符合以下情形的,其成本、费用可以扣除。

(1)法律法规规定属于全体业主所有的,纳税人应提供移交全体业主的相关证明材料。

(2)经人民法院裁决属于全体业主共有的,纳税人应提供人民法院裁决文书和移交给全体业主的相关证明材料。

(3)商品房销售合同、协议或合同性质凭证中注明有关公共配套设施归业主共有的,纳税人应提供移交给全体业主的相关证明材料。

(4)税务机关认可的其他情形。

2.建成后无偿移交给政府、公用事业单位用于非营利性社会公共事业的,其成本、费用可以扣除。

(1)纳税人建设的公共配套设施产权无偿移交给政府、公用事业单位用于非营利性社会公共事业的,应当提供政府、公用事业单位书面接收文件。

(2)纳税人建设的公共配套设施应由政府、公用事业单位接收,但因政府、公用事业单位原因不能接收或未能及时接收的,经接收单位或者政府主管部门出具书面材料证明相关设施确属公共配套设施,且说明不接收或未及时接收具体原因的,经主管税务机关审核确定后，其成本、费用予以扣除。"

8. 北京市规定

根据《北京市地方税务局土地增值税清算管理规程》（北京市地方税务局公告2016年第7号发布）第三十三条第（六）项第2点的规定，建成后产权属于全体业主所有的，其成本、费用可以扣除。其中"建成后产权属于全体业主所有的"，可以按照以下原则之一确认：

（1）政府相关文件中明确规定属于全体业主所有；

（2）经人民法院裁决属于全体业主共有；

（3）商品房销售合同、协议或合同性质凭证中注明有关公共配套设施归业主共有，或相关公共配套设施移交给业主委员会。

对于无偿移交给相关部门用于非营利性社会公共事业的确定条件，该清算管理规程第三十三条第（六）项第3点相关规定如下：

（1）纳税人建设的公共配套设施产权无偿移交给政府、公用事业单位用于非营利性社会公共事业的，应当提供政府、公用事业单位书面接收文件。

（2）纳税人建设的公共配套设施应由政府、公用事业单位接收，但因政府、公用事业单位原因不能接收或未能及时接收的，经接收单位或者政府主管部门出具书面材料证明相关设施确属公共配套设施，且说明不接收或未及时接收具体原因的，经主管税务机关审核确定后，其成本、费用予以扣除。

9. 天津市规定

根据《天津市地方税务局关于土地增值税清算有关问题的公告》（天津市地方税务局公告2016年第25号）第四条第（二）项的相关规定，"建成后产权属于全体业主所有的，应提供向业委会移交的证明材料，没有业委会的应提供由所属街道居委会出具代为接收的证明材料，其成本和费用可以扣除"。

对于无偿移交相关部门的，"公共配套设施建成后无偿移交给政府、公用事业单位用于非营利性社会公共事业的，应提供向相关单位移交的证明材料，其成本和费用可以扣除"。

10. 广州市规定

《广州市地方税务局关于印发2014年土地增值税清算工作有关问题的处理指引的通知》（穗地税函〔2014〕175号）第四条第（一）项规定："对于满足下列条件之一，建成后产权属于全体业主共有的公共配套设施，其成本、费用可以扣除：

1. 物权法等相关规定已明确为全体业主共有的；

2. 房管部门在房地产登记簿上记载'某建筑区划内的全体业主共有'的；

3. 房管部门出具的证明材料证明为全体业主共有的；

4. 经业主委员会书面说明由全体业主共有的。"

11. 大连市规定

根据《大连市地方税务局关于土地增值税征收管理若干问题的公告》(大连市地方税务局公告2014年第1号)第十三条关于"对公共配套设施认定"的相关规定,房地产开发企业确认公共配套设施的扣除金额时应提供有效证明。

(1)政府规划文件中应有相关规划,没有政府规划,却实际建造的,需提供有效证明。

(2)允许扣除的公共配套设施面积原则上以政府规划面积为准,实际测绘面积同政府规划面积不一致的,应提供有效证明,按实际面积扣除。

(3)产权属于全体业主或无偿移交给政府、公用事业单位用于非营利性社会公共事业的公共配套设施,应有移交手续,产权属于全体业主的还应在小区内进行公开承诺。

①产权属于全体业主的,如物业管理用房等,应提供房地产开发企业无偿移交给全体业主使用的移交文件、业主委员会选举文件等资料,并在小区内进行公开承诺。未成立业主委员会的住宅小区,由办理入住手续50%以上的业主签字确认移交。对于物业用房面积超过规划面积的,还应提供大连市国土资源和房屋局关于明确该项目物业管理用房的文件以及大连市国土资源和房屋局出具的关于暂时限制该项目预留物业管理用房交易的文件。

②无偿移交给政府、公用事业单位用于非营利性社会公共事业的,应提供与相关部门的移交手续:

公共配套设施为幼儿园、学校的,企业应提供与县级(含县级)以上教委签署的交接协议;

公共配套设施为居委会的,企业应提供与所属街道签订的交接协议;

公共配套设施为人防工程的,企业应提供人防工程竣工验收备案证、大连市人民防空(民防)办公室出具的该项目结建人防工程批复及人防接收证明等相关材料。

③公共配套设施为设备间、变电所、泵房、消防间等的,企业应进行书面说明。

④公共配套设施(会所、物业经营用房等)用于经营的,原则上不予扣除。

问题4-1-31

公共配套设施未移交而有偿转让或用于经营的如何处理?

答:对于公共配套设施有偿转让的,根据《土地增值税暂行条例实施细则》第七条第(二)项第六款及《国家税务总局关于房地产开发企业土地增值税清算管理有关问题的通知》(国税发〔2006〕187号)第四条第(三)项第3点的相关规定,公共配套设施"建成后有偿转让的,应计算收入,并准予扣除成本、费用"。

对于自用的公共配套设施，根据《国家税务总局关于房地产开发企业土地增值税清算管理有关问题的通知》（国税发〔2006〕187号）第三条第（二）项的规定，"房地产开发企业将开发的部分房地产转为企业自用或用于出租等商业用途时，如果产权未发生转移，不征收土地增值税，在税款清算时不列收入，不扣除相应的成本和费用。"

在实操中，公共配套设施的业务情形不同，有成本未分摊有偿转让的，有成本分摊后有偿转让的，也有自用或用于出租的，各地根据上述政策原则对相关业务进行了细化，举例如下：

1. 海南省规定

《国家税务总局海南省税务局土地增值税清算审核管理办法》（国家税务总局海南省税务局公告2023年第2号发布）第十七条第（七）项规定："未移交的公共配套设施转为纳税人自用或用于出租等商业用途时，其建筑面积作为可售面积，不允许扣除相应的成本、费用。"

该审核管理办法第十七条第（八）项规定："土地增值税清算时已将公共配套设施费计入房地产开发成本，清算后对外转让公共配套设施的，应按规定征收土地增值税，且其单位建筑面积成本费用额确认为零。"

2. 内蒙古自治区规定

《内蒙古自治区土地增值税清算管理办法》（国家税务总局内蒙古自治区税务局公告2023年第7号发布）第三十三条第（五）项第3点规定："有偿转让公共配套设施并取得产权的，应确认收入，其成本、费用予以扣除。"

该清算管理办法第三十三条第（五）项第5点规定："纳税人将未移交的公共配套设施转为自用、出租和其他用途的，不予扣除相应的成本、费用，成本分摊时其面积作为可售建筑面积。"

3. 厦门市规定

根据《厦门市房地产开发项目土地增值税清算管理办法》（国家税务总局厦门市税务局公告2023年第1号发布）第二十三条第（七）项第六款的规定，"公共配套设施转为企业自用或用于出租等商业用途时，不予扣除相应的成本、费用。纳税人进行土地增值税清算时已将公共配套设施的建设成本计入房地产开发成本，而之后将该公共配套设施对外转让的，应当单独进行土地增值税清算，且其扣除项目金额确认为零"。

4. 贵州省规定

《贵州省土地增值税清算管理办法》（国家税务总局贵州省税务局公告2022年第12号发布）第四十二条第（四）项规定："建成后有偿转让的，应确认收入，并准予扣除公共配套设施费。"

5. 山东省规定

《国家税务总局山东省税务局土地增值税清算管理办法》（国家税务总局山东省税

务局公告2022年第10号发布）第二十九条第（二）项第5点第（3）小项规定，"建成后有偿转让的，应当计算收入，并准予扣除成本、费用"。

该清算管理办法第二十九条第（二）项第5点第（4）小项规定，"房地产开发企业将公共配套设施等转为自用或出租，不确认收入，其应当分摊的成本、费用也不允许扣除"。

6. 广西壮族自治区规定

《广西壮族自治区房地产开发项目土地增值税管理办法（试行）》（广西壮族自治区地方税务局公告2018年第1号发布）第四十条第（七）项第3点规定："建成后有偿转让并取得产权的，应计算土地增值税收入，并准予扣除成本、费用。建成后有偿转让但未取得产权的，不计算土地增值税收入，不扣除相应的成本、费用，其相应的面积计入其他类型房地产可售面积。"

对于纳税人未移交和实际占用的公共配套设施，该管理办法第四十条第（七）项第4点规定："纳税人未移交的公共配套设施和公共配套设施被纳税人或物业公司实际占有、使用、收益的，不予扣除相应的成本、费用，其相应的面积计入其他类型房地产可售面积。"

7. 江西省规定

《国家税务总局江西省税务局关于土地增值税若干征管问题的公告》（国家税务总局江西省税务局公告2018年第16号）第四条第（二）项第3点规定："对纳税人将公共配套设施转为自用或用于出租等商业用途的，不得作为公共配套设施费扣除。"

8. 北京市规定

根据《北京市地方税务局土地增值税清算管理规程》（北京市地方税务局公告2016年第7号发布）第三十三条第（六）项第4点的规定，"建成后有偿转让的，应计算收入，并准予扣除成本、费用"。

根据该清算管理规程第三十三条第（六）项第6点的规定，"纳税人未移交的公共配套设施转为企业自用或用于出租等商业用途时，不予扣除相应的成本、费用"。

9. 大连市规定

《大连市地方税务局关于土地增值税征收管理若干问题的公告》（大连市地方税务局公告2014年第1号）第十三条第（三）项第4点规定："公共配套设施（会所、物业经营用房等）用于经营的，原则上不予扣除。"

10. 广州市规定

根据《广州市地方税务局关于印发2014年土地增值税清算工作有关问题的处理指引的通知》（穗地税函〔2014〕175号）第四条第（四）项的规定，"对于建成后产权属于房地产开发企业的经营性配套设施，出租或自用的，不予扣除成本、费用"。

11. 江苏省规定

根据《江苏省地方税务局关于土地增值税有关业务问题的公告》（苏地税规〔2012〕1号）第五条"关于房地产开发成本、费用的扣除"第（二）项"公共配套设施成本费用的扣除"第一款的相关规定，房地产开发企业建造的各项公共配套设施，建成后未移交的，不得扣除相关成本、费用。项目规划范围之外的，其开发成本、费用一律不予扣除。

人防工程的使用权和收益权未无偿移交给全体业主的，其相关成本、费用不予扣除。

问题4-1-32

预提的公共配套设施费等各类费用如何处理？

答：实务中，预提费用主要是公共配套设施费，原因是因分期开发、不同项目等共有公共配套设施，且不能同时建造，需要先预提处理。也有先预提公共配套设施费而后期因种种原因没有配建的情形。

《土地增值税清算管理规程》（国税发〔2009〕91号文件印发）第二十一条第（四）项规定："扣除项目金额中所归集的各项成本和费用必须是在清算项目开发中直接发生的或应当分摊的。"

《国家税务总局关于房地产开发企业土地增值税清算管理有关问题的通知》（国税发〔2006〕187号）第四条第（四）项规定："房地产开发企业的预提费用，除另有规定外，不得扣除。"

从政策角度，对于预提费用，除另有规定外，不得扣除。各地税务机关在实务中，就相关具体业务进行了规范，原则上是以"受益对象"为基础，但在具体方式上有一定差异，具体处理以当地税务机关规定为准。各地政策举例如下：

1. 海南省规定

《国家税务总局海南省税务局土地增值税清算审核管理办法》（国家税务总局海南省税务局公告2023年第2号发布）第十七条第（五）项规定，"预提的公共配套设施费、违章建设、重复建设发生的公共配套设施费不允许扣除"。

对于公共配套设施滞后建设的，该清算审核管理办法第十七条第（六）项规定，"分期开发房地产开发项目但公共配套设施滞后建设的，滞后建设的公共配套设施在未清算的项目中分摊扣除"。

2. 厦门市规定

《厦门市房地产开发项目土地增值税清算管理办法》（国家税务总局厦门市税务局

公告2023年第1号发布）第二十三条第（七）项第四款规定，"房地产开发项目分期开发但公共配套设施滞后建设的，在部分公共配套设施已建设、费用已实际发生并且已取得合法有效凭证的情况下，纳税人可按照各分期清算项目可售建筑面积占项目总可售建筑面积的比例计算清算项目可扣除的公共配套设施费，但不得超过已实际发生的金额"。

3. 山东省规定

《国家税务总局山东省税务局土地增值税清算管理办法》（国家税务总局山东省税务局公告2022年第10号发布）第二十九条第（二）项第5点规定，"同时开发多个房地产开发项目，但公共配套设施滞后建设的，滞后建设的公共配套设施按照受益对象分摊扣除"。

4. 湖北省规定

《土地增值税征管工作指引（试行）》（鄂税财行便函〔2021〕9号文件印发）第二十八条第（一）项规定，预提的公共配套设施费不得扣除；第三十条第（二）项规定，预提的开发间接费用不得扣除。

5. 广东省规定

《国家税务总局广东省税务局土地增值税清算管理规程》（国家税务总局广东省税务局公告2019年第5号发布）第三十一条第（一）项规定，预提的公共配套设施费不得扣除；第三十三条第（二）项规定，预提的开发间接费用不得扣除。

6. 广西壮族自治区规定

《广西壮族自治区房地产开发项目土地增值税管理办法（试行）》（广西壮族自治区地方税务局公告2018年第1号发布）第四十条第（七）项第4点规定："纳税人预提的公共配套设施费不得扣除。纳税人分期开发房地产项目但公共配套设施滞后建设的，在部分公共配套设施已建设、费用已实际发生并且已取得合法有效凭证的情况下，可按照各分期清算项目可售建筑面积占项目总可售建筑面积的比例计算清算项目可扣除的公共配套设施费，但不得超过已实际发生的金额。"

7. 北京市规定

《北京市地方税务局土地增值税清算管理规程》（北京市地方税务局公告2016年第7号发布）第三十三条第（六）项第5点规定，"纳税人预提的公共配套设施费不得扣除。纳税人分期开发房地产项目但公共配套设施滞后建设的，在部分公共配套设施已建设、费用已实际发生并且已取得合法有效凭证的情况下，可按照各分期清算项目可售建筑面积占项目总可售建筑面积的比例计算清算项目可扣除的公共配套设施费，但不得超过已实际发生的金额"。

问题 4-1-33

市政公用基础设施配套费、人防工程易地建设费等如何扣除？

答：根据《土地增值税暂行条例实施细则》第七条第（二）项第六款及《国家税务总局关于房地产开发企业土地增值税清算管理有关问题的通知》（国税发〔2006〕187号）第四条第（三）项的规定，可以扣除的公共配套设施成本费用是实际发生的公共配套设施工程支出等费用。根据该项政策规定，小区配建的公共配套设施、人防工程等，其发生的成本、费用支出应计入开发成本项目计算扣除，并可以计入加计扣除基数。

对于人防工程易地建设费（人民防空地下室易地建设费）的一般规定，根据相关政策，"所有民用建筑项目均要按规定同步建设防空地下室"，确因地质、地形、施工等客观条件限制，不能修建防空地下室的，建设单位必须报经人民防空主管部门批准；经批准不修建的，建设单位应当按照国家和省规定的标准向人民防空主管部门缴纳人民防空工程易地建设费，由人民防空主管部门统一组织易地修建。在会计处理上，人防易地建设费用应当记入"开发成本"科目，由于人防设施属于开发产品的配套设施，故二级科目记入"开发成本——公共配套设施费——防空地下室工程费"。

《财政部 国家税务总局关于土地增值税一些具体问题规定的通知》（财税字〔1995〕48号）第六条"关于地方政府要求房地产开发企业代收的费用如何计征土地增值税的问题"规定："对于县级及县级以上人民政府要求房地产开发企业在售房时代收的各项费用，如果代收费用是计入房价中向购买方一并收取的，可作为转让房地产所取得的收入计税；如果代收费用未计入房价中，而是在房价之外单独收取的，可以不作为转让房地产的收入。对于代收费用作为转让收入计税的，在计算扣除项目金额时，可予以扣除，但不允许作为加计20%扣除的基数；对于代收费用未作为转让房地产的收入计税的，在计算增值额时不允许扣除代收费用。"

根据上述政策，如果小区没有配建公共配套设施、人防工程，而是按照当地政府相关文件缴纳"市政公用基础设施配套费""人防工程易地建设费"等，各地税务机关在处理时采取的原则是，取得合法票据并实际支出的，按性质归类到相应的扣除项目，具体规定有一定差异。举例如下：

1. 海南省规定

根据《国家税务总局海南省税务局土地增值税清算审核管理办法》（国家税务总局海南省税务局公告2023年第2号发布）第十七条第（九）项的规定，"依法配建人防部门规划的人防工程，其建造发生的成本费用允许扣除。按规定向建设部门缴纳的人防工程易地建设费，取得合法有效凭证的，允许扣除"。

2. 内蒙古自治区规定

根据《内蒙古自治区土地增值税清算管理办法》(国家税务总局内蒙古自治区税务局公告2023年第7号发布)第三十三条第(五)项第4点的规定,"按规定缴纳的人防工程易地建设费,取得合法有效凭证的,予以扣除。

纳税人处置人防设施(改建为车位、车库、储藏室等)取得的收入,不确认收入,其成本、费用不予扣除"。

3. 厦门市规定

根据《厦门市房地产开发项目土地增值税清算管理办法》(国家税务总局厦门市税务局公告2023年第1号发布)第二十四条第(三)项第四款的规定,纳税人按规定向建设部门缴纳的市政配套设施费、人防工程易地建设费以及按照我市相关规定应由纳税人承担并缴纳的首期专项维修资金,并取得合法有效票据的,计入公共配套设施费。

4. 安徽省规定

《安徽省土地增值税清算管理办法》(国家税务总局安徽省税务局公告2018年第21号修改)第四十四条规定:"政府或有关部门直接向房地产开发企业收取的市政配套费、报批报建费、'四源'费、供电贴费、增容费等应由房地产开发企业缴纳、并在核算时计入房地产开发成本的收费项目,在计算土地增值税时,列入开发土地和新建房及配套设施的成本计算扣除项目金额。上述费用政府或有关部门收取后又返还的,返还的部分不得计入扣除项目金额。"

5. 江西省规定

《国家税务总局江西省税务局关于土地增值税若干征管问题的公告》(国家税务总局江西省税务局公告2018年第16号)第四条第(二)项第1点规定:"纳税人向建设部门缴纳市政配套设施费并取得相应专用收据的,作为公共配套设施费计算扣除。"

6. 江苏省规定

《江苏省地方税务局关于土地增值税有关业务问题的公告》(苏地税规〔2012〕1号)第五条"关于房地产开发成本、费用的扣除"第(五)项"相关费用、基金的扣除"第1点规定:"房地产开发企业代收费用,应当按照《财政部 国家税务总局关于土地增值税一些具体问题规定的通知》(财税字〔1995〕48号)第六条的规定进行处理。市政公用基础设施配套费、人防工程易地建设费不得加计扣除,也不作为房地产开发费用扣除的计算基数。"

问题 4-1-34

小区配建的机械车位成本是否给予扣除？

答：在土地增值税清算项目中，经常遇到机械车位的处理。根据《国家税务总局关于房地产开发企业土地增值税清算管理有关问题的通知》（国税发〔2006〕187号）第四条第（三）项的相关规定，房地产开发企业开发建造的与清算项目配套的停车场（库）等各类设施，按以下原则处理：

（1）建成后产权属于全体业主所有的，其成本、费用可以扣除；

（2）建成后无偿移交给政府、公用事业单位用于非营利性社会公共事业的，其成本、费用可以扣除；

（3）建成后有偿转让的，应计算收入，并准予扣除成本、费用。

根据上述政策规定精神，对于机械车位的处理，一些地方在实操中掌握的政策口径与其他配建的公共设施基本相同。例如，很多地方掌握口径为：房地产开发企业根据项目建设规划建造的地下机械车位，具备与停车场（库）相同的功能，因此，纳税人经依法批准建设的地下机械车位，属于《国家税务总局关于房地产开发企业土地增值税清算管理有关问题的通知》（国税发〔2006〕187号）第四条第（三）项"停车场（库）"的范围，即属于清算项目的配套设施。其处理方式，按照该项政策规定的三个（情形）原则处理。

对于出租、自用的机械车位，广州市有明确的规定，《广州市地方税务局关于印发2016年土地增值税清算工作有关问题处理指引的通知》（穗地税函〔2016〕188号）第二条第（四）项规定："对出租、自用的机械车位，土地增值税清算时，不计入清算收入，不允许扣除对应的成本、费用。其中，机械车位的成本、费用涉及项目共同成本、费用的，按机械车位建筑面积占项目总建筑面积的比例分摊剔除。

人防地下车库、机械车位的建筑面积按《房地产产权证》或《房屋面积测量成果报告书》记载的'套内建筑面积'加上分摊的'另共有面积'确定。'另共有面积'的分摊原则按照《房屋面积测量成果报告书》注明的人防地下车库或机械车位的'套内建筑面积'之和占该层所有车位'套内建筑面积'之和的比例确定。"

问题 4-1-35

非人防车库（车位、储藏室等）单独转让的如何处理？

答：地下车库（车位、储藏室等）包括有产权和无产权两种，在销售形式上有单独销售的，也有在销售商品房时附赠的等。根据《土地增值税暂行条例》第二条的规定，"转让国有土地使用权、地上的建筑物及其附着物（以下简称转让房地产）并取得收入的单位和个人，为土地增值税的纳税义务人（以下简称纳税人），应当依照本条例缴纳土地增值税"。

根据上述政策规定，纳税人转让车库（车位、储藏室等）取得收入，如果能够确权，应按照规定缴纳土地增值税。

对于不能办理权属登记手续的停车场（库）等，在性质上也属于公共配套设施，其处理原则主要是依据《国家税务总局关于房地产开发企业土地增值税清算管理有关问题的通知》（国税发〔2006〕187号）第四条第（三）项的规定。根据该项政策规定，由于停车场（库）一般属于公共设施，如果建成后有偿转让则应计算确认收入，并准予扣除成本、费用。

对于无产权车位的转让，国家税务总局相关部门在日常政策指导中也明确："转让无产权地下车位永久使用权，应纳入土地增值税清算范围，计算收入，并扣除相应成本费用，无产权地下车位原则上应分摊土地成本。"

实务中，各地根据不同情况制定有明确的规范，举例如下：

1. 海南省规定

根据《国家税务总局海南省税务局土地增值税清算审核管理办法》（国家税务总局海南省税务局公告2023年第2号发布）第十七条第（十）项的规定，"转让有产权的地下车库，应计入项目可售建筑面积（包括应分摊的车道等地下面积），按规定确认房地产销售收入，其发生的成本费用允许扣除；转让或出租无产权的地下车库使用权的，其收入不计入清算收入，同时不允许扣除其应分摊的成本费用。其他无产权的公共配套设施比照执行"。

2. 贵州省规定

《贵州省土地增值税清算管理办法》（国家税务总局贵州省税务局公告2022年第12号发布）第三十四条规定："房地产开发企业销售房地产时向购买方附赠的同一房地产开发项目车库（位）或其他开发产品并在售房合同（协议）中注明的，以售房合同记载的总金额确认销售收入。

房地产开发企业单独销售无产权的车库（位）等不能办理产权的其他房地产的，不确认土地增值税计税收入，不扣除相应的成本和费用。"

对于成本扣除，该管理办法第四十三条规定："房地产开发企业销售房地产的同时附赠同一房地产开发项目的其他开发产品，并在售房合同（协议）中注明的，其他开发产品的成本、费用允许扣除。"

3. 湖北省规定

根据《土地增值税征管工作指引（试行）》（鄂税财行便函〔2021〕9号文件印发）第二十八条第（四）项第2点的相关规定，对地下非人防车位的处理要区分销售和租赁。

（1）纳税人与承租人签订地下车位租赁合同（一般合同租期为20年及以上），如约定承租人可以自行选择无偿或仅以象征性价款在合同租期期满后延续租期，实际情况也表明到期后承租人有理由或动因会选择继续续期，或约定承租人拥有任意时刻通过转让获取收益的权利，土地增值税计算时，应视同不动产转让，计算土地增值税收入，允许扣除相应的建筑等其他成本。

（2）纳税人与承租人签订地下车位租赁合同租期届满时，承租人没有无偿或仅以象征性价款续期选择权，从合同条款判断，承租人也无法获取租赁期届满后的车位使用权和转让收益权等权利，则应当按照取得租赁收入进行税务处理，且在进行土地增值税清算时不得扣除相应的建筑等其他成本。

4. 湖南省规定

《国家税务总局湖南省税务局关于土地增值税若干政策问题的公告》（国家税务总局湖南省税务局公告2018年第7号）第一条规定："地下车库（位）根据不同情况按以下方式进行税务处理：地下车库（位）所有权未发生转移的，不征收土地增值税；所有权发生转移的，按照有关规定征收土地增值税。《湖南省地方税务局关于进一步规范土地增值税管理的公告》（湖南省地方税务局公告2014年第7号）第三条停止执行。"

5. 江西省规定

《国家税务总局江西省税务局关于土地增值税若干征管问题的公告》（国家税务总局江西省税务局公告2018年第16号）第五条第（一）项规定："销售地下车库（位）取得的收入，不论开具何种票据，均计入'其他类型房地产'的转让收入。"

对于成本费用的处理，该公告第五条第（三）项规定："对单独建造地下车库（位）的，其建造过程中发生的成本费用参照本公告第三条确定的原则进行归集和分摊。已售地下车库（位）面积为已售出的每个车位面积的总和。"

6. 广州市规定

《广州市地方税务局关于印发2016年土地增值税清算工作有关问题处理指引的通知》（穗地税函〔2016〕188号）第二条第（二）项规定："对《中华人民共和国物权法》已明确属于全体业主共同所有的建筑区划内的公共道路或绿地，纳税人改造成'地上车位'用于出租或变相转让的，土地增值税清算时，不计清算收入，不允许扣除改造支出的成本、费用。但'地上车位'对应的公共配套设施费允许扣除。

对纳税人出租或变相转让其他明确属于全体业主共同所有的公共配套设施的，按照前段原则处理。"

7. 江苏省规定

《江苏省地方税务局关于土地增值税若干问题的公告》（苏地税规〔2015〕8号）第四条第（二）项规定："凡是不能办理权属登记手续的车库（车位、储藏室等），按照《国家税务总局关于房地产开发企业土地增值税清算管理有关问题的通知》（国税发

〔2006〕187号）第四条第（三）项的规定处理。"

8.浙江省规定

《浙江省地方税务局关于土地增值税若干政策问题的公告》（浙江省地方税务局公告2014年第16号）第五条规定，"对房地产开发企业以转让使用权或提供长期使用权的形式，有偿让渡无产权车库（车位）、储藏室（以下简称无产权房产）等使用权的，其取得的让渡收入应按以下规定计算征收土地增值税。

（一）对清算前取得的让渡收入应并入清算单位收入一并计算征收土地增值税。对不同类型房地产开发产品，应分别计算增值额的，让渡收入应按照建筑面积法在不同类型可售房产之间进行分摊，分别并计不同类型可售房产的收入。

（二）对清算后取得的让渡收入，根据该清算单位土地增值税清算时确定的税负率计算征收土地增值税，即：计算缴纳的应缴土地增值税＝无产权房产让渡收入×该清算单位的清算税负率。"

9.广西壮族自治区规定

根据《广西壮族自治区地方税务局关于遏制房价过快上涨优化房地产结构 助推房地产市场平稳健康发展税收政策的公告》（广西壮族自治区地方税务局公告2013年第2号）第二条的规定，关于房地产开发项目中车库（位）征收土地增值税的处理如下：

（1）房地产开发企业销售车库（位），并与买受人签订车库（位）销售合同的，不论是否取得产权证明，均按销售不动产征税。

（2）房地产开发企业、物业公司与买受人签订车库（位）长期或无期限使用权转让合同，且合同价款相当于同一小区或同一地段的车库（位）销售价格的，应视同销售，按销售不动产征税。

（3）房地产开发企业、物业公司与使用人签订车库（位）租赁合同，按月（季、年）定期收取一定数额租金的，按租赁业务征税。

（4）房地产开发企业、物业公司销售杂物房、阁楼等建筑物的，按上述情形处理。

10.西安市规定

《西安市地方税务局关于明确土地增值税若干政策问题的通知》（西地税发〔2010〕235号）第十七条第2点规定："对没有产权或不能转让的车位、车库、车棚等，其取得的使用权租金收入不作为转让房地产收入，其分摊的成本、费用、税金等不允许作为扣除项目进行扣除。"

【提示】根据《营业税改征增值税试点实施办法》（财税〔2016〕36号文件附件1）所附《销售服务、无形资产、不动产注释》第三条规定，"销售不动产，是指转让不动产所有权的业务活动。不动产，是指不能移动或者移动后会引起性质、

> 形状改变的财产,包括建筑物、构筑物等。
> 　　建筑物,包括住宅、商业营业用房、办公楼等可供居住、工作或者进行其他活动的建造物。
> 　　构筑物,包括道路、桥梁、隧道、水坝等建造物。
> 　　转让建筑物有限产权或者永久使用权的,转让在建的建筑物或者构筑物所有权的,以及在转让建筑物或者构筑物时一并转让其所占土地的使用权的,按照销售不动产缴纳增值税。"

问题 4-1-36

人防设施改建成车位(车库、储藏室)的如何处理?

答:在房地产开发项目中,经常发生人防设施改建成车位(车库、储藏室)的情形,由于人防工程是国家规定的配建项目,在性质上属于不能有偿转让的公共设施,因此,在正常情况下其相关成本费用可以扣除。但是在实操中,有时会发生确权、租赁、销售使用权等各种业务。在土地增值税项目清算时,对于这类情形如何处理,各地在具体口径把握上有一定差异,举例如下:

1. 内蒙古自治区规定

《内蒙古自治区土地增值税清算管理办法》(国家税务总局内蒙古自治区税务局公告2023年第7号发布)第三十三条第(五)项第4点第二款规定,"纳税人处置人防设施(改建为车位、车库、储藏室等)取得的收入,不确认收入,其成本、费用不予扣除"。

2. 江西省规定

《国家税务总局江西省税务局关于土地增值税若干征管问题的公告》(国家税务总局江西省税务局公告2018年第16号)第五条第(一)项规定:"销售地下车库(位)取得的收入,不论开具何种票据,均计入'其他类型房地产'的转让收入。"

对于改造成本的处理,该公告第五条第(二)项规定:"对利用地下人防设施改造成地下车库(位)的,其成本费用归集到公共配套设施费中一次性扣除。"

3. 甘肃省规定

《甘肃省地方税务局税政一处关于土地增值税清算审核有关问题的通知》(甘地税税政一便函〔2017〕24号)第二条关于"无产权地下车库是否征收、如何征收土地增值税"的答复为:"据了解,我省房地产开发项目配建的地下车库均不能办理产权证。根据省人防办提供的情况,部分无产权地下车库是开发商利用地下人防工程的投资建设。根据省建设厅提供的情况，开发商取得的商品房预售许可证，预售总建筑面积不包括其配建的地下车库或利用地下人防工程修建的地下车库面积。

根据《土地增值税暂行条例》及实施细则的有关规定，土地增值税是对出售或者以其他方式有偿转让国有土地使用权、地上的建筑物及其附着物的行为所征收的税。因而无论是配建的地下车库或利用地下人防工程改建的地下车库，只要未获得销售许可或产权移交，其成本、费用均不予扣除。即使开发商与业主签订了车位销售合同，但因事实上只是转让车库的使用权，并未发生权属转移，应视为租赁行为。不论租赁期长短，均不纳入土地增值税征税范围，开发商取得无产权地下车库的租金收入，应按有关规定缴纳营业税（2016年5月1日起缴纳增值税）、房产税等。"

4. 广州市规定

《广州市地方税务局关于印发2016年土地增值税清算工作有关问题处理指引的通知》（穗地税函〔2016〕188号）第二条关于"纳税人转让车位的土地增值税相关问题处理"第（三）项明确："对土地增值税清算时已办理确权的人防地下车库，应计入项目可售建筑面积，作为纳税人的开发产品处理。

对土地增值税清算时未办理确权的人防地下车库，如纳税人能证明人防地下车库产权属于全体业主共同所有，或人防地下车库产权已移交给政府主管部门的，其成本、费用可作为公共配套设施费，允许扣除；否则，其成本、费用不允许扣除。"

5. 江苏省规定

《江苏省地方税务局关于土地增值税若干问题的公告》（苏地税规〔2015〕8号）第四条第（一）项规定："凡是能够办理权属登记手续的车库（车位、储藏室等）单独转让时，房地产开发企业应按'其他类型房产'确认收入并计算成本费用。"

对于上述"能够办理权属登记手续"的把握，国家税务总局江苏省税务局相关解释为："根据《江苏省不动产登记条例》第三十八条规定，依法利用建设用地建造房屋等建筑物、构成物的，可以申请建设用地使用权及房屋等建筑物、构筑物所有权登记。

因此，'能够办理权属登记手续'是指依上述规定可以办理权属登记手续；以上述规定难以确定是否能够办理权属登记手续的，应当函询同级不动产登记部门，请其确认是否能够办理权属登记手续。"

6. 西安市规定

根据《西安市地方税务局关于明确土地增值税若干政策问题的通知》（西地税发〔2010〕235号）第十七条的规定，"对有产权且能够转让的车位、车库等，其核算作为转让不动产同其他不动产一样计算土地增值税"。

问题 4-1-37

开发项目连接地铁等公共设施的费用是否可以扣除？

答：随着城市基础建设的发展，一些城市兴建地铁站、大型商场或综合公共基础设施。对于房地产开发企业而言，为了增加开发项目的吸引力，将开发的项目与这些地铁站、大型商场或综合公共基础设施连接，由此产生的开发成本涉及扣除问题。

《土地增值税暂行条例实施细则》第七条第（二）项第一款规定："开发土地和新建房及配套设施（以下简称房地产开发）的成本，是指纳税人房地产开发项目实际发生的成本（以下简称房地产开发成本），包括土地征用及拆迁补偿费、前期工程费、建筑安装工程费、基础设施费、公共配套设施费、开发间接费用。"

《土地增值税宣传提纲》（国税函发〔1995〕110号文件印发）第五条第（二）项规定，开发土地和新建房及配套设施的成本允许按实际发生额扣除。

根据上述政策精神，如果连接成本在性质上属于"开发土地和新建房及配套设施的成本"，则可以扣除，具体有以下几种情形：

1. 属于规划设计范围内的处理

对于项目在规划设计时已经将相关连接包括在内的，其实际发生的成本属于正常开发土地和新建房及配套设施的成本，可以按照政策规定扣除，只是需要根据设计内容判断是属于开发土地和新建房的成本，还是属于配套设施的成本。对于原设计中不包含这些内容，但后期修改设计（经过批准）的，其实际发生的成本也属于正常的开发土地和新建房及配套设施的成本，可以按照政策规定扣除。

2. 属于规划设计范围之外的处理

对于项目规划设计中不包含这些内容，且后期也没有增加设计（或没有批准）内容的，其实际发生的成本如何扣除，实务中有一定的争议。

一种观点认为，这些成本属于超设计范围发生的成本，从政策规范角度考虑，不得扣除。

另一种观点认为，如果与地铁站、大型商场或综合公共基础设施的连接，能提升项目的品质，且对价格产生较大的影响，则可以扣除。

企业在项目清算中遇到上述问题时，应积极与当地税务管理机关沟通，以当地税务管理机关的解释为准。

3. 直接交纳连接费用的处理

所称直接交纳的连接费用，是指在连接这些公共基础设施建设中，除实际发生的成本外，公共基础设施的所有者有可能还要向连接的项目（开发公司）收取一定的连接费用。

根据现行政策规定，从公共配套设施角度看，可以扣除的公共配套设施成本费用是实际发生的公共配套设施工程支出等费用。如果小区没有配建公共配套设施、人防工程，而是按照当地政府相关文件交纳"市政公用基础设施配套费""人防工程易地建设费"等，各地税务机关在处理时，采取的原则是取得合法票据并实际支出的，按性质归类到相应的扣除项目中。

根据上述政策规定精神，如果连接的项目被认定为具有政策规定的"市政公用基础设施配套费"性质，则交纳的费用按照当地税务管理机关规定的方式处理。如果连接的项目不具备政策规定的"市政公用基础设施配套费"性质，一般不予扣除。

问题 4-1-38

经济开发区"人才房"成本如何扣除？

答：一些地方（特别是经济开发区）为吸引人才建设"人才房"，专供引进的外地（包括留学回国人员）人才使用，有的是出租给引进人才使用，有的是优惠出售给引进人才使用。房地产开发公司在承接这类"人才房"项目时，一般有以下两种情形：

一种是政府相关部门（例如开发区管委会、住房保障和房产管理部门等）从房地产开发公司开发的项目中购买房屋，或者规定参与开发区开发的房地产企业保留部分房屋用于出租。这类房屋一般是出租给外地引进人才使用，根据当地吸引人才的相关规定，租赁价格通常都有优惠。

对于政府相关部门（例如开发区管委会、住房保障和房产管理部门等）从房地产开发公司开发的项目中购买房屋的，房地产开发公司按照正常的销售业务处理，相关增值税、企业所得税、土地增值税等与正常销售的开发项目没有区别。对于房地产开发公司自留用于出租的房屋，也是按照自有房屋结转成本，记入"固定资产——房屋"（或"投资性房地产"）科目，按规定进行涉税处理。

还有一种是政府相关部门在立项批复时（包括土地出让合同），要求房地产开发公司"无偿"建设部分"人才房"，房屋建成后，将产权落实到指定的第三方，由第三方出租或出售给外地引进人才。

对于这种情形，由于这部分成本是项目开发的必需成本（企业拿项目或竞拍土地时已经充分考虑），因此如果各项指标（要件）符合公共配套设施要件（包括国家税务总局及各省市规定的公共配套设施要件），可以按照公共配套设施处理；符合视同销售情形要件的，按照视同销售处理。但无论采取何种处理方式，其成本从会计以及土地增值税、企业所得税等税种角度，只能扣除一次。

问题 4-1-39

清算项目"竣工备案"后发生的成本（费用）支出是否可以扣除？

答："竣工备案"是土地增值税实操中掌握的一个重要时间节点，根据《房屋建筑工程和市政基础设施工程竣工验收备案管理暂行办法》（建设部令第78号）第四条的规定，"建设单位应当自工程竣工验收合格之日起15日内，依照本办法规定，向工程所在地的县级以上地方人民政府建设行政主管部门（以下简称备案机关）备案"。

对于清算项目"竣工备案"后发生的成本（费用）支出扣除问题，目前尚未有政策给予详细的解释。从土地增值税政策角度，土地增值税清算的前提条件是"全部竣工"并"已竣工验收"，同时规定重复发生的各类建设成本、费用不得扣除。从《房屋建筑工程和市政基础设施工程竣工验收备案管理暂行办法》的规定可以看出，"竣工备案"时间点就是工程竣工验收合格时间点（15日内），基于这个概念角度，"竣工备案"时点后预示着开发项目所有正常支出成本已经全部完成。

根据上述分析，对于清算项目"竣工备案"后发生的各类成本（费用）支出，在正常情况下，不得扣除。

各地房地产、建筑市场管理存在一定差异，有少量特殊、金额小项目以及修改（报批）设计等情形，与正常"竣工备案"时间有差异，如果发生这类情况，要依据政策及实际情况进行区分：一是"实际"与"直接"，即根据土地增值税扣除政策规定，凡是属于纳税人房地产开发项目"实际"发生的成本以及"直接"组织、管理开发项目发生的费用，可以扣除；二是要判断是否属于重复、返工、违建等情形，这类情形不得扣除；三是要有完备的批复文件。

问题 4-1-40

开发间接费用如何扣除？

答：《土地增值税暂行条例实施细则》第七条第（二）项第七款规定："开发间接费用，是指直接组织、管理开发项目发生的费用，包括工资、职工福利费、折旧费、修理费、办公费、水电费、劳动保护费、周转房摊销等。"

在企业的日常会计核算中，"开发间接费用"与"管理费用"核算内容相似且容易混淆，因此，企业在日常企业所得税汇算清缴时要注意调整，在土地增值税项目清算时，也要正确调整。

从各地具体规定来看，在开发间接费用的范围（项目）上，与《土地增值税暂行条例实施细则》规定一致，在具体规范上各有说明及规定，具体举例如下：

1. 海南省规定

根据国家税务总局海南省税务局发布的土地增值税清算审核管理办法解读，"直接组织、管理开发项目发生的费用"是指施工现场为组织、管理开发产品而实际发生的费用。对不属于为施工现场服务的部门，如行政管理部门、财务部门、销售部门等发生的费用属于房地产开发费用。差旅费、会议费等费用不得列入开发间接费用。

2. 内蒙古自治区规定

根据《内蒙古自治区土地增值税清算管理办法》（国家税务总局内蒙古自治区税务局公告2023年第7号发布）第三十三条第（六）项的规定，"开发间接费用，是指直接组织、管理开发项目发生的费用，包括工资、职工福利费、折旧费、修理费、办公费、水电费、劳动保护费、周转房摊销、工程监理费、安全监督费等。

1.行政管理部门、财务部门或销售部门等发生的管理费用、财务费用、销售费用以及企业行政管理部门（总部）为组织和管理生产经营活动而发生的管理费用不得作为开发间接费用予以扣除。

2.开发间接费用与纳税人的期间费用应按照现行企业会计准则或企业会计制度的规定分别核算。划分不清、核算混乱的，不得作为开发间接费用予以扣除"。

3. 厦门市规定

《厦门市房地产开发项目土地增值税清算管理办法》（国家税务总局厦门市税务局公告2023年第1号发布）第二十四条第（四）项规定："纳税人支付的工程监理费计入开发间接费用。"

4. 广西壮族自治区规定

《广西壮族自治区房地产开发项目土地增值税管理办法（试行）》（广西壮族自治区地方税务局公告2018年第1号发布）第四十条第（八）项第1点规定："行政管理部门、财务部门或销售部门等发生的管理费用、财务费用、销售费用以及企业行政管理部门（总部）为组织和管理生产经营活动而发生的管理费用不得列入开发间接费。"

该条第（八）项第2点规定："开发间接费用与纳税人的期间费用应按照现行企业会计准则或企业会计制度的规定分别核算。划分不清、核算混乱的开发间接费用，全部作为房地产开发费用扣除。"

5. 北京市规定

《北京市地方税务局土地增值税清算管理规程》（北京市地方税务局公告2016年第7号发布）第三十三条第（七）项第2点规定："开发间接费用与纳税人的期间费用应按照现行企业会计准则或企业会计制度的规定分别核算。划分不清、核算混乱的期间费用，全部作为房地产开发费用扣除。"

6. 广州市规定

根据《广州市地方税务局关于印发土地增值税清算工作若干问题处理指引〔2012年修订版〕的通知》（穗地税函〔2012〕198号）第十二条第（二）项的规定，房地产开发企业发生的下列费用，应作为管理费用计算扣除：

（1）委托第三方公司进行房地产项目开发管理，支付的有关项目管理费用（工程监理费除外）；

（2）向上级公司缴纳的管理费；

（3）转让房地产过程中缴纳的诉讼费；

（4）为开发项目购买的商业保险。

根据该指引第十二条第（三）项的规定，"房地产开发企业向房地产管理部门缴纳的商品房预售款监督管理服务费，应作为销售费用计算扣除"。

问题4-1-41

对不同清算单位的房地产开发成本如何分摊？

答：纳税人分期分批开发项目或者同时开发多个项目的（不同清算单位），除土地成本（"取得土地使用权所支付的金额"与"土地征用及拆迁补偿费"）外，一般情况下有可能发生的共同成本费用还有"前期工程费"和"公共配套设施费"，有时也有"开发间接费用"等。根据《国家税务总局关于房地产开发企业土地增值税清算管理有关问题的通知》（国税发〔2006〕187号）第四条第（五）项的规定，"属于多个房地产项目共同的成本费用，应按清算项目可售建筑面积占多个项目可售总建筑面积的比例或其他合理的方法，计算确定清算项目的扣除金额"。

根据上述政策规定，各地确定的具体分摊计算方法主要是建筑面积法，无法使用建筑面积法的，使用占地面积法。各地具体规定举例如下：

1. 海南省规定

根据《国家税务总局海南省税务局土地增值税清算审核管理办法》（国家税务总局海南省税务局公告2023年第2号发布）第十条的规定，纳税人同时开发多个项目，应按照以下方法分摊共同的成本费用：

（1）能够明确受益对象的成本费用，直接计入该清算项目或该类型房地产。

（2）属于多个清算项目共同发生的其他成本费用，其成本费用按清算项目可售建筑面积占总可售建筑面积的比例分摊；对于无法取得可售面积的，按计容面积分摊。

（3）分期开发房地产开发项目的，各期扣除项目金额的分摊方法应当保持一致。

2. 内蒙古自治区规定

根据《内蒙古自治区土地增值税清算管理办法》（国家税务总局内蒙古自治区税务局公告2023年第7号发布）第三十七条第（一）项的相关规定，"多个清算单位共同的房地产开发成本，按清算单位的建筑面积占总建筑面积的比例计算分摊"。

3. 厦门市规定

根据《厦门市房地产开发项目土地增值税清算管理办法》（国家税务总局厦门市税务局公告2023年第1号发布）第二十四条第（一）项的相关规定，对于房地产开发成本的分摊，纳税人签订的开发成本相应合同明确受益对象且能够辨明的，直接计入对应的受益对象。有多个受益对象或未明确受益对象的，根据第二十四条第（一）项第1点的规定，"纳税人同时开发多个房地产开发项目或者分期开发房地产开发项目的，按可售建筑面积计算分摊各个房地产开发项目、分期项目房地产开发成本"。

4. 贵州省规定

《贵州省土地增值税清算管理办法》（国家税务总局贵州省税务局公告2022年第12号发布）第五十四条第（一）项规定："属于多个房地产开发项目共同发生的取得土地使用权所支付的金额，按清算单位的占地面积占多个房地产开发项目总占地面积的比例计算分摊；属于多个房地产开发项目共同的其他成本费用，按清算单位的可售建筑面积占多个房地产开发项目总可售建筑面积的比例计算分摊。"

5. 青岛市规定

《国家税务总局青岛市税务局房地产开发项目土地增值税清算管理办法》（国家税务总局青岛市税务局公告2022年第6号发布）第二十七条规定，属于多个房地产开发项目共同的除土地成本以外的其他成本费用，按清算单位的建筑面积占多个房地产开发项目总建筑面积的比例计算分摊。

6. 广西壮族自治区规定

根据《广西壮族自治区房地产开发项目土地增值税管理办法（试行）》（广西壮族自治区地方税务局公告2018年第1号发布）第三十八条第（一）项、第（二）项的相关规定，纳税人分期开发项目或者同时开发多个项目的，应按照受益对象，采用合理的分配方法，分摊共同的成本费用：

（1）属于不在同一宗土地上的多个房地产项目共同的成本费用，应按建筑面积法分摊。

（2）纳税人成片受让同一宗土地的使用权后，分期分批开发、转让房地产的，取得土地的成本按占地面积法分摊，其他共同成本按建筑面积法计算分摊。

纳税人分期开发房地产项目，各清算单位扣除项目金额的计算分摊方法应保持一致。

7. 北京市规定

《北京市地方税务局土地增值税清算管理规程》（北京市地方税务局公告2016年第

7号发布）第三十一条第（二）项规定："属于多个清算单位共同发生的扣除项目金额，原则上按建筑面积法分摊，如无法按建筑面积法分摊，应按占地面积法分摊或税务机关确认的其他合理方法分摊。"

8. 四川省规定

根据《四川省地方税务局关于土地增值税清算单位等有关问题的公告》（四川省地方税务局公告2015年第5号）第三条的规定，关于共同成本费用的分摊，除取得土地使用权所支付的金额外，"其他共同发生的成本费用，按照建筑面积法（即转让的建筑面积占可转让总建筑面积的比例）进行分摊"。

9. 重庆市规定

《重庆市地方税务局关于土地增值税若干政策执行问题的公告》（重庆市地方税务局公告2014年第9号）第一条第（三）项"土地及房地产开发成本的分摊"规定："分期清算或者清算单位中建造多类房产，土地成本纳税人可选择按照土地面积占比法或者建筑面积占比法计算分摊；房地产开发成本按照建筑面积占比法计算分摊，其中已明确对象化的设施、设备、装修等支出应直接计入对应房产的房地产开发成本。

上述土地成本包括'取得土地使用权所支付的金额'和'土地征用及拆迁补偿费'；房地产开发成本包括'前期工程费、基础设施费、建筑安装工程费、公共配套设施费、开发间接费用'。"

10. 山西省规定

根据《房地产开发企业土地增值税清算管理办法》（山西省地方税务局公告2014年第3号发布）第十九条第（一）项第3点的规定，"多个（或分期）项目共同发生的前期工程费和基础设施费，应当采用建筑面积法进行分摊"。

11. 广州市规定

《广州市地方税务局关于印发2014年土地增值税清算工作有关问题的处理指引的通知》（穗地税函〔2014〕175号）第五条第（二）项第2点第（2）则规定："'建筑安装工程费、前期工程费、基础设施费、公共配套设施费、开发间接费用'按清算单位总可售建筑面积比例计算分摊。不能按照总可售建筑面积比例计算分摊的（比如有未建项目，无法确定建筑面积时）按清算单位土地面积比例计算分摊。"

问题4-1-42

对同一清算单位不同类型房屋之间共同的成本费用如何分摊？

答：根据国家税务总局"应按照受益对象，采用合理的分配方法，分摊共同的成本费用"的原则，各地在执行时采取的基本原则是：按建筑面积法或税务机关确认的其他方法计算分摊。

由于各地房地产市场具体情况不同，税务机关根据不同情况制定了其他合理方法作为辅助方式，对于一些特殊情形，可按税务机关确认的其他合理方法计算分摊。例如，《广西壮族自治区房地产开发项目土地增值税管理办法（试行）》（广西壮族自治区地方税务局公告2018年第1号发布）第三十七条第（五）项规定："同一清算单位中建造不同类型房地产，建筑安装工程费有明显差异的，可按税务机关确认的其他合理方法计算分摊。"

各地采取的基本分摊方法一般是建筑面积法，具体规定举例如下：

1. 海南省规定

根据《国家税务总局海南省税务局土地增值税清算审核管理办法》（国家税务总局海南省税务局公告2023年第2号发布）第十条第（四）项的相关规定，同一项目中建造不同类型房地产的，应按照以下方法分摊共同的成本费用：

（1）能够明确受益对象的成本费用，直接计入该清算项目或该类型房地产；

（2）同一清算项目含有不同类型房地产的，其他成本费用按各类型房地产可售建筑面积占总可售建筑面积的比例分摊；

（3）同一个清算项目中已售房地产成本费用的分摊，按已售建筑面积占总可售建筑面积的比例分摊。

2. 厦门市规定

根据《厦门市房地产开发项目土地增值税清算管理办法》（国家税务总局厦门市税务局公告2023年第1号发布）第二十四条第（一）项的相关规定，对于房地产开发成本的分摊，纳税人签订的开发成本相应合同明确受益对象且能够辨明的，直接计入对应的受益对象。有多个受益对象或未明确受益对象的，根据第二十四条第（一）项第2点的规定，"同一清算项目不同房产类型共同发生的房地产开发成本按可售建筑面积比例分摊"。

3. 贵州省规定

根据《贵州省土地增值税清算管理办法》（国家税务总局贵州省税务局公告2022年第12号发布）第五十四条第（二）项的规定，"属于同一清算单位的共同成本费用，原则上按不同类型房地产可售建筑面积占总可售建筑面积的比例计算分摊，但下列情形的成本费用除外：

1. 房地产开发企业能够按不同类型房地产分别核算房地产开发的成本费用并经主管税务机关审核确认的，扣除项目金额按受益对象直接归集；

2. 不同类型房地产分别占用不同土地的，其土地成本按占地面积的比例计算分摊；

3. 与转让房地产有关的税（费）金按不同类型房地产的收入比例计算分摊；

4. 税务机关确认的其他合理分摊方法"。

4. 青岛市规定

《国家税务总局青岛市税务局房地产开发项目土地增值税清算管理办法》（国家税务总局青岛市税务局公告2022年第6号发布）第二十九条规定，属于同一清算单位的除土地成本以外的其他共同成本费用，按不同类型房地产可售建筑面积比例计算分摊。

5. 北京市规定

《北京市地方税务局土地增值税清算管理规程》（北京市地方税务局公告2016年第7号发布）第三十一条第（三）项规定："同一清算单位发生的扣除项目金额，原则上应按建筑面积法分摊。对于纳税人能够提供相关证明材料，单独签订合同并独立结算的成本，可按直接成本法归集。"

6. 广州市规定

对于一般项目同一清算单位共同成本、费用的分摊方式，《广州市地方税务局关于印发2014年土地增值税清算工作有关问题的处理指引的通知》（穗地税函〔2014〕175号）第五条第（二）项第1点规定，同一清算单位内的共同成本、费用按照如下方式分摊：

（1）对于出租或自用的房地产，清算时按出租或自用房地产建筑面积计算不予扣除的扣除项目金额。

（2）按已售房地产建筑面积和可售房地产建筑面积比例，计算允许扣除的扣除项目。

对于房地产开发企业清算单位内部分可售房地产用于出租或自用的，则上述可售房地产建筑面积为已减去出租或自用的可售房地产建筑面积。

对于综合开发项目可扣除项目的分摊方法问题，《广州市地方税务局关于印发2013年土地增值税清算工作有关问题的处理指引的通知》（穗地税函〔2013〕179号）第三条规定，"对兼有住宅和非住宅的综合开发项目在计算分配扣除项目金额时，应对总可售非住宅〔包括已售、未售（含出租或自用）〕面积整体乘以1.4系数进行分摊计算。并将《关于房地产开发企业土地增值税征收管理的补充通知》（穗地税发〔2006〕39号）的第六条第（一）项第1点的公式调整为'分摊已售比例=〔（已售住宅面积+已售非住宅面积×1.4）÷（总可售住宅面积+总可售非住宅面积×1.4）〕×100%'"。

问题4-1-43

对共同发生的开发成本费用如何使用层高系数法分摊？

答：对于多个清算单位或不同类型开发产品共同发生的建筑安装工程费的分摊，根据"应按照受益对象，采用合理的分配方法，分摊共同的成本费用"的原则，实务中，一些地区以建筑面积法、土地面积法为基础，同时针对特殊情况从更加合理角度采取层高系数法计算分摊。即对多个清算单位或不同类型开发产品共同发生的建筑安装工程费，在分摊计算成本时，对高层建筑采取层高系数予以调整计算。具体举例如下：

1. 福州市规定

《国家税务总局福州市税务局关于土地增值税若干政策问题的公告》（国家税务总局福州市税务局公告2018年第1号）第一条"关于同一清算单位不同类型房地产扣除项目金额的分摊问题"第（二）项规定，房地产开发成本可采取层高系数计算分摊办法，具体计算口径和步骤如下：

（1）计算层高系数。

纳税人对同一清算单位不同类型房地产，选取住宅层高为基数，设定为1，其他类型房地产层高与住宅层高之比，计算出各自层高系数。

（2）计算总层高系数面积。

$$\sum 层高系数面积 = \sum 不同类型房地产层高系数 \times 可售面积$$

（3）计算房地产开发成本在不同类型房地产中的分摊。

2. 新疆维吾尔自治区规定

《新疆维吾尔自治区地方税务局关于明确土地增值税相关问题的公告》（新疆维吾尔自治区地方税务局公告2016年第6号）第六条规定，关于清算单位中住宅与商业用房的建筑安装工程费扣除问题，"清算单位中既有住宅又有商业用房的，商业用房建筑安装工程费可以按照层高系数予以调整，其余扣除项目成本不得按层高系数调整。

商业用房层高系数小于1.5的，其建筑安装工程费不予调整。

商业用房层高系数＝商业用房单层层高/单层住宅层高"。

3. 浙江省规定

《浙江省地方税务局关于土地增值税若干政策问题的公告》（浙江省地方税务局公告2014年第16号）第三条规定，"对多个清算单位或不同类型开发产品共同发生的建筑安装工程费，在按建筑面积法计算分摊时，对超标准层高可售房产应按以下方法计算：对层高高于4.5米（含4.5米）低于6米的，其可售建筑面积按1.5倍计算；对层高高于6米（含6米）的，其可售建筑面积按2倍计算"。

4. 山西省规定

《房地产开发企业土地增值税清算管理办法》（山西省地方税务局公告2014年第3号发布）第十九条第（二）项第3点规定，建筑安装成本费用要按照合理的分摊方法在各建筑物中进行分摊［某建筑物建筑安装成本＝建筑物实际建筑面积×（清算单位总建筑安装成本/清算单位总建筑面积）］；同一建筑物中若存在层高不同的情况时，可按层高系数加以调整，但不得增加建筑物总的建安成本。

5. 河北省规定

根据2014年6月30日《河北省地方税务局关于对地方税有关业务问题的解答》第四条的规定，对于同一建筑物中包含不同类型房地产的，可以采用层高系数建筑面积法计算分摊。

层高系数建筑面积分摊法具体计算口径和步骤如下：

（1）计算层高系数。

选取住宅层高为基数，设定为1；其他类别用房层高与住宅层高之比，计算出其层高系数。

$$某类型用房层高系数 = 该类型用房层高 \div 住宅层高$$

（2）计算层高系数面积。

$$总层高系数面积 = \sum (某类型用房层高系数 \times 某类型用房可售建筑面积)$$

$$某类型用房已售部分的层高系数面积 = 某类型用房层高系数 \times 某类型用房已售建筑面积$$

（3）计算不同类型用房已售部分可分摊的房地产开发成本。

$$某类型用房已售部分应分摊的房地产开发成本 = \frac{房地产开发总成本}{总层高系数面积} \times 某类型用房已售部分的层高系数面积$$

6. 湖南省规定

根据《湖南省地方税务局关于进一步规范土地增值税管理的公告》（湖南省地方税务局公告2014年第7号）第五条的规定，关于住宅与商业用房的成本扣除问题，单栋建筑物既有住宅又有商业用房的，商业用房的建筑安装工程费可以按照层高系数予以调整。

$$商业用房层高系数 = 商业用房平均层高 / 住宅平均层高$$

对于层高系数的使用前提、方式及案例，《关于〈湖南省地方税务局关于进一步规范土地增值税管理的公告〉的解读》（湖南省地方税务局财产和行为税处）第五条明确：一般情况下不需要使用层高系数调整建筑安装工程费，据实归集即可。只有纳税人建造既有住宅又有商业用房的单栋建筑，成本难以据实分开时才需要进行成本调整。注意，是单栋建筑既有住宅又有商业用房才调整成本，既有住宅又有非住宅不一定调整。

单栋建筑既有住宅又有商业用房，住宅的层高和商业用房的层高不一致，按照建筑层高规范的规定，一般情况下，住宅建筑的层高不宜大于3.3米，特殊情况下也不得大于5.6米。商业用房的层高标准不宜大于5.0米，特殊情况下也不得大于7.8米。商业用房的层高标准规定明显大于住宅，为此，公告规定对商居综合楼的建筑安装工程费可以按照层高系数予以调整。具体举例计算如下：

某房地产公司开发一栋总楼层为17层的商居综合楼，总建筑面积15 000平方米，其中1~2层为商业用房，第一层建筑面积1 800平方米，层高5.4米，第二层建筑面积1 200平方米，层高3.6米；3~17层均为住宅，建筑面积合计12 000平方米，层高均为3米。该栋综合楼总建筑安装工程费为1 800万元。

第一步，求商业用房、住宅加权平均层高。

商业用房平均层高=（第一层商业用房建筑面积×第一层层高+第二层商业用房建筑面积×第二层层高）/（第一层商业用房建筑面积+第二层商业用房建筑面积）=（1 800×5.4+1 200×3.6）/（1 800+1 200）=4.68（米）。

住宅平均层高=3米。

第二步，求商业用房层高系数。

商业用房层高系数=商业用房平均层高/住宅平均层高=4.68/3=1.56。

第三步，分摊商业用房和住宅的建筑安装工程费。

商业用房分摊=总建安成本×商业用房总建筑面积×商业用房层高系数/（商业用房总建筑面积×商业用房层高系数+住宅总建筑面积×1）=1 800×3 000×1.56/（3 000×1.56+12 000×1）=505（万元）。

住宅分摊=总建安成本×住宅总建筑面积×1/（商业用房总建筑面积×商业用房层高系数+住宅总建筑面积×1）=1 800×12 000×1/（3 000×1.56+12 000×1）=1 295（万元）。

如果不用层高系数调整，仅按建筑面积分摊：

商业用房分摊=1 800×3 000/15 000=360（万元）；

住宅分摊=1 800×12 000/15 000=1 440（万元）。

通过比较，商业用房采用层高系数法分摊的建筑安装工程费比建筑面积法多145万元，由于商业用房售价高、增值大，采用层高系数法分摊建安成本有利于纳税人。

还有一种特殊情形，即开发商建造综合楼时仅对商业用房部分进行精装修的，如果纳税人在财务核算上能单独确定为成本核算对象，准确归集并核算装修成本，其装修成本属于成本核算对象的直接成本，在计算商业用房的增值额时可以单独扣除，不必分摊。

问题 4-1-44

对共同发生的开发成本费用如何使用平均售价系数分摊法计算分摊？

答：对于共同发生的开发成本费用的计算分摊，根据"应按照受益对象，采用合理的分配方法，分摊共同的成本费用"的原则，实操中，一些地区还采取平均售价系数分摊法计算分摊。主要是指一些清算项目中的未售营业用房，在清算后销售的，因售价与扣除成本差异较大，造成增值率高、税负不均等问题。

例如南通市。《南通市地方税务局关于明确在房地产开发企业土地增值税清算中如何计算未售营业用房及车库应分摊成本的通知》（通地税函〔2008〕100号）规定，对房地产开发企业未售营业用房及车库等采用平均售价系数分摊法进行成本分摊，具体计算办法如下：

将住宅商品房的平均售价作为参数，营业用房平均售价、车库平均售价同时计算成本分摊系数，然后按各自的分摊系数在总成本中进行分摊。

所用数据包括：营业用房平均售价、住宅商品房平均售价、车库平均售价；营业用房总可售面积、住宅商品房总可售面积、车库总可售面积；营业用房已售面积、住宅商品房已售面积、车库已售面积；总开发成本（含加计扣除费用，不包括已交的营业税等税金）。

计算步骤如下：

（1）营业用房与住宅商品房开发成本分摊系数（M1）=营业用房平均售价/住宅商品房平均售价。

车库与住宅商品房开发成本分摊系数（M2）=车库平均售价/住宅商品房平均售价。

营业用房平均售价=已售营业用房收入/已售营业用房面积。

车库平均售价=已售车库收入/已售车库面积。

住宅商品房平均售价=已售住宅商品房收入/已售住宅商品房面积。

（2）营业用房应分摊的总开发成本=[总开发成本/（营业用房总可售面积×M1+住宅商品房总可售面积×1+车库总可售面积×M2）]×（营业用房总可售面积×M1）。

住宅商品房应分摊的总开发成本=[总开发成本/（营业用房总可售面积×M1+住宅商品房总可售面积×1+车库总可售面积×M2）]×（住宅总可售面积×1）。

车库应分摊的总开发成本=[总开发成本/（营业用房总可售面积×M1+住宅商品房总可售面积×1+车库总可售面积×M2）]×（车库总可售面积×M2）。

（3）营业用房单位成本=营业用房应分摊的总开发成本/营业用房总可售面积。

住宅商品房单位成本=住宅商品房应分摊的总开发成本/住宅商品房总可售面积。

车库单位成本=车库应分摊的总开发成本/车库总可售面积。

（4）已售营业用房开发成本=营业用房已售面积×营业用房单位成本。

已售住宅商品房开发成本=住宅商品房已售面积×住宅商品房单位成本。

已售车库开发成本=车库已售面积×车库单位成本。

（5）已售房屋总开发成本=已售营业用房开发成本+已售住宅商品房开发成本+已售车库开发成本。

（6）已售房屋可扣除成本=已售房屋总开发成本+税金。

（7）未售营业用房开发成本=营业用房未售面积×营业用房单位成本。

未售住宅商品房开发成本=住宅商品房未售面积×住宅商品房单位成本。

未售车库开发成本=车库未售面积×车库单位成本。

（8）对成本差异、售价差异较大的不同类型的房屋，如多层、小高层、高层，可比照此方法进行计算。

（9）对已进行土地增值税清算的房地产开发项目，以后再有转让销售的，一个年度清算一次。

4.1.4 房地产开发费用

问题4-1-45

房地产开发费用如何扣除？

答：《土地增值税暂行条例实施细则》第七条第（三）项规定："开发土地和新建房及配套设施的费用（以下简称房地产开发费用），是指与房地产开发项目有关的销售费用、管理费用、财务费用。财务费用中的利息支出，凡能够按转让房地产项目计算分摊并提供金融机构证明的，允许据实扣除，但最高不能超过按商业银行同类同期贷款利率计算的金额。其他房地产开发费用，按本条（一）、（二）项规定计算的金额之和的百分之五以内计算扣除。凡不能按转让房地产项目计算分摊利息支出或不能提供金融机构证明的，房地产开发费用按本条（一）、（二）项规定计算的金额之和的百分之十以内计算扣除。上述计算扣除的具体比例由各省、自治区、直辖市人民政府规定。"

根据上述政策规定，利息支出如果符合条件可以据实扣除，其他房地产开发费用就统一按照"取得土地使用权所支付的金额"与"开发土地和新建房及配套设施的成本"之和的5%以内计算扣除。

如果利息支出不符合据实扣除的条件，则不得单独扣除，所有房地产开发费用（即销售费用、管理费用、财务费用，包括财务费用中的利息支出）统一按照"取得土地使用权所支付的金额"与"开发土地和新建房及配套设施的成本"之和的10%以内计算扣除。具体扣除比例，由各省、自治区、直辖市人民政府规定。

上述政策所称"凡能够按转让房地产项目计算分摊"，一般是指纳税人按照《企业会计准则》或《企业会计制度》的规定核算房地产开发项目应当予以资本化的利息。例如，根据国家税务总局海南省税务局发布的政策解读，"能够按转让房地产项目计算分摊"的"利息支出"是指纳税人按照《企业会计准则》或《企业会计制度》的规定核算房地产开发项目应当予以资本化的利息。

政策所称"金融机构",一般是指取得许可进行金融贷款业务的金融单位。例如,国家税务总局内蒙古自治区税务局发布的《内蒙古自治区土地增值税清算管理办法》政策解读第四条"理解难点"第(十)项解释:"提供金融机构证明"是指纳税人向具有贷款资质的金融机构借款、签订借款合同,且能够提供金融机构出具的利息结算单据或利息发票等证明的行为。再如,《安徽省土地增值税清算管理办法》(国家税务总局安徽省税务局公告2018年第21号修改)第四十五条第八款规定:"本办法所称金融机构,是指有关部门按照规定许可进行金融贷款业务的金融单位。本办法所称'能够按转让房地产项目计算分摊'是指纳税人按照《企业会计准则》或《企业会计制度》的规定核算房地产开发项目应当予以资本化的利息"。

上述所称"商业银行同类同期贷款利率",一般是指商业银行正常的贷款业务。例如,《安徽省土地增值税清算管理办法》第四十五条第九款规定:"'同类同期贷款利率'是指在贷款期限、贷款金额、贷款担保以及企业信誉等条件基本相同下,商业银行提供贷款的利率。"

问题 4-1-46

房地产开发项目日常涉及的哪些特殊管理费用视同开发费用?

答:开发土地和新建房及配套设施的费用(以下简称房地产开发费用),是指与房地产开发项目有关的销售费用、管理费用、财务费用。除销售费用、管理费用、财务外,可扣除的管理费用仅限于与房地产开发项目有关联的费用,例如围绕项目运营发生的诉讼费、商业保险费等。以贵州省为例,《贵州省土地增值税清算管理办法》(国家税务总局贵州省税务局公告2022年第12号发布)第四十九条规定:"房地产开发企业发生的下列费用,应当视为管理费用,按房地产开发费用的有关规定进行扣除。

(一)向母公司或总公司交纳的管理费。

(二)转让房地产过程中发生的诉讼费。

(三)为房地产开发项目购买的商业保险。

(四)为办理抵押贷款而支付的资产评估、测绘、抵押权登记等费用。"

问题 4-1-47

房地产开发利息支出需要哪些金融机构证明?

答:根据《土地增值税暂行条例实施细则》第七条第(三)项的规定,允许据实

扣除的利息支出需要提供金融机构证明。所称"金融机构证明",一般是指涉及贷款业务的各类资料。各地具体规定举例如下:

1. 海南省规定

根据国家税务总局海南省税务局发布的《国家税务总局海南省税务局土地增值税清算审核管理办法》的解读,"提供金融机构证明"是指纳税人向具有贷款资质的金融机构借款,且能提供借款合同、利息结算单据或发票、商业银行同类同期贷款利率(非商业银行类金融机构提供的贷款需提供)等证明的行为。

2. 安徽省规定

《安徽省土地增值税清算管理办法》(国家税务总局安徽省税务局公告2018年第21号修改)第四十五条第五款规定:"纳税人据实列支利息支出的,应当提供贷款合同、利息结算单据以及发票。"

3. 北京市规定

《北京市地方税务局土地增值税清算管理规程》(北京市地方税务局公告2016年第7号发布)第三十七条第(五)项规定:"纳税人据实列支利息支出的,应当提供贷款合同、利息结算单据或发票。"

问题4-1-48

房地产开发利息支出如何扣除?

答:在土地增值税清算中,房地产开发利息支出分两种情形扣除。

1. 能够按转让房地产项目计算分摊并提供金融机构证明的

《国家税务总局关于土地增值税清算有关问题的通知》(国税函〔2010〕220号)第三条第(一)项规定:"财务费用中的利息支出,凡能够按转让房地产项目计算分摊并提供金融机构证明的,允许据实扣除,但最高不能超过按商业银行同类同期贷款利率计算的金额。其他房地产开发费用,在按照'取得土地使用权所支付的金额'与'房地产开发成本'金额之和的5%以内计算扣除。"

根据上述政策规定,符合条件的金融机构借款利息可以据实扣除,非金融机构借款与其他房地产开发费用一起按照"取得土地使用权所支付的金额"与"房地产开发成本"金额之和的5%以内计算扣除。

各地具体规定也是按照上述政策规定执行,例如,《国家税务总局海南省税务局土地增值税清算审核管理办法》(国家税务总局海南省税务局公告2023年第2号发布)第十九条第(一)项、《内蒙古自治区土地增值税清算管理办法》(国家税务总局内蒙古自治区税务局公告2023年第7号发布)第三十四条第(一)项、《安徽省土地增值税清算管理办法》（国家税务总局安徽省税务局公告2018年第21号修改）第四十五条第二款、《北京市地方税务局土地增值税清算管理规程》（北京市地方税务局公告2016年第7号发布）第三十七条第（一）项等均规定：财务费用中的利息支出，凡能够按转让房地产项目计算分摊并提供金融机构证明的，允许据实扣除，但最高不能超过按商业银行同类同期贷款利率计算的金额。其他房地产开发费用，按照"取得土地使用权所支付的金额"与"房地产开发成本"金额之和的5%计算扣除。

一些地方对个别情况做了进一步明确，例如，《广西壮族自治区房地产开发项目土地增值税管理办法（试行）》（广西壮族自治区地方税务局公告2018年第1号发布）第四十三条第（五）项规定："纳税人为建造房地产开发项目向金融机构借款发生的利息支出，属于该项目开发产品最后一份竣工证明材料报备前发生的，计入房地产开发费用的利息支出中按规定予以扣除。"

再如，重庆市《土地增值税等财产行为税政策执行问题处理意见》（渝财税〔2015〕93号文件印发）第一条第（三）项第3点规定："房地产企业向商业银行支付的委托贷款利息视为金融机构借款利息，按规定予以扣除。"

2. 不能按转让房地产项目计算分摊并提供金融机构证明的

《国家税务总局关于土地增值税清算有关问题的通知》（国税函〔2010〕220号）第三条第（二）项规定："凡不能按转让房地产项目计算分摊利息支出或不能提供金融机构证明的，房地产开发费用在按'取得土地使用权所支付的金额'与'房地产开发成本'金额之和的10%以内计算扣除。

全部使用自有资金，没有利息支出的，按照以上方法扣除。

上述具体适用的比例按省级人民政府此前规定的比例执行。"

根据《土地增值税暂行条例实施细则》及上述政策规定，金融机构借款支付的利息达不到据实扣除条件及全部使用自有资金没有利息支出的，按"取得土地使用权所支付的金额"与"房地产开发成本"金额之和的10%以内计算扣除。

各地也是按照上述原则制定具体政策的，例如，《国家税务总局海南省税务局土地增值税清算审核管理办法》第十九条第（二）项、《内蒙古自治区土地增值税清算管理办法》第三十四条第（二）项、《厦门市房地产开发项目土地增值税清算管理办法》（国家税务总局厦门市税务局公告2023年第1号发布）第二十五条第（二）项、《安徽省土地增值税清算管理办法》第四十五条第三款、《北京市地方税务局土地增值税清算管理规程》第三十七条第（二）项等均规定，凡不能按转让房地产开发项目计算分摊利息支出或不能提供金融机构证明的，房地产开发费用按"取得土地使用权所支付的金额"与"房地产开发成本"金额之和的10%计算扣除。全部使用自有资金，没有利息支出的，按照本项扣除。

对凭证不齐全、分摊不合理或不能提供金融机构证明的，山西省做了进一步明确。

根据《房地产开发企业土地增值税清算管理办法》(山西省地方税务局公告2014年第3号发布)第十九条第（六）项规定，财务费用中的利息支出凡能够按转让房地产项目计算分摊并提供金融机构证明的，允许据实扣除；若发现有凭证不齐全、分摊不合理或不能提供金融机构证明的，则一律按"取得土地使用权所支付金额"与"房地产开发成本"金额之和的5%予以扣除。

问题 4-1-49

超过上浮幅度及超过贷款期限的利息部分、加罚的利息等是否可以扣除？

答：《财政部 国家税务总局关于土地增值税一些具体问题规定的通知》(财税字〔1995〕48号)第八条规定："以下利息支出不得扣除：

1.利息的上浮幅度按国家的有关规定执行，超过上浮幅度的部分不允许扣除；

2.对于超过贷款期限的利息部分和加罚的利息不允许扣除。"

除上述政策规定之外，对于纳税人向金融机构支付的其他费用也不得作为利息支出扣除。各地具体规定举例如下：

1. 海南省规定

《国家税务总局海南省税务局土地增值税清算审核管理办法》(国家税务总局海南省税务局公告2023年第2号发布)第十九条第（四）项规定："纳税人向金融机构支付的非利息支出以及因逾期还款，金融机构收取的超过贷款期限的利息、罚息等款项，不得作为利息支出扣除。"

2. 内蒙古自治区规定

《内蒙古自治区土地增值税清算管理办法》(国家税务总局内蒙古自治区税务局公告2023年第7号)第三十四条第（四）项规定，"纳税人向金融机构支付的咨询费等非利息支出以及超过贷款期限的利息部分和罚息不予扣除"。

3. 厦门市规定

《厦门市房地产开发项目土地增值税清算管理办法》(国家税务总局厦门市税务局公告2023年第1号发布)第二十五条第（一）项第四款规定："纳税人向金融机构支付的咨询费等非利息性质的款项，不得作为利息支出扣除。"

4. 安徽省规定

《安徽省土地增值税清算管理办法》(国家税务总局安徽省税务局公告2018年第21号修改)第四十五条第六款规定："纳税人向金融机构支付的咨询费等非利息性质的款项，不得作为利息支出扣除。"

5. 北京市规定

《北京市地方税务局土地增值税清算管理规程》（北京市地方税务局公告2016年第7号发布）第三十七条第（六）项规定："纳税人向金融机构支付的财务咨询费等非利息性质的款项，不得作为利息支出扣除。"

该条第（七）项规定："纳税人向金融机构借款，因逾期还款，金融机构收取的超过贷款期限的利息、罚息等款项，不得作为利息支出扣除。"

6. 广西壮族自治区规定

《广西壮族自治区房地产开发项目土地增值税管理办法（试行）》（广西壮族自治区地方税务局公告2018年第1号发布）第四十三条第（六）项规定："纳税人向金融机构借款，支付的筹资顾问费、咨询费，因逾期还款，金融机构收取的超过贷款期限的利息、罚息等款项，不得作为利息支出扣除。"

问题 4-1-50

企业既向金融机构借款，又有其他借款的，利息如何扣除？

答：《国家税务总局关于土地增值税清算有关问题的通知》（国税函〔2010〕220号）第三条第（三）项规定："房地产开发企业既向金融机构借款，又有其他借款的，其房地产开发费用计算扣除时不能同时适用本条（一）、（二）项所述两种办法。"即5%与10%两项"打包"扣除政策。

根据上述政策规定，房地产开发企业既向金融机构借款，又有其他借款的，其他借款支付的利息属于"其他房地产开发费用"。房地产开发费用在计算扣除时不能同时适用10%与5%扣除计算方法。各地也是按照上述原则制定具体政策规定的，例如，《国家税务总局海南省税务局土地增值税清算审核管理办法》（国家税务总局海南省税务局公告2023年第2号发布）第十九条第（三）项、《内蒙古自治区土地增值税清算管理办法》（国家税务总局内蒙古自治区税务局公告2023年第7号发布）第三十四条第（三）项、《安徽省土地增值税清算管理办法》（国家税务总局安徽省税务局公告2018年第21号修改）第四十五条第四款、《北京市地方税务局土地增值税清算管理规程》（北京市地方税务局公告2016年第7号发布）第三十七条第（三）项等均规定，纳税人既向金融机构借款，又有其他借款的，其房地产开发费用计算扣除时不能同时适用对应条款所述两种办法，即5%与10%两项"打包"扣除政策。

问题 4-1-51

如何对清算项目利息支出进行分配计算？

答：开发项目的利息支出包括金融机构借款利息支出、其他借款利息支出，也包括具有利息性质的其他费用支出。一般情况下，金融机构贷款（合同）均有明确的开发项目，即专项贷款。在项目运行过程中，有时也会发生共同利息支出的分配问题。其处理的基本政策依据与土地成本、开发成本一致，包括《土地增值税暂行条例实施细则》第九条、《国家税务总局关于房地产开发企业土地增值税清算管理有关问题的通知》（国税发〔2006〕187号）第四条第（五）项及《土地增值税清算管理规程》（国税发〔2009〕91号文件印发）第二十一条等规定。

目前，税务机关对利息支出的分配的具体规定或掌握尺度可分为以下四种：

第一种：按照合同（专项贷款）确定的项目（成本对象）归集利息支出。项目完成后继续支付的利息，应计入当期费用。项目完成后，贷款转入其他项目继续使用的，则转入其他项目后发生的利息支出应计入其他相应的项目。

第二种：在不同清算项目中不能直接归集的利息支出，需要在不同清算项目之间进行分配。一般是按照清算项目建筑面积占总建筑面积的比例分配。

第三种：利息支出需要在同一个清算单位（项目）不同性质物业之间分配，按照不同性质物业的建筑面积占总建筑面积的比例分配。

第四种：在确定已售面积扣除成本时，其利息按照各个不同类型的房屋可售建筑面积占可售总建筑面积的比例或其他合理的方法分配。

上述分配方法是实务中常用的分配方法，在实务中，利息的分摊与其他共同成本的分摊基本一致。例如，《安徽省土地增值税清算管理办法》（国家税务总局安徽省税务局公告2018年第21号修改）第四十五条第七款规定："纳税人同时开发多个项目、分期开发项目、或者同一项目中建造不同类型房地产需要分摊共同的成本费用的，其扣除项目中利息支出的计算方法应保持一致"。

又如，《西安市地方税务局关于明确土地增值税若干政策问题的通知》（西地税发〔2010〕235号）第十九条规定："同时开发多个房地产项目共同发生的管理费用、财务费用、销售费用暂按以下原则处理：

1.同时开发多个项目共同发生的财务费用，企业必须按照资金用途、资金流向等明确证据在开发项目间按项目进行准确归集，核算清楚；

2.同时开发多个房地产项目共同发生的管理费用和销售费用，应明确核算，准确分摊，对不能准确、合理分摊的，应按清算项目建筑面积占多个项目总建筑面积的比例计算确定。"

问题 4-1-52

在房地产开发项目以外单独建造的样板房、售楼部的费用如何处理？

答：《土地增值税暂行条例实施细则》第七条第（三）项规定："开发土地和新建房及配套设施的费用（以下简称房地产开发费用），是指与房地产开发项目有关的销售费用、管理费用、财务费用。"

对于房地产开发企业利用项目作为样板房、售楼部的，其正常的开发成本可以扣除；对于企业在开发项目以外单独建造的样板房、售楼部的成本费用，应按照销售费用进行处理，不得计入房地产开发成本。各地具体规定举例如下：

1. 海南省规定

《国家税务总局海南省税务局土地增值税清算审核管理办法》（国家税务总局海南省税务局公告 2023 年第 2 号发布）第十六条第（二）项规定："清算项目以外单独建造的样板房、售楼部，其建造费、装修费等不得计入房地产开发成本。在清算项目内装修样板房并转让，且房地产转让合同明确约定装修费包含在房价中的，样板房装修费允许扣除。"

2. 内蒙古自治区规定

《内蒙古自治区土地增值税清算管理办法》（国家税务总局内蒙古自治区税务局公告 2023 年第 7 号发布）第三十三条第（三）项第 3 点规定："纳税人建造售楼部、样板房等营销设施发生的设计、建造、装修等费用，在规划面积外建造的，不得计入房地产开发成本。"

3. 厦门市规定

《厦门市房地产开发项目土地增值税清算管理办法》（国家税务总局厦门市税务局公告 2023 年第 1 号发布）第二十四条第（二）项规定："纳税人于所开发房地产以外单独建造样板房或售楼处的，其建造成本和装修费用，不计入房地产开发成本。"

4. 贵州省规定

《贵州省土地增值税清算管理办法》（国家税务总局贵州省税务局公告 2022 年第 12 号发布）第五十条规定："房地产开发企业实际发生的营销设施建造费，按下列原则进行处理：

（一）房地产开发企业在清算单位内单独修建临时性建筑物作为售楼部、样板房等营销设施且不能转让的，其发生的设计、建造、装修等费用计入销售费用，按房地产开发费用的有关规定进行扣除。

（二）房地产开发企业在清算单位内单独修建并可以转让的售楼部等营销设施，其发生的设计、建造、装修等费用，计入建筑安装工程费进行扣除。

（三）房地产开发企业采取经营租赁方式租入房地产开发项目以外的其他建筑物装修后作为清算项目的售楼部、样板房、展厅等营销设施的，土地增值税清算时，已实际支付的租金和装修费用计入销售费用，按房地产开发费用的有关规定进行扣除。

（四）房地产开发企业将房地产开发项目中的公共配套设施装修后作为售楼部、样板房等营销设施的，其装修费用应当计入销售费用，按房地产开发费用的有关规定进行扣除。"

5. 安徽省规定

《安徽省土地增值税清算管理办法》（国家税务总局安徽省税务局公告2018年第21号修改）第四十二条规定："纳税人在房地产开发项目以外单独建造的样板房、售楼部，其建造费用、装修费用不得计入房地产开发成本。"

6. 江西省规定

《国家税务总局江西省税务局关于土地增值税若干征管问题的公告》（国家税务总局江西省税务局公告2018年第16号）第四十一条规定："纳税人修建的售楼部、样板房等营销设施，按以下方法处理：

（一）纳税人在主体内修建售楼部、样板房的，其发生的设计、建造、装修等费用，建成后有偿转让，且《房地产买卖合同》明确约定装修价值体现在转让价款中的，应计算收入并准予在房地产开发成本中扣除。售楼部、样板房内电视机、冰箱等可移动资产的购置性支出不得在房地产开发成本中列支。

（二）纳税人在主体外修建建筑物作为售楼部、样板房的，其发生的设计、建造、装修等费用，不得计入房地产开发成本。"

7. 北京市规定

《北京市地方税务局土地增值税清算管理规程》（北京市地方税务局公告2016年第7号发布）第三十三条第（五）项第3点规定："纳税人在清算单位以外单独建造样板房的，其建造费用、装修费用不得计入房地产开发成本。"

8. 山西省规定

根据《房地产开发企业土地增值税清算管理办法》（山西省地方税务局公告2014年第3号发布）第十九条第（三）项第3点的规定，售楼处、样板房的装修费用不允许作为开发成本扣除。房地产开发企业销售已装修的房屋，其装修费用可以计入房地产开发成本。

9. 广州市规定

《广州市地方税务局关于印发土地增值税清算工作若干问题处理指引〔2012年修订版〕的通知》（穗地税函〔2012〕198号）第十二条第（一）项规定："房地产开发企业将样板房独立于转让房地产以外单独建造的，其装修费用计入房地产开发费用；

对在转让房地产内既作样板房又作为开发产品对外转让的,其样板房装修费用作为房地产开发成本的建筑安装工程费计算扣除。"

4.1.5 与转让房地产有关的税金

问题 4-1-53

与转让房地产有关的税金是否包括增值税?

答:《土地增值税暂行条例实施细则》第七条第(五)项规定:"与转让房地产有关的税金,是指在转让房地产时缴纳的营业税、城市维护建设税、印花税。因转让房地产交纳的教育费附加,也可视同税金予以扣除。"

营改增后,《财政部 国家税务总局关于营改增后契税 房产税 土地增值税 个人所得税计税依据问题的通知》(财税〔2016〕43号)第三条规定:"土地增值税纳税人转让房地产取得的收入为不含增值税收入。"

《国家税务总局关于营改增后土地增值税若干征管规定的公告》(国家税务总局公告2016年第70号)第二条第(一)项规定:"营改增后,计算土地增值税增值额的扣除项目中'与转让房地产有关的税金'不包括增值税。"

根据上述政策规定,营改增后,因为增值税是价外税,所以"与转让房地产有关的税金"不包括增值税。

问题 4-1-54

扣除项目中允许扣除的印花税包括哪些范围?

答:《财政部 国家税务总局关于土地增值税一些具体问题规定的通知》(财税字〔1995〕48号)第九条规定:"细则中规定允许扣除的印花税,是指在转让房地产时缴纳的印花税。房地产开发企业按照《施工、房地产开发企业财务制度》的有关规定,其缴纳的印花税列入管理费用,已相应予以扣除。其他的土地增值税纳税义务人在计算土地增值税时允许扣除在转让时缴纳的印花税。"

房地产开发企业在转让房地产时缴纳的印花税是根据《中华人民共和国印花税法》所附《印花税税目税率表》,依据"产权转移书据"税目缴纳的印花税(按所载金额万分之五计算),在缴纳时记入了"管理费用"科目,管理费用则归集到房地产开发费用项目计算抵扣金额。

2016年以后，《增值税会计处理规定》（财会〔2016〕22号文件印发）第二条第（二）项第3点第二款规定："全面试行营业税改征增值税后，'营业税金及附加'科目名称调整为'税金及附加'科目，该科目核算企业经营活动发生的消费税、城市维护建设税、资源税、教育费附加及房产税、土地使用税、车船税、印花税等相关税费；利润表中的'营业税金及附加'项目调整为'税金及附加'项目。"

对于土地增值税项目清算中的印花税问题，《土地增值税暂行条例实施细则》第七条第（五）项规定，"与转让房地产有关的税金，是指在转让房地产时缴纳的营业税、城市维护建设税、印花税。因转让房地产交纳的教育费附加，也可视同税金予以扣除"。实操中，对于土地出让合同、销售收入（合同）等缴纳的印花税，在会计核算上已记入"税金及附加"科目核算。

关于在实操中如何处理印花税有两种口径。一种处理口径是对开发项目缴纳的印花税在土地增值税清算中作为管理费用扣除，即归为"打包"5%扣除。其依据主要是财税字〔1995〕48号文件第九条的规定。同时，营改增后2016年新修订的《土地增值税纳税申报表》（从事房地产开发的纳税人清算适用）中"与转让房地产有关的税金等"仅列示有营业税、城市维护建设税、教育费附加，而印花税不在其中。

另一种处理口径是转让开发产品缴纳的印花税可以在土地增值税清算中作为与转让房地产有关的税金扣除。有的地区在实操掌握上的主要依据是财会〔2016〕22号文件第二条第（二）项第3点第二款的规定，即印花税记入"税金及附加"科目，且财税字〔1995〕48号文件第九条规定印花税列入"管理费用"所依据的《施工、房地产开发企业财务制度》已废止。因此，房地产企业在转让房地产时缴纳的印花税，可作为"与转让房地产有关的税金"扣除。

问题4-1-55

不允许在销项税额中计算抵扣的进项税额是否可以扣除？

答：《土地增值税暂行条例》等规定的土地增值税扣除项目涉及的增值税进项税额，允许在销项税额中计算抵扣的，不计入扣除项目；不允许在销项税额中计算抵扣的，可以计入扣除项目。

《国家税务总局关于营改增后土地增值税若干征管规定的公告》（国家税务总局公告2016年第70号）第二条第（一）项规定："营改增后，计算土地增值税增值额的扣除项目中'与转让房地产有关的税金'不包括增值税。"

《财政部 国家税务总局关于营改增后契税 房产税 土地增值税 个人所得税计税

依据问题的通知》(财税〔2016〕43号)第三条第二款规定:"《中华人民共和国土地增值税暂行条例》等规定的土地增值税扣除项目涉及的增值税进项税额,允许在销项税额中计算抵扣的,不计入扣除项目,不允许在销项税额中计算抵扣的,可以计入扣除项目。"

根据上述政策规定,营改增后,"与转让房地产有关的税金"不包括增值税,但是不允许在销项税额中计算抵扣的进项税额,可以计入扣除项目。例如,《安徽省土地增值税清算管理办法》(国家税务总局安徽省税务局公告2018年第21号修改)第四十三条、《广西壮族自治区房地产开发项目土地增值税管理办法(试行)》(广西壮族自治区地方税务局公告2018年第1号发布)第四十条第(九)项等明确,《土地增值税暂行条例》等规定的土地增值税扣除项目涉及的增值税进项税额,允许在销项税额中计算抵扣的,不计入扣除项目,不允许在销项税额中计算抵扣的,可以计入扣除项目。

问题 4-1-56

营改增后,与转让房地产有关的税金如何扣除?

答:《国家税务总局关于营改增后土地增值税若干征管规定的公告》(国家税务总局公告2016年第70号)第三条第(二)项规定:"营改增后,房地产开发企业实际缴纳的城市维护建设税(以下简称'城建税')、教育费附加,凡能够按清算项目准确计算的,允许据实扣除。凡不能按清算项目准确计算的,则按该清算项目预缴增值税时实际缴纳的城建税、教育费附加扣除。

其他转让房地产行为的城建税、教育费附加扣除比照上述规定执行。"

在土地增值税清算时,与转让房地产有关的税金应按照不同的清算项目分别归集,如果不同项目在销售(同时)及预缴增值税时,没有区分,也就是不能按清算项目准确计算的,则按该清算项目预缴增值税时实际缴纳的城市维护建设税、教育费附加扣除。实操中,为减少税企争议,有的省份规定了简化操作方式。例如,《国家税务总局海南省税务局土地增值税清算审核管理办法》(国家税务总局海南省税务局公告2023年第2号发布)第二十条第一款规定:"纳税人应缴纳的营业税、城市维护建设税、教育费附加、地方教育附加,允许据实扣除。营改增后,纳税人应缴纳的城市维护建设税、教育费附加、地方教育附加,涉及多个开发项目应分摊的,按各项目不含增值税收入的占比计算分摊。"

对于跨越营改增时点土地增值税清算与转让房地产有关的税金计算,国家税务总局公告2016年第70号第四条第(二)项规定,房地产开发企业在营改增后进行房地产开发项目土地增值税清算时,"与转让房地产有关的税金=营改增前实际缴纳的营业税、城建税、教育费附加+营改增后允许扣除的城建税、教育费附加"。

问题 4-1-57

企业缴纳的环境保护税是否可以扣除?

答:《中华人民共和国环境保护税法》第二条规定:"在中华人民共和国领域和中华人民共和国管辖的其他海域,直接向环境排放应税污染物的企业事业单位和其他生产经营者为环境保护税的纳税人,应当依照本法规定缴纳环境保护税。"

根据上述税法规定,直接向环境排放应税污染物的企业事业单位和其他生产经营者为环境保护税的纳税人。对于"施工扬尘"情形,由于涉及施工单位与建设单位,如何确定纳税人,各地掌握的尺度有差异,主要有如下两类:

一是以施工方为纳税人。目前大部省市以施工方(直接排放)为纳税人,如果施工企业缴纳了环境保护税,则从工程概算(甲方)、核算等多方角度出发,相应税款会通过工程价款转嫁到甲方(建设方)。

二是以建设方为纳税人。例如《江苏省税务局 江苏省生态环境厅关于部分行业环境保护税应纳税额计算方法的公告》(国家税务总局江苏省税务局公告2018年第21号)附件3之备注1第三款规定:"各类建设工程的建设方(含代建方)应当承担施工扬尘的污染防治责任,将扬尘污染防治费用纳入工程概算,对施工过程中无组织排放应税大气污染物的,应当计算应税污染物排放量,按照相关规定向施工工地所在地主管税务机关缴纳环境保护税。"

又如,《国家税务总局北京市税务局 北京市环境保护局 北京市住房和城乡建设委员会 北京市城市管理综合行政执法局关于建设施工工地扬尘征收环境保护税有关事项的通知》(京税函〔2018〕4号)第一条规定:"本市行政区域内的建设工程施工扬尘应缴纳的环境保护税由建设单位(含代建方)向建设项目所在地主管税务机关申报缴纳。

土地一级开发阶段的建筑工地拆迁项目,由工程所在区土地储备管理中心作为纳税人,申报缴纳环境保护税。"

如果是建设单位缴纳环境保护税,根据《土地增值税暂行条例实施细则》第七条第(五)项的规定,"与转让房地产有关的税金,是指在转让房地产时缴纳的营业税、城市维护建设税、印花税。因转让房地产交纳的教育费附加,也可视同税金予以扣除",因环境保护税不属于转让房地产时缴纳的税收,因此不能扣除。

4.1.6　其他扣除项目

问题 4-1-58

取得土地使用权所支付的金额与房地产开发成本之和加计扣除如何计算？

答：《土地增值税暂行条例实施细则》第七条第（六）项规定："根据条例第六条（五）项规定，对从事房地产开发的纳税人可按本条（一）、（二）项规定计算的金额之和，加计百分之二十的扣除。"

根据上述政策规定，《土地增值税暂行条例》第六条第（五）项规定的"财政部规定的其他扣除项目"不是归集的开发成本、费用，而是按取得土地使用权所支付的金额与房地产开发成本之和加计20%的扣除。该项政策主要针对的是新建房项目。

问题 4-1-59

政府要求房地产开发企业代收的费用（政府性基金和行政事业性收费）如何扣除？

答：对于政府性基金和行政事业性收费，在会计处理上应根据支出的性质处理，属于直接涉及开发行为的计入开发成本或开发费用，属于非开发行为的则计入开发费用。《财政部　国家税务总局关于土地增值税一些具体问题规定的通知》（财税字〔1995〕48号）第六条规定："对于县级及县级以上人民政府要求房地产开发企业在售房时代收的各项费用，如果代收费用是计入房价中向购买方一并收取的，可作为转让房地产所取得的收入计税；如果代收费用未计入房价中，而是在房价之外单独收取的，可以不作为转让房地产的收入。对于代收费用作为转让收入计税的，在计算扣除项目金额时，可予以扣除，但不允许作为加计20%扣除的基数；对于代收费用未作为转让房地产的收入计税的，在计算增值额时不允许扣除代收费用。"

根据上述政策规定，代收费用计入房价作为转让收入计税的，在计算扣除项目金额时，可予以扣除，但不允许作为加计20%扣除的基数。例如，《北京市地方税务局土地增值税清算管理规程》（北京市地方税务局公告2016年第7号发布）第三十八条规定："对于县级及县级以上人民政府要求纳税人在售房时代收的各项费用，如果计入房价中向购买方一并收取的，可作为转让房地产所取得的收入计税；如果代收费用是在房价之外单独收取的，可以不作为转让房地产的收入。对于代收费用作为转让收入计税的，在计算扣除项目金额时，可予以扣除，但不允许作为加计20%扣除的基数；对于代收费用未作为转让房地产的收入计税的，在计算扣除项目金额时不允许扣除代收费用。"

又如，《江苏省地方税务局关于土地增值税有关业务问题的公告》（苏地税规〔2012〕1号）第五条第（五）项第2点规定："政府性基金和行政事业性收费按照以下原则处理：

（1）企业建造房屋建筑物时特有的费用和基金，按其是否与开发建造活动相关的原则进行划分。凡与开发活动直接相关，且可直接计入或分配计入开发对象的，允许计入开发成本；反之，则应计入开发费用。对企业非建造房屋建筑物时特有的费用和基金，应计入开发费用。

（2）允许计入开发成本的费用、基金，如果是在开发项目竣工验收之后发生的，则也应计入开发费用。"

江苏省还对各项行政事业性收费和政府性基金的处理方式进行了明确。根据《江苏省财政厅 江苏省地方税务局关于明确土地增值税清算过程中行政事业性收费和政府性基金归集方向的通知》（苏地税函〔2011〕81号）的规定，"行政事业性收费中的白蚁防治费为代收费用"，其他按现行政策规定的各项收费的归集方向见表4-1。

表4-1 江苏省行政事业性收费和政府性基金在土地增值税清算时的归集方向一览表

序号	费用名称	收费标准	费用类别	使用票据	归集方向	备注
1	土地登记费	企业土地使用面积在1 000平方米（含1 000平方米）以下每宗地收110元，每超过500平方米以内加收40元，最高不超过4万元	行政事业性收费	财政票据	取得土地使用权所支付的金额	
2	土地复垦费	2 000元/亩	行政事业性收费	财政票据	房地产开发成本（退还的不得扣除）	复垦后，退还土地复垦费
3	农业重点开发建设资金	苏南2 400元/亩；苏中2 000元/亩；苏北1 600元/亩	政府性基金	财政票据	房地产开发成本	
4	新菜地开发建设资金	教师建房和拆迁复建房0.5万元/亩，商品房建设1万元/亩（征用重点保护区域办蔬菜基地加倍）	政府性基金	财政票据	房地产开发成本	

续表

序号	费用名称	收费标准	费用类别	使用票据	归集方向	备注
5	土地闲置费	按划拨或出让土地价款的20%收取	行政事业性收费	财政票据	不得扣除	
6	城市基础设施配套费	县城75元/平方米,中等城市90元/平方米,大城市105元/平方米,南京市150元/平方米;在建制镇规划区内进行各类工程建设的单位和沿街建筑的个人,20~50元/平方米,对农民在建制镇规划区范围内建住房免收	政府性基金	财政票据	房地产开发成本	
7	墙体材料专项基金	按10元/平方米预收,视新型墙材使用情况,按比例退还。不便计算建筑面积的按预计用砖量缴纳,标准为0.05元/块	政府性基金	财政票据	房地产开发成本	
8	人防易地建设费	2 400~2 800元/平方米	行政事业性收费	财政票据	房地产开发成本	
9	人防建设经费	上年末职工在册人数每人每年缴纳13~15元	行政事业性收费	财政票据	房地产开发费用	
10	城市道路占用挖掘费	建设性占道一个月内0.2~0.3元/日,超过一个月可以逐步提高收费标准,但最高不超过100%	行政事业性收费	财政票据	房地产开发成本	
11	白蚁防治费	新建房屋按建筑面积收费,七层以下(含七层)2.3元/平方米,八层以上0.70元/平方米	行政事业性收费	财政票据	房地产开发成本(代收费用)	
12	环境监测专业服务费	按苏价费〔2006〕397号、苏财综〔2006〕80号文件规定执行	行政事业性收费	财政票据	房地产开发成本	
13	门(楼)牌费	3~180元/块	行政事业性收费	财政票据	房地产开发成本	
14	地方教育附加	增值税、消费税、营业税税额的2%	政府性基金	财政票据	与转让房地产有关的税金	2011年2月1日之前为1%

续表

序号	费用名称	收费标准	费用类别	使用票据	归集方向	备注
15	建筑工程、市政工程抗震设计审查费	按建筑工程、市政工程施工图设计审查收费标准的1.1~1.3倍抗震调整系数收取	行政事业性收费	财政票据	房地产开发成本	
16	散装水泥专项资金	每吨2元	政府性基金	财政票据	房地产开发成本（退还的不得扣除）	对按规定使用散装水泥的，应退给企业
17	建筑安全监督管理费	工程造价的0.19%	行政事业性收费	财政票据	房地产开发成本	自苏财综〔2009〕10号文到之日（发文日期为2009年3月19日）起执行

注：1亩≈666.7平方米。

问题4-1-60

企业逾期开发缴纳的土地闲置费等各类罚款、滞纳金等是否可以扣除？

答：土地闲置费是指根据《闲置土地处置办法》（国土资源部令第53号）第十四条的相关规定，对开发企业取得的国有土地使用权，因"未动工开发满一年的"，由市、县国土资源主管部门（现为自然资源主管部门）向国有建设用地使用权人按照土地出让价款的20%征缴的土地闲置费用。该办法同时规定，土地闲置费不得列入生产成本。《国家税务总局关于土地增值税清算有关问题的通知》（国税函〔2010〕220号）第四条规定："房地产开发企业逾期开发缴纳的土地闲置费不得扣除。"

房地产开发企业逾期开发缴纳的土地闲置费具有行政处理的性质，根据上述政策规定，如果土地闲置费计入了土地成本，在清算时要剔除。各地具体规定举例如下：

1. 厦门市规定

根据《厦门市房地产开发项目土地增值税清算管理办法》（国家税务总局厦门市税务局公告2023年第1号发布）第二十三条第（四）项的规定，"纳税人按照土地出让合同约定分期缴纳土地出让金的利息，计入取得土地使用权所支付的金额。纳税人未按土地出让合同约定缴纳土地出让金等原因交纳的违约金、罚款、滞纳金、利息和因逾期开发支付的土地闲置费等款项，不得计入取得土地使用权所支付的金额和房地产开发成本"。

2. 贵州省规定

《贵州省土地增值税清算管理办法》（国家税务总局贵州省税务局公告2022年第12

号发布）第四十五条第（三）项规定："房地产开发企业因逾期开发所缴纳的土地闲置费以及支付的各种罚没性质的罚款、罚金、滞纳金等款项不得扣除。"

3.北京市规定

《北京市地方税务局土地增值税清算管理规程》（北京市地方税务局公告2016年第7号发布）第三十二条第（七）项规定："纳税人支付的罚款、滞纳金、资金占用费、罚息以及与该类款项相关的税金和因逾期开发支付的土地闲置费等罚没性质款项，不允许扣除。"

4.2 清算成本费用扣除鉴证业务

扣除项目的鉴证审核主要是指财税中介机构（税务师事务所）根据土地增值税文件及申报表的规定以及鉴证政策，确定申报填写的扣除项目明细，并在扣除项目明细确定之后对各个扣除项目的金额进行鉴证审核。

问题 4-2-1

清算扣除项目如何分类鉴证审核？

答：根据政策规定，清算扣除项目有六大项，具体内容见《国家税务总局关于修订土地增值税纳税申报表的通知》（税总函〔2016〕309号）所附《土地增值税纳税申报表（二）》（从事房地产开发的纳税人清算适用）（见第1章的附录1-1）的相关项目，即计算土地增值税增值额的扣除项目包括以下支出内容（项目）：

（1）取得土地使用权所支付的金额。
（2）房地产开发成本。
①土地征用及拆迁补偿费；
②前期工程费；
③建筑安装工程费；
④基础设施费；
⑤公共配套设施费；
⑥开发间接费用。
（3）房地产开发费用。
①利息支出；
②其他房地产开发费用。
（4）与转让房地产有关的税金等。
①营业税（营改增后没有该项）；
②城市维护建设税；
③教育费附加。
（5）财政部规定的其他扣除项目。
（6）代收费用。

根据该申报表填表说明的规定，上述每个项目的数据还要按照"普通住宅、非普通住宅、其他类型房地产"分别填写。

上述分类是最终填写申报表的项目分类，在清算实际操作中，为准确计算确定扣除项目金额，需要进行明细分类项目（数据）的鉴证审核，但最终要归集到上述政策规定的扣除项目申报分类当中。

鉴证审核人员在清算鉴证业务中，可以（应）根据清算项目的具体情况，再具体细化项目明细，以准确计算扣除项目金额，这里的"准确"不仅包括公式计算准确，还包括适用政策准确。

在企业的会计核算中，取得土地使用权所支付的金额、房地产开发成本等记载在"开发成本"科目中。鉴证审核人员可以通过该科目提取所有房地产开发成本业务（分录），形成《××项目开发成本核对调整明细表》（见表4-2），然后根据政策规定的审核内容，再拆分出各个明细项目表格，在鉴证审核中依据政策及鉴证规定进行审核调整处理。

表4-2　　　　　　　　　××项目开发成本核对调整明细表

单位：元

成本分项	凭证日期	凭证号	摘要	账面金额	调整金额	调整后金额	调整原因	备注
公共基础	2016年4月	0211	工程款进度款	99 815.42		99 815.42		
公共基础	2016年4月	0223	预估开发成本	1 002 842.28	1 002 842.28	0.00	预估成本	
公共基础	2016年5月	0052	工程进度款	21 250.00		21 250.00		
公共基础	2016年1月	0220	工程款结算款	242 385.38		242 385.38		
后期费用	2015年9月	0458	预估成本	211 661.62	211 661.62	0.00	预估成本	
后期费用	2015年10月	0365	冲减预估成本	−310 661.62	−310 661.62	0.00	预估成本	
后期费用	2016年5月	0049	结算款	16 000.00	16 000.00	0.00	销售费用	
建安成本	2013年9月	0268	资本化利息	65 200.00	65 200.00	0.00	利息	
建安成本	2013年10月	0089	领用混凝土	363 488.00		363 488.00		
建安成本	2013年11月	0136	付挖桩工程款	4 505 397.78		4 505 397.78		
建安成本	2013年11月	0137	领用钢材	1 586 551.85		1 586 551.85		
建安成本	2015年12月	0185	工程款进度款	196 611.25		196 611.25		
建安成本	2015年12月	0397	预估开发成本	478 614.39	478 614.39	0.00	预估成本	
建安成本	2016年1月	0079	冲减多余应付账款	−15.15		−15.15		
前期费用	2013年5月	0051	付前期土方工程款	300 000.00		300 000.00		
前期费用	2013年5月	0074	付审图费	257 848.58		257 848.58		
前期费用	2015年10月	0138	调整燃气入户款	64 000.00		64 000.00		

续表

成本分项	凭证日期	凭证号	摘要	账面金额	调整金额	调整后金额	调整原因	备注
前期费用	2015年10月	0365	冲减预估成本	−985 153.70	−985 153.70	0.00	预估成本	
前期费用	2015年10月	0365	预估成本	3 020 430.05	3 020 430.05	0.00	预估成本	
前期费用	2014年2月	0003	分摊节能评估费	51 396.40		51 396.40		
土地成本	2013年7月	0197	分摊土地成本	139 758 714.40		139 758 714.40		
土地成本	2013年7月	0197	分摊契税	4 122 761.43		4 122 761.43		
土地成本	2013年7月	0197	分摊交易服务费	44 434.90	44 434.90	0.00	管理费用	
土地成本	2013年7月	0197	分摊公证费、印花税等	180 010.49	180 010.49	0.00	管理费用	
土地成本	2014年2月	0002	分摊土地成本	300 016 753.24	474072.32	299 542 680.92	管理费用	

问题 4-2-2

如何对扣除项目金额进行鉴证审核？

答：扣除项目金额是否准确，直接影响税款的正确计算。在扣除项目的鉴证审核中，要明确政策规定的扣除项目，不仅要核实是否是实际发生的成本、费用，还要核实是否取得合规票据。

1. 扣除项目鉴证审核的范围

根据《土地增值税清算鉴证业务准则》（国税发〔2007〕132号文件印发）第二十七条的相关规定，鉴证人审核内容是纳税人申报的扣除项目是否符合《土地增值税暂行条例实施细则》第七条规定的范围。审核的内容具体包括：

（1）取得土地使用权所支付的金额。

（2）房地产开发成本，包括：土地征用及拆迁补偿费、前期工程费、建筑安装工程费、基础设施费、公共配套设施费、开发间接费用。

（3）房地产开发费用。

（4）与转让房地产有关的税金。

（5）国家规定的其他扣除项目。

2. 扣除项目鉴证审核的基本程序和方法

根据《土地增值税清算鉴证业务准则》第二十八条、《土地增值税清算鉴证业务指引（试行）》（中税协发〔2023〕29号文件印发）第四十四条的相关规定，对扣除项目的鉴证，应当采取下列程序和方法：

（1）评价与扣除项目核算相关的内部控制是否存在、有效且一贯遵守；

（2）获取或编制扣除项目明细表，并与会计资料核对；

（3）取得相关合同和项目概（预）算资料，并审核其执行情况和成本、费用支出情况；

（4）实地查看、询问调查和核实，剔除不属于清算项目所发生的开发成本和费用；

（5）必要时，利用专家工作对扣除项目进行审核。

在清算中，鉴证审核人员不管采取何种方式审核扣除项目，都要重点围绕数据的真实性、完整性、逻辑性和合规性进行审核。

3. 扣除项目鉴证审核应当重点关注的事项

根据《土地增值税清算鉴证业务准则》第二十九条、《土地增值税清算鉴证业务指引（试行）》第四十五条的相关规定，鉴证审核人在具体审核中，应当重点关注以下事项：

（1）计算扣除项目金额时，实际发生的支出应当取得但未取得合法凭据的，不得扣除。对于扣除项目能够直接认定的，审核是否取得合法、有效的凭证；对于扣除项目不能直接认定的，审核当期扣除项目分配标准和口径是否一致，是否按照规定合理分摊。

（2）扣除项目金额中所归集的各项成本和费用，必须实际发生。

（3）扣除项目金额应当准确地在各扣除项目中分别归集，不得混淆。

（4）扣除项目金额中所归集的各项成本和费用，必须是在清算项目开发中直接发生的或应当分摊的。

（5）纳税人分期开发项目或者同时开发多个项目的，或者同一项目中建造不同类型房地产的，应按照受益对象，采用合理的分配方法，分摊共同的成本费用。

实操中，在确认扣除项目分摊或分配标准时，要审核确认房地产开发土地面积、建筑面积和可售面积，是否与权属证、房产证、预售证、房屋测绘所测量数据、销售记录、销售合同、有关主管部门的文件等载明的面积数据相一致，并确定各项扣除项目分摊所使用的分配标准。

如果上述性质相同的三类面积所获取的各项证据发生冲突、不能相互印证，税务师事务所应当追加审核程序，并按照外部证据比内部证据更可靠的原则，确认适当的面积。

（6）对同一类事项，应当采取相同的会计政策或处理方法。会计核算与税务处理规定不一致的，以税务处理规定为准。

（7）本次清算扣除项目是否与本次清算收入配比。

问题 4-2-3

扣除项目金额审核中应当取得哪些鉴证材料？

答：鉴证人在清算鉴证业务，对通过不同途径或方法取得的鉴证材料，应当按照执业规范的要求，从证据资格和证明能力两方面进行证据确认，取得与鉴证事项相关的、能够支持清算鉴证报告的鉴证证据。根据《土地增值税清算鉴证业务指引（试行）》（中税协发〔2023〕29号文件印发）第二十五条、第二十六条的相关规定，鉴证人对清算项目扣除项目金额的确认，应当取得下列鉴证材料：

1. 扣除项目事实方面的信息和资料

扣除项目事实方面，包括：成本合同统计表，土地合同、拆迁补偿项目所需的拆迁合同和补偿费签收花名册、工程建造合同、竣工结算报告，公共配套设施建成后产权属于全体业主所有或者建成后无偿移交给政府、公用事业单位用于非营利性社会公共事业的相关证明资料，借款合同及借款利息结算通知单。

2. 扣除项目会计方面的信息和资料

扣除项目会计方面，包括：总分类账、明细分类账、会计凭证以及对财务报表予以调整但未在账簿中反映的其他会计等信息和资料，增值税发票或财政票据、银行结算凭证、缴税付款凭证等信息和资料。

3. 扣除项目税收方面的信息和资料

分期开发项目或者同时开发多个项目的，或者同一项目中建造不同类型房地产的，按照受益对象、分摊共同成本费用的合理分配方法说明。

4. 与土地增值税清算鉴证有关的其他资料

在实务中，鉴证审核人员对扣除项目鉴证材料的审核和获取，最重要的是取得原始凭证（复印件），特别是对于需要依据证明资料才能进入扣除计算的成本、费用，必须查阅原始凭证，同时取得有效的原始凭证复印件（原始资料）。

问题 4-2-4

如何以核查发票的方式审核扣除项目金额？

答：发票审核是清算审核中最繁杂的工作之一。鉴证审核人员在对扣除项目进行审核时，需要从企业会计账套中导出相关科目的明细账（形成电子表格），并逐笔核对会计记录（业务），形成相关的扣除项目调整统计表。鉴证审核人员在对提取数据的整理审核中，需同时整理出各个扣除项目支出时的入账票据（发票），并对票据按政策规定进行审核。一般是在确定"账面成本金额"的基础上，按凭证号逐条核查原始入账凭证（票据），包括核对账载金额对应的发票抬头、发票金额、发票号码、开具发票的单位（全称）、发票开具内容（涉及扣除项目的分项）、发票金额是否实际支付等。审核完成之后，要形成各个扣除项目发票核对的清单表格，作为清算附列资料。

发票审核的具体项目如下（不限于）：

（1）是否取得发票。审核人员在票据审核中，要依据各个明细清单逐笔核对，如果发现账载支出凭证后附原始凭据无对应发票，则需要进一步确定发票是否已开具；如果发票已经开具而未附在该凭证后面，则需查明记入的科目及凭证。如果确定发票还未开具，则一般认定是先预估成本，后续需要进行成本调整。

（2）接受发票的项目名称。审核人员在票据审核中，要依据各个明细清单逐笔核对，如果发现接受发票开具的项目名称不是本清算项目，则需查明情况，进行成本调整，同时提醒企业将非本清算项目的发票记入相关项目。

（3）接受发票的抬头名称。审核人员在票据审核中，要依据各个明细清单逐笔核对，如果发现接受发票的抬头不属于本清算项目的公司，则需要进一步核对；如果属于对方开具失误，需要提请重新开具；如果确实不属于本清算项目公司（即属于企业集团内关联公司项目），则需要进行成本调整，并提醒企业将相关支出及发票归入相关关联公司项目中。

（4）决算金额、发票金额与账载金额。实务中，在工程决算后，企业最后确定的决算金额可能会与发票金额不一致。审核人员在票据审核中，要依据各个明细清单逐笔核对，如果发现决算金额与发票金额有差异，则需要进一步了解差异金额或发票在哪里入账。另需要对决算金额、发票金额与账载金额三者进行比对，分析实际成本发生额（决算金额）、符合列支要求的成本金额（发票金额）、企业已经记载的成本金额（账载金额），通常情况下，以决算金额为基础，结合发票金额确定最终可扣除的成本金额，然后对账载金额进行调整。

（5）接受发票金额是否已付款。审核人员在票据审核中，要依据各个明细清单逐笔核对，如果发现发票对应的金额未实际付款，可以先查明是否属于质保金。如果不属于质保金，则需要进一步核查未付款的原因，核实成本的真实性。如果无确凿充分证据证明未付款成本的真实性，则一般不允许作为扣除项目扣除。

（6）接受发票业务性质。审核人员在票据审核中，要依据各个明细清单逐笔核对，根据接受发票的内容判断其支出业务是否为成本性质，如果不属于成本性质，而是属于费用性质，则应调出成本项目归入相应的费用项目。

（7）接受发票开具时间。审核人员在票据审核中，要依据各个明细清单逐笔核对，根据接受发票开具的时间和内容，判断其支出是否为项目竣工后发生的成本。根据政策规定，如果发票取得时间在项目竣工后，且实际成本也发生在项目竣工后，则不能作为扣除项目进行扣除。但成本发生在竣工之前，发票取得时间在竣工之后的情形除外。

（8）发票备注栏是否按要求填列。审核人员在票据审核中，要依据各个明细清单逐笔核对，判断接受发票的备注栏目是否按要求填列。根据政策规定，营改增后，土地增值税纳税人接受建筑安装服务取得的增值税发票，必须在发票的备注栏注明建筑服务发生地县（市、区）名称及项目名称，否则不得计入扣除项目金额。

在对以上票据内容进行审核时，还涉及对需要核对票据（发票）数量的取舍问题，既可以采取核对全部业务票据的方式，也可以采取只核对某一确定金额（例如5万元）以上的票据的方式，但不能采取随机抽取的方式。具体方式可按照当地税务管理机关的相关规定执行。

不同扣除项目的票据核对完成后，要形成不同的票据核对清单，作为清算附列资料。

问题 4-2-5

如何对取得土地使用权所支付的金额进行鉴证审核？

答：土地使用权支付金额是清算扣除项目中的重要内容。根据《土地增值税纳税申报表（二）》（从事房地产开发的纳税人清算适用）相关项目，在填写扣除项目时，一般将企业支付的"取得土地使用权所支付的金额（行次：6）"再具体分类（项目）为支付土地出让金、支付土地转让金、缴纳相关税费、土地登记费、土地交易费、土地分割费、土地契税及其他相关支出金额等项目。

在鉴证审核时，根据《土地增值税清算鉴证业务准则》（国税发〔2007〕132号文件印发）第三十条及《土地增值税清算鉴证业务指引（试行）》（中税协发〔2023〕29号文件印发）第四十六条的相关规定，对取得土地使用权所支付金额的鉴证，应当重点关注以下事项：

（1）审核土地出让（转让）合同、支付款项的票据、契税完税凭证、土地使用权证、开发项目立项批复、规划申请、报告及图纸、建设用地规划许可证、建设工程规划许可证等资料，确定可以扣除的范围和金额。特别是同一宗土地有多个开发项目的，应注意土地成本是否存在重复扣除以及分摊方法与金额计算是否正确；

（2）是否含有关联方费用；

（3）是否存在将房地产开发费用计入取得土地使用权支付金额的情形；

（4）是否与市场价格存在明显异常；

（5）土地闲置费等不得扣除项目是否已经剔除；

（6）是否获取合法凭证。

鉴证审核人员在对上述内容进行审核时，既要根据取得的会计处理基本资料逐笔核对，进行整理调整，也要查阅核对土地合同、项目规划设计书等资料，同时要重点核对票据的合规性。

在具体审核时，应以国家税务总局及当地税务机关政策规定为主，具体可以《××项目开发成本核对调整明细表》（见表4-2）为基础直接拆分出（或直接制作）《××项目取得土地使用权所支付的金额核对调整明细表》，并按照支付土地出让金、土地转让金，缴纳相关税费、土地登记费、土地交易费、土地分割费、土地契税等项目分类审核统计。

在实操中需要重点注意（强调）的是，对取得土地使用权的各项支出，凡是按规定应该取得发票的，必须取得发票；凡是按规定应该取得财政收据的，必须取得财政收据；对于政策规定应该取得其他支付凭证的，必须按规定取得相应的支出凭证。否则，相应支出不得计入扣除项目金额。

对于科目记载的一些非"取得土地使用权所支付的金额"业务，要查明原因并进行相应的调整，例如记入"开发成本"科目的城镇土地使用税、土地交易公证费、土地资料费等费用，要查明原因并按规定调整到"管理费用"等科目或其他成本项目中。

审核调整后的数据，根据《土地增值税清算管理规程》（国税发〔2009〕91号文件印发）第三条规定及该规程附件2提供的基本表样，填写在《取得土地使用权所支付的金额审核表》（见本章末的附录4-1）中，作为清算附列资料。

问题 4-2-6

如何对政府返还的土地出让金进行审核？

答：对于企业支付的土地出让金，一般情况下以企业实际支付的地价款和按国家统一规定交纳的有关费用为准，对于预提未实际支付及返还的土地出让金，一般不允许计入扣除项目。

目前各地对政府返还的土地出让金的处理掌握尺度有一定差异，特别是营改增后，返还款的处理直接影响增值税的计算。鉴证审核人员的责任是理清清算项目涉及的政府返还土地出让金的业务（资料），再与税务机关的规定比对处理。审核人员可以从以下四个方面进行审核处理：

一是确定返还的实际金额。整理好完整的"取得土地使用权所支付的金额"数据，包括土地出让金及相关税费，证据中所有票据与支付的金额要完全吻合，对于凭证不符合要求的要重新取得，对于还没有实际支付或未取得票据的要及时按规定支付或取得票据。

二是各种性质返还款的确定。整理好地方政府因开发项目给予的各种性质的返还款,包括取得返还款的凭证、原始凭证,其中特别要取得政府给予返还款的批准文件等各种证据材料,以确定政府返还款的目的(性质)。

三是其他各项税收处理。指导企业根据相关会计准则、税收政策等,对政府的各种返还款进行涉税处理,即进行流转税、企业所得税处理。

四是比对当地政策。根据当地税务机关的具体规定,从合理性角度提出处理意见,对于从性质上判断不属于土地出让金减免的返还款,不抵减已经缴纳的土地出让金,即应与计算缴纳契税基数时的土地出让金相一致。

此外,需要注意的是,《国有土地使用权出让收支管理办法》(财综〔2006〕68号文件印发)第十条规定:"任何地区、部门和单位都不得以'招商引资'、'旧城改造'、'国有企业改制'等各种名义减免土地出让收入,实行'零地价',甚至'负地价',或者以土地换项目、先征后返、补贴等形式变相减免土地出让收入;也不得违反规定通过签订协议等方式,将应缴地方国库的土地出让收入,由国有土地使用权受让人直接将征地和拆迁补偿费支付给村集体经济组织或农民等。"在土地增值税项目清算中,应谨慎对待土地出让金返还业务。

问题 4-2-7

如何对土地使用权成本的归集分配进行鉴证审核?

答:在清算中,"取得土地使用权所支付的金额"(本问题中简称土地成本)扣除项目支出,如果属于(或能够直接归属于)某个成本对象,应直接计入某个成本对象。对于无法直接归属于某个成本对象的共同成本,则需要分配计入各个收益的成本对象。

在土地成本归集分配计算之前,鉴证审核人员要根据清算截止日期的基本数据,先确定项目可售面积(已售和未售)、公共配套设施面积、自持自用面积等数据,然后将确定的成本、费用数据按一定的流程进行分配计算,以确定最终可以扣除的项目金额。在计算过程中产生的计算公式等要形成表格及说明,作为清算附列资料报税务机关审核。

土地成本的分配计算流程如下:

(1)确认公共配套设施应承担的金额。即用总成本在可售物业、自持物业与公共配套设施之间分配,分配后确认公共配套设施应承担的金额,相关计算数据要在清算报告中做出说明。

在实操中,很多项目同时存在可售物业、公共配套设施及企业自持自用房屋等,在分配计算中，可以"按转让土地使用权的面积占总面积的比例计算分摊"，也可以"按建筑面积计算分摊"，或"采用税务机关确认的其他方式计算分摊"。

有的地区税务机关对"取得土地使用权所支付的金额"规定有详细的分配计算方法，鉴证审核人员可以直接对照审核，如果当地税务机关没有明确具体分配方法，则需要鉴证审核人员根据清算项目具体情况及总项目规划设计情况去判断，判断的原则主要是受益原则、合理性原则及一贯性原则，并就选择的分配方法（计算公式）、原因等详细资料与当地税务管理机关充分沟通，以确定税务机关认可的方法。一般情况下，在实务中主要选用建筑面积法，但如果各类（个）不同性质物业占地相对独立，则应该选用占地面积法。

（2）确认可售物业与自持房屋面积的总成本金额。即将公共配套设施承担的金额分配到可售物业和自持物业中。分配后得出可售面积与自持房屋面积的总成本金额，相关计算数据要在清算报告中做出说明。

在实操中，很多项目中的可售物业都有多种类型，其土地使用权成本基本分配方法有两种，即占地面积法和建筑面积法，一般情况下，以建筑面积法分配为主。鉴证审核人员应以当地税务机关征管规定为主进行审核，同时，根据具体情况，提出合理的分摊方式并与税务管理机关沟通确定。

（3）确认可售物业中不同类型业态的成本金额。即在土地增值税申报表确定的普通住宅、非普通住宅、其他类型房地产三种业态之间进行分配，最终确认三种业态各自的成本扣除金额，相关计算数据要在清算报告中做出说明。

普通住宅、非普通住宅、其他类型房地产是按照不同房屋标准，即面积、价格等确定的分类，不直接涉及成本分摊业务。

（4）确认不同类型业态房屋已售面积成本。即分别将不同业态（普通住宅、非普通住宅、其他类型房地产）的成本在已售和未售面积之间进行分配。相关计算数据要在清算报告中做出说明。

实务中，因"取得土地使用权所支付的金额"在已售与未售物业之间的分配计算仅限定在同类型物业，因此一般只能按照建筑面积法计算。

案例4-3

土地成本在不同性质物业之间的分配计算（一般方式）

A公司20××年5月开始对甲项目进行土地增值税清算，其占地面积为12 000平方米，假定土地成本为5 000万元。

1.按照建筑面积法分配。

假定其中可售物业建筑面积31 000平方米、公共配套设施建筑面积3 800平方米、企业自持自用建筑面积5 200平方米，总建筑面积为40 000平方米。则不同性质物业之间应分配成本如下：

（1）在三种不同性质物业之间的分配。

可售物业分配成本：5 000×（31 000÷40 000）=3 875（万元）；

公共配套设施分配成本：5 000×（3 800÷40 000）=475（万元）；

自持自用房屋分配成本：5 000×（5 200÷40 000）=650（万元）。

（2）公共配套设施成本的分配。

公共配套设施成本要在可售物业面积与企业自持自用房屋面积之间进行分配，假定公共配套设施直接成本125万元，与分摊的成本合计为600万元。则公共配套设施成本分配如下：

可售物业应分配的成本：600×（31 000÷36 200）=513.81（万元）；

自持自用房屋应分配的成本：600×（5 200÷36 200）=86.19（万元）。

2. 按照占地面积法分配。

假定其中可售物业占地面积9 000平方米、公共配套设施占地面积1 200平方米、企业自持自用房屋占地面积1 800平方米，总占地面积为12 000平方米。则不同性质物业应分配成本如下：

（1）在三种不同性质物业之间的分配。

可售物业分配成本：5 000×（9 000÷12 000）=3 750（万元）；

公共配套设施分配成本：5 000×（1 200÷12 000）=500（万元）；

自持自用房屋分配成本：5 000×（1 800÷12 000）=750（万元）。

（2）公共配套设施成本的分配。

公共配套设施成本要在可售物业面积与企业自持自用房屋面积之间进行分配，假定公共配套设施直接成本125万元，与分摊的成本合计为625万元。则公共配套设施成本分配如下：

可售物业应分配的成本：625×（9 000÷10 800）=520.83（万元）；

自持自用房屋应分配的成本：625×（1 800÷10 800）=104.17（万元）。

案例4-4

土地成本在不同类型业态房屋之间的分配计算（一般方式）

（接案例4-3）A公司20××年5月开始对甲项目进行土地增值税清算，假定甲项目可售面积土地成本为4 270.83万元（3 750+520.83）。

1. 按照建筑面积法分配。

假定甲项目可售面积31 000平方米，其中普通住宅建筑面积20 000平方米、非普通住宅建筑面积3 000平方米、非住宅面积8 000平方米。则不同类型业态房屋之间应分配成本如下：

普通住宅分配成本：4 270.83×（20 000÷31 000）=2 755.37（万元）；

非普通住宅分配成本：4 270.83×（3 000÷31 000）=413.31（万元）；

非住宅分配成本：4 270.83×（8 000÷31 000）=1 102.15（万元）。

2.按照占地面积法分配。

假定甲项目可售物业占地面积9 000平方米，其中普通住宅占地6 000平方米、非普通住宅占地面积2 000平方米，非住宅占地面积1 000平方米。则不同类型业态房屋之间应分配成本如下：

普通住宅分配成本：4 270.83×（6 000÷9 000）=2 847.22（万元）；

非普通住宅分配成本：4 270.83×（2 000÷9 000）=949.07（万元）；

非住宅分配成本：4 270.83×（1 000÷9 000）=474.54（万元）。

案例4-5

土地成本在已售与未售物业之间的分配计算（一般方式）

（接案例4-4）A公司20××年5月开始对甲项目进行土地增值税清算，假定甲项目中普通住宅已销面积为19 000平方米。则应分配土地成本如下：

已销普通住宅应分配成本：2 847.22×（19 000÷20 000）=2 704.86（万元）。

问题4-2-8

如何对不同清算项目土地成本分配进行鉴证审核？

答：关于取得土地使用权所支付的金额的分配。对于清算项目属于"纳税人成片受让土地使用权后，分期分批开发、转让房地产的"，要对"取得土地使用权所支付的金额"在不同期间或项目之间进行分配。

一般情况下，如果还没有进行总的项目规划，则已经开始的清算项目从逻辑上应按照占地面积法分摊，即"按转让土地使用权的面积占总面积的比例计算分摊"，可以先按照本期全部成本对象占地面积占开发用地总面积的比例进行分配。

关于土地征用及拆迁补偿费的分配。根据政策规定，"土地征用及拆迁补偿费"属于"房地产开发成本"扣除项目中的分项，但由于其支出与"取得土地使用权所支付的金额"扣除项目一样属于同一块地的共同成本，因此在归集、分摊上也基本一致。

案例4-6

不同清算项目之间"取得土地使用权所支付的金额"的分配计算（一般方式）

A公司20××年3月拍得一块土地，面积4.80万平方米，假定"取得土地使用权所支付的金额"为1.95亿元。该块地分四期进行开发，假定第一期项目20××年5月开始清算，其占地面积为1.20万平方米。第二期项目占地1.00万平方米，第三期项目占地0.80万平方米，第四期项目占地1.80万平方米。则各期清算项目按占地面积法分摊土地成本计算如下：

第一期项目分摊：195 000 000×（12 000÷48 000）=4 875（万元）；
第二期项目分摊：195 000 000×（10 000÷48 000）=4 062.50（万元）；
第三期项目分摊：195 000 000×（8 000÷48 000）=3 250（万元）；
第四期项目分摊：195 000 000×（18 000÷48 000）=7 312.50（万元）。

案例4-7

共同成本在不同清算项目之间的分配计算（一般方式）

A房地产开发公司在同一宗地块上有甲、乙两个开发项目，发生共同的"土地征用及拆迁补偿费"1 800万元。其中甲项目建筑面积12 000平方米、乙项目建筑面积18 000平方米，则"土地征用及拆迁补偿费"按建筑面积法分配计算如下：

甲项目分配费用：1 800×（12 000÷30 000）=720（万元）；
乙项目分配费用：1 800×（18 000÷30 000）=1 080（万元）。

问题4-2-9

如何对地下建筑分摊土地成本进行鉴证审核？

答：根据《土地增值税纳税申报表（二）》（从事房地产开发的纳税人清算适用）的相关项目，地下建筑（车库）与商铺、商业用房等应一并归类为"其他类型房产"。

根据目前税收政策，关于地下建筑如何分摊土地成本，国家税务总局没有具体的详细规定，各地在处理方式及掌握尺度上有一定差异，因此鉴证审核人员在审核时，一是要掌握清算项目当地规范的适用方式，二是要理清分摊的具体数据，三是对于掌握口径无法把握的，要归集相关证据资料、数据，提供给当地税务机关。

各地主要具体方式（包括但不限于）如下：

（1）以确权方式判定是否分摊土地成本。根据这一原则，土地成本仅在能够办理权属登记手续的建筑物及其附着物之间进行分摊。因此在审核时，要归集地下建筑确权的资料作为报审附列资料，对于地下建筑可以确权但还没有办理手续的，应督促企业尽快办理。

（2）以计容方式判定是否分摊土地成本。根据这一原则，对国有土地使用权出让合同明确约定地下部分不缴纳土地出让金，或地上部分与地下部分分别缴纳土地出让金的，土地出让金可直接归集到对应的受益对象（地上部分或地下部分）。在审核时，应取得国有土地使用权出让合同或相应资料作为报审附列资料，以证明土地出让金的归属对象。

对于开发项目在取得土地使用权时，申报建设规划中含有地下建筑，且将地下建筑纳入项目容积率的计算范畴并列入产权销售的，其地下建筑物可以分摊项目对应的土地成本。在审核时，应取得建设规划、地下土地使用证以及车库销售许可证等资料作为报审附列资料。其他不纳入项目容积率计算范畴或不能提供与取得项目土地使用权有关联证明的地下建筑物，不得进行土地成本分摊。

（3）地下建筑直接承担土地出让金。对合同、文件直接列明地下建筑交纳土地出让金的，在审核时，要根据相关合同、文件列明的金额、面积计算归属的土地出让金数额，并将相关合同、文件作为报审附列资料。

问题 4-2-10

如何对开发成本进行鉴证审核？

答：房地产开发成本是清算扣除项目中最重要的成本，在企业的会计核算中，房地产开发成本（包括土地成本）在"开发成本"科目的各个明细科目中核算。《土地增值税纳税申报表（二）》（从事房地产开发的纳税人清算适用）中的"房地产开发成本"项目，不包括"取得土地使用权所支付的金额"以及"支付的利息"。

鉴证审核人员在审核时，可以《××项目开发成本核对调整明细表》（见前面的表4-2）为基础直接拆分成审核需要的各个明细项目调整明细表。

需要注意的是，审核人员在提取"开发成本"项目数据时，可以按项目涉及的各年度科目余额表中"开发成本"科目的发生额进行累计统计。一般情况下，其统计的数据为项目开发期间"开发成本"科目借方历年实际发生额，但在项目开发的会计核算期间，其核算数据有可能会因为各成本对象之间的成本重新分摊或其他原因导致发生额记在了贷方，当发现贷方累计金额与历年结转至"开发产品"科目的金额不一致时，就需要对贷方金额进行分析及调整，最终将"开发成本"科目的累计金额全部还原为实际发生的成本，即不含因各种原因调整而虚增虚减的金额，从而形成完整准确的《××项目开发成本核对调整明细表》和各明细项目审核表。

在审核中要注意，对于一些不属于"房地产开发成本"性质的支出，例如记入

"开发成本"科目的售楼处费用、房屋验收费用、保洁费用、物业费用、关联企业费用、非金融机构融资费用及各类预估成本等，要查明原因（业务性质）并按规定调整到"销售费用""管理费用""财务费用"等期间费用或其他成本扣除项目中。

问题 4-2-11

如何对土地征用及拆迁补偿费进行鉴证审核？

答：由《土地增值税纳税申报表（二）》（从事房地产开发的纳税人清算适用）规定的相关项目可知，"土地征用及拆迁补偿费（行次：8）"属于"房地产开发成本（行次：7）"的分项。在清算中，应将企业支付的"土地征用及拆迁补偿费"金额再具体分类（项目）为土地征用费、耕地占用税、劳动力安置费、安置动迁用房支出、拆迁补偿净支出等项目。

土地征用及拆迁补偿费是房地产开发成本的重要组成部分，由于其支出的性质与一般经济交易不同，在审核时要注重支出的真实性、票据合规（逻辑）性审核。根据《土地增值税清算鉴证业务准则》（国税发〔2007〕132号文件印发）第三十一条、《土地增值税清算鉴证业务指引（试行）》（中税协发〔2023〕29号文件印发）第四十七条的相关规定，鉴证审核人员在审核土地征用及拆迁补偿费时，应当重点关注以下事项：

（1）征地费用、拆迁费用等实际支出金额与概（预）算是否存在明显差异；

（2）审核支付给个人的拆迁补偿款所需的拆迁（回迁）合同和签收花名册，并与相关账目核对；

（3）由政府或者他人承担已征用和拆迁好的土地等相关扣除项目是否符合税法规定；

（4）是否获取合法有效凭证；

（5）拆迁补偿费是否实际发生。

在具体审核时，可以《××项目开发成本核对调整明细表》（见前面的表4-2）为基础，拆分出《××项目土地征用及拆迁补偿费核对调整明细表》，并按照土地征用费、耕地占用税、劳动力安置费、安置动迁用房支出、拆迁补偿净支出等项目进行分类统计审核。

在审核中需要注意，对土地征用及拆迁补偿费的各项支出，要按政策规定取得应该取得的各类票据，对于只能获取个人签字事项的（例如对个人房屋的拆迁），必须获取当事人的签字凭证及其他相关凭证。对于科目记载的一些非"土地征用及拆迁补偿费"业务，包括入账原始凭证不符合要求的支出等，要查明原因并进行相应调整，使进入扣除项目计算的数据完整、真实、准确。

审核调整后的数据，根据《土地增值税清算管理规程》（国税发〔2009〕91号文件印发）第三条规定及该规程附件2提供的基本表样，填写在《土地征用及拆迁补偿费审核表》（见本章末的附录4-2）中，作为清算附列资料。

问题 4-2-12

如何对前期工程费进行鉴证审核？

答：由《土地增值税纳税申报表（二）》（从事房地产开发的纳税人清算适用）相关项目可知，"前期工程费（行次：9）"属于"房地产开发成本（行次：7）"的分项。在清算中，一般将企业支付的"前期工程费"金额再具体分类为规划费用、设计费用、项目可行性研究费用、水文费用、地质费用、勘探费用、测绘费用、"三通一平"支出等项目。

根据《土地增值税清算鉴证业务准则》（国税发〔2007〕132号文件印发）第三十二条、《土地增值税清算鉴证业务指引（试行）》（中税协发〔2023〕29号文件印发）第四十八条的相关规定，鉴证审核人员在对前期工程费进行审核时，应当重点关注以下事项（不限于）：

（1）实际支出额与概预算是否存在明显异常，核查判断是否存在虚列情形；

（2）是否将房地产开发费用计入前期工程费、基础设施费；

（3）多个（或分期）项目共同发生的前期工程费、基础设施费，是否按项目合理分摊；

（4）是否获取合法有效凭证。

在对上述内容进行审核时，鉴证审核人员既要根据取得的会计处理基本资料逐笔核对，进行整理调整，也要找出完工决算成本与工程概预算成本出现差异的原因，同时核对关联方建筑施工企业相关业务是否按规定处理。

在具体审核时，可以《××项目开发成本核对调整明细表》（见前面的表4-2）为基础直接拆分出《××项目前期工程费核对调整明细表》，并按照规划费用、设计费用、项目可行性研究费用、水文费用、地质费用、勘探费用、测绘费用、"三通一平"支出等项目进行分类统计审核。

在审核时需要注意，前期工程费的扣除以合法的原始凭证为依据，各项前期工程属于增值税税目确定的建筑业税目，因此要按照规定取得增值税发票。对于分摊计算得出的数据，其来源同样需要取得增值税发票。对于科目记载的一些非"前期工程费"，例如混入的其他项目费用、房屋验收费、样板房费用及预估成本等，要查明原因并调整到涉及的其他相关费用科目或成本项目。

审核调整后的数据，根据《土地增值税清算管理规程》（国税发〔2009〕91号文件印发）第三条规定及附件2提供的基本表样，填写在《前期工程费审核表》（见本章末的附录4-3）中，作为清算附列资料。

问题4-2-13

如何对建筑安装工程费进行鉴证审核？

答：由《土地增值税纳税申报表（二）》（从事房地产开发的纳税人清算适用）相关项目可知，"建筑安装工程费（行次：10）"属于"房地产开发成本（行次：7）"的分项，在清算中，一般将企业支付的"建筑安装工程费"金额再具体分类为桩基、土建工程、甲供材、水电安装、消防工程、电梯、精装修房屋等项目。

关于鉴证审核人员在审核中应重点关注的事项，根据《土地增值税清算鉴证业务指引（试行）》（中税协发〔2023〕29号文件印发）第四十九条的相关规定，对建筑安装工程费的鉴证，应当重点关注以下事项：

（1）是否与决算报告、审计报告、工程结算报告、工程施工合同记载的内容相符；

（2）自购建材费用是否重复扣除；

（3）参照当地当期同类开发项目单位平均建安成本或当地建设部门公布的单位定额成本，验证建筑安装工程费支出是否存在异常；

（4）自行施工建设的项目，有无虚列、多列施工人工费、材料费、机械使用费等情况；

（5）是否取得项目所在地税务机关监制的建筑安装发票等合法有效凭证。

在具体审核时，可以《××项目开发成本核对调整明细表》（见前面的表4-2）为基础直接拆分出《××项目建筑安装工程费核对调整明细表》，并按照桩基、土建工程、甲供材、水电安装、消防工程、电梯、精装修房屋等项目进行分类统计审核。还可以结合《合同与决算审核明细表》（示例见表4-3）的审核，进一步确认相关问题。

在审核时需要重点注意的是增值税发票的合规性。建筑安装工程费的扣除以合法的原始凭证为依据，因为建筑安装工程属于增值税税目确定的建筑业税目，因此要按照规定取得增值税发票。对于分摊计算得出的数据，其来源同样需要取得增值税发票。需要注意的是，营改增后，施工企业都有自开发票的权限，企业要按照政策规定开具发票，各项指标信息不得缺失，否则属于废票，不得扣除。此外，除涉及的原始凭证需要齐全、合规外，还必须是实际支付的款项，因此证明款项实际支付的相关银行单据不能缺失，尽量采用非现金方式结算。对于科目记载的一些非"建筑安装工程费"业务，例如施工水电费、样板房费用、无关的服务费及预估成本等，要查明原因并调整到涉及的其他相关费用科目或成本项目。

审核调整后的数据，根据《土地增值税清算管理规程》（国税发〔2009〕91号文件印发）第三条规定及该规程附件2提供的基本表样，填写在《建筑安装工程费审核表》（见本章末的附录4-4）、《工程量清单工程费明细审核表》（见附录4-5）中，作为清算附列资料。

问题 4-2-14

如何对合同与决算金额的差异进行审核确认？

答：扣除项目的账载金额记载企业实际发生的数据，实际发生的数据与对应的合同、决算报告等可能会存在一定的差异，对这些差异要依据政策规定审核调整。

建议鉴证审核人员在审核中注重以下内容（不限于）：

首先，收集合同、决算报告。通过对合同、决算报告的整理归类，按提供服务的不同单位分别统计合同金额与决算金额。

其次，在审核对比中，对于施工单位，主要根据决算报告的结果，用最终结算金额去比对账载金额的真实性和完整性。

再次，对于非建筑施工单位（如设计、规划、咨询等公司）提供的服务，主要根据合同、协议、补充协议等书面文件记载的金额，去比对账载金额的合理性、真实性。

最后，对各类合同（协议）、决算报告等资料与实际支付或账载金额有差异的，要找出原因，同时对未付款、未取得发票等情况要列明原因。

通过审核，对决算报告与合同数据的差异，包括调减、调增等情况，要列明原因并在清算报告中详细说明，也可以通过制作《合同与决算审核明细表》（见表4-3），作为清算附列资料。

> 【提示】实务中，有些项目在完工时，甲方会委托中介机构对合同（总包合同等）进行价格审计，特别是对合同增量、增量合同部分等的价格进行价格审计，如果清算项目有价格审计报告，其中审核的数据也是重要的清算审核参考数据。

问题 4-2-15

建筑安装工程采取分包或自营方式的，鉴证重点分别是什么？

答：建筑安装工程一般分为出包工程、自营工程，在鉴证中，除按照建筑安装工程常用方法审核处理外，对出包工程、自营工程的审核分别有各自的特点（事项）。

第4章 土地增值税清算之确定扣除项目金额业务

表4-3 合同与决算审核明细表

单位：元

企业名称	账载金额	合同金额	决算金额	发票金额	少发票	多发票	备注	核对结果
××景观股份有限公司	14 576 557.87	20 000 000.00	14 576 557.87	14 576 557.87			按决算核算	核对正确，无问题。
××建材科技有限公司	8 745 432.70	8 745 432.70		8 745 432.70				核对正确，无问题。
××建设监理有限公司	1 358 042.00	1 358 042.00		1 228 542.00	129 500.00			按发票金额核算。
××实业有限公司	922 021.88	942 045.78		922 021.88				按账载金额核算。
××电梯工程有限公司	1 053 400.00	1 053 400.00		1 053 400.00				核对正确，无问题。
××建筑设计有限公司	214 000.00	214 000.00		214 000.00				核对正确，无问题。
××土木基础工程有限公司	2 507 913.00	2 507 913.00		2 507 913.00				核对正确，无问题。
××人防设备有限公司	625 000.00	625 000.00		625 000.00				核对正确，无问题。
××工程勘探有限公司	227 000.00	227 000.00		227 000.00				核对正确，无问题。
国土部门收取土地出让金	856 000 000.00	856 000 000.00		856 000 000.00				核对正确，无问题。
××电梯有限公司	4 870 407.00	4 870 407.00		4 870 407.00				核对正确，无问题。
××电器有限公司	488 320.00	488 320.00		488 320.00				核对正确，无问题。
××防盗门经营部	976 010.00	976 010.00		976 010.00				核对正确，无问题。
××燃气有限公司	1 505 400.00	1 505 400.00		1 505 400.00				核对正确，无问题。
××电子有限公司	1 109 726.00	1 109 726.00		1 109 726.00				核对正确，无问题。
××石材有限公司	3 120 800.00	3 120 800.00		3 120 800.00				核对正确，无问题。
××工程有限公司	2 146 991.90	1 552 819.00	2 146 991.90	2 146 991.90				核对正确，无问题。
××电力安装工程有限公司	852 656.60	758 942.00	723 434.68	852 656.60		129 221.92	发票多开，按决算核算	剔除成本129 221.92元。
××集团有限公司	24 644 903.87	26 700 000.00	24 644 903.87	24 644 903.87				核对正确，无问题。

关于出包工程的审核。根据《土地增值税清算鉴证业务准则》（国税发〔2007〕132号文件印发）第三十三条第（一）项的相关规定，建筑安装工程采取出包方式的，重点审核完工决算成本与工程概预算成本是否存在明显异常。当二者差异较大时，应当追加下列审核程序，以获取充分、适当、真实的证据：

（1）从合同管理部门获取施工单位与开发商签订的施工合同，并与相关账目进行核对；

（2）实地查看项目工程情况，必要时，向建筑监理公司取证；

（3）审核纳税人是否存在利用关联方（尤其是各企业适用不同的征收方式、不同税率，不同时段享受税收优惠时）承包或分包工程，增加或减少建筑安装成本造价的情形。

根据上述规范，审核人员既要根据取得的会计处理基本资料逐笔核对，也要对比相关施工合同，对发生的业务（特别是大额业务）要核查原始凭证的合规性，同时根据业务痕迹、合同（协议）等判断业务的真实性。对于施工企业为关联方的，要审核相关业务处理是否符合政策规定。

关于自营工程的审核。根据《土地增值税清算鉴证业务准则》第三十三条第（二）项的相关规定，建筑安装工程采取自营方式的，重点审核施工所发生的人工费、材料费、机械使用费、其他直接费和管理费支出是否取得合法有效的凭证，是否按规定进行会计处理和税务处理。

在对自营工程进行审核时，审核人员既要根据取得的会计处理基本资料逐笔核对，进行整理、调整、确认，也要比对决算资料与账面金额，分析查找差异原因，对发生的业务（特别是大额业务）要核查原始凭证的合规性，同时根据业务痕迹、合同（协议）等判断业务的真实性。

问题 4-2-16

如何对甲供材成本进行审计确认？

答：甲供材是指在建筑工程中，由甲方提供的材料。鉴证审核的目的是避免材料成本重复入账。审核人员在审核时主要是查看合同、决算、财务核算等资料，判断甲供材是否重复入账，如果有重复计入成本情况，则需要进行调整。

一般决算报告中有施工成本和甲供材的具体金额信息，可以查看入账的施工成本是否含有甲供材。如果已包含甲供材，则入账成本中不能再另外列支材料成本；如果已列支，属于重复入账，则需要进行调整。

对甲供材列支情况的审核，也是通过"开发成本"科目的建筑工程、配套设施工程等明细科目，先提取甲供材业务，再逐笔核对，以确定其有无重复列支成本。对甲供材的核对情况要进行详细说明（或者制作相应表格进行说明），在清算资料中与《建筑安装工程费用明细表》等一起相互印证。

> 【提示】营改增前，有些地区税务部门规定，施工单位开具工程发票时，金额为不含甲供材成本，但甲供材的相关税金会在代开工程发票时一并申报缴纳。房地产开发公司一般会取得施工方甲供材税收申报表的复印件留存备查。在这种情况下，开发公司的甲供材会以实际购置材料时的材料发票作为成本入账依据。此种情况下，不存在重复入账的问题。

问题 4-2-17

如何对规划红线外发生成本的扣除进行审核确认？

答：鉴证审核人员在核对规划设计与实际建设项目时，如果发现有规划红线外的成本发生（或出现规划红线外的建筑），则要依据"开发成本"相关明细科目提取的业务数据，单独对规划红线外的成本进行统计，并注明相关成本支出（或建筑物）的性质，作为项目的清算附列资料。

对于红线外支出的处理，国家税务总局没有具体的详细规定，各地在处理方式及掌握尺度上有一定差异，因此审核人员在审核时，最关键的是要根据当地税务机关的具体规定，取得能证明红线外成本费用（建筑）性质的证据资料（文件）。具体方式（包括但不限于）如下：

（1）对于规划红线外成本（或建筑物）的性质，要确定是否属于获取土地使用权的附带条件。企业在开发项目红线外为政府建设公共设施或其他工程，如果是"招拍挂"拿地时的附带条件，这种情况下，红线外支出实际上相当于土地成本的一部分，证明时需要企业提供相应的政府批文（或合同、协议）。对于这种情形，绝大多数地区税务机关在处理时，准予扣除成本。

（2）对于规划红线外发生的成本、费用，如果属于企业为提升品质促进销售等而发生的成本，则企业要提供相应的宣传、模型等各种证明。对于这种情形，绝大多数地区税务机关在处理时，不作为开发成本扣除，但可以计入开发费用，归入5%的扣除比例中一并扣除。

（3）对于规划红线外发生的成本、费用，如果属于企业为提升品质而建设的景观支出等，一般不予扣除，但也需要充分说明。

问题 4-2-18

如何对房屋精装修成本进行鉴证审核？

答：鉴证审核人员在审核精装修房屋成本时，需要单独整理精装修房明细数据，并对照装修合同，查看比对装修发生成本与入账成本，同时确定哪些是"硬装"（不可移动）、哪些是"软装"（可移动），最后确定扣除的金额。

在审核时，可以《××项目开发成本核对调整明细表》（见前面的表 4-2）为基础直接拆分出《××项目精装修成本审核调整表》，逐笔核对并对非正常分录进行分析调整，在整理出完整准确的数据后，再比对相关合同，确定"硬装"与"软装"的数据。审核后的数据填入《建筑安装工程费审核表》（见本章末的附录 4-4）等。

对于精装修成本的税收处理政策，国家税务总局没有具体的详细规定，由于各地在处理方式及掌握尺度上有一定的差异，因此审核人员在审核时，要对照当地税务机关的具体规定，根据不同的处理方式进行说明（或者制作相应表格进行说明）并归集相关证据资料。主要具体方式（包括但不限于）如下：

（1）分"硬装"和"软装"的。这种方法规定，随房屋一同出售且不可移动的家具、家电可以计入开发成本予以扣除，但可移动的家具、家电物品等装修费用不予扣除。在整理《××项目精装修成本审核调整表》时，要严格区分两种情况的支出业务，归集的证据资料包括合同、设计图纸、物品清单等。

（2）不得扣除家具、电器的。对于规定家用电器、家具的成本费用不得计入开发成本的，在整理《××项目精装修成本审核调整表》时，要将相关电器、家具等成本费用列明（剔除），归集的证据资料也是合同、设计图纸、物品清单等。

（3）全部装修费用可以扣除的。这种方法规定，装修费用及家具、家电等可以计入开发成本予以扣除，但可移动的家具、家电等不得作为加计 20% 扣除的基数。在整理《××项目精装修成本审核调整表》时，要严格区分两种情况的支出业务，归集的证据资料包括合同、设计图纸、物品清单等。

问题 4-2-19

如何对基础设施费进行鉴证审核？

答：由《土地增值税纳税申报表（二）》（从事房地产开发的纳税人清算适用）相关项目可知，"基础设施费（行次：11）"属于"房地产开发成本（行次：7）"的分项，在清算实际操作中，一般将企业支付的"基础设施费"金额再具体分类为开发小区内道路、供水工程支出、供电工程支出、供气工程支出、排污工程支出、排洪工程支出、通信工程支出、照明工程支出、环卫工程支出、绿化费用、景观工程以及根据需要自定义的项目等。

根据《土地增值税清算鉴证业务准则》（国税发〔2007〕132号文件印发）第三十四条、《土地增值税清算鉴证业务指引（试行）》（中税协发〔2023〕29号文件印发）第五十条的相关规定，鉴证审核人员在对公共配套设施费进行审核时，应当重点关注以下事项：

（1）各项基础设施费是否取得合法有效的凭证。

（2）多个（或分期）项目共同发生的基础设施费，是否按项目合理分摊。

（3）是否将应计入其他项目的费用计入了清算项目。

（4）各项基础设施费是否含有其他企业的费用。

（5）各项基础设施费是否含有以明显不合理的金额开具的各类凭证。

（6）是否将期间费用计入基础设施费。

（7）有无预提的基础设施费。

（8）获取项目概预算资料，比较、分析概预算费用与实际费用是否存在明显异常。

（9）基础设施费应负担的各项开发成本是否已经按规定分摊。

（10）各项基础设施费的分摊和扣除是否符合有关税收规定。

在具体审核时，可以《××项目开发成本核对调整明细表》（见前面的表4-2）为基础直接拆分出《××项目基础设施费核对调整明细表》，并按照开发小区内道路、供水工程支出、供电工程支出、供气工程支出、排污工程支出、排洪工程支出、通信工程支出、照明工程支出、环卫工程支出、绿化费用、景观工程等进行分类统计审核。

审核人员在审核时需要注意，除审核数据的完整性、真实性外，重点核对成本的分配计算以及相关设施的移交手续，包括相关设施处理的批文等证明材料。基础设施费的扣除以合法的原始凭证为依据，基础设施工程与建筑安装工程一样属于增值税税目确定的建筑业税目，因此要按照规定取得增值税发票。对于分摊计算得出的数据，其来源同样需要取得增值税发票。

审核调整后的数据，根据《土地增值税清算管理规程》（国税发〔2009〕91号文件印发）第三条规定及该规程附件2提供的基本表样，填写在《基础设施费审核表》（见本章末的附录4-6）中，作为清算附列资料。

问题4-2-20

如何对公共配套设施费进行鉴证审核？

答：由《土地增值税纳税申报表（二）》（从事房地产开发的纳税人清算适用）相

关项目可知,"公共配套设施费(行次:12)"属于"房地产开发成本(行次:7)"的分项,在清算中,一般将企业支付的"公共配套设施费"金额再具体分类为物业管理用房费用、变电站费用、热力站费用、水厂费用、居委会用房费用、派出所用房费用、学校用房费用、人防工程支出等项目。公共配套设施费属于过渡性质的成本费用,未来需要分摊。

根据《土地增值税清算鉴证业务准则》(国税发〔2007〕132号文件印发)第三十四条、《土地增值税清算鉴证业务指引(试行)》(中税协发〔2023〕29号文件印发)第五十条的相关规定,鉴证审核人员在对公共配套设施费进行审核时,应当重点关注以下事项:

(1)公共配套设施费用是否取得合法有效的凭证。

(2)多个(或分期)项目共同发生的公共配套设施费,是否按项目合理分摊。

(3)是否将应计入其他项目的费用计入了清算项目。

(4)各项公共配套设施费用是否含有其他企业的费用。

(5)各项公共配套设施费用是否含有以明显不合理的金额开具的各类凭证。

(6)是否将期间费用计入公共配套设施费用。

(7)有无预提的公共配套设施费用。

(8)获取项目概预算资料,比较、分析概预算费用与实际费用是否存在明显异常。

(9)公共配套设施应负担的各项开发成本是否已经按规定分摊。

(10)公共配套设施费的分摊和扣除是否符合有关税收规定。

鉴证审核人员在具体审核时,可以《××项目开发成本核对调整明细表》(见前面的表4-2)为基础直接拆分出《××项目公共配套设施费核对调整明细表》,并按照物业管理用房费用、变电站费用、热力站费用、水厂费用、居委会用房费用、派出所用房费用、学校用房费用、人防工程支出等项目进行分类统计审核。

在审核时需要注意,公共配套设施费的扣除以相关成本分摊计算以及项目批文、规划设计、政府文件、移交手续等资料为依据。同时,公共配套设施费的扣除还需以合法的原始凭证为依据,公共配套设施工程与建筑安装工程都属于增值税税目确定的建筑业税目,因此要按照规定取得增值税发票。对于分摊计算得出的数据,其来源同样需要取得增值税发票。

对于科目记载的一些非"公共配套设施费"业务,例如施工水电费、保洁费用等,要查明原因并进行相应调整,此外还要对"公共配套设施"的处理进行分析,主要有预提费用处理、设施移交手续等。

审核调整后的数据,根据《土地增值税清算管理规程》(国税发〔2009〕91号文件印发)第三条规定及该规程附件2提供的基本表样,填写在《公共配套设施费审核表》(见本章末的附录4-7)中,作为清算附列资料。

问题 4-2-21

如何对开发间接费用进行鉴证审核？

答：由《土地增值税纳税申报表（二）》（从事房地产开发的纳税人清算适用）相关项目可知，"开发间接费用（行次：13）"属于"房地产开发成本（行次：7）"的分项，在清算实际操作中，一般将企业支付的"开发间接费用"金额再按照具体业务分为项目管理人员工资、职工福利费、折旧费、修理费、办公费、水电费、劳动保护费、周转房摊销费等项目。

根据《土地增值税清算鉴证业务准则》（国税发〔2007〕132号文件印发）第三十五条、《土地增值税清算鉴证业务指引（试行）》（中税协发〔2023〕29号文件印发）第五十一条的相关规定，鉴证审核人员对开发间接费用的审核应当包括下列内容（不限于）：

（1）审核各项开发间接费用是否取得合法有效凭证。

（2）是否将企业行政管理部门（总部）为组织和管理生产经营活动而发生的管理费用计入开发间接费用。

（3）审核各项开发间接费用是否含有以明显不合理的金额开具的各类凭证。开发间接费用是否真实发生，取得的凭证是否合法有效。

（4）多个开发项目是否分项目核算或分摊，是否将其他项目的开发间接费用计入了清算项目。

（5）是否含有其他企业的费用。

（6）是否将房地产开发项目销售费用、财务费用等各类期间费用计入开发间接费用。

（7）有无预提开发间接费用的情况。

（8）在计算加计扣除项目基数时，审核是否剔除了已计入开发成本的借款费用。

鉴证审核人员在对上述内容进行审核时，主要根据从企业账套中提取的开发成本等会计核算资料，逐笔核对整理调整。实操中，可以《××项目开发成本核对调整明细表》（见前面的表4-2）为基础，拆分出《××项目开发间接费用核对调整明细表》，并按照项目管理人员工资、职工福利费、折旧费、修理费、办公费、水电费、劳动保护费、周转房摊销费等项目进行分类统计审核。

在审核时需要注意，开发间接费用的扣除以合法的原始凭证为依据，主要有两类：一是合法的发票，例如修理费及各项办公费用支出；二是合法的计算依据，例如折旧的提取、周转房摊销费等。

此外，在企业的会计核算中，"开发间接费用"一般记载在"开发成本——开发间接费用"科目，如果有记入其他科目的情形，需要提取相应数据。特别是如果企业在核算中没有单独设置"开发间接费用"明细科目，需要根据情况从其他相关科目中提取数据。对于科目记载的一些非"开发间接费用",特别是属于期间费用的支出,要查明原因并进行相应调整。

审核调整后的数据,根据《土地增值税清算管理规程》(国税发〔2009〕91号文件印发)第三条规定及该规程附件2提供的基本表样,填写在《开发间接费用审核表》(见本章末的附录4-8)中,作为清算附列资料。

问题 4-2-22

如何对费用与成本混记的情形进行审核?

答:在土地增值税清算中,费用性质的支出与成本性质的支出在计算扣除金额时处理方式不同,因此要严格区分。审核人员要根据企业的"开发成本——开发间接费用"等科目,逐笔审核进行区分,并形成完整的清理表格,作为项目的清算附列资料。

鉴证审核人员在审核时,要关注以下三个方面:

首先,审核"开发成本——开发间接费用"科目。该科目的核算内容易与"期间费用"科目混淆。例如,将企业行政管理部门(总部)为组织和管理生产经营活动而发生的管理费用记入"开发成本——开发间接费用"科目。如果混有期间费用,则需要按政策规定进行调整。

其次,审核是否有利息记入了"开发成本——开发间接费用"科目。企业在日常核算时,因种种原因,将部分利息记入"开发成本——开发间接费用"科目,对此需要按政策规定进行归集,归集后视具体情况据实予以列支或按比例列支。

最后,审核是否将营销费用记入了"开发成本——开发间接费用"科目。企业在日常核算时,由于支出业务较多,一些支出容易出现科目错记(混记)。例如,房地产开发企业将售楼处等营销设施发生的装修成本、费用等直接记入了"开发成本——开发间接费用"科目,对此需要按政策规定进行调整。

上述费用与成本性质划分还可以直接依据各个扣除项目的票据进行明细审核,审核的结果要做出说明或者制作《费用与成本性质支出调整表》(见前述各类明细审核表格),作为清算附列资料。

问题 4-2-23

如何对开发费用(利息支出)进行鉴证审核?

答:房地产开发费用的鉴证审核业务主要是对"利息支出"的审核,由《土地增值税纳税申报表（二）》（从事房地产开发的纳税人清算适用）相关项目可知，"利息支出（行次：15）"是"房地产开发费用（行次：14）"的重要项目。

根据《土地增值税清算鉴证业务准则》（国税发〔2007〕132号文件印发）第三十六条、《土地增值税清算鉴证业务指引（试行）》（中税协发〔2023〕29号文件印发）第五十二条的相关规定，鉴证审核人员在对房地产开发费用审核时，对于财务费用的审核，要审核应按实列支的财务费用是否取得合法有效的凭证、据实列支的财务费用以外的房地产开发费用是否按规定比例计算扣除。

在利息支出的审核中需要重点注意，企业开发项目的利息支出不能够提供金融机构证明的，要审核其利息支出是否按税收规定的比例计算扣除。对于开发项目的利息支出能够提供金融机构证明的，应按下列方法进行审核（不限于）：

（1）是否将利息支出从开发成本中调整至开发费用。

（2）分期开发项目或同时开发多个项目的一般性贷款利息支出，是否按项目合理分摊；是否将应计入其他项目的利息费用计入了清算项目。

（3）利用闲置专项借款对外投资取得的收益是否冲减利息支出。

（4）借款合同相应条款是否符合有关规定。

（5）是否超过按商业银行同类同期贷款利率计算的金额。

（6）超过贷款期限和挪用贷款的罚息是否扣除。

（7）是否剔除借款手续费、咨询费、顾问费等利息支出以外的费用。

（8）对不能按转让房地产项目计算分摊利息支出或不能提供金融机构证明的，利息计算扣除是否符合税法规定。

（9）是否取得金融机构开具的增值税发票等合法有效凭证。

根据上述规范，在清算实际操作中，审核人员要依据企业财务人员提供的借款及利息支出信息对利息扣除的条件进行判断。如果项目相关的利息支出能够按转让房地产项目计算分摊并提供金融机构证明，则允许据实扣除，但最高不能超过按商业银行同类同期贷款利率计算的金额。

在具体审核时，既要根据在清算中取得的基础会计资料逐笔核对，进行整理调整，也要查阅借款合同（补充合同）等资料，以确定完整的融资费用。在企业的会计核算中，根据不同情况及核算要求，"利息支出"一般记载在"财务费用""开发成本——开发间接费用""开发成本——利息支出"等科目。审核人员在具体核对时，需要通过记载利息支出的科目逐笔提取支付的利息并形成《利息支出审核调整表》（具体表样与前面的表4-2相同），内容包括凭证号、内容摘要、金额及利息支出原始凭证（发票、利率单据金额）等。

在上述内容的审核业务中，审核人员还需要将"账面金额"与"利息单据金额"进行对比。在正常情况下，"账面金额"与"利息单据金额"应该相等，如果不相等，需要问清楚原因并采用"利息单据金额"进行后续的计算、统计。此外，需要重点注意的是，对于项目的专项借款，在后期如果有证据表明用于其他项目，对其利息支出要按规定进行分配计算。

此外，审核人员还要依据《利息支出审核调整表》对借款的金融机构进行审核判断，即除银行外其他借款的机构是否为金融机构。根据《金融机构管理规定》第三条的规定，"本规定所称金融机构是指下列在境内依法定程序设立、经营金融业务的机构：

（1）政策性银行、商业银行及其分支机构、合作银行、城市或农村信用合作社、城市或农村信用合作社联合社及邮政储蓄网点；

（2）保险公司及其分支机构、保险经纪人公司、保险代理人公司；

（3）证券公司及其分支机构、证券交易中心、投资基金管理公司、证券登记公司；

（4）信托投资公司、财务公司和金融租赁公司及其分支机构，融资公司、融资中心、金融期货公司、信用担保公司、典当行、信用卡公司；

（5）中国人民银行认定的其他从事金融业务的机构"。

所称金融机构，是根据《金融机构管理规定》确定的金融机构，如果当地税务机关根据当地具体情况发文列举了具体的金融机构，可以当地税务机关发文为准。

在实务中，对房地产开发费用（利息支出）进行鉴证审核经过了借款合同审核、利息支出审核、利息分配计算审核以及扣除数据确定审核，具体结果均体现在《利息支出审核调整表》中。审核调整后的数据，根据《土地增值税清算管理规程》（国税发〔2009〕91号文件印发）第三条规定及该规程附件2提供的基本表样，填写在《金融机构利息支出审核表》（见本章末的附录4-9）中，作为清算附列资料。

问题4-2-24

如何采用平均售价比率法进行成本分配计算？

答：平均售价比率法是对清算结束后再销售房屋及车库等采取的一种方法，目的是解决在清算后销售，因售价与扣除成本差异较大导致的增值率高、税负不均等问题。该方法主要适用于在可销售的不同类型房屋之间进行分配，对成本差异、售价差异较大的不同类型的房屋（如多层、小高层、高层等），也可适用。

具体计算办法如下：

将住宅商品房的平均售价作为参数，对营业用房平均售价、车库平均售价同时计算成本分摊系数，然后按各自的分摊系数在总成本中进行分摊。

所用数据包括：营业用房平均售价、住宅商品房平均售价、车库平均售价；营业用房总可售面积、住宅商品房总可售面积、车库总可售面积；营业用房已售面积、住宅商品房已售面积、车库已售面积；总开发成本（含加计扣除费用，不包括已交的营业税等税金）。

案例4-8

采用平均售价比率法进行成本分配计算

1.计算分摊系数。

假定住宅商品房已售面积25 000平方米、营业用房已售面积4 500平方米、车库已售面积400平方米；住宅商品房销售收入20 000万元、营业用房销售收入5 400万元、车库销售收入800万元；住宅商品房可售面积26 000平方米、营业用房可售面积5 500平方米、车库可售面积600平方米。总开发成本12 000万元。

（1）平均售价。

①营业用房平均售价＝已售营业用房收入/已售营业用房面积。

营业用房平均售价=5 400/4 500=1.2（万元/平方米）

②车库平均售价＝已售车库收入/已售车库面积。

车库平均售价=800/400=2（万元/平方米）

③住宅商品房平均售价＝已售住宅商品房收入/已售住宅商品房面积

住宅商品房平均售价=20 000/25 000=0.8（万元/平方米）

（2）分摊系数。

①营业用房与住宅商品房开发成本分摊系数（M1）＝营业用房平均售价/住宅商品房平均售价。

M1=1.2/0.8=1.5

②车库与住宅商品房开发成本分摊系数（M2）＝车库平均售价/住宅商品房平均售价。

M2=2/0.8=2.5

2.分摊成本计算。

（1）营业用房应分摊的总开发成本＝[总开发成本/（营业用房总可售面积×M1+住宅商品房总可售面积×1+车库总可售面积×M2）]×（营业用房总可售面积×M1）。

$$\text{营业用房应分摊的总开发成本} = [12\,000/(5\,500\times1.5+26\,000\times1+600\times2.5)] \times (5\,500\times1.5) = 2\,769.23（万元）$$

（2）住宅商品房应分摊的总开发成本=[总开发成本/（营业用房总可售面积×M1+住宅商品房总可售面积×1+车库总可售面积×M2）]×（住宅总可售面积×1）。

$$\text{住宅商品房应分摊的总开发成本} = [12\,000/(5\,500\times1.5+26\,000\times1+600\times2.5)] \times (26\,000\times1) = 8\,727.27（万元）$$

（3）车库应分摊的总开发成本=[总开发成本/（营业用房总可售面积×M1+住宅商品房总可售面积×1+车库总可售面积×M2）]×（车库总可售面积×M2）。

$$\text{车库应分摊的总开发成本} = [12\,000/(5\,500\times1.5+26\,000\times1+600\times2.5)] \times (600\times2.5) = 503.50（万元）$$

3.单位成本。

（1）营业用房单位成本=营业用房应分摊的总开发成本/营业用房总可售面积。

营业用房单位成本=2 769.23/5 500=0.50（万元）

（2）住宅商品房单位成本=住宅商品房应分摊的总开发成本/住宅商品房总可售面积。

住宅商品房单位成本=8 727.27/26 000=0.34（万元）

（3）车库单位成本=车库应分摊的总开发成本/车库总可售面积。

车库单位成本=503.50/600=0.84（万元）

4.已售房成本。

（1）已售营业用房开发成本=营业用房已售面积×营业用房单位成本。

已售营业用房开发成本=4 500×0.50=2 250（万元）

（2）已售住宅商品房开发成本=住宅商品房已售面积×住宅商品房单位成本。

已售住宅商品房开发成本=25 000×0.34=8 500（万元）

（3）已售车库开发成本=车库已售面积×车库单位成本。

已售车库开发成本=400×0.84=336（万元）

5.已售房屋总开发成本。

已售房屋总开发成本=已售营业用房开发成本+已售住宅商品房开发成本+已售车库开发成本。

已售房屋总开发成本=2 250+8 500+336=11 086（万元）

6.已售房屋可扣除成本。

已售房屋可扣除成本=已售房屋总开发成本+税金。

已售房屋可扣除成本=11 086+1 700=12 786（万元）

7.未售成本。

（1）未售营业用房开发成本=营业用房未售面积×营业用房单位成本。

未售营业用房开发成本=1 000×0.50=500（万元）

（2）未售住宅商品房开发成本=住宅商品房未售面积×住宅商品房单位成本。

未售住宅商品房开发成本=1 000×0.34=340（万元）

（3）未售车库开发成本=车库未售面积×车库单位成本。

未售车库开发成本=200×0.84=168（万元）

8.对已进行土地增值税清算的房地产开发项目，以后再转让销售的，一个年度清算一次。

问题4-2-25

如何采用层高系数法进行成本分配计算？

答：层高系数法主要应用于在不同类型房屋之间分配成本。不同类型的房屋因用途不同往往层高不同，例如普通住宅层高2.8米、商业用房层高4.4米。由于层高造成结构不同，其单位面积承担的成本肯定不同，因此在清算中，对于层高差异大的房屋类型分摊成本，可以采用层高系数法。具体计算步骤如下：

1.计算层高系数

在纳税人同一项目（包含不同类型房地产）中，选取住宅层高为基数，设定为1，根据其他商品房层高与住宅层高之比，计算出各自的层高系数。

2.计算总层高系数面积

计算公式如下：

$$\sum 层高系数面积 = \sum 不同类型商品层高系数 \times 可售面积$$

3. 计算不同类型商品分摊的房地产开发成本

计算公式如下：

$$\begin{matrix}不同类型商品应分摊的\\房地产开发成本\end{matrix} = \left(\frac{房地产开发成本}{\sum 层高系数面积}\right) \times \left(不同类型商品层高系数 \times 已售面积\right)$$

案例4-9

层高系数法在不同类型房屋之间分配成本的应用

1.确定层高系数。在纳税人同一项目（包含不同类型房地产）中，选取普通住宅层高为基数，则不同层高类型房屋系数以基数为基础计算。计算公式为：

$$某类型用房层高系数 = 该类型用房层高 \div 住宅层高$$

不同层高类型房屋的层高系数计算如下：

（1）以普通标准住宅层高为基数，则普通标准住宅层高系数为1；

（2）层高低于普通住宅的，例如地下室2.2米，则系数为：$2.2 \div 2.8 = 0.79$；

（3）层高高于普通住宅的，例如商业用房4.4米，则系数为：$4.4 \div 2.8 = 1.57$。

2.计算层高系数面积。层高系数面积是指同一系数范围内的房屋面积。层高系数面积计算公式为：

$$\begin{matrix}某类型用房的\\层高系数面积\end{matrix} = \begin{matrix}某类型用房\\层高系数\end{matrix} \times \begin{matrix}某类型用房\\建筑面积\end{matrix}$$

例如，普通住宅面积12 000平方米，地下室面积2 000平方米，商业用房面积3 000平方米，则总层高系数面积计算如下：

普通住宅系数面积=12 000×1=12 000（平方米）。

地下室系数面积=2 000×0.79=1 580（平方米）。

商业用房系数面积=3 000×1.57=4 710（平方米）。

总层高系数面积=12 000+1 580+4 710=18 290（平方米）。

3.计算不同类型用房已售部分可分摊的房地产开发成本。计算公式如下：

$$\begin{matrix}某类型用房已售面积\\应分摊的房地产开发成本\end{matrix} = \frac{房地产开发总成本}{总层高系数面积} \times \begin{matrix}某类型用房已售部分的\\层高系数面积\end{matrix}$$

假定房地产开发成本为5 400万元，商业用房已售面积为2 400平方米，未售面积为600平方米，则分摊计算如下：

单位层高系数面积成本：54 000 000÷18 290=2 952.43（元/平方米）；

商业用房已售面积成本：2 400×2 952.43=708.58（万元）；

商业用房未售面积成本：600×2 952.43=177.15（万元）。

问题 4-2-26

确定成本、费用的其他方法包括哪些？

答：根据政策规定，在土地成本等分配方法中，确需结合其他合理方法进行分配的，应商税务机关同意。其他合理方法，是指按照土地增值税计算的原则和规定以及房地产开发企业实际计算并分摊土地成本项目的方法。

部分省市税务机关规定的其他土地成本分摊方法主要有：

（1）预算造价法，指按期内某一成本对象预算造价占期内全部成本对象预算造价的比例进行分配。

（2）销售收入比例法，指土地成本按不同类型房地产的销售收入分摊。建造既有住宅又有非住宅的综合楼，土地成本按不同类型房地产的销售收入分摊，其他费用按单位建筑面积分摊。

鉴证人在审核各类成本分摊事项时，可以采取多种方法计算比对其合理性，一般情况下，对于常用计算方法计算出的税负，严重超过纳税人负担的，即"确需结合其他合理方法进行分配的"，可以测算相关计算方法的结果，积极去"商税务机关同意"，但对于同一地块分期、分项开发的，必须适用同一种方法。

问题 4-2-27

如何对开发成本（项目）的归集分配进行鉴证审核？

答：在清算中，对于"房地产开发成本"各明细扣除项目支出的审核，如果属于（或能够直接归属于）某个成本对象，应直接计入某个成本对象。对于无法直接归属于某个成本对象的共同成本，则需要分配计入各个受益的成本对象。

在相关开发成本归集分配计算之前，审核人员要根据清算截止日期的基本数据，先确定项目可售面积（已售和未售）、公共配套设施面积、自持自用面积等，然后将确定的成本、费用数据按一定的流程进行分配计算，以确定最终可以扣除的项目金额。在计算过程中产生的计算公式等应形成表格及说明，作为清算附列资料报税务机关审核。

房地产开发成本（各明细项目）分配计算的流程如下：

首先，确认公共配套设施应承担的金额。即用总成本在可售物业、自持物业与公共配套设施之间分配，分配后确认公共配套设施应承担的金额，相关计算数据要在清算报告中做出说明。

其次，确认可售物业与自持房屋面积的总成本金额。即将公共配套设施承担的金额分配到可售物业和自持物业中。分配后得出可售面积与自持房屋面积的总成本金额，相关计算数据要在清算报告中做出说明。

再次，确认可售物业中不同类型业态的成本金额。即在土地增值税申报表确定的普通住宅、非普通住宅、其他类型房地产三种业态之间进行分配，最终确认三种业态各自的成本扣除金额，相关计算数据要在清算报告中做出说明。

最后，确认不同类型业态房屋已售面积成本。即分别将不同业态（普通住宅、非普通住宅、其他类型房地产）的成本在已售和未售面积之间进行分配，相关计算数据要在清算报告中做出说明。

> 【提示】房地产开发成本分配计算的方式，在相同前提下，与土地成本分配计算的方式基本一致，为方便查阅参考，除对土地成本分配计算的方式做详细说明外，对房地产开发成本等类似成本费用的分配计算方式，也做详细说明。

问题 4-2-28

如何对开发成本在不同性质物业之间的分配进行鉴证审核？

答：房地产开发项目基本上都存在多种性质的物业，如可售物业、公共配套设施及企业自持自用房屋等，那么就需要对"房地产开发成本"在不同性质物业之间进行分配。在实务中，基本方法是"按建筑面积计算分摊"，或"采用税务机关确认的其他方式计算分摊"。

房地产开发成本在不同性质物业之间分配后可以确认公共配套设施应分摊的共同成本。再根据确认的公共配套设施成本（直接成本与分摊成本之和）在可售面积、自持自用房屋面积之间进行分配。

案例 4-10

房地产开发成本在不同性质物业之间的分配计算（一般方式）

A 房地产开发公司于 20×× 年 8 月对甲项目进行土地增值税清算，根据 20×× 年 8 月

1日确定的数据，确定已售商品房面积21 000平方米，未售商品房面积1 680平方米，公共配套设施面积1 400平方米，自持自用房屋面积1 800平方米。假定共同成本为9 000万元，则分配（建筑面积法）计算如下：

1.确定公共配套设施应分摊成本。

总房屋面积：21 000+1 680+1 400+1 800=25 880（平方米）；

可售物业面积：21 000+1 680=22 680（平方米）；

可售物业应分摊成本：9 000×（22 680÷25 880）=7 887.17（万元）；

公共配套设施应分摊成本：9 000×（1 400÷25 880）=486.86（万元）；

自持自用房屋应分摊成本：9 000×（1 800÷25 880）=625.97（万元）。

2.公共配套设施成本在可售与自持自用物业之间分配。

公共配套设施分摊的成本为486.86万元，加上直接成本230万元，共计716.86万元，需要在可售面积与自持自用面积之间进行分配计算。

可售面积与自持自用面积之和：22 680+1 800=24 480（万元）；

可售物业应分摊的成本：716.86×（22 680÷24 480）=664.15（万元）；

自持自用房屋应分摊的成本：716.86×（1 800÷24 480）=52.71（万元）。

可售与自持自用物业的最终总成本：

可售物业：7 887.17+664.15=8 551.32（万元）；

自持自用房屋：625.97+52.71=678.68（万元）。

二者合计总成本9 230万元［9 000（间接成本）+230（直接成本）］。

问题4-2-29

如何对开发成本在不同类型业态房屋之间的分配进行鉴证审核？

答：很多项目的可售商品房都有多种类型，根据土地增值税申报表的计算指标规定，对已经审核确定进入扣除项目的"房地产开发成本"各项目，还要在不同类型商品房之间进行分配，以计算不同类型商品房的增值额，具体类型为普通住宅、非普通住宅、其他类型房地产。

各地税务机关对不同类型商品房之间的成本分摊有一些具体规定，即其他合理方式，因此审核人员要以当地税务机关的规定为主，或者提出合理的分摊方式与税务管理机关沟通确定。

案例 4-11

房地产开发成本在不同类型业态房屋之间的分配计算（一般方式）

（接案例4-10）A房地产开发公司于20××年8月对甲项目进行土地增值税清算，根据前面的分配计算，可售面积部分应分摊成本为8 551.32万元，可售面积22 680平方米，其中普通住宅面积18 680平方米、其他住宅面积3 000平方米、非住宅面积1 000平方米。假定可售面积原直接成本530万元，则各类型业态房屋应分配成本（建筑面积法）计算如下：

可售面积应分摊成本：7 887.17+664.15=8 551.32（万元）；

可售面积部分总成本：530+8 551.32=9 081.32（万元）；

普通住宅应分摊成本：9 081.32×（18 680÷22 680）=7 479.68（万元）；

其他住宅应分摊成本：9 081.32×（3 000÷22 680）=1 201.23（万元）；

非住宅应分摊成本：9 081.32×（1 000÷22 680）=400.41（万元）。

问题 4-2-30

如何对开发成本在已售与未售物业之间的分配进行鉴证审核？

答：如果清算项目已经全部销售完毕，则房地产开发成本不需要在已售与未售物业之间进行分配；如果还有未销售的物业，则需要计算已销售物业应承担的土地成本。由于土地成本在已售与未售物业之间的分配计算仅限定在同类型物业中，因此可以按照建筑面积法计算。

案例 4-12

开发成本在已售与未售面积之间的分配计算（一般方式）

（接案例4-11）A房地产开发公司20××年8月对甲项目进行土地增值税清算，其他住宅、非住宅已经全部销售完毕，普通住宅已售面积为17 000平方米，未售面积为1 680平方米，普通住宅面积应分摊成本7 479.68万元，则普通住宅已售面积应分摊成本（建筑面积法）计算如下：

普通住宅已售面积应分摊成本：7 479.68×（17 000÷18 680）=6 806.99（万元）。

> 问题 4-2-31

如何对分期分批开发、转让房地产的扣除项目进行鉴证审核？

答：根据相关税收政策规定，在实操中，对同一地块同时建造多个项目或同一项目中有不同类型（业态）房产的，凡是能直接确定成本对象的，其成本、费用应直接计入各成本对象；不能（无法）直接计入成本对象的成本、费用，则应按照政策规定的合理方法分配计入。

根据《土地增值税清算鉴证业务准则》（国税发〔2007〕132号文件印发）第三十九条、《土地增值税清算鉴证业务指引（试行）》（中税协发〔2023〕29号文件印发）第五十五条的相关规定，对被鉴证人成片受让土地使用权后，分期分批开发、转让房地产的，鉴证人应当鉴证其扣除项目金额是否按主管税务机关确定的分摊方法计算分摊扣除。

对于分期分批开发的情形，主要涉及扣除项目金额的分摊依据，根据税务总局及各地政策规定，在实操中基本方式有按照土地面积、建筑面积等，各地根据具体情况，从更加合理角度还采用了售价比率法、层高系数法等方式。不同情况适用不同方式，因此鉴证审核人员在对上述内容进行审核时，除了要取得纳税人同片（同宗）土地的项目批文、土地合同及清算项目的规划设计等资料，还要取得相关税务机关确定分摊方法计算依据，包括相关征管文件或计算方式批复，根据项目的具体情况选择对应的分摊方法。

在实操中，审核人员需要注意，不论采取何种方式，一般都应遵循以下三个原则：

一是受益原则。即有多个项目或同一项目中有不同类型房地产的，要按照不同的受益对象分配共同成本。

二是合理性原则。即在分配共同成本时，还要根据不同项目的具体特点选择分配方法，力求分配结果最接近实际成本。

三是一贯性原则。即分配方法一旦确定，在以后各期内不得更改，保持一贯性。

对于具体的分配方法，鉴证人在开展土地增值税清算业务时，要依据当地税务机关的政策规定或掌握原则确定共同成本的分配方法。在具体清算鉴证业务中，凡是涉及扣除项目分摊计算的，审核人员都需要将分摊计算的依据、公式等形成清算附列资料（即各类扣除项目分配计算表及说明书）报税务机关。

> 问题 4-2-32

如何对不同清算项目利息支出的分配进行鉴证审核？

答：企业的利息支出涉及两个（或以上）项目的，企业财务人员应提供清算单位利息支出分配表，鉴证审核人员需要对分配表的合理性进行审核。如果企业没有制作利息支出分配表，审核人员应对"利率单据金额"进行分析处理，将利息支出合理分配至本次清算单位，对采取的分配方式及数据要作为清算附列资料。具体有以下两种情形：

一是借款涉及前后两个项目的处理。即在同一个借款期间，前一个项目完成后，贷款继续用于第二个项目。审核人员应根据前一个项目的完工情况及后一个项目的开发进度等进行判断，合理确定一个时间点，在这个时间点之前发生的利息计入前一个项目（即本次清算项目），之后发生的利息支出则属于后一个项目。对于项目完工后支付的利息，如果没有后续项目使用，则计入当期损益。

二是借款在两个项目中使用的处理。一般银行等金融机构的借款，均有明确的贷款项目名称，可以直接将利息归集到确定的成本对象。如果一些非金融机构没有明确的借款项目使用指向，且存在两个项目均有可能使用借款的情形，其利息支出要采取合理的方法在两个项目之间进行分配计算，可以采用建筑面积法或者其他合理方法。

问题 4-2-33

如何对与转让房地产有关的税金进行鉴证审核？

答：根据《土地增值税纳税申报表（二）》（从事房地产开发的纳税人清算适用）相关项目，"与转让房地产有关的税金（行次：17）"也是重要的扣除项目之一，具体包括3个项目：营业税（行次：18）、城市维护建设税（行次：19）、教育费附加与地方教育附加（行次：20）。鉴证审核人员在统计税款时，要注意按纳税人转让房地产时所实际缴纳的税金数额（不包括增值税）填写。

"与转让房地产有关的税金"以相应的税款入库单据（税票）为依据。根据《国家税务总局关于营改增后土地增值税若干征管规定的公告》（国家税务总局公告2016年第70号）第一条的规定，营改增后，纳税人转让房地产的土地增值税应税收入不含增值税。

对于营改增以后的项目，"与转让房地产有关的税金"包括城市维护建设税、教育费附加与地方教育附加。

根据《土地增值税清算鉴证业务准则》（国税发〔2007〕132号文件印发）第三十七条、《土地增值税清算鉴证业务指引（试行）》（中税协发〔2023〕29号文件印发）第五十三条的相关规定，与转让房地产有关的税金审核，应当确认与转让房地产有关的税金及附加扣除的范围是否符合税收有关规定，计算的扣除金额是否正确。对于不属于清算范围或者不属于转让房地产时发生的税金及附加,或者按照预售收入(不包括已经结转销售收入部分)计算并缴纳的税金及附加,不应作为清算的扣除项目。鉴证审核人员在具体审核中,应当重点关注以下事项:

(1)扣除范围和金额计算是否符合税法有关规定,是否与收入相关,复核税金及附加与收入是否配比,企业是否缴纳;营改增后,增值税是否违规扣除。

(2)不属于清算范围、不属于转让环节发生的税金是否违规扣除。

(3)与本次清算收入无关的,按照预售收入(不包括已经结转销售收入部分)计算并缴纳的税金及附加等,是否违规扣除。

(4)印花税的扣除是否符合税法规定。

审核人员在对上述内容进行审核时,要根据清算中取得的基础审核资料逐笔核对,将入库税款与销售的楼盘对应起来,以准确确定扣除的税金。

在企业的会计核算中,"与转让房地产有关的税金"记载在"应交税费"科目中,审核人员需要通过"应交税费"科目提取所有营业税(营改增前)、城市维护建设税、教育费附加与地方教育附加的业务,逐笔审核,对退房等非正常业务进行分析调整。对有两个以上开发项目同时进行的企业,如果在财务核算时由于各种原因未能将税额分项目分开核算,需要审核人员对税票中记载的税额进行区分,将与本次清算单位相匹配的金额筛选出来。因为涉及预缴土地增值税,在整理审核"与转让房地产有关的税金"时,对预缴的土地增值税也应同时整理审核。

审核确定后的税金金额结果要形成《与转让房地产有关的税金审核调整表》(具体表样与前面的表4-2相同)和《与转让房地产有关的税金缴纳情况审核表》(见本章末的附录4-11),作为清算附列资料。

土地增值税清算需要对不同的房屋类型进行区分,因此审核人员还要根据《与转让房地产有关的税金审核调整表》区分税款分别归属于普通住宅、非普通住宅、其他类型房地产。

因为各项税金的缴纳均有明确的项目对象,所以,在一般情况下会直接归集到对应的项目,不涉及分摊。

问题4-2-34

如何对财政部规定的其他扣除项目进行鉴证审核?

答:根据《土地增值税纳税申报表(二)》(从事房地产开发的纳税人清算适用)相关项目分类,"财政部规定的其他扣除项目(行次:21)"不是一种费用支出的分项,对从事房地产开发的纳税人来说,应按照"取得土地使用权所支付的金额(行次:6)"

与"房地产开发成本（行次：7）"之和，加计20%计算扣除金额。"财政部规定的其他扣除项目"的数据基数，实际上就是在"取得土地使用权所支付的金额"与"房地产开发成本"项目的基础上，根据政策规定剔除不得加计扣除金额后取得的。

"财政部规定的其他扣除项目"的金额，是从事房地产开发的企业"取得土地使用权所支付的金额"与"房地产开发成本"金额之和，减去"不得加计扣除金额"后，按20%计算得出的金额。审核人员在对"财政部规定的其他扣除项目"的审核中，需要依据政策，剔除不允许加计扣除的成本、费用。对于不允许加计扣除的成本、费用，要制作《××项目不允许加计扣除费用明细表》（见表4-4），作为清算附列资料。

根据政策规定，不允许加计扣除内容主要与代收费用有关。对于代收费用作为转让收入计税的，在计算扣除项目金额时，可予以扣除，但不允许作为加计20%扣除的基数；对于代收费用未作为转让房地产的收入计税的，在计算增值额时不允许扣除。

审核人员要根据不可加计扣除项目的政策规定，将不可加计扣除的金额从"取得土地使用权所支付的金额"和"房地产开发成本"扣除项目中剔除，并逐笔汇总形成详细的清单，作为清算附列资料。

表4-4　　　　　　　　　　××项目不允许加计扣除费用明细表

单位：元

记账日期	凭证号	摘要	收款/往来单位	金额	成本项目（科目）	明细项目	对方科目	不可加计扣除费用	票据	备注
2016-07-15	426	付××项目规费	开发建设处	9 866 030.00	前期工程费	规费	银行存款	150 300.00	行政收据	同一收据中收取的费用
2016-07-18	242	付××项目配电房新墙体、白蚁、散装水泥规费	开发建设处	2 510.00	前期工程费	规费	银行存款	2 510.00	非税收入缴款书	
		总计						152 810.00		

问题 4-2-35

如何对国家规定的加计扣除项目进行鉴证审核？

答：根据《土地增值税清算鉴证业务准则》(国税发〔2007〕132号文件印发)第三十八条、《土地增值税清算鉴证业务指引（试行）》(中税协发〔2023〕29号文件印发)第五十四条的相关规定，鉴证审核人员在审核加计扣除项目时，应当重点关注以下事项（不限于）：

（1）对于取得土地（不论是生地还是熟地）使用权后，未进行任何形式的开发即转让的，审核是否按税收规定计算扣除项目金额，核实有无违反税收规定加计扣除的情形；

（2）对于取得土地使用权后，仅进行土地开发（如"三通一平"等），不建造房屋即转让土地使用权的，审核是否按税收规定计算扣除项目金额，是否按开发土地成本计算加计扣除；

（3）对于取得房地产产权后，未进行任何实质性的改良或开发即再行转让的，审核是否按税收规定计算扣除项目金额，核实有无违反税收规定加计扣除的情形；

（4）对于县级以上人民政府要求房地产开发企业在售房时代收的各项费用，审核其代收费用是否计入房价并向购买方一并收取，核实有无将代收费用作为加计扣除的基数的情形；

（5）计算加计扣除基数时是否剔除已计入开发成本的利息支出。

对上述前三项内容的审核，重点应放在扣除项目的归集计算上，对照政策核查是否多计扣除金额。对后两项内容的审核，主要是根据在清算中取得的基础资料，逐笔核对确定。

问题 4-2-36

如何对代收费用进行鉴证审核？

答：根据《土地增值税纳税申报表（二）》（从事房地产开发的纳税人清算适用）相关项目，"代收费用（行次：22）"是申报表中扣除项目申报的最后一项。

根据土地增值税清算鉴证规定，对代收费用要进行鉴证审核。在实际清算业务中，鉴证审核人员要对企业的代收费用进行详细核查，对于县级及县级以上人民政府要求房地产开发企业在售房时代收的各项费用，如果代收费用是计入房价中向购买方一并收取的，可作为转让房地产所取得的收入计税；如果代收费用未计入房价，而是在房价之外单独收取的，可以不作为转让房地产的收入。

对于代收费用作为转让房地产收入计税的，在计算扣除项目金额时，可予以扣除，但不允许作为加计20%扣除的基数；对于代收费用未作为转让房地产收入计税的，在计算增值额时不允许扣除。

在企业的会计核算中，"代收费用"一般记载在"开发成本"科目的各个明细科目中。在审核时，鉴证审核人员可以《××项目代收费用核对调整明细表》（见表4-5）为基础提取并制作《代收费用审核表》（见本章末的附录4-10），列明代收费用的项目、金额、批文以及是否计入收入、加计扣除等，并作为清算附列资料。

表 4-5　　　　　　　　××项目代收费用核对调整明细表

单位：元

记账日期	凭证号	摘要	代收费用名称及批文号	收款单位	金额	成本项目（科目）	明细项目	是否计入收入	是否加计扣除	票据	备注

问题 4-2-37

"不得扣除项目"如何审核归集？

答：在土地增值税扣除项目审核中，除了需要按政策将成本、费用分项整理，还有一个重要的审核业务是将不得扣除的成本、费用（项目）金额予以剔除。

实务中，"不得扣除原因"一般包括未取得合法票据、无合理理由的未实际付款、超决算或合同的发票多开、应作开发费用的支出、不合规利息支出、计提的实际未发生成本、竣工后发生的成本、软装家具电器支出、非本清算项目成本、自持自用项目支出、超成本预警值或合理值支出等。

实操中，鉴证审核人员应注意，上述不得扣除项目均要在各扣除项目审核中体现，并在相关表格中列明不得扣除的业务及金额、原因等。审核人员要根据已经确定的不得扣除项目情况，汇总统计各类不得扣除数据（或者制作相应的表格说明），并作为清算附列资料。

问题 4-2-38

如何制作《项目开发成本调整及分配表》？

答：鉴证审核人员在对各个清算扣除项目进行审核计算后，一般要对开发成本进行最后的计算汇总，即对上述各项开发成本的审定数据在不同类型成本对象之间的分配以及已售、未售面积之间的分配进行汇总统计，以方便最终的税款计算。

实操中，一般是制作成本调整及分配表说明相关业务。《项目开发成本调整及分配表》示例见表4-6。

《××项目开发成本调整及分配表》（表4-6）仅仅是提供一个参考，实务中，各地规定的分配方式不同，一些特殊情况涉及的分配方式也不同，在实际操作中要根据具体情况设计表格。

此外，在对上述扣除项目以及前述收入项目进行审核时，均可利用各种表格来说明审核结果，这样能使清算数据更加清晰。

表 4-6　××项目开发成本调整及分配表

单位：元

开发成本项目	账面金额 1	不可扣除金额 2	审定金额 3=1-2	自持房产成本 4=3÷(总可售房产面积+自持房产面积)×自持房产	剔除自持房产后的可扣除开发成本 5=3-4	应分摊总成本 普通住宅	应分摊总成本 其他住宅	应分摊总成本 非住宅	已售可分摊总成本 普通住宅	已售可分摊总成本 其他住宅	已售可分摊总成本 非住宅
						76.394 8%	11.363 3%	12.241 9%	100.000 0%	87.425 9%	27.597 3%
取得土地使用权所支付的金额	99 267 215.06	49 426.00	99 217 789.06	—	99 217 789.06	75 797 255.78	11 274 373.44	12 146 159.84	75 797 255.78	9 856 717.43	3 352 015.67
土地征用及拆迁补偿费	—	—	—	—	—	—	—	—	—	—	—
前期工程费	22 459 720.72	1 955 926.00	20 503 794.72	257 475.77	20 246 318.95	15 467 139.82	2 300 641.48	2 478 537.65	15 467 139.82	2 011 355.49	684 010.19
建筑安装工程费	241 121 013.37	82 357.25	241 038 656.12	3 084 393.86	237 954 262.26	181 784 740.92	27 039 356.96	29 130 164.37	181 784 740.92	23 639 389.14	8 039 147.24
基础设施费	51 722 149.47	394 547.65	51 327 601.82	657 632.46	50 669 969.36	38 709 234.15	5 757 759.39	6 202 975.83	38 709 234.15	5 033 770.41	1 711 855.63
公共配套设施费	564 363.45	0.00	564 363.45	7 334.21	557 029.24	425 541.51	63 296.67	68 191.06	425 541.51	55 337.66	18 818.91
开发间接费用	14 740 149.75	13 214 186.37	1 525 963.38	19 938.94	1 506 024.44	1 150 524.72	171 133.44	184 366.27	1 150 524.72	149 614.88	50 880.17
合计	429 874 611.82	15 696 443.27	414 178 168.55	4 026 775.24	410 151 393.31	313 334 436.90	46 606 561.39	50 210 395.02	313 334 436.90	40 746 185.01	13 856 727.80
附：不得加计扣除的前期勘测费	12 450 275.82	0.00	12 450 275.82	162 561.05	12 287 714.77	9 387 178.13	1 396 284.74	1 504 251.90	9 387 178.13	1 220 713.88	415 133.34

4.3 清算扣除项目税务审核

税务机关对扣除项目的审核，主要是依据扣除政策对企业（或税务师事务所）报审的扣除项目内容、金额等从政策、逻辑方面进行审核。由于土地增值税项目扣除政策与审核扣除政策基本一致，为便于查阅，我们将审核涉及的大部分处理政策放在清算政策章节中，本节内容主要介绍审核的方式方法。需要说明的是，对于土地增值税政策，政策处理规定与审核处理规定在很多情况下是一致的，根据实务中遇到的问题，在分析政策时，适当按照政策（事项）明细进行了分类，在叙述审核政策时，为便于审核整体对照，不再细分。

问题 4-3-1

审核土地增值税扣除项目有哪些总体政策要求？

答：审核土地增值税扣除项目是土地增值税清算业务中最重要的内容，政策适用及数据审核的准确与否，直接影响最终增值额的确定以及税款的计算。对于具体审核业务内容，《土地增值税清算管理规程》（国税发〔2009〕91号文件印发）第二十一条规定："审核扣除项目是否符合下列要求：

（一）在土地增值税清算中，计算扣除项目金额时，其实际发生的支出应当取得但未取得合法凭据的不得扣除。

（二）扣除项目金额中所归集的各项成本和费用，必须是实际发生的。

（三）扣除项目金额应当准确地在各扣除项目中分别归集，不得混淆。

（四）扣除项目金额中所归集的各项成本和费用必须是在清算项目开发中直接发生的或应当分摊的。

（五）纳税人分期开发项目或者同时开发多个项目的，或者同一项目中建造不同类型房地产的，应按照受益对象，采用合理的分配方法，分摊共同的成本费用。

（六）对同一类事项，应当采取相同的会计政策或处理方法。会计核算与税务处理规定不一致的，以税务处理规定为准。"

税务机关在审核上述内容时，对前四项的审核主要是依据清算资料中提供的各项扣除项目调整明细表、票据审核表等资料。对大额的支出要一直核查到原始入账凭证；对没有提供合规原始凭证的，应要求企业及时提供，否则不予扣除（对于扣除凭证的审核政策）。

对涉及成本、费用支付分配计算的，主要是根据清算资料中提供的计算公式、计算数据等资料，核对分配与被分配数据的完整性、真实性和逻辑性。对有证据表明分配计算方式与政策有差异以及明显不合理的，应要求企业重新计算分配。

上述审核是对整个土地增值税扣除项目审核的总体要求，在总体要求之下，政策规定还对一些具体项目的审核提出了针对性要求（见本小节后续内容）。

关于扣除项目的审核，各地具体规定举例如下：

1. 湖北省规定

《土地增值税征管工作指引（试行）》（鄂税财行便函〔2021〕9号文件印发）第二十五条规定的具体审核要求与《土地增值税清算管理规程》第二十一条规定的要求基本相同，其第（五）项进一步细化明确："房地产开发项目中发生的成本、费用，能够直接归集到具体受益对象的，直接计入相应的房地产类型扣除。

纳税人分期开发项目或者同时开发多个项目的，或者同一项目中建造不同类型房地产的，对于发生的无法直接归集到具体受益对象的共同成本、费用，应按照受益对象的可售建筑面积比例或按税务部门确定的其他合理方法计算分摊。"

2. 广东省规定

《国家税务总局广东省税务局土地增值税清算管理规程》（国家税务总局广东省税务局公告2019年第5号发布）第二十八条规定的具体审核要求与《土地增值税清算管理规程》第二十一条的要求基本相同，其第（三）项进一步明确，"同一清算单位内发生的成本、费用，能按照受益对象直接归集的，按照直接成本法计入相应房地产类型扣除；不能按照受益对象直接归集的成本、费用，原则上按照不同类型房地产可售建筑面积比例计算分摊；对占地相对独立的不同类型房地产，可按占地面积法计算分摊取得土地使用权所支付的金额、土地征用及拆迁补偿费"；第（五）项进一步明确，"对于分期开发的房地产项目，各期成本费用的归集分配方式应保持一致；如未保持一致的，应根据有关规定作相应调整"。

3. 安徽省规定

根据《安徽省土地增值税清算管理办法》（国家税务总局安徽省税务局公告2018年第21号修改）第三十六条的相关规定，除国家税务总局文件要求的项目外，再明确以下两项要求：

（1）符合国家法律、法规、规章以及有关规范性文件的规定。

（2）取得土地使用权所支付的金额、土地征用及拆迁补偿费、前期工程费、建筑安装工程费、基础设施费、公共配套设施费以及据实计算扣除的利息支出，应当已经实际支付。

4. 黑龙江省规定

《黑龙江省土地增值税清算管理操作规程》（黑龙江省地方税务局公告2016年第2

号发布）第二十条规定："审核扣除项目需把握的总原则：

（一）成本、费用支出行为要具备合法性。违反国家相应法律法规规定而缴纳的处罚性支出不得扣除。

（二）成本、费用支出要具备真实性。虚假支出，预提、待摊未摊支出，以及应付未付等未实际支付的支出不得扣除。

（三）成本、费用支出要具备直接性。与房地产开发项目无关或房地产开发企业总部的成本、费用等非直接性支出不得扣除。

（四）成本、费用支出要取得合法有效凭据。应取得但未取得合法有效凭据的支出不得扣除。

（五）扣除项目金额中，凡是能够明确归属于某一项目或某一类型房地产所直接发生的成本和费用，要予以单独归集；对于共同发生、无法单独归集的成本和费用，除本条第六款外，一律按各项目或各类型房地产建筑面积占总建筑面积的比例分摊。

（六）纳税人成片受让、分期开发项目的，取得土地使用权所支付的金额，按各期项目占地面积占总占地面积的比例分摊。

（七）扣除项目金额应当准确地在各扣除项目中分别归集，不得混淆。

（八）对同一类事项，应当采用相同的会计政策或处理方法。会计核算与税务处理规定不一致的，以税务处理规定为准。"

问题 4-3-2

如何审核相关土地成本？

答：开发项目的土地成本是最重要的项目成本之一，主要包括取得土地使用权支付金额和土地征用及拆迁补偿费。由于拿地形式多样、组成成本结构多样，土地成本分摊、归集涉及多个涉税点，因此是税务审核业务的重点。对于具体审核要点，《土地增值税清算管理规程》（国税发〔2009〕91号文件印发）第二十二条规定："审核取得土地使用权支付金额和土地征用及拆迁补偿费时应当重点关注：

（一）同一宗土地有多个开发项目，是否予以分摊，分摊办法是否合理、合规，具体金额的计算是否正确。

（二）是否存在将房地产开发费用记入取得土地使用权支付金额以及土地征用及拆迁补偿费的情形。

（三）拆迁补偿费是否实际发生，尤其是支付给个人的拆迁补偿款、拆迁（回迁）合同和签收花名册或签收凭证是否一一对应。"

根据上述政策及各地税务机关日常征管实操政策掌握尺度，税务机关在审核上述内容时，主要围绕以下三点进行审核：

第一，核对清算资料中的审核调整表、审核数据明细表及相关数据汇总表，在核对调整金额的基础上，核对有无遗漏。核对时还需根据企业提供的明细数据表重点抽查一定金额（如5万元）以上的全部原始票据，即查看原始入账凭证是否合规；如果没有原始凭证或原始凭证不合规，则需要企业提供合规的原始凭证，否则不予扣除。

第二，核对清算资料中的项目开发批文、规划设计等资料，以确定土地成本分配计算的正确性。对于明显不合理的分配计算方式，要依据当地税务机关的征管规定重新计算。

第三，对共同成本、费用的分配审核，要依据当地征管具体规定，特别是规定有更加合理的计算方法的，是否按规定采用。

对于拆迁补偿费支出，目前各地逐渐以净地出让为主，房地产开发企业直接面对的拆迁补偿费支出业务已经减少，但是在一些地区或特殊情况下，还是会发生拆迁补偿费支出业务。对于拆迁补偿费支出，重点关注支出凭证的规范性、真实性。

各地在清算审核时，依据国家税务总局的三项规定制定了相应的审核重点和方法（相关土地成本分摊内容已在清算政策中介绍），具体举例如下：

1. 湖北省规定

根据《土地增值税征管工作指引（试行）》（鄂税财行便函〔2021〕9号文件印发）第二十六条的规定，在审核取得土地使用权所支付的金额和土地征用及拆迁补偿费时应当重点关注：

（1）同一宗土地有多个开发项目，是否予以分摊，分摊办法是否合理、合规，具体金额的计算是否正确。

（2）土地出让金是否按照以下方式分摊：国有土地使用权出让合同或其补充协议注明，地下部分不缴纳土地出让金或者地上部分与地下部分分别缴纳土地出让金的，土地出让金应直接归集到对应的受益对象（地上部分或地下部分）。

（3）是否存在将房地产开发费用计入取得土地使用权所支付的金额、土地征用及拆迁补偿费的情形。

（4）拆迁补偿费是否实际发生，尤其是支付给个人的拆迁补偿款、拆迁（回迁）合同和签收花名册或签收凭证是否一一对应。

（5）纳税人为取得土地使用权，在项目规划用地外建设的公共设施或其他工程发生的支出，是否符合出让合同约定或政府文件要求。

2. 广东省规定

根据《国家税务总局广东省税务局土地增值税清算管理规程》（国家税务总局广东省税务局公告2019年第5号发布）第二十九条的规定，审核取得土地使用权所支付的金额和土地征用及拆迁补偿费时应当重点关注：

（1）同一宗土地有多个开发项目，是否予以分摊，分摊办法是否合理、合规，具体金额的计算是否正确。

（2）土地出让金是否按照以下方式分摊：国有土地使用权出让合同或其补充协议注明，地下部分不缴纳土地出让金或者地上部分与地下部分分别缴纳土地出让金的，土地出让金应直接归集到对应的受益对象（地上部分或地下部分）。

（3）是否存在将房地产开发费用计入取得土地使用权所支付的金额、土地征用及拆迁补偿费的情形。

（4）拆迁补偿费是否实际发生，尤其是支付给个人的拆迁补偿款、拆迁（回迁）合同和签收花名册或签收凭证是否一一对应。

（5）纳税人为取得土地使用权，按照出让合同约定或政府文件要求，在项目规划用地外建设的公共设施或其他工程发生的支出，是否符合出让合同约定或政府文件要求。

3.黑龙江省规定

《黑龙江省土地增值税清算管理操作规程》（黑龙江省地方税务局公告2016年第2号发布）第二十一条规定："审核取得土地使用权所支付金额时应当重点关注：

（一）同一宗土地有多个（或分期）项目的，是否予以分摊，分摊方法是否合规，具体金额的计算是否正确。

（二）取得土地使用权所支付金额是否含有关联方的费用。

（三）是否存在将房地产开发费用记入取得土地使用权所支付金额的情形。

（四）比较、分析相同地段、相同期间、相同档次项目，判断其取得土地使用权所支付金额是否存在明显异常。"

该规程第二十二条规定："审核土地征用及拆迁补偿费时应当重点关注：

（一）征地费用、拆迁费用等实际支出与概预算是否存在明显异常。

（二）支付给个人的拆迁补偿款，其拆迁（回迁）合同和签收花名册或签收凭证是否一一对应。

（三）是否存在将不属于本项目且不符合异地拆迁安置条件的费用支出记入拆迁补偿费的情形。"

4.山西省规定

根据《房地产开发企业土地增值税清算管理办法》（山西省地方税务局公告2014年第3号发布）第十八条第（一）项的规定，在审核取得土地使用权、土地征用及拆迁补偿费实际支付金额时应注意：

（1）结合企业提供的土地使用权证、土地出让合同、土地价款的支付凭据、契税完税凭证、银行支付记录和与政府相关部门的协议，确认本期开发项目"取得土地使用权所支付的金额"是否获取合法有效凭证，口径是否一致。拆迁补偿费和青苗补偿费等与概预算是否存在明显异常，拆迁、补偿支出与拆迁、补偿合同和签收花名册发生的金额能否互相对应，有无政府返还和以地补路等情况。

（2）土地征用及拆迁补偿若由政府或者其他拆迁单位承担，则这部分费用已包括在取得土地使用权的金额中，应注意审核是否有重复列支的问题。

（3）比较、分析相同地段、相同期间、相同档次项目，判断其取得土地使用权支付金额和土地征用及拆迁补偿费是否存在明显异常。

根据该办法第十八条第（二）项的规定，在审核取得土地使用权和土地征用及拆迁补偿费支付金额分摊比例时应注意：

（1）同一宗土地有多个开发项目，能准确划分不同项目占地面积的，应当先按占地面积分摊土地成本；不能准确划分不同项目占地面积的，应当按楼面地价（楼面地价＝土地总价格/总建筑面积）和各项目实际建筑面积占总建筑面积的比例计算分摊不同项目的土地成本。

（2）房地产开发企业成片受让土地使用权后，分期分批开发、转让房地产的，以及建有公共配套设施的，应当结合房地产开发企业提供的土地使用权证、经规划部门审核同意的规划图、房屋分户（室）测绘面积对照表等资料，按照上述原则分摊土地成本，以判定其土地成本的分摊是否合理、完整。

5. 宁波市规定

根据《宁波市房地产项目土地增值税清算审核工作指引》（2013年第3号）第三条的规定，相关审核方法如下：

（1）取得土地使用权支付金额审核。结合房地产开发企业提供的土地使用权证、地价款凭证、土地使用权出（转）让合同、契税完税凭证、银行支付凭证及与政府相关部门的协议等，审核"取得土地使用权所支付的金额"是否真实、准确、完整。重点关注出让合同、土地票据和契税完税凭证相关信息是否一致，同一宗土地有多个开发项目及分期开发的成本分摊计算是否合理，是否存在逾期开发的土地闲置费、已预提尚未支付的土地出让金等支出违规列入开发成本等情况。

（2）土地征用和拆迁补偿费审核。查看《房屋拆迁许可证》《房屋拆迁安置补偿协议》《拆迁台账》以及取得的土地"招拍挂"时相关文件或出让合同对补偿费的约定，了解其补偿形式、补偿金额、支付方式、安置用房面积和安置地点，审核是否存在多列支拆迁补偿费或回迁户支付的拆迁补差价款未抵减拆迁补偿费的情况。抽查支付给个人的拆迁补偿款、拆迁（回迁）合同、签收花名册和签收凭证是否一一对应。重点关注无合法凭据支付补偿款和向关联方多支付补偿款的情况。

6. 江苏省规定

根据《土地增值税清算要素鉴别法》（苏州地税发〔2010〕87号文件印发，江苏省地方税务局以苏地税财行便函〔2010〕26号文件转发）第二条第（一）项、第（二）

项的规定，取得土地使用权所支付价款的鉴别关注点及方法如下：

（1）若开发企业取得土地使用权所支付的地价款和相关费用明显高于当时市场价格，可能是企业虚增了交易价格。

鉴别方法：核算取得土地使用权所支付的价款及按国家规定缴纳的有关费用是否真实、正确，要审查《土地出让金缴费证明》、土地出让金缴费票据及银行转账凭据、土地转让合同及发票、取得土地使用权时的契税票据等，各证明材料所载金额不一致的，要进行重点审核，必要时向国土部门（现为自然资源部门，下同）进行函证或要求企业提供国土部门书面证明。

（2）通过股权转让（包括企业改制）、企业并购等方式取得土地使用权，由于转让的股权溢价无法取得发票而无法计入被转让项目的成本，是否可以按实际支付的股权转让金额进行土地成本扣除的问题。

鉴别方法：如果是通过股权转让方式取得土地使用权，在股权转让时未能单独取得支付土地价款的合法凭证，则在土地增值税清算时不能按股权转让时支付的金额作为土地成本扣除。在这种情况下，仅允许扣除股权转让方当时受让土地时支付的土地成本金额。

（3）房地产开发企业的土地为作价入股取得，作价金额大于投资方当初取得土地的成本，在房地产企业土地增值税清算时，土地成本的扣除问题。

鉴别方法：土地作价入股，从事房地产开发的，应当按作价金额缴纳土地增值税，房地产企业在进行土地增值税清算时，应按投资入股时确认的金额进行土地成本扣除。在《财政部 国家税务总局关于土地增值税若干问题的通知》（财税〔2006〕21号）下发前，土地作价入股享受土地增值税免税的，在进行房地产土地增值税清算计算土地成本扣除时，允许扣除入股方（投资方）当时受让土地时支付的土地成本金额。

（4）房地产企业支付的拆迁补偿费，列支凭证混乱，金额大，如何确认允许扣除的拆迁补偿成本的问题。

鉴别方法：按拆迁补偿的方式分为货币安置及实物安置两种情况，其中实物安置又可分为异地安置和就地安置，按是否发生补价进一步分为有补价及无补价两种情况。

①房地产企业用建造的本项目房地产安置回迁户的，安置用房视同销售处理，收入按下列方法和顺序确认：一是按本企业在同一地区、同一年度销售的同类房地产的平均价格确定。二是由主管税务机关参照当地当年、同类房地产的市场价格或评估价值确定确认，同时将此确认为房地产开发项目的拆迁补偿费；房地产开发企业支付给回迁户的补差价款，计入拆迁补偿费；回迁户支付给房地产开发企业的补差价款，应抵减本项目拆迁补偿费。

回迁安置时，着重鉴别房地产的确认收入，同时，注意拆迁成本与拆迁安置房视同销售收入在金额上是一致的。

②开发企业采取异地安置方式，异地安置的房屋属于自行开发建造的，房屋价值按下列方法和顺序确认：其一，按本企业在同一地区、同一年度销售的同类房地产的平均价格确定。其二，由主管税务机关参照当地当年、同类房地产的市场价格或评估价值确定，计入本项目的拆迁补偿费；异地安置的房屋属于购入的，以实际支付的购房支出计入拆迁补偿费。

异地安置时，要鉴别凭证的合法有效性，依据合法有效的凭证予以扣除。

③采取货币安置方式拆迁的，房地产开发企业凭合法有效凭据计入拆迁补偿费。

货币安置时，房地产开发企业支付的拆迁补偿费，在确认扣除金额时，依据"实质重于形式"以及"合理性"的原则加以判断，强调是否实际发生。要求有证明该项费用发生的书面凭据（合同协议、收据），具备对方单位或个人签章要件且金额合理，签收花名册或签收凭证能一一对应，方予以认可扣除。

问题 4-3-3

审核地下建筑土地成本分摊需要注意哪些问题？

答：地下建筑土地成本的分摊与各地政策把握口径紧密相关，税务机关在审核地下建筑如何分摊土地成本时，关键是要把控面积数据、分摊政策，具体可以从以下三个方面着手（不限于）：

首先，归集相关文件，包括规划设计批文、测绘报告等，以全面掌握面积数据、地下建筑性质等内容。

其次，审核企业提供的各类地下建筑各项成本的分摊方式及计算数据，目的是确定数据的准确性、相关性及企业申报的分摊计算方式。如果企业没有提供明细计算数据（表格），可以要求企业补充提供。对于与相关规划设计批文、测绘报告等数据有差异的，需要企业提供数据差异的说明。

最后，在审核企业分摊土地成本数据、方式的基础上，依据当地税务机关的具体规定，判断企业采取的分摊方式是否与政策有差异。

实务中，各地根据具体情况在处理土地成本分摊的政策上有一定差异，不同处理情况审核的方式如下（不限于）：

（1）对于以确权判定是否分摊土地成本的，主要核查地下建筑是否已经取得权属登记手续；如果没有取得，则不能分摊土地成本。

（2）对于以计容判定是否分摊土地成本的，主要核查相关土地合同、项目批文、规划设计等有明确地下建筑计容的证据资料。

（3）对于以相关合同、文件直接规定缴纳土地出让金的，主要核查相关合同、文件，根据合同确定的金额、面积计算核查。

实操中，各地是以制定的具体征管政策为依据并对取得相关资料进行审核的。例如，根据《土地增值税征管工作指引（试行）》（鄂税财行便函〔2021〕9号文件印发）第二十七条第（四）项第1点的规定，在审核地下非人防车位土地增值税成本扣除时，要重点关注"分摊土地成本时，根据地下非人防车位是否纳入建设规划、计入项目容积率情况进行判断。即地下非人防车位是否与该项目获取土地使用权所支付的土地成本具有相关性"。

问题 4-3-4

如何审核建筑安装工程费？

答：建筑安装工程成本是项目开发中最大的成本支出项目之一，涉及的业务最复杂。对于具体审核业务要点，《土地增值税清算管理规程》（国税发〔2009〕91号文件印发）第二十五条规定："审核建筑安装工程费时应当重点关注：

（一）发生的费用是否与决算报告、审计报告、工程结算报告、工程施工合同记载的内容相符。

（二）房地产开发企业自购建筑材料时，自购建材费用是否重复计算扣除项目。

（三）参照当地当期同类开发项目单位平均建安成本或当地建设部门公布的单位定额成本，验证建筑安装工程费支出是否存在异常。

（四）房地产开发企业采用自营方式自行施工建设的，还应当关注有无虚列、多列施工人工费、材料费、机械使用费等情况。

（五）建筑安装发票是否在项目所在地税务机关开具。"

对于取得的建筑安装工程发票的规范要求，《国家税务总局关于营改增后土地增值税若干征管规定的公告》（国家税务总局公告2016年第70号）第五条规定，"营改增后，土地增值税纳税人接受建筑安装服务取得的增值税发票，应按照《国家税务总局关于全面推开营业税改征增值税试点有关税收征收管理事项的公告》（国家税务总局公告2016年第23号）规定，在发票的备注栏注明建筑服务发生地县（市、区）名称及项目名称，否则不得计入土地增值税扣除项目金额"。

根据上述政策及一些地区税务机关在具体审核中的做法，税务机关在核查上述建筑安装工程成本时，一般围绕以下四点展开（不限于）：

（1）对企业提供（申报）的清算数据的审核。审核清算资料中的各类数据调整表及相关明细表等资料，在核对调整金额的基础上，结合相关明细账核对有无遗漏或应调整业务。核对时还需要重点抽查一定金额以上的原始票据，例如全部5万元以上的支出，核对原始入账凭证是否合规，如果没有原始凭证或原始凭证不合规，则需要企业提供合规的原始凭证，否则不予扣除。

（2）对相关项目开发资料的审核。核对开发项目的规划设计（要点）、规划许可证、销（预）售许可证、建筑施工合同（协议）、施工许可证、竣工验收表、测绘报告等资料。各类证照之间有差异的，例如规划设计与施工许可证有较大差异的，需要进一步核查说明原因，必要时应现场查看，以确认是否存在违章建筑。

对合同（协议）与实际发生数之间的差异要追踪核查原因，凡是不符合政策、与房屋正常成本支出无关的支出不得扣除，例如抗灾抢险、额外建筑支出等。在合同（协议）核查中，还需要通过合同名称（全称）及内容仔细审核是否有不同清算项目的共同成本没有合理分摊，或者同一清算项目不同核算对象需要分摊的成本没有合理分摊。

（3）对建造成本的审核。在审核清算资料中各类数据调整表的基础上，结合施工合同的审核，甄别建造成本是否存在虚假。重点关注五个方面：一是应列入而没有列入总承包合同的施工内容；二是超出合同约定价格的材料、人工成本；三是对总承包内容有重叠（重复）的建造成本；四是在合同之外（没有合同）的建筑劳务成本；五是比对当地当期同类开发项目单位平均建安成本或当地建设部门公布的单位定额成本，是否有较大差异。

在核查上述内容时，对于异常情况，不仅需要企业提供详细的说明及相关资料，还需要税务审核人员追踪核查销售材料、提供劳务的单位等，以确定是否存在虚增成本等问题。

（4）对发票的审核。在前述各项审核的基础上，还需要从发票的形式要件上核对是否合规，即在发票的备注栏注明建筑服务发生地县（市、区）名称及项目名称，否则不得计入土地增值税扣除项目金额。

各地对建筑安装工程费的审核也是根据国家税务总局审核要点确定相应审核重点并进行细化的，具体规定举例如下：

1. 湖北省规定

根据《土地增值税征管工作指引（试行）》（鄂税财行便函〔2021〕9号文件印发）第二十九条的规定，在审核建筑安装工程费时应当重点关注以下事项：

（1）发生的费用是否与决算报告、审计报告、工程结算报告、工程施工合同记载的内容相符。是否与建安发票、工程施工合同及补充协议、付款现金流等相符。

（2）房地产开发企业自购建筑材料时，自购建材费用是否重复计算扣除项目。

（3）参照当地当期同类开发项目单位平均建安成本或当地建设部门公布的单位定额成本，验证建筑安装工程费支出是否存在异常。

（4）建筑安装服务增值税发票是否在备注栏注明建筑服务发生地县（市、区）名称及备案的项目名称。

2. 广东省规定

根据《国家税务总局广东省税务局土地增值税清算管理规程》（国家税务总局广东省税务局公告2019年第5号发布）第三十二条的规定，在审核建筑安装工程费时应当重点关注以下事项：

（1）发生的费用是否与建安发票、工程施工合同及补充协议、工程结算报告记载的内容相符。

（2）建筑安装服务增值税发票是否在备注栏注明建筑服务发生地县（市、区）名称及备案的项目名称。

3. 黑龙江省规定

根据《黑龙江省土地增值税清算管理操作规程》（黑龙江省地方税务局公告2016年第2号发布）第二十五条的规定，审核建筑安装工程费时应当重点关注以下事项：

（1）发生的费用是否与决算报告、审计报告、工程结算报告、工程施工合同记载的内容相符。有条件的地区还可以凭借开发商介绍信和检查人员的身份证，到当地城建档案馆，调取该房地产开发项目有关信息进行比对核实，验证有无虚列支出等情况。

（2）房地产开发企业自购建筑材料时，自购建材费用是否重复计算扣除。

（3）参照当地当期同类开发项目单位平均建安成本或当地建设部门公布的单位定额成本，验证建筑安装工程费支出是否存在异常。

（4）房地产开发企业是否存在利用关联方承包或分包工程，增加或减少建筑安装成本的情形。

（5）房地产开发企业采用自营方式自行施工建设的，还应当关注有无虚列、多列施工人工费、材料费、机械使用费等情况。

（6）建筑安装发票是否在项目所在地税务机关开具。

4. 宁波市规定

根据《宁波市房地产项目土地增值税清算审核工作指引》（2013年第3号）第三条的规定，相关审核方法如下：

（1）建筑安装工程费真实性审核。查看建安施工合同、工程结算书、企业付款凭证、记账凭证单、工作联系单和施工方开具的建安发票，审核合同施工方、支票收款方、发票开具方及各类合同凭证金额数据是否一致。

结合商品房类型、用途、结构等因素，审核企业的单位面积建安成本，将单位面积建筑安装工程造价（包含土建、水电、初装饰）与市发展改革委、房管局定期公布的宁波市区各类房屋建筑安装工程造价进行核对。对超出一定幅度的，要求企业合理解释并提供依据。如仍有疑问，可做进一步核实。

（2）设计费用审核。核实房地产企业签订的设计合同、取得的设计费支付发票和银行结算凭证，看合同、发票、银行结算的收款单位及金额是否一致。对由境外设计单位设计的，要求企业提供《服务贸易等项目对外支付税务备案表》。必要时可要求其提供境外中介机构报告。

5. 江苏省规定

根据《土地增值税清算要素鉴别法》（苏州地税发〔2010〕87号文件印发，江苏省地方税务局以苏地税财行便函〔2010〕26号文件转发）第二条第（二）项的规定，相关开发成本的鉴别关注点及方法如下：

（1）企业在开发过程中，大量接触相关业务单位，业务票据往来繁杂，存在以"假发票"虚列成本的问题。

鉴别方法：①可根据收款方的性质、支付款项的内容来判断鉴别凭据的合法有效性：如对方单位是经营性企业，就必须提供税务局监制的发票；如对方是行政机关或者政府行业管理机构，收取的是相关政府性规费，需提供省级财政部门监制的行政事业性收费收据。②可查看相关合同，确认合同工程造价，关注合同中明确的建筑工程款、材料费及单位用量等，来查验票据的真伪及开票方与领票方是否一致。③对暂时无法确定真伪的发票，通过发票查询系统查询。④对超过一定金额的可疑发票，可查阅银行对账单，确认是否实际支付。对通过现金支付的大额发票，应关注是否真实合理。

（2）部分房地产开发企业采取虚签合同、虚列建筑工程费用发票的"假业务"手段，加大建安成本的扣除金额，从而在土地增值税清算中少缴税款。

鉴别方法：在确定发票真伪的基础上，根据费用发生的性质、与项目的关联程度，判断成本费用的真实及可配比性，主要方法有：

①对企业提供的成本资料进行归集整理，同时抽查相关建筑施工合同、施工竣工决算报告等资料，将合同金额、竣工决算金额与开发企业账面归集的建筑工程费用发票金额加以比对，对差异部分要求开发企业提供合理解释及依据。

②将企业的单位建安成本与建设部门提供的各年度建筑安装工程造价参考表进行核对，对超出一定幅度的，要求企业合理解释并提供依据，不能解释或提供依据的，按建设部门公布的每平方米建安造价金额标准核定企业的建安成本。

③采取"实地查验"方式或聘请工程造价师，到施工现场了解其真实开发情况，从而估算项目工程量。

（3）开发企业同时进行自建房和房地产开发，多列支房地产开发部分的开发成本，少计自建房屋的成本，从而减轻土地增值税负担。

鉴别方法：重点审核"开发成本"账户，与有关的交易证明文件及会计凭证进行核对，看是否将不属于开发房地产的成本也记入了"开发成本"账户。同时，查看成本分摊方法是否合理，是否符合税法规定。

（4）房地产企业开发建设节能型房产项目，如提供恒温、恒氧等设施，其发生支出的真实性确认较难。

鉴别方法：部分房地产企业为提升楼盘品质，采用新型材料或先进设备，其发生的支出由于各楼盘间不具有可比性，确认较难。在审核时，应查看企业与供货商签订的供货合同与发票金额是否一致，必要时应向第三方咨询节能设施和新型材料的市场价格，以确认这类支出的合理性。

（5）房地产企业支付的设计费用名目繁多，特别是支付给境外设计公司的设计费金额较大，其真实性确认较难。

鉴别方法：查看企业的设计合同和楼盘销售广告，看设计费收款单位与设计单位是否一致；查看房地产企业银行转账记录与发票所载的收款单位与收款金额是否一致；如果有向同一设计单位或不同设计单位重复支付某设计项目款项的情况，应要求企业合理解释原因。

问题 4-3-5

如何审核前期工程费、基础设施费？

答：前期工程费、基础设施费等是项目开发中重要的成本支出项目之一，业务涉及支出鉴别归集、分摊计算等要点。对于具体审核业务要点，《土地增值税清算管理规程》（国税发〔2009〕91号文件印发）第二十三条规定："审核前期工程费、基础设施费时应当重点关注：

（一）前期工程费、基础设施费是否真实发生，是否存在虚列情形。

（二）是否将房地产开发费用记入前期工程费、基础设施费。

（三）多个（或分期）项目共同发生的前期工程费、基础设施费，是否按项目合理分摊。"

前期工程、基础设施工程等在性质上也属于建筑工程，在实操中与前述建筑安装工程审核基本一致，除审核内容相同外，要关注以下几点（不限于）：

一是核实业务发生是否真实合规（合理调整）。通过核实前期工程费发生时间，核对是否将开发费用列入前期工程费，可以结合前期工程费总预算、招投标中标书、工程勘察合同、工程设计合同、可行性研究报告、专用收据（发票）等资料，核实各类合同或协议的签订时间、主要内容和取得的票据及对应的款项，确认前期工程费是否真实发生，同时逐笔核实每笔业务，核对是否将开发费用记入前期工程费，如项目营销策划费、销售代理费、销售模型制作费、销售现场服务费等计入前期费用（或未按规定调出）。

二是在清算资料的数据审核中，关注大金额特别是不符合逻辑的支出，甄别业务的真假，例如超过正常业务量的打桩、土方量等工程，可以比对相关建筑业信息数据、图纸数据等。

三是在合同（协议）、项目批文的审核中，关注是否存在不同清算项目（或分期）统一进行前期工程等情形，核对成本分摊是否合理。例如多个项目或多期开发的项目共同发生的"三通一平"费用、项目总体规划设计费用、勘察费用、项目报建费用，是否按照政策规定的方式，在各清算单位之间进行分摊。

四是在成本、费用的审核中，通过开发成本、费用明细账核对是否存在不得计入扣除项目的内容。

各地具体规定举例如下：

1. 湖北省规定

根据《土地增值税征管工作指引（试行）》（鄂税财行便函〔2021〕9号文件印发）第二十七条的规定，审核前期工程费、基础设施费时应当重点关注：

（1）前期工程费、基础设施费是否真实发生，是否存在虚列情形。

（2）是否存在将房地产开发费用记入前期工程费、基础设施费的情形。

（3）多个（或分期）项目共同发生的前期工程费、基础设施费，是否按项目合理分摊。

2. 广东省规定

根据《国家税务总局广东省税务局土地增值税清算管理规程》（国家税务总局广东省税务局公告2019年第5号发布）第三十条的规定，审核前期工程费、基础设施费时应当重点关注：

（1）前期工程费、基础设施费是否真实发生，是否存在虚列情形。

（2）是否将房地产开发费用记入前期工程费、基础设施费。

（3）多个（或分期）项目共同发生的前期工程费、基础设施费，是否按项目合理分摊。

3. 黑龙江省规定

根据《黑龙江省土地增值税清算管理操作规程》（黑龙江省地方税务局公告2016年第2号发布）第二十三条的规定，审核前期工程费、基础设施费时应当重点关注：

（1）前期工程费、基础设施费的各项实际支出与概预算是否存在明显异常。

（2）是否将房地产开发费用记入前期工程费、基础设施费。

（3）多个（或分期）项目共同发生的前期工程费、基础设施费，是否按项目进行分摊。

4. 山西省规定

根据《房地产开发企业土地增值税清算管理办法》（山西省地方税务局公告2014

年第3号发布）第十九条第（一）项的规定，前期工程费与基础设施费的审核内容如下：

（1）审核前期工程费（包括规划、设计、水文、地质、勘察、测绘、可研、通水、通电、通路、清理平整场地等费用）和基础设施费（包括小区内道路、供水、供电、供气、排污、排洪、通信、照明、环卫、绿化等费用）的各项实际支出与概预算是否存在明显异常。

（2）审核前期工程费与基础设施费是否存在虚列、多列等情况，实际发生的费用与开发项目是否相对应。

（3）多个（或分期）项目共同发生的前期工程费和基础设施费，应当采用建筑面积法进行分摊，审核其是否合理分摊。

5.江苏省规定

根据《土地增值税清算要素鉴别法》（苏州地税发〔2010〕87号文件印发，江苏省地方税务局以苏地税财行便函〔2010〕26号文件转发）第二条第（二）项的规定，相关审核鉴别关注点及方法如下：

（1）前期工程费中列支的填土、灌浆等支出金额较大，如何确认这部分支出允许扣除的具体金额。

鉴别方法：房地产企业在前期"三通一平"时，其填土、灌浆等支出，真实发生的，允许扣除。在审核时，应重点对施工合同、监理报告、发票和银行支付记录金额的一致性进行核对，并了解有无渣土买卖记录，同时，要求企业提供地质勘探部门的验收决算报告及造价事务所出具的决算书，看填土、灌浆工程量与实际发生额是否相近或一致。对明显不合理、支出过大的，应作为疑点进一步核实。

（2）桩基、基坑及地下隐藏工程发生的建安支出金额较大，如何确定其真实性。

鉴别方法：结合房产的类型（低层、多层、小高层、高层）、结构（砖混、框架），查核相关合同、监理报告、发票、付款记录、决算报告，核实发票合法性、业务真实性，测算桩基工程占整个土建工程比例，看有无异常。具体包括：

①查阅桩基购入发票，是否存在舍近求远等明显不符合商业常规的现象，桩基款是否已作甲供材料处理。

②确定是否发生桩基检测费、桩基测试费等相关支出，查看桩基测试报告，核对桩基工程量，确定桩基工程的合理性。

③测算桩基工程占整个土建工程比例，看有无异常，一般低密度住宅（别墅、联体、六层以下住宅）桩基工程造价占土建工程总额的7%左右，小高层、高层则占9%~10%；打桩费用占桩基价格的15%~20%。

④查看基坑及地下隐藏工程验收、监理报告及工程造价决算书，存在明显差异的，以工程造价决算书的确定金额予以扣除。

案例4-13

开发费用混入前期工程费的处理

某地税务机关审核某房地产企业土地增值税清算申报，在梳理开发成本（前期工程费）业务中，发现，20××年7月23#凭证付A（外地）建筑设计咨询有限公司设计咨询费900 000元，20××年6月79#凭证付B工程咨询有限公司高层工程咨询费202 900元。经核对相关资料，业务真实发生，但属于开发费用，调至开发费用处理，调减前期工程费（开发成本）1 102 900元。

问题4-3-6

如何审核公共配套设施费？

答：公共配套设施费是项目开发中重要的成本支出项目之一，由于相关处理涉及界定、分摊、预提、移交等业务，在实操中容易产生较大问题。对于具体审核业务要点，《土地增值税清算管理规程》（国税发〔2009〕91号文件印发）第二十四条规定："审核公共配套设施费时应当重点关注：

（一）公共配套设施的界定是否准确，公共配套设施费是否真实发生，有无预提的公共配套设施费情况。

（二）是否将房地产开发费用记入公共配套设施费。

（三）多个（或分期）项目共同发生的公共配套设施费，是否按项目合理分摊。"

公共配套设施工程等在性质上属于建筑工程，在实操中与前述建筑安装工程审核基本一致，除审核内容相同外，要关注以下四个方面（不限于）：

一是通过相关规划、施工、验收证照的审核，把控各类公共配套设施的面积数据。

二是核对界定资料。主要是核对清算资料中的项目批文、土地合同以及规划设计、移交手续、政府文件等资料。通过核对资料确定公共配套设施的实际处理是否存在问题，对于缺乏手续、性质无法确定以及实际使用与初始界定存在差异的，要查明原因，凡是实际处理不符合文件规定的金额，不得扣除成本。

三是核对非人防车库等特殊物业的处理方式是否合规。实务中，对于一些特殊物业因涉及产权、使用权性质等问题，各地针对不同情况制定有详细的处理规定，在处理时要仔细核对其处理与具体征管规定（或政策把握口径）是否有差异。

四是核对分配计算。根据清算资料提供的面积、成本数据及计算公式，核对公共配套设施费的分配计算方式是否合理；如果有证据表明分配方式明显不合理，应要求企业重新选择分配方式。

各地具体规定举例如下：

1. 湖北省规定

根据《土地增值税征管工作指引（试行）》（鄂税财行便函〔2021〕9号文件印发）第二十八条的规定，在审核公共配套设施费时应当重点关注：

（1）公共配套设施的界定是否准确，公共配套设施费是否真实发生，有无预提的公共配套设施费的情况。

（2）是否存在将房地产开发费用记入公共配套设施费的情形。

（3）多个（或分期）项目共同发生的公共配套设施费，是否按项目合理分摊。

另外，在审核地下非人防车位土地增值税成本扣除时，要重点关注：扣除建筑等其他成本时，是否准确区分销售和租赁，已销售部分车位成本是否准确核算。要核对相关地下车位的租赁合同，摸清合同租期期满后延续租期、承租人选择权等，确认其处理是否符合政策规定。

2. 广东省规定

根据《国家税务总局广东省税务局土地增值税清算管理规程》（国家税务总局广东省税务局公告2019年第5号发布）第三十一条的规定，审核公共配套设施费时应当重点关注：

（1）公共配套设施的界定是否准确，公共配套设施费是否真实发生，有无预提的公共配套设施费的情况。

（2）是否将房地产开发费用记入公共配套设施费。

（3）多个（或分期）项目共同发生的公共配套设施费，是否按项目合理分摊。

（4）利用地下人防设施建造的车位，是否按照以下方式处理：建成后产权属于全体业主所有或无偿移交给政府的，其成本、费用予以扣除；有偿转让且能办理权属转移登记手续的，应计算收入，并准予扣除成本、费用；不能办理权属转移登记手续的，不计算收入，不予扣除相应成本、费用。

不能办理权属转移登记手续的人防车位，其建筑面积按照人防设施竣工验收备案文件确定，其不予扣除的成本按照建筑面积比例在不含室内（外）装修费用的建筑安装工程费中计算。

3. 黑龙江省规定

根据《黑龙江省土地增值税清算管理操作规程》（黑龙江省地方税务局公告2016年第2号发布）第二十四条的规定，审核公共配套设施费时应当重点关注：

（1）公共配套设施的界定是否准确，能否提供产权属于全体业主所有的凭证，或无偿移交给政府、公用事业单位用于非营利性社会公共事业的凭证。

（2）是否将房地产开发费用记入公共配套设施费。

（3）多个（或分期）项目共同发生的公共配套设施费，是否按项目进行分摊。

（4）公共配套设施费中是否含有以明显不合理的金额开具的各类凭证。

4. 宁波市规定

《宁波市房地产项目土地增值税清算审核工作指引》（2013年第3号）第三条第9点规定："公共配套设施费支出审核。一是核实公共配套设施的范围。审核公共配套设施的界定及面积是否准确。二是核实公共配套设施的权属关系，确认是否可扣除相应成本费用。查看公告或其他证明材料，判断公共配套设施产权是否交由全体业主。查看产权所有人的房产证，判断是否在建成后无偿移交给政府、公用事业单位用于非营利性社会公共事业。同时应注意核实是否存在公共配套设施的使用权和收益权未无偿移交给全体业主，同时又计入开发成本的情况。"

5. 江苏省规定

根据《土地增值税清算要素鉴别法》（苏州地税发〔2010〕87号文件印发，江苏省地方税务局以苏地税财行便函〔2010〕26号文件转发）第二条第（二）项的规定，关于配套设施如何进行成本分摊，保证成本费用没有重复列支扣除，鉴别方法如下：

首先，按项目清算时的扣除项目总金额除以清算的总建筑面积，计算单位建筑面积成本。其次，核实确定配套设施的面积：配套设施包括地下人防工程、居委会和派出所用房、会所、停车场（库）、物业管理场所、变电站、热力站、水厂、文体场馆、学校、幼儿园、托儿所、医院、邮电通信等设施的建筑面积。着重核实人防工程的面积，地下设施不等于人防工程，人防工程的面积在竣工验收报告中有单独列示。再次，确认权属关系，确认是否可扣除相应成本费用：建成后产权属于全体业主所有的，作为公共配套设施，其成本、费用可以扣除；建成后无偿移交给政府、公用事业单位用于非营利性社会公共事业的，按照清算文件规定，其成本、费用可以扣除；其他情形，不予扣除计算。最后，按照上述部分可扣除的成本面积乘以单位建筑面积成本费用确定，分别计算上述部分成本费用，在清算时予以扣除。使用上述方法，不可售的配套设施会有相应的成本，今后若开发商改作他用有原始成本可循。

案例4-14

代建性质成本计入公共配套设施成本的处理

某地税务机关在审核时发现，某房地产开发公司自行申报的A项目总建筑面积25.87万平方米，其中可售面积20.79万平方米、幼儿园建筑面积0.54万平方米、中学建筑面积2.41万平方米、物管用房及其他公配面积2.13万平方米。

税务审核人员查看了该项目的立项批复、建筑工程规划许可证及规划设计要点，发现该项目的立项批复、建筑工程规划许可证及规划设计要点均提到建筑面积中含幼儿园0.54万平方米，但未提及配建的中学面积。

经询问，该公司财务人员称配建的学校属于取得项目开发权时附带的条件。为此，税务审核人员仔细翻阅了土地合同、项目批文以及《项目转让协议》等各类相关资料，发现在协议中明确了该配套中学由政府出资建设，该房地产公司实际为代建性质。

根据政策规定，不能在本项目土地增值税清算中扣除。该中学的建筑面积2.41万平方米应从总建筑面积中调减，同时对应建造成本5 610万元不得扣除。

问题4-3-7

如何核查建筑安装工程费中的精装修费用？

答：对精装修房费用的核查与建筑安装工程费核查的方法基本一样，不同之处在于，还需要审核对"硬装"与"软装"是否严格区分及相关证据资料是否齐全。

在税务机关审核中，审核人员要抽查《精装修成本审核调整表》与《精装修成本明细表》中的业务，方式也是对一定金额以上的支出全部核对，同时还要核对相关合同、设计图纸。对于没有合同、设计图纸证明精装修成本发生的，原则上不予扣除。根据一些地区税务机关在具体征管操作中的做法（规定），在审核时主要关注以下几点：

（1）对于规定有合同前提的精装修房屋，审核人员要审核《房地产买卖合同》或补充合同（协议）中是否有明确约定。

（2）在采取"不可移动"与"可移动"政策区分的地区，审核人员需要核查"不可移动"与"可移动"的家具、家电等物品的区分情况，抽查相关支出业务并与相关合同、设计图纸核对是否一致。

（3）在规定家用电器、家具的成本费用不得计入开发成本的地区，审核人员需要核对装修费用的相关合同及具体业务，核查装修费用中是否混入家用电器、家具等物品等。

（4）在规定装修费用及家具、家电等可以计入开发成本予以扣除，但可移动的家具、家电等不得作为加计20%扣除基数的地区，审核人员需要核查"不可移动"与"可移动"的家具、家电等物品的区分情况，抽查相关支出业务并与相关合同、设计图纸核对是否一致，以确定"不得作为加计20%扣除基数"的准确性。

有些地方税务机关对精装修房费用的审核也制定了详细的方式方法。例如，《宁波市房地产项目土地增值税清算审核工作指引》（2013年第3号）第三条第10点规定："精装修审核。一是核实装修费用付款凭证、支付记录、合同金额及发票信息是否一致；二是查看甲供材料及家具、家电等软装修价款列支情况；三是查看装修工程施工方，对由关联企业提供的装修行为予以重点关注。"

又如，根据《土地增值税清算要素鉴别法》（苏州地税发〔2010〕87号文件印发，江苏省地方税务局以苏地税财行便函〔2010〕26号文件转发）第二条第（二）项的规定，房地产企业建造精装修房出售，各企业装修费用差别很大，有的企业甚至提出应客户需求进行个性化装修（改造），存在重复列支装修费用和以其他项目装修发票入账的情形。

鉴别方法如下：

（1）查看企业与客户签订的购房合同，企业实际列支的单位建筑面积装修费用一般应小于合同相关条款的金额。

（2）关注从装修市场取得的发票、手工票，舍近求远取得的发票，与付款记录不符的发票，只有金额无明细内容的发票。

（3）核查是否存在纳税人将多个类似装修项目分开发包，分别审计后开票结算，然后总项目再审计开票，从而重复列支成本的情况。

（4）要求企业提供住宅装修清单及标准，包括装修项目的品牌、规格、单价等，核对企业提供的装修项目价格与产品市场平均价格，如果明显高于市场价格，应要求企业解释原因或进行纳税调整。

问题 4-3-8

如何对纳税人申报的房地产开发成本明显偏高进行审核？

答：根据《土地增值税清算管理规程》（国税发〔2009〕91号文件印发）第二十五条第（三）项的规定，在审核建筑安装工程费时，需要参照当地当期同类开发项目单位平均建安成本或当地建设部门公布的单位定额成本，验证建筑安装工程费支出是否存在异常。

对于建筑安装工程费支出存在异常，即房地产开发成本明显偏高的，根据《土地增值税暂行条例》第九条第（二）项的规定，"提供扣除项目金额不实的"，按照房地产评估价格计算征收。

《土地增值税暂行条例实施细则》第十四条第二款规定："条例第九条（二）项所称的提供扣除项目金额不实的，是指纳税人在纳税申报时不据实提供扣除项目金额的行为。"

上述行为有可能造成房地产开发成本明显偏高。税务机关在审核中，如果从清算资料中发现开发成本明显偏高，例如（有的地方掌握口径）工程结算项目建安造价高出合同（预算）价格或当地造价定额标准10%（含）以上且未报告或没有合理解释（证据）的，对于装饰装修、园林绿化工程由无资质企业、个体或个人施工，建安工程单价高于当地造价定额标准10%（含）以上且无合理解释（证据）的，审核人员要围绕开发成本进行全方位审核，审核时可以参考当地税务机关的具体规定。

根据上述政策规定及一些地区税务机关在具体征管操作中的做法（规定），税务机关在审核房地产开发成本扣除项目时，如果发现纳税人申报的房地产开发成本明显偏高，可以围绕以下三个方面进行核查：

一是核对清算资料中的审核调整表、审核明细表等资料。对大额支出要核对合同、原始凭证，摸清业务处理流程，以确定业务的真实性。

二是核对清算资料中的建筑安装工程费造价明细表及工程决算审核报告等资料，同时比对其他企业或当地建管部门发布的参考数据，对有疑问的数据要继续核查原因。

三是核对是否有关联施工企业或关联费用支付，包括设计费、施工费及咨询费等。对关联支付的费用要核对合同、原始凭证，摸清相关业务流程。

对于在核查中发现的异常情况，要仔细追踪检查相关业务发生的全部情形，如果成本偏高属于与项目无关的成本支出计入扣除项目金额，则予以剔除计算；如果属于关联企业交易产生的原因，则予以重新调整计算；如果属于故意隐瞒、造假等情形，按规定移交税务稽查部门处理。

各地具体规定举例如下：

1. 湖北省规定

根据《土地增值税征管工作指引（试行）》（鄂税财行便函〔2021〕9号文件印发）第二十四条第（二）项的规定，主管税务机关在清算审核扣除项目时发现纳税人申报的"工程结算项目建安造价明显高于可参照的当地建安造价平均水平且无正当理由的"，应发出税务事项通知书，要求纳税人补正资料或进行说明。

2. 山西省规定

根据《房地产开发企业土地增值税清算管理办法》（山西省地方税务局公告2014年第3号发布）第十九条第（二）项"建筑安装工程费的审核"第3点的相关规定，"建筑安装成本费用是否高于建设部门公布的最新《山西省建设工程计价依据》标准，明显偏高的，需提供专项说明或出具中介机构的专项审定报告"。

3. 江苏省规定

根据《江苏省地方税务局关于加强土地增值税征管工作的通知》（苏地税发〔2011〕53号）第三条第（二）项的规定，"对纳税人申报的房地产开发成本明显偏高的，税务机关可要求纳税人报送该项目工程决算审核报告；对《房地产开发成本参考标准》核定扣除，情节严重的，按规定移交税务稽查部门处理。

对扣除凭证及资料不完整、不规范、不真实的，比照上述办法处理"。

案例 4-15

基础设施成本、公共配套设施成本偏高的处理

在实操案例中，如果发现开发成本偏高，可以先从扣除项目分类开始分析，若某个扣除项目明显偏高，即与其他清算项目（或平均值）比对时明显偏高，则针对该异常项目进行深入核查，或采取第三方审计、核定等征管政策处理。

例如，20××年××月，某地税务机关在对某房地产公司土地增值税清算申报审核中发现，企业申报的基础设施成本金额为 114 358 306.84 元，公共配套设施费为 35 448 628.5 元，高于附近同类项目成本。

税务审核人员在逐笔核对业务中发现，该项目中"高层住宅"支付给某园林绿化工程服务部"住宅绿化"工程款 8 100 000 元，经追踪业务情况，发现是该房地产公司与所在地管委会签订承建协议，承建规划范围内公共景观大道、休闲公园等，总投资 10 513 万元，协议规定 1.05 亿元价格包干。

为核实情况，清算组工作人员到达现场实地审核。但是由于部分业主私改造，已看不到该项目本来的面貌，无法明显区分公共景观内容是否在规划面积中。为此，经过与该房地产公司沟通，决定采取第三方审核确认相关扣除金额。通过审核流程，税务机关委托某税务师事务所对该项目的景观绿化工程造价进行了审核。

经审核确认，基础设施费中的商业配建项目、住宅区景观工程造价为 15 082 765.2 元，公共景观成本（造价）27 533 698.71 元，合计 42 616 463.91 元。

在确认的审定单中，支付给某筑路工程公司道路工程款 4 494 000 元，与本项目无关，应调减 4 494 000 元；支付给某市政工程有限公司线道路工程款 4 245 301.61 元，经核该项支出与本项目无关，应调减 4 245 301.61 元。

问题 4-3-9

如何审核开发间接费用？

答：在企业的日常会计核算中，"开发间接费用"与"管理费用"的核算有时会发生混淆，在土地增值税项目清算时，要依据政策规定调整。开发间接费用也是税务审核重点内容之一。对于具体审核业务要点，《土地增值税清算管理规程》（国税发〔2009〕91 号文件印发）第二十六条规定："审核开发间接费用时应当重点关注：

（一）是否存在将企业行政管理部门（总部）为组织和管理生产经营活动而发生的管理费用记入开发间接费用的情形。

（二）开发间接费用是否真实发生，有无预提开发间接费用的情况，取得的凭证是否合法有效。"

实务中，税务机关对开发间接费用的审核主要是真实审核，方式是对清算资料中提供的相关开发间接费用明细表进行复核，同时对清算资料中提供的大额支出调取原始凭证进行复核，可以调取或查看原始凭证，确定发票、付款方式、内部报销审核记录等情况，并在此基础上，对没有列入清算明细资料的开发间接费用进行一定的抽查，核查支出的内容性质、票据规范，严格区分"管理费用"与"开发间接费用"。对于预提费用，凡是没有政策规定的，在计算时均不得扣除。

在审核开发间接费用时，还有一个需要注意的问题，就是在房地产开发企业的日常会计处理中，企业为施工方代付的统筹费用通过往来科目进行核算，不属于企业直接发生的费用，因此不允许作为扣除项目扣除。如果企业将这部分代付费用通过"开发间接费用"科目处理，则应调整成本。税务审核人员在审核清算资料中的"开发间接费用"时，应关注是否有为施工方代付的统筹费用，在审核方式上可以直接通过往来科目核对，例如"其他应付款""其他应收款"等科目，确定是否有相关费用发生，同时核对其处理是否符合政策规定。

各地也是按照上述原则制定审核重点的。具体规定举例如下：

1. 贵州省规定

《贵州省土地增值税清算管理办法》（国家税务总局贵州省税务局公告2022年第12号发布）第四十四条第二款规定："开发间接费用是指直接组织、管理开发项目发生的费用，包括工资、职工福利费、折旧费、修理费、办公费、水电费、劳动保护费、周转房摊销等。

房地产开发企业应当严格区分开发间接费用与房地产开发费用，不允许将属于开发费用性质的支出列入开发间接费用。土地增值税清算时，房地产开发企业应当提供费用划分的相关依据，不能提供费用划分依据的，视为房地产开发费用予以扣除。"

2. 湖北省规定

《土地增值税征管工作指引（试行）》（鄂税财行便函〔2021〕9号文件印发）第三十条规定，在审核开发间接费用时应当重点关注：

（1）是否存在将企业行政管理部门（总部）为组织和管理生产经营活动而发生的管理费用记入开发间接费用的情形。

（2）开发间接费用是否真实发生，有无预提开发间接费用的情况，取得的凭证是否合法有效。

3. 广东省规定

《国家税务总局广东省税务局土地增值税清算管理规程》（国家税务总局广东省税务局公告2019年第5号发布）第三十三条规定："审核开发间接费用时应当重点关注：

（一）是否存在将企业行政管理部门（总部）为组织和管理生产经营活动而发生的管理费用记入开发间接费用的情形。

（二）开发间接费用是否真实发生，有无预提开发间接费用的情况，取得的凭证是否合法有效。"

4. 黑龙江省规定

《黑龙江省土地增值税清算管理操作规程》（黑龙江省地方税务局公告2016年第2号发布）第二十六条规定："审核开发间接费用时应当重点关注：

（一）是否存在将企业行政管理部门（总部）为组织和管理生产经营活动而发生的管理费用记入开发间接费用的情形。

（二）如果有多个开发项目，开发间接费用是否分项目核算，是否将应记入其他项目的费用记入了清算项目。

（三）是否将房地产开发费用记入开发间接费用。"

5. 山西省规定

《房地产开发企业土地增值税清算管理办法》（山西省地方税务局公告2014年第3号发布）第十九条第（五）项规定，对开发间接费用的审核，主要关注以下各点：

（1）审核各项开发间接费用是否含有其他企业的费用；是否含有以明显不合理的金额开具的各类凭证；是否全部属于直接组织、管理清算项目发生的费用；是否将开发费用计入开发间接费用；是否存在将企业行政管理部门（总部）为组织和管理生产经营活动而发生的管理费用，如未售房屋的物业看护费、产权交易费、售楼处的水电、办公费等，计入开发间接费用的情形；有无预提的开发间接费用；在计算加计扣除项目基数时，是否剔除了已计入开发成本的借款费用。

（2）房地产开发企业因延期建设和违规建设，被建设主管部门给予的行政性罚款，不允许在"开发成本""开发间接费用"中归集，若发现应当予以剔除。

（3）开发企业先行为施工方职工代付社保统筹费用，应当通过往来科目进行核算，不得作为扣除项目扣除。

（4）计算开发间接费用占全部开发成本的比值，并将该比值与同类工程的比值相比较，若发现有严重偏差，则应当进一步核实。

6. 江苏省规定

《土地增值税清算要素鉴别法》（苏州地税发〔2010〕87号文件印发，江苏省地方税务局以苏地税财行便函〔2010〕26号文件转发）第二条第（三）项指出，由于开发间接费用允许加计扣除，一些房地产企业将应计入房地产开发费用的工资、销售费用等计入开发间接费用，扩大加计扣除金额。关于如何确认开发间接费用列支的真实性，鉴别方法如下：

开发间接费用是指直接组织、管理开发项目发生的费用，包括工资、职工福利费、折旧费、办公费、劳动保护费等。为防止企业将应计入房地产开发费用的工资、销售费用等计入开发间接费用，可以责令企业提供开发间接费用明细项目及金额，将相近的项目进行比较后，从中甄别出那些应列入房地产开发费用的支出，并进行相应的调整。比如，企业管理人员的工资应列入管理费用。

问题4-3-10

如何审核利息支出？

答：根据政策规定，在项目土地增值税清算中，财务费用中的利息支出，凡能够按转让房地产项目计算分摊并提供金融机构证明的，允许据实扣除，但最高不能超过按商业银行同类同期贷款利率计算的金额。凡不能按转让房地产项目计算分摊利息支出或不能提供金融机构证明的，归属于房地产开发费用在"10%以内打包"扣除。对于审核利息支出的要点，《土地增值税清算管理规程》（国税发〔2009〕91号文件印发）第二十七条规定："审核利息支出时应当重点关注：

（一）是否将利息支出从房地产开发成本中调整至开发费用。

（二）分期开发项目或者同时开发多个项目的，其取得的一般性贷款的利息支出，是否按照项目合理分摊。

（三）利用闲置专项借款对外投资取得收益，其收益是否冲减利息支出。"

实务中，税务机关在审核利息支出时，除上述规程明确的要点外，还要关注其他融资成本的审核，具体关注以下四点（不限于）：

一是按照会计制度（或企业所得税法）规定，企业借款利息支出，在开发产品完工之前，应该实行资本化处理，计入开发产品成本。但根据土地增值税政策规定，利息费用要单独计算，不计入房地产开发成本，也不计入加计扣除基数。所以，审核时要注意是否将利息支出从房地产开发成本中全部调整至房地产开发费用。

二是审核清算资料中的利息支出明细时，重点放在其他融资费用的审核上，即核对清算资料中对金融机构在利息之外收取的其他融资费用的处理是否正确。如果企业在清算资料中没有提供其他融资费用的处理方式，可以要求企业补充提供。

三是审核借款利息在不同清算项目中的分配时，重点审核专项借款是否有继续用于其他项目的情况，如果有则要重新计算利息支出分配金额。

四是审核支付金融机构利息（包括其他融资费用）收取的票据是否合规，对于据实扣除利息的处理，要核对利息支付凭证的原始票据，对于不符合政策规定的金额，要调整利息处理方式。

各地也是按照上述原则制定审核重点的，具体规定举例如下：

1. 湖北省规定

《土地增值税征管工作指引（试行）》（鄂税财行便函〔2021〕9号文件印发）第三十一条规定，在审核利息支出时应当重点关注：

（1）是否将利息支出准确计入房地产开发费用。

（2）分期开发项目或者同时开发多个项目的，其取得的一般性贷款的利息支出，是否按照项目合理分摊。

（3）利用闲置专项借款对外投资取得收益，其收益是否冲减利息支出。

（4）是否存在将向金融机构支付的顾问费、手续费、咨询费等非利息性质的费用计入利息支出的情形。

（5）为房地产开发提供贷款服务的金融机构，其经营贷款业务是否取得中国人民银行、中国银行保险监督管理委员会、中国证券监督管理委员会、省级金融主管部门批准。取得贷款利率是否超过商业银行同类同期贷款利率。

2. 广东省规定

《国家税务总局广东省税务局土地增值税清算管理规程》（国家税务总局广东省税务局公告2019年第5号发布）第三十四条规定，在审核利息支出时应当重点关注以下内容：

（1）是否将利息支出从房地产开发成本中调整至房地产开发费用。

（2）分期开发项目或者同时开发多个项目的，其取得的一般性贷款的利息支出，是否按照项目合理分摊。

（3）利用闲置专项借款对外投资取得收益，其收益是否冲减利息支出。

（4）是否将向金融机构支付的顾问费、手续费、咨询费等非利息性质的费用计入利息支出。

（5）金融机构及商业银行同类同期贷款利率是否按照以下方式处理：金融机构取得中国人民银行、中国银行保险监督管理委员会、中国证券监督管理委员会、省级金融主管部门批准经营贷款业务；商业银行同类同期贷款利率是指在贷款期限、贷款金额、贷款担保以及企业信誉等基本条件相同下商业银行提供贷款的利率。

3. 宁波市规定

《宁波市房地产项目土地增值税清算审核工作指引》（2013年第3号）第三条第12点规定："一是审核利息支出是否从房地产开发成本中调整至开发费用，以及分期开发或同时开发多个项目的，其取得的一般性贷款的利息支出是否按项目合理分摊；二是利息支出合理性的把握。重点是资金需求量与借款的相关性和匹配性。如资金需求量小于借款，应核实其资金去向，对不合理部分予以剔除。同时，还应关注借款周期与房地产项目开发、销售、清算周期的关联性。"

案例 4-16

不能按项目合理分摊的利息支出不能据实扣除

某地税务机关在审核某房地产公司 A 项目土地增值税清算申报时发现，该公司 A 项目房地产开发费用中的利息支出是据实列支，金额总计为 7 000 万元，比大多数其他清算项目要高。

税务审核人员查阅相关借款合同、金融机构的凭据及相关资金流后发现：一份借款合同是与甲银行签订的委托贷款合同，合同金额为 30 000 万元，贷款用途为 B 项目建设（非本项目），还有一份与乙银行签订的借款合同，合同金额 20 000 万元，贷款用途为 A 项目建设。

经核对利息支出情况，A 项目清算截止日，甲银行实际发生利息支出 4 940 万元，乙银行实际发生利息支出 2 060 万元；经核对资金流情况，企业从乙银行贷款 20 000 万元，但实际用于 A 项目的资金为 11 000 万元。对于资金如何使用，该房地产公司无法说明情况。

鉴于上述情况，税务审核人员认为，该项目发生的借款利息支出不能按项目合理分摊利息支出，因此，房地产开发费用利息支出按取得土地使用权所支付的金额和房地产开发成本之和扣除代收费用后的余额的 10% 计算扣除。

问题 4-3-11

已经计入开发成本的利息支出在清算时如何处理？

答：《国家税务总局关于土地增值税清算有关问题的通知》（国税函〔2010〕220号）第三条第（三）项规定："土地增值税清算时，已经计入房地产开发成本的利息支出，应调整至财务费用中计算扣除。"

若企业在日常会计处理中，已经将借款的利息支出记入房地产开发成本相关明细科目，则在清算时，应调整至财务费用中，即归集到房地产开发费用项目中计算扣除。例如，《北京市地方税务局土地增值税清算管理规程》（北京市地方税务局公告2016年第7号发布）第三十七条第（四）项规定："清算时已经计入房地产开发成本的利息支出，应调整至财务费用中计算扣除。"

问题 4-3-12

如何审核代收费用？

答：在房地产项目开发（销售）过程中，有很多代收费用，相关政策规定也比较明确。对于具体审核业务要点，《土地增值税清算管理规程》（国税发〔2009〕91号文件印发）第二十八条规定，税务机关审核代收费用时，按以下方式重点审核相关内容：

（1）对于县级以上人民政府要求房地产开发企业在售房时代收的各项费用，审核其代收费用是否计入房价并向购买方一并收取。

（2）当代收费用计入房价时，审核有无将代收费用计入加计扣除以及房地产开发费用计算基数的情形。

实务中，税务机关在审核上述内容时，有两个资料可以比对：一是清算资料中提供的代收费用明细，二是文件规定（各地文件列举规定）。可以通过比对这两个资料确定代收费用的处理是否符合规定，重点是"有无将代收费用计入加计扣除以及房地产开发费用计算基数的情形"。如果清算资料中没有提供代收费用明细或提供资料不完整，则可以要求企业重新提供。

很多地区的税务机关会对各项代收费用进行梳理，并以文件形式对外发布，内容包括列举的收费项目、收费标准以及归集方向等。例如，《江苏省地方税务局关于土地增值税有关业务问题的公告》（苏地税规〔2012〕1号）列举了"政府性基金和行政事业性收费"名目。在核查时，如果清算报告附列资料中的代收费用明细表没有按照文件规定的内容列明，税务审核人员可以要求企业（或税务师事务所）补充内容。

各地也是按照上述原则制定审核重点的。例如，《土地增值税征管工作指引（试行）》（鄂税财行便函〔2021〕9号文件印发）第三十二条、《国家税务总局广东省税务局土地增值税清算管理规程》（国家税务总局广东省税务局公告2019年第5号发布）第三十五条等均规定，在审核代收费用时，对于县级以上人民政府要求房地产开发企业在售房时代收的各项费用，要审核其代收费用是否计入房价并向购买方一并收取；当代收费用计入房价时，要审核有无将代收费用计入加计扣除以及房地产开发费用计算基数的情形。

问题 4-3-13

税务机关如何审核关联方交易行为？

答：《土地增值税清算管理规程》（国税发〔2009〕91号文件印发）第二十九条规

定，税务机关在审核关联方交易行为时，应重点关注以下内容：

"在审核收入和扣除项目时，应重点关注关联企业交易是否按照公允价值和营业常规进行业务往来。

应当关注企业大额应付款余额，审核交易行为是否真实。"

根据上述政策规定，税务机关在审核关联方交易行为时，要重点关注关联企业交易，主要具体业务关注点包括：超过一般标准（逻辑）的设计费、材料费、建筑劳务费以及咨询费等，可以比对当地建筑价格信息数据。同时，在对大额支付款项以及往来账款余额进行核查时，要仔细了解相关业务发生的过程和合同、款项支出等情况，以判断交易行为是否真实。例如，有的地方在实操中的掌握口径为，纳税人与工程承包企业互为关联企业，建安造价高出当地造价定额标准10%（含）以上的，如无法说明（证明）合理性，应进行调整。

再如，《土地增值税征管工作指引（试行）》（鄂税财行便函〔2021〕9号文件印发）第三十三条、《国家税务总局广东省税务局土地增值税清算管理规程》（国家税务总局广东省税务局公告2019年第5号发布）第三十六条、《北京市地方税务局土地增值税清算管理规程》（北京市地方税务局公告2016年第7号发布）第三十九条等的规定与税务总局的规定一致，即在审核收入和扣除项目时，要求重点关注关联企业交易是否按照公允价值和营业常规进行业务往来；关注企业大额往来款余额，审核交易行为的真实性。

问题4-3-14

如何对"与转让房地产有关的税金"进行审核？

答："与转让房地产有关的税金"也是重要的审核项目，税务机关在审核时主要关注如下两个方面的内容：

一是已缴税款是否与本清算项目对应，对不属于本清算项目范围或者不属于转让房地产时发生的税金及附加，不应作为清算扣除项目。

二是"与转让房地产有关的税金"是否混入其他可以加计扣除项目。根据《土地增值税暂行条例》第六条的规定，"与转让房地产有关的税金"是单独的一个扣除项目，不能混入能够加计扣除的项目，审核时要注意"包括土地开发成本在内的相关开发成本"中是否混有"与转让房地产有关的税金"。

对于涉及的印花税业务，参见"问题4-1-54 扣除项目中允许扣除的印花税包括哪些范围？"，对应当地征管规定，审核是否存在问题。

各地具体规定举例如下：

1. 海南省规定

《国家税务总局海南省税务局土地增值税清算审核管理办法》（国家税务总局海南省税务局公告2023年第2号发布）第二十条规定，纳税人应缴纳的营业税、城市维护建设税、教育费附加、地方教育附加，允许据实扣除。营改增后，纳税人应缴纳的城市维护建设税、教育费附加、地方教育附加，涉及多个开发项目应分摊的，按各项目不含增值税收入的占比计算分摊。

主管税务机关清算时发现纳税人应缴的营业税、城市维护建设税、教育费附加、地方教育附加大于实际缴纳税费的，应及时追缴并按《税收征收管理法》相关规定处理。

2. 广东省规定

根据《国家税务总局广东省税务局土地增值税清算管理规程》（国家税务总局广东省税务局公告2019年第5号发布）第三十七条的规定，对与转让房地产有关税金的审核，"应当确认与转让房地产有关税金及附加扣除的范围是否符合税收有关规定。根据会计制度规定，纳税人缴纳的印花税列入'管理费用'科目核算的，按照房地产开发费用的有关规定扣除，列入'税金及附加'科目核算的，计入'与转让房地产有关税金'予以扣除。纳税人缴纳的地方教育附加可计入'与转让房地产有关税金'予以扣除。对不属于清算范围或者不属于转让房地产时发生的税金及附加，不应作为清算扣除项目"。

3. 黑龙江省规定

根据《黑龙江省土地增值税清算管理操作规程》（黑龙江省地方税务局公告2016年第2号发布）第二十八条的规定，在审核与转让房地产有关的税金时应当重点关注：

（1）与转让房地产有关的税金及附加扣除的范围是否符合税收有关规定，计算的扣除金额是否正确。

（2）对于不属于清算范围或者不属于转让房地产时发生的税金及附加，或者按照预售收入（不包括已经结转销售收入部分）计算并缴纳的税金及附加，不应作为清算的扣除项目。

4. 山西省规定

根据《房地产开发企业土地增值税清算管理办法》（山西省地方税务局公告2014年第3号发布）第二十条第（一）项"与转让房地产有关的税金的确认和审核"的规定，与转让房地产有关的税金包括在转让房地产时缴纳的营业税、城市维护建设税、印花税，因转让房地产缴纳的教育费附加、地方教育附加，也可视同税金予以扣除。与转让房地产无关的其他税费，不得在税金中归集。

审核与转让房地产有关的税金，应重点审核以下内容：

（1）房地产开发企业缴纳的印花税是否有重复扣除问题。

（2）是否有不属于清算范围或不属于转让房地产时发生的税金及附加列入清算项目。

（3）房地产开发企业是否将少缴或不缴的税费在清算时进行扣除。

问题 4-3-15

企业报审的工程造价成本资料不符合清算要求或不实的如何处理？

答：纳税人向税务机关提交的土地增值税清算资料，是税务机关进行审核的重要资料，根据相关征管规定资料应详细完整。《土地增值税暂行条例实施细则》第十四条第二款规定："条例第九条（二）项所称的提供扣除项目金额不实的，是指纳税人在纳税申报时不据实提供扣除项目金额的行为。"根据《国家税务总局关于房地产开发企业土地增值税清算管理有关问题的通知》（国税发〔2006〕187号）第四条第（二）项的规定，房地产开发企业办理土地增值税清算所附送的前期工程费、建筑安装工程费、基础设施费、开发间接费用的凭证或资料不符合清算要求或不实的，税务机关可参照当地建设工程造价管理部门公布的建安造价定额资料，结合房屋结构、用途、区位等因素，核定上述四项开发成本的单位面积金额标准，并据以计算扣除。具体核定方法由省级税务机关确定。

根据上述政策规定，纳税人在土地增值税清算中报审的资料不符合清算要求或不实的，或建设工程造价等成本费用明显高于当地标准参考值且无正当理由的，税务机关可以核定开发成本。

各地具体规定举例如下：

1. 海南省规定

《国家税务总局海南省税务局土地增值税清算审核管理办法》（国家税务总局海南省税务局公告2023年第2号发布）第十二条规定："有下列情形之一的，主管税务机关应按照当地工程造价参考指标核定扣除项目金额：

（一）纳税人不能在规定期限内完整提供工程竣工、工程结算、工程监理等方面资料的，或未按国家有关规定、程序、手续进行工程结算的，或提供虚假的合同、结算等资料的；

（二）申报的工程造价高于当地工程造价参考指标，又无正当理由的；

（三）装饰装修、园林绿化工程由具有相应资质且账务健全的企业施工，但不能提供完整的工程施工图、竣工图、工程量清单、材料苗木清单；装饰装修、园林绿化工程由无资质企业、个人施工，造价高于当地工程造价参考指标的；

（四）大额工程款用现金支付或支付资金流向异常的。"

2. 湖北省规定

《土地增值税征管工作指引（试行）》（鄂税财行便函〔2021〕9号文件印发）第二十四条规定："清算资料不符合要求或不实是指存在下列情形之一：

（一）不能准确提供工程竣工、工程结算、工程监理等方面资料的，或未按国家有关规定、程序、手续进行工程结算的。

（二）工程结算项目建安造价明显高于可参照的当地建安造价平均水平且无正当理由的。

（三）挡土墙、桩基础、户内装修、玻璃幕墙、干挂石材、园林绿化等工程造价支出明显偏离合理区间，且无正当理由，并不能提供完整的工程施工图、竣工图、工程量清单、材料苗木清单（总平面乔灌木配置图）的。

（四）房地产开发企业与工程承包企业互为关联企业，建安造价高于可参照的当地建安造价平均水平的。

（五）大额工程款采取现金支付或支付资金流向异常的。"

3. 福建省规定

《国家税务总局福建省税务局 福建省住房和城乡建设厅关于发布福建省房地产开发项目工程造价计税成本标准的公告》（国家税务总局福建省税务局 福建省住房和城乡建设厅公告2019年第9号）第一条规定："《工程造价计税成本标准》适用于税务机关对房地产开发企业的土地增值税征收管理。"

对于参照的区间，该公告第二条规定："税务机关按照《工程造价计税成本标准》核定房地产开发项目工程造价成本时，以建设工程开工竣工对应年度的工程造价计税成本标准进行测算；对工期跨年度的，按照所属各年度工程量或者工程进度结算价款权重对应的工程量测算，未按上述方法准确区分的，按照所跨各年度标准的平均值测算。开工竣工年度在发布的《工程造价计税成本标准》中未涵盖的，参照就近年度标准值测算。"

对于申报数据与参照标准的处理，该公告第三条规定："房地产开发企业对土地增值税清算申报的工程造价成本扣除金额高于按照《工程造价计税成本标准》测算的金额，应当提供相关证据，经税务机关认定后，予以据实扣除。上述相关证据包括并不限于建设工程规划设计（施工）图、室外总平图、竣工图、工程量清单、装饰材料清单、绿化苗木清单、土石方工程测量报告、工程结算书、建筑面积测绘报告等。对税务机关认定结果有异议的，税务机关还可以委托工程造价鉴定，并以鉴定意见作为是否采信的判断依据。"

4. 广东省规定

《国家税务总局广东省税务局土地增值税清算管理规程》（国家税务总局广东省税务局公告2019年第5号发布）第二十七条规定："纳税人办理土地增值税清算所附送的

前期工程费、建筑安装工程费、基础设施费、开发间接费用的凭证资料不符合清算要求或不实的，主管税务机关应发出交换意见的税务事项通知书，通知纳税人在收到通知书之日起15日内回复意见、提交证据。主管税务机关应充分听取纳税人的意见，对纳税人提供的事实、证据予以复核，必要时引用第三方专业机构意见，经主管税务机关会同项目清算审核组集体审议后，认为事实不清、证据不足的，参照土地增值税扣除项目金额标准据以计算扣除，并发出核定征收的税务事项通知书。

凭证资料不符合清算要求或不实是指存在下列情形之一：

1.不能完整提供工程竣工、工程结算、工程监理等方面资料的，或未按国家有关规定、程序、手续进行工程结算的；

2.工程结算项目建安造价高于当地扣除项目金额标准无正当理由的；

3.挡土墙、桩基础、户内装修、玻璃幕墙、干挂石材、园林绿化等工程不能提供完整的工程施工图、竣工图、工程量清单、材料苗木清单（总平面乔灌木配置图）的；

4.房地产开发企业与工程承包企业互为关联企业，建安造价高于当地扣除项目金额标准的；

5.大额工程款采取现金支付或支付资金流向异常的。"

5.广西壮族自治区规定

《广西壮族自治区房地产开发项目土地增值税管理办法（试行）》（广西壮族自治区地方税务局公告2018年第1号发布）第四十二条规定："单位建筑安装工程费明显偏高的，主管税务机关应要求纳税人提供书面说明，纳税人拒不提供或无正当理由的，按照以下方法处理：

（一）主管税务机关可参照当地建设工程造价管理部门公布的建安造价定额资料，结合房屋结构、用途、区位等因素，核定建筑安装工程费，并据以计算扣除。

（二）主管税务机关可委托当地建设工程造价管理部门进行评估，根据建设工程造价管理部门出具的建安造价报告确认建筑安装工程费的单位面积金额标准，并据以计算扣除。"

6.江西省规定

《国家税务总局江西省税务局关于土地增值税若干征管问题的公告》（国家税务总局江西省税务局公告2018年第16号）第四条第（一）项规定："开发成本的核定标准。对纳税人申报房地产开发成本的凭证、资料不符合清算要求或不实的，各市、县、区税务局可参照当地建设工程造价管理部门公布的定额资料，结合房屋结构、用途、区位等因素，具体制定包括'前期工程费、建筑安装工程费、基础设施费、开发间接费用'在内的房地产开发成本参考标准，据以计算扣除。"

7.青岛市规定

《国家税务总局青岛市税务局房地产开发项目土地增值税清算管理办法》（国家税

务总局青岛市税务局公告2022年第6号发布）第三十条规定："对开发企业成本申报资料存在扣除项目明显偏高的，主管税务机关可以参照各级建筑工程行政主管部门各项房地产开发成本平方米造价指标以及政府有关部门公布的建设规费收取标准等，结合房屋结构、用途、区位等因素，核定其准予扣除的成本。"

8. 北京市规定

《北京市地方税务局土地增值税清算管理规程》（北京市地方税务局公告2016年第7号发布）第三十四条规定："对开发土地和新建房及配套设施的成本中的前期工程费、基础设施费、建筑安装工程费、开发间接费用（以下简称四项成本），按有效凭证金额据实扣除。对纳税人进行土地增值税清算时，有下列情况之一的，应按核定办法扣除：

（一）无法按清算要求提供开发成本核算资料的。

（二）提供的开发成本资料不实的。

（三）发现清算资料中存在虚假、不准确的涉税信息，影响清算税款计算结果的。

（四）清算项目中四项成本的每平方米建安成本扣除额，明显高于北京市地方税务局制定的《分类房产单位面积建安造价表》中公布的每平方米工程造价金额，又无正当理由的。"

9. 浙江省规定

《浙江省地方税务局关于房地产开发企业土地增值税清算四项开发成本核定办法的公告》（浙江省地方税务局公告2016年第20号）第二条规定："房地产开发企业办理土地增值税清算所附送的'四项开发成本'的凭证或资料不符合清算要求或不实的，主管税务机关可参照当地建设工程造价管理部门定期公布的建安造价定额资料，结合房屋建造年份、结构、用途、区位、材料等因素，核定'四项开发成本'的单位面积金额标准。"

10. 山西省规定

《房地产开发企业土地增值税清算管理办法》（山西省地方税务局公告2014年第3号发布）第十九条第（二）项第3点规定，建筑安装成本费用高于建设部门公布的最新《山西省建设工程计价依据》标准，且明显偏高的，需提供专项说明或出具中介机构的专项审定报告。

附 录

附录 4-1

取得土地使用权所支付的金额审核表

单位：元

明细项目	申报合计数	20××年	20××年	20××年	20××年	20××年	审定合计数	备注	不可加计金额
支付的土地出让金									
支付的土地转让金									
交纳的有关税费									
其中：土地登记费									
土地交易费									
土地分割税									
土地契税									
其他									
合　计									
主管税务机关审核意见：									

附录 4-2　　　　　　　　土地征用及拆迁补偿费审核表

单位：元

明细项目	申报合计数	20××年	20××年	20××年	20××年	20××年	审定合计数	备注	不可加计金额
土地征用费									
耕地占用税									
劳动力安置费									
安置动迁用房支出									
拆迁补偿净支出									
其他1									
其他2									
其他3									
其他4									
合　计									

主管税务机关审核意见：

附录 4-3

前期工程费审核表

单位：元

明细项目	申报合计数	20××年	20××年	20××年	20××年	20××年	20××年	审定合计数	备注	不可加计扣除金额
规划费用										
设计费用										
项目可行性研究费										
水文费用										
地质费用										
勘探费用										
测绘费用										
"三通一平"费用										
合　计										

主管税务机关审核意见：

附录4-4　建筑安装工程费审核表

单位：元

明细项目	申报合计数	20××年	20××年	20××年	20××年	20××年	20××年	审定合计数	备注	不可加计扣除金额
1.桩基										
2.土建工程										
其中：甲供材料										
3.水电安装										
4.消防工程										
5.电梯										
6.精装修										
合　计										

主管税务机关审核意见：

附录 4-5

工程量清单工程费明细审核表

单位：元

建筑物名称（施工编号或公安编号）	类别	层数	建筑结构类型	建筑面积（m²）	竣工验收日期	申报合计数	桩基	土建工程	其中：甲供材	水电安装	消防工程	电梯	精装修	其他	调整金额	审定金额	备注
合　计																	

附录 4-6　　基础设施费审核表

单位：元

明细项目	申报合计数	20××年	20××年	20××年	20××年	20××年	审定合计数	备注	不可加计扣除金额
开发小区内道路									
供水工程支出									
供电工程支出									
供气工程支出									
排污工程支出									
排洪工程支出									
通信工程支出									
照明工程支出									
环卫工程支出									
绿化费用									
景观工程									
合　计									

主管税务机关审核意见：

附录 4-7　　**公共配套设施费审核表**

单位：元

明细项目	申报合计数	20××年	20××年	20××年	20××年	20××年	审定合计数	备注	不可加计扣除金额
物业管理用房费用									
变电站费用									
热力站费用									
水厂费用									
居委会用房费用									
派出所用房费用									
学校用房费用									
人防工程支出									
合　计									

主管税务机关审核意见：

附录4-8　　开发间接费用审核表

单位：元

明细项目	申报合计数	20××年	20××年	20××年	20××年	审定合计数	备注	不可加计扣除金额
管理人员工资								
职工福利费								
折旧费								
修理费								
办公费								
开发间接水电费								
劳动保护费								
周转房摊销费								
开发间接费用——其他								
合　计								

主管税务机关审核意见：

附表 4-9

金融机构利息支出审核表（据实扣除的项目填报）

单位：元

金融机构名称	借款合同号	借款金额	借款期限（起）	借款期限（止）	利率	同期基准利息上浮比例	审计后的审定利息	分配金额（普通住宅）	分配金额（非住宅）	允许扣除金额
合　计										

主管税务机关审核意见：

附录4-10

代收费用审核表

单位：元

明细项目	申请扣除税金	20××年	20××年	20××年	20××年	20××年	审定合计数	备注
一、可加计扣除项目								
小计								
二、不可加计扣除项目								
小计								
合计								

主管税务机关审核意见：

附表 4-11　　与转让房地产有关的税金缴纳情况审核表

单位：元

明细项目	应缴纳税款金额	本次清算申请扣除税金	20××年	20××年	20××年	20××年	审定合计数	备注
营业税								
城市维护建设税								
教育费附加								
地方教育附加								
合　计								
另附：土地增值税								
总　计								
主管税务机关审核意见：								

第 5 章

土地增值税清算之税款计算及后续处理业务

本章涉及的土地增值税清算业务主要是在清算收入、扣除项目金额确定后，计算清算税款以及相关后续处理。由于主要政策已经在收入确认内容中体现，因此，本章内容主要以财税中介机构审核鉴证、税务审核业务为主，包括清算税款的计算、清算报告的撰写以及各项清算资料的整理。为保持业务的连贯性，清算业务结束后涉及的尾盘销售等后续业务（政策）也在本章介绍。

5.1 清算税款计算与申报流程

经过清算收入、扣除项目的审核确认后，就可以计算清算税款、填写土地增值税纳税申报表及撰写清算报告，同时按照税务机关规定的征管程序报审。

问题 5-1-1

清算项目应纳税额的鉴证审核包括哪些内容？

答：根据《土地增值税清算鉴证业务准则》（国税发〔2007〕132号文件印发）第四十条、《土地增值税清算鉴证业务指引（试行）》（中税协发〔2023〕29号文件印发）第五十七的相关规定，鉴证人应按照税法规定审核清算项目的收入总额、扣除项目的金额，并确认其增值额及适用税率，正确计算应缴税款，对于土地增值税应纳税额项目的鉴证，应当采取下列程序和方法：

"（一）审核清算项目的收入总额是否符合税法规定，计算是否正确。

（二）审核清算项目的扣除金额及其增值额是否符合税法规定，计算是否正确。

1.如果企业有多个开发项目，审核收入与扣除项目金额是否属于同一项目；

2.如果同一个项目既有普通住宅，又有非普通住宅，审核其收入额与扣除项目金额是否分开核算；

3.对于同一清算项目，一段时间免税、一段时间征税的，应当特别关注收入实现时间及其扣除项目配比。

（三）审核增值额与扣除项目之比的计算是否正确，并确认土地增值税的适用税率。

（四）审核清算项目的预缴税额是否正确。对于多个项目同时建设、预售（销售）的，要准确划分清算项目的预缴税额。

（五）审核并确认清算项目当期土地增值税应纳税额及应补（退）税额。"

问题 5-1-2

如何进行清算税款的计算？

答：根据前期各项审核工作成果，可以形成计算土地增值税应缴税款的基础数据。前期审核的数据包括由申报表计算指标得到的如下数据：

一是清算收入。即按照货币收入、实物收入及其他收入、视同销售收入归集整理的数据。

二是扣除项目金额。即按照取得土地使用权所支付的金额、房地产开发成本、房地产开发费用、与转让房地产有关的税金等，以及财政部规定的其他扣除项目、代收费用归集整理的数据。

三是分类型数据。对清算收入、扣除项目金额按照普通住宅、非普通住宅、其他类型房地产三种类型归集整理的数据。

在确定上述基础数据的前提下，根据申报表的顺序逻辑分别计算增值额、增值额与扣除项目金额之比，并确定适用税率、速算扣除系数，最后计算出应缴土地增值税税额。

转让房地产收入总额减去扣除项目金额合计就是增值额，审核人员对照政策根据增值额数据确定适用税率，具体数据要按照普通住宅、非普通住宅、其他类型房地产三种类型填写。《增值额与税率对照表》见表5-1。

表5-1　　　　　　　　　　　增值额与税率对照表

增值额	税率	土地增值税税额计算公式 （公式中的5%、15%、35%为速算扣除系数）
增值额未超过扣除项目金额50%的部分	30%	土地增值税税额＝增值额×30%
增值额超过扣除项目金额50%、未超过扣除项目金额100%的部分	40%	土地增值税税额＝增值额×40%－扣除项目金额×5%
增值额超过扣除项目金额100%、未超过扣除项目金额200%的部分	50%	土地增值税税额＝增值额×50%－扣除项目金额×15%
增值额超过扣除项目金额200%的部分	60%	土地增值税税额＝增值额×60%－扣除项目金额×35%

问题5-1-3

如何进行应补（退）土地增值税税额的计算？

答：审核人员在计算出清算应缴税款后，还要根据政策及申报表计算顺序和逻辑，整理出减免税额、已缴土地增值税税额。要点如下：

一是减免税额的确定。减免税额是指根据土地增值税相关文件规定的减免税额，其中减免性质代码应根据《减免税政策代码目录》（国家税务总局发布）填写。根据规定，所有减免税均要注明减免税性质代码，按照税务机关最新制发的减免税政策代码表中最细项减免性质代码填报。纳税人同时享受多个减免税政策的应分别填写。因此，审核人员在审核减免税额时，不仅要整理好减免税的相关文件，还要查询相关减免性质代码。

根据目前政策规定，有下列情形之一的，可以免征土地增值税：

（1）纳税人建造普通标准住宅出售，增值额未超过扣除项目金额20%的；

（2）因国家建设需要依法征用、收回的房地产；

（3）因城市实施市政规划、国家建设的需要而搬迁，由纳税人自行转让原房地产而取得的收入；

（4）企事业单位、社会团体以及其他组织转让旧房作为廉租住房、经济适用住房房源且增值额未超过扣除项目金额20%的。

二是已缴税额的确定。已缴土地增值税税额是指项目清算前期已经按政策规定预交的土地增值税，审核人员要按纳税人已经实际缴纳的土地增值税的数额填写，并在已缴税清单后附入库税单。

三是应补（退）土地增值税税额的确定。应补（退）土地增值税税额＝应缴土地增值税税额－减免税额－已缴土地增值税税额。

表5-2为某项目土地增值税纳税清算申报表。

表5-2　　　　　　　　　　土地增值税纳税清算申报表

纳税人税务登记证：223344556677
纳税人名称：××房地产有限公司
税款清算期：2015年8月1日至2017年6月30日　　　　　　　　金额单位：元（列至角分）

项目	序号	金额 普通住宅	金额 非普通住宅	金额 非住宅
一、转让房地产收入总额1=2+3	1	2 169 004 435.00	71 217 799.00	239 795 135.00
其中 货币收入	2	2 169 004 435.00	71 217 799.00	239 795 135.00
其中 实物收入及其他收入	3	—	—	—
二、扣除项目金额合计4=5+6+13+16+20	4	2 271 845 045.57	68 642 611.83	194 335 726.94
1.取得土地使用权所支付的金额	5	576 254 575.22	19 371 762.78	53 931 942.54
2.房地产开发成本6=7+8+9+10+11+12	6	1 090 678 464.38	30 792 493.23	87 622 622.34
其中 土地征用及拆迁补偿费	7	—	—	—
其中 前期工程费	8	91 453 894.21	3 074 375.84	8 559 213.90
其中 建筑安装工程费	9	750 153 664.30	19 345 181.70	55 752 742.70
其中 基础设施费	10	144 954 616.41	4 872 892.23	13 566 372.19
其中 公共配套设施费	11	99 700 881.78	3 351 612.14	9 331 053.43
其中 开发间接费用	12	4 415 407.68	148 431.32	413 240.13

续表

项目		序号	金额		
			普通住宅	非普通住宅	非住宅
3.房地产开发费用13=14+15		13	161 149 252.54	4 830 053.03	13 117 544.84
其中	利息支出	14	80 574 626.27	2 415 026.51	6 558 772.42
	其他房地产开发费用	15	80 574 626.27	2 415 026.51	6 558 772.42
4.与转让房地产有关的税金16=17+18+19		16	121 464 248.36	3 988 196.74	13 428 527.56
其中	营业税	17	108 450 221.75	3 560 889.95	11 989 756.75
	城市维护建设税	18	7 591 515.52	249 262.30	839 282.97
	教育费附加	19	5 422 511.09	178 044.50	599 487.84
5.财政部规定的其他扣除项目		20	322 298 505.08	9 660 106.05	26 235 089.66
三、增值额21=1−4		21	−102 840 610.57	2 575 187.17	45 459 408.06
四、增值额与扣除项目金额之比22=21÷4		22	−4.53%	3.75%	23.39%
五、适用税率		23	30.00%	30.00%	30.00%
六、速算扣除系数		24	0.00	0.00	0.00
七、应纳税额25=21×23−4×24		25		772 556.15	13 637 822.42
八、应纳税额合计		26			14 410 378.57
九、已缴税额（含预缴）		27			60 026 855.75
十、缓缴税额		28	—		
十一、应补退税额29=26−27−28		29			−45 616 477.18
纳税人代表（签章）： 纳税人单位公章： 日期： 联系电话：	代理申报中介机构签字（盖章）： 日期： 经办人： 经办人执业证件号码： 联系电话：		主管税务机关经办人： 受理日期： 审核人：		主管税务机关公章：

【提示】自2021年6月1日起，在具体申报缴纳税款时，根据《国家税务总局关于简并税费申报有关事项的公告》（国家税务总局公告2021年第9号）第一条的相关规定，纳税人申报缴纳城镇土地使用税、房产税、车船税、印花税、耕地占用税、资源税、土地增值税、契税、环境保护税、烟叶税中一个或多个税种时，使用《财产和行为税纳税申报表》（见第1章附录）。

问题 5-1-4

清算申报需要提交哪些资料？

答：清算税款计算完毕后，即可以整理资料报税务管理机关审核，通过审核后，即可以按规定申报补缴税款或退税。具体流程及资料（可以参考第2章的表2-1《土地增值税清算材料清单》）如下：

1. 准备清算审核资料

（1）出具土地增值税清算审计报告。

（2）制作清算申报表。包括文件规定的主表、附表：开发项目情况报告表、清算申报主表、清算申报10张附表、其他可作为附件的表格。

（3）整理并装订清算资料。资料包括：清算审计报告（初稿/定稿）；营业执照、公司章程（包括修正案）；土地出让合同、土地证、土地出让票据；规划图纸；开发项目立项批复、立项变更批复；建设工程规划许可证；建设用地规划许可证；建筑工程施工许可证；商品房预售许可证，地下产权车位、幼儿园产权证明等其他特殊物业权属资料；工程概况及备案意见；规划设计要点；人防竣工备案表；公共配套设施资产无偿移交协议；建筑工程施工图设计文件审查批准合格书；房屋分户（室）面积对照表；商品房销售合同及销售台账；销售房地产有关完税凭证及预缴土地增值税完税凭证；主要开发成本（发票、合同、决算）；银行贷款利息支出（合同、银行回单）（据实扣除）；不可加计扣除项目明细表；资产负债表、利润表（历年的）；科目余额表（历年的）；所得税汇算清缴审计报告（历年的）；会计报表审计报告（历年的）；预收账款明细；历年应付账款明细账；历年其他应付款明细账。

2. 清算申报

根据当地税务机关征管要求，按照程序提交纳税申报表，缴纳税款或申请退税，同时将整理的清算资料送至税务管理局审核。

3. 税务部门审核

税务机关对提交的清算资料、申报清算数据进行复审，对于资料缺失、数据有疑问及相关处理存在政策问题的，纳税人要进行补充。确认清算结果后，税务管理机关发出《清算结论通知书》，清算完成。

【提示】清算申报需要提交的资料还可以参考第1章相关内容。

问题 5-1-5

清算鉴证底稿、鉴证报告等有哪些业务记录要求？

答：完善的业务记录是保证土地增值税清算鉴证业务合规及明确责任的重要内容，特别是工作底稿，它是项目清算过程中产生的记录审核工作的重要资料，同时也是项目清算重要的辅助证据资料。

根据《土地增值税清算鉴证业务指引（试行）》（中税协发〔2023〕29号文件印发）第五十八条、第五十九条、第六十条、第六十一条的相关规定，鉴证人应当及时对制订的计划、实施的程序、获取的证据以及得出的结论做出记录，按照执业规范的要求，编制、使用和保存清算鉴证业务工作底稿。

对于相关业务记录的规范，鉴证人应当遵循《税务师行业涉税专业程序指引（试行）》以及《涉税鉴证业务指引（试行）》的相关规定，编制涉税鉴证业务工作底稿，保证工作底稿记录的完整性、真实性和逻辑性。

如果鉴证人出具的土地增值税清算鉴证报告不是用于为被鉴证人清算土地增值税，而是具有其他特定目的或服务于其他特定使用人的，鉴证人应当在涉税鉴证业务报告中予以注明，对报告的用途加以限定和说明。

土地增值税清算鉴证报告应当在鉴证人完成内部审批复核程序及签字手续，加盖鉴证人公章后对外出具。同时，要按照税务机关的规定报备或者报送。

鉴证人使用数字证书电子签名后的电子版鉴证报告，具有与纸质鉴证报告相同的法律效力。

在正式出具土地增值税清算鉴证报告前，项目负责人应与委托人或者被鉴证人就拟出具报告有关内容进行沟通。

土地增值税清算鉴证报告应由两名或两名以上实施该项业务的具有涉税鉴证业务资质的涉税服务人员签章。

土地增值税清算鉴证业务工作底稿，应按综合类、鉴证实施类和鉴证结果类，分类别存档。

问题 5-1-6

鉴证人如何撰写及出具无保留意见的清算（鉴证）报告？

答：税务师事务所完成纳税人委托的土地增值税清算（鉴证）业务后，不仅要按照税务机关的要求归集完整的清算资料，还要撰写清算（鉴证）报告，即《土地增值税清算税款鉴证报告》及《企业基本情况和土地增值税清算税款申报审核事项说明及有关附表》（见本章末的附录5-5）。

对于鉴证报告的基本内容（要素），根据《土地增值税清算鉴证业务准则》（国税发〔2007〕132号文件印发）第四十二条及《土地增值税清算鉴证业务指引（试行）》（中税协发〔2023〕29号文件印发）第六十条、第六十二条、第六十三条、第六十四条、第六十八条等相关规定，鉴证人完成约定鉴证事项后，由项目负责人按《税务师行业涉税专业服务程序指引（试行）》和《涉税鉴证业务指引（试行）》的规定，编制并出具土地增值税清算鉴证业务报告，公允反映被鉴证人在鉴证期间的应纳土地增值税额。鉴证报告要件包括：鉴证报告正文、专项鉴证事项说明、鉴证报告附件或附送的资料。鉴证报告的基本内容（要素）包括以下要点：

（1）标题。鉴证报告的标题应当统一规范为"土地增值税清算鉴证报告"。

（2）编号。按照鉴证人业务成果编号规则统一编码并在业务成果首页注明，全部业务成果均应编号，以便留存备查或向税务机关报送。

（3）收件人。即鉴证人按照业务委托协议的要求致送涉税鉴证业务报告的对象，一般指鉴证业务的委托人。涉税鉴证业务报告应当载明收件人全称。

（4）引言。鉴证报告引言应当表明委托人与受托人的责任，对委托事项是否进行鉴证审核以及审核标准、审核原则等进行说明。

（5）鉴证实施情况。指鉴证人在业务实施过程中所采用的程序和方法、分析事项、具体步骤、计算过程等内容。

相关内容包括：简要评述与土地增值税清算有关的内部控制及其有效性；简要评述与土地增值税清算有关的各项内部证据和外部证据的相关性和可靠性；简要陈述对委托单位提供的会计资料及纳税资料等进行审核、验证、计算和职业推断的情况。

（6）鉴证结论或鉴证意见。即鉴证人提供涉税服务的最终结果，报告应有明确的意见、建议或结论。

（7）编制基础及使用限制段。即明确土地增值税清算鉴证报告的使用用途。

（8）签章。土地增值税清算鉴证报告，应当由两名或两名以上实施该项业务的具有涉税鉴证业务资质的涉税服务人员签章；税务师事务所所长签名或盖章；载明税务师事务所的名称和地址，并加盖税务师事务所公章。

（9）注明报告日期。报告出具日期不应早于鉴证人获取充分、适当的审核证据，形成鉴证结论的日期。

（10）附件：鉴证业务说明。鉴证人应当根据土地增值税清算鉴证业务，反映土地增值税的计算步骤和计算过程等内容并将其作为鉴证业务说明的内容。

需要注意的是，项目负责人在土地增值税清算鉴证报告正式出具后，如发现新的事项影响已出具的鉴证报告结论，应当及时做出相应的处理。

上述内容为鉴证政策规范规定。根据《土地增值税清算鉴证业务准则》第四十四条的规定，"税务师事务所经过审核鉴证，确认涉税鉴证事项符合下列所有条件，应当出具无保留意见的鉴证报告：

（一）鉴证事项完全符合法定性标准，涉及的会计资料及纳税资料遵从了国家法律、法规及税收有关规定。

（二）注册税务师已经按本准则的规定实施了必要的审核程序，审核过程未受到限制。

（三）注册税务师获取了鉴证对象信息所需的充分、适当、真实的证据，完全可以确认土地增值税的具体纳税金额。

税务师事务所出具无保留意见的鉴证报告，可以作为办理土地增值税清算申报或审批事宜的依据"。

在实操中，《企业基本情况和土地增值税清算税款申报审核事项说明及有关附表》的主要内容基本上可以与《土地增值税清算税款鉴证报告》合并在同一个报告中，其相关附表（包括申报表）均作为报告的附件。内容包括：基本情况，包括企业基本情况、项目基本情况等；主要会计政策和税收政策；土地增值税的审核情况；应当披露的其他事项。

特别需要注意的是，税务机关一般要求对不同用途的房地产开发清算项目所涉及的收入、成本、费用等情况加以区分并说明情况。对项目开发过程中涉及的清算单位确定、不同物业的处理依据、成本费用分摊及一些特殊原因产生的成本费用等均需要分别说明，并提供相应的依据。例如，根据《房地产开发企业土地增值税清算管理办法（试行）》（吉林省地方税务局公告2014年第1号发布）第二十八条的规定，"税务中介机构应对不同用途的房地产开发清算项目所涉及的收入、成本、费用等情况加以区分并说明情况。

税务中介机构对清算项目的总体基本情况、不同用途的面积划分情况、销售收入、成本及费用等情况进行鉴证，供税务部门参考，并接受税务机关要求提供清算项目鉴证工作底稿的查验核实工作"。

上述土地增值税模拟清算报告见本章附件"土地增值税清算综合案例"。

问题 5-1-7

鉴证人如何出具保留意见的鉴证报告？

答：根据《土地增值税清算鉴证业务准则》（国税发〔2007〕132号文件印发）第四十三条的规定，税务师事务所经过审核鉴证，应当根据鉴证情况，出具真实、合法的鉴证报告。鉴证报告分为以下四种：

（1）无保留意见的鉴证报告（见本章末的附录5-1）。

（2）保留意见的鉴证报告（见本章末的附录5-2）。

（3）无法表明意见的鉴证报告（见本章末的附录5-3）。

（4）否定意见的鉴证报告（见本章末的附录5-4）。

上述鉴证报告应当附有《企业基本情况和土地增值税清算税款申报审核事项说明及有关附表》（见本章末的附录5-5）。

对于上述保留意见等需要说明的问题，根据《土地增值税清算鉴证业务指引（试行）》（中税协发〔2023〕29号文件印发）第六十六条、第六十七条的相关规定，鉴证人在鉴证中如发现有对被鉴证人土地增值税清算税款纳税申报有重要影响的事项，应在鉴证报告中予以披露。

鉴证中发现被鉴证人土地增值税清算处理有与税收法律法规不符的行为，经提醒被鉴证人仍未按其建议进行调整或者改正的，鉴证人应在出具的鉴证报告或报告说明中披露（如第三方委托，应当直接在报告披露）。

对于基础资料的完整性、真实性的说明，在实施涉税鉴证业务过程中，项目负责人认为被鉴证人提供的会计、税收等基础资料缺乏完整性和真实性的，应当在报告中做出适当说明。

实操中，根据《土地增值税清算鉴证业务准则》第四十五条的规定，"税务师事务所经过审核鉴证，认为涉税鉴证事项总体上符合法定性标准，但还存在下列情形之一的，应当出具保留意见的鉴证报告：

（一）部分涉税事项因税收法律、法规及其具体政策规定或执行时间不够明确。

（二）经过咨询或询证，对鉴证事项所涉及的具体税收政策在理解上与税收执法人员存在分歧，需要提请税务机关裁定。

（三）部分涉税事项因审核范围受到限制，不能获取充分、适当、真实的证据，虽然影响较大，但不至于出具无法表明意见的鉴证报告。

税务师事务所应当对能够获取充分、适当、真实证据的部分涉税事项，确认其土地增值税的具体纳税金额，并对不能确认具体金额的保留事项予以说明，提请税务机关裁定。

税务师事务所出具的保留意见的鉴证报告，可以作为办理土地增值税清算申报或审批事宜的依据。"

根据上述政策规定，税务师事务所因审核范围、时间等受到限制，对部分审核事项不能充分审核确定的，可以出具保留意见的鉴证报告，并作为办理土地增值税清算申报或审批事宜的依据。

问题 5-1-8

鉴证人在何种条件下出具无法表明意见的鉴证报告？

答：《土地增值税清算鉴证业务准则》（国税发〔2007〕132号文件印发）第四十六条规定："税务师事务所因审核范围受到限制，认为对企业土地增值税纳税申报可能产生的影响非常重大和广泛，以至于无法对土地增值税纳税申报发表意见，应当出具无法表明意见的鉴证报告。

税务师事务所出具的无法表明意见的鉴证报告，不能作为办理土地增值税清算申报或审批事宜的依据。"

根据上述政策规定，税务师事务所因审核范围受到限制，无法准确审核及确定清算数据的，需要出具无法表明意见的鉴证报告。

问题 5-1-9

鉴证人在何种条件下出具否定意见的鉴证报告？

答：《土地增值税清算鉴证业务准则》（国税发〔2007〕132号文件印发）第四十七条规定："税务师事务所经过审核鉴证，发现涉税事项总体上没有遵从法定性标准，存在违反相关法律、法规或税收规定的情形，经与被审核单位的治理层、管理层沟通或磋商，在所有重大方面未能达成一致意见，不能真实、合法地反映鉴证结果的，应当出具否定意见的鉴证报告。

税务师事务所出具否定意见的鉴证报告，不能作为办理土地增值税清算申报或审批事宜的依据。"

根据上述政策规定，税务师事务所在清算审核中发现涉税事项总体上存在违法违规问题，且无法与委托企业在所有重大方面达成一致，不能真实、合法反映鉴证结果的，应当出具否定意见的鉴证报告。

5.2　清算税款计算等税务审核业务

本节内容主要包括清算税款计算的税收政策与税务审核政策。

问题 5-2-1

清算中需要分别计算增值额的类型有哪些？

答：分别计算增值额的情形主要是指在同一个清算项目中，建造不同类型的建筑物。根据《财政部 国家税务总局关于土地增值税若干问题的通知》（财税〔2006〕21号）第一条的规定，纳税人既建造普通住宅，又建造其他商品房的，应分别核算土地增值额。《国家税务总局关于房地产开发企业土地增值税清算管理有关问题的通知》（国税发〔2006〕187号）第一条第二款规定："开发项目中同时包含普通住宅和非普通住宅的，应分别计算增值额。"

《国家税务总局关于修订土地增值税纳税申报表的通知》（税总函〔2016〕309号）所附《土地增值税纳税申报表（二）》（从事房地产开发的纳税人清算适用）填表说明第二条第（二）项第16点明确："表中每栏按照'普通住宅、非普通住宅、其他类型房地产'分别填写。"即按照普通住宅、非普通住宅、其他类型房地产分别计算收入、扣除项目金额、增值额、增值率和应纳税额。

目前，各地基本上是按照上述原则确定具体政策的，即按照"普通住宅、非普通住宅、其他类型房地产"分别计算增值额，有的地方还对车库等进行特别强调，具体举例如下：

1. 江西省规定

《国家税务总局江西省税务局关于土地增值税若干征管问题的公告》（国家税务总局江西省税务局公告2018年第16号）第五条第（一）项规定："销售地下车库（位）取得的收入，不论开具何种票据，均计入'其他类型房地产'的转让收入。"

2. 广西壮族自治区规定

根据《广西壮族自治区房地产开发项目土地增值税管理办法（试行）》（广西壮族自治区地方税务局公告2018年第1号发布）第八条的规定，"纳税人转让的配套设施按照其他类型房地产进行预征和清算"，"配套设施是指有偿转让产权的车库、车位、杂物房、储藏室、阁楼等不动产"。

3. 重庆市规定

《重庆市地方税务局转发财政部、国家税务总局关于土地增值税若干问题的通知》

（渝地税发〔2006〕143号）第七条规定："为了满足计算土地增值税需要，应将开发建设项目中的普通住房与其他建设内容分别确定计税单位。开发建设单体综合楼也应把普通住房和非普通住房以及非住宅区分开来确定计税单位。"

问题5-2-2

清算项目中享受免税政策的普通标准住宅如何计算增值额？

答：对于纳税人在同一个清算项目中，既建造普通标准住宅又进行其他房地产开发的，根据《财政部 国家税务总局关于土地增值税一些具体问题规定的通知》（财税字〔1995〕48号）第十三条的相关规定，"对纳税人既建普通标准住宅又搞其他房地产开发的，应分别核算增值额。不分别核算增值额或不能准确核算增值额的，其建造的普通标准住宅不能适用条例第八条（一）项的免税规定"。即纳税人建造普通标准住宅出售，增值额未超过扣除项目金额20%的，如果不分别核算增值额或不能准确核算增值额，则不能免征土地增值税。

在实务中，房地产开发企业要根据项目批文、规划设计等内容，及时向税务机关备案登记，在日常核算及计算增值额时要注意以下几点：

（1）销售普通住宅和非普通住宅取得的收入要严格区分核算。

（2）直接成本、费用应按照不同的成本对象清晰归集。

（3）共同成本费用可以按照一定的方法和比例合理分摊，例如，对于以建造普通标准住宅为主的项目，可按其他类型住宅建筑面积占整个项目可售面积的比例计算分摊；对于其他项目中混合有少量普通标准住宅的，可按可售普通标准住宅建筑面积占整个项目可售面积的比例计算分摊。除此以外，也可以按照与当地税务机关协商的其他合理方式进行分摊。

对于其他免征项目也要分别核算。例如，房地产开发企业在一般开发项目中混有经济适用房的，由于经济适用房部分无须承担土地出让金，且毛利率由政府相关部门限制，因此要严格按照政府相关部门的批文，分别核算成本、收入，如果不分别核算增值额或不能准确核算增值额，则不能免征土地增值税。

问题5-2-3

纳税人放弃免征普通标准住宅土地增值税权利的如何处理？

答：《财政部 国家税务总局关于土地增值税一些具体问题规定的通知》（财税字

〔1995〕48号）第十三条规定："对纳税人既建普通标准住宅又搞其他房地产开发的，应分别核算增值额。不分别核算增值额或不能准确核算增值额的，其建造的普通标准住宅不能适用条例第八条（一）项的免税规定。"

各地在执行中也是按照上述政策制定相关具体规定的，对纳税人是否享受免税由纳税人自己选择。例如，《厦门市房地产开发项目土地增值税清算管理办法》（国家税务总局厦门市税务局公告2023年第1号发布）第三十五条规定："纳税人建造普通标准住宅出售，增值额未超过扣除项目金额20%的，免征土地增值税。

纳税人按照本办法规定办理清算申报时，其自行申报的普通住宅部分增值率未超过20%的，主管税务机关清算审核后确实符合免征土地增值税条件的，由纳税人提出书面申请，主管税务机关按照程序办理免税手续。"

又如，《安徽省土地增值税清算管理办法》（国家税务总局安徽省税务局公告2018年第21号修改）第五十三条规定："纳税人按照本办法第二十一条规定办理清算申报时，对同一开发项目或同一分期项目中既建有普通标准住宅又建有非普通标准住宅（其他类型房地产）的，如纳税人在清算报告中就其普通标准住宅申请免征土地增值税，应分别计算增值额、增值率以及应缴的土地增值税；如纳税人在清算报告提出放弃申请免征普通标准住宅土地增值税权利的，应以整个开发项目为对象，统一计算增值额、增值率以及应缴的土地增值税。

纳税人在清算申报时未明确是否就其普通标准住宅申请免征土地增值税的，主管税务机关应告知纳税人相关政策，并将清算报告退还纳税人，待纳税人明确后予以受理。"

问题5-2-4

纳税人在清算期间应如何申报缴纳土地增值税？

答：根据土地增值税征管规定，税务机关受理房地产企业清算申报后有一个审核时间，在最终清算审核结论（结果）下达之前，纳税人销售（转让）房地产的如何处理，各地从征管角度简化了相关处理业务，一般有以下三种情况：

一是先按照确定的预征率预缴土地增值税，清算审核结论下达后，再按后续管理规定清缴税款。各地具体规定举例如下：

1. 内蒙古自治区规定

《内蒙古自治区土地增值税清算管理办法》（国家税务总局内蒙古自治区税务局公告2023年第7号发布）第四十九条规定："纳税人在清算审核过程中转让房地产的，按清算申报时确定的单位扣除项目金额进行土地增值税尾盘申报，应于收到清算审核结论的次月15日内，按清算审核结论确定的单位扣除项目金额进行土地增值税尾盘更正申报。"

2. 湖北省规定

《土地增值税征管工作指引（试行）》（鄂税财行便函〔2021〕9号文件印发）第三十七条规定："纳税人自行清算申报后至清算审核结论出具前，继续发生销售行为的，暂按预征率申报缴纳土地增值税，待主管税务机关出具清算审核结论后的第一次尾盘申报时一并调整。"

3. 广西壮族自治区规定

《广西壮族自治区房地产开发项目土地增值税管理办法（试行）》（广西壮族自治区地方税务局公告2018年第1号发布）第十六条规定，"纳税人清算申报之日起至收到土地增值税清算审核结果之日止，纳税人应就其销售剩余开发产品取得的收入继续预缴土地增值税"；第五十五条规定，"清算审核期间转让房地产的按规定的预征率进行预征，清算审核结束后，扣除项目金额按本次清算确认的单位建筑面积成本费用乘以转让面积计算调整"。

4. 浙江省规定

根据《浙江省地方税务局关于房地产开发企业土地增值税清算管理有关问题的公告》（浙江省地方税务局公告2015年第8号）第一条第（二）项第3点的规定，"纳税人在清算申报之日后至清算审核结束期间所发生的房地产转让收入，按预征率预缴土地增值税，并在次月15日内向主管税务机关报送《土地增值税预缴纳税申报表》及其他相关资料；在清算审核结束后的次月15日内，填报《土地增值税已清算项目后续销售纳税申报表》，对上述房地产转让收入按清算后再转让规定重新计算土地增值税后多退少补"。

二是在此期间销售普通住宅暂不预缴土地增值税。例如，《重庆市财政局 重庆市地方税务局土地增值税等财产行为税政策执行问题处理意见》（渝财税〔2015〕93号文件发布）第一条第（一）项第一款规定："税务机关受理房地产企业清算申报后至清算结论下达前，企业再转让该清算单位中的普通住宅，暂不预征土地增值税；清算审核结论下达后，应按规定征收税款。"

三是按照规定计算增值额、增值率并缴纳土地增值税，待收到税务机关清算审核结论后重新计算并办理税款补退手续。例如，《国家税务总局青岛市税务局房地产开发项目土地增值税清算管理办法》（国家税务总局青岛市税务局公告2022年第6号发布）第三十三条规定："开发企业清算申报后至收到清算审核结论前销售剩余开发产品取得的收入，应于次月15日内，按清算申报时确定的单位扣除项目金额进行土地增值税尾盘申报，待收到清算审核结论后，应于次月15日内，按清算审核结论确定的单位扣除项目金额进行土地增值税尾盘更正申报。

开发企业收到清算审核结论后取得的收入，应于次月 15 日内，按清算审核结论确定的单位扣除项目金额进行土地增值税尾盘申报。"

再如，根据《北京市地方税务局土地增值税清算管理规程》（北京市地方税务局公告 2016 年第 7 号发布）第四十七条的规定，"纳税人在清算审核期间转让的房地产，扣除项目金额以本次清算确认的单位建筑面积成本费用乘以转让面积计算。具体计算公式按本规程第四十六条第三款规定执行。

纳税人应按照上述方法计算清算审核期间转让房地产对应的税款，与本次清算税款合并后，一并申报缴纳"。

问题 5-2-5

对延迟缴纳的清算补缴税款是否加收滞纳金？

答：《国家税务总局关于土地增值税清算有关问题的通知》（国税函〔2010〕220 号）第八条规定："纳税人按规定预缴土地增值税后，清算补缴的土地增值税，在主管税务机关规定的期限内补缴的，不加收滞纳金。"

根据上述政策规定，清算补缴的税款，在主管税务机关相关补缴税款通知书规定的期限内补缴的，不加收滞纳金。对于超过规定期限补缴的税款，则要按规定加收滞纳金。各地也是按照这一原则制定具体规定的，例如，《安徽省土地增值税清算管理办法》（国家税务总局安徽省税务局公告 2018 年第 21 号修改）第五十一条规定："纳税人办理清算申报后，主管税务机关通过清算审核补缴的税款，应当自本办法第二十条规定的申报期届满之次日起加收滞纳金。税务机关延长审核时间的，延长审核期间不加收滞纳金。"

再如，《北京市地方税务局土地增值税清算管理规程》（北京市地方税务局公告 2016 年第 7 号发布）第二十五条规定："纳税人按规定预缴土地增值税后，清算补缴的土地增值税，在主管税务机关规定的期限内补缴的，不加收滞纳金。"

问题 5-2-6

清算时未扣除的成本费用清算后达到扣除条件的如何处理？

答：对于在清算中因票据、支付及分摊等原因不予扣除的金额，在清算后如果符合政策规定达到可以扣除的条件时如何处理，目前没有直接明确的统一规定。各地的具体处理方式举例如下：

1.对于因种种原因在清算时不得扣除（分摊）的成本，清算后符合政策规定给予扣除后如果产生多缴税款且在三年内发现的，可以申请退税

例如，《内蒙古自治区土地增值税清算管理办法》（国家税务总局内蒙古自治区税务局公告2023年第7号发布）第四十八条规定："自主管税务机关送达税务审核结论之日起三年内发生下列情形之一的，纳税人可一次性提出申请，调整清算税额，退还多缴的土地增值税税款：

（一）清算时未取得合法有效凭证而在清算后取得的；

（二）清算时未支付款项而在清算后支付的；

（三）清算时未能分摊的共同成本费用，清算后能够采用合理方法分摊的。"

再如，根据《安徽省土地增值税清算管理办法》（国家税务总局安徽省税务局公告2018年第21号修改）第五十二条、《广西壮族自治区房地产开发项目土地增值税管理办法（试行）》（广西壮族自治区地方税务局公告2018年第1号发布）第五十六条的规定，因下列原因，纳税人自结算缴纳土地增值税清算税款（或自收到清算审核结果）之日起三年内发现多缴税款的，可以向主管税务机关要求退还多缴的税款，主管税务机关应当自接到纳税人书面退还申请之日起30日内核查，对查实的事项应予以追溯调整，涉及从国库中退库的，依照法律、行政法规有关国库管理的规定退还。

（1）清算时应取得但未取得合法有效凭证，清算后取得的；

（2）清算时应实际支付但未实际支付的款项，清算后实际支付的；

（3）清算时应分摊但实际未能分摊的共同的成本费用，清算后能够按照受益对象、采用合理的分配方法分摊的；

（4）其他合法合理原因。

2.对于清算时因无法取得合法有效凭证不得扣除（分摊）的成本，清算后取得合法有效凭证等可以扣除的，如果有后续房产转让，可在计算当期清算后转让房产应纳税额时后续扣除

例如，《重庆市地方税务局关于土地增值税若干政策执行问题的公告》（重庆市地方税务局公告2014年第9号）第一条第（五）项第2点规定："清算时因未取得合法有效凭证，而未能认定的成本项目（简称未定成本项目），清算后取得合法有效凭证的，应分房产类型归集'后续成本额'，可在计算当期清算后转让房产应纳税额时后续扣除，公式如下：

$$\text{单位建筑面积成本费用额} = \frac{\text{清算认定（或上期累计）'单位建筑面积成本费用额'} + \text{本期'后续成本额'}}{\text{清算可售建筑面积}}$$

$$\text{清算后转让扣除额} = \text{单位建筑面积成本费用额} \times \text{本期转让面积} + \text{本期转让房产有关税金及附加}$$

纳税人在清算申报时应对'未定成本项目'进行附加说明，主管税务机关在清算审核时一并核实确认，否则相关成本不予以后续扣除。"

3. 对于分期清算后期支出大于前期的公共配套设施费用，允许在整体项目全部清算时重新进行调整分摊

例如，《湖北省房地产开发企业土地增值税清算管理办法》（鄂地税发〔2008〕207号文件印发）第十七条第（五）项规定："对于成片开发分期清算项目的公共配套设施费用，在先期清算时，应按实际发生的费用进行分摊；对后期清算时实际支付的公共配套设施费用分摊比例大于前期的金额时，允许在整体项目全部清算时，按整体项目重新进行调整分摊。"

4. 对清算完成后继续支付并取得合法、有效凭证的，可以进行二次清算

例如，《土地增值税征管工作指引（试行）》（鄂税财行便函〔2021〕9号文件印发）第三十九条规定，"纳税人符合清算条件并进行土地增值税清算后，继续支付并取得合法、有效凭证的支出，可申请二次清算，但必须是所有成本、费用已全部发生完毕。主管税务机关可根据实际情况重新调整扣除项目金额并调整应纳土地增值税税额。二次清算后，纳税人不得再要求进行土地增值税清算。"

问题 5-2-7

如何对清算方式的一致性进行审核？

答：《土地增值税清算管理规程》（国税发〔2009〕91号文件印发）第三十六条规定："对于分期开发的房地产项目，各期清算的方式应保持一致。"

根据上述政策规定，清算的方式，包括成本费用确认处理方式、成本费用分摊计算公式、收入确认处理方式以及其他各种处理原则等均要保持一致，不得因调节增值额（扣除项目金额分配）而改变各期清算的方式。

《土地增值税清算管理规程》第十七条规定："清算审核时，应审核房地产开发项目是否以国家有关部门审批、备案的项目为单位进行清算；对于分期开发的项目，是否以分期项目为单位清算；对不同类型房地产是否分别计算增值额、增值率，缴纳土地增值税。"

根据上述政策规定，税务机关在审核时，要关注以下审核要点（不限于）：

一是查阅相关项目批文、规划设计等资料，同时核对清算单位确定的说明，以掌握分期（项）整体情况。

二是核对不同期间（不同项目）成本分摊方式的选择。必要时可以要求纳税人提供各期成本分摊方式处理的具体情况，包括公式、数据。

三是对差异的计算。如果发现各期同类业务成本分摊方式不同，要计算（各期）差异，看是否影响土地增值税应纳税额的计算。

问题 5-2-8

如何对清算项目中不同房地产的分类进行审核？

答：根据政策及清算申报要求，同一个项目，既建造普通住宅、非普通住宅又建造其他商品房的，应分别计算增值额、增值率，分别清算土地增值税。

税务机关在审核时主要从以下三个方面核对相关数据及资料：

一是当地关于普通住宅标准的确定依据。对于普通住宅，一般都有面积和单价的具体标准，如果当地税务机关已经发文明确了普通住宅标准，则按照税务机关文件执行；如果税务机关没有发文具体明确，则按照当地政策或相关部门发布的普通住宅标准执行。

二是依据各类资料核对。根据项目批文、销售窗口表等具体数据核对相关商品房的单价、面积等，以确定普通住宅、非普通住宅及其他商品房的销售收入、成本是否分别计算。

三是核对成本归集、分摊方式。根据上述核对情况及申报表数据，核对是否分别归集成本；对于发生的无法直接区分的共同成本，要核对分析其分摊公式是否符合要求。

5.3 土地增值税清算后税收政策

本节内容主要包括项目清算后尾盘的各项处理相关税收政策。

问题 5-3-1

项目清算后再转让房地产（尾盘）的如何处理？

答：对于土地增值税项目清算后尾盘销售的，需要填写专项申报。根据《国家税务总局关于修订土地增值税纳税申报表的通知》（税总函〔2016〕309号）及其附件，纳税人清算后尾盘销售的，应填写《土地增值税纳税申报表（四）》（从事房地产开发的纳税人清算后尾盘销售适用）（见本章末的附录5-6）及《清算后尾盘销售土地增值税扣除项目明细表》（见本章末的附录5-7）。

对于具体税款的计算处理，《国家税务总局关于房地产开发企业土地增值税清算管理有关问题的通知》（国税发〔2006〕187号）第八条规定，在土地增值税清算时未转让的房地产，清算后销售或有偿转让的，纳税人应按规定进行土地增值税的纳税申报，扣除项目金额按清算时的单位建筑面积成本费用乘以销售或转让面积计算。

$$单位建筑面积成本费用 = 清算时的扣除项目总金额 \div 清算的总建筑面积$$

根据上述政策规定，各地在执行中制定了更加详细的政策规定。具体规定举例如下：

1. 内蒙古自治区规定

《内蒙古自治区土地增值税清算管理办法》（国家税务总局内蒙古自治区税务局公告2023年第7号发布）第四十七条规定："纳税人在主管税务机关出具清算审核结论后转让房地产的，按以下规定办理：

（一）应于取得销售收入的次月15日内进行尾盘申报。

（二）应区分普通住宅、非普通住宅和其他类型房地产分别计算增值额、增值率，缴纳土地增值税。

（三）按清算审核结论确定的单位扣除项目金额进行土地增值税尾盘申报。

$$扣除项目金额 = 单位建筑面积成本费用 \times 清算后转让面积$$

$$单位建筑面积成本费用 = \frac{清算审核确认的扣除项目总金额（不含与转让房地产有关的税金）}{清算时的已售建筑面积}$$

（四）转让房地产的有关税金在尾盘申报时予以扣除。

（五）实行核定征收的房地产开发项目，应按照核定征收方式分不同房地产类型分别计算并申报缴纳土地增值税。"

2. 贵州省规定

《贵州省土地增值税清算管理办法》（国家税务总局贵州省税务局公告2022年第12号发布）第五十八条规定："在土地增值税清算时未转让的房地产，清算后转让的，纳税人应于次月纳税申报期内区分'普通标准住宅'和'其他类型房地产'分别计算并申报缴纳土地增值税，扣除项目金额按清算时的单位建筑面积成本费用乘以销售或转让面积计算。

单位建筑面积成本费用＝清算时的扣除项目总金额÷清算的总建筑面积"

3. 湖北省规定

《土地增值税征管工作指引（试行）》（鄂税财行便函〔2021〕9号文件印发）第三十八条规定："清算审核后尾盘申报时，扣除项目金额应按：税务机关清算审核确认的单位建筑面积成本费用（不含与转让房地产有关的税金）乘以清算后转让的面积，加上清算审核后转让时缴纳的与转让房地产有关的税金计算。

其中，单位建筑面积成本费用（不含与转让房地产有关的税金）＝房地产开发项目总扣除项目金额（不含与转让房地产有关的税金）÷房地产开发项目的总可售建筑面积。"

4. 安徽省规定

《安徽省土地增值税清算管理办法》（国家税务总局安徽省税务局公告2018年第21号修改）第四十九条规定："土地增值税清算时未转让的房地产，清算后销售或有偿转让的（以下简称清算后转让的），纳税人应按月汇总进行土地增值税纳税申报。申报时，扣除项目金额按清算时的单位建筑面积成本费用（不含与转让房地产有关的税金）乘以清算后转让的面积再加上清算后转让时缴纳的与转让房地产有关的税金计算。

单位建筑面积成本费用（不含与转让房地产有关的税金）＝房地产开发项目总扣除项目金额（不含与转让房地产有关的税金）÷房地产开发项目的总建筑面积

5. 广西壮族自治区规定

根据《广西壮族自治区房地产开发项目土地增值税管理办法（试行）》（广西壮族自治区地方税务局公告2018年第1号发布）第五十四条的规定，主管税务机关做出清算审核结果后，纳税人转让的房地产（以下简称"清算审核后再转让房地产"），按以下规定办理：

（1）清算审核后再转让房地产的纳税人应在每月终了后15日内进行纳税申报（含零申报）。

（2）清算审核后再转让房地产应当区分普通住宅、非普通住宅和其他类型房地产分别计算增值额、增值率，缴纳土地增值税。

（3）清算审核后再转让房地产扣除项目金额按清算审核结果确认的普通住宅、非普通住宅和其他类型房地产单位建筑面积成本费用乘以转让面积确认。

$$\text{单位建筑面积成本费用} = \text{清算审核时的扣除项目总金额} \div \text{清算的总可售建筑面积}$$

上述"清算审核时的扣除项目总金额"不包括与转让房地产有关的税金。

（4）清算审核后再转让房地产的有关税金在本次申报缴纳土地增值税时予以扣除。

（5）清算审核后再转让的房地产，按照上述方式计算的增值率未超过20%的普通住宅，免征土地增值税。增值率超过20%的，应征收土地增值税。

（6）清算审核后再转让房地产的，应缴土地增值税按照清算时的方式计征。

6.北京市规定

根据《北京市地方税务局土地增值税清算管理规程》（北京市地方税务局公告2016年第7号发布）第四十六条第（二）项的规定，"清算后再转让房地产应当区分普通住宅和其他商品房分别计算增值额、增值率，缴纳土地增值税"。

对于扣除金额的确认，根据该条第（三）项的规定，"清算后再转让房地产扣除项目金额按清算时确认的普通住宅、其他商品房单位建筑面积成本费用乘以转让面积确认。

$$\text{清算时单位建筑面积成本费用} = \text{本次清算扣除项目总金额} \div \text{清算的总已售面积}$$

上述公式中，'本次清算扣除项目总金额'不包括纳税人进行清算时扣除的与转让房地产有关的税金"。

根据该条第（四）项的规定，"清算后再转让房地产的有关税金在本次申报缴纳土地增值税时予以扣除"。

根据该条第（五）项的规定，"清算后再转让的房地产，按照上述方式计算的增值率未超过20%的普通住宅，免征土地增值税；增值率超过20%的，应征收土地增值税"。

对于其他征管规定，根据第四十六条第（一）项的规定，"清算后再转让房地产的纳税人应在每季度终了后15日内进行纳税申报（含零申报）"。

根据该条第（六）项的规定，"纳税人清算后再转让房地产的，对于买卖双方签订的房地产销售合同有约定付款日期的，纳税义务发生时间为合同签订的付款日期的当天；对于采取预收款方式的，纳税义务发生时间为收到预收款的当天"。

根据该条第（七）项的规定，"清算后再转让房地产的土地增值税计算方式应与项目的清算方式保持一致。以核定征收方式清算的项目再转让房地产的，按清算时核定征收率计征税款"。

7. 黑龙江省规定

《黑龙江省地方税务局关于土地增值税若干政策问题的公告》（黑龙江省地方税务局公告2016年第1号）第十二条规定："在土地增值税清算时未转让的房地产，清算后销售或有偿转让的，纳税人应按规定进行土地增值税的纳税申报。其中对于以查账方式进行清算的项目，扣除项目金额按清算时的单位建筑面积成本费用（剔除与转让房地产有关的税金）乘以销售或转让面积，加上本次转让时与转让房地产有关的税金计算；对于以核定征收方式进行清算的项目，按再转让房地产所取得的收入，乘以该项目清算审核时确定的核定征收率计算。"

8. 重庆市规定

根据《重庆市地方税务局关于土地增值税若干政策执行问题的公告》（重庆市地方税务局公告2014年第9号）第一条第（五）项第1点的规定，查账征收方式清算后转让房产（简称清算后转让房产），应分房产类型确定单位建筑面积成本费用额，以此计算清算后转让扣除额，公式如下：

$$单位建筑面积成本费用额 = 清算成本费用额（不含转让房产有关税金及附加） \div 清算可售建筑面积$$

$$清算后转让扣除额 = 单位建筑面积成本费用额 \times 本期转让面积 + 本期转让房产有关税金及附加$$

问题5-3-2

土地增值税清算后，当年企业所得税汇算清缴出现亏损的如何处理？

答：一些房地产开发企业在土地增值税清算后，由于入库大量税款造成当年企业所得税汇算清缴出现亏损。

对于企业有后续开发项目的，《国家税务总局关于房地产开发企业土地增值税清算涉及企业所得税退税有关问题的公告》（国家税务总局公告2016年第81号）第一条规定，"企业按规定对开发项目进行土地增值税清算后，当年企业所得税汇算清缴出现亏损，且有其他后续开发项目的，该亏损应按照税法规定向以后年度结转，用以后年度所得弥补。后续开发项目,是指正在开发以及中标的项目"。

对于企业没有其他后续开发项目的,国家税务总局公告2016年第81号第二条规定:"企业按规定对开发项目进行土地增值税清算后,当年企业所得税汇算清缴出现亏损,且没有后续开发项目的,可以按照以下方法,计算出该项目由于土地增值税原因导致的项目开发各年度多缴企业所得税税款,并申请退税:

(一)该项目缴纳的土地增值税总额,应按照该项目开发各年度实现的项目销售收入占整个项目销售收入总额的比例,在项目开发各年度进行分摊,具体按以下公式计算:

$$\text{各年度应分摊的土地增值税} = \text{土地增值税总额} \times \left(\text{项目年度销售收入} \div \text{整个项目销售收入总额} \right)$$

销售收入包括视同销售房地产的收入,但不包括企业销售的增值额未超过扣除项目金额20%的普通标准住宅的销售收入。

(二)该项目开发各年度应分摊的土地增值税减去该年度已经在企业所得税税前扣除的土地增值税后,余额属于当年应补充扣除的土地增值税;企业应调整当年度的应纳税所得额,并按规定计算当年度应退的企业所得税税款;当年度已缴纳的企业所得税税款不足退税的,应作为亏损向以后年度结转,并调整以后年度的应纳税所得额。

(三)按照上述方法进行土地增值税分摊调整后,导致相应年度应纳税所得额出现正数的,应按规定计算缴纳企业所得税。

(四)企业按上述方法计算的累计退税额,不得超过其在该项目开发各年度累计实际缴纳的企业所得税;超过部分作为项目清算年度产生的亏损,向以后年度结转。"

【提示】关于对"土地增值税总额"的争议。《国家税务总局关于房地产开发企业土地增值税清算涉及企业所得税退税有关问题的公告》(国家税务总局公告2016年第81号)出台后,在实操中对"土地增值税总额"有两种认识:

一种认为"土地增值税总额"是指"企业按规定对开发项目进行土地增值税清算"计算出的土地增值税总额,根据税务总局土地增值税清算条件政策的规定,一般有两个:一是"应进行土地增值税的清算"的项目;二是"当地主管税务机关可要求纳税人进行土地增值税清算"的项目。这两种确定清算的条件从政策角度均属于"企业按规定对开发项目进行土地增值税清算"的范围,因此,纳税人在项目土地增值税清算完成后,就可以按照2016年第81号公告处理企业所得税业务。

另一种认为"土地增值税总额"是指整个项目土地增值税总额,对于"当地主管税务机关可要求纳税人进行土地增值税清算"的项目，应待未销售的商品房（即15%以内部分）销售完毕后，才能确认"土地增值税总额"。在实操中，对于可清算的土地增值税项目，如果要等待尾盘全部销售完毕才能适用2016年第81号公告，那么很多因为特殊原因无法在短期内销售的项目尾盘，其纳税人就不能及时适用2016年第81号公告处理企业所得税业务。

以上具体政策掌握以当地税务机关为准。

案例5-1

土地增值税清算后企业所得税应退税款计算

A房地产开发公司20×4年1月开始开发某房地产项目，20×6年9月项目全部竣工并销售完毕，11月进行土地增值税清算，整个项目共缴纳土地增值税1 100万元，其中20×4年至20×6年分别预缴土地增值税240万元、300万元、60万元；20×6年清算后补缴土地增值税500万元。20×4年至20×6年实现的项目销售收入（不含税）分别为12 000万元、15 000万元、3 000万元，缴纳的企业所得税分别为45万元、310万元、0。该企业20×6年度汇算清缴出现亏损，应纳税所得额为–400万元。该企业适用企业所得税税率为25%。企业没有后续开发项目，拟申请退税，具体计算如下：

1. 20×4年度。

20×4年应分摊的土地增值税：1 100×（12 000÷30 000）=440（万元）；

当年应补充扣除土地增值税税款：440–240=200（万元）。

调减当年企业所得税应纳税所得额200万元，应退税45万元，另形成亏损20万元向以后年度结转。[重新申报调增后应纳税所得额：45÷25%–200=–20（万元），因此调整后可留待以后年度弥补的亏损20万元，应退回已交企业所得税额45万元。]

2. 20×5年度。

20×5年应分摊的土地增值税：1 100×（15 000÷30 000）=550（万元）；

当年应补充扣除土地增值税税款：550–300=250（万元）。

弥补上年亏损20万元，合计调减当年企业所得税应纳税所得额270万元，应退税：270×25%=67.5（万元）。[重新申报调整后应纳税所得额：310÷25%–250–20=970（万元），调整后应缴纳企业所得税：970×25%=242.5（万元），应退税：242.50–310=–67.5（万元）]

3. 20×6年度。

20×6年应分摊的土地增值税：1 100×（3 000÷30 000）=110（万元）；

当年多扣除土地增值税税款：560-110=450（万元）。

调增当年企业所得税应纳税所得额450万元，调整后应纳税所得额：-400+450=50（万元）。

调整后应补税：50×25%=12.5（万元）。

4.累计可退税计算。

累计可退税款：45+67.5-12.5=100（万元）。

问题 5-3-3

因土地增值税清算导致多缴的企业所得税退税，是否受三年期限限制？

答：房地产开发企业因土地增值税清算引起的应退税款，系由于土地增值税清算当年缴纳较多的土地增值税税款，导致本年度企业所得税汇算清缴出现亏损。该亏损本应按规定在以前年度得到扣除，形成事实上的多缴企业所得税。因此，根据《国家税务总局关于房地产开发企业土地增值税清算涉及企业所得税退税有关问题的公告》（国家税务总局公告2016年第81号）第二条的规定，房地产开发企业因土地增值税清算引起的应退税款，应给予退税，不适用《税收征收管理法》第五十一条关于三年内退税时限的规定。

问题 5-3-4

企业在申请退税时报送的资料包括哪些？

答：《国家税务总局关于房地产开发企业土地增值税清算涉及企业所得税退税有关问题的公告》（国家税务总局公告2016年第81号）第三条规定："企业在申请退税时，应向主管税务机关提供书面材料说明应退企业所得税款的计算过程，包括该项目缴纳的土地增值税总额、项目销售收入总额、项目年度销售收入额、各年度应分摊的土地增值税和已经税前扣除的土地增值税、各年度的适用税率，以及是否存在后续开发项目等情况。"

问题 5-3-5

纳税人自收到清算审核结果之日起三年内发现多缴税款的如何处理？

答：《税收征收管理法》第八条第三款规定："纳税人依法享有申请减税、免税、退税的权利。"

对于退税的情形,《税收征收管理法》第五十一条规定:"纳税人超过应纳税额缴纳的税款,税务机关发现后应当立即退还;纳税人自结算缴纳税款之日起三年内发现的,可以向税务机关要求退还多缴的税款并加算银行同期存款利息,税务机关及时查实后应当立即退还;涉及从国库中退库的,依照法律、行政法规有关国库管理的规定退还。"

对于土地增值税,纳税人自收到清算审核结果之日起三年内发现多缴税款的,应依法享受退税的权利。以广西壮族自治区为例,《广西壮族自治区房地产开发项目土地增值税管理办法(试行)》(广西壮族自治区地方税务局公告2018年第1号发布)第五十六条规定:"因下列原因,纳税人自收到清算审核结果之日起三年内发现多缴税款的,可以向主管税务机关要求退还,主管税务机关应当自接到纳税人书面退还申请之日起30日内核查,对查实的事项应予以追溯调整,涉及从国库中退库的,依照法律、行政法规有关国库管理的规定退还。

(一)清算时应取得但未取得合法有效凭证,清算后取得的。

(二)清算时应实际支付但未实际支付的款项,清算后实际支付的。

(三)清算时应分摊但实际未能分摊的共同的成本费用,清算后能够按照受益对象、采用合理的分配方法分摊的。

(四)其他合法合理原因。"

5.4 土地增值税清算综合案例

关于土地增值税清算案例的说明如下：

（1）本案例为说明土地增值税清算主要业务及流程，虚构了整体业务，如有雷同纯属巧合；

（2）本案例根据实务中可能发生的各类情况设置了部分事项，不是全部事项；

（3）各地具体业务流程、资料有一定差异，为突出主要业务，案例仅选取主要流程、资料供参考；

（4）本案例仅根据某一地区的政策掌握尺度进行处理，各地实操以当地税务机关征管政策为主。

土地增值税清算鉴证报告

（××税核字〔202×〕×××号）

天翔置业有限公司：

我们接受委托，对天翔置业有限公司开发的"翔瑞山畔花园"商品房项目自行清算土地增值税申报事项进行审核。及时提供会计资料和与该项目相关的资料，并保证其真实性、合法性和完整性是贵公司的责任，我们的责任是，按照国家有关法律法规及有关规定，对所鉴证的土地增值税纳税申报表及有关资料的真实性和准确性，在进行职业判断和必要的审核程序的基础上，出具真实合法的审核报告。

在审核过程中，我们恪守独立、客观、公正的原则，依据《中华人民共和国土地增值税暂行条例》及其实施细则、国税发〔2006〕187号、财税〔2006〕21号、苏地税发〔2007〕75号、国税发〔2009〕91号、苏地税规〔2012〕1号、苏地税规〔2015〕8号、苏地税规〔2016〕7号、国家税务总局公告2016年第70号等有关规定，按照《关于印发〈土地增值税清算管理规程〉的通知》（苏地税发〔2009〕72号）和《土地增值税清算鉴证业务指引——税务师行业涉税专业服务规范第3.5.5号》的要求，实施了包括审查会计记录、审查支持土地增值税金额的证据、复核合同、决算和职业判断等我们认为必要的审核程序。

本报告仅供向贵公司的主管税务机关办理"翔瑞山畔花园"商品房项目土地增值税清算申报时使用，不作其他用途。非法律、法规规定，本报告的所有内容均不得提供给其他单位或个人，因使用不当造成的后果，与执行本代理服务业务的税务师事务所及其税务师无关。

经审核，我们认为：贵公司"翔瑞山畔花园"商品房项目已转让的房地产建筑面积占整个项目可售建筑面积的比例在85%以上，根据《国家税务总局关于房地产开发企业土地增值税清算管理有关问题的通知》（国税发〔2006〕187号）第二条第（二）项的规定，已具备可进行土地增值税清算条件。截至2023年10月31日，清算结果如下（由于四舍五入的原因，相关数据略有尾差）：

一、"翔瑞山畔花园"普通住宅类项目

1. 转让房地产收入总额2 866 077 809.41元。

2. 扣除项目金额合计2 966 107 637.44元。其中：

（1）取得土地使用权所支付的金额1 813 149 061.06元；

（2）房地产开发成本466 104 618.79元；

（3）房地产开发费用224 988 917.93元；

（4）与转让房地产有关的税金11 887 203.81元；

（5）财政部规定的其他扣除项目449 977 835.85元。

3. "翔瑞山畔花园"普通住宅类项目增值额-100 029 828.03元。

4. 应缴土地增值税税额0.00元。

5. 减免土地增值税税额0.00元。

6. 已缴土地增值税税额61 062 683.79元。

7. 应退土地增值税税额61 062 683.79元。

二、"翔瑞山畔花园"非普通住宅类项目

1. 转让房地产收入总额100 682 994.77元。

2. 扣除项目金额合计198 008 544.78元。其中：

（1）取得土地使用权所支付的金额121 271 218.82元；

（2）房地产开发成本31 175 085.58元；

（3）房地产开发费用15 048 228.01元；

（4）与转让房地产有关的税金417 556.35元；

（5）财政部规定的其他扣除项目30 096 456.02元。

3. "翔瑞山畔花园"非普通住宅项目增值额-97 325 550.01元。

4. 应缴土地增值税税额0.00元。

5. 已缴土地增值税税额（含预缴）3 214 824.87元。

6. 应退土地增值税税额3 214 824.87元。

三、"翔瑞山畔花园"其他类型房产项目

1. 转让房地产收入总额22 202 413.71元。

2. 扣除项目金额合计16 405 805.58元。其中：

（1）取得土地使用权所支付的金额10 012 430.55元；

（2）房地产开发成本2 573 886.61元；

（3）房地产开发费用1 242 416.28元；

（4）与转让房地产有关的税金92 239.58元；

（5）财政部规定的其他扣除项目2 484 832.56元。

3."翔瑞山畔花园"其他类型房产项目增值额5 796 608.13元。

4.应缴土地增值税税额1 738 982.44元。

5.已缴土地增值税税额（含预缴）912 583.81元。

6.应补土地增值税税额826 398.63元。

四、"翔瑞山畔花园"所有清算类型合计

1.转让房地产收入总额2 988 963 217.89元。

2.扣除项目金额合计3 180 521 987.80元。其中：

（1）取得土地使用权所支付的金额1 944 432 710.43元；

（2）房地产开发成本49 985 350.98元；

（3）房地产开发费用241 279 562.22元；

（4）与转让房地产有关的税金12 396 999.74元；

（5）财政部规定的其他扣除项目482 559 124.43元。

3."翔瑞山畔花园"项目增值额−191 558 769.91元。

4.应缴土地增值税税额1 738 982.44元。

5.已缴土地增值税税额（含预缴）65 190 092.47元。

6.应退土地增值税税额63 451 110.03元。

以上数据详见鉴证事项说明与土地增值税纳税清算申报表及有关附表。

附：

1."翔瑞山畔花园"土地增值税清算鉴证事项说明；

2.清算项目基本情况表（略）；

3.土地增值税税源明细表及附表1至附表5；

4.税务师事务所行政登记证书（略）；

5.税务师执业证书（略）。

×××税务师事务所（普通合伙）　　　中国注册税务师：

中国××　　　　　　　　　　　　　报告日期：20××年××月××日

附1 "翔瑞山畔花园"土地增值税清算鉴证事项说明

一、企业基本情况

详见表5-3。

表5-3　　　　　　　　　　　　企业基本情况

企业名称	天翔置业有限公司			
统一社会信用代码	××××××××××××		成立时间	2015年6月22日
实收资本	人民币240 000万元		法人代表	×××
房地产开发资质	二级	开发资质证号 ××××××	经济类型	有限责任公司
注册地址	江苏省××市××路×××号			
投资方企业信息	投资方企业名称	投资金额（万元）		投资比例
	××××股份有限公司	198 000		99%
	××管理有限公司	2 000		1%
	投资方合计	200 000		100%
基本户银行名称	中国建设银行股份有限公司			
基本户银行账号	×××××××××××××			
营业范围	房地产开发（须取得许可或批准后方可经营）；房屋租赁；商品房销售代理；物业管理；酒店管理。（依法须经批准的项目，经相关部门批准后方可开展经营活动）			

二、主要会计政策和税收政策

（一）会计政策

公司执行会计准则及有关规定。

（二）公司会计核算方法

收入、成本、费用按权责发生制进行账务处理，固定资产折旧按直线法计提。

（三）主要内部控制制度

根据《中华人民共和国公司法》和其他相关的法律法规，为了保证各项经济活动的效率和效果，确保财务报告的可靠性，保护资产的安全、完整，防范、规避经营风险，防止欺诈和舞弊，公司制定了相关内部控制制度，包括现金管理、资金支付与结算管理、固定资产及设备管理、职责分工与授权批准、采购与验收的管理、内部监督等内部控制制度。

（四）主要税种适用税率

增值税（一般征收，税率9%），城市维护建设税（7%），教育费附加（3%），地方教育附加（2%），土地增值税（2%、3%、4%），印花税（产权转移书据0.05%）。

（五）开发产品销售收入确认的标准

一次性全额收款的，按实际收讫价款之日确认收入，分期收款的，按销售合同约定付款日确认收入，银行按揭的，首付款按实际收款日确认收入，余款在银行按揭贷款办理转账之日确认收入。开发产品视同销售确认收入的标准：开发产品所有权转移时确认销售收入。

三、清算项目概况

（一）"翔瑞山畔花园"项目概况审核

"翔瑞山畔花园"项目位于某地；出让宗地编号：翔瑞山畔花园。项目土地使用权面积41 149.20平方米，实际出让面积41 149.20平方米。

2019年××月××日，取得由政府部门颁发的用地规划许可证，编号为×××1号；

2019年××月××日，取得由政府部门颁发的建设工程规划许可证，编号为×××2号；

2019年××月××日，取得由政府部门颁发的建筑工程施工许可证，编号为×××3号；

自2022年××月××日开始，共取得由政府部门颁发的建设工程竣工验收备案表10份，编号为×××4号；

自2020年××月××日开始，取得由政府部门颁发的预售许可证4份，编号为×××5号。

以上证件资料详见附2：清算项目基本情况表。

（二）总建筑面积、可售面积、公共配套面积、自持自用面积审核

1. "翔瑞山畔花园"项目总建筑面积147 216.54平方米，其中明细详见表5-4。

表5-4

单位：平方米

总建筑面积 （1=2+3）	可售面积 （2）	不可销售面积 （3=4+5+6）	自持自用房产面积（4）	出租建筑面积（5）	公共配套面积（6）
147 216.54	118 357.28	28 859.26			28 859.26

2. 可售面积合计为118 357.28平方米，其中：

（1）普通住宅类可售面积为97 359.31平方米；

（2）非普通住宅类可售面积为6 511.81平方米；

（3）其他类型房产类可售面积为14 486.16平方米。

3. 不可销售面积28 859.26平方米，其中：

（1）自持自用房产面积为0.00平方米；

（2）出租建筑面积为0.00平方米；

（3）公共配套面积为28 859.26平方米。至审计截止日，该公共配套房产已无偿移交。

（三）已售面积审核

截至2023年10月31日，"翔瑞山畔花园"项目已售面积为104 408.75平方米，其中：

（1）普通住宅类房产已售面积为97 359.31平方米，占普通住宅类可售面积的100%；

（2）非普通住宅类房产已售面积为6 511.81平方米，占非普通住宅类可售面积的100%；

（3）其他类型房产类房产已售面积为537.63平方米，占其他类型房产类可售面积

的 3.71%。

四、清算单位、清算条件审核

（一）清算单位的审核

"翔瑞山畔花园"在 20×× 年 ×× 月 ×× 日取得 ×× 市 ×× 区管理委员会行政审批局批准的项目备案证。项目建设地点位于 ××××××。项目用地总面积 41 149.20 平方米，实际出让面积 41 149.20 平方米。项目主要建设内容为城镇住宅用地（混合）。

根据苏地税规〔2015〕8 号文件第一条、苏地税规〔2016〕7 号文件第一条的规定，我们确认将贵公司建设开发的"翔瑞山畔花园"项目作为一个清算单位，并整体清算。

（二）清算条件的审核

截至 2023 年 10 月 31 日，"翔瑞山畔花园"项目已转让的房地产建筑面积占整个项目可售建筑面积的比例在 85% 以上，根据《国家税务总局关于房地产开发企业土地增值税清算管理有关问题的通知》（国税发〔2006〕187 号）第二条第（一）项的规定，"翔瑞山畔花园"项目属于可要求进行土地增值税清算的情形。

五、审核情况

（一）房地产转让收入的审核

通过审核，我们发现贵公司按照相关企业会计准则的有关规定，对于预收的房款均通过"合同取得负债"科目进行核算，在房产销售实现确认收入时再记入"主营业务收入"和"应交税费——应交增值税"科目。因此，我们检查了企业提供的商品房预售许可证、房产部门房屋测绘面积、销售窗口表，统计核对了全部的销售发票及实测面积，抽查了部分销售合同等资料，并结合实地查看现场情况，将上述资料与"预收账款""应收账款""主营业务收入""其他业务收入""应交税费——应交增值税"科目进行分析核对，在此基础上进一步审核"应付账款""其他应付款"等相关科目，未发现未入账收入。

我们对收集的资料进行分析、汇总后，统计出"翔瑞山畔花园"项目各分户可销售实测面积。同时，我们以各户销售合同确认的单价为准，计算出各分户的实测合同金额，再与贵公司开具的销售发票进行核对以及核对应收未收、应付未付款，计算出实测合同金额中包含的增值税税款。

经审核，贵公司本清算项目取得的收入在营改增之后，增值税的缴纳方式采用"一般计税办法征收"。根据《国家税务总局关于营改增后土地增值税若干征管规定的公告》（国家税务总局公告 2016 年第 70 号）的有关规定，实测面积总房款中所包含的增值税税额不作为土地增值税应税收入；根据苏地税规〔2012〕1 号文件第五条第三款的规定，由于软装成本已从开发成本中剔除，因此与软装成本相对应的收入不作为土地增值税应税收入。经计算，贵公司本清算项目转让房地产取得的土地增值税应税收入总额详见表 5-5。

表5-5

单位：元

清算类型	实测合同金额（含增值税）	减：包含增值税	样板房软装收入调整	土地增值税应税收入（不含增值税）
普通住宅	3 129 570 682.00	258 429 689.34	-5 363 183.25	2 865 777 809.41
非普通住宅	109 940 142.00	9 077 626.45	-179 520.78	100 682 994.77
其他类型房产	24 286 142.00	2 005 277.77	-78 450.52	22 202 413.71
合　计	3 263 796 966.00	269 512 593.56	-5 621 154.55	2 988 663 217.89

（二）土地增值税扣除项目的审核

经审核确认，截至2023年10月31日，贵公司申报的"翔瑞山畔花园"项目土地增值税符合税法规定的土地增值税扣除项目金额合计为3 180 521 987.80元（其中：普通住宅类2 966 107 637.44元，非普通住宅类198 008 544.78元，其他类型房产16 405 805.58元）。

说明：

（1）以下按比例计算的数据均按保留所有小数位数计算得出，报告中标注比例仅保留两位小数，各数据在计算过程中，由于四舍五入的原因会产生尾差；

（2）以下成本分配方式政策依据为国税发〔2006〕187号、苏地税规〔2012〕1号、苏地税规〔2015〕8号等政策文件；

（3）分配方式为按可售建筑面积法归集成本。

1.取得土地使用权所支付的金额审核。

贵公司"翔瑞山畔花园"项目账面记载累计发生"取得土地使用权所支付的金额"金额合计为2 204 295 679.84元。经审核，其中95 679.84元不得作为土地增值税的扣除项目，已予以剔除。剔除后，符合税法规定累计发生"取得土地使用权所支付的金额"总扣除金额为2 204 200 000.00元。

不得扣除原因详见表5-6。

表5-6

单位：元

调整编号	调整原因	从账面开发成本中审核剔除金额（以负数表示）
4	应作开发费用	-95 679.84
	合　计	-95 679.84

再根据清算项目的建筑面积与总建筑面积比以及已售面积与总可售面积比，审定申报本次扣除"取得土地使用权所支付的金额"合计为1 944 432 710.43元，其中普通住宅类1 813 149 061.06元，非普通住宅类121 271 218.82元，其他类型房产类10 012 430.55元，详见表5-7。

表5-7

金额单位：元

取得土地使用权所支付的金额	普通住宅	非普通住宅	其他类型房产	合计
一、总可扣除成本	1 813 149 061.06	121 271 218.82	269 779 720.12	2 204 200 000.00
其中：直接成本				
共同间接成本	1 813 149 061.06	121 271 218.82	269 779 720.12	2 204 200 000.00
二、本次扣除比例	100.00%	100.00%	3.71%	
三、本次扣除成本	1 813 149 061.06	121 271 218.82	10 012 430.55	1 944 432 710.43

2. 房地产开发成本审核。

经审核，审定允许本次扣除的房地产开发成本为499 853 590.98元。详见表5-8。

表5-8

单位：元

开发成本项目	合计	普通住宅	非普通住宅	其他类型房产
开发成本合计	499 853 590.98	466 104 618.7	31 175 085.58	2 573 886.61
土地征用及拆迁补偿费				
前期工程费	7 155 778.03	6 672 636.18	446 294.74	36 847.11
建筑安装工程费	383 685 196.39	357 779 648.92	23 929 844.56	1 975 702.91
基础设施费	101 323 570.97	94 482 434.95	6 319 392.48	521 743.54
公共配套设施费	512 900.37	478 270.50	31 988.80	2 641.07
开发间接费用	7 176 145.22	6 691 628.24	447 565.00	36 951.98
其中：不可加计扣除	31 490 679.23	29 364 500.59	1 964 024.28	162 154.36

（1）土地征用及拆迁补偿费审核。

贵公司本项目未发生"土地征用及拆迁补偿费"支出。

（2）前期工程费审核。

贵公司"翔瑞山畔花园"项目账面记载累计发生"前期工程费"金额合计为18 787 772.33元。经审核，其中10 676 015.18元不得作为土地增值税的扣除项目，已予以剔除。剔除后，符合税法规定累计发生"前期工程费"总扣除金额为8 111 757.15元。不得扣除原因详见表5-9。

表5-9

单位：元

调整编号	调整原因	从账面开发成本中审核剔除金额（以负数表示）
4	应作开发费用	-4 659 622.82
6	计提未实际发生	-6 016 392.36
合　计		-10 676 015.18

再根据清算项目建筑面积与总建筑面积比以及已售面积与总可售面积比，审定申报本次扣除的"前期工程费"金额合计为 7 155 778.03 元，其中普通住宅类 6 672 636.18 元，非普通住宅类 446 294.74 元，其他类型房产类 36 847.11 元，详见表 5-10。

表 5-10

金额单位：元

前期工程费	普通住宅	非普通住宅	其他类型房产	合计
一、总可扣除成本	6 672 636.18	446 294.74	992 826.23	8 111 757.15
其中：直接成本				
共同间接成本	6 672 636.18	446 294.74	992 826.23	8 111 757.15
二、本次扣除比例	100.00%	100.00%	3.71%	
三、本次扣除成本	6 672 636.18	446 294.74	36 847.11	7 155 778.03

（3）建筑安装工程费审核。

贵公司"翔瑞山畔花园"项目账面记载累计发生"建筑安装工程费"金额合计为 557 435 167.84 元。经审核，其中 122 491 389.78 元不得作为土地增值税的扣除项目，已予以剔除。剔除后，符合税法规定累计发生"建筑安装工程费"总扣除金额为 434 943 778.06 元。不得扣除原因详见表 5-11。

表 5-11

单位：元

调整编号	调整原因	从账面开发成本中审核剔除金额（以负数表示）
4	应作开发费用	-1 615 966.29
6	计提未实际发生	-106 012 663.62
7	施工前、竣工后成本	-4 063 956.75
8	超决算或合同	-5 137 675.57
9	软装家具电器支出	-5 630 960.87
11	与土地增值税收入无关联	-30 166.68
	合　计	-122 491 389.78

再根据清算项目建筑面积与总建筑面积比以及已售面积与总可售面积比，审定申报本次扣除"建筑安装工程费"金额合计 383 685 196.39 元，其中普通住宅类 357 779 648.92 元，非普通住宅类 23 929 844.56 元，其他类型房产类 1 975 702.91 元，详见表 5-12。

表 5-12

金额单位：元

建筑安装工程费	普通住宅	非普通住宅	其他类型房产	合计
一、总可扣除成本	357 779 648.92	23 929 844.56	53 234 284.58	434 943 778.06
其中：直接成本				

续表

建筑安装工程费	普通住宅	非普通住宅	其他类型房产	合计
共同间接成本	357 779 648.92	23 929 844.56	53 234 284.58	434 943 778.06
二、本次扣除比例	100.00%	100.00%	3.71%	
三、本次扣除成本	357 779 648.92	23 929 844.56	1 975 702.91	383 685 196.39

（4）基础设施费审核。

贵公司"翔瑞山畔花园"项目账面记载累计发生"基础设施费"金额合计为 129 684 740.11元。经审核，其中 14 824 804.99元不得作为土地增值税的扣除项目，已予以剔除。剔除后，符合税法规定累计发生"基础设施费"总扣除金额为 114 859 935.12元。不得扣除原因详见表5-13。

表5-13

单位：元

调整编号	调整原因	从账面开发成本中审核剔除金额（以负数表示）
4	应作开发费用	−3 329 218.54
6	计提未实际发生	−7 617 834.13
7	施工前、竣工后成本	−1 661 855.31
10	非本清算项目成本	−2 215 897.01
	合　计	−14 824 804.99

再根据清算项目建筑面积与总建筑面积比以及已售面积与总可售面积比，审定申报本次扣除"基础设施费"金额合计101 323 570.97元，其中普通住宅类94 482 434.95元，非普通住宅类6 319 392.48元，其他类型房产类521 743.54元，详见表5-14。

表5-14

金额单位：元

基础设施费	普通住宅	非普通住宅	其他类型房产	合计
一、总可扣除成本	94 482 434.95	6 319 392.48	14 058 107.69	114 859 935.12
其中：直接成本				
共同间接成本	94 482 434.95	6 319 392.48	14 058 107.69	114 859 935.12
二、本次扣除比例	100.00%	100.00%	3.71%	
三、本次扣除成本	94 482 434.95	6 319 392.48	521 743.54	101 323 570.97

（5）公共配套设施费审核。

贵公司"翔瑞山畔花园"项目账面记载累计发生"公共配套设施费"金额合计 741 210.69元。经审核，其中159 789.19元不得作为土地增值税的扣除项目，已予以剔除。剔除后，符合税法规定累计发生"公共配套设施费"总扣除金额为581 421.50元。不得扣除原因详见表5-15。

表5-15

单位：元

调整编号	调整原因	从账面开发成本中审核剔除金额（以负数表示）
4	应作开发费用	-159 789.19
	合　计	-159 789.19

再根据清算项目建筑面积与总建筑面积比以及已售面积与总可售面积比，审定申报本次扣除"公共配套设施费"金额合计512 900.37元，其中普通住宅类478 270.50元，非普通住宅类31 988.80元，其他类型房产类2 641.07元，详见表5-16。

表5-16

金额单位：元

公共配套设施费	普通住宅	非普通住宅	其他类型房产	合计
一、总可扣除成本	478 270.50	31 988.80	71 162.20	581 421.50
其中：直接成本				
共同间接成本	478 270.50	31 988.80	71 162.20	581 421.50
二、本次扣除比例	100.00%	100.00%	3.71%	
三、本次扣除成本	478 270.50	31 988.80	2 641.07	512 900.37

（6）开发间接费用审核。

贵公司"翔瑞山畔花园"项目账面记载累计发生"开发间接费用"金额合计为197 711 509.39元。经审核，其中189 576 664.23元不得作为土地增值税的扣除项目，已予以剔除。剔除后，符合税法规定累计发生"开发间接费用"总扣除金额为8 134 845.16元。不得扣除原因详见表5-17。

表5-17

单位：元

调整编号	调整原因	从账面开发成本中审核剔除金额（以负数表示）
4	应作开发费用	-34 901 516.16
5	利息支出	-154 250 944.26
7	施工前、竣工后成本	-424 203.81
	合　计	-189 576 664.23

再根据清算项目建筑面积与总建筑面积比以及已售面积与总可售面积比，审定申报本次扣除"开发间接费用"金额合计7 176 145.22元，其中普通住宅类6 691 628.24元，非普通住宅类447 565.00元，其他类型房产类36 951.98元，详见表5-18。

表 5-18

金额单位：元

统计口径	普通住宅	非普通住宅	其他类型房产	合计
一、总可扣除成本	6 691 628.24	447 565.00	995 651.92	8 134 845.16
其中：直接成本				
共同间接成本	6 691 628.24	447 565.00	995 651.92	8 134 845.16
二、本次扣除比例	100.00%	100.00%	3.71%	
三、本次扣除成本	6 691 628.24	447 565.00	36 951.98	7 176 145.22

3. 不可加计扣除审核。

经审核，贵公司"翔瑞山畔花园"项目支付不得加计扣除的政府性收费为 35 697 689.50 元，明细见表 5-19。

表 5-19

单位：元

序号	不可加计项目名称	企业账面金额	审计调整金额	调整后审定金额
1	基础设施配套费	22 062 589.50		22 062 589.50
2	人防易地建设费	13 635 100.00		13 635 100.00
3	合　计	35 697 689.50		35 697 689.50

再根据清算项目建筑面积与总建筑面积比以及已售面积与总可售面积比，审定申报本次扣除"不可加计扣除"金额合计 31 490 679.23 元，其中普通住宅类 29 364 500.59 元，非普通住宅类 1 964 024.28 元，其他类型房产类 162 154.36 元，详见表 5-20。

表 5-20

金额单位：元

统计口径	普通住宅	非普通住宅	其他类型房产	合计
一、总可扣除成本	29 364 500.59	1 964 024.28	4 369 164.63	35 697 689.50
其中：直接成本				
共同间接成本	29 364 500.59	1 964 024.28	4 369 164.63	35 697 689.50
二、本次扣除比例	100.00%	100.00%	3.71%	
三、本次扣除成本	29 364 500.59	1 964 024.28	162 154.36	31 490 679.23

4. 开发费用审核。

根据《土地增值税暂行条例实施细则》第七条第 3 点的相关规定，其他房地产开发费用按取得土地使用权所支付的金额及房地产开发成本的 10% 计算扣除。经计算，"翔瑞山畔花园"项目其他房地产开发扣除金额为 241 279 562.22 元，其中普通住宅类 224 988 917.93 元，非普通住宅类 15 048 228.01 元，其他类型房产类 1 242 416.28 元。

5.与转让房地产有关的税金审核。

贵公司实际申报该清算项目"与转让房地产有关的税金"金额合计为12 396 999.74元，审定金额详见表5-21。

表5-21

单位：元

税种	合计	普通住宅	非普通住宅	其他类型房产
税金合计	12 396 999.74	11 887 203.81	417 556.35	92 239.58
其中：1.营业税				
2.城市维护建设税	6 279 642.40	6 021 410.77	211 508.66	46 722.96
3.教育费附加（含地方教育附加）	4 485 458.86	4 301 007.70	151 077.62	33 373.55
4.印花税	1 631 898.48	1 564 785.34	54 970.07	12 143.07

六、应缴、已缴、补（退）缴土地增值税

经计算，贵公司"翔瑞山畔花园"项目土地增值税清算应退土地增值税税额合计为63 451 110.03元，其中：

（1）普通住宅类房产增值额为–100 029 828.03元，增值率为–3.3724%，应缴土地增值税为0，减免土地增值税为0，已缴土地增值税为61 062 683.79元，应退土地增值税61 062 683.79元。

（2）非普通住宅类房产增值额为–97 325 550.01元，增值率为–49.1522%，应缴土地增值税为0，已缴土地增值税为3 214 824.87元，应退土地增值税3 214 824.87元。

（3）其他类型房产类房产增值额为5 796 608.13元，增值率为35.3327%，应缴土地增值税为1 738 982.44，已缴土地增值税为912 583.81元，应退缴土地增值税为826 398.63元。

七、其他重要事项披露

（1）"翔瑞山畔花园"项目公共配套房产养老用房和物业管理用房已全部移交，至审计截止日，房产养老用房产权移交正在办理中。

（2）"翔瑞山畔花园"项目计提尚未取得发票的开发成本已全部剔除。

八、贵公司对鉴证事项的意见

（1）我们对"翔瑞山畔花园"项目的涉税鉴证事项及上述重要信息披露与贵公司交换意见后无异议。

（2）我们已与贵公司充分沟通，一致认为"翔瑞山畔花园"项目最终清算结果应由税务主管部门审核后确定。

×××税务师事务所（普通合伙） 中国注册税务师：

中国×× 报告日期：20××年××月××日

附3 土地增值税税源明细表及附表1至附表5

T20000 土地增值税税源明细表

税款所属期间：2016年8月21日至2023年10月31日

纳税人识别号（统一社会信用代码）：××××××××××××××××××

纳税人名称：天翔置业有限公司

金额单位：人民币元（列至角分） 面积单位：平方米

项目名称	翔瑞山畔花园		项目编码	M320156450343	
项目地址	××××××××××		分配方法	三分法	
项目总可售面积	118 357.28	自用和出租面积		—	
已售面积	104 408.75	其中：普通住宅已售面积	97 359.31	其中：非普通住宅已售面积	6 511.81	其中：其他类型房地产已售面积	537.63
清算后剩余可售面积	13 948.53	其中：普通住宅剩余可售面积	—	其中：非普通住宅剩余可售面积	—	其中：其他类型房地产剩余可售面积	3 948.53
项目	行次	普通住宅	非普通住宅	其他类型房产	总额
一、转让房地产收入总额	1=2+3+4	2 866 077 809.41	100 682 994.77	22 202 413.71	2 988 963 217.89
1.货币收入	2	2 866 077 809.41	100 682 994.77	22 202 413.71	2 988 963 217.89
2.实物收入及其他收入	3	—	—	—	—
3.视同销售收入	4	—	—	—	—
二、扣除项目金额合计	5=6+7+14+17+21+22	2 966 107 637.44	198 008 544.78	16 405 805.58	3 180 521 987.80
1.取得土地使用权所支付的金额	6	1 813 149 061.06	121 271 218.82	10 012 430.55	1 944 432 710.43
其中：不可加计扣除金额	6-1	—	—	—	—
2.房地产开发成本	7=8+9+10+11+12+13	466 104 618.79	31 175 085.58	2 573 886.61	499 853 590.98
其中：土地征用及拆迁补偿费	8	—	—	—	—
前期工程费	9	6 672 636.18	446 294.74	36 847.11	7 155 778.03
建筑安装工程费	10	357 779 648.92	23 929 844.56	1 975 702.91	383 685 196.39
基础设施费	11	94 482 434.95	6 319 392.48	521 743.54	101 323 570.97

公共配套设施费	12			2 641.07	512 900.37
开发间接费用	13	478 270.50	31 988.80	36 951.98	7 176 145.22
其中：不可加计扣除金额	7-1	6 691 628.24	447 565.00	162 154.36	31 490 679.23
3. 房地产开发费用	14=15+16	29 364 500.59	1 964 024.28	1 242 416.28	241 279 562.22
利息支出	15	224 988 917.93	15 048 228.01	—	—
其中：其他房地产开发费用	16	224 988 917.93	15 048 228.01	1 242 416.28	241 279 562.22
4. 与转让房地产有关的税金等	17=18+19+20	11 887 203.81	417 556.35	92 239.58	12 396 999.74
其中：营业税	18	—	—	—	—
城市维护建设税	19	6 021 410.77	211 508.66	46 722.96	6 279 642.40
教育费附加	20	4 301 007.70	151 077.62	33 373.55	4 485 458.86
印花税		1 564 785.34	54 970.07	12 143.07	1 631 898.48
5. 财政部规定的其他扣除项目	21	449 977 835.85	30 096 456.02	2 484 832.56	482 559 124.43
6. 代收费用	22				
三、增值额	23=1-5	-100 029 828.03	-97 325 550.01	5 796 608.13	-191 558 769.91
四、增值额与扣除项目金额之比（%）	24=23÷5	-3.3724	-49.1522	35.3327	-6.0229
五、适用税率（%）	25			30.0000	
六、速算扣除系数（%）	26	0.0000	0.0000	0.0000	
七、应缴土地增值税额	27=23×25-5×26	—	—	1 738 982.44	1 738 982.44
八、减免税额	28=30+32+34	—	—	—	—
其中：减免性质代码和项目名称（1）	29				
减免税额（1）	30				
九、已缴土地增值税税额	35	61 062 683.79	3 214 824.87	912 583.81	65 190 092.47
十、应补（退）土地增值税税额	36=27-28-35	-61 062 683.79	-3 214 824.87	826 398.63	-63 451 110.03

项目编码：M320156450503243

T21000 附表1　面积统计表

项目名称：翔瑞山畔花园

面积单位：平方米

	房屋类型	序号	测绘总建筑面积 1=2+3	不可销售建筑面积 2	总可售建筑面积 3	已售建筑面积 4	剩余可售建筑面积 5=3-4 5≥6+7	自用建筑面积 6	出租建筑面积 7	说明 8
面积基本信息	普通住宅	1	97 359.31	—	97 359.31	97 359.31	—	—	—	
	非普通住宅	2	6 511.81	—	6 511.81	6 511.81	—	—	—	
	其他类型房产	3	43 345.42	28 859.26	14 486.16	537.63	13 948.53	—	—	
	其中：商业用房	4	603.56	—	603.56	537.63	65.93	—	—	
	办公用房	5	—	—	—	—	—	—	—	
	车位车库	6	11 887.38	—	11 887.38	—	11 887.38	—	—	
	其他营业性房产	7	1 995.22	—	1 995.22	—	1 995.22	—	—	
	非营业性房产	8	28 859.26	28 859.26	—	—	—	—	—	
	其中：居委会用房	9	—	—	—	—	—	—	—	
	派出所用房	10	—	—	—	—	—	—	—	
	会所	11	—	—	—	—	—	—	—	
	非机动车库（场）	12	465.95	465.95	—	—	—	—	—	
	地下人防设施	13	6 559.43	6 559.43	—	—	—	—	—	
	物业管理场所	14	597.06	597.06	—	—	—	—	—	
	变电站	15	—	—	—	—	—	—	—	
	热力站	16	—	—	—	—	—	—	—	
	水厂	17	—	—	—	—	—	—	—	

续表

		房屋类型	序号	测绘总建筑面积 1=2+3	不可销售建筑面积 2	总可售建筑面积 3	已售建筑面积 4	剩余可售建筑面积 5=3-4 5≥6+7	自用建筑面积 6	出租建筑面积 7	说明 8
面积基本信息		文体场馆	18	—	—	—	—	—	—	—	
		学校	19	—	—	—	—	—	—	—	
		幼儿园	20	—	—	—	—	—	—	—	
		托儿所	21	—	—	—	—	—	—	—	
		医院	22	—	—	—	—	—	—	—	
		邮电通信	23	—	—	—	—	—	—	—	
		其他非营业性房产	24	21 236.82	21 236.82	—	—	—	—	—	
		合计	25	147 216.54	28 859.26	118 357.28	104 408.75	13 948.53	—	—	

		房屋类型	序号	可售面积 9	已售面积 10	销售比例 11=10÷9	自用比例 12	出租比例 13	销售、出租、自用比例 14	说明 15
面积比例信息		普通住宅	26	97 359.31	97 359.31	100.000000%	0.000000%	0.000000%	100.000000%	
		非普通住宅	27	6 511.81	6 511.81	100.000000%	0.000000%	0.000000%	100.000000%	
		其他类型房产	28	14 486.16	537.63	3.711336%	0.000000%	0.000000%	3.711336%	
		合计	29	118 357.28	104 408.75	88.214895%	0.000000%	0.000000%	88.214895%	

T22000 附表 2 收入统计表

项目编码：M32015645032433
项目名称：翔瑞山畔花园
金额单位：人民币元（列至角分）

清算类别	序号	货币收入 1	实物收入及其他收入 2	视同销售收入 3	小计 4=1+2+3
普通住宅	1	2 866 077 809.41	—	—	2 866 077 809.41
非普通住宅	2	100 682 994.77	—	—	100 682 994.77
其他类型房产	3	22 202 413.71	—	—	22 202 413.71
其中：商业用房	4	22 202 413.71	—	—	22 202 413.71
办公用房	5	—	—	—	—
车位车库	6	—	—	—	—
其他营业性房产	7	—	—	—	—
非营业性房产	8	—	—	—	—
合计	9	2 988 963 217.89	—	—	2 988 963 217.89

T23000 附表3　扣除项目分摊表

项目编码：M320156645032433
项目名称：翔瑞山畔花园
金额单位：人民币元（列至角分）

科目名称	序号	总扣除金额 普通住宅	总扣除金额 非普通住宅	总扣除金额 其他类型房产	小计	分摊方法	本次扣除比例 普通住宅	本次扣除比例 非普通住宅	本次扣除比例 其他类型房产	本次扣除金额 普通住宅	本次扣除金额 非普通住宅	本次扣除金额 其他类型房产	小计
		1	2	3	4=1+2+3	5	6	7	8	9=1×6	10=2×7	11=3×8	12=9+10+11
扣除项目金额合计	1=2+4+12+15+21+22	2 966 107 637.44	198 008 544.79	439 652 768.75	3 603 768 950.98					2 966 107 637.44	198 008 544.78	16 405 805.58	3 180 521 987.80
1.取得土地使用权所支付的金额	2	1 813 149 061.06	121 271 218.82	269 779 720.12	2 204 200 000.00	可售建筑面积法	100.00%	100.00%	3.71%	1 813 149 061.06	121 271 218.82	10 012 430.55	1 944 432 710.43
其中：不可加计扣除金额	3	—	—	69 352 032.62	—	可售建筑面积法			3.71%	—	—	—	—
2.房地产开发成本	4=5+6+7+8+9+10	466 104 618.79	31 175 085.59	69 352 032.62	566 631 737.00					466 104 618.79	31 175 085.58	2 573 886.61	499 853 590.98
其中：土地征用及拆迁补偿费	5	—	—	—	—	可售建筑面积法	100.00%	100.00%	3.71%				
前期工程费	6	6 672 636.18	446 294.74	992 826.23	8 111 757.15	可售建筑面积法	100.00%	100.00%	3.71%	6 672 636.18	446 294.74	36 847.11	7 155 778.03
建筑安装工程费	7	357 779 648.92	23 929 844.56	53 234 284.58	434 943 778.06	可售建筑面积法	100.00%	100.00%	3.71%	357 779 648.92	23 929 844.56	1 975 702.91	383 685 196.39
基础设施费	8	94 482 434.95	6 319 392.48	14 058 107.69	114 859 935.12	可售建筑面积法	100.00%	100.00%	3.71%	94 482 434.95	6 319 392.48	521 743.54	101 323 570.97
公共配套设施费	9	478 270.50	31 988.80	71 162.20	581 421.50	可售建筑面积法	100.00%	100.00%	3.71%	478 270.50	31 988.80	2 641.07	512 900.37
开发间接费用	10	6 691 628.24	447 565.00	995 651.92	8 134 845.16	可售建筑面积法	100.00%	100.00%	3.71%	6 691 628.24	447 565.00	36 951.98	7 176 145.22

续表

科目名称	序号	总扣除金额 普通住宅 1	总扣除金额 非普通住宅 2	总扣除金额 其他类型房产 3	小计 4=1+2+3	分摊方法 5	本次扣除比例 普通住宅 6	本次扣除比例 非普通住宅 7	本次扣除比例 其他类型房产 8	本次扣除金额 普通住宅 9=1×6	本次扣除金额 非普通住宅 10=2×7	本次扣除金额 其他类型房产 11=3×8	小计 12=9+10+11
其中：不可加计扣除金额	11	29 364 500.59	1 964 024.28	4 369 164.63	35 697 689.50	可售建筑面积法	100.00%	100.00%	3.71%	29 364 500.59	1 964 024.28	162 154.36	31 490 679.23
3.房地产开发费用	12=13+14	224 988 917.93	15 048 228.01	33 476 258.81	273 513 404.75	—	—	—	—	224 988 917.93	15 048 228.01	1 242 416.28	241 279 562.22
其中：利息支出	13	—	—	—	—	可售建筑面积法	100.00%	100.00%	3.71%	—	—	—	—
其他房地产开发费用	14	224 988 917.93	15 048 228.01	33 476 258.81	273 513 404.75					224 988 917.93	15 048 228.01	1 242 416.28	241 279 562.22
4.与转让房地产有关的税金等	15=16+17+18+19-20									11 887 203.81	417 556.35	92 239.58	12 396 999.74
其中：营业税	16												
城市维护建设税	17									6 021 410.77	211 508.66	46 722.96	6 279 642.40
教育费附加	18									2 580 604.62	90 646.57	20 024.13	2 691 275.32
地方教育附加	19									1 720 403.08	60 431.05	13 349.42	1 794 183.54
其他税(费)	20									1 564 785.34	54 970.07	12 143.07	1 631 898.48
5.财政部规定的其他扣除项目	21=[(2-3)+(4-11)]×20%	449 977 835.85	30 096 456.03	66 952 517.62	547 026 809.50	可售建筑面积法	100.00%	100.00%	3.71%	449 977 835.85	30 096 456.02	2 484 832.56	482 559 124.43
6.代收费用	22	—	—	—	—					—	—	—	—

T23100附表4　项目间共同扣除金额分摊表

项目编码：M3201564503243　　　　项目名称：翔瑞山畔花园　　　金额单位：人民币元（列至角分）

科目名称	二级科目名称	序号	记账金额	准予扣除的记账金额	前期已分摊金额	本期分摊金额	剩余待摊金额
			1	2	3	4	5=2-3-4
取得土地使用权所支付的金额	支付的土地出让金额	1	—	—	—	—	—
	支付的地价款金额	2	—	—	—	—	—
	交纳的有关税费	3	—	—	—	—	—
土地征用及拆迁补偿费	土地征用费用	4	—	—	—	—	—
	耕地占用税	5	—	—	—	—	—
	劳动力安置费	6	—	—	—	—	—
	安置动迁用房支出	7	—	—	—	—	—
	拆迁补偿费	8	—	—	—	—	—
	其他土地征用及拆迁补偿费	9	—	—	—	—	—
前期工程费	规划费用	10	—	—	—	—	—
	设计费用	11	—	—	—	—	—
	项目可行性研究费用	12	—	—	—	—	—
	水文费用	13	—	—	—	—	—
	地质费用	14	—	—	—	—	—
	勘探费用	15	—	—	—	—	—
	测绘费用	16	—	—	—	—	—
	"七通一平"支出	17	—	—	—	—	—
	其他前期工程费	18	—	—	—	—	—
建筑安装工程费	桩基础工程费用	19	—	—	—	—	—
	地下室工程费用	20	—	—	—	—	—
	地上建筑工程费用	21	—	—	—	—	—
	户内装修费用	22	—	—	—	—	—
	高档外立面工程费用	23	—	—	—	—	—
	其他建筑安装工程费	24	—	—	—	—	—
基础设施费	开发小区内道路工程支出	25	—	—	—	—	—
	供水工程支出	26	—	—	—	—	—
	供电工程支出	27	—	—	—	—	—

续表

科目名称	二级科目名称	序号	记账金额	准予扣除的记账金额	前期已分摊金额	本期分摊金额	剩余待摊金额
			1	2	3	4	5=2-3-4
基础设施费	供气工程支出	28	—	—	—	—	—
	排污工程支出	29	—	—	—	—	—
	排洪工程支出	30	—	—	—	—	—
	通信工程支出	31	—	—	—	—	—
	照明工程支出	32	—	—	—	—	—
	环卫工程支出	33	—	—	—	—	—
	绿化费用	34	—	—	—	—	—
	其他设施工程发生的支出	35	—	—	—	—	—
公共配套设施费	居委会用房费用	36	—	—	—	—	—
	派出所用房费用	37	—	—	—	—	—
	会所费用	38	—	—	—	—	—
	非机动车库（场）费用	39	—	—	—	—	—
	地下人防设施费用	40	—	—	—	—	—
	物业管理场所费用	41	—	—	—	—	—
	变电站费用	42	—	—	—	—	—
	热力站费用	43	—	—	—	—	—
	水厂费用	44	—	—	—	—	—
	文体场馆费用	45	—	—	—	—	—
	学校费用	46	—	—	—	—	—
	幼儿园费用	47	—	—	—	—	—
	托儿所费用	48	—	—	—	—	—
	医院费用	49	—	—	—	—	—
	邮电通信费用	50	—	—	—	—	—
	其他非营业性房产费用	51	—	—	—	—	—
开发间接费用	管理人员工资	52	—	—	—	—	—
	职工福利费	53	—	—	—	—	—
	折旧费	54	—	—	—	—	—
	修理费	55	—	—	—	—	—

续表

科目名称	二级科目名称	序号	记账金额	准予扣除的记账金额	前期已分摊金额	本期分摊金额	剩余待摊金额
			1	2	3	4	5=2-3-4
开发间接费用	办公费	56	—	—	—	—	—
	水电费	57	—	—	—	—	—
	劳动保护费	58	—	—	—	—	—
	周转房摊销费	59	—	—	—	—	—
	其他发生的间接费用	60	—	—	—	—	—
房地产开发费用	利息支出	61	—	—	—	—	—
合计			—	—	—	—	—

T23200 附表5 扣除项目统计表

项目编码：M32015645003243　　项目名称：翔瑞山畔花园　　金额单位：人民币元（列至角分）

序号	科目名称	直接归集成本费用 普通住宅 1	直接归集成本费用 非普通住宅 2	直接归集成本费用 其他类型房产 3	小计 4=1+2+3	共同成本费用 普通住宅 5	共同成本费用 非普通住宅 6	共同成本费用 其他类型房产 7	小计 8=5+6+7	合计 9=4+8
1	取得土地使用权所支付的金额	—	—	—	—	1 813 149 061.06	121 271 218.82	269 779 720.12	2 204 200 000.00	2 204 200 000.00
2	其中：支付的土地出让金额	—	—	—	—	—	—	—	—	—
3	其中：支付的地价款金额	—	—	—	—	1 760 338 894.23	117 739 047.40	261 922 058.37	2 140 000 000.00	2 140 000 000.00
4	交纳的有关税费	—	—	—	—	52 810 166.83	3 532 171.42	7 857 661.75	64 200 000.00	64 200 000.00
5	其中：不可加计扣除金额	—	—	—	—	—	—	—	—	—
6	房地产开发成本	—	—	—	—	466 104 618.79	31 175 085.59	69 352 032.62	566 631 737.00	566 631 737.00
7	土地征用及拆迁补偿费	—	—	—	—	—	—	—	—	—
8	土地征用费用	—	—	—	—	—	—	—	—	—
9	耕地占用税	—	—	—	—	—	—	—	—	—
10	劳动力安置费	—	—	—	—	—	—	—	—	—
11	其中：安置动迁用房支出	—	—	—	—	—	—	—	—	—
12	拆迁补偿费	—	—	—	—	—	—	—	—	—
13	其他土地征用及拆迁补偿费	—	—	—	—	—	—	—	—	—
14	前期工程费	—	—	—	—	6 672 636.18	446 294.74	992 826.23	8 111 757.15	8 111 757.15

续表

序号	科目名称	直接归集成本费用				共同成本费用				合计
		普通住宅 1	非普通住宅 2	其他类型房产 3	小计 4=1+2+3	普通住宅 5	非普通住宅 6	其他类型房产 7	小计 8=5+6+7	9=4+8
15	规划费用	—	—	—	—					
16	设计费用	—	—	—	—	5 577 215.18	373 028.17	829 837.77	6 780 081.12	6 780 081.12
17	项目可行性研究费用	—	—	—	—	248 904.09	16 647.78	37 034.62	302 586.49	302 586.49
18	其中 水文费用	—	—	—	—					
19	地质费用	—	—	—	—					
20	勘探费用	—	—	—	—	174 556.52	11 675.09	25 972.39	212 204.00	212 204.00
21	测绘费用	—	—	—	—					
22	"七通一平"支出	—	—	—	—	372 724.56	24 929.42	55 457.95	453 111.93	453 111.93
23	其他前期工程费	—	—	—	—	299 235.83	20 014.28	44 523.50	363 773.61	363 773.61
24	建筑安装工程费	—	—	—	—	357 779 648.92	23 929 844.56	53 234 284.58	434 943 778.06	434 943 778.06
25	其中 桩基础工程费用	—	—	—	—	40 871 428.96	2 733 657.22	6 081 288.58	49 686 374.76	49 686 374.76
26	地下室工程费用	—	—	—	—					
27	地上建筑工程费用	—	—	—	—	250 694 167.78	16 767 505.83	37 300 960.80	304 762 634.41	304 762 634.41
28	户内装修费用	—	—	—	—	58 232 112.00	3 894 814.92	8 664 396.71	70 791 323.63	70 791 323.63
29	高档外立面工程费用	—	—	—	—	6 796 173.04	454 557.41	1 011 207.35	8 261 937.80	8 261 937.80

续表

序号	科目名称		直接归集成本费用				共同成本费用				合计
			普通住宅 1	非普通住宅 2	其他类型房产 3	小计 4=1+2+3	普通住宅 5	非普通住宅 6	其他类型房产 7	小计 8=5+6+7	9=4+8
30	其中	其他建筑安装工程费	—	—	—	—	1 185 767.14	79 309.18	176 431.14	1 441 507.46	1 441 507.46
31	基础设施费		—	—	—	—	94 482 434.95	6 319 392.48	14 058 107.69	114 859 935.12	114 859 935.12
32	其中	开发小区内道路工程支出	—	—	—	—	—	—	—	—	—
33		供水工程支出	—	—	—	—	12 544 721.73	839 045.14	1 866 537.92	15 250 304.79	15 250 304.79
34		供电工程支出	—	—	—	—	25 428 375.19	1 700 759.32	3 783 505.75	30 912 640.26	30 912 640.26
35		供气工程支出	—	—	—	—	2 437 113.71	163 004.64	362 619.87	2 962 738.22	2 962 738.22
36		排污工程支出	—	—	—	—	2 749 432.64	183 893.89	409 090.00	3 342 416.53	3 342 416.53
37		排洪工程支出	—	—	—	—	—	—	—	—	—
38		通信工程支出	—	—	—	—	2 968 395.66	198 539.08	441 669.68	3 608 604.42	3 608 604.42
39		照明工程支出	—	—	—	—	225 889.36	15 108.47	33 610.23	274 608.06	274 608.06
40		环卫工程支出	—	—	—	—	—	—	—	—	—
41		绿化费用	—	—	—	—	16 960 154.95	1 134 368.31	2 523 513.34	20 618 036.60	20 618 036.60
42		其他设施工程发生的支出	—	—	—	—	31 168 351.71	2 084 673.63	4 637 560.90	37 890 586.24	37 890 586.24
43	公共配套设施费		—	—	—	—	478 270.50	31 988.80	71 162.20	581 421.50	581 421.50
44	其中	居委会合用房费用	—	—	—	—	—	—	—	—	—

续表

序号	科目名称		直接归集成本费用				共同成本费用				合计
			普通住宅	非普通住宅	其他类型房产	小计	普通住宅	非普通住宅	其他类型房产	小计	
			1	2	3	4=1+2+3	5	6	7	8=5+6+7	9=4+8
45		派出所用房费用	—	—	—	—	—	—	—	—	—
46		会所费用	—	—	—	—	—	—	—	—	—
47		非机动车库（场）费用	—	—	—	—	—	—	—	—	—
48		地下人防设施费用	—	—	—	—	478 270.50	31 988.80	71 162.20	581 421.50	581 421.50
49	其中	物业管理场所费用	—	—	—	—	—	—	—	—	—
50		变电站费用	—	—	—	—	—	—	—	—	—
51		热力站费用	—	—	—	—	—	—	—	—	—
52		水厂费用	—	—	—	—	—	—	—	—	—
53		文体场馆费用	—	—	—	—	—	—	—	—	—
54		学校费用	—	—	—	—	—	—	—	—	—
55		幼儿园费用	—	—	—	—	—	—	—	—	—
56		托儿所费用	—	—	—	—	—	—	—	—	—
57		医院费用	—	—	—	—	—	—	—	—	—
58		邮电通信费用	—	—	—	—	—	—	—	—	—
59		其他非营业性房产费用	—	—	—	—	—	—	—	—	—

续表

序号	科目名称		直接归集成本费用				共同成本费用				合计
			普通住宅 1	非普通住宅 2	其他类型房产 3	小计 4=1+2+3	普通住宅 5	非普通住宅 6	其他类型房产 7	小计 8=5+6+7	9=4+8
60	开发间接费用		—	—	—	—	6 691 628.24	447 565.00	995 651.92	8 134 845.16	8 134 845.16
61	其中	管理人员工资	—	—	—	—	6 558 439.48	438 656.92	975 834.64	7 972 931.04	7 972 931.04
62		职工福利费	—	—	—	—	27 977.04	1 871.25	4 162.71	34 011.00	34 011.00
63		折旧费	—	—	—	—	5 360.38	358.34	797.64	6 516.36	6 516.36
64		修理费	—	—	—	—	—	—	—	—	—
65		办公费	—	—	—	—	61 654.53	4 123.70	9 173.61	74 951.84	74 951.84
66		水电费	—	—	—	—	3 677.56	245.97	547.19	4 470.72	4 470.72
67		劳动保护费	—	—	—	—	—	—	—	—	—
68		周转房摊销费	—	—	—	—	—	—	—	—	—
69		其他发生的间接费用	—	—	—	—	34 519.25	2 308.82	5 136.13	41 964.20	41 964.20
70	其中：不可加计扣除金额		—	—	—	—	29 364 500.59	1 964 024.28	4 369 164.63	35 697 689.50	35 697 689.50
71	房地产开发费用		—	—	—	—	224 988 917.93	15 048 228.01	33 476 258.81	273 513 404.75	273 513 404.75
72	其中	利息支出 计算扣除	—	—	—	—	—	—	—	—	—
73		其他房地产开发费用	—	—	—	—	224 988 917.93	15 048 228.01	33 476 258.81	273 513 404.75	273 513 404.75
74	与转让房地产有关的税金		11 887 203.81	417 556.35	92 239.58	12 396 999.74					12 396 999.74

续表

序号	科目名称		直接归集成本费用				共同成本费用				合计
			普通住宅 1	非普通住宅 2	其他类型房产 3	小计 4=1+2+3	普通住宅 5	非普通住宅 6	其他类型房产 7	小计 8=5+6+7	9=4+8
75	营业税		—	—	—	—					
76		城市维护建设税	6 021 410.77	211 508.66	46 722.96	6 279 642.40					6 279 642.40
77	其中	教育费附加	2 580 604.62	90 646.57	20 024.13	2 691 275.32					2 691 275.32
78		地方教育附加	1 720 403.08	60 431.05	13 349.42	1 794 183.54					1 794 183.54
79		其他税（费）	1 564 785.34	54 970.07	12 143.07	1 631 898.48					1 631 898.48
80	财政部规定的其他扣除项目		—	—	—	—	449 977 835.85	30 096 456.03	66 952 517.62	547 026 809.50	547 026 809.50
81	代收费用		—	—	—	—	—	—	—	—	—
82	合计		11 887 203.81	417 556.35	92 239.58	12 396 999.74	2 954 220 433.63	197 590 988.44	439 560 529.17	3 591 371 951.24	3 603 768 950.98

关于天翔置业有限公司"翔瑞山畔花园"项目土地增值税清算审核的报告

20××年××月至20××年××月期间，我们（审核小组）对天翔置业有限公司开发的"翔瑞山畔花园"项目土地增值税清算申报进行了审核。在审核中，我们根据土地增值税征管要求，围绕清算项目归集了各类开发资料、施工资料、销售资料以及会计资料，并以税收政策和归集的资料为依据，对清算申报资料进行了审核，审核调整情况如下：

一、企业自行申报情况

"翔瑞山畔花园"项目土地增值税清算应退土地增值税税额合计为 63 451 110.03 元，其中：

（1）普通住宅类房产增值额为 –100 029 828.03 元，增值率为 –3.3724%，应缴土地增值税为0，减免土地增值税为0，已缴土地增值税为 61 062 683.79 元，应退土地增值税 61 062 683.79 元。

（2）非普通住宅类房产增值额为 –97 325 550.01 元，增值率为 –49.1522%，应缴土地增值税为0，已缴土地增值税为 3 214 824.87 元，应退土地增值税 3 214 824.87 元。

（3）其他类型房产类房产增值额为 5 796 608.13 元，增值率为 35.3327%，应缴土地增值税为 1 738 982.44 元，已缴土地增值税为 912 583.81 元，应补缴土地增值税 826 398.63 元。

二、审核情况

（一）收入审核

1.销售价格偏低。

主要是无合理理由偏低。审核小组查阅该清算项目销售明细表（窗口表等），通过均价数据分析，发现有5套非普通住宅销售价格偏低，且明显低于同期同类市场价。

企业提出价格低的原因是房屋本身存在质量缺陷，主要是阳光不充足、户型不规则等。后经实地核查，并没有发现存在上述情况，企业也没有提供详细的证据资料。

根据省局相关政策规定，对以下情形的房地产转让价格，即使明显偏低，可视为有正当理由：（1）法院判定或裁定的转让价格；（2）以公开拍卖方式转让房地产的价格；（3）政府物价部门确定的转让价格；（4）经主管税务机关认定的其他合理情形。

该5套非普通住宅销售价格偏低的情况，不属于上述四种情形。根据上述情况及政策，经过审核流程，审核小组采取委托某价格评估事务所（公开认定的机构）对这5套销售价格偏低的房屋进行价格评估。经过中介机构的评估认定，调增该清算项目非普通住宅收入 2 578 829 元。

2. 少计清算收入。

审核小组核对第三方信息（当地网上房产信息）时，发现网上信息显示企业的商铺（底商）已全部销售完毕，但企业该清算项目申报还有65.93平方米面积的商铺没有销售。经审核小组查阅企业的相关销售资料、会计明细科目等，确认该商铺已签订商品销售合同并取得预收款，但未列入本次清算收入。

经审核确认，可售商铺面积增加65.93平方米，收入调增2 722 000元（不含税合同价）。

（二）面积审核

经审核小组审核，企业自行申报公共配套其他非营业性房产21 236.82平方米，从企业提供的资料看，其受益方非全体业主，经实地查看，此面积除少量空余外，处于自用、出租等状态。本次清算，开发商已经将其作为不可销售建筑面积（公共配套）扣除处理，其相关的建造成本48 868 368元（账面成本），应调减该扣除项目金额48 868 368元。

（三）扣除项目审核

扣除项目审核主要存在以下调整事项。

1. 前期工程费中混入开发费用。

在逐笔审核前期工程费中，审核小组发现，在前期工程费中列支有某有限公司设计咨询费872 400元。该笔费用应属于开发费用，合计调减该扣除项目金额872 400元，转开发费用处理。

2. 建筑安装工程费。

建筑安装工程费主要有三项。

一是不合规票据。根据《国家税务总局关于营改增后土地增值税若干征管规定的公告》（国家税务总局公告2016年第70号）第五条的规定，营改增后，土地增值税纳税人接受建筑安装服务取得的增值税发票，应按照《国家税务总局关于全面推开营业税改征增值税试点有关税收征收管理事项的公告》（国家税务总局公告2016年第23号）规定，在发票的备注栏注明建筑服务发生地县（市、区）名称及项目名称，否则不得计入土地增值税扣除项目金额。

审核小组审核发现，该项目有6张发票未在备注栏注明相关信息，不符合扣除要求，涉及金额8 238 693元，调减该扣除项目金额8 238 693元。

二是超决算金额无法说明原因。审核小组审核发现，根据企业提供的合同、发票、决算等相关资料，项目决算金额小于企业申报金额（已开票金额）14 980 000元，除决算报告数据外，企业没有提供证据证明决算金额小于企业申报金额的合理性。经与纳税人达成一致意见，调减该扣除项目金额14 980 000元。

三是竣工后的维修成本。项目竣工后发生维修成本5 394 219.00元，应调减

5 394 219.00元。

3.基础设施费。

基础设施费主要有两项。

一是列支与项目无关（红线外）的成本。审核小组通过核对企业提供的土地出让合同、立项批文和规划设计要点等，没有发现与该清算项目规划之外相关的道路工程建设约定。企业列支该清算项目规划外（红线外）的道路绿化工程7 480 000元，应调减该扣除项目金额7 480 000元。

二是未按照实际住宅数量列支相关成本。审核小组通过比对资料发现，该清算项目总计1 287套住宅，而企业列支的新用户供气安装是按照1 289套计算的，多出2套成本：2×2 800=5 600（元），调减该扣除项目金额5 600元；楼宇自控结算按照1 302套计算照明户数，多出15套，成本为：15×1 800=15 000（元），调减该扣除项目金额15 000元。

4.开发间接费用。

经审核小组审核发现，在开发间接费中，列支工程项目管理费3 112 550元，应转管理费用处理，调减该扣除项目金额3 112 550元；在开发间接费中发现出差差旅费892 469元，应转期间费用处理，调减该扣除项目金额892 469元。

上述所有收入、扣除项目的调整事项，均向纳税人（天翔置业有限公司）进行了说明，纳税人对调整事项无异议。

三、审核结果

经过上述调整，天翔置业有限公司"翔瑞山畔花园"项目土地增值税清算，调增清算收入5 300 829元；调减扣除项目金额75 029 099.00元。纳税调整后应缴土地增值税3 130 460.81元，已缴税款65 190 092.47元，应退税款62 059 631.66元。其中：

普通住宅类房产增值额为417 430 889.92元，增值率为17.05%，应缴土地增值税为0，减免土地增值税为0，已缴土地增值税为61 062 683.79元，应退土地增值税61 062 683.79元。

非普通住宅类房产增值额为–20 945 148.97元，增值率为–17.01%，应缴土地增值税为0，已缴土地增值税为3 214 824.87元，应退土地增值税3 214 824.87元。

其他类型房产类房产增值额为9 725 958.87元，增值率为63.99%，应缴土地增值税为3 130 460.81元，已缴土地增值税为912 583.81元，应补缴土地增值税2 217 877.00元。

国家税务总局某市某区税务局土地增值税审核小组
20××年××月×日

附：

1.土地增值税纳税清算审核表；

2."翔瑞山畔花园"税务审核调整表。

附1

土地增值税纳税清算审核表

项目名称：翔瑞山畔花园　　　单位：元

项　目	序号	审定金额 普通住宅	审定金额 非普通住宅	审定金额 其他类型房产	合计
一、转让房地产收入总额 1=2+3+4+5	1	2 866 077 809.41	103 261 823.77	24 924 413.71	2 994 264 046.89
其中　货币收入	2	2 866 077 809.41	100 682 994.77	22 202 413.71	2 988 963 217.89
	3				
视同销售	4			2 722 000.00	2 722 000.00
销售收入明显偏低调增收入	5		2 578 829		2 578 829.00
二、扣除项目金额合计 6=7+8+15+16+19+24	6	2 448 646 919.48	124 426 743.84	15 198 454.84	2 588 272 118.16
1.取得土地使用权所支付的金额	7	1 537 309 894.20	102 821 907.24	9 530 252.01	1 649 662 053.45
2.房地产开发成本 8=9+10+11+12+13+14	8	317 968 962.95	21 267 133.80	1 971 186.39	341 207 283.15
其中　土地征用及拆迁补偿费	9				—
前期工程费	10	5 049 058.79	337 702.80	31 300.65	5 418 062.24
建筑安装工程费	11	259 653 955.30	17 366 774.92	1 609 673.91	278 630 404.13
基础设施费	12	49 980 109.27	3 342 884.98	309 841.91	53 632 836.16
公共配套设施费	13	405 509.95	27 122.25	2 513.88	435 146.08
开发间接费用	14	2 880 329.65	192 648.85	17 856.04	3 090 834.54
3.代收费用	15	24 897 201.37	1 665 232.07	154 345.33	26 716 778.77
4.房地产开发费用 16=17+18	16	185 527 885.72	12 408 904.10	1 150 143.84	199 086 933.66

续表

项　目		序号	审定金额			合计
			普通住宅	非普通住宅	其他类型房产	
其中	利息支出	17	92 763 942.86	6 204 452.05	575 071.92	99 543 466.83
	其他房地产开发费用	18	92 763 942.86	6 204 452.05	575 071.92	99 543 466.83
5.与转让房地产有关的税金 19=20+21+22+23		19	11 887 203.81	417 556.35	92 239.58	12 396 999.74
	营业税	20				—
其中	城市维护建设税	21	6 021 410.77	211 508.66	46 722.96	6 279 642.40
	教育费附加	22	4 301 007.70	151 077.62	33 373.55	4 485 458.86
	地方教育附加	23	1 564 785.34	54 970.07	12 143.07	1 631 898.48
6.财政部规定的其他扣除项目		24	371 055 771.43	24 817 808.21	2 300 287.68	398 173 867.32
三、增值额 25=1-6		25	417 430 889.92	-21 164 920.07	9 725 958.87	405 991 928.72
四、增值额与扣除项目金额之比（%）26=25÷6		26	17.05	-17.01	63.99	—
五、适用税率（%）		27	0.30	0.30	0.40	—
六、速算扣除系数		28	—	—	0.05	—
七、应纳税额 29=24×27-6×28		29	—	—	3 130 460.81	3 130 460.81
八、减免税额		30				—
九、已缴税额（含预缴）		31	61 062 683.79	3 214 824.87	912 583.81	65 190 092.47
十、缓缴税额		32				—
十一、应补税额 33=29-30-31-32		33	-61 062 683.79	-3 214 824.87	2 217 877.00	-62 059 631.66
税负率（%）			0.00	0.00	12.56	0.10
单位面积成本			25 028.52	25 028.52	25 028.52	25 028.52

（盖章）：

日期

附2

"翔瑞山畔花园"税务审核调整表

单位：元

项目	企业自行申报金额	税务审计调减项目						调整小计	调整后金额
1.取得土地使用权所支付的金额	2 204 200 000.00							—	220 4200 000.00
2.房地产开发成本									
土地征用及拆迁补偿费	0.00							—	0.00
前期工程费	8 111 757.15	应进开发费用的设计咨询费	872 400.00					872 400.00	7 239 357.15
建筑安装工程费	434 943 778.06	不合规发票	8 238 693.00	超结算金额	149 800.00	不可售非配套建筑成本	48 868 368.00	竣工后的维修成本 5 394 219.00	62 651 080.00	372 292 698.06
基础设施费	79 162 245.62	红线外的成本	7 480 000.00	未按照实际住宅数量列支相关成本	20 600.00			7 500 600.00	71 661 645.62

项目	企业自行申报金额		税务审计调减项目		税务审计调减项目		调整小计	调整后金额
公共配套设施费	企业自行申报金额	581 421.50					—	581 421.50
开发间接费用	企业自行申报金额	8 134 845.16	应进期间费用的项目管理费	3 112 550.00	差旅费	892 469.00	调整小计 4 005 019.00	4 129 826.16
代收费用		35 697 689.50	人防易地建设费	0.00	白蚁防治费	0.00	基础设施配套费	0.00	新墙体专项基金、散装水泥	0.00	道路管网费	0.00	—	35 697 689.50

附 录

附录 5-1　　　　无保留意见鉴证报告

土地增值税清算税款鉴证报告（参考文本）
（适用于无保留意见的鉴证报告）

编号：

公司：

我们接受委托，于××××年××月××日至××××年××月××日，对贵单位（项目）土地增值税清算税款申报进行鉴证审核。贵单位的责任是，对所提供的与土地增值税清算税款相关的会计资料及证明材料的真实性、合法性和完整性负责。我们的责任是，按照国家法律法规及有关规定，对所鉴证的土地增值税纳税申报表及其有关资料的真实性和准确性，在进行职业判断和必要的审核程序的基础上，出具真实、合法的鉴证报告。

在审核过程中，我们本着独立、客观、公正的原则，依据《中华人民共和国土地增值税暂行条例》及其实施细则、有关政策规定，按照《土地增值税清算鉴证业务准则》的要求，实施了包括抽查会计记录等必要的审核程序。现将鉴证结果报告如下：

一、土地增值税清算税款申报的审核过程及主要实施情况

（主要披露以下内容）

（一）简要评述与土地增值税清算税款有关的内部控制及其有效性。

（二）简要评述与土地增值税清算税款有关的各项内部证据和外部证据的相关性和可靠性。

（三）简要陈述对纳税人提供的会计资料及纳税资料等进行审核、验证、计算和职业推断的情况。

二、鉴证结论

经对贵公司　　　　（项目）土地增值税清算税款申报进行审核，我们确认：

1. 收入总额：　　　　元；

2. 扣除项目金额：　　　　元；

3. 增值额：　　　　元；

4. 增值率（增值额与扣除金额之比）：　　　%；

5. 适用税率：　　　%；

6. 应缴土地增值税税额：　　　　元；

7. 已缴土地增值税税额：　　　　元；

8.应补（退）缴土地增值税税额：　　　　　元。

清算事项的具体情况详见附件。

本鉴证报告仅供贵公司报送的主管税务机关受理土地增值税清算审批之用，不得作为其他用途。非法律、行政法规规定，鉴证报告的全部内容不得提供给其他任何单位和个人。

税务师事务所所长（签名或盖章）：
中国注册税务师（签名或盖章）：
地址：
税务师事务所（盖章）
　　　年　月　日

附件：

1.税务师事务所和注册税务师执业证书复印件。

2.企业基本情况和土地增值税清算税款申报审核事项说明。

3.土地增值税纳税申报鉴证主表及其明细项目审核表。具体包括：

（1）土地增值税清算税款鉴证主表；

（2）土地增值税清算税款鉴证（转让土地使用权）明细表；

（3）土地增值税清算税款鉴证（销售普通住宅）明细表；

（4）土地增值税清算税款鉴证（销售非普通住宅）明细表；

（5）与收入相关的面积审核调整明细表；

（6）转让土地使用权、房地产销售收入审核调整明细表；

（7）扣除项目及成本结转审核汇总表；

（8）与转让土地使用权、销售房地产有关税费审核调整明细表；

（9）土地增值税缴纳情况审核汇总表。

4.土地增值税清算税款申报审核事项有关证明材料（复印件）。

附录5-2　　　　　保留意见鉴证报告

土地增值税清算税款鉴证报告（参考文本）

（适用于保留意见的鉴证报告）

编号：
公司：

我们接受委托，于××××年××月××日至××××年××月××日，对贵单位（项目）土地增值税清算税款申报进行鉴证审核。贵单位的责任是，对所提供的与土地增值税清算税款相关的会计资料及证明材料的真实性、合法性和完整性负责。我们的责任是，按照国家法律法规及有关规定，对所鉴证的土地增值税纳税申报表及其有关资料的真实性和准确性，在进行职业判断和必要的审核程序的基础上，出具真实、合法的鉴证报告。

在审核过程中，我们本着独立、客观、公正的原则，依据《中华人民共和国土地增值税暂行条例》及其实施细则、有关政策规定，按照《土地增值税清算鉴证业务准则》的要求，实施了包括抽查会计记录等必要的审核程序。现将鉴证结果报告如下：

一、土地增值税清算税款申报的审核过程及主要实施情况

（主要披露以下内容）

（一）简要评述与土地增值税清算税款有关的内部控制及其有效性。

（二）简要评述与土地增值税清算税款有关的各项内部证据和外部证据的相关性和可靠性。

（三）简要陈述对纳税人提供的会计资料及纳税资料等进行审核、验证、计算和职业推断的情况。

二、鉴证结论

经对贵公司　　　　（项目）土地增值税清算税款申报进行审核，除××保留意见的事项因税收政策规定不够明确或证据不够充分等原因，尚不能确认其应纳土地增值税的具体金额外，我们确认：

1. 收入总额：　　　　元；

2. 扣除项目金额：　　　　元；

3. 增值额：　　　　元；

4. 增值率（增值额与扣除金额之比）：　　　　%；

5. 适用税率：　　　　%；

6. 应缴土地增值税税额：　　　　元；

7. 已缴土地增值税税额：　　　　元；

8. 应补（退）缴土地增值税税额：　　　　元。

清算事项的具体情况详见附件。

本鉴证报告仅供贵公司报送的主管税务机关受理土地增值税清算审批之用，不得作为其他用途。非法律、行政法规规定，鉴证报告的全部内容不得提供给其他任何单位和个人。

税务师事务所所长（签名或盖章）：

中国注册税务师（签名或盖章）：

地址：

税务师事务所（盖章）

年　　月　　日

附件：

1.税务师事务所和注册税务师执业证书复印件。

2.企业基本情况和土地增值税清算税款申报审核事项说明。

3.土地增值税纳税申报鉴证主表及其明细项目审核表。具体包括：

（1）土地增值税清算税款鉴证主表；

（2）土地增值税清算税款鉴证（转让土地使用权）明细表；

（3）土地增值税清算税款鉴证（销售普通住宅）明细表；

（4）土地增值税清算税款鉴证（销售非普通住宅）明细表；

（5）与收入相关的面积审核调整明细表；

（6）转让土地使用权、房地产销售收入审核调整明细表；

（7）扣除项目及成本结转审核汇总表；

（8）与转让土地使用权、销售房地产有关税费审核调整明细表；

（9）土地增值税缴纳情况审核汇总表。

4.土地增值税清算税款申报审核事项有关证明材料（复印件）。

附录5-3　　　　　　　　无法表明意见鉴证报告

土地增值税清算税款鉴证报告（参考文本）
（适用于无法表明意见的鉴证报告）

编号：

公司：

我们接受委托，于××××年××月××日至××××年××月××日，对贵单位（项目）土地增值税清算税款申报进行鉴证审核。贵单位的责任是，对所提供的与土地增值税清算税款相关的会计资料及证明材料的真实性、合法性和完整性负责。我们的责任是，按照国家法律法规及有关规定，对所鉴证的土地增值税纳税申报表及其有关资料的真实性和准确性，在进行职业判断和必要的审核程序的基础上，出具真实、合法的鉴证报告。

在审核过程中，我们本着独立、客观、公正的原则，依据《中华人民共和国土地增值税暂行条例》及其实施细则、有关政策规定，按照《土地增值税清算鉴证业务准则》的要求，实施了包括抽查会计记录等必要的审核程序。现将鉴证结果报告如下：

一、土地增值税清算税款申报的审核过程及主要实施情况

（主要披露以下内容）

（一）简要评述与土地增值税清算税款有关的内部控制及其有效性。

（二）简要评述与土地增值税清算税款有关的各项内部证据和外部证据的相关性

和可靠性。

（三）简要陈述对纳税人提供的会计资料及纳税资料等进行审核、验证、计算和职业推断的情况。

二、鉴证意见

经对贵公司　　　　（项目）土地增值税清算税款申报进行审核，因审核范围受到限制，我们认为，下列事项对确认土地增值税税额可能产生的影响非常重大和广泛，以至于无法对　　　　（项目）土地增值税清算税款申报发表意见。

（一）××事项的审核情况。

（详细说明该审核事项对确认土地增值税额可能产生的非常重大而广泛的影响，并阐述对该事项无法表明意见的理据。下同。）

（二）××事项的审核情况。

（三）××事项的审核情况。

清算项目的具体情况详见附件。

本鉴证报告仅供贵公司报送的主管税务机关受理土地增值税清算审批之用，不得作为其他用途。非法律、行政法规规定，鉴证报告的全部内容不得提供给其他任何单位和个人。

税务师事务所所长（签名或盖章）：
中国注册税务师（签名或盖章）：
地址：
税务师事务所（盖章）
年　　月　　日

附件：

1.税务师事务所和注册税务师执业证书复印件。

2.企业基本情况和土地增值税清算税款申报审核事项说明。

3.土地增值税纳税申报鉴证主表及其明细项目审核表。具体包括：

（1）土地增值税清算税款鉴证主表；

（2）土地增值税清算税款鉴证（转让土地使用权）明细表；

（3）土地增值税清算税款鉴证（销售普通住宅）明细表；

（4）土地增值税清算税款鉴证（销售非普通住宅）明细表；

（5）与收入相关的面积审核调整明细表；

（6）转让土地使用权、房地产销售收入审核调整明细表；

（7）扣除项目及成本结转审核汇总表；

（8）与转让土地使用权、销售房地产有关税费审核调整明细表；

（9）土地增值税缴纳情况审核汇总表。

4.土地增值税清算税款申报审核事项有关证明材料（复印件）。

附录5-4　　　　　　　否定意见鉴证报告

土地增值税清算税款鉴证报告（参考文本）
（适用于否定意见的鉴证报告）

编号：

公司：

我们接受委托，于××××年××月××日至××××年××月××日，对贵单位（项目）土地增值税清算税款申报进行鉴证审核。贵单位的责任是，对所提供的与土地增值税清算税款相关的会计资料及证明材料的真实性、合法性和完整性负责。我们的责任是，按照国家法律法规及有关规定，对所鉴证的土地增值税纳税申报表及其有关资料的真实性和准确性，在进行职业判断和必要的审核程序的基础上，出具真实、合法的鉴证报告。

在审核过程中，我们本着独立、客观、公正的原则，依据《中华人民共和国土地增值税暂行条例》及其实施细则、有关政策规定，按照《土地增值税清算鉴证业务准则》的要求，实施了包括抽查会计记录等必要的审核程序。现将鉴证结果报告如下：

一、土地增值税清算税款申报的审核过程及主要实施情况

（主要披露以下内容）

（一）简要评述与土地增值税清算税款有关的内部控制及其有效性。

（二）简要评述与土地增值税清算税款有关的各项内部证据和外部证据的相关性和可靠性。

（三）简要陈述对纳税人提供的会计资料及纳税资料等进行审核、验证、计算和职业推断的情况。

二、鉴证意见

经审核，我们发现，贵公司土地增值税清算税款申报存在违反相关法律、法规及税收规定的情形，经与贵公司磋商，在下列重大且原则的问题上未能达成一致意见。我们认为，贵公司　　　　（项目）土地增值税清算税款申报不能真实、合法地反映企业该项目应纳土地增值税税额。

（一）××事项的审核情况。

（描述存在违反税收法律法规或有关规定的情形，并阐述经与委托人就该事项所有重大方面进行磋商不能达成一致、出具否定意见的理据。下同。）

（二）××事项的审核情况。

（三）××事项的审核情况。

清算项目的具体情况详见附件。

本鉴证报告仅供贵公司报送的主管税务机关受理土地增值税清算审批之用，不得作为其他用途。非法律、行政法规规定，鉴证报告的全部内容不得提供给其他任何单位和个人。

税务师事务所所长（签名或盖章）：

中国注册税务师（签名或盖章）：

地址：

税务师事务所（盖章）

年　　　月　　　日

附件：
1. 税务师事务所和注册税务师执业证书复印件。
2. 企业基本情况和土地增值税清算税款申报审核事项说明。
3. 土地增值税纳税申报鉴证主表及其明细项目审核表。具体包括：
（1）土地增值税清算税款鉴证主表；
（2）土地增值税清算税款鉴证（转让土地使用权）明细表；
（3）土地增值税清算税款鉴证（销售普通住宅）明细表；
（4）土地增值税清算税款鉴证（销售非普通住宅）明细表；
（5）与收入相关的面积审核调整明细表；
（6）转让土地使用权、房地产销售收入审核调整明细表；
（7）扣除项目及成本结转审核汇总表；
（8）与转让土地使用权、销售房地产有关税费审核调整明细表；
（9）土地增值税缴纳情况审核汇总表。
4. 土地增值税清算税款审核事项有关证明材料（复印件）。

附录5-5　企业基本情况和土地增值税清算税款申报审核事项说明及有关附表

一、基本情况

（一）企业基本情况

1. 成立日期：
2. 税务登记证号：
3. 地址：
4. 法人代表：
5. 注册资本：
6. 投资总额：

7.企业类型：

8.经营范围：

9.其他：

(二)项目基本情况

1.项目地址。

2.项目概况。列明开发项目类型、占地面积、取得相关批文的情况。

3.项目建设规模。列明总建筑面积、拆迁户回迁面积、公共配套面积、可售面积，并分别说明普通住宅、非普通住宅、其他开发项目的建设规模。

4.项目销售情况。列明取得预售许可证情况，实际开始销售日期、截至清算基准日已售面积、未售面积，已售面积占可售面积比例等，并分别按普通住宅、非普通住宅、其他开发项目予以说明。

5.项目设计情况。说明设计方案是否由境外机构或境外人员提供，以及项目设计的其他情况。

二、主要会计政策和税收政策

1.公司执行　　　　会计准则或《××会计制度》及有关规定。

2.公司会计核算方法：

3.主要内部控制制度：

4.土地增值税清算条件：

5.开发产品完工的标准：

6.成本费用的分配标准：

7.开发产品销售收入确认的标准：

8.开发产品视同销售确认收入的标准：

9.与土地增值税清算项目相关的税收政策：

10.其他政策：

三、土地增值税的审核情况

(一)土地增值税应税收入的审核

截至××××年××月××日，贵公司自报本项目土地增值税应税收入　　　元；经审核，核定土地增值税应税收入为　　　元，比自报数调增/调减　　　元，其中：

1.销售普通标准住宅　　　平方米，取得销售收入自报应税收入　　　元；经审核，调增/调减收入　　　元，核定收入　　　元。

2.销售其他项目（含非普通标准住宅）　　　平方米，取得销售收入自报应税收入　　　元；经审核，调增/调减收入　　　元，核定收入　　　元。

3.视同销售房地产收入：按本企业在同一地区、同一年度销售的同类房地产平均价格；或参照当地当年、同类房地产的市场价格、评估价值确定，自报应税收入　　　元；

经审核，调增/调减收入　　　元，核定其他项目应税收入　　　元。

（二）土地增值税扣除项目的审核

截至××××年××月××日，贵公司自报本项目土地增值税应税扣除项目总额　　　元；经审核，核定土地增值税扣除项目总额　　　元，比自报数调增/调减　　　元，其中：

1.取得土地使用权所支付的金额。贵公司自报取得本项目的土地使用权支付金额为　　　元；经审核，由于××原因，应调增/调减　　　元，核定允许扣除的取得土地使用权所支付的金额为　　　元。

2.房地产开发成本。贵公司本项目自报房地产开发成本　　　元；经审核，由于××原因，应调增/调减　　　元，核定允许扣除的房地产开发成本为　　　元。其中：

（1）贵公司自报土地征用及拆迁补偿　　　元；经审核，由于××原因，应调增/调减　　　元，核定允许扣除的土地征用及拆迁补偿为　　　元。

（2）贵公司自报前期工程费　　　元；经审核，由于××原因，应调增/调减　　　元，核定允许扣除的前期工程费为　　　元。

（3）贵公司自报建筑安装工程费　　　元；经审核，由于××原因，应调增/调减　　　元，核定允许扣除的建筑安装工程费为　　　元。

（4）贵公司自报基础设施费　　　元；经审核，由于××原因，应调增/调减　　　元，核定允许扣除的基础设施费为　　　元。

（5）贵公司自报公共配套设施费　　　元；经审核，由于××原因，应调增/调减　　　元，核定允许扣除的公共配套设施费为　　　元。

（6）贵公司自报开发间接费　　　元；经审核，由于××原因，应调增/调减　　　元，核定允许扣除的开发间接费为　　　元。

3.房地产开发费用。

（1）本项目发生的财务费用中，借款利息支出能够全部提供金融机构票据证明的，应据实扣除，扣除金额为　　　元。其房地产开发费用按取得土地使用权所支付金额　　　元与开发成本　　　元之和的5%扣除　　　元。因此，贵公司此项目可扣除金额为　　　元。

（2）本项目发生的财务费用中，借款利息支出未能全部提供金融机构票据的，其房地产开发费用按取得土地使用权所支付金额　　　元与开发成本　　　元之和的10%扣除　　　元。因此，贵公司此项目可扣除金额为　　　元。

4.与转让房地产有关的税金。

贵公司自报转让房地产有关税金为　　　元；经审核，应调增/调减　　　元，调整后贵公司可扣除的转让房地产有关税金为　　　元。其中：

（1）贵公司自报转让房地产有关营业税税金为　　　元；经审核，应调增/调减　　　元，调整后贵公司可扣除的转让房地产有关营业税税金为　　　元。

（2）贵公司自报转让房地产有关城市维护建设税税金为　　　元；经审核，应调增/调减　　　元，调整后贵公司可扣除的转让房地产有关城市维护建设税税金为　　　元。

（3）贵公司自报转让房地产有关教育费附加费为　　　元；经审核，应调增/调减　　　元，调整后贵公司可扣除的转让房地产有关教育费附加为　　　元。

5.税收规定的其他扣除项目。

贵公司根据税收有关规定，允许按取得土地使用权所支付金额　　　元与开发成本　　　元之和的20%加计扣除。因此，贵公司其他扣除项目的金额为　　　元。

（三）增值额及增值率的审核

贵公司自报转让房地产土地增值税的增值额为　　　元；经审核，应缴土地增值税的增值额为　　　元。其中：

（1）普通住宅土地增值税的增值额为　　　元，增值率为　　%（计算公式）；

（2）非普通住宅土地增值税的增值额为　　　元，增值率为　　%（计算公式）。

（四）应缴土地增值税的审核

贵公司自报转让房地产土地增值税税额为　　　元；经审核，应缴土地增值税税额为　　　元，已缴税款为　　　元；应补（退）税额为　　　元。其中：

1.普通住宅应缴土地增值税税额为　　　元；已缴税额为　　　元，应补（退）税额为　　　元。

2.非普通住宅应缴土地增值税税额为　　　元；已缴税额为　　　元，应补（退）税额为　　　元。

四、应当披露的其他事项

（略）

附表5-6

土地增值税纳税申报表（四）
（从事房地产开发的纳税人清算后尾盘销售适用）

税款所属时间：　年　月　日至　年　月　日　　　　　　　　　　　　　　　　　　　填表日期：　年　月　日
金额单位：元至角分　　　　　　　　　　　　　　　　　　　　　　　　　　　　　　　面积单位：平方米

纳税人识别号 □□□□□□□□□□□□□□□

纳税人名称		项目名称		项目编号		项目地址	
所属行业		登记注册类型		纳税人地址		邮政编码	
开户银行		银行账号		主管部门		电话	

项　目	行次	金　额			
		普通住宅	非普通住宅	其他类型房地产	合计
一、转让房地产收入总额 1=2+3+4	1				
其中	货币收入	2				
	实物收入及其他收入	3				
	视同销售收入	4				
二、扣除项目金额合计	5				
三、增值额 6=1-5	6				
四、增值额与扣除项目金额之比（%）7=6÷5	7				
五、适用税率（核定征收率）（%）	8				
六、速算扣除系数（%）	9				
七、应缴土地增值税额 10=6×8-5×9	10				
八、减免税额 11=13+15+17	11				

第5章　土地增值税清算之税款计算及后续处理业务 | 479

		减免性质代码（1）	12	
其中	减免税（1）	减免税额（1）	13	
	减免税（2）	减免性质代码（2）	14	
		减免税额（2）	15	
	减免税（3）	减免性质代码（3）	16	
		减免税额（3）	17	
九、已缴土地增值税税额			18	
十、应补（退）土地增值税税额 19=10-11-18			19	

以下由纳税人填写：

纳税人声明	此纳税申报表是根据《中华人民共和国土地增值税暂行条例》及其实施细则和国家有关税收规定填报的，是真实的、可靠的、完整的。	
纳税人签章	代理人签章	代理人身份证号

以下由税务机关填写：

受理人	受理日期	受理税务机关签章
	年　月　日	

本表一式两份，一份纳税人留存，一份税务机关留存。

填表说明：

一、适用范围

本表适用于从事房地产开发与建设的纳税人在清算后尾盘销售时填报，各行次应按不同房产类型分别填写。

二、土地增值税纳税申报表

（一）表头项目

1. 纳税人识别号：填写税务机关为纳税人确定的识别号。
2. 项目名称：填写纳税人所开发并转让的房地产开发项目全称。
3. 项目编号：是在进行房地产项目登记时，税务机关按照一定的规则赋予的编号，此编号会跟随项目的预征清算全过程。

第5章 土地增值税清算之税款计算及后续处理业务

4. 所属行业：根据《国民经济行业分类》（GB/T 4754—2011）填写。

5. 登记注册类型：单位，根据税务登记证或组织机构代码证中登记的注册类型类型的规定》填写。该项可由系统根据纳税人识别号自动带出，外商投资企业不填。纳税人是企业的，根据国家统计局《关于划分企业登记注册类型的规定》填写。

6. 主管部门：按纳税人隶属的管理部门填写。

7. 开户银行：填写纳税人开设银行账户的银行的名称；如果纳税人在多个银行开户，填写其主要经营账户的银行名称。

8. 银行账号：填写纳税人开设的银行账户的账号；如果纳税人拥有多个银行账户，填写其主要经营账户的银行账户的号码。

（二）表中项目

1. 表第1栏"转让房地产收入总额"，按纳税人在转让房地产开发项目所取得的全部收入填写。

2. 表第2栏"货币收入"，按纳税人转让房地产开发项目所取得的货币形态的收入额（不含增值税）填写。

3. 表第3栏"实物收入及其他收入"，按纳税人转让房地产开发项目所取得的实物形态的收入额和无形资产等其他形式的收入额（不含增值税）填写。

4. 表第4栏"视同销售收入"，纳税人将开发产品用于职工福利、奖励、对外投资、分配给股东或投资人、抵偿债务、换取其他单位和个人的非货币性资产等，发生所有权转移时应视同销售房地产，其收入不含增值税。

5. 表第5栏"扣除类型"，应为附表"清算后尾盘销售土地增值税扣除项目明细表"中对应的该类型扣除项目金额合计数额。

6. 表第8栏"适用税率"，应根据《土地增值税暂行条例》规定的四级超率累进税率，按照适用的最高一级税率填写。

7. 表第9栏"速算扣除系数"，应根据《土地增值税暂行条例实施细则》第十条的规定找出相关速算扣除系数来填写。

8. 表第12、14、16栏"减免性质代码"，按照税务机关最新制发的减免税政策代码表中最细项对应的减免税政策代码填报。表第13、15、17栏"减免税额"填写纳税人同时享受多个减免税政策应分别填写，不享受减免税的，不填写此项。

9. 表第18栏"已缴土地增值税税额"对应的减免税金额，按纳税人已经缴纳的土地增值税的数额填写。

10. 表中每栏按照"普通住宅、非普通住宅、其他类型房地产"分别填写。

附录5-7 清算后尾盘销售土地增值税扣除项目明细表

纳税人名称：

税款所属期：自　年　月　日　至　年　月　日　　填表日期：　年　月　日

金额单位：元至角分；面积单位：平方米

纳税人识别号 □□□□□□□□□□□□□□□

纳税人名称		项目名称		项目编号	
所属行业		登记注册类型		纳税人地址	
开户银行		银行账号		主管部门	
项目总可售面积		清算时已售面积		清算后剩余可售面积	

项目	行次	普通住宅	非普通住宅	其他类型房地产	合计
本次清算后尾盘销售的销售面积	1				
单位成本费用	2				—
扣除项目金额合计 3=1×2	3				—

本次与转让房地产有关的营业税		本次与转让房地产有关的城市维护建设税		本次与转让房地产有关的教育费附加	

以下由纳税人填写：

纳税人声明：此纳税申报表是根据《中华人民共和国土地增值税暂行条例》及其实施细则和国家有关税收规定填报的，是真实的、可靠的、完整的。

纳税人签章		代理人签章		代理人身份证号	

以下由税务机关填写：

受理人		受理日期　年　月　日		受理税务机关签章	

填表说明：

1. 本表适用于从事房地产开发与建设的纳税人，在清算后尾盘销售时填报。
2. 项目总可售面积应与清算时纳税人清算时填报的总可售面积一致。
3. 清算时已售面积应与清算时纳税人清算时填报的已售面积一致。
4. 清算后剩余可售面积＝项目总可售面积－清算时已售面积。
5. 本表一式两份，送主管税务机关核盖章后，一份由地方税务机关留存，一份退纳税人。

第6章

转让土地使用权、在建工程、旧房土地增值税业务

本章内容主要包括纳税人转让土地使用权、在建工程以及旧房涉及的土地增值税政策。为保持正常清算业务的完整性，单独列为一章。

6.1 转让土地使用权业务

问题 6-1-1

企业转让未经开发的土地使用权如何扣除相关成本费用？

答：企业取得土地使用权（不论是生地还是熟地）后，未进行任何形式的开发即转让的，只允许扣除相应的成本，不得进行加计扣除。

根据《土地增值税宣传提纲》（国税函发〔1995〕110号文件印发）第六条第（一）项的规定，"对取得土地或房地产使用权后，未进行开发即转让的，计算其增值额时，只允许扣除取得土地使用权时支付的地价款、交纳的有关费用，以及在转让环节缴纳的税金"。

在鉴证业务中，根据《土地增值税清算鉴证业务准则》（国税发〔2007〕132号文件印发）第三十八条关于"国家规定的加计扣除项目的审核"第（一）项的规定，"对取得土地（不论是生地还是熟地）使用权后，未进行任何形式的开发即转让的，审核是否按税收规定计算扣除项目金额，核实有无违反税收规定加计扣除的情形"。

各地具体规定举例如下：

1. 内蒙古自治区规定

《内蒙古自治区土地增值税清算管理办法》（国家税务总局内蒙古自治区税务局公告2023年第7号发布）第三十九条规定："纳税人取得土地使用权后未进行任何形式的开发即转让的，其扣除项目如下：

（一）取得土地使用权所支付的金额和按国家统一规定交纳的有关费用，包括契税；

（二）在转让环节缴纳的税金。"

2. 贵州省规定

《贵州省土地增值税清算管理办法》（国家税务总局贵州省税务局公告2022年第12号发布）第五十三条第（一）项规定："房地产开发企业取得土地使用权后，未进行任何形式的开发即转让的，其扣除项目总金额按本办法第三十七条（一）、（四）项规定进行确认。"

> 【提示】《贵州省土地增值税清算管理办法》第三十七条明确，土地增值税清算扣除项目包括：

> "(一)取得土地使用权所支付的金额,具体包括为取得土地使用权所支付的地价款和按国家统一规定交纳的有关费用。
>
> (二)房地产开发成本,即开发土地和新建房及配套设施的成本,具体包括土地征用及拆迁补偿费、前期工程费、建筑安装工程费、基础设施费、公共配套设施费、开发间接费用。
>
> (三)房地产开发费用,即开发土地和新建房及配套设施的费用,具体包括与开发项目有关的销售费用、管理费用、财务费用。
>
> (四)与转让房地产有关的税金,具体包括营改增前实际缴纳的营业税、城市维护建设税、教育费附加。营改增后允许扣除的城市维护建设税、教育费附加。
>
> (五)加计扣除,是指按本条(一)、(二)项规定计算的金额之和加计20%的扣除,另有规定的除外。"

3. 广西壮族自治区规定

《广西壮族自治区房地产开发项目土地增值税管理办法(试行)》(广西壮族自治区地方税务局公告2018年第1号发布)第四十六条规定:"取得土地使用权后未进行任何形式的开发即转让的,其扣除项目如下:

(一)取得土地使用权所支付的金额和按国家统一规定交纳的有关费用,包括契税。

(二)与转让土地使用权有关的税金。"

4. 重庆市规定

根据《土地增值税等财产行为税政策执行问题处理意见》(渝财税〔2015〕93号文件印发)第一条第(三)项第2点的相关规定,房地产企业转让开发的土地,其"取得土地使用权所支付的金额"不能加计扣除。

案例6-1

企业转让未开发的土地使用权的土地增值税计算

B房地产开发公司(一般纳税人)20×9年7月转让未经开发的土地使用权,转让收入1亿元(含税),其中价款9 174.31万元、销项税额825.69万元,假定B房地产开发公司无其他各类进项业务,缴纳与该项目相关的城市维护建设税、教育费附加与地方教育附加合计99.08万元,印花税5万元。该项目于20×8年6月以出让方式取得,土地成本7 000万元,契税210万元。土地增值税计算如下:

土地增值税扣除项目金额:7 000+210+99.08+5=7 314.08(万元);

增值额:9 174.31-7 314.08=1 860.23(万元);

增值额未超过扣除项目金额的50%，适用税率为30%；

土地增值税税额：1 860.23×30%=558.07（万元）。

问题 6-1-2

企业转让已开发的土地使用权如何计算土地增值税？

答：企业取得土地使用权后，对投入资金将土地变为熟地转让的情形，根据《土地增值税宣传提纲》（国税函发〔1995〕110号文件印发）第六条第（二）项的规定，"对取得土地使用权后投入资金，将土地变为熟地转让的，计算其增值额时，允许扣除取得土地使用权时支付的地价款、交纳的有关费用，和开发土地所需成本再加计开发成本的20%以及在转让环节缴纳的税金"。

根据《土地增值税清算鉴证业务准则》（国税发〔2007〕132号文件印发）第三十八条关于"国家规定的加计扣除项目的审核"第（二）项的规定，"对于取得土地使用权后，仅进行土地开发（如'三通一平'等），不建造房屋即转让土地使用权的，审核是否按税收规定计算扣除项目金额，是否按取得土地使用权时支付的地价款和开发土地的成本之和计算加计扣除"。

根据上述政策规定，将土地变为熟地转让的，计算其增值额时，扣除项目包括开发土地支付成本、取得土地使用权时支付的地价款和开发土地的成本之和计算加计扣除，以及在转让环节缴纳的税金。各地规定举例如下：

1. 内蒙古自治区规定

《内蒙古自治区土地增值税清算管理办法》（国家税务总局内蒙古自治区税务局公告2023年第7号发布）第四十条规定："纳税人取得土地使用权后进行了实质性的土地整理、开发，但未建造房屋即转让土地使用权的，其扣除项目如下：

（一）取得土地使用权所支付的金额和按国家统一规定交纳的有关费用，包括契税；

（二）开发土地的成本；

（三）加计土地开发成本的20%；

（四）与转让土地使用权有关的税金。"

2. 贵州省规定

《贵州省土地增值税清算管理办法》（国家税务总局贵州省税务局公告2022年第12号发布）第五十三条第（二）项规定："房地产开发企业取得土地使用权后投入资金，将生地变为熟地转让的，其扣除项目总金额按本办法第三十七条（一）、（二）、（四）项和加计房地产开发成本的20%进行确认。"

3. 广西壮族自治区规定

《广西壮族自治区房地产开发项目土地增值税管理办法（试行）》（广西壮族自治区地方税务局公告2018年第1号发布）第四十七条规定："取得土地使用权后进行了实质性的土地整理、开发，但未建造房屋即转让土地使用权的，其扣除项目如下：

（一）取得土地使用权所支付的金额和按国家统一规定交纳的有关费用，包括契税。

（二）开发土地的成本。

（三）加计开发土地成本的20%。

（四）与转让土地使用权有关的税金。"

4. 重庆市规定

根据《土地增值税等财产行为税政策执行问题处理意见》（渝财税〔2015〕93号文件印发）第一条第（三）项第2点的相关规定，房地产企业承受土地、未竣工项目的房地产企业在完成房地产项目开发，进行土地增值税清算时，其取得土地、未竣工项目所支付的款项，可作为"取得土地使用权所支付的金额"，并适用加计扣除。

案例6-2

企业转让已开发的土地使用权的土地增值税计算

B房地产开发公司（一般纳税人）20×9年7月转让一地块，转让收入1亿元（含税），其中价款9 174.31万元、销项税额825.69万元，假定B房地产开发公司无其他各类进项业务，缴纳与该项目相关的城市维护建设税、教育费附加与地方教育附加合计99.08万元，印花税5万元。该项目于20×8年6月以出让方式取得土地，土地成本7 000万元，已发生土地开发成本1 000万元，土地增值税计算如下：

土地增值税扣除项目金额：7 000+1 000+1 000×20%+99.08+5=8 304.08（万元）；

增值额：9 174.31-8 304.08=870.23（万元）；

增值额未超过扣除项目金额的50%，适用税率为30%；

土地增值税税额：870.23×30%=261.07（万元）。

问题6-1-3

企业直接转让土地使用权是否可以核定征收土地增值税？

答：土地增值税核定征收的依据主要是《国家税务总局关于房地产开发企业土地增值税清算管理有关问题的通知》（国税发〔2006〕187号）第七条的相关规定。

在实务中，对经法院拍卖的土地使用权可按核定征收方式征收土地增值税，其他直接转让土地使用权的情形一般不得核定征收土地增值税。各地规定举例如下：

1. 济南市规定

《国家税务总局济南市税务局关于明确土地增值税预征率和核定征收率有关问题的公告》（国家税务总局济南市税务局公告2020年第1号）第三条第（二）项规定："转让国有土地使用权的，原则上采用查账征收方式。对特殊情况，也可采取核定征收方式，核定征收率不低于5%。主管税务机关可根据其契税缴纳资料以及参照同时期、同地段土地历史成交价格或当年政府发布的国有土地基准地价确定土地价格，测算核定征收率。"

2. 广西壮族自治区规定

《广西壮族自治区地方税务局关于遏制房价过快上涨优化房地产结构 助推房地产市场平稳健康发展税收政策的公告》（广西壮族自治区地方税务局公告2013年第2号）第一条第（四）项规定："土地使用权直接转让应当清算土地增值税。属于法院拍卖土地使用权的，可按8%~12%核定征收土地增值税。"

3. 河南省规定

《河南省地方税务局关于明确土地增值税若干政策的通知》（豫地税发〔2010〕28号）第四条规定："所有纳税人转让'土地'的一律按查账方式征收土地增值税。国有企业改组改制中遇到的土地转让项目，无法计算扣除项目的，报省局批准后可按核定征收方式，按6%的征收率征收土地增值税。

转让土地是指转让国有土地使用权或以转让国有土地使用权为主（建筑物占总售价的30%以内）的行为。"

6.2 转让在建工程业务

问题 6-2-1

企业整体转让在建工程的如何把握实质性投资程度？

答：对于转让在建工程业务，实操要点主要是转让土地使用权与在建工程的区分。

对于在建工程概念的把握，主要是实质性动工开发的判断。根据《中华人民共和国城市房地产管理法》第三十九条第（二）项第一款的规定，"按照出让合同约定进行投资开发，属于房屋建设工程的，完成开发投资总额的百分之二十五以上，属于成片开发土地的，形成工业用地或者其他建设用地条件"。

《闲置土地处置办法》（国土资源部令第53号）第三十条规定："本办法中下列用语的含义：

动工开发：依法取得施工许可证后，需挖深基坑的项目，基坑开挖完毕；使用桩基的项目，打入所有基础桩；其他项目，地基施工完成1/3。

已投资额、总投资额：均不含国有建设用地使用权出让价款、划拨价款和向国家缴纳的相关税费。"

根据上述法律法规，在建工程实际上是已经动工开发但尚未完成（竣工）的项目，各地在办理在建工程（不动产）产权转移手续时，均要求达到完成开发投资总额25%的比例。

对于企业整体转让在建工程土地增值税相关政策的把控，《土地增值税宣传提纲》（国税函发〔1995〕110号文件发布）第六条第（三）项规定，"对取得土地使用权后进行房地产开发建造的，在计算其增值额时，允许扣除取得土地使用权时支付的地价款和有关费用、开发土地和新建房及配套设施的成本和规定的费用、转让房地产有关的税金，并允许加计20%的扣除。这可以使从事房地产开发的纳税人有一个基本的投资回报，以调动其从事正常房地产开发的积性"。

对于仅进行土地开发的，只能按开发土地的成本计算加计扣除。在鉴证业务中，根据《土地增值税清算鉴证业务准则》（国税发〔2007〕132号文件印发）第三十八条关于"国家规定的加计扣除项目的审核"第（二）项的规定，"对于取得土地使用权后，仅进行土地开发（如'三通一平'等），不建造房屋即转让土地使用权的，审核是否按税收规定计算扣除项目金额，是否按取得土地使用权时支付的地价款和开发土地的成本之和计算加计扣除"。

根据上述政策分析，企业整体转让的在建工程只要符合"实际开发"的条件，即

《中华人民共和国城市房地产管理法》第三十九条第（二）项第一款的规定，就可以按照规定扣除成本以及加计扣除，达不到"实际开发"条件的则按照转让土地使用权政策处理。需要注意的是，一些地方政策规定，房地产企业转让未竣工房地产项目，其"取得土地使用权所支付的金额"不能加计扣除。实务中，以当地税务机关解释为主。

企业转让在建工程填写土地增值税纳税申报表时，根据《国家税务总局关于修订土地增值税纳税申报表的通知》（税总函〔2016〕309号）及其附件，企业整体转让在建工程应填写《土地增值税纳税申报表（六）》（纳税人整体转让在建工程适用）（见本章末的附录6-1）。

需要注意的是，原计划开发的项目包括普通住宅、非普通住宅、其他类型房产的，在申报时按照其他类型房地产填列。

问题6-2-2

企业购买未竣工房地产开发项目，投入资金继续建设后再转让的如何处理？

答：对于纳税人整体购买未竣工的房地产开发项目，投入资金继续建设，完成后再转让的，根据土地增值税政策，由于前道转让已经过土地增值税处理，对于购买支出成本不得加计扣除，对于续建成本支出，属于纳税人实际发生的开发成本，则按照正常政策规定处理。各地具体规定举例如下：

1. 海南省规定

《国家税务总局海南省税务局土地增值税清算审核管理办法》（国家税务总局海南省税务局公告2023年第2号发布）第二十一条规定："纳税人整体购买未竣工房地产开发项目后，取得规划许可，继续投入资金进行后续建设，完成后进行销售的，其购买未竣工房地产所支付的价款及税金允许扣除，但不得作为'财政部规定的其他扣除项目'计算的基数。"

2. 内蒙古自治区规定

《内蒙古自治区土地增值税清算管理办法》（国家税务总局内蒙古自治区税务局公告2023年第7号发布）第四十一条规定："纳税人整体购买未竣工的房地产开发项目，投入资金继续建设，完成后再转让的，其扣除项目如下：

（一）取得未竣工房地产所支付的价款和按国家统一规定交纳的有关费用，包括契税；

（二）续建开发未竣工房地产的开发成本；

（三）续建房地产开发费用；

（四）转让房地产环节缴纳的有关税金；

（五）加计续建开发成本的20%。"

3. 厦门市规定

《厦门市房地产开发项目土地增值税清算管理办法》（国家税务总局厦门市税务局公告2023年第1号发布）第二十七条规定："纳税人整体购买未竣工房地产开发项目（在建工程）、投入资金继续建设后转让的，其扣除项目如下：

（一）取得未竣工房地产所支付的价款和按国家统一规定交纳的有关费用；

（二）改良开发未竣工房地产发生的成本；

（三）房地产开发费用；

（四）与转让房地产有关的税金；

（五）国家规定的其他扣除项目。

以上房地产开发费用和国家规定的其他扣除项目的计算扣除基数包括上述第一项、第二项的金额。"

4. 青岛市规定

《国家税务总局青岛市税务局房地产开发项目土地增值税清算管理办法》（国家税务总局青岛市税务局公告2022年第6号发布）第三十二条规定："对开发企业整体购买未竣工房地产开发项目，投入资金继续建设后转让，其扣除项目如下：

（一）取得未竣工房地产所支付的价款和按国家统一规定交纳的有关费用；

（二）改良开发未竣工房地产成本；

（三）房地产开发费用（开发企业整体购买未竣工房地产开发项目发生的金额不作为计算房地产开发费用扣除的基数）；

（四）与转让房地产有关的税金；

（五）加计改良开发未竣工房地产成本的百分之二十。"

5. 广西壮族自治区规定

根据《广西壮族自治区房地产开发项目土地增值税管理办法（试行）》（广西壮族自治区地方税务局公告2018年第1号发布）第四十八条规定："从事房地产开发的纳税人整体购买未竣工的房地产开发项目，然后投入资金继续建设，完成后再转让的，其扣除项目如下：

（一）取得未竣工房地产所支付的价款和按国家统一规定交纳的有关费用，包括契税。

（二）改良开发未竣工房地产的开发成本。

（三）房地产开发费用。

（四）转让房地产环节缴纳的有关税金。

（五）加计改良开发未竣工房地产开发成本的20%。"

6. 天津市规定

《天津市地方税务局关于土地增值税清算有关问题的公告》（天津市地方税务局公告2016年第25号）第七条规定："受让的在建工程再转让进行土地增值税清算时，取得在建工程支付的金额，能提供合法有效凭证的，允许据实扣除，但不能加计扣除，后续投入的各项开发成本及费用按照土地增值税清算的有关规定处理。"

7. 重庆市规定

《土地增值税等财产行为税政策执行问题处理意见》（渝财税〔2015〕93号文件印发）第一条第（三）项第2点规定："承受土地、未竣工项目的房地产企业在完成房地产项目开发，进行土地增值税清算时，其取得土地、未竣工项目所支付的款项，可作为取得土地使用权所支付的金额，并适用加计扣除。"

8. 浙江省规定

《浙江省地方税务局关于土地增值税若干政策问题的公告》（浙江省地方税务局公告2014年第16号）第四条"购买在建项目进行继续建设再转让的扣除"规定："房地产开发企业购买在建房地产开发项目后，继续投入资金进行后续建设，达到销售条件进行商品房销售的，其购买在建项目所支付的价款及税金允许扣除，但不得作为土地成本和房地产开发成本加计20%扣除以及房地产开发费用按比例计算扣除的基数。后续建设支出的扣除项目处理按照《土地增值税暂行条例》第六条及其实施细则第七条相关规定执行。"

问题6-2-3

企业转让未进行任何形式开发的房地产产权（未竣工）如何扣除相关成本费用？

答：企业取得房地产产权后，未进行任何形式的开发即转让的，只允许扣除相应的成本，不得进行加计扣除。

根据《土地增值税宣传提纲》（国税函发〔1995〕110号文件印发）第六条第（一）项的规定，"对取得土地或房地产使用权后，未进行开发即转让的，计算其增值额时，只允许扣除取得土地使用权时支付的地价款、交纳的有关费用，以及在转让环节缴纳的税金"。

在鉴证业务中，根据《土地增值税清算鉴证业务准则》（国税发〔2007〕132号文件印发）第三十八条关于"国家规定的加计扣除项目的审核"第（三）项的规定，"对于取得了房地产产权后，未进行任何实质性的改良或开发即再行转让的，审核是否按税收规定计算扣除项目金额，核实有无违反税收规定加计扣除的情形"。

各地在实务中，也是按照上述政策原则处理的。

6.3 转让旧房业务

本节内容主要是纳税人转让旧房涉及的收入确认、扣除项目评估等各项税收政策。

问题6-3-1

企业新建房与旧房如何界定？

答：《财政部 国家税务总局关于土地增值税一些具体问题规定的通知》（财税字〔1995〕48号）第七条规定："新建房是指建成后未使用的房产。凡是已使用一定时间或达到一定磨损程度的房产均属旧房。使用时间和磨损程度标准可由各省、自治区、直辖市财政厅（局）和地方税务局具体规定。"

对于房地产开发企业转让旧房的，根据《国家税务总局关于修订土地增值税纳税申报表的通知》（税总函〔2016〕309号）及其附件的相关规定，在计算申报土地增值税时，填写《土地增值税纳税申报表（三）》（非从事房地产开发的纳税人适用）（见本章末的附录6-2）。

对于在土地增值税清算中新建房与旧房的界定，各地根据不同情况制定了详细政策。具体政策举例如下：

1. 湖北省规定

《土地增值税征管工作指引（试行）》（鄂税财行便函〔2021〕9号文件印发）第四十条规定："有下列情形之一的，转让时按照旧房计算土地增值税：

（一）房地产开发企业将新建房地产办理不动产首次登记后转为自用或出租的。

（二）在房地产市场转让的存量房地产。"

2. 云南省规定

根据《国家税务总局云南省税务局关于土地增值税征管若干事项的公告》（国家税务总局云南省税务局公告2020年第7号）第五条的相关规定，房地产开发企业建造并转让的商品房，应按照转让新建房的政策规定缴纳土地增值税。其中，对房地产开发企业将已列入固定资产或者作为投资性房地产的房屋，自投入使用之日起超过5年以上转让的，按旧房转让处理。

3. 深圳市规定

《土地增值税征管工作规程》（国家税务总局深圳市税务局公告2019年第8号发布）第三十三条规定："纳税人转让从房地产二级市场购入超过1年（不含1年）的房产、

自建房使用超过1年（不含1年）的房产以及从房地产三级市场购入的房产，适用旧房转让土地增值税政策。

从事房地产开发的纳税人将开发产品转为自用、出租等用途超过1年（不含1年）的，转让时适用旧房转让土地增值税政策。"

4. 安徽省规定

《安徽省土地增值税清算管理办法》（国家税务总局安徽省税务局公告2018年第21号修改）第五十条规定："对房地产开发项目中的房地产，纳税人出租、自用或借予他人使用超过1年的，转让时应按销售旧房处理。"

5. 江苏省规定

根据《江苏省地方税务局关于土地增值税若干问题的公告》（苏地税规〔2015〕8号）第六条的相关规定，房地产开发企业建造的商品房（不含已列入固定资产或作为投资性房地产的房屋），应按照转让新建房的政策规定缴纳土地增值税。

6. 湖南省规定

《湖南省财政厅 湖南省地方税务关于土地增值税新旧房界定问题的通知》（湘财税〔2015〕13号）规定："新建非商品房取得房屋所有权证后、新建商品房实现销售（或视同销售）取得房屋所有权证（或办理房屋产权登记）后，即为旧房，转让时按照旧房的有关规定征收土地增值税。"

7. 重庆市规定

根据《重庆市地方税务局关于土地增值税若干政策执行问题的公告》（重庆市地方税务局公告2014年第9号）第二条第（一）项的相关规定，对于单位和个人对外取得（购置、接受投资、抵债、受赠、交换等）的房产、房地产企业建造房产已转为固定资产或投资性房地产，再转让的属于转让旧房。

8. 海南省规定

根据《海南省地方税务局关于土地增值税有关问题的通知》（琼地税发〔2009〕104号）第二条的相关规定，二手房、房地产开发企业所开发的商品房已转为自用，作为固定资产核算的房产，适用转让旧房的土地增值税政策。

问题 6-3-2

非房地产开发企业自建房"新旧"如何确定？

答：根据《土地增值税暂行条例》的规定，转让国有土地使用权、地上的建筑物及其附着物并取得收入的单位和个人，为土地增值税的纳税义务人，应当依照该条例缴纳土地增值税。

非房地产开发企业自建并转让房地产的，应按照规定缴纳土地增值税，各地在实务中，主要是对新旧房的界限鉴定给予规范。举例如下：

1. 云南省规定

根据《国家税务总局云南省税务局关于土地增值税征管若干事项的公告》（国家税务总局云南省税务局公告2020年第7号）第五条的相关规定，非房地产开发企业、单位和个人自建房屋，自投入使用之日起超过3年以上转让的，以及企业、单位和个人购买房屋再转让的，属转让旧房。

2. 江苏省规定

根据《江苏省地方税务局关于土地增值税若干问题的公告》（苏地税规〔2015〕8号）的相关规定，非房地产开发企业自建房屋，自房屋竣工之日起3年内（含）转让的，可按照转让新建房的政策规定缴纳土地增值税。

3. 重庆市规定

根据《重庆市地方税务局关于土地增值税若干政策执行问题的公告》（重庆市地方税务局公告2014年第9号）第二条第（一）项的相关规定，房地产企业以外的其他单位和个人建造的房产，再转让的属于转让旧房。

4. 海南省规定

根据《海南省地方税务局关于土地增值税有关问题的通知》（琼地税发〔2009〕104号）第二条的相关规定，非房地产开发企业自建自用超过一年的房产，适用转让旧房的土地增值税政策。

问题 6-3-3

企业转让旧房的收入如何确定？

答：《土地增值税暂行条例》第二条规定，"转让国有土地使用权、地上的建筑物及其附着物（以下简称转让房地产）并取得收入的单位和个人，为土地增值税的纳税义务人（以下简称纳税人），应当依照本条例缴纳土地增值税"；第五条规定，"纳税人转让房地产所取得的收入，包括货币收入、实物收入和其他收入"。

《土地增值税暂行条例实施细则》第五条规定："条例第二条所称的收入，包括转让房地产的全部价款及有关的经济收益。"

根据上述政策规定，企业转让旧房的收入包括货币收入、实物收入和其他收入，即与转让房地产有关的全部经济利益。

问题 6-3-4

企业转让旧房价格明显偏低又无正当理由的包括哪些情形？

答：根据《土地增值税暂行条例》第九条第（一）项、第（三）项的规定，"纳税人隐瞒、虚报房地产成交价格的"，"转让房地产的成交价格低于房地产评估价格，又无正当理由的"按照房地产评估价格计算征收。

根据《土地增值税暂行条例实施细则》第十四条第一款、第三款的规定，"条例第九条（一）项所称的隐瞒、虚报房地产成交价格，是指纳税人不报或有意低报转让土地使用权、地上建筑物及其附着物价款的行为"，"条例第九条（三）项所称的转让房地产的成交价格低于房地产评估价格，又无正当理由的，是指纳税人申报的转让房地产的实际成交价低于房地产评估机构评定的交易价，纳税人又不能提供凭据或无正当理由的行为"。

问题 6-3-5

企业转让旧房价格明显偏低又无正当理由的如何处理？

答：《土地增值税暂行条例实施细则》第十四条规定："隐瞒、虚报房地产成交价格，应由评估机构参照同类房地产的市场交易价格进行评估。税务机关根据评估价格确定转让房地产的收入。

提供扣除项目金额不实的，应由评估机构按照房屋重置成本价乘以成新度折扣率计算的房屋成本价和取得土地使用权时的基准地价进行评估。税务机关根据评估价格确定扣除项目金额。

转让房地产的成交价格低于房地产评估价格，又无正当理由的，由税务机关参照房地产评估价格确定转让房地产的收入。"

《财政部 国家税务总局 国家国有资产管理局关于转让国有房地产征收土地增值税中有关房地产价格评估问题的通知》（财税字〔1995〕61号）第一条规定："凡转让国有土地使用权、地上建筑物及其附属物（以下简称房地产）的纳税人，按照土地增值税的有关规定，需要根据房地产的评估价格计税的，可委托经政府批准设立，并按照《国有资产评估管理办法》规定的由省以上国有资产管理部门授予评估资格的资产评估事务所、会计师事务所等各类资产评估机构受理有关转让房地产的评估业务。"

《土地增值税宣传提纲》（国税函发〔1995〕110号文件印发）第十一条规定："在

征税中，对发生下列情况的，需要进行房地产评估：

（一）出售旧房及建筑物的；

（二）隐瞒、虚报房地产成交价格的；

（三）提供扣除项目金额不实的；

（四）转让房地产的成交价格低于房地产评估价格，又无正当理由的。

房地产评估价格，是指由政府批准设立的房地产评估机构根据相同地段、同类房地产进行综合评定的价格，税务机关根据评估价格，确定其转让房地产的收入、扣除项目金额等及计算房地产转让时所要缴纳的土地增值税。对评估价与市场交易价差距较大的转让项目，税务机关有权不予确认，要求其重新评估。纳税人交纳的评估费用，允许作为扣除项目金额予以扣除。采用评估办法，符合市场经济的原则，有利于维护税收法纪，加强征管。"

各地在执行上述政策时，也是按照房地产评估价确定的。

问题 6-3-6

企业转让旧房时哪些情形可视为有正当理由的价格偏低？

答：《土地增值税暂行条例》第九条第（三）项规定，"转让房地产的成交价格低于房地产评估价格，又无正当理由的"，按照房地产评估价格计算征收。

根据上述政策规定，纳税人转让房地产的成交价格即使明显偏低，但如果有正当理由且可以提供凭据的，可以视为正常价格，例如重庆市、江苏省、安徽省、广西壮族自治区等规定，一般正当理由包括（不限于）以下几种情形：

（1）法院判决或裁定转让；

（2）公开竞价拍卖转让；

（3）按物价部门确定的价格转让；

（4）有相关资料证明转让价格符合独立交易原则，买卖双方不存在关联关系等。

问题 6-3-7

企业转让旧房的如何计算土地增值税扣除项目金额？

答：《土地增值税暂行条例实施细则》第七条第（一）项规定，计算增值额的扣除项目为"取得土地使用权所支付的金额，是指纳税人为取得土地使用权所支付的地价款和按国家统一规定交纳的有关费用"；第（四）项规定，"旧房及建筑物的评估价格，是指在转让已使用的房屋及建筑物时,由政府批准设立的房地产评估机构评定的重置成本价乘以成新度折扣率后的价格";第(五)项规定,"与转让房地产有关的税金,是指在转让房地产时缴纳的营业税、城市维护建设税、印花税。因转让房地产交纳的教育费附加,也可视同税金予以扣除"。

《土地增值税宣传提纲》(国税函发〔1995〕110号文件印发)第五条第(四)项规定:"旧房及建筑物的评估价格。是指在转让已使用的房屋及建筑物时,由政府批准设立的房地产评估机构评定的重置成本价乘以成新度折扣率后的价格,并由当地税务机关参考评估机构的评估而确认的价格。"

《财政部 国家税务总局关于土地增值税一些具体问题规定的通知》(财税字〔1995〕48号)第九条规定:"细则中规定允许扣除的印花税,是指在转让房地产时缴纳的印花税。房地产开发企业按照《施工、房地产开发企业财务制度》的有关规定,其缴纳的印花税列入管理费用,已相应予以扣除。其他的土地增值税纳税义务人在计算土地增值税时允许扣除在转让时缴纳的印花税。"

根据上述政策规定,转让旧房能提供评估价格的,应按房屋及建筑物的评估价格、取得土地使用权所支付的地价款和按国家统一规定交纳的有关费用以及在转让环节缴纳的税金(不包括增值税)作为扣除项目金额计征土地增值税。计算公式如下:

$$扣除项目金额 = 取得土地使用权所支付的金额 + 旧房评估价格 + 转让旧房时缴纳的税金$$

财税字〔1995〕48号文件第十条规定:"转让旧房的,应按房屋及建筑物的评估价格、取得土地使用权所支付的地价款和按国家统一规定交纳的有关费用以及在转让环节缴纳的税金作为扣除项目金额计征土地增值税。对取得土地使用权时未支付地价款或不能提供已支付的地价款凭据的,不允许扣除取得土地使用权所支付的金额。"

根据上述政策规定,转让旧房时,对取得土地使用权时未支付地价款或不能提供已支付的地价款凭据的,不允许扣除取得土地使用权所支付的金额。

各地也是按照上述规定执行的,举例如下:

1. 湖北省规定

《土地增值税征管工作指引(试行)》(鄂税财行便函〔2021〕9号文件印发)第四十一条规定:"纳税人以旧房及建筑物的评估价作为扣除项目的,按政府批准设立的房地产评估机构评定的重置成本价乘以成新度折扣率后的价格作为扣除项目。按评估价作为扣除项目,评估价是指建筑物的评估价,不包含土地价款。

扣除项目具体包括:旧房及建筑物的评估价,取得土地使用权所支付的地价款,按国家统一规定交纳的有关费用,以及在转让环节缴纳的税金。"

2. 深圳市规定

《土地增值税征管工作规程》（国家税务总局深圳市税务局公告2019年第8号发布）第三十四条规定："纳税人以旧房及建筑物的评估价作为扣除项目的，按政府批准设立的房地产评估机构评定的重置成本价乘以成新度折扣率后的价格作为扣除项目。

扣除项目具体包括：建筑物重置成本价乘以成新度折扣率，取得土地使用权所支付的地价款，按国家统一规定交纳的有关费用，以及在转让环节缴纳的税金。按评估价作为扣除项目，评估价是指建筑物的评估价，不包含土地价款。"

3. 广州市规定

《广州市地方税务局关于印发2014年土地增值税清算工作有关问题的处理指引的通知》（穗地税函〔2014〕175号）第七条规定："纳税人转让旧房的扣除项目金额包括房屋建筑物的评估价格、取得土地使用权所支付的地价款和按国家统一规定交纳的有关费用以及在转让环节缴纳的税金。其中，对取得土地使用权所支付的地价款，纳税人应提供国土房管部门出具的相关凭据确定，不能提供的，可参照取得土地使用权时的基准地价确定。"

案例6-3

企业转让旧房的土地增值税计算

B房地产开发公司20×7年7月转让于20×0年6月自建的一处办公房，转让价款为200万元（含税），按简易计税方法缴纳增值税9.52万元，缴纳城市维护建设税、教育费附加与地方教育附加合计1.14万元，缴纳印花税0.1万元。评估价格为70万元，取得土地使用权所支付的金额为100万元，土地增值税计算如下：

土地增值税扣除项目金额：100+70+1.14+0.1=171.24（万元）；

增值额：200÷（1+5%）-171.24=19.24（万元）；

增值额未超过扣除项目金额的50%，适用税率为30%；

土地增值税税额：19.24×30%=5.77（万元）。

问题6-3-8

转让旧房及建筑物发生的评估费用及契税等可否在计算增值额时扣除？

答：《财政部 国家税务总局关于土地增值税一些具体问题规定的通知》（财税字〔1995〕48号）第十二条规定："纳税人转让旧房及建筑物时因计算纳税的需要而对房地产进行评估，其支付的评估费用允许在计算增值额时予以扣除。"

根据上述政策规定，转让旧房及建筑物时评估重置成本发生的评估费用可予以扣除，其他情形发生的评估费用不得扣除。

《土地增值税暂行条例实施细则》第七条第（四）项规定，"条例第六条所列的计算增值额的扣除项目"中，"旧房及建筑物的评估价格，是指在转让已使用的房屋及建筑物时，由政府批准设立的房地产评估机构评定的重置成本价乘以成新度折扣率后的价格。评估价格须经当地税务机关确认"。

根据上述政策规定，评估价格中包含了契税，购房时缴纳的契税不能再扣除。

各地也是按照上述政策原则制定具体规定的，例如，《重庆市地方税务局关于土地增值税若干政策执行问题的公告》（重庆市地方税务局公告2014年第9号）第二条第（二）项第2点规定："纳税人转让旧房，以下费用项目可在计算土地增值税时扣除：

（1）转让房产时缴纳的营业税及其附加、印花税；

（2）因计算纳税的需要支付的房产评估费；

（3）取得房产环节契税（评估价格中已含契税的除外）。"

问题6-3-9

转让旧房时未支付地价款或不能提供已支付的地价款凭据的如何计算扣除项目金额？

答：《财政部 国家税务总局关于土地增值税一些具体问题规定的通知》（财税字〔1995〕48号）第十条规定："转让旧房的，应按房屋及建筑物的评估价格、取得土地使用权所支付的地价款和按国家统一规定交纳的有关费用以及在转让环节缴纳的税金作为扣除项目金额计征土地增值税。对取得土地使用权时未支付地价款或不能提供已支付的地价款凭据的，不允许扣除取得土地使用权所支付的金额。"

根据上述政策规定，没有实际支付的地价款，包括不能提供已支付的地价款凭据的，不允许扣除取得土地使用权所支付的金额。

问题6-3-10

纳税人转让旧房只能提供购房发票的，如何计算扣除项目金额？

答：《财政部 国家税务总局关于土地增值税若干问题的通知》（财税〔2006〕21号）第二条第一款规定："纳税人转让旧房及建筑物，凡不能取得评估价格，但能提供购房发票的，经当地税务部门确认，《条例》第六条第（一）、（三）项规定的扣除项目的金额，可按发票所载金额并从购买年度起至转让年度止每年加计5%计算。对纳税人购房时缴纳的契税，凡能提供契税完税凭证的，准予作为'与转让房地产有关的税金'予以扣除，但不作为加计5%的基数。"

对于上述政策中的"每年"，《国家税务总局关于土地增值税清算有关问题的通知》（国税函〔2010〕220号）第七条规定，"计算扣除项目时'每年'按购房发票所载日期起至售房发票开具之日止，每满12个月计一年；超过一年，未满12个月但超过6个月的，可以视同为一年"。

营改增后，《国家税务总局关于营改增后土地增值税若干征管规定的公告》（国家税务总局公告2016年第70号）第六条规定："营改增后，纳税人转让旧房及建筑物，凡不能取得评估价格，但能提供购房发票的，《中华人民共和国土地增值税暂行条例》第六条第一、三项规定的扣除项目的金额按照下列方法计算：

（一）提供的购房凭据为营改增前取得的营业税发票的，按照发票所载金额（不扣减营业税）并从购买年度起至转让年度止每年加计5%计算。

（二）提供的购房凭据为营改增后取得的增值税普通发票的，按照发票所载价税合计金额从购买年度起至转让年度止每年加计5%计算。

（三）提供的购房发票为营改增后取得的增值税专用发票的，按照发票所载不含增值税金额加上不允许抵扣的增值税进项税额之和，并从购买年度起至转让年度止每年加计5%计算。"

根据上述政策规定，企业计算土地增值税扣除项目的计算公式为：

$$\frac{扣除项目}{金额} = \frac{购房发票}{金额} \times \left(1 + \frac{旧房持有}{年数} \times 5\%\right) + 购房契税 + 转让旧房时缴纳的税金$$

各地也是按照上述政策原则执行的，例如，《土地增值税征管工作指引（试行）》（鄂税财行便函〔2021〕9号文件印发）第四十二条规定："纳税人转让旧房及建筑物，凡不能取得评估价格，但能提供购房发票的，经主管税务机关确认，可以按发票所载金额并从购买年度起至转让年度止，每年加计5%计算扣除项目。对纳税人购房时缴纳的契税，凡能提供契税完税凭证的，准予作为'与转让房地产有关的税金'予以扣除，但不作为加计5%的基数。

'每年'是指按购房发票所载日期起至售房发票开具之日止，每满12个月计1年；超过1年，未满12个月但超过6个月的，可以视同1年。

扣除项目具体包括：购买原价、加计扣除数额、按国家统一规定交纳的有关费用，以及在转让环节缴纳的税金。"

又如，《土地增值税征管工作规程》（国家税务总局深圳市税务局公告2019年第8号发布）第三十五条规定："纳税人转让旧房及建筑物，凡不能取得评估价格，但能提供购房发票的，经主管税务机关确认，可以按发票所载金额并从购买年度起至转让年度止，每年加计5%计算扣除项目。'每年'是指按购房发票所载日期起至售房发票开具之日止，每满12个月计1年；超过1年，未满12个月但超过6个月的，可以视同1年。

扣除项目具体包括：购买原价、加计扣除数额、按国家统一规定交纳的有关费用，以及在转让环节缴纳的税金。"

同时，该工作规程第三十六条规定："纳税人转让从房地产二级市场购入未超过1年（含1年）、自建房使用未超过1年（含1年）的房产，不适用旧房转让土地增值税政策。

扣除项目具体包括：取得土地使用权支付的地价、购买原价、自建房建造价格、按国家统一规定交纳的有关费用，以及转让环节缴纳的税金。"

对于司法拍卖相关凭证的把握，一些地方在实务中的政策把握解释为：司法拍卖取得的交易价格具有公允性，司法拍卖取得的房地产往往是依据法院的法律文书办理相关登记手续，买受方无法取得发票但是持有契税完税证的，可参照财税〔2006〕21号文件的规定，纳税人再转让时，税务机关可将契税完税证上的计税依据视同发票所载金额，从购买年度起至转让年度止加计5%计算土地增值税。

问题6-3-11

营改增后，旧房转让时提供的购房凭据为营改增前取得的营业税发票的如何计算扣除项目金额？

答：根据《国家税务总局关于营改增后土地增值税若干征管规定的公告》（国家税务总局公告2016年第70号）第六条第（一）项的规定，营改增后，纳税人转让旧房及建筑物，凡不能取得评估价格，但能提供购房发票的，如果提供的购房凭据为营改增前取得的营业税发票，则《土地增值税暂行条例》第六条第（一）、（三）项规定的扣除项目的金额按照发票所载金额（不扣减营业税）并从购买年度起至转让年度止每年加计5%计算。

案例6-4

营改增后旧房转让时提供的购房凭据为营改增前营业税发票的扣除项目金额计算

B房地产开发公司20×7年7月转让于20×0年6月购置的一处办公房，转让价款为200万元。购置原价为100万元，取得营业税发票，缴纳契税3万元。转让时按简易计税方法缴纳增值税4.76万元,假定缴纳城市维护建设税、教育费附加与地方教育附加合计0.57万元,缴纳印花税0.1万元。

土地增值税扣除项目金额=100×(1+7×5%)+3+0.57+0.1=138.67(万元)。

问题6-3-12

营改增后,旧房转让时提供的购房凭据为营改增后取得的增值税普通发票的如何计算扣除项目金额?

答:根据《国家税务总局关于营改增后土地增值税若干征管规定的公告》(国家税务总局公告2016年第70号)第六条第(二)项的规定,营改增后,纳税人转让旧房及建筑物,凡不能取得评估价格,但能提供购房发票的,如果提供的购房凭据为营改增后取得的增值税普通发票,则《土地增值税暂行条例》第六条第(一)、(三)项规定的扣除项目的金额按照发票所载价税合计金额从购买年度起至转让年度止每年加计5%计算。

案例6-5

营改增后旧房转让时提供的购房凭据为营改增后取得的增值税普通发票的扣除项目金额计算

A房地产开发公司为一般纳税人,20×9年7月转让于20×6年6月购置的一处办公房,转让价款为200万元(含税),其中价款183.49万元、销项税额为16.51万元,假定A房地产开发公司无其他各类进项业务,缴纳与该房产相关的城市维护建设税、教育费附加与地方教育附加合计1.98万元,缴纳印花税0.1万元。购买时取得增值税普通发票,记载价税合计为157.5万元,缴纳契税4.5万元。

土地增值税扣除项目金额=157.5×(1+3×5%)+4.5+1.98+0.1=187.71(万元)。

问题6-3-13

营改增后,转让旧房提供的购房发票为营改增后取得的增值税专用发票的如何计算扣除项目金额?

答:根据《国家税务总局关于营改增后土地增值税若干征管规定的公告》(国家税务总局公告2016年第70号)第六条第(三)项的规定,营改增后,纳税人转让旧房及建筑物，凡不能取得评估价格，但能提供购房发票的，如果提供的购房发票为营改增后取得的增值税专用发票，则《土地增值税暂行条例》第六条第（一）、（三）项规定的扣除项目的金额按照发票所载不含增值税金额加上不允许抵扣的增值税进项税额之和，并从购买年度起至转让年度止每年加计5%计算。

案例6-6

营改增后旧房转让时提供的购房凭据为营改增后取得的增值税专用发票的扣除项目金额计算

A房地产开发公司为一般纳税人，20×9年7月转让于20×6年6月购置的一处办公房，转让价款为200万元（含税），其中增值税销项税额为16.51万元。假定A房地产开发公司无其他各类进项业务，缴纳与该房产相关的城市维护建设税、教育费附加与地方教育附加合计1.98万元，缴纳印花税0.1万元。购买时取得增值税专用发票，记载价税合计为166.5万元，其中金额150万元，税额16.5万元（抵扣），缴纳契税4.5万元。

土地增值税扣除项目金额=150×（1+3×5%）+4.5+1.98+0.1=179.08（万元）。

问题6-3-14

企业转让旧房，哪些情形要核定征收？

答：核定征收的前提，主要依据是《税收征收管理法》第三十五条。依据该条规定的精神，从纳税人转让旧房征收土地增值税角度，无法提供规定的凭证，不能正确计算成本费用的，要核定征收土地增值税。《财政部 国家税务总局关于土地增值税若干问题的通知》（财税〔2006〕21号）第二条第二款规定："对于转让旧房及建筑物，既没有评估价格，又不能提供购房发票的，地方税务机关可以根据《中华人民共和国税收征收管理法》（以下简称《税收征管法》）第35条的规定，实行核定征收。"

《国家税务总局关于加强土地增值税征管工作的通知》（国税发〔2010〕53号）规定："核定征收率原则上不得低于5%。"

根据上述政策规定，在实务中，对于转让旧房及建筑物，既没有评估价格，又不能提供购房发票的，各地税务机关一般是实行核定征收。各地规定举例如下：

1. 深圳市规定

根据《土地增值税征管工作规程》（国家税务总局深圳市税务局公告2019年第8号发布）第三十七条的规定，对转让旧房过程中有下列情形之一的，可以按照核定征收方式计征土地增值税：

（1）未能提供合法、有效的房屋购买合同和构成房屋原值的相关凭证，不能正确计算房屋原值的；

（2）未能提供支付合理费用的相关凭证，不能正确计算合理费用的。

根据该规程第三十八条的规定，核定征收包括核定扣除项目、核定征收率。

（1）核定扣除项目，指纳税人不能提供购房发票，主管税务机关在确定其加计扣除基数时可以依据不动产证登记价格或在国土产权管理部门查询的原购买价格核定。

属于自建房（含适用旧房政策的房地产开发产品）的，主管税务机关可以依据房产建造价格以及原地价款，核定加计扣除的基数。

（2）核定征收率，指按照核定征收率计算应当缴纳的土地增值税。核定征收率仅适用于个人转让存量房土地增值税征收，具体核定征收率可适用《深圳市地方税务局关于土地增值税核定征收有关问题的通知》（深地税发〔2009〕460号）的有关规定。

2. 福建省规定

《国家税务总局福建省税务局关于土地增值税若干政策问题的公告》（国家税务总局福建省税务局公告2018年第21号）第八条第（二）项规定："对转让旧房及建筑物，既未提供评估价格，也未提供购房发票的，税务机关可以根据《税收征收管理法》及其实施细则的有关规定实行核定征收，确定的核定征收率不得低于5%。"

3. 重庆市规定

《重庆市地方税务局关于土地增值税若干政策执行问题的公告》（重庆市地方税务局公告2014年第9号）第二条第（二）项第1点规定，转让旧房计算房产扣除额，"由评估机构以'成本法'评估建筑物重置成本，乘以'成新度折扣率'，计算建筑物评估价格，同时提供取得土地支付价款的凭据，合并计入房产扣除额"。该公告第二条第（三）项规定："纳税人转让旧房未能提供上述'评估价格'、'取得成本'，或者提供不实，不能计算房产扣除额的，应按规定核定征收土地增值税。"

4. 北京市规定

《北京市地方税务局关于土地增值税清算管理若干问题的通知》（京地税地〔2007〕325号）第八条规定："根据《财政部 国家税务总局关于土地增值税若干问题的通知》（财税〔2006〕21号）文件精神，纳税人转让旧房及建筑物时，既不能够提供购房发票证明，又不能提供取得土地使用权支付的金额凭证和房屋及建筑物价格评估报告的，对于《条例》第六条第（一）、（三）项规定的扣除项目的金额，税务机关可参照《北京市地方税务局关于修订〈无原值房产计税价值核定办法〉的通知》（京地税地〔2006〕109号）核定，据以计征土地增值税。具体核定公式为：核定扣除项目金额＝房产重置成本×成新率×区位调整系数×建筑面积。"

问题 6-3-15

如何填写转让旧房（房地产或非房地产企业）土地增值税申报表？

答：根据《国家税务总局关于修订土地增值税纳税申报表的通知》（税总函〔2016〕309号）及其附件的相关规定，在计算申报土地增值税时，非从事房地产开发的纳税人以及从事房地产开发的纳税人将开发产品转为自用、出租等用途且已达到主管税务机关旧房界定标准后，又将该旧房对外出售的，均适用（填写）《土地增值税纳税申报表（三）》（非从事房地产开发的纳税人适用）（见本章末的附录6-2）。

根据《土地增值税纳税申报表（三）》（非从事房地产开发企业的纳税人适用）填表说明，主要注意事项如下：

（1）根据《土地增值税纳税申报表（三）》（非从事房地产开发企业的纳税人适用）的各主要项目内容，在填报时应以纳税人转让的房地产项目作为填报对象。纳税人如果同时转让两个或两个以上房地产，应分别填报。

（2）"转让房地产收入总额"，按纳税人转让房地产所取得的全部收入额（不含增值税）确定填写。

（3）"货币收入"，按纳税人转让房地产所取得的货币形态的收入额（不含增值税）确定填写。

（4）"实物收入""其他收入"，按纳税人转让房地产所取得的实物形态的收入和无形资产等其他形式的收入额（不含增值税）确定填写。

（5）"取得土地使用权所支付的金额"，按纳税人为取得该房地产开发项目所需要的土地使用权而实际支付（补交）的土地出让金（地价款）及按国家统一规定交纳的有关费用的数额确定填写。

（6）"旧房及建筑物的评估价格"，是指根据《土地增值税暂行条例》和《土地增值税暂行条例实施细则》等有关规定，按重置成本法评估旧房及建筑物并经当地税务机关确认的评估价格的数额。

（7）"旧房及建筑物的重置成本价"，是指按照《土地增值税暂行条例》及其实施细则规定，由政府批准设立的房地产评估机构评定的重置成本价。

（8）"成新度折扣率"，是指按照《土地增值税暂行条例》及其实施细则规定，由政府批准设立的房地产评估机构评定的旧房及建筑物的新旧程度折扣率。

（9）"评估费用"，是指纳税人转让旧房及建筑物时因计算纳税的需要而对房地产进行评估，其支付的评估费用允许在计算增值额时予以扣除。

（10）"购房发票金额"，区分以下情形填写：提供营业税销售不动产发票的，按发票所载金额填写；提供增值税专用发票的，按发票所载金额与不允许抵扣进项税额合计金额数填写；提供增值税普通发票的，按照发票所载价税合计金额数填写。

（11）"发票加计扣除金额"，是指购房发票金额乘以房产实际持有年数乘以5%的积数。

（12）"房产实际持有年数"，是指按购房发票所载日期起至售房发票开具之日止，每满12个月计一年；未满12个月但超过6个月的，可以视同为一年。

（13）"购房契税"，是指购房时支付的契税。

（14）"与转让房地产有关的税金等"各栏，按纳税人转让房地产时实际缴纳的有关税金的数额确定填写。开具营业税发票的，按转让房地产时缴纳的营业税数额填写；开具增值税发票的，第16栏营业税为0。

（15）"适用税率"，应根据《土地增值税暂行条例》规定的四级超率累进税率，按所适用的最高一级税率填写。

（16）"速算扣除系数"，应根据《土地增值税暂行条例实施细则》第十条的规定找出相关速算扣除系数填写。

附 录

附录 6-1 土地增值税纳税申报表（六）
（纳税人整体转让在建工程适用）

税款所属时间：　年　月　日至　年　月　日　　　　　　　　　　　填表日期：　年　月　日
金额单位：元至角分　　　　　　　　　　　　　　　　　　　　　　　面积单位：平方米

纳税人识别号						
纳税人名称		项目名称		项目编号	项目地址	
所属行业		登记注册类型		纳税人地址	邮政编码	
开户银行		银行账号		主管部门	电话	

项　目	行次	金　额
一、转让房地产收入总额 1=2+3+4	1	
其中 货币收入	2	
实物收入及其他收入	3	
视同销售收入	4	
二、扣除项目金额合计 5=6+7+14+17+21	5	
1. 取得土地使用权所支付的金额	6	
2. 房地产开发成本 7=8+9+10+11+12+13	7	
其中 土地征用及拆迁补偿费	8	
前期工程费	9	
建筑安装工程费	10	
基础设施费	11	
公共配套设施费	12	
开发间接费用	13	

3.房地产开发费用 14=15+16			14	
	其中	利息支出	15	
		其他房地产开发费用	16	
4.与转让房地产有关的税金等 17=18+19+20			17	
	其中	营业税	18	
		城市维护建设税	19	
		教育费附加	20	
5.财政部规定的其他扣除项目			21	
三、增值额 22=1-5			22	
四、增值额与扣除项目金额之比（%）23=22÷5			23	
五、适用税率（核定征收率）（%）			24	
六、速算扣除系数（%）			25	
七、应缴土地增值税税额 26=22×24-5×25			26	
八、减免税额（减免性质代码： ）			27	
九、已缴土地增值税税额			28	
十、应补（退）土地增值税税额 29=26-27-28			29	
以下由纳税人填写：				
纳税人声明	此纳税申报表是根据《中华人民共和国土地增值税暂行条例》及其实施细则和国家有关税收规定填报的，是真实的、可靠的、完整的。			
	纳税人签章	代理人签章		代理人身份证号
		受理日期 年 月 日		
以下由税务机关填写：				
受理人				受理税务机关签章

填表说明：

一、适用范围

本表适用于从事房地产开发与建设的纳税人及非从事房地产开发的纳税人，在整体转让在建工程时填报，数据应填列至其他类型房地产类型中。

二、土地增值税纳税申报表

（一）表头项目

1. 纳税人识别号：填写税务机关为纳税人确定的识别号。
2. 项目名称：填写纳税人所开发并出让的房地产开发项目全称。
3. 项目编号：是在进行房地产项目登记时，此编号会跟随项目的预征清算全过程。
4. 所属行业：根据《国民经济行业分类》（GB/T 4754—2011）填写，税务机关按照一定的规则赋予的编号。
5. 登记注册类型：填写。该项可由系统根据注册登记证中登记注册机构代码证或组织机构代码证中登记的注册类型自动带出，无须纳税人填写。纳税人是企业的，根据国家统计局《关于划分企业登记注册类型的规定》填写。该项可由系统根据纳税人识别号自动带出，无须纳税人填写。外商投资企业不填。
6. 主管部门：填写纳税人隶属的管理部门设立时确定的名称。
7. 开户银行：填写纳税人开设银行账户的银行名称；如果纳税人在多个银行开户，填写其主要经营账户的银行名称。
8. 银行账号：填写纳税人开设的银行账户的号码；如果纳税人拥有多个银行账户，填写其主要经营账户的号码。

（二）表中项目

1. 表第1栏"转让房地产收入总额"，按纳税人在转让房地产开发项目所取得的全部收入额（不含增值税）填写。
2. 表第2栏"货币收入"，按纳税人转让房地产开发项目所取得的货币形态的收入额（不含增值税）填写。
3. 表第3栏"实物收入及其他收入"，按纳税人转让房地产开发项目所取得的实物形态的收入和无形资产等其他形式的收入（不含增值税）填写。
4. 表第4栏"视同销售收入"，纳税人将开发产品用于职工福利、奖励、对外投资、分配给股东或投资人、抵偿债务、换取其他单位和个人的非货币性资产等，发生所有权转移时应视同销售房地产，其收入不含增值税。
5. 表第6栏"取得土地使用权所支付的金额"，按纳税人为取得该房地产开发项目所需要的土地使用权而实际支付（补交）的土地出让金（地价款）及按国家统一规定交纳的有关费用的数额填写。
6. 表第8栏至第13栏，应根据《中华人民共和国土地增值税暂行条例实施细则》（财法字〔1995〕6号，以下简称《细则》）第七条（三）规定的从事房地产开发所实际发生的各项开发成本数额填写。
7. 表第15栏"利息支出"，是指房地产开发项目应根据《细则》第七条（三）规定填写。如果不单独计算利息支出，则本栏数额填写为"0"。
8. 表第16栏"其他房地产开发费用"，按纳税人转让房地产时所实际缴纳的税金数额（不包括增值税）填写。
9. 表第18栏至第20栏，按财政部规定的其他扣除项目填写。
10. 表第21栏"财政部规定的其他扣除项目"，是指根据《中华人民共和国土地增值税暂行条例》（国务院令第138号，以下简称《条例》）和《细则》

等有关规定所确定的财政部规定的扣除项目的合计数。

11. 表第 24 栏 "适用税率"，应根据《条例》规定的四级超率累进税率，按所适用的最高一级税率填写。
12. 表第 25 栏 "速算扣除系数"，应根据《细则》第十条的规定找出相关速算扣除系数来填写。
13. 表第 27 栏 "减免性质代码"，按照税务机关最新制发的减免税政策代码表中的最细项减免性质代码填报。
14. 表第 28 栏 "已缴土地增值税税额"，按纳税人已经缴纳的土地增值税的数额填写。
15. 数据应填列至其他类型房地产类型中。

附录6-2

土地增值税纳税申报表（三）
(非从事房地产开发的纳税人适用)

税款所属时间：　年　月　日至　年　月　日　　　　　　　　　　　　填表日期：　年　月　日
金额单位：元至角分　　　　　　　　　　　　　　　　　　　　　　　　面积单位：平方米

纳税人识别号：

纳税人名称		项目名称		项目地址	
所属行业		登记注册类型		邮政编码	
开户银行		银行账号		电话	

项目	行次	金额
一、转让房地产收入总额　1=2+3+4	1	
其中 货币收入	2	
实物收入	3	
其他收入	4	
二、扣除项目金额合计 (1) 5=6+7+10+15 (2) 5=11+12+14+15	5	
1.取得土地使用权所支付的金额	6	
2.旧房及建筑物的评估价格　7=8×9	7	
(1)提供评估价格 其中 旧房及建筑物的重置成本价	8	
成新度折扣率	9	
3.评估费用	10	

（2）提供购房发票	1. 购房发票金额		11
	2. 发票加计扣除金额 12=11×5%×13		12
	其中：房产实际持有年数		13
	3. 购房契税		14
4. 与转让房地产有关的税金等 15=16+17+18+19			15
其中	营业税		16
	城市维护建设税		17
	印花税		18
	教育费附加		19
三、增值额 20=1-5			20
四、增值额与扣除项目金额之比（%） 21=20÷5			21
五、适用税率（%）			22
六、速算扣除系数（%）			23
七、应缴土地增值税税额 24=20×22-5×23			24
八、减免税税额（减免性质代码： ）			25
九、已缴土地增值税税额			26
十、应补（退）土地增值税税额 27=24-25-26			27
以下由纳税人填写：			
纳税人声明	此纳税申报表是根据《中华人民共和国土地增值税暂行条例》及其实施细则和国家有关税收规定填报的，是真实的、可靠的、完整的。		
纳税人签章		代理人签章	代理人身份证号
		受理日期 年 月 日	
以下由税务机关填写：			
受理人		受理税务机关签章	

本表一式两份，一份纳税人留存，一份税务机关留存。

第6章 转让土地使用权、在建工程、旧房土地增值税业务

填表说明：

一、适用范围

本表适用于非从事房地产开发的纳税人。该纳税人应在签订房地产转让合同后的七日内，向房地产所在地主管税务机关填报本表。

本表还适用于以下从事房地产开发的纳税人：将开发产品转为自用、出租等用途且已达到主管税务机关旧房界定标准后，又将该旧房对外出售的。

二、本表主要项目填表说明

（一）表头项目

1. 纳税人识别号：填写税务机关纳税人确定的识别号。

2. 项目名称：填写纳税人转让的房地产项目全称。

3. 登记注册类型：单位，根据税务登记证或组织机构代码证中登记的注册类型填写；纳税人是企业的，根据国家统计局《关于划分企业登记注册类型的规定》填写。该项可由系统根据纳税人识别号自动带出，无须纳税人填写。

4. 所属行业：根据《国民经济行业分类》（GB/T 4754—2011）填写。该项可由系统根据纳税人识别号自动带出，无须纳税人填写。

5. 主管部门：按纳税人隶属的管理部门或总机构填写。外商投资企业不填。

（二）表中项目

本表的各主要项目内容，应根据纳税人转让的房地产项目作为填报对象。纳税人同时转让两个或两个以上房地产的，应分别填报。

1. 表第1栏"转让房地产收入总额"，按纳税人转让房地产所取得的全部收入额（不含增值税）填写。

2. 表第2栏"货币收入"，按纳税人转让房地产所取得的货币形态的收入额（不含增值税）填写。

3. 表第3、4栏"实物收入""其他收入"，按纳税人转让房地产所取得的实物形态的收入和无形等其他形式的收入（不含增值税）填写。

4. 表第6栏"取得土地使用权所支付的金额"，是指纳税人为取得该房地产开发项目所需要的实际支付（补交）的土地出让金（地价款）及按国家统一规定交纳的有关费用的数额填写。

5. 表第7栏"旧房及建筑物的评估价格"，是指根据《中华人民共和国土地增值税暂行条例》（国务院令第138号，以下简称《条例》）和《中华人民共和国土地增值税暂行条例实施细则》（财法字[1995]6号，以下简称《细则》）等有关规定，按重置成本法评估旧房及建筑物并经当地税务机关确认的评估价格的数额。本栏由第8栏与第9栏相乘取得。如果本栏数额能够直接根据评估报告填报，则本表第8、9栏可以不必再填报。

6. 表第8栏"旧房及建筑物的重置成本价"，是指按照《条例》和《细则》规定，由政府批准建设立的房地产评估机构评定的房地产评估价。

7. 表第9栏"成新度折扣率"，是指按照《条例》和《细则》规定，由政府批准建设立的房地产评估机构评定的旧房及建筑物评定的新旧程度折扣率。

8. 表第10栏"评估费用"，是指纳税人转让旧房及建筑物时因计算增值税的需要而对房地产进行评估，其支付的评估费用允许在计算增值额时予以扣除。

9. 表第11栏"购房发票金额"，区分以下情形填写：提供营业税销售不动产发票的，按发票所载金额填写；提供增值税专用发票的，按发票所载金额合计金额数填写；提供增值税普通发票的，按照发票所载价税合计金额数填写。

增值税不允许抵扣进项税额与发票所载金额合计金额数填写。

10. 表第12栏"发票加计扣除金额"，是指购房发票金额乘以房产实际持有年数乘以5%的积数。

11. 表第13栏"房产实际持有年数"，是指按购房发票所载日期起至售房发票开具之日止。每满12个月计一年；未满12个月但超过6个月的，可以视同为一年。

12. 表第14栏"购房契税"，是指购房时支付的契税。

13. 表第15栏"与转让房地产有关的税金等"，为表第16栏至表第19栏的合计数。

14. 表第16栏至表第19栏，按转让房地产时实际缴纳的有关税金的数额填写。开具营业税发票的，按转让房地产时缴纳的营业税数额填写；开具增值税发票的，第16栏营业税为0。

15. 表第22栏"适用税率"，应根据《条例》规定的四级超率累进税率，按所适用的最高一级税率填写。

16. 表第23栏"速算扣除系数"，应根据《细则》第十条的规定找出相关速算扣除系数填写。

第 7 章

土地增值税清算检查（稽查）业务

本章内容与前述土地增值税清算审核内容不同，主要是在税务检查（包括管理性检查、税务稽查）中对土地增值税预征、核定征收及已经完成土地增值税清算的项目进行的检查，以及利用清算成果对涉及的其他税种进行的检查。检查的内容及方式方法与前述审核的方式方法有相同之处，不同的是对检查出的问题，如果依据《税收征收管理法》的规定涉嫌偷税的，要依法给予处罚。本章主要讲解检查的方式方法及要点，涉及的政策均已在前述章节做了分析，故不再一一列举。

7.1 预征、核定征收检查及相关延伸检查

本节内容主要包括土地增值税的预征、核定征收以及清算前期内容的检查,还包括一些利用清算资料进行的延伸检查。

问题7-1-1

如何对土地增值税预征税款进行检查?

答:在检查土地增值税预征税款时,可以遵循以下三个步骤:首先,检查开发项目中商品房的类别,因为不同的类别预征率不同;其次,根据不同的类别确定适用的预征率;最后,核对预征税款的计税依据,即应计入计税依据额的销售收入是否完整。

土地增值税预征的计税范围和依据基本上与增值税口径相同,不同的是计税依据不含预征的增值税。因此在检查时,可以先核对预征增值税的计算,然后再确定计算预征土地增值税的计税依据,这样就可以同时完成对预征增值税和预征土地增值税的检查。

对于已经明确视同销售的行为要预征土地增值税的地区,还要重点核对视同销售的部分是否按规定预征土地增值税。

除此之外,凡是在税务检查中发现有隐瞒预收账款等行为而少缴纳增值税的,均同时发生少缴纳土地增值税预征税款的问题,因此其检查涉及的资料(证据)及要点和增值税检查基本相同。

案例7-1

增值税、土地增值税预征税款的核查

A公司某项目于202×年6月开始预售,当月普通住宅取得预售收入12 600万元,非普通住宅(别墅)取得预售收入8 720万元。A公司为一般纳税人,适用一般计税方法。假定当地确定的普通住宅、非普通住宅的预征率分别为2%、3%。则预缴增值税、土地增值税审核计算如下:

1.首先通过销售窗口表、明细账确定当月普通住宅预售收入12 600万元、非普通住宅(别墅)预售收入8 720万元是否正确。

2.计算相关税款。

（1）预缴增值税的计算。

普通住宅不含税销售额：12 600÷（1+9%）=11 559.63（万元）；

普通住宅预缴增值税：11 559.63×3%=346.79（万元）。

非普通住宅（别墅）不含税销售额：8 720÷（1+9%）=8 000（万元）；

非普通住宅（别墅）预缴增值税：8 000×3%=240（万元）。

（2）预缴土地增值税的计算。

普通住宅预缴土地增值税：11 559.63×2%=231.19（万元）；

非普通住宅（别墅）预缴土地增值税：8 000×3%=240（万元）。

问题 7-1-2

如何对土地增值税核定征收进行检查？

答：土地增值税核定征收（清算）是指由于纳税人存在的种种原因，无法进行土地增值税查账清算而采取的一种征收方式。税务机关在检查时应从以下两个方面着手：

一是对正常的土地增值税核定征收的检查。对于根据政策规定被确定为核定征收的项目，在检查中，首先是确定商品房的类别；其次是确定适用的核定征收率是否正确；最后是确定收入的范围是否完整。

二是对非正常的土地增值税核定征收的检查。如果税务机关在检查中发现，纳税人为达到少缴税的目的，采取故意隐瞒手段而达到选择核定征收目的的，应取消核定征收方式，采取查账清算方式。如果根据征管法规定涉嫌偷逃税，还要按照征管法的规定给予处罚。

案例 7-2

土地增值税核定征收的核查计算

A公司某项目于202×年7月竣工并交付，取得销售收入（不含税）15 000万元，其中：商业类商品房销售收入（不含税）4 000万元，预缴土地增值税160万元（假定当地该类型房地产预征率为4%）；普通住宅类商品房销售收入（不含税）11 000万元，预缴土地增值税220万元（假定当地该类型房地产预征率为2%）。假定当地商业类房地产核定征收率为6%，普通住宅类房地产核定征收率为5%，则核定征收审核计算如下：

1.首先通过销售窗口表、明细账确定商业类商品房销售收入（不含税）4 000万元、普通住宅类商品房销售收入（不含税）11 000万元是否正确。

2.计算相关税款。

商业类商品房核定征收税款：4 000×6%-160=80（万元）；

普通住宅类商品房核定征收税款：11 000×5%-220=330（万元）。

问题 7-1-3

如何确定房地产项目是否应进行土地增值税清算？

答：税务机关在日常检查时，如果发现企业的开发项目完工或临近尾盘，要对项目是否达到清算条件进行检查。主要有以下四种情况：

一是通过对整体转让未竣工决算的房地产开发项目或直接转让土地使用权业务的判断来确定。主要是通过"开发成本""无形资产——土地"科目及"主营业务收入""应交税费——应交增值税（销项税额）"等科目的记载，判断是否存在这两类转让行为。如果有转让未竣工决算的房地产开发项目或直接转让土地使用权的行为，需要进一步核查是否只预缴了土地增值税而没有进行土地增值税清算。对于没有进行土地增值税清算的，可以按政策规定进行清算，有清算税款的要及时补缴入库。

二是通过对完工或临近尾盘时的项目进行检查来确定。检查方式是核对项目（楼盘）的销售窗口表、明细账，通过窗口表的数据（已销未销数据）计算已销售面积占总销售面积的比例是否达到100%或超过85%。对于销售率达到100%的项目，应要求企业及时向税务管理机关申请土地增值税清算，对于已竣工验收且销售率超过85%的项目，则可以根据当地征管要求，按照可申请情况处理。

三是通过对特殊情况的检查来确定。在税务检查中，如果发现房地产开发企业有取得销售（预售）许可证满三年仍未销售完毕的项目，可以要求企业进行土地增值税清算。检查的方式就是核对相关开发资料，根据资料数据信息判断是否进行土地增值税项目清算，这些资料主要有项目批文、国有土地出让（转让）合同、规划设计、施工证书等。

四是通过固定资产科目、折旧科目、开发产品科目、其他收入（租金）科目等，核对是否存在已经实际自用、出租的开发产品。

此外，对于纳税人申请注销税务登记但未办理土地增值税清算手续的项目，税务机关进行注销检查时，应要求企业进行土地增值税项目清算。

问题 7-1-4

如何对土地增值税清算单位的确定进行检查？

答：在土地增值税清算中，分期、分项开发的房地产项目，由于房地产类型不同、建材价格变动、容积率大小等各种不同情况，清算出的税款有较大差异。因此在税务检查时，要核对企业是否按政策规定确定清算单位（对象），清算时确定的清算单位与项目登记时确定的清算单位是否有差异及其处理方式。

具体根据当地税务机关出台的政策节点对照项目批文、建筑规划设计书、规划许可证、施工许可证及"开发成本"科目中明细科目的设置，以及申报预交土地增值税之前的项目登记分类情况等，以确定正确的清算单位（对象）。

一般在税务机关的土地增值税日常管理中，要依据政策规定对项目的成本核算对象进行备案和跟踪管理。税务检查时，可以依据管理资料的信息对确定的清算对象进行核对，以判断清算对象的确定是否正确。

由于清算对象的确定直接影响清算税款的计算，在检查时，如果发现清算对象的确定不符合政策规定且减少清算税款，要重新计算补缴税款。如果根据征管法规定涉嫌偷逃税，还要按照征管法的规定给予处罚。

案例 7-3

对清算单位的检查

根据某市发展计划与经济局文件，某房地产开发公司取得一块开发用地后，分A、B、C三期开发，开发完成后该公司对A、B、C三期合并进行了土地增值税清算，共计补缴土地增值税7 560万元。截至税务机关入驻检查日，A期已售面积占可售面积比为87.27%；B期已售面积占可售面积比为77.64%；C期已售面积占可售面积比为92.28%。经检查，税务机关认为清算单位有误，根据当地具体政策规定，该项目应分期清算，其中B期未达到清算条件，对A、C期分别重新清算后，补征土地增值税94 221 664.49元。

问题 7-1-5

如何依据清算资料检查印花税？

答：印花税的计税依据是合同金额。在进行土地增值税项目清算时，企业要归集所有涉及的合同，并根据清算工作的要求，将各类合同整理成表格。涉及的合同主要有国有土地出让或转让合同、设计合同、勘察合同、测绘合同等。在税务检查时，检查人员可以直接根据相关合同表格计算核对印花税缴纳是否正确。

对于银行借款印花税的检查，在土地增值税项目清算时，企业还要提供项目开发费用归集整理表格，其中就包括各类利息的归集表格，检查人员在检查时可以根据利息支出表格，核对金融机构借款的印花税计算是否正确。

问题 7-1-6

如何依据清算资料检查城镇土地使用税？

答：房地产开发企业的开发用地，在商品房出售之前要根据实际占用的土地面积申报缴纳城镇土地使用税。由于企业在销售商品房时是以销售窗口表控制已销售、未销售房源信息的，因此可以利用销售窗口表信息核对城镇土地使用税的缴纳是否正确。具体方式是，根据销售窗口表上的未销售土地面积核对应缴税额，如果销售窗口表没有直接显示占地面积，可以根据已销售建筑面积、未销售建筑面积的比例与可销售土地总面积计算未销售商品房实际占用的土地面积，进而计算应缴纳的城镇土地使用税。可销售土地总面积可以根据项目批文、国有土地出让或转让合同、土地使用证等资料确定。

如果被查企业商品房已经全部销售，则重点核对转"固定资产"或"投资性房地产"科目的房屋占地面积，检查其是否计入城镇土地使用税计税面积。

7.2 涉及收入确定的检查

本节内容主要包括涉及土地增值税收入确定的检查及延伸检查。

问题 7-2-1

如何对销售数据进行延伸检查？

答：在土地增值税清算中，企业要对清算收入按政策规定进行归集、统计，并形成各类表格作为清算资料报审。在后续的税务检查中，检查人员可以根据该资料重点核查两类问题。

一是销售收入的完整性。查阅企业提供的清算收入清单，对异常数据，应结合销售发票存根、销售合同及合同登记簿（含房管部门网上备案登记资料）、商品房销售（预售）许可证、房屋测绘面积表、销售窗口表及其他有关资料进行核查。特别是在将合同面积与实测面积进行核对的过程中，如果发现销售合同所载商品房面积与实际测量面积不一致而发生补、退房款的收入，要对其调整情况进行仔细检查，核对相关原始资料。对于土地增值税清算中补记收入的，核查是否及时按规定确定增值税销售额和企业所得税收入。

二是特殊销售情况。即对企业将开发产品用于职工福利、奖励、对外投资、分配给股东或投资人、抵偿债务、换取其他单位和个人的非货币性资产等情况的土地增值税处理进行核对。根据企业提供的视同销售清单，对照增值税、企业所得税政策，看是否按规定进行了处理。

在检查上述问题时，如果发现有少计增值税销售额和企业所得税收入情形的，要按政策规定进行处理，根据征管法规定涉嫌偷逃税的，还要按照征管法的规定给予处罚。

问题 7-2-2

如何使用预售收入备查簿进行检查？

答：在土地增值税清算中，归集清算收入的一个重要资料是企业的《预售收入备查簿》。在核查及检查中，可以查阅《预售收入备查簿》的相关内容，核对项目合同签订日期、交付使用日期、预售款确认收入日期、收入金额和成本费用的处理情况。特别是查阅里面记载的销售退回、折扣与折让业务，追踪检查相关业务的记载是否完整、相关手续是否符合规定、折扣与折让的计算和会计处理是否正确。重点检查给予关联方的销售折扣与折让是否合理、是否有利用销售折扣和折让转利于关联方等情况。

对于在土地增值税清算时已经处理的各种特殊情况，检查人员需要进一步核对企业在增值税、企业所得税方面的处理是否符合政策规定。

问题 7-2-3

如何对价格偏低、视同销售情形进行延伸检查？

答：在土地增值税项目清算中，企业要对清算项目的收入进行归集、分析，再按照政策对价格偏低、无偿赠送等业务进行处理。

在后续进行税务检查时，检查人员可以利用价格偏低、无偿赠送等收入统计表，仔细核对价格偏低或无偿赠送房屋的处理情况。

对于土地增值税，依据前述政策一般是在汇算清缴中进行处理。因此，在检查时，重点是通过对这些清算资料的核对，追踪核查涉及的增值税、企业所得税的处理情况，即对照相关文件规定，比对土地增值税价格偏低、视同销售情形的业务是否也符合增值税、企业所得税相关政策规定。对于依据增值税、企业所得税政策应该给予调整的，要进行调整补税，部分无偿赠送可能涉及个人所得税，需要一并进行计税处理。对于根据征管法规定涉嫌偷逃税的，还要按照征管法的规定给予处罚。

> 【提示】1.增值税规定。《营业税改征增值税试点实施办法》（财税〔2016〕36号文件附件1）第十四条第（二）项规定，"单位或者个人向其他单位或者个人无偿转让无形资产或者不动产，但用于公益事业或者以社会公众为对象的除外"，应视同销售服务、无形资产或者不动产。
>
> 该实施办法第四十四条规定："纳税人发生应税行为价格明显偏低或者偏高且不具有合理商业目的的，或者发生本办法第十四条所列行为而无销售额的，主管税务机关有权按照下列顺序确定销售额：
>
> （一）按照纳税人最近时期销售同类服务、无形资产或者不动产的平均价格确定。
>
> （二）按照其他纳税人最近时期销售同类服务、无形资产或者不动产的平均价格确定。

（三）按照组成计税价格确定。组成计税价格的公式为：

组成计税价格＝成本×（1+成本利润率）

成本利润率由国家税务总局确定。

不具有合理商业目的，是指以谋取税收利益为主要目的，通过人为安排，减少、免除、推迟缴纳增值税税款，或者增加退还增值税税款。"

2. 企业所得税规定。

《中华人民共和国企业所得税法》第四十一条第一款规定："企业与其关联方之间的业务往来，不符合独立交易原则而减少企业或者其关联方应纳税收入或者所得额的，税务机关有权按照合理方法调整。"

《房地产开发经营业务企业所得税处理办法》（国税发〔2009〕31号文件印发）第七条规定："企业将开发产品用于捐赠、赞助、职工福利、奖励、对外投资、分配给股东或投资人、抵偿债务、换取其他企事业单位和个人的非货币性资产等行为，应视同销售，于开发产品所有权或使用权转移，或于实际取得利益权利时确认收入（或利润）的实现。确认收入（或利润）的方法和顺序为：

（一）按本企业近期或本年度最近月份同类开发产品市场销售价格确定；

（二）由主管税务机关参照当地同类开发产品市场公允价值确定；

（三）按开发产品的成本利润率确定。开发产品的成本利润率不得低于15%，具体比例由主管税务机关确定。"

问题 7-2-4

如何对企业特殊方式的销售进行检查？

答：在土地增值税清算中，对一些特殊的销售方式，企业要整理提供详细的资料作为清算附列资料。在后续的税务检查中，有两个重要的环节需要关注：一是收入的确定是否正确；二是增值税、企业所得税的处理是否正确。

首先，根据相关业务统计表核查纳税人收入确定是否正确。例如对采用"还本"方式销售商品房的，是否按销售价格申报收入。

其次，增值税、企业所得税的处理是否正确。例如对采用"还本"方式销售商品房的，要核对在计算增值税时，是否从销售额中减除了还本支出；"还本"支出是否在合同约定的期间均匀摊销。

最后，核对各类手续费等的处理是否正确。例如对于代销等涉及手续费的，要核对手续费计算、票据等是否符合政策规定。

案例7-4

对销售收入的检查

某地税务机关对A房地产开发公司进行税务检查。在检查中，税务人员通过将政府部门网上房地产交易信息与企业提供的销售表进行比对，发现该公司开发的某小区有6套已售房产未在销售表上反映。经向该公司财务人员核对后确认，A公司此6套房屋已经销售给职工，由职工向银行贷款，以此方式进行融资。根据该公司同期销售等情况，6套房屋应确认收入500余万元，少缴增值税（预交）、企业所得税（预计利润）、土地增值税（预征）50余万元。

问题7-2-5

如何对开发产品出租收入进行检查？

答：在土地增值税清算中，对外出租门面房等开发产品的收入不计入土地增值税清算收入总额中，相应的成本也不能扣除。如果企业有对外出租门面房等开发产品行为，那么在企业提供的清算资料中，应该有详细的说明。

在后续进行税务检查时，检查人员可按照以下步骤检查相关问题：

一是根据出租收入资料或者通过查看收入类、销售窗口表等资料数据，确定企业是否准确区分了房产出售和出租的收入及相关成本、费用。

二是根据对外出租门面房等开发产品收入的资料，核查出租收入是否按规定申报缴纳了增值税、房产税、印花税（租赁合同）等。对于根据征管法规定涉嫌偷逃税的，要按照征管法的规定给予处罚。

三是出租的房屋最后的去向处理是否符合政策规定。即出租的房屋如果没有销售，企业是否结转"固定资产"或"投资性房地产"，结转确定的成本是否正确。

7.3 涉及成本费用的检查

本节内容主要包括涉及土地增值税扣除项目确定的检查及延伸检查。

问题 7-3-1

如何进行现场实地检查？

答：现场实地检查是税务检查的重要方式之一，其最主要的目的是直观发现是否有"违章建筑"等问题，具体方式如下：

（1）地面异常建筑的核查。在现场实地检查过程中，如果发现在正常房屋中间加盖了部分建筑、过桥建筑物、房顶建筑以及明显是公共区域中间的建筑等，可以比对规划设计书（要点）、图纸及施工证书等资料，对感觉有异常的房屋建筑深入核查。如果确定存在违章建筑，则要对相关成本的去向进行追踪检查，即核对企业相关科目是否记载有相应的成本。对于不应该计入土地增值税扣除项目金额的，例如违章建筑用于自用的情形，不仅要补缴土地增值税，还要进行企业所得税处理，即资本化处理。对于根据征管法规定涉嫌偷逃税的，还要按照征管法的规定给予处罚。

（2）地下超规划建筑的核查。以规划设计书（要点）、图纸及施工证书等资料为基础，比对地下各种建筑，发现异常建筑物的要深入核对，以确定是否有超规划违章建筑。与地上违章建筑一样，此时如果发现存在违章建筑也要深入检查，按照土地增值税、企业所得税政策处理。对于根据征管法规定涉嫌偷逃税的，还要按照征管法的规定给予处罚。

（3）视同销售的核查。在现场实地检查中，还可以根据房屋销控表及相关明细账到现场核对，以确认有无将开发产品用于职工福利、奖励、对外投资、分配给股东或投资人、抵偿债务、换取其他单位和个人的非货币性资产等情况。对于房屋销控表空房号已经使用的，则要追踪相关会计处理情况，以确定是否少缴土地增值税、增值税及企业所得税。对于根据征管法规定涉嫌偷逃税的，还要按照征管法的规定给予处罚。

问题 7-3-2

如何对不得税前列支票据涉及问题进行检查？

答：入账票据核查是土地增值税清算中的重要工作之一。在清算过程中，企业（或税务师事务所）要对清算项目成本、费用列支的票据进行审核，审核重点有二：一是支出的真实性；二是票据的合规性。采取的方法是对一定金额数量的单票（单笔支出）进行复印、归集并整理成册，对在清算中不得扣除的成本、费用还要单独建立清单，并列明不得扣除的理由。

在后续进行税务检查时，检查人员可以利用清算中票据核查的成果进行相关检查，主要有以下内容：

首先，核对票据是否有遗漏，即通过明细账进行比对，看是否有大金额列支票据的遗漏。一般在清算时要确定一个审核票据金额数值，例如票面金额5万元以上的票据要逐票审核，因此需要核对是否有票面金额超过5万元的票据没有列入。

其次，检查发票的真伪。对于在工程中出现的大额建安票据、材料票据等，检查人员除核对"开发成本""工程物资"等科目外，还应当查看相关合同，确认合同工程造价，关注合同中明确的建筑工程款、材料费及单位用量等，同时也要查验票据的开票方与领票方是否一致。自2017年7月1日起，可以结合《国家税务总局关于增值税发票开具有关问题的公告》（国家税务总局公告2017年第16号）规定的内容进行核查。

再次，对因票据不符合要求而不得扣除的成本、费用进行追踪延伸检查。具体做法是：依据不得扣除成本、费用的清单信息，对照企业所得税和票据管理相关政策，核查按政策规定是否属于不得在企业所得税税前列支的成本、费用。重点关注的问题有：属于应税项目但未取得合法票据、业务真实性证明资料不齐全、还没有收到合规票据，等等。例如纳税人接受建筑安装服务取得的增值税发票，应按照《国家税务总局关于全面推开营业税改征增值税试点有关税收征收管理事项的公告》（国家税务总局公告2016年第23号）相关规定，在发票的备注栏注明建筑服务发生地县（市、区）名称及项目名称。对于相关票据的列支，应执行《企业所得税税前扣除凭证管理办法》（国家税务总局公告2018年第28号发布）相关规定，不符合规定的不得列支。

最后，抽查没有列入清算票据审核范围的较小金额票据。在进行税务检查时，还要抽查部分较小金额发票，查看发票指标填写是否规范清楚，否则不得计入土地增值税扣除项目金额。

问题7-3-3

如何检查清算中不得税前列支成本对企业所得税的影响？

答：在土地增值税清算中，通过各项审核特别是票据审核后，有一部分成本、费用被确定为不得扣除成本、费用。检查人员在进行检查时，应对照政策核对清算资料提供的不得扣除成本、费用信息，对其中应税项目未取得合法票据、虚假支出、多分摊成本等要追踪核查明细账、凭证等，以落实不得在企业所得税税前扣除的成本、费用金额。

上述检查确定的不得在企业所得税税前列支的成本、费用，对其中已经结转固定资产（包括投资性房地产）并开始提取折旧的，要改变固定资产（包括投资性房地产）的入账价值，重新计算相应年度提取的折旧额，调整企业所得税。具体计算步骤为：首先，确定不得在企业所得税税前列支的金额；其次，根据分摊计算公式计算结转的固定资产（包括投资性房地产）成本中含有多少不得税前列支数据因素；最后，计算企业通过折旧每年在企业所得税税前列支了多少金额。

问题 7-3-4

如何对取得土地使用权支付的金额进行检查？

答：取得土地使用权支付金额是土地增值税清算申报表中"扣除项目金额"的第一项，不仅是最重要的扣除项目，还是申报缴纳契税和印花税的依据。在土地增值税清算中，企业要提供《取得土地使用权所支付的金额明细表》及完整的相关证明资料，包括：①国有土地使用权出让合同、转让协议等；②支付地价款取得的发票或财政专用收据；③契税凭证；④付款记录，如转让支票、汇款单。

在后续的税务检查中，主要检查以下内容：

首先，核对资料、数据是否完整，即取得土地使用权支付金额与票据数据是否一致，同时还要核对相关明细账，比对实际支出与票据数据是否一致。

其次，核对票据是否符合土地增值税项目扣除对票据的要求。《房地产开发企业销售自行开发的房地产项目增值税征收管理暂行办法》（国家税务总局公告2016年第18号发布）第六条规定："在计算销售额时从全部价款和价外费用中扣除土地价款，应当取得省级以上（含省级）财政部门监（印）制的财政票据。"因此在核对土地增值税（增值税）计算时，要检查其抵减的票据是否符合政策规定。

最后，检查相关涉税凭证的合规性，即按照《企业所得税税前扣除凭证管理办法》（国家税务总局公告2018年第28号发布）的规定，确定各项支出的票据是否可以在企业所得税税前列支。

问题 7-3-5

建筑安装工程费检查需要关注哪些事项？

答：建筑安装工程支出是房地产税收检查中非常重要的一项内容，涉及的面比较

广,问题也比较多,检查人员可以从以下七个方面入手:

一是合同是否规范。即总包工程、专项工程各项明细资料是否齐全,总包工程、专项工程以外的各项工程是否签订合同(包括明细内容),内容是否重复。

二是发生的成本与各项报告是否一致。即发生的成本是否与决算报告、审计报告、工程结算报告、工程施工合同记载的内容相符。

三是自购建材费用是否重复计算扣除项目。即房地产开发企业自购建筑材料时,自购建材费用是否重复计算扣除项目。该项核查点主要是营改增前项目。

四是验证建筑安装工程费支出是否存在异常。参照当地当期同类开发项目单位平均建安成本或当地建设部门公布的单位定额成本,验证建筑安装工程费支出是否存在异常。

五是有无虚列成本费用情况。房地产开发企业采用自营方式自行施工建设的,还应当关注有无虚列、多列施工人工费、材料费、机械使用费等情况。

六是有无串(混)项目成本情况。对于同时存在不同清算项目的房地产开发企业,通过核对工程合同名称、具体内容,看共同发生(或跨清算项目)的建筑安装工程是否存在没有分摊直接在前期项目扣除。

七是各类非正常损失的处理是否正确。如果在项目开发过程中,发生《营业税改征增值税试点实施办法》(财税〔2016〕36号文件附件1)第二十七条列举的各类损失,则相关进项税额不得从销项税额中抵扣。因此,检查人员要核对企业是否存在政策列举的各项损失以及处理情况,以确定进项税额的处理是否正确。

除上述七个方面的检查外,对建筑安装工程支出的票据检查也是一个重点。对于在工程中出现的大额建安票据、材料票据,检查人员除核对"开发成本""工程物资"等科目外,还应当查看相关合同,确认合同工程造价,关注合同中明确的建筑工程款、材料费及单位用量等,同时也要查验票据的真伪及开票方与领票方是否一致,以及关注款项的实际支付情况。

在实务中,有些房地产开发企业从施工企业取得的建筑安装业发票,特别是配套工程取得的建安发票存在开票混乱、代开混开较多的情况,这主要是由于前期工程费、基础设施费及公共配套设施费中,桩基工程、土石方工程、绿化工程等配套工程由不同的建设方承担,而这些小工程的施工方很多是核算不健全的小工程队,因此对开发企业取得的建安发票(特别是配套工程的建安发票)应加强真实性检查,重点是金额较大的发票。检查中应重点关注以下几方面的内容:

(1)已开具发票是否合规。即已开具的发票是否符合当地税务局关于对建安发票开具的相关规定。营改增后,还可以核对票面内容,是否在发票的备注栏注明建筑服务发生地县(市、区)名称及项目名称,否则不得计入土地增值税扣除项目金额。

(2)发票是否真实。即开票方与购票方是否为同一主体,是否存在代开、虚开发票的情况。一般大额发票在清算基础资料中要列清单，检查人员可在大额发票清单基础上，将金额较大的工程发票输入当地税务部门发票核查系统查询，以验证发票的领购方。

（3）款项是否已支付。即所开具的发票的相应款项是否已足额支付。

> 【提示】《营业税改征增值税试点实施办法》第二十七条规定，下列项目的进项税额不得从销项税额中抵扣：
>
> （1）用于简易计税方法计税项目、免征增值税项目、集体福利或者个人消费的购进货物、加工修理修配劳务、服务、无形资产和不动产。其中涉及的固定资产、无形资产、不动产，仅指专用于上述项目的固定资产、无形资产（不包括其他权益性无形资产）、不动产。
>
> 纳税人的交际应酬消费属于个人消费。
>
> （2）非正常损失的购进货物，以及相关的加工修理修配劳务和交通运输服务。
>
> （3）非正常损失的在产品、产成品所耗用的购进货物（不包括固定资产）、加工修理修配劳务和交通运输服务。
>
> （4）非正常损失的不动产，以及该不动产所耗用的购进货物、设计服务和建筑服务。
>
> （5）非正常损失的不动产在建工程所耗用的购进货物、设计服务和建筑服务。
>
> 纳税人新建、改建、扩建、修缮、装饰不动产，均属于不动产在建工程。
>
> （6）购进的贷款服务、餐饮服务、居民日常服务和娱乐服务 [依据《财政部 税务总局 海关总署关于深化增值税改革有关政策的公告》（财政部 税务总局 海关总署公告2019年第39号），自2019年4月1日起，《营业税改征增值税试点实施办法》第二十七条第（六）项中"购进的旅客运输服务、贷款服务、餐饮服务、居民日常服务和娱乐服务"修改为"购进的贷款服务、餐饮服务、居民日常服务和娱乐服务"]。
>
> （7）财政部和国家税务总局规定的其他情形。
>
> 上述第（4）项、第（5）项所称货物，是指构成不动产实体的材料和设备，包括建筑装饰材料和给排水、采暖、卫生、通风、照明、通信、煤气、消防、中央空调、电梯、电气、智能化楼宇设备及配套设施。

案例7-5

对建筑安装工程费的检查

202×年下半年，某地税务机关对A房地产公司进行检查，发现该公司开发的某小区在建筑结构、容积率、绿化等方面与周边其他小区基本类似，但是平均售价比周边项目高出近200元/平方米，而利润率却明显低于周边其他房地产公司15%的平均利润率。

检查人员将该公司的成本与周边房地产开发公司的成本逐项进行了详细比较，发现该单位的平均建筑安装成本比周边同等楼盘每平方米高出200多元，比该市同等类型房产平均成本高出180元。

检查人员调取了监理资料与工程结算书进行核对，发现监理记录中无沙垫层，而工程结算书中却出现了沙垫层费用。根据这一线索，检查人员详细查阅了监理工作日志及分部分项工程验收报告和图纸、设计变更等资料，均未发现有沙垫层的相关记录。随后，检查人员对当时负责监理的工程师进行了询问，确认在项目中并未做沙垫层基础。进一步检查发现，工程桩基础图纸中明确设计为锚杆静压桩，工程审核结算书中却反映为打混凝土预制桩，两者价格相差4~5倍。检查人员查阅了城建档案，未发现桩基的变更通知，相关的监理工作日志及分部分项工程验收报告也都反映桩基础为锚杆静压桩。

为核实相关情况，检查人员又到小区进行实地检查。由于工程结算书中反映该花园的道路厚度达到50cm，与通常情况不符，检查人员便在开发商、施工单位、监理单位三方共同见证下，对道路进行了挖掘，并按随机原理选取若干计算点，核定出道路的平均厚度只有20cm。

检查人员在资料核对中还发现，工程结算书的材料清单中有大量使用室内乳胶漆的记录。经入户调查，发现内墙没有粉刷，所谓的内墙乳胶漆并未使用；另外，检查人员在现场发现该工程有一部分使用了铝合金固定窗，结算书中却全部为推拉窗，明显与事实不符。

通过上述比对资料、实地核查等方法，最终查明该公司与施工企业、工程造价审核机构恶意串通，虚增开发成本600余万元。

问题7-3-6

如何利用精装修业务资料进行检查？

答：土地增值税清算中精装修房屋的处理一般分"硬装"和"软装"，其处理一般是以当地税务机关的具体规定为准，提供的清算资料通常包括"硬装"和"软装"的区分、合同以及收入、成本的处理去向。

在后续的检查中，检查人员可以充分利用这些资料对相关问题进行检查。

一是根据归集整理的相关合同，检查印花税计算是否正确。

二是对房地产开发公司销售毛坯房再代理装修业务的，要根据合同、发票等确认相关业务的实质及收入的处理。

三是装修成本费用的检查。主要目的是检查装修成本费用的支出是否合理，核对装修支出的合同、设计图纸、发票以及各种物品的采购合同等，对于支出金额异常的，要检查业务的真实性及是否属于关联企业交易。

四是相关物品的进项税额。在精装修房屋中，涉及大量家用电器、家具等物品。如果购进的电器、家具等物品用于《营业税改征增值税试点实施办法》（财税〔2016〕36号文件附件1）第二十七条列举的行为（情形），例如用于个人消费、集体福利等，则进项税额不得从销项税额中抵扣。因此，检查人员需要核对进货、库存与计入装修支出的数量，确定进项税额的处理是否正确。

问题 7-3-7

绿化工程如何检查？

答：房地产项目中绿化工程的成本费用是开发成本中基础设施费的重要项目之一。绿化建设费，一般包括公共绿化、组团宅间绿化、一楼私家花园等支出。绿化成本，主要包括工程设计费用、绿化苗木购置费用、养护费等。但由于绿化工程中涉及的树木、草皮等原材料与一般建筑材料不同，在实务中，不仅价格无法清晰掌握，而且会产生枯死更换等问题，造成成本支出的变化较大，因此需要仔细核实检查绿化工程的成本。

在检查时，除按照正常的方式审核外，在核对资料时，可以将工程费用与工程结算单进行比较，核查工程费用是否与工程结算单一致。对于发生甲供材业务的，还要审核甲供材价款是否与结算单一致，是否有甲供材成本重复记账的情况；查阅甲供材领用单和结存情况，核查甲供材领用数量是否准确。最重要的关注点是，如果涉及名贵树木及使用量较大的树木，可现场盘点，确认其真实性。

除上述资料核查外，检查人员要重点关注检查以下几个方面内容（不限于）：

1. 合同的实质性内容

检查人员在核对相关绿化工程合同时，要仔细审核使用材料（树木、草皮等）的详细信息，例如树木的树龄、草皮的档次以及树木枯死的处理等。对于合同实质内容过于简单的，要追踪核对相关苗木清单，追踪核对施工方的相关单据（包括监理），必要时，可以请相关部门及专家鉴定材料的价值。

2. 资金的流向

仔细核对购买树木、草皮等资金的流向，即是否直接支付给施工方，如果是甲供材性质，要看是否直接付给材料供应方货款。

3. 延伸检查进货渠道

对树木、草皮等原材料及支付款项有疑问的，特别是材料明细不清的，需要追踪核查进货渠道，以确定实际购买树木、草皮等原材料成本。

案例7-6

对绿化成本的检查

202×年下半年，某地税务机关对A房地产开发公司进行检查。通过核对资料发现：A房地产开发公司开发的甲小区规划建设用地227 753.77平方米，绿地率30%，绿化支出高达68 651 406.52元，平均每平方米绿地费用为1 000余元。

在进一步检查中，税务人员了解到，该公司同期在相邻周边开发建设800亩主题公园，将大量成本费用列入甲小区成本，存在严重的"串户"列支成本问题。经过核对计算，其中近3 000万元的费用不属于该小区支出，少缴土地增值税1 000余万元，同时按照企业所得税相关政策重新计算了当年应纳税所得额。

问题7-3-8

如何对地下建筑物成本的处理进行检查？

答：在一个开发项目中，地下建筑物的用途可以是物业管理用房、储藏室和车库等。在土地增值税清算时，企业要提供各类地下建筑物的详细情况，即性质、用途、分摊成本，还有销售、出租的数据。同时还要提供详细的土地增值税处理情况。一般情况下，地下建筑物可划分为三类情形：一类是未经许可建设的地下建筑；二类是作为公共配套设施（包括人防设施）的地下建筑；三类是可售地下建筑。

在后续进行税务检查时，检查人员需要对照规划设计资料、移交手续资料、销售资料等对不同类型的地下建筑物逐一核对处理情况，对于原始资料缺失或不清楚的，可以要求企业继续提供资料并做出说明。对于不符合规定的处理或无法提供原始资料的处理，如超过规划设计自用的部分，除按照土地增值税清算政策处理外，还要进行企业所得税处理。

问题7-3-9

如何对配套设施成本的处理进行检查？

答：企业开发建造的项目配套设施包括居委会和派出所用房、会所、停车场（库）、物业管理场所、变电站、热力站、水厂、文体场馆、学校、幼儿园、托儿所、医院、邮电通信等公共设施。在土地增值税清算时，企业（或税务师事务所）要提供各类配套设施处理清单，内容包括配套设施的性质、用途及处理方式等，还包括成本分摊计算等数据。

关于这些成本在土地增值税清算中如何扣除，各地均有一定的详细规定，在后续进行税务检查时，检查人员对照规划设计资料、移交手续资料、销售资料等逐一核对处理情况，对于原始资料缺失或不清楚的，可以要求企业继续提供资料并做出说明，特别是对于应移交而未移交的配套设施以及政府给予补贴的配套设施，要仔细查阅其处理方式。凡是不符合规定的处理或无法提供原始资料的处理，均不得在计算土地增值税时扣除。对于已经无须移交企业自用的部分及超过规划设计自用的部分，除按照土地增值税清算政策处理外，还要进行企业所得税处理。

问题 7-3-10

如何对基础设施费用（红线外）进行检查？

答：房地产开发项目中的基础设施费，包括开发小区内道路、供水、供电、供气、排污、排洪、通信、照明、环卫、绿化等工程发生的支出。

检查人员在检查时，可对比工程施工合同和账簿记录，检查道路、供水、供电、供气、排污、排洪、通信、照明、环卫、绿化等工程是否有合同为依据，所发生的成本费用是否与工程内容一致。

除比对上述资料外，还需要到项目现场观察有无在项目范围之外建设的道路、绿化、河道、景观等工程，并与工程施工合同和账簿记录进行比对，看是否有实际施工与合同和账簿记录不一致的情况。

对于检查中发现异常的问题，要按照企业所得税政策及当地土地增值税相关政策进行处理。

案例 7-7

对基础设施费用的检查

A 房地产开发公司开发的某项目紧临长江，检查人员在检查时发现该项目基础设施费较高，经核查相关明细账，发现其中有一笔 630 万元的支出，内容为长江大堤建设费用。经调取建设项目用地范围红线图，发现长江大堤位于红线之外，根据税法规定，房地产开发项目规划建设范围之外发生的建设费用不可在本项目开发成本中列支。税务机关依法补征土地增值税 200 余万元。

问题 7-3-11

如何对企业未支付的质量保证金进行检查？

答：房地产开发企业在工程竣工验收后，根据合同约定，要扣留建筑安装施工企业一定比例的工程款，作为开发项目的质量保证金，在计算土地增值税时，建筑安装施工企业就质量保证金对房地产开发企业开具发票的，按发票所载金额在计算扣除项目金额时予以扣除，未开具发票的，企业扣留的质量保证金不得计算扣除。

在后续检查时，检查人员可以根据明细账"应付账款"等科目，对企业扣留的质量保证金除按照土地增值税政策要求核查其处理方式是否正确外，还要关注长期没有处理的原因，对于有证据表明不再支付的，要根据《中华人民共和国企业所得税法实施条例》第二十二条的相关规定，将确实无法偿付的应付款项转为企业所得税的应税收入。

问题 7-3-12

如何对预提费用进行检查？

答：在土地增值税项目清算中，房地产开发企业的预提费用，除另有规定外，不得扣除，这一点和企业所得税政策规定有不同之处，在检查时可以互相对应核对。

《房地产开发经营业务企业所得税处理办法》（国税发〔2009〕31号文件印发）第三十二条规定："除以下几项预提（应付）费用外，计税成本均应为实际发生的成本。

（一）出包工程未最终办理结算而未取得全额发票的，在证明资料充分的前提下，其发票不足金额可以预提，但最高不得超过合同总金额的10%。

（二）公共配套设施尚未建造或尚未完工的，可按预算造价合理预提建造费用。此类公共配套设施必须符合已在售房合同、协议或广告、模型中明确承诺建造且不可撤销，或按照法律法规规定必须配套建造的条件。

（三）应向政府上交但尚未上交的报批报建费用、物业完善费用可以按规定预提。物业完善费用是指按规定应由企业承担的物业管理基金、公建维修基金或其他专项基金。"

检查人员在对预提费用进行检查时，可以按如下步骤展开：

一是根据清算资料中关于"预提费用"处理情况的表格，分类归集不同业务的数据、资料及合同清单，提出不得预提的情形。

二是根据整理的清单资料计算预提的限额。主要是出包工程涉及的预提问题，根据出包工程合同总额计算预提限额。

三是核对可以预提的证据资料。即根据政策规定，核对是否有售房合同、协议或广告、模型等证明可以预提的证据。若存在应向政府上交但尚未上交的费用，也要有相关批文、手续等证据资料。

对于上述检查中不得预提的金额，要调增企业所得税应纳税所得额。

问题 7-3-13

如何对开发企业为施工方代付的费用进行检查？

答：在项目开发过程中发生的房地产开发企业为施工方代付费用业务，相关费用在会计处理上一般应记入往来科目核算，在土地增值税清算中不得作为扣除项目扣除。

例如社保统筹费用等。一些地区要求房地产开发企业先行为施工方职工代付社保统筹费用，待项目完工后再由施工企业将这部分费用支付给开发企业，因此这部分代付的费用是不允许作为扣除项目（开发成本）扣除的。在清算实务中，不少开发企业将这部分先行代付、以后收回的费用在"开发间接费用"中列支，而不是通过往来科目进行核算，因此在清算时要将这部分费用调出。

又如临时水电费等费用。在房地产开发过程中施工方发生的临时水电费（俗称"临水、临电"）通常也是由开发企业先行代垫，再由开发企业向施工企业收取（与为施工企业代付社保统筹费用的操作类似），这部分代付的费用应作为往来款项（一般为"其他应收款"科目）进行核算。在清算时，对房地产开发企业在"开发成本"或"开发间接费用"科目中列支的这些代垫费用要调出，不允许作为扣除项目（开发成本）扣除。

在对上述问题进行检查时，检查人员可以分两步核对问题：

一是先关注清算资料中对此类费用的处理情况，根据清算资料提供的数据核对相关明细账及后续结转处理。

二是如果清算资料中没有涉及这类费用问题的处理，则要核对相关往来明细账，以确定是否存在问题。如果有记入"开发成本"或"开发间接费用"科目的代付费用，则不仅要进行土地增值税的处理，还要进行企业所得税的处理。

问题 7-3-14

如何对开发间接费用进行检查？

答：房地产开发项目中的开发间接费用，是指直接组织、管理开发项目发生的费用，包括工资、职工福利费、折旧费、修理费、办公费、水电费、劳动保护费、周转房摊销等。

在检查时要注意：一是收集公司人员花名册、工资单等，核对有无非现场管理人员工资计入间接费用；二是取得固定资产折旧表，审核是否有非现场管理部门的折旧计入间接费用；三是核对"开发间接费用"企业所得税与土地增值税核算的差异，主要体现在营销设施建造费的处理，即是否已经按照企业所得税的规定计入间接费用，在土地增值税清算时没有调整。

如果个别企业在开发间接费用中（或其他成本、费用项目中）列支劳务费，则要核对合同内容、人员信息、资金支付等详细内容，特别要核对所有劳务人员的工作岗位是否与现有岗位人员重复，以鉴别业务的真假。

案例7-8

对开发间接费用的检查

某房地产开发公司在开发的小区内建造临时设施作为售楼部，项目销售完成后拆除，合计发生建设成本与装修费用500万元，计入开发间接费用，在土地增值税清算中没有调整，全部作为开发成本扣除，导致少缴土地增值税150万元。

问题7-3-15

如何检查企业融资费用？

答：在土地增值税清算中，要归集金融机构借款的合同、金额以及相关分摊计算数据。在税务检查中，检查人员可以依据这些资料，进一步归集整理与借款相关的其他费用，判断企业所得税的处理是否正确。

根据土地增值税的政策规定，财务费用中的利息支出，凡能够按转让房地产项目计算分摊并提供金融机构证明的，允许据实扣除，但最高不能超过按商业银行同类同期贷款利率计算的金额。其他融资费用应归集到其他房地产开发费用，在按照"取得土地使用权所支付的金额"与"房地产开发成本"金额之和的5%以内计算扣除。

对于融资费用，企业所得税的处理与土地增值税不同，根据《企业会计准则第17号——借款费用》的规定，企业发生的借款费用及专门借款发生的辅助费用，在所购建或者生产的符合资本化条件的资产达到预定可使用或者可销售状态之前发生的，应当在发生时根据其发生额予以资本化，计入符合资本化条件的资产的成本。

《房地产开发经营业务企业所得税处理办法》（国税发〔2009〕31号文件印发）第

二十一条第（一）项规定："企业为建造开发产品借入资金而发生的符合税收规定的借款费用，可按企业会计准则的规定进行归集和分配，其中属于财务费用性质的借款费用，可直接在税前扣除。"

根据上述政策规定，检查人员需要核对借款合同及补充合同，重点关注专项借款发生的各种辅助费用的处理情况，对于在土地增值税清算中不得据实列支而进入其他房地产开发费用扣除的借款辅助费用，应核对在企业所得税处理时，是否按照资本化处理，如果前期没有按照资本化处理，则要检查是否影响企业所得税的计算。

问题 7-3-16

清算中涉及成本分摊的企业所得税如何检查？

答：在土地增值税清算中，对于同一块地分项目或同一项目分期开发的，要依据政策对相关成本、费用分期、分项目进行分配（分摊）计算，对于分摊的计算还要提供计算表等资料作为清算资料提交给税务机关。

在后续税务检查时，凡是遇到需要分期、分项计算业务的，可以按照以下步骤核对企业所得税的相关处理是否存在问题：

首先，查阅企业在清算时提供的计算表（公式），以开发项目立项批复、规划申请、报告及图纸，建设用地规划许可证、建设工程规划许可证等为基础资料，核对其计算公式是否正确，即分子、分母的确定是否与资料口径一致。房地产开发土地面积、建筑面积和可售面积，是否与权属证、房产证、预售证、房屋测绘所测量数据、销售记录、销售合同、有关主管部门的文件等载明的面积数据相一致，并确定各项扣除项目分摊所使用的分配标准。

其次，核对这些数据的准确性和完整性。即核对这些数据是否归集完整，可以通过提取数据的明细账及相关表格核对，对于资料不清楚的，可以要求被查企业补充提供。

最后，将土地增值税清算成本、费用分摊计算表与企业所得税成本分摊计算表比对，对其中差异比较大的数据，要摸清原因，核查是否存在企业所得税当期多转成本问题。虽然这两个税种一些业务处理上的政策有所不同，但通过公式的计算可以互相印证。

问题 7-3-17

如何对已售完工产品与未售完工产品之间成本的分摊进行检查？

答：已售完工产品与未售完工产品之间成本的分摊直接涉及当年企业所得税的计算。

在检查时，首先要核对当期准予扣除的已销开发产品的计税成本，是否按当期已实现销售的可售面积和可售面积单位工程成本确认。可售面积单位计税成本和已销开发产品的计税成本按下列公式计算确定：

$$可售面积单位成本 = 成本对象可售部分成本 \div 总可售面积$$

$$已售开发产品的计税成本 = 已实现销售的可售面积 \times 可售面积单位计税成本$$

如果土地增值税、企业所得税的上述计算金额不一致，需要查明原因，确定是否存在预提"开发成本""公共配套设施费"等问题，如果有，按照政策规定处理。需要特别注意的是，少数房地产开发企业在企业所得税计算时，按预估的成本计算可售面积单位成本，此种情形下需要检查人员重新计算准确的可售面积单位成本。

问题 7-3-18

如何对价外费用进行检查？

答：在土地增值税清算中，企业（税务师事务所）要对项目涉及的价外费用进行核对，并制作价外收费的清单。在后续税务检查中，可以按照以下两个步骤进行检查：

一是核对清算资料中价外收费项目资料归集是否完整。

二是核对应计入增值税销售额的价外收费是否按规定计入。检查的方式是依据纳税人提供的各类价外收费清单，比对相关明细账和纳税申报，核对是否进行增值税处理。

问题 7-3-19

如何对政府性基金和行政事业性收费（代收费）进行检查？

答：一般来说，各地税务机关对此类收费会制定统一的扣除规范，其处理原则是，对于县级及县级以上人民政府要求房地产开发企业在售房时代收的各项费用，如果代收费用是计入房价中向购买方一并收取的，可作为转让房地产所取得的收入计税；如果代收费用未计入房价中，而是在房价之外单独收取的，可以不作为转让房地产的收入。对于代收费用作为转让收入计税的，在计算扣除项目金额时，可予以扣除，但不允许作为加计20%扣除的基数；对于代收费用未作为转让房地产的收入计税的，在计算增值额时不允许扣除。

在后续实施税务检查时，检查人员可以按照以下步骤进行检查：

一是核对清算资料中政府性基金和行政事业性收费（代收费）价外收费项目归集是否完整，对于资料数据不完整的，可以要求企业继续补充；

二是根据清算资料中提供的清单和所附凭证，核对收费的性质；

三是核对各项基金及代收费用最后的处理，即是否符合企业所得税的规定，对于没有实际支付的，一般不得在企业所得税税前扣除。

问题 7-3-20

如何对政府返还的土地出让金进行检查？

答：对于政府因项目开发给予企业的各种返还、奖励、补贴等，在进行税务检查时，要分清各种情况的来源、批文（单据）、入账金额及处理情况，根据各地土地增值税的政策规定核对相关处理是否正确。对于企业所得税的检查处理，应注意以下几点：

首先，根据企业提供的清算资料，核对各项政府给予的各种返还款是否归集完整，对于没有及时（或遗漏）归集的，要补充归集。

其次，根据相关批文（单据）等确定各类款项的性质。在房地产开发企业的项目开发过程中，政府给予的土地出让金返还一般有四种类型：一是用于房地产开发公司建设市政配套设施的补助（或开发企业某项特殊用途资产）；二是用于房地产开发公司实施拆迁（毛地）补偿的补助；三是以购买安置房名义支付给企业用于安置拆迁户；四是一般性奖励。

对于上述各类返还款的企业所得税处理，各地均有具体的规定。一般情况下，对于符合专项用途的财政性资金，其处理目前有两种方式可以参考：第一种是根据《财政部 国家税务总局关于专项用途财政性资金所得税处理问题的通知》（财税〔2011〕70号）的规定处理；第二种是根据《企业会计准则第16号——政府补助》的规定处理。这两种方式的处理结果相同。

对于政府给予的不符合财税〔2011〕70号文件相关规定的一般性奖励资金，要在当年结转所得进行企业所得税处理，在土地增值税项目清算中也不得扣除。

对于政府支付的具有购买性质的款项，例如直接支付给企业购买安置房等，企业要按规定申报缴纳各项税收。

最后，依据当地的土地增值税政策核对其处理是否正确。